THE WAY OF FINANCING

融资之道

公司融资路径与法律风险控制

杨飞翔 著

法律出版社
LAW PRESS·CHINA

序　言

近年来，资本市场的动荡起伏，牵动了无数人的神经。鉴于宏观经济层面的发展趋势，资本市场上的一举一动，都成为各方关注的重点。笼统的说，资本市场主要回答两个问题：钱从哪里来、钱到哪里去。而要回答这两个问题，无论如何也绕不开“公司融资”这个关键词。

公司融资是金融与法律交叉领域的高频词汇。曾有人调侃说，公司实际控制人只需要做三件事：用人、融资和喝茶。虽为戏言，却也在一定程度上体现着融资对于公司发展的意义。资金犹如公司发展的血液，无论公司的组织结构如何，也无论公司处于何种发展阶段，对于资金都有着一种持续的需求与渴望。产生这种渴望的理由多种多样：可能是为了解决燃眉之急，也可能是雄心勃勃的要整合行业，或者是要寻找退出路径、增加企业安全边际等等，个中缘由，不一而足。蹊跷的是，无论是“量化宽松”抑或是“稳健的货币政策略偏宽松”，市场上的资金量还是比较充裕的。但实体经济“融资难”、“融资贵”的困境尚未得到根本扭转。换言之，就公司融资而言，存在着“供方”与“需方”信息的不对称。产生这种不对称的原因很多，有制度性、结构性的体制因素，也有市场运行的机制因素，更与具体融资主体的经营状况密切相关。而市场经济的魅力之一恰恰在于，出现信息不对称，肯定也会产生打破这种不对称的动力与力量。近年来，各式各样令人眼花缭乱的金融创新，就是对此最好的注脚。然而，当我们仔细观察后发现，创新的融资渠道并没有一劳永逸地解决好这种信息不对称的问题。部分创新甚至使企业的融资链条拉长，进一步推高了融资成本，更有甚者，公司及其股东本身可能也走向不复之地。面对市场上各种各样的融资提供方或潜在的融资提供方，企业家如何获得最合适自己的融资？有人借力融资后，企业获得跨越式发展，煮酒、品茗，笑谈未来；也有人借力融资后，企业失控，通过报警才得以参加公司年会，泪洒会场；甚至还有人借力融资后，身陷囹圄，还在当地留下千百个因融资而受伤的家庭。

说得学术一些，公司融资是多种变量拘束下的选择结果。它不仅取决于效率逻辑（融资及代理成本的最小化），而且还取决于制度因素。它是一个国家法律框架（公司法、证券法及金融市场其他监管法律）内的市场参与主体（所有者、经营管理者、员工等）之间的博弈和互动之过程。而由于股权结构、债权文化差异和制度变迁的路径依赖，全球并不存在普适性的融资范式可供一体遵循。学者们出于研究的需要，的确创造出了种种理想化的融资范式，但各国企业融资范式仍然像一盒未打开的巧克力般样态纷繁。

举例而言，在股权融资中，股利政策是一项重要的内容。所谓股利政策，是指公司（特别是上市公司）是否发放股利、发放何种股利、发放多少股利、在多个会计年度里如何分配股利发放等公司制度安排。股利政策的设定，既反映制度因素，又体现为效率逻辑。就其制度因素而言，股利政策在一定程度上受制于各国法律的强行性规定；就其效率逻辑而论，由于公司参与方是自身最佳利益的判断者，因而股利政策基本上属于公司内部治理的范畴，许多国家甚至把股利政策的决定权完全交给公司董事会，因为他们认为，股利政策在本质上属于商业判断（business judgment）的范畴。公司永远需要股利政策，但是没有永远的股利政策。几十年来，公司财务学者一直致力于探索理想的股利政策模式。但遗憾的是，对于股利政策安排是否会影响公司的市场价值，各方见解并不一致，迄今亦没有找到一个合理的理论解释，理论框架和经验材料之间也经常无法调和，甚至时常发生断裂，更遑论寻找到一个"放之四海而皆准"的股利政策模式了。这种现象，在金融经济学文献中被称为"股利之谜"。我国许多上市公司曾经长期不分配股利，以至于立法者与监管部门纷纷出手，前者规定了异议股东的股份回购请求权（即公司连续五年不向股东分配利润，而公司该五年连续盈利的，异议股东可以请求公司回购股份），后者干脆直接规定上市公司在满足一定条件下必须分红。

法国政治家Georges Clemenceau曾说过，战争是如此重要，以至于我们不能仅把他们留给军人去决定。同样，在资本市场这个“战场”上，公司融资是如此重要，以至于我们不能单从资金融通（金融）的角度去看待问题，我们必须要站在公司法规范的角度，从更广阔的公司治理和风险控制的角度来思考和对待公司融资问题。

就公司治理而言，现代公司通常存在着内部与外部两种冲突：前者是股东与股东间以及股东和管理者之间的冲突；后者是指债权人和股东之间的冲突。就公司内部治理结构而言，不同的融资模式影响了公司的产权配置，进而影响公司治理，并对公司风险控制产生重大影响。公司治理具有强烈的合同属性，是有关公司控制权和剩余索取权分配的制度安排。公司融资问题除了是一个融资合同，通过合同来约定融资各方的权利义务外，其本质是资金背后产权主体相互依存、相互作用、共同构成的某种制衡机制的配置问题。公司融资可以有多种分类，比如内源融资和外源融资，直接融资和间接融资等，而从公司治理与风险控制的角度来看，公司融资又可分成债务融资与权益融资两类。债务融资与权益融资本质上具有不同的企业所有权的配置特征，融资结构决定公司利益相关者对公司不同的治理机制。前述两种冲突常常发生重叠，相互产生制约效应。股东是公司的所有者，拥有企业的剩余索取权和剩余控制权，但当企业资不抵债、无法偿还债务时，债权人相对于股东则可优先取得对企业资产的分配。公司不同的融资安排选择就是公司不同治理机制的选择，融资决策就是通过确定企业最合适的融资结构，形成有效的制衡机制，进而约束代理人的行为。一般人会觉得只有权益融资才会影响到公司治理，实际上债务融资也会对公司治理产生影响。债务融资影响着股东的剩余分配权，债务融资中的利息支出将作为成本列支。在一些重要的债务融资合同中，债权人会对企业的一些行为予以约束，而在实践中，无论是权益融资还是债务融资，公司控股股东或实际控制人都有可能承担某种形式的责任。

如果说前面提到的公司治理冲突还只是关涉公司自身发展及各利益相关方权益的保障的话，事实上公司融资还存在着更为严重的刑事风险控制问题。近年来，因非法集资而身陷囹圄的企业家不在少数，但非法集资绝非唯一悬在企业家头上的达摩克里斯之剑，欺诈发行、诈骗等红线也同样让企业家们战战兢兢。面对纷繁复杂的融资，企业家们该如何选择？公司融资是一个动态的过程，不同的行为必然导致不同的结果，形成不同的融资结构，进而产生不同的融资风险。除了好的融资结构安排外，公司还应有适当的风险转移与风险对冲的安排，这离不开企业家以及以其为核心的专业化团队共同努力。

一般的融资理论存在一个前提，即公司实际控制人熟知各种融资手段，实际控制人在公司融资过程中的主要任务则是根据公司的内部各种信息，选择适宜的融资方式。然而，众多案例表明，大多数公司的实际控制人在获得各种融资方式、种类、来源等信息方面存在着严重不足，“知识缺口”先于“金融缺口”而存在，并进一步恶化了“金融缺口”。如果不解决“知识缺口”的问题，实际控制人只能在有限的几种融资手段中选择，这样的融资结构极有可能是低效率、高成本、高风险的，并且这样的融资结构会在公司后续融资过程中进一步传递错误的信息，不利于公司的再融资。鉴于此，建议无论是专业人士还是公司的管理层，都要适当掌握公司融资的一些框架性知识。

本书作者杨飞翔是我的博士生，作为一名有着十余年法律实务经验的专业人士，他在华东政法大学攻读博士、以及在美国西北大学完成硕士学位期间，始终对公司融资这一实践难点、热点问题保持持续而细致的关注和思考。他关注着公司法实践中的融资问题，思考的却不仅仅是如何使公司拿到资金的问题。能够摆脱金融实践的思维局限，进而站在以法律风险管控为核心的公司治理角度来剖析公司融资问题，体现出他不仅有着对公司法律实践的敏锐见识，也展示出其作为一名经济法博士生的专业素养与理论功底。

本书的特点在于：从公司融资的一般理论着手，通过分析在金融抑制大环境下的公司融资路径，分析不同融资路径下的风险控制，对公司融资中的风险，特别是实际控制人的风险及其防范措施进行框架性介绍。详言之，本书分别对债务性融资、权益融资、融资新发展等给予详尽的介绍。从每一种融资方式的基础理论研究、融资特征及优劣势、所涉相关的法律规范，到业务实践中的具体操作模式、条件与流程介绍，对真实、典型、热点案例的深入解析，以及潜在风险的全方位应对举措等。而对于公司融资中隐形却不可忽视的政商关系，本书也并未刻意回避。最后，本书对企业财务危机的法律处置进行介绍，内容包括公司财务危机爆发时企业实际控制人如何抉择，公司如何自救，如何获得政府救助，两种常见的处置方式（保壳型与弃壳型）选择，以及在群体性事件下公司债务的处置等。就此而言，本书提供了全景式的公司融资路线图，并辅以各种案例、法规和数据，便于读者对公司融资的理解。

最后，我愿意借这个小序提及的是，飞翔博士多年来捐资助学，扶助学子成长。学生在勉力前行之余，引述冰心的诗句来表达内心的感激：“爱在左，情在右，在生命的两旁，随时播种，随时开花，将这一径长途点缀得花香弥漫，使得穿花拂叶的行人，踏着荆棘，不觉痛苦，有泪可挥，不觉悲凉。”

这又是怎样的一番融资行为——它基于金钱，但又高于金钱；它融出的是情怀，融入的是敬重……

是为序。

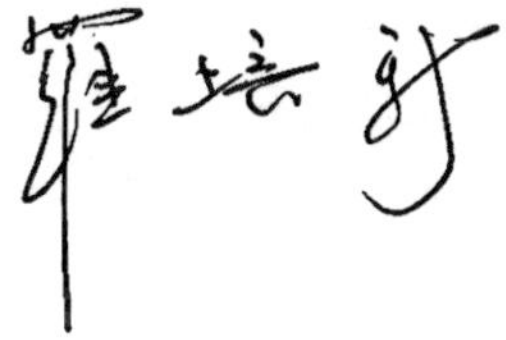

2016 年 3 月于上海

简　目

基础篇　融资一般理论

第一章　公司融资一般理论

进阶篇　融资具体路径与法律风险防范

第二章　债务融资

第三章 权益融资

第四章 融资新发展

第五章 政府作用

第六章 财务危机法律处置

详　目

基础篇　融资一般理论

第一章　公司融资一般理论

进阶篇　融资具体路径与法律风险防范

第二章　债务融资

第三章 权益融资

第四章 融资新发展

第六章 财务危机法律处置

附录一 协议范本及必备条款

附录二 相关法律法规节选

附录三 图表案例索引

基础篇

融资一般理论

第一章

公司融资一般理论

第一节
金融抑制环境下的公司融资

和企业家交流的时候，如果问到企业发展所遇到的困难是什么，绝大多数企业家回答中均包含“融资困难”这一项。如果还有时间细聊，那么可能还会有人感叹，企业家辛苦一年所挣利润数额尚不及支付给银行的贷款利息金额。无法融资的企业渴求融资苦苦挣扎，而融资过多的企业却为利息支付的沉重负担同样苦苦挣扎。两个同样的苦苦挣扎都与公司融资有关。融资结构与融资事务安排不当，轻则导致企业难以发展，重则导致企业家身陷囹圄，且在企业难以发展与身陷囹圄两极之间，还有若干种困局形态，包括企业陷入重大损失困境、实际控制人黯然出局等情况。公司融资是一个高度复杂的问题，涉及法律、金融等多个专业领域，而绝不是如何把外部资金引入公司就结束的简单话题。融资结构的安排、融资方案的设计不仅对于出资方有重大利益关联,即便对于融资方法,亦可能在机会的身旁酣睡着重大商业风险,而这个酣睡的怪物随时可能醒来,吞噬着企业家的一切。融资问题中的法律问题足以引起企业实际控制人的注意,并需要在事先有宏观的法律结构设计,实操上有微观的细节关注。

一、我国金融市场融资概况

有意思的是,无论企业的组织结构如何,也无论企业的发展阶段如何,大多数企业家对于资金都有一种长期渴望。企业家对于资金渴望的理由可能各种各样,诸如多元化、扩大生产,但大多数企业家都有充分利用资源,尽可能是最低成本获取融资的内在冲动。但可惜的是,可用于融资的资源是很有限的。2014 年 1 月末,广义货币(M2)[①]余额 112.35 万亿元,同比增长 13.2%;狭义货币(M1)余额 31.49 万亿元,同比增长 1.2%;流通中货币(M0)余额 7.65 万亿元,同比增长 22.5%。当月净投放现金 1.79 万亿元。[②] 人民银行统计,2014 年上半年末,金融机构人民币各项贷款余额 77.63 万亿元,同比增长 14%,增速比上季末高 0.1 个百分点;上半年增加 5.74 万亿元,同比多增 6590 亿元。[③]

① 广义货币(Broad money)是一个经济学概念,和狭义货币相对应,是货币供给的一种形式或口径,以 M2 来表示,其计算方法是交易货币(M1,即社会流通货币总量加上活期存款)以及定期存款与储蓄存款。

② 数据来源于中国人民银行官方网站,http://www.pbc.gov.cn/publish/goutongjiaoliu/524/2014/20140215154005631619866/20140215154005631619866_.html,2014 年 7 月 25 日访问。

③《2014 年 6 月金融机构贷款投向报告》,数据来源于中国人民银行官方网站,http://www.pbc.gov.cn/image_public/UserFiles/goutongjiaoliu/upload/File/披露 2014 年 6 月金融机构贷款投向报告.pdf,2014 年 7 月 25 日访问。

表 1-1　社会融资规模统计表

Aggregate Financing to the Real Economy (AFRE)

单位:亿元人民币

日期	社会融资规模 AFRE	其中 Of which						
		人民币贷款 RMB loans	外币贷款（折合人民币）	委托贷款	信托贷款 Trust loans	未贴现银行承兑汇票 Undiscounted bankers' acceptances	企业债券 Net financing of corporate bonds	非金融企业境内股票融资
2013.01	25446	10721	1795	2061	2108	5798	2249	244
2013.02	10705	6200	1149	1426	1825	-1823	1454	165
2013.03	25503	10625	1509	1748	4312	2731	3870	208
2013.04	17629	7923	847	1926	1942	2218	2039	274
2013.05	11871	6694	357	1967	971	-1141	2230	231
2013.06	10375	8628	133	1990	1208	-2615	323	126
2013.07	8191	6997	-1157	1927	1151	-1777	476	128
2013.08	15841	7128	-360	2938	1209	3049	1240	136
2013.09	14120	7870	891	2218	1130	-79	1443	113
2013.10	8645	5060	53	1834	431	-345	1078	78
2013.11	12310	6246	122	2704	1006	60	1424	147
2013.12	12532	4824	509	2727	1111	1679	287	369

注:1. 社会融资规模是指一定时期内实体经济从金融体系获得的资金总额,是增量概念。

AFRE refers to the total volume of financing provided by the financial system to the real economy during a certain period of time. It is a flow.

2. 数据来源于中国人民银行、国家发展和改革委员会、中国证券监督管理委员会、中国保险监督管理委员会、中央国债登记结算有限责任公司和中国银行间市场交易商协会等。

In the calculation of AFRE, data were from the PBC, NDRC, CSRC, CIRC, CCDC and NAFMII. ①

① 载 http://www.pbc.gov.cn/publish/html/kuangjia.htm? id=2013s18.htm,2014 年 7 月 25 日访问。

二、企业融资难问题及其体现

单从这些数据上来看，我们拥有高额的广义货币，贷款余额也很高，似乎企业的融资应该比较容易，但高额的广义货币与高额的贷款余额并不意味着各类型的企业都可顺利地获得贷款。长期身处企业法律服务的第一线，我们还是经常可以感受企业融资时的无奈。美国经济学家罗纳德·麦金农（R. I. Mckinnon）与爱德华·肖（E. S. Show）在20世纪70年代创立的金融压抑理论，至今仍对我们国家的金融现状有较强的现实意义。[①] 目前我们国家的融资结构中，中央企业以及垄断企业的资金用之不竭。这些机构不仅更易从金融机构获得融资，甚至这些机构本身就有设立金融机构的便利。这一点无疑在目前金融强管制的背景下的中国有极为重要的意义。小企业难以获得融资，大量新增的货币没有在实体金融中流动，相反却在金融机构的内部流动。由于利率管制和金融资源稀缺，又导致了进一步的金融领域的腐败与混乱。目前中国企业家往往面临不同的生产机会、融资状况，处于广义的资本市场分割状态。少量的国有企业、地方政府融资性平台、垄断企业以及可以产生较高利润的房地产企业，能够较为容易地得到外部融资，而大量非垄断、中小企业、创业者只能通过“自我融资”进行生产，或者只能通过典当行，甚至高利贷等不正规渠道获得融资。政府有时简单地认为低利率能够促进经济增长，高利率抑制经济增长，从而进行利率管制，人为地压低利率。而银行优先向低风险的国有企业或者垄断企业贷款，这些企业可能会利用低息贷款进行低收益投资，使整个社会投资收益递减。有时这些企业未能将这些低息贷款投入实业，而是转投到其他金融流通渠道，并通过这一些金融流通渠道使资金流入一些高风险高收益的行业。表面上这些国有企业获利，但这种获利并不是实业而产生的。而是基于金融资源垄断与金融压抑而产生的。这种获利如果在国民经济中所占比例较大，对于整个经济来说也并不健康。本质上来说，这是资源配置还不够优化，资金被配置到产出效率较低，但有政府信用背书的部门和领域（如地方投融资平台），而迫切需要资

① 所谓金融压抑，是指市场机制作用没有得到充分发挥的发展中国家所存在的金融管制过多、利率限制、信贷配额以及金融资产单调等现象，也就是说，金融市场发展不够、金融商品较少、居民储蓄率高。其表现为利率管制、实行选择性的信贷政策、对金融机构进行严格管理以及人为高估本国汇率，提升本国币值等。参见袁季：《金融压抑理论全接触》，载《证券导刊》2013年第11期。

金的民营公司融资难、融资贵。这样就导致一种奇怪的现象,即效率低的部门资金成本低,效率高的部门得不到资金或成本高企。这是一种很大的错位。

就融资结构来说,我们国家过多依赖于间接融资,直接融资在整个社会融资中的所占比例较低。相比较美国经济学家麦金农与肖的金融压抑理论,中国当前的金融压抑情况其实更严重。金融压抑理论认为金融资源会向国有企业以及具有垄断地位的企业集中。近几年大量出现地方政府融资平台类的公司。这些公司介于传统的公法人与私法人之间,亦公亦私,背后隐隐约约有政府兜底的担保,而从事的又是与土地、建设等相关的事务。更可怕的是,这类公司对政府要求、政绩敏感,但对利率不敏感。由于这些公司持有或通过政府的命令后续可以持有土地等资产,而这些资产价值在过去的一些年份中一直处于快速上升的通道,因此表面上这些公司所属资产的价值高于融资利息,而这又进一步增加了这些机构的融资冲动。由于这些公司背面深刻的政府背景以及政府背景所带来的隐性担保,这类机构的融资能力是极强的。即便是银行贷款之类的渠道慢慢收窄,这些机构也同样能通过各种变化后的融资渠道获得资金,比如实践中大量的信托贷款。这些机构可以通过多种融资通道向不特定的社会公众募集资金,并且由于他们的利率不敏感等原因,这种募集会变相推高融资成本,导致整个社会的融资成本增加。我国股票市场的发展,虽然具有打破间接融资方式的金融深化特点,但是,金融压抑特点更为明显。从股市过去的发展路径来看,起初政府强调股市为国企改革服务,实行发行额度审批制和后来的发行核准制,人为地造成了发行上市资格和股票的稀缺性。一般的企业难以通过股票市场获得融资,即便过五关、斩六将,获得上市资格,发行融资成功与否和发行规模大小,更多地取决于监管部门的审核。由于发行的不确定性和过高的发行溢价,使冲刺上市的公司具有极强的融资冲动和盲目投资冲动。一些上市被否的企业后来的经营陷入的困境,不排除部分原因是由于上市冲刺阶段的大力扩张以及一些短期化行为所致。

即便企业能够得到融资,融资成本也是企业需要考虑的重要因素。2011 年年底,民生银行行长洪崎的一番"企业利润那么低,银行利润那么高,所以我们有时候利润太高了,自己都不好意思公布"的言论,令银行高利润成为众矢之的。同为央企,工商银行 2013 年实现净利润 2630 亿元,[①]而同年宝钢企业的营

---

① 载新华网,http://www.yn.xinhuanet.com/nets/2014-03/28/c_133221339.htm,2014 年 7 月 25 日访问。

业利润仅为76.9亿元。[1] 不好意思公布，但不代表不好意思获取利润。不恰当的融资结构为导致事实上企业只是为银行打工，经营企业还不如将相应的投资变现，购买相关理财产品或以其他方式将资金投入金融渠道。但相比较而言，银行的融资成本在所有融资渠道中还属于相对较低、相对较规范的。目前融资渠道众多，如果融资渠道选择不当，那么企业面临的问题可能更为严重。而采用直接融资等方式进行融资，同样会产生融资成本，不仅包括股份发行的相关费用，还有后续的持续维持上市的信息披露、审计等相关成本。这些成本同样不菲。

目前融资发展出了多种形态，融资的方式更加灵活，出现了针对不同层次公司的产品与服务。融资渠道多样化在一定程度上有利于减弱目前的金融压抑。缺资金公司会渴死，太多资金公司会淹死，现实中这两种情况有可能是并存的，因地不同，因行业不同。在微刺激、微放松已蔚然成势之时，提醒公司始终保持清醒头脑，在考虑融资时更要基于自己的核心能力和创新能力，这并不算多余。面对纷繁复杂的融资渠道，需要企业家的智慧，能在获得融资与控制风险之间取得平衡。公司融资的成败并不以融入的资金多少作为评判标准，而应以适当性与否作为评判标准。企业家可能需要适当更新自己的经营理念，不一味求大。企业的融资需要综合考虑融资成本、产权分配、公司治理结构影响等各方面因素，从而选择优化的融资结构。

第二节
公司融资分类与融资选择

一、公司融资分类

公司融资分为内源融资与外源融资。内源融资是公司自身经营活动产生

① 载中国证券报官网，http://www.cs.com.cn/ssgs/gsxw/201401/t20140109_4278019.html，2014年7月25日访问。

的资金,其产生主要有两个来源:一个是企业家的初始投入;另一个是企业经营过程中的盈余。内源性融资自主性强,是成本最低、风险最小的融资渠道。除企业家初始投入外,使用经营过程中产生的盈余不仅不会稀释原有股东的每股收益和控制权,同时还可以增加公司的净资产,支持公司扩大其他方式的融资。此外,这种融资成本很低,没有外源融资所产生的利息、各种发行费用等。事实上,在发达的市场经济国家,内源融资是企业首选的融资方式,是企业资金的重要来源。内源融资的不足之处是需要有一定的积累期,受公司盈利能力及积累的影响,融资规模受到较大的制约,不可能进行大规模的融资,股利支付过少不利于吸引股利偏好型的机构投资者,公司投资的吸引力降低。

外源融资是指公司通过一定方式向公司之外的其他主体筹集资金。根据筹资的工具和中介不同,外源融资的主要方式有银行贷款、商业票据发行、债券股票的发行、风险资本投入等。外源融资的优点是资金来源广泛、方式多样、使用灵活,可以满足融资公司的多种需求。特别重要的是,它是融资方与出资方的桥梁。现代金融活动最主要的就是与外源融资相关的活动。正如天下没有免费的午餐,外源融资存在比较严格的融资条件,需要支付融资成本,存在一定的融资风险。外源融资对公司有一定的要求,如果涉及公开市场融资,比如公开发行债券或股票,条件比较严格,还有相关的行政审批程序,不符合条件者无法获得资金供给。一部分外源融资还有固定成本,如果到期不能清偿,可能会引起公司债务危机,严重时可能会使公司面临破产清算。外源融资也有可能使原有的公司实际控制人面临着企业失控的风险,可以有陷入股东纷争、导致公司僵局的风险。

针对公司外源融资,亦有许多分类,常见的分类包括直接融资和间接融资,债务融资与权益融资等分类方式。直接融资是指没有金融机构介入的融资方式,是指拥有资金的主体与融资公司相互之间直接进行资金往来,或者在金融市场上购买融资公司发行的有价证券,将货币资金提供给所需要补充资金的融资公司从而完成融资的过程。间接融资则是与直接融资相对应的概念,是指拥有资金的主体将资金提供给金融机构,然后由金融机构将这些资金以贷款等方式提供给融资公司的一种方式。在这种方式下资金的出资方与融资方不直接见面,他们之间不发生直接的债权债务关系,而是由金融机构介入其中,有点类似于中央对手方。这样分散的小额资金通过银行等中介机构汇集起来,这样就不需要出资方与融资方之间关于资金数额、期限、利率等一一匹配，而是由金融机构依据其业务规则进行办理，并在一般情况下承担相应的交易风险。由于这些金融机构拥有较多的信息和专门人才，并且具有较强的资信，因此对于保障资金安全和提高资金使用效益均有好处，有利于资金利用。

除直接融资与间接融资的分类外，外源融资的另一重要分类为债务融资与权益融资。由于本书着眼于从企业实际控制人的角度看待企业的融资路径与风险防控，且从债务融资与权益融资的分类角度更容易分析企业融资成本、公司治理与企业控制等问题，因此，本书采用的分类即为债务融资与权益融资。债务融资是公司所融资金作为公司债务，届时需要还本付息的一种融资方式。权益融资则以让渡一部分权益性资金作为条件融入资金的一种融资方式。债务融资最主要的渠道为银行贷款，除此之外，还包括信托贷款、债券、民间金融等多种方式。权益性融资则包括增资、股票上市发行等多种方式。此外，近年来融资渠道与融资方式已经有了较大发展，比如大资管背景下的各种理财产品、新型结构化产品、预付卡、互联网金融等。

二、公司治理结构视野下的融资选择

现代公司里通常存在两种冲突：一种是股东和管理者之间的冲突；另一种是债权人和股东之间的冲突。伴随这两种冲突的是相应的股权的代理成本与负债的代理成本。不同的融资模式对公司治理产权配置有重大的影响。公司治理本质是一个合同，是有关公司控制权和剩余索取权分配的制度安排。融资问题不仅是一个融资合同，合同中约定了双方的权利义务，本质上这些融资是资金背后产权主体相互依存、相互作用共同构成的某种制衡机制的配置问题。

债务融资与权益融资本质上具有不同的企业所有权的配置特征，是公司治理的基础。债务融资与权益融资与其说是融资工具不如说是控制和治理，融资结构决定公司利益相关者对公司不同时期的治理机制，股东是公司的所有者，拥有企业的剩余索取权和剩余控制权，但当企业资不抵债、无法偿还债务时，债权人相对于股东则优先取得企业资产的分配。公司不同的融资安排选择就是公司不同治理机制的选择，融资决策就是通过确定企业最合适的融资结构，形成有效的制衡机制，约束代理人行为。通过权益融资，公司的治理结构会发生明显变化，这一点很容易理解。比如一个公司通过增资，引进外部的投资者，公司完成了融资。此时,外部的投资者成为公司的股东,必然要参加并影响着公司的治理结构。外部的投资者转化成公司的股东后,至少会享有资产收益、参与重大决策和选择管理者等权利。但这只是最善意的投资者,一般投资者可能还会要求一些特别权利。这些特别权利有一些针对原实际控制人,比如一般增资合同中常见的回购条款、估值调整条款(对赌)。投资者也会有些针对公司治理本身的特别要求,比如特定事项的同意、人员安排等。融资后公司无论从治理结构还是公司控制方面都会发生深刻的变化。公司在选择不同的融资方式时,就决定了其控制权在出资人之间转移的顺序和时间。在公司持续经营过程中,实际控制人可以行使对企业的控制权,但股东的控制和干预方式会因为股权结构的不同而不同。如果所占股权比较大,一方可以通过"用手投票"进行控制,另一方则通过"用脚投票"来表达对企业经营者行为和重大决策的抗拒。但融资方法选择不当,实际控制人可能会陷入既无法用手投票,也无法用脚投票的窘境。

权益融资影响公司治理与公司控制,那么债务融资和公司治理有关吗?当然也有关系。债务融资首先影响着股东的剩余分配权,债务融资中的利息支出将作为成本列支。一些重要的债务融资合同,债权人往往都会对资金用途进行相应的限制。例如,在银行贷款合同中,一般会约定贷款用途,如果违反这些用途的约定,不仅可能导致违约责任,甚至贷款也会加速到期。此外,债权人也会对企业的一些行为予以约束,比如说某些重大资产的处置行为必须征得银行的同意,某些行为必须在发生后的一定时限内通知银行。如果是公众公司,由于公司所有权与经营权两权分离,债务融资可能会更深刻地影响到公司治理。公司通过权益融资引入的资金,比如发行股票,由于股利分配本身较弱的约束性,公司的管理层利用资金的弹性更大,而通过债务融资而融入的资金,是公司所必须偿还的。公司管理层必须考虑在债务到期时,公司要有足够的收入或其他现金,以偿还债务本息,否则面临的将是诉讼与破产。这将可以减少经理随心所欲支配的现金,进而抑制经理追求扩张公司的过度投资行为。但从另一角度看,债务融资规模过大也会增加委托代理成本。由于债务规模过大,管理层可能倾向于投资高风险高收益的项目。

公司融资时应该优先考虑债务融资还是权益融资?这是个见仁见智的问题,也是一个需要具体情况具体分析的问题。如前所述,债务融资与权益融资对公司的影响、对公司治理和公司控制的影响程序都是不一样的，且对于实际控制人的利益影响更加差异巨大。

债务融资一般收益相对固定，当一个行为的平均利润率超过相对固定的利息时，大多数的企业实际控制人更愿意通过债务融资的方式进行融资。这一点在房地产行业中表现的特别明显，大多数的房地产开发企业更易选择债务融资方案。就权益性融资和债务融资两种融资方式的繁杂程度而言，债务融资占有一定的优势，债务合同均明确规定了如偿付条款、利息和其他有关限制条件，实际控制人的预期比较明确，而权益性融资股权比例事先能确定以外，虽然也可以对公司治理进行一定的约定，但这种约定的履行及其效果仍有赖于外部投资者的监督与企业实际控制人的合作。即使公司的实际利润率高过利息成本，并且权益性融资的内生交易费用要高于债务融资，但单纯从融资角度分析，还是会有许多公司选择权益性融资。原因则多种多样，可能因为权益融资可能获得较高对价，比如上市，通过发行新的股份原实际控制人的股份价值也得到快速提升，也有可能是从安全的角度考虑，避免公司的经营业绩波动时的偿债能力，也有可能是为了改善公司的资本结构，降低公司负债率，为进一步的融资做好准备。更何况，除了融资角度，实际控制人还可能会有诸多其他考虑，如社会资源的合作、专业人才的激励。

公司虽然可以通过债务融资、权益融资等渠道获得资金，但这并不是随意选取的，而是存在一定的先后次序。对于公司融资顺序有重大影响的理论是权衡理论与融资优序理论。权衡理论认为，随着公司债务扩大，公司的财务风险增大甚至会有破产可能，融资成本会越来越大，因此最优融资结构取决于免税收益与上述增加的成本之间的均衡。当负债公司的税收利益现值的增量速度等于预期财务融资成本现值和代理成本现值的增量速度时，公司举债比例达到临界点，此时公司价值最大。优序融资理论则以不对称信息理论为基础，并考虑交易成本的存在，认为权益融资会传递企业经营的负面信息，而且外部融资要多支付各种成本，因而企业融资一般会遵循内源融资、债务融资、权益融资这样的先后顺序。该理论认为存在一个可以使公司价值最大化的最优资本结构，并且以对不同性质的资本进行排序的方式，给出了决策者应当遵循的行为模式。由于权益融资的融资方会介入公司的经营中，根据公司法规定，即使融资方在公司中仅是小股东，法律也对其知情权给予必要的保障。同时不同股东的存在也会增加公司内部运营的协调成本,并且会导致公司经营的负面信息外传。

目前中小企业的经营或多或少都可能存在一定的不规范,诸如税收、劳动用工、环境保护等各方面,公司的实际控制人并不愿意一个"外人"来获悉这些信息。一般情况下,公司的实际控制人偏好信息成本较少的融资方式,这就会导致公司优先考虑债务融资,其次还会考虑权益融资。在现实中,在进行债务融资中,间接融资发挥了极大的作用。虽然金融媒介事先对资金使用者进行甄别并以签订合同来约束资金使用者的行为,但在事后对资金使用者进行监督时,由于金融媒介的组织专业化使其能以较低成本完成其职能,因而间接融资方式对资金使用者信息透明度的要求相对较低。

在当今中国,大部分非公众公司经营活动透明度比较差,间接融资就成为他们主要的外部融资选择。但由于大企业相对于中小企业,其经营透明度和抵押条件上有所区别,并且由于边际效应的存在,单位贷款处理成本会随着单笔贷款金融的提高而下降,因此,金融机构更愿意为大型企业提供融资服务。我国以大银行为主的高度集中的金融体制,不可避免地造成了我国中小企业的融资困难。

在西方发达的资本市场,有较完善的信息披露规则,这可以较好地解释企业的融资动机。但在中国则并不完全适用。如果公司发展到一定规模,相较于债务融资,公司更偏好于权益融资,有人称此为异常优序融资理论。这并不是因为公司更易于接受信息披露等规则,主要原因还是中国扭曲的资本市场结构。由于中国股市的高市盈率,以至于一旦上市,不仅可以募集大量资金,而且实际控制人原先持有的股份亦会大幅度增值,并且具备高流动性,这样实际控制人就不会考虑信息披露、公司证券市场合规性审查维持等成本。因为股市高溢价所带来的效应,一些其他公开发行市场,如新三板、四板之类的交易市场也带来企业挂牌的冲动。更为重要的是,一旦公司完成权益融资,公司的财务结构则得到明显改善,此时公司的债务融资能力会进一步加强。比如说,公司权益融资后,其权益资本增加,此时企业的负债率会下降。债务融资时,融资方对于公司的负债率会有所考虑的,太高负债率的公司要么难以获得债务融资,要么其债务融资的成本会高于一般企业。如果是上市公司在公开市场进行融资,此时公司就具备了双重融资能力,企业实际控制人由于股份高流动性也具备了较高的融资能力,其可以通过上市公司股份质押的方式进一步获得融资。

通过股权融资,适当的外部力量的引入有助于公司治理结构的优化。在集权股稀释的过程中,公司利用股票市场的筹资功能,为公司融通永续发展的资金,可以极大地增强竞争实力。同时,公司受到外来的监督和约束,为健全企业制度提供了必要的外部条件。此外,实际控制人和其他持股者可以通过证券市场变现自己的股权,从而为退出企业提供制度平台。相对于中大企业,小企业的融资还会遵行债务融资、权益融资的顺序,虽然这有时也是不得已的选择,但在融资时还要适当考虑融资均衡理论与异常融资优序理论,充分考虑债务融资与权益融资灵活结合运用,让企业达到最佳融资状态。一般的融资理论存在一个前提,即公司实际控制人熟知各种融资手段,实际控制人在公司融资过程中的主要任务则是选择适宜的融资方式,以求有效地传递企业内部信息。而有关公司融资结构的研究却表明,许多公司的实际控制人在获得各种融资方式、种类、来源等信息方面存在严重不足,“金融缺口”存在的一个重要因素在于公司实际控制人对融资方面信息的“知识缺口”。若实际控制人的知识缺口小,则实际控制人能在融资谈判过程取得相对有利地位,而知识缺口大的话,实际控制人只能在有限的几种融资手段中选择,而这样的融资结构极有可能是低效率、高成本的,并且这样的融资结构在公司后续融资过程中会传递错误的信息,不利于公司的再融资。因而通过各种手段使公司实际控制人了解各种融资方式,特别是新近涌现的融资创新,对解决公司融资困难也能起重要作用。

第三节 公司融资新趋势

目前我国的公司融资总体上是以债务融资为主,权益融资为辅的情况。我国也正在努力推进权益融资的手段,为权益融资提供外部的制度保障。比如说,我们的证券立法逐步完善,审核标准逐渐清晰,让通过股票发行进行融资相对更具有可预期性。我国也在推进多层次的资本市场的建立,这些多层次的资本市场已经或将在公司融资事务中发挥更大的作用。[1] 但无论资本市场如何发展,当前权益融资还是有一定的门槛的。公开市场的权益融资一般对于企业规模有一定的要求,而且成本较高。即便是一般的权益融资,对于大多数企业来说,也有一定难度。比如大多数情况下风险融资仅是高科技中小公司的融资手段,不适用于一般类型的中小公司。部分公司特别是中小公司在权益融资过程中存在种种障碍,因而也就不会成为这些公司的优先融资方式。公司自身发展的不确定和其他一系列不对称信息使外部投资者将这些公司权益融资市场视为"柠檬"市场成为理性选择。这些公司在资产价值被低估的同时还要失去公司控制权,因而很多情况下权益融资对中小公司而言不是一个现实选择。这种现象被称为"强制性优序融资"。因此,事实上对于部分公司来说,存在"强制性优序融资",部分公司只能优先选择债务融资方式,当中包括商业信用、金融机构借款等多种方式。

一、债务融资

债务融资方案中,融资方与公司实际控制人存在信息不对称的问题。在债务融资中,实际控制人一般比出资方更清楚公司成功的概略和偿还融资的条件及动机,正如劳动合同履行上雇员比雇主更了解自己的技能和工作努力愿望。由于信息的不对称,债务融资中就存在各种各样的风险。如果信息是完全的以及人们对信息的处理和分析是充分理性和合理的,并且不存在信息成本,决策就不会失误。比如,出资方不会向明知信用状况极差的公司贷款。显然,这仅仅是一种假设的市场条件,真实世界中的信息从来就不是完全的。即使债务融资前的信息是充分、完整的,在融资行为发生后,也有可能发生融资用途变更的情况,如实践中广泛存在的短贷长投的情况。公司以流动资金贷款的名义贷得资金,但在资金价格持续快速上涨的预期下,公司会把这些资金投入长期的项目建议,实际变更了资金用途。为了解决信息不充分以及事后融资用途改变的风险,金融机构会非常注重抵押等担保措施。实践中,抵押有"担保之王"的

---

① 我国资本市场从20世纪90年代发展至今,资本市场已由场内市场和场外市场两部分构成。其中场内市场的主板(含中小板)、创业板(俗称二板)和场外市场的全国中小企业股份转让系统(俗称新三板)、区域性股权交易市场、证券公司主导的柜台市场共同组成了我国多层次资本市场体系。

称号。

要求担保是金融机构的理性选择,但过度使用担保措施则会带来严重的后果。过度关注担保可能会导致大量企业的融资困难。比如说,许多企业自有资产少,适合有效抵押的资产更少,难以提供满足贷款要求的抵押品。有时抵押贷款要求的担保手续繁琐,成本高,还可能产生评估、保险等额外费用。银行要求的联保等方式则是银行过度要求担保的一个典型现象,经常发生。当一个银行向一个债务人提起诉讼时,可能一个案件里债务人是一个,担保人却有十几个,法院设置的被告席位都坐不下,有些担保人只好坐到旁听席上。有些被告则无法送达,法院只好采用公告的方式送达,并对无法送达的实行缺席审判。这样的话案件往往旷日持久,法院也不堪重负。当然,银行对第二还款来源的关注远超过第一还款来源时,这时债务融资市场就出现了扭曲。第一还款来源是借款人生产经营活动及与其相关的发展与其的产生直接用于归还借款的现金流量总称,是债权人对借款人在发放贷款前确定投放方向、金额、次数和还款时间的直接依据,而科学地分析公司的第一还款来源对银行的经营决策有决定意义。第二还款来源主要体现在担保中,是债权人的风险缓释措施。目前我国债务融资中应以考察第一还款来源为主,没有稳定收入来源的原则上不应放贷。但实践中,单纯的信用贷款难以获得,大多数情况下,债务融资方案中都会附加相应的担保措施。有些金融机构片面地把公司能否提供抵押物作为贷款的主要依据,忽视了对公司实际偿付能力的分析,且在贷款评估结果中也重点考虑房地产等抵押物的市场价值,而对第一还款来源却很少过问。这样信贷资金的安全性,仅体现在估价时点的公开市场价值折扣比例上。过度关注担保会导致风险事件发生后的处置困难。比如说对于一些抵押品,变现困难,一旦无法还款,银行处置抵押财产时效率低,费用高,难度大。例如,* ST 超日(002506. SZ)实际控制人倪开禄父女曾经数次通过股权质押向多家信托公司融资,而其所质押的是不可上市流通的限售股。随后超日股价一路下跌,且几经停牌交易,但信托公司难以处置超日股票,只能要求倪氏父女不断补充质押。类似的情况还有许多,很多时候实际控制人就可以利用抵押物的处置过程中的各种环节和困难与债权人协商,达到续展甚至是削减债务的目的。有时候,债务处置可能会引发社会事件,比如说浙江的互保圈事件,由于互保事件层层发酵,可能引发政府对当地经济平稳发展有担忧,从而导致政府的介入。

二、普惠金融

近几年来，普惠金融概念得到了广泛普及。党的十八届三中全会明确指出完善金融体系，首次将“发展普惠金融”列为党的纲领性文件中。这一理念也必将影响着公司的融资市场，并将在公司融资结构改善、融资渠道多样化、融资成本回落等方面产生积极的影响。“普惠金融”译自英文“Financial Inclusion”，是联合国在宣传2005国际小额信贷年时率先使用的词汇。普惠金融机制应该能让公司以可负担的成本，有效地获得金融服务。由于传统金融体系倾向于为大中型企业和富裕人群提供金融服务，许多公司被排斥在原有的金融服务体系之外，公司融资困难。近年来，公司融资市场出现了一些新的趋势，至少包括以多样化的融资主体、更普遍的融资服务对象、灵活的融资手段。

从融资主体上来看，此前的债务融资主要集中于银行体系，但近年来，债务的类型得到了较大的发展，除了传统的商业银行外，非银行金融机构以及一些非金融机构或类金融机构，甚至包括一些资产管理公司，也开始涉足这一领域。此外，对于权益融资，出现了一大批专业的投资机构，不仅包括传统的投资公司，还包括私募股权基金，各类的PE、VC以及天使基金等。

从融资服务对象来看，由于融资机构的发展，可以获得融资的公司类型增加了，能够获得融资的公司数量也会增加。这一点相对于权益融资来说，变化更为明显。对于债务融资来说，由于不同种类的融资机构存在，原先不符合银行等融资条件的公司也有可能获得债务融资。

从融资渠道来看，原先银行注重抵押、保证等方式，而现在作为第二还款来源的担保方式也变得多样化。除了单纯的抵押融资方式，还有一些创新的设计，比如通过一些结构化的产品，以结构化为基础，让劣后级的产品份额实际上为优先级份额提供了托底，相当于优先份额持有人获得了某种程度的保障。

政府在解决融资难的过程中也做了不少努力。在债务融资中，有一些有政府背景的担保公司可以帮助企业获得融资。在公司需要偿还贷款时，政府甚至可以提供一笔过桥资金帮助公司偿还银行贷款，然后由公司再从银行获得续贷，确保公司的信用记录不受影响。在权益融资中，对于一些新兴的行业，政府可能会成立一些引导性资金入股公司。对于公司的公司公开市场权益融资，比如上市，甚至是登陆新三板等市场，政府也会对融资过程中发生的费用予以支持。这些都有助于公司的融资。虽然融资主体增多、融资对象增加并且融资渠道灵活,但目前公司融资难的问题并没有得到真正的缓解。相反,随着各类金融创新的出现,融资贵的问题愈发突出。这并不符合普惠金融的内涵。普惠金融要求公司能够获得可以承担成本的融资。目前部分创新使金融融资的链条加长,由于链条的各环节都有获利的需求,相累加起来,总体融资成本会上涨。最终能承受这些融资成本的主要是两类公司:一类是利润率相对较高且对资金需求量大的房地产行业;另一类就是和土地有关且对融资利率不敏感的地方政府融资平台。由于这两类公司事实上对于资金起到了虹吸效应,反过来也推高了整个社会的融资成本,从而使一般行业难以承受这些被推高了成本的融资。政府也意识到了这个问题,但短期来看,尚没有有效、可行的解决方案。

第四节
不同融资结构下的公司治理与风险控制

一、融资结构下的风险概述

融资结构指公司在取得资金来源时,通过不同渠道筹措的资金的有机搭配以及各种资金所占的比例。具体地说,融资结构是指公司所有的资金来源项目之间的比例关系,即权益资产与债务资产的构成态势,是资产负债表右方的基本结构,主要包括短期负债、长期负债和所有者权益等项目之间的比例关系。因为公司的融资结构不仅揭示了公司资产的产权归属和债务保证程度,而且反映了公司融资风险的大小,即流动性大的负债所占比重越大,其偿债风险越大,反之,偿债风险越小。从本质上说,融资结构是公司融资行为的结果。

公司融资是一个动态的过程,不同的行为必然导致不同的结果,形成不同的融资结构。公司融资行为的合理与否必然通过融资结构反映出来。合理的融资行为必然形成优化的融资结构,而融资行为的扭曲必然导致融资结构的失衡。当然,不同公司经营所处的阶段和经营特点不同,对资金的数量需求和属性要求也就不同,从而形成了不同的融资组合。公司融资需要安排一个健康的融资结构,根据公司的经济现状对于不限类型、不限期限的融资予以合理的安排。融资结构安排妥当可以较好避免企业的风险,但光凭合理的融资结构还不足以规避公司融资风险,至少公司融资时还应有必要的风险转移与风险对冲的安排。风险转移包括保险等手段。公司每年的预算中适当安排保险费用,这样一旦出现极端情况如火灾,公司可以通过保险公司的理赔恢复或部分恢复经营。当然,保险又是另外一个非常专业的领域,存在很高的知识壁垒,此时公司可以借助外部专家的力量选择合适的保险产品。风险对冲的手段则针对多种风险,可以引入多个风险因素或承担多种风险,使这些风险对冲。常见的例子包括资产组合使用、采用套期保值的策略进行期货交易等。2006 年国资委颁布的《中央企业全面风险管理指引》虽然主要针对国有企业,但这指引中确定的若干原则与风险管理的方法还是值得各位公司实际控制人适当参考与借鉴的。

不同融资结构下公司治理结构各有其特点,由此产生的风险控制措施也不尽相同。在债务融资方案中,一般情况下,债权人不会过度介入公司治理中,但一些融资合同中也会对融资款项的用途予以约定,并设定违反用途使用资金的违约责任。这些违约责任除了提高资金使用成本外,如提高利率、要求支付违约金,还有可能导致提前还款。一旦提前还款的要求成立,这就会对公司的资金安排构成较大的影响。对于公司来说,有可能面临着民事责任、刑事责任等多种风险。除提前还款打乱了公司款项安排而导致的公司还款困难以外,也有可能因其他原因导致公司无法按期还款。有些原因可能是突发的,比如说忽然遇到一笔大额坏账或者公司遇到突发事件,如火灾、水灾导致的生产停滞而无法还款。有些原因则可能是结构性的,比如短贷长投导致的公司融资结构不合理。短贷长投是一种非常危险的财务操作方式。在这种情况下,公司必须有足够的能力持续创造良好的经营活动现金流,并且银行还不抽贷,持续对公司保持信心。否则,如果公司资产的盈利能力下降,经营活动现金流匮乏或者银行抽贷,就会使公司资金周转发生困难,从而造成流动比率下降、偿债能力恶化,陷入难以自拔的财务困境。

自 2008 年以来,许多公司都沉陷短贷长投的泥沼。2008 年国家推出了四万亿的刺激政策,许多公司都预期资产价格会快速上涨,因此,许多公司都加大资产的投入,比如购置更多的土地,建造更多的厂房。事实上,在 2008 年的随后两三年里资产价格也在快速上涨。这些快速上涨的资产又使公司的抵押物价值更高,公司融资能力更强,但一旦遇到经济回落或者银根紧缩、银行抽贷,公司就会腹背受敌,一方面,已开工项目建设还需要继续资金投入;另一方面,因为经济下行导致公司盈利减少,如果银行的贷款不能追加,甚至还抽贷,那么这个公司就极有可能陷入到困境,从上升期一步坠落到泥淖中。

在债务融资方案中,实际控制人提供担保的情况极为普遍。从本质上来说,这体现债权人对于公司有限责任而对股东带来过度保护的不信任。有限责任是人类社科历史上最伟大的发明,通过这个有限责任机制的设置可以保护股东免受公司债务的追索,鼓励股东的投资行为,并且使这些投资的转让成为可能。但目前中国并没有一套完善的信用公示公信系统,公司动作机制不透明,大量存在恶意通过公司有限责任逃废债务的情况,因此,债权人往往在融资时把公司实际控制人作为连带责任保证人一并纳入债务体系中。此时,公司的实际控制人的命运和公司是一体的,公司的债务某种意义上也就是公司实际控制人自身的债务。更为甚者,许多债务融资方案中甚至把公司的职业经理也拖入了担保体系。比如有些债务融资方案会要求公司的总经理、财务总监一并作为担保人。除了明显的担保,一些公司运作过程中产生的行为也会让公司实际控制人承担责任,如虚假注册与抽逃出资的行为。公司运作过程中的不规范也会导致实际控制人责任的增加,比如公司有些费用不好出账或者有些费用没有相应的发票,许多案例中,公司的财务就直接把这些难以账面记载或者没有相应发票的支出作为往来款记到实际控制人名下,成为实际控制人对公司的借款。如果公司因为债务危机而进入破产清算环节,破产管理人则会依法对实际控制人进行追讨。实际控制人有时能讲清这些款项的去向,有时因时间久远,已经讲不清楚款项的具体去向,但即使实际控制人一直辩解,大多数情况下这些债务还是会变成实际控制人背负的个人债务。没有到破产程序也不代表实际控制人就是安全的,法律上允许代位诉讼的存在。如果公司融资后产生清偿不能,并且这些债务危机成为群体性事件,此时的公司实际控制人就非常危险了。我国的行政管理相对简单粗暴,各级政府又有维稳的巨大压力,因此,一旦出现群体性事件,我国的政府往往会主导纠纷的处置,而结果很多时候是对实际控制人一抓了事,通过抓人而平息、缓和债权人的怒火。实际控制人可能涉及的与融资有关的风险包括民事法律上承担连带责任、刑事法律上单位犯罪过程中直接责任人承担相关刑事处罚等。

权益融资方案中，公司没有刚性的外部负债，相对来说较为安全，但权益融资会带来公司治理结构的变化，导致公司运作成本的产生。相对于实际控制人来说，至少有两个风险：一是公司失去控制的风险；二是公司权益融资过程中的个人责任。由于权益融资后，一般情况下出资方将成为公司的股东，这样出资方就享有股东所有的一些权利。根据公司法的一般规定，公司股东享有资产收益、参与重大决策和选择管理者等权利。进一步细化来说，公司股东享有的权利包括知情权、决策权、监督权等。除了公司法所赋予股东的这些权利外，有些投资者还会要求一些特别的权利，比如在一些投资合同中常见的拖带权，甚至在许多项目上要求一票否决权，有些投资机构还要求参与公司的人事，派驻关键岗位的管理层，如财务总监、董事会秘书。此时实际控制人对公司的控制力度会明显减弱，受到许多制约。当然，这种制约也可能在后续的融资中给予出资方以信心。比如有些项目，如果前期有较为知名的投资机构投资，那么许多后续的投资者会认为这个公司的公司治理相对完善，实际控制人的行为被约束在一个相对合理的边界内，这样有助于引进后续的投资。有些投资甚至就是直接采用跟投方式，省去了尽调、谈判方面的交易成本。多轮融资之后，公司的实际控制人可能对公司的控制力就会非常弱了。如果公开市场融资，公司变成一个公众公司，此时还面临着敌意收购或遇到原来投资人的联合反对等问题，实际控制人就有可能出局。

二、公司实际控制人的风险分析

权益融资虽然相对于公司较为安全，但对于实际控制人则未必。许多投资合同中可能会设置回购条款、估值调整条款(对赌条款)。这两个条款都会牢牢锁住实际控制人，一旦出现回购条款，实际控制人个人就会背负巨额的个人债务。更难处理的是，回购条款要求实际控制人个人回购，而估值调整条款则要求公司业绩的高速增长。这两个条款一旦配合起来使用对实际控制人的压力就会非常大。为了完成业绩对赌，实际控制人一般情况下只好把所融资金全部投入公司经营，走快速扩张的道路，一旦回购，此时实际控制人已经无力回购股份，实际控制人的资产也就主要体现成这个公司的股权了。有时不得已，实际控制人只得另行出售自己的股份以筹集资金回购原投资人的股份。

在公开市场融资如上市融资，根据证监会的规定，不允许有对赌之类事项的存在，但并不意味着公开市场融资就没有风险。除此之外，有些看起来很美的融资往往隐含着失败的种子。比如说上下游之间的融资，一方是生产，另一方是销售，生产方获得销售方的融资或者销售方获得生产方的融资，这看起来对双方都是有利的，一方巩固了货源，另一方稳定了市场，但这种融资结构下也极有可能产生纠纷。大多数情况下这些纠纷产生的原因系因为关联交易。虽然双方事先可以确定关联交易的一些原则，但实践中关联交易产生的事务众多，难免有双方无法事先约定之处，这样就容易在双方产生纠纷。股东间一旦产生纠纷，则公司的经营发展就会受到很大的制约，严重时甚至导致公司的清算。还有一些融资，看起来是引进了大的机构，有助于增强公司的股东背景，但由于经营理念、文化方面的差异，这些融资机构可能并不接受原先的管理方式，或者这些融资机构决策流程复杂，让实际控制人觉得太官僚，长久以后实际控制人觉得厌烦，这都为后续股东纠纷埋下隐患。还有些投资机构在同一行业投资了多家公司，那么这些公司的实际控制人就需要考虑保密以及同业竞争等问题。

实际控制人在融资过程中面临的风险多种多样，有些是经营管理的风险，有些是个人责任甚至是个人刑事责任的风险。这些风险大体上还是可以纳入公司治理的框架内讨论、解决的。公司治理不是一个宽泛的学术概念，而是与公司实际控制人切身相关的实务问题。任何融资行为都或多或少地体现到后续的公司治理结构中，此时优化融资结构并寻找最合理的公司治理结构就成为公司实际控制人控制风险的最重要的手段。

进阶篇

融资具体路径与法律风险防范

第二章

债务融资

第一节
银行贷款

在本书的第一章，我们已经将融资分为债务融资与权益融资。因此本章重点内容在债务融资，包括各种不同类型的债务融资方式、融资主体、具体操作流程、各债务融资方式之间的区别以及融资附随产生的风险。

其中，第一节银行贷款可以说是债务融资的重头戏。浙江省社科院2014年度《浙江蓝皮书》显示，浙江民营企业90.54%的资金源于银行和其他金融机构贷款。可见民营企业资金的来源几乎都是金融机构贷款。[①] 同时，根据2013年我国工商总局官方网站发布的数据，截至2013年3月底，我国实有企业1374.88万户，同比增长0.61%。其中，私营企业1096.67万户，增长1.01%，占企业总数的近80%。可见民营（私营）企业占总体的80%，增幅

① 参见21世纪经济报道，http://finance.21cbh.com/2014/7-22/2MMDA1ODlfMTI0MDY2Mg.html，2014年7月23日访问。

近所有企业的2倍。[①] 按比例推论，可知通过银行及其他金融机构贷款的占比居高不下，也凸显银行贷款在企业融资中的重要性，因此，对银行贷款进行研究的必要性不言而喻。

一、银行贷款概述

贷款即为借款、借贷，借款人与贷款人双方意思表示达成合意，贷款人发放贷款、借款人接收贷款，是一种最为古老且最典型的融资方式。银行贷款是贷款人为银行等金融机构的一种特殊借贷形式，与民间借贷有所不同。

（一）银行贷款适用的相关法律规范

银行贷款应符合相应的法律法规及其他规范性文件的规定。法律层面，主要是全国人民代表大会常务委员会（以下简称“全国人大常委会”）于1995年颁布的《中华人民共和国担保法》，全国人民代表大会（以下简称“全国人大”）1999年颁布的法律《中华人民共和国合同法》（以下简称《合同法》），以及2007年颁布的《中华人民共和国物权法》。

部门规章和规范性文件层面，主要是1996年中国人民银行出台的部门规章《贷款通则》，中国银行业监督管理委员会（以下简称“银监会”）出台系列部门规章及规范性文件，于2004年出台的《商业银行房地产贷款风险管理指引》，2006年出台的《商业银行小企业授信工作尽职指引（试行）》，2007年出台的《银行开展小企业授信工作指导意见》《小企业贷款风险分类办法（试行）》，2008年出台的《商业银行并购贷款风险管理指引》，2009年出台的《固定资产贷款管理暂行办法》《项目融资业务指引》，2010年出台的《流动资金贷款管理暂行办法》《关于进一步做好中小企业金融服务告知的若干意见》，2011年出台的《银团贷款业务指引》，对贷款人为中资金融机构，与借款人为依法取得贷款的法人、其他经济组织、个体工商户和自然人之间的借贷关系进行规范的准则。

在司法解释层面，最高人民法院（以下简称“最高法”）司法解释或相关文件主要包括最高人民法院《关于适用〈中华人民共和国担保法〉若干问题的司法解释》、最高人民法院《关于人民法院审理借贷案件的若干意见》、最高人民法院

---

① 参见工商总局官网，http://www.gov.cn/gzdt/2013－04/19/content_2382198.htm，2014年7月23日访问。

《关于对企业借贷合同借款方逾期不归还借款的应如何处理的批复》、最高人民法院《关于逾期付款违约金应当按照何种标准计算问题的批复》等。

表 2－1 部分主要法律规范

银行贷款适用的相关法律规范					
序号	名称		颁布机关	时间	备注
1	法律	《合同法》	全国人大	1999 年	
2		《物权法》	全国人大	2007 年	
3		《担保法》	全国人大常委	1995 年	
4	部门规章	《贷款通则》	中国人民银行	1996 年	
5		《固定资产贷款管理暂行办法》	银监会	2009 年	
6		《流动资金贷款管理暂行办法》	银监会	2010 年	
7	规范性文件	《商业银行房地产贷款风险管理指引》	银监会	2004 年	
8		《商业银行小企业授信工作尽职指引(试行)》	银监会	2006 年	
9		《银行开展小企业授信工作指导意见》	银监会	2007 年	
10		《小企业贷款风险分类办法(试行)》	银监会	2007 年	
11		《商业银行并购贷款风险管理指引》	银监会	2008 年	
12		《项目融资业务指引》	银监会	2009 年	
13		《关于进一步做好中小企业金融服务告知的若干意见》	银监会	2010 年	
14		《银团贷款业务指引》	银监会	2011 年	
15	司法解释	最高人民法院《关于适用〈中华人民共和国担保法〉若干问题的司法解释》	最高法	2000 年	
16		最高人民法院《关于人民法院审理借贷案件的若干意见》	最高法	1991 年	
17		最高人民法院《关于对企业借贷合同借款方逾期不归还借款的应如何处理的批复》	最高法	1996 年	
18		最高人民法院《关于逾期付款违约金应当按照何种标准计算问题的批复》	最高法	1999 年	

(二)银行贷款的种类

根据发放方式及风险承担的不同,可以分为自营贷款、委托贷款和特定贷款三类。其中,自营贷款,是指贷款人以合法方式筹集的资金自主发放的贷款,其风险由贷款人承担,并由贷款人收回本金和利息。委托贷款,是指由政府部门、企事业单位及个人等委托人提供资金,由贷款人(即受托人)根据委托人确定的贷款对象、用途、金额期限、利率等代为发放、监督使用并协助收回的贷款,贷款人(受托人)只收取手续费,不承担贷款风险。特定贷款是指,国务院批准并对贷款可能造成的损失采取相应补救措施后责成国有独资商业银行发放的贷款。可见区分三种贷款的实质在于,款项的来源不同导致相应的法律关系及风险负担也有所差异。

根据贷款的期限,可以分为短期贷款(1 年以内)、中期贷款(超过 1 年以上 5 年以下)及长期贷款(超过 5 年)。不同期限下的贷款利率有所不同。当然,贷款的期限属借贷双方当事人意思自治的范畴,为融资需贷款的企业可与银行自行约定期限。需要注意的是,如果发放的贷款是自营贷款,贷款期限一般不得超过 10 年,超过 10 年向中国人民银行报备。票据贴现的贴现期限最长不得超过 6 个月,贴现期限为从贴现之日起到票据到期日止。

此外,根据是否需要提供担保还可将银行贷款分为信用贷款、担保贷款和票据贴现。信用贷款指的是以借款人的信誉发放的贷款。担保贷款指借款人在借款时以第三人保证、第三人或自身提供抵押、第三人或自身提供质押的方式提供担保,确保贷款人拥有在借款人不能偿还贷款时对款项的追偿权。票据贴现指贷款人以购买借款人未到期商业票据的方式发放的贷款。

表 2-2　自营贷款、委托贷款和特定贷款

贷款种类					
序号	分类标准	具体类型			备注
1	发放方式及风险承担	自营贷款	委托贷款	特定贷款	
		资金来自合法筹集	第三方委托银行放贷	因政策性原因发放	
2	贷款期限	短期	中期	长期	
		(n≤1 年)	(1 年 < n≤5 年)	(n > 5 年)	

续表

贷款种类					
序号	分类标准	具体类型			备注
3	是否要求担保	信用贷款	担保贷款	票据贴现	
		以信誉发放贷款	提供担保	购买未到期票据	

(三)借贷双方的权利义务

企业向银行借款时签订《借款合同》是民事法律行为的一种,因此缔约双方必须具备完全民事行为能力。同时,《借款合同》属《合同法》中借款合同的一种,因此合同中约定的双方权利义务不能违反《合同法》的规定。

1. 借贷双方的资质

借款人应具备何种资质?因本书借款人专指企业,因此其应当是经工商行政管理机关(或主管接管)核准登记的企业。此外,借款人要有还本付息的能力,开设基本账户或一般存款账户,资产总额、资产负债要符合特定比例等,具体要参照各银行的要求。

贷款人应具备何种资质?贷款人应是银行金融机构,并非非银行金融机构,也不能是民间的影子银行。

2. 借款人即企业的权利及义务

企业向银行申请贷款,其作为借款人一方首先必须具备何种资格,其次有哪些权利又要履行哪些义务?《贷款通则》对此作了明确规定。

(1)借款人的权利

➢ 可以自主向主办银行或者其他银行的经办机构申请贷款并依条件取得贷款,即有申请权;

➢ 有权按合同约定提取和使用全部贷款,即有受领款项及自行使用权;

➢ 有权拒绝借款合同以外的附加条件,即对于银行提出的一些潜在的、不合理的要求可明确拒绝;

➢ 有权向贷款人的上级和中国人民银行反映、举报有关情况,即有检举权;

➢ 在征得贷款人同意后,有权向第三人转让债务,即有自行转让债务的权利。

对于上述检举权发生在贷款人不遵守其义务时。《贷款通则》第 62 ~67 条作了明确的规定，贷款人即银行，以及其工作人员如果有下述行为，将受到相关处罚，具体如下：

贷款人有下列情形之一，由中国人民银行责令改正；逾期不改正的，中国人民银行可以处以5千元以上1万元以下罚款：

➢ 没有公布所经营贷款的种类、期限、利率的；

➢ 没有公开贷款条件和发放贷款时要审查的内容的；

➢ 没有在规定期限内答复借款人贷款申请的。

贷款人有下列情形之一，由中国人民银行责令改正；有违法所得的，没收违法所得，并处以违法所得1倍以上3倍以下罚款；没有违法所得的，处以5万元以上30万元以下罚款；构成犯罪的，依法追究刑事责任：

➢ 贷款人违反规定代垫委托贷款资金的；

➢ 未经中国人民银行批准，对自然人发放外币贷款的；

➢ 贷款人违反中国人民银行规定，对自营贷款或者特定贷款在计收利息之外收取其他任何费用的，或者对委托贷款在计收手续费之外收取其他任何费用的。

对于直接负责的主管人员和其他直接责任人员：贷款人违反规定向关系人发放信用贷款或者发放担保贷款的条件优于其他借款人同类贷款条件的，有关直接责任人员应受到处罚；贷款人的工作人员对单位或者个人强令其发放贷款或者提供担保未予拒绝的，直接责任人将受到纪律处分，并对其造成的损失承担相应的赔偿责任。对于前述违法行为，情节严重或屡次违反的，应当调离工作岗位，取消任职资格；造成严重经济损失或者构成其他经济犯罪的，应当依照有关法律规定追究刑事责任。

因此，企业在通过银行贷款进行融资的过程中，应按法律规定行使己方权利，如提取款项及自行使用，还需积极履行己方的义务，如如实提供申请材料，如身份信息、财务信息、财产信息等都不能弄虚作假。

(2)借款人的义务

➢ 应当如实提供贷款人要求的资料(法律规定不能提供者除外)，应当向贷款人如实提供所有开户行、账号及存贷款余额情况，配合贷款人的调查、审查和检查；

➢ 应当接受贷款人对其使用信贷资金情况和有关生产经营、财务活动的监督；

➢ 应当按借款合同约定用途使用贷款，如企业贷款属流动资金借款，合同明确约定贷款有特定用途，如为企业经营之需；

➢ 应当按借款合同约定及时清偿贷款本息；

➢ 将债务全部或部分转让给第三人的，应当取得贷款人的同意；

➢ 有危及贷款人债权安全情况时，应当及时通知贷款人，同时采取保全措施。

如果企业不遵守这些义务将使贷款潜藏诸多风险，涉及民事违约责任甚至刑事法律责任如贷款诈骗罪。

此外，《贷款通则》还规定如下几种情形贷款人即银行可拒绝向企业发放贷款：企业在一个贷款人银行同一辖区内的两个或两个以上同级分支机构取得贷款；借款人向贷款人提供虚假的或者隐瞒重要事实的资产负债表、损益表等；不得用贷款从事股本权益性投资，国家另有规定的除外；除依法取得经营房地产资格的借款人以外，不得用贷款经营房地产业务；依法取得经营房地产资格的借款人，不得用贷款从事房地产投机；套取贷款用于借贷牟取非法收入；违反国家外汇管理规定使用外币贷款；生产、经营或投资国家明文禁止的产品、项目的；建设项目按国家规定应当报有关部门批准而未取得批准文件的；生产经营或投资项目未取得环境保护部门许可的；在实行承包、租赁、联营、合并（兼并）、合作、分立、产权有偿转让、股份制改造等体制变更过程中，未清偿原有贷款债务、落实原有贷款债务或提供相应担保的；有其他严重违法经营行为的。

3. 贷款人的权利及义务

贷款人银行一方也有相应的权利与义务，其享有的权利对应企业应履行的义务，反之亦然。《贷款通则》规定，贷款人根据贷款条件和贷款程序自主审查和决定贷款，除国务院批准的特定贷款外，有权拒绝任何单位和个人强令其发放贷款或者提供担保。

（1）贷款人的权利

➢ 要求借款人提供与借款有关的资料，证明借款人的资质、财产状况及借款目的等；

➢ 根据借款人的条件，决定贷与不贷、贷款金额、期限和利率等；

➢ 了解借款人的生产经营活动和财务活动，可进行相关的尽职调查，深入了解借款人的有关信息；

➢ 依合同约定从借款人账户上划收贷款本金和利息；

➢ 借款人未能履行借款合同规定义务的，贷款人有权依合同约定要求借款人提前归还贷款或停止支付借款人尚未使用的贷款，即借款人有追偿贷款人违约的责任；

➢ 在贷款将受或已受损失的，可依据合同规定，采取使贷款免受损失的措施。

贷款人银行应尽到己方的义务，如果其不履行或不完全履行，则借款人可向其追究违约责任或者向相关机关举报。

(2)贷款人的义务

➢ 应当公布所经营的贷款的种类、期限和利率，并向借款人提供咨询，因不论是自然人还是企业对于国家的规定或银行内部的规定都未必知情甚至根本无法得知，则贷款人应尽到告知义务，积极主动告知借款人相关细节；

➢ 应当公开贷款审查的资信内容和发放贷款的条件；

➢ 贷款人应当审议借款人的借款申请，并及时答复贷与不贷。短期贷款答复时间不得超过 1 个月，中期、长期贷款答复时间不得超过 6 个月；国家另有规定者除外。换言之，银行不能长期拖延，应保证效率，以免影响借款人融资之后企业的经营运转或再融资、投资；

➢ 应当对借款人债务、财务、生产、经营情况保密，但对依法查询者除外。

(四)银行贷款的一般流程

既然选择银行贷款为融资方式，则必须明确该如何操作，具体流程如何？银行贷款的一般流程如下：

1. 提出申请

借款人需要贷款，应当向银行直接申请。借款人应当填写包括借款金额、借款用途、偿还能力及还款方式等主要内容的《借款申请书》并提供以下材料：借款人及保证人基本情况；财政部门或会计(审计)事务所核准的上年度财务报告，以及申请借款前一期的财务报告；原有不合理占用的贷款的纠正情况；抵押物、质物清单和有处分权人的同意抵押、质押的证明及保证人拟同意保证的有关证明文件；项目建议书和可行性报告；贷款人认为需要提供的其他有关资料。

2. 信用评估、尽职调查

银行会根据借款人的经济实力、资金结构、履约情况、经营效益和发展前景等因素，评定借款人的信用等级，同时，会对借款的合法性、安全性、营利性等情况进行调查，核实抵押物、质物、保证人情况，测定贷款的风险度。

3. 层级审批

银行根据“审贷分离、分级审批”的贷款管理制度对申请材料进行审批、复查、复测，提出意见，按规定权限报批。

4. 签约及贷款发放

审批通过之后，银行将与借款人签订贷款合同，对贷款额度、支付方式、借款期限、还款方式、违约责任等都将作出明确约定。嗣后，银行将按约发放贷款。

具体参照图 2 - 1：

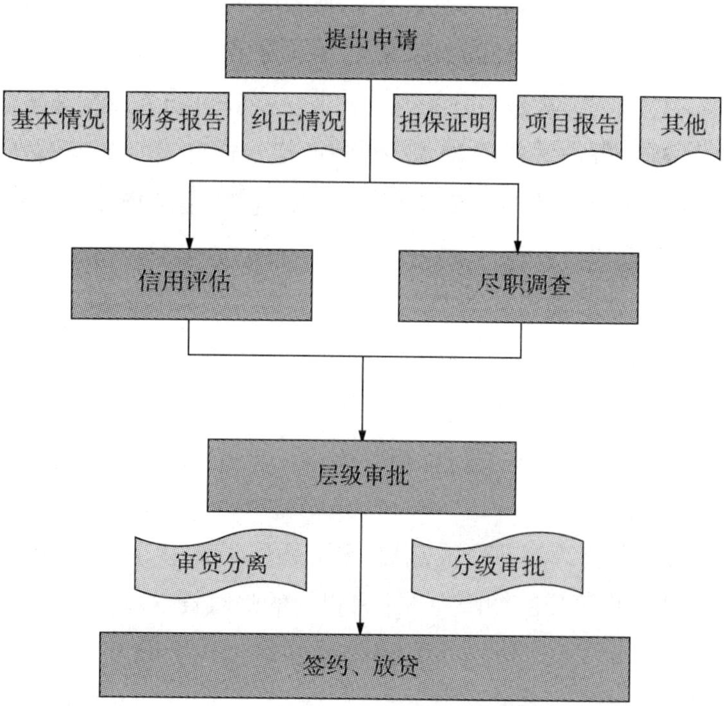

图 2 - 1　签约及贷款发放流程图

二、银行贷款业务的具体介绍

在我国，金融机构也有诸多类型。根据中国银监会2003年2号令《金融许可证管理办法》，对银行按照以下方式进行分类：政策性银行、商业银行、住房储蓄银行（注：现在已无此类银行）、城市商业银行、城市信用合作社、农村商业银行、农村合作银行及农村信用合作社、信用卡公司、邮政储蓄机构、信托投资公司、企业集团财务公司、金融租赁公司、外资银行、外资非银行金融机构、其他类金融机构，至少有15种。其中以商业银行为例，又有大型商业银行、股份制商业银行、城市商业银行、农村商业银行以及外资银行之分。各银行具体开展的业务又有所不同，以公司业务分类，可能有结算服务、贷款融资、融资租赁、企业理财、对公存款、票据业务、小企业金融业务、网络融资业务等。本书主要研究对象为融资，本节主要研究对象为传统的银行贷款，因此选取全球市值最大的上市银行中国工商银行为例，介绍其贷款业务项下具体各项的申请对象、操作流程及优劣势。①

工商银行针对公司或企业开放的贷款业务主要包括流动资金贷款、项目贷款、并购贷款、固定资产支持贷款、银团贷款、房地产开发贷款及其他等多种形式。本书将主要介绍其中流动资金贷款、并购贷款、银团贷款、项目贷款、房地产贷款五种主要形式。

（一）流动资金贷款

流动资金借款是指借款人在生产经营过程中因临时性、季节性的资金需求，为保证生产经营活动正常进行而向银行申请借款的一种贷款方式，具体又分为营运资金贷款、周转限额贷款、临时贷款三种。

1. 适用对象

由于流动资金贷款流动性强，因此主要适用于有中、短期资金需求的企业借款人，即企业可申请贷款期限为3个月以内的临时贷款、超过3个月到1年内

---

① 几种具体的贷款业务介绍主要源自工商银行官方网站的介绍，详情请参见 http://www.icbc.com.cn/ICBC/%e5%85%ac%e5%8f%b8%e4%b8%9a%e5%8a%a1/%e4%bc%81%e4%b8%9a%e6%9c%8d%e5%8a%a1/%e8%b4%b7%e6%ac%be%e8%9e%8d%e8%b5%84/%e6%b5%81%e5%8a%a8%e8%b5%84%e9%87%91%e8%b4%b7%e6%ac%be/%e4%b8%9a%e5%8a%a1%e7%bb%bc%e8%bf%b0/，2014年11月6日访问。

的短期贷款、超过 1 年到 3 年的中期贷款。

2. 申请流程及条件

(1)提出申请

借款人首先向银行提出贷款申请,同时根据银行的要求提供相应的材料。

①一般申请材料如下:

➢ 主体资格材料:营业执照;法人代码证书;法定代表人身份证明;公司合同或章程;

➢ 权限证明材料:企业董事会(股东会)成员和主要负责人、财务负责人名单和签字样本等;信贷业务由授权委托人办理的,需提供企业法定代表人授权委托书(原件);若借款人为有限责任公司、股份有限公司、合资合作公司或承包经营企业,要求提供董事会(股东会)或发包人同意申请信贷业务决议、文件或具有同等法律效力的文件或证明;

➢ 贷款证卡;

➢ 财税证明:经财政部门或会计(审计)师事务所核准的前三个年度及上个月财务报表和审计报告(成立不足 3 年的企业,提交自成立以来的年度和近期报表);税务部门年检合格的税务登记证明;

➢ 担保证明材料:担保人相关材料;

➢ 其他:要求提供的其他资料。

②附加条件:除上述基本材料之外,对于营运资金贷款,要求符合国家产业政策和银行信贷政策;借款人属银行优质客户,主业突出,经营稳定,财务状况良好,流动性及盈利能力较强;在银行融资无不良信用记录;符合银行要求的其他条件。

对于周转限额贷款则要求符合国家产业政策和银行信贷政策;借款人生产经营正常,财务状况较好,发展前景稳定;符合银行要求的其他条件。

对于临时贷款,要求借款人依法合规,经营正常,在银行融资无不良信用记录;产品质量和服务较好,履约记录良好,与上下游客户具有良好稳定的供销关系;符合银行要求的其他条件。

上述附加条件,主要在银行审批时有所体现。

(2)银行调查及审批

银行在收到借款人的申请及相关材料之后,首先,应根据借款人的经济实力、资金结构、履约情况、经营情况、经营效益等对其进行信用等级评估，即利用所谓的征信系统初步了解借款人的信用。

其次，银行开展深入调查。《流动资金贷款管理暂行办法》规定银行应采取现场与非现场相结合的形式履行尽职调查，形成书面报告，并对其内容的真实性、完整性和有效性负责。尽职调查包括但不限于以下内容：

➢ 借款人的组织架构、公司治理、内部控制及法定代表人和经营管理团队的资信等情况；

➢ 借款人的经营范围、核心主业、生产经营、贷款期内经营规划和重大投资计划等情况；

➢ 借款人所在行业状况；

➢ 借款人的应收账款、应付账款、存货等真实财务状况；

➢ 借款人营运资金总需求和现有融资性负债情况；

➢ 借款人关联方及关联交易等情况；

➢ 贷款具体用途及与贷款用途相关的交易对手资金占用等情况；

➢ 还款来源情况，包括生产经营产生的现金流、综合收益及其他合法收入等；

➢ 对有担保的流动资金贷款，还需调查抵（质）押物的权属、价值和变现难易程度，或保证人的保证资格和能力等情况。

最后，经过调查评定，还需经过层级审批。根据银行建立的审贷分离、分级审批的贷款管理制度，审查人员对调查人员提供的材料须进行复审、复测，提出是否同意的意见，进而按权限向上级报批。当然，整个调查、审批期限应该符合法律规定，保证效率，不能无期限拖延。

（3）签订合同

经过调查及审批之后，借贷双方应签订正式的贷款合同。合同对借款的用途、贷款的金额、支付方式及其变更、期限、还款方式、违约责任等都应做明确约定。

同时要求提供担保的应签订担保合同，如保证合同、抵押合同以及质押合同。应登记的要登记，须法定代表人签章的必须签章，以及其他要求完成的相关手续。

值得注意的是，流动资金贷款合同应约定特定的贷款用途，不得用于固定资产、股权等投资;不得用于国家禁止生产、经营的领域和用途;不得挪用。同时,贷款人银行应按照合同约定检查、监督流动资金贷款的使用情况。

(4)发放贷款

与民间借贷不同,民间借贷合同自贷款人实际支付货款之日起始生效力,而银行贷款只要双方办妥相关手续,签订《借款合同》,借款合同立即发生效力。换言之,银行贷款合同签订后,借款人即可要求银行履行合同约定的义务,按照约定发放贷款,如果银行拒绝发放或迟延发放,借款人都可以向其主张违约责任。

3. 特点

流动资金贷款的特点是期限灵活,能够满足借款人临时性、短期和中期流动资金需求。

(二)并购贷款

并购贷款是指借款人为境内并购方企业,向银行申请贷款用于支付并购交易价款。

1. 适用对象

该种贷款可由境内并购方企业申请,境外企业不适格。境内并购方通过受让现有股权、认购新增股权或收购资产、承接债务等方式以实现合并或实际控制已设立并持续经营的目标企业的交易行为,都可以向银行提出申请。

涉及跨境并购交易的,也可申请此类贷款。并购可由并购方通过其专门设立的物其他业务经营活动的全资或控股子公司进行。

2. 申请流程及条件

具体申请流程与前述流动资金贷款的申请基本一致。附加条件为,申请并购贷款的并购方应依法合规经营,信用状况良好,属于银行优质客户;符合国家产业政策和银行信贷政策;并购交易依法合规;并购方与目标企业之间具有较高的产业相关度或战略相关性;符合银行要求的其他条件。

银行在决定是否发放并购贷款之前,与其他贷款一样,都需要进行评估调查,对其主体资格的审查:

➢ 并购交易各方是否具备并购交易主体资格;

➢ 并购交易是否按有关规定已经或即将获得批准,并履行必要的登记、公告等手续;

- 法律法规对并购交易的资金来源是否有限制性规定；
- 担保的法律结构是否合法有效并履行了必要的法定程序；
- 借款人对还款现金流的控制是否合法合规；
- 贷款人权利能否获得有效的法律保障；
- 与并购、并购融资法律结构有关的其他方面的合规性。

对经营及财务风险的审查：

- 并购后企业经营的主要风险，如行业发展和市场份额是否能保持稳定或呈增长趋势，公司治理是否有效，管理团队是否稳定并且具有足够能力，技术是否成熟并能提高企业竞争力，财务管理是否有效等；
- 并购双方的未来现金流及其稳定程度；
- 并购股权（或资产）定价高于目标企业股权（或资产）合理估值的风险；
- 并购双方的分红策略及其对并购贷款还款来源造成的影响；
- 并购中使用的固定收益类工具及其对并购贷款还款来源造成的影响；
- 汇率和利率等因素变动对并购贷款还款来源造成的影响。

同样，并购贷款不得用于并购方或其专门子公司在并购协议下所支付的其他款项，也不得用于并购之外的其他用途。

3. 特点

因并购贷款的数额较大，影响力较强，风险也较大，因此银监会专门出台《商业银行并购贷款风险管理指引》，以规范银行并购贷款经营行为。

（1）期限及贷款比例限制

《商业银行并购贷款风险管理指引》明确规定并购贷款期限不超过 5 年，同时要求并购的资金来源中并购贷款所占比例不应高于 50%。

（2）合同中的关键条款

不同于一般的贷款合同，在并购贷款合同中，有一类保护贷款人利益的特殊的关键条款，包括但不限于：

对借款人或并购后企业重要财务指标的约束性条款；

对借款人特定情形下获得的额外现金流用于提前还款的强制性条款；

对借款人或并购后企业的主要或专用账户的监控条款；

确保贷款人对重大事项知情权或认可权的借款人承诺条款。

（三）银团贷款

银团贷款，是指由两家或两家以上银行基于相同贷款条件，依据同一贷款合同，按约定时间和比例，通过代理行向借款人提供的本外币贷款或授信业务。

1. 适用对象

银团贷款主要适用于有大型项目融资、大额流动资金融资以及其他信贷类融资需求，且经营管理、财务状况正常，贷款用途合法合规，资信状况良好，有相应偿债能力的公司。

《银团贷款业务指引》规定，对于如下几种情形下的大额贷款，鼓励其采取银团贷款的方式：

- 大型集团客户、大型项目融资和大额流动资金融资；
- 单一企业或单一项目融资总额超过贷款行资本净额10%的；
- 单一集团客户授信总额超过贷款行资本净额15%的；
- 借款人以竞争性谈判选择银行业金融机构进行项目融资的。

因此，基本可以概括为，大额贷款更适宜申请。

2. 申请流程及条件

具体申请流程与前述流动资金贷款的申请基本一致，但此时贷款方主体增加。银团，顾名思义，是指两家及以上的银行，一般分为牵头行、代理行和参加行等角色，也可根据实际规模与需要在银团内部增设副牵头行、联合牵头行等，并按照银团贷款合同履行相应职责。

根据《银团贷款业务指引》的规定，牵头行主要履行以下职责：

- 发起和筹组银团贷款，分销银团贷款份额；
- 对借款人进行贷前尽职调查，草拟银团贷款信息备忘录，并向潜在的参加行推荐；
- 代表银团与借款人谈判确定银团贷款条件；
- 代表银团聘请相关中介机构起草银团贷款法律文本；
- 组织银团成员与借款人签订书面银团贷款合同；
- 银团贷款合同确定的其他职责。

银团代理行负责贷款事项管理和协调活动，对于担保结构比较复杂的银团贷款，还可以指定担保代理行，负责落实担保工作。其他参加行则按照贷款合同约定的承贷份额提供贷款。各银行之间相互协作。

针对银团贷款合同,中国银行业协会还专门拟定《银团贷款合同示范文本》。

3. 特点

首先,银团贷款将多家银行联合起来提供贷款可满足特殊情形下的大型融资需求。其次,效率较高,牵头行将依托规模化、网络化的银团贷款分销渠道,提升银团筹组分销效率。牵头行受借款人委托发起并完成银团贷款筹组,借款人无须与每个贷款人分别协商贷款条件,并由代理行按合同约定完成银团贷款业务相关操作,借款人花费精力较少。最后,巨额贷款的风险也有所移转,各银行之间相互分担。

(四)项目贷款

项目贷款,是指银行发放的,用于借款人新建、扩建、改造、开发、购置固定资产投资项目的贷款。

1. 适用对象

为建设、经营该项目或为该项目融资而专门组建的公司或企业,包括主要从事该项目建设、经营或融资的既有公司或企业。该项目可以是建造一个或一组大型生产装置、基础设施、房地产项目或其他项目,包括对在建或已建项目的再融资。

2. 申请流程及条件

具体申请流程与前述流动资金贷款的申请基本一致。

3. 特点

还款资金来源主要依赖该项目产生的销售收入、补贴收入或其他收入,一般不具备其他还款来源。此外,贷款人需尽到更多的风险防范工作。

(五)房地产贷款

房地产贷款是指与房产或地产的开发、经营、消费活动有关的贷款,主要包括土地储备贷款、房地产开发贷款、个人住房贷款、商业用房贷款等。土地储备贷款是指向借款人发放的用于土地收购及土地前期开发、整理的贷款。房地产开发贷款是指向借款人发放的用于开发、建造向市场销售、出租等用途的房地产项目的贷款。个人住房贷款是指向借款人发放的用于购买、建造和大修理各类型住房的贷款。商业用房贷款是指向借款人发放的用于购置、建造和大修理以商业为用途的各类型房产的贷款。

1. 适用对象

土地储备贷款的借款人仅限于负责土地一级开发的机构，经省、市级人民政府批准成立，经工商行政管理部门或主管部门核准登记，专门从事土地收购、整理和储备的事业法人并已纳入国土资源部门土地储备机构名录，同时具有省级财政部门核发的融资规模控制卡。其他贷款的借款人则仅需具备相应房地产开发资质。

2. 申请流程及条件

具体申请流程与前述流动资金贷款的申请基本一致，但相关条件如下，实收资本、房地产开发资质等符合银行有关规定；已纳入国家或地方建设开发计划，其立项或备案文件合法、完整、真实、有效；具备《国有土地使用权证》《建设用地规划许可证》《建设工程规划许可证》《建设工程施工许可证》；项目资本金等符合银行有关规定。

3. 特点

该类贷款与房地产有紧密的联系，因此银行在审核时对借款人的还款能力会做着重考核。根据《商业银行房地产贷款风险管理指引》第 36 条的规定，贷款人应将借款人住房贷款的月房产支出与收入比控制在 50% 以下（含 50%），月所有债务支出与收入比控制在 55% 以下（含 55%）。

房产支出与收入比的计算公式为：（本次贷款的月还款额 + 月物业管理费）/月均收入；所有债务与收入比的计算公式为：（本次贷款的月还款额 + 月物业管理费 + 其他债务月均偿付额）/月均收入。

上述计算公式中提到的收入应该是指申请人自身的可支配收入，即单一申请为申请人本人可支配收入，共同申请为主申请人和共同申请人的可支配收入。但对于单一申请的贷款，如商业银行考虑将申请人配偶的收入计算在内，则应该先予以调查核实，同时对于已将配偶收入计算在内的贷款也应相应地把配偶的债务一并计入。

三、银行贷款潜在的风险及其应对

当企业向银行申请贷款时，银行并非立即应允，而是要经过历时最长可达几个月的信用等级评估、尽职调查、层级审批等一系列流程之后，才承诺发放贷款。之所以要经过上述诸多程序，最主要的原因在于风险的防控，否则小则影响银行自身的利益，大则影响整个经济的发展。因此，中国人民银行以及银监会曾出台一系列的发放贷款操作指引或风险管理指引文件。作为借款方企业而言，也会触及诸多风险，包括商业风险及法律风险两个方面。

商业风险，主要体现为申请借款被银行拒绝的风险、获得贷款迟延导致融投资机会错失以及获得贷款后无力偿还的风险。防范第一个、第三个风险的关键主要在于借款人要有良好的征信，申请时提交的材料真实、全面，后期还款及时。对于第二个风险，借款人难以防范，因银行贷款为众多融资方式中融资效率相对较低的一种。

本节主要讨论可能存在的法律风险及其应对措施。前文已经提及，银行贷款是《合同法》中借款合同的一种，因此，如果借款人违反其与银行签订的《贷款合同》，首先要承担民事违约责任。对于合同未约定的内容，同时相关法律或部门规章有规定的，应承担法律规定的责任。甚至，如果触及刑事法律的规定，构成刑事犯罪，则应承担刑事责任。

(一)民事法律风险及其应对

从2004年到2014年，10年间，诸多民营企业在不断扩大规模，通过深耕主业，灵活运作资本，以致做强做大，但同时，也有不少优质企业倒闭。其中，绝大部分企业融资方式中均会涉及银行贷款。银行贷款过程中，存在的民事法律风险主要包括违约责任的承担、互保圈危机、个人连带责任等。

1. 违约责任及其应对

2011年，温州最大眼镜企业信泰集团董事长胡福林因欠款出逃美国的消息在网络蔓延，不久后又迅速回国。温州再一次成为中国风暴中心，因为出现了大量的“温跑跑”(温州对于因资金链断裂而导致企业主“跑路”现象的称呼)。

这个著名的民营企业，与银行贷款之间存在千丝万缕的关系，到底是怎么跌倒，又能不能爬起来？“眼镜大王”跑路案到底有什么样的内幕。

(1)典型案例——“眼镜大王”跑路案

案件概况如下：[①]“眼镜大王”，信泰集团董事长胡福林，浙江省政协委员、

---

① 案例系对网络报道的综合整理，参见搜狐财经，http://roll. sohu. com/20140225/n395597649. shtml，http://money. 163. com/11/1014/07/7GAF2CNO00254O2B. html；网易财经，http://money. 163. com/11/1014/07/7GAF2CNO00254O2B. html，2014年7月30日访问。

温州市人大代表、首任温州华商会会长等。2011 年因公司欠下近 20 亿元负债，“跑路”到美国。

1993 年，胡福林成立了温州信泰光学有限公司，注册资金 5558 万元，他个人控股 70%，主要为国外客户贴牌生产。后来其自主品牌“海豚”获得了“民族品牌奖”，在国内市场认知度排名行业前三。经过十余年的风雨磨炼，“海豚”迅速成为中国市场上销量最大的太阳镜品牌，同时也是温州第一个获得“中国驰名商标”称号的眼镜品牌。2008 年，国际金融危机爆发，信泰集团却逆势成立了新能源事业部，先后投资 6 亿元组建了浙江中硅新能源股份有限公司、温州中硅科技有限公司等 4 家光伏企业，同时引进了私募投资，意欲在香港上市。据坊间消息称，2009 年，胡福林从银行获得了 10 亿元左右的授信，其中私募资金 3 亿元，将自己的企业规模迅速扩大了数倍。然而，从 2011 年开始，太阳能行业因欧美国家贸易保护，加上外部经济低迷，国内银根紧缩政策，行业开始全线崩溃。各大银行都全面收紧信贷，审批好的贷款也暂缓放出。

因银行贷款往往是短期，外部局势突变、内部政策，银行开始抽贷，但贷款基本用于新能源投资，并处于基础投资状态，并无现金流还贷。胡福林便转向民间借贷。众所周知，浙江的民间不缺钱，“高利贷”、“地下钱庄”盛行，缺的是优质有信誉的借款人客户。据胡福林自述，“当时判断银行收紧信贷只是暂时的，而新能源的投资不能停，就开始像着了魔一样借更高利息的民间借贷投入周转，把短期融资全做了长期投资在设备、固定资产上，几乎没有考虑到现金流，负债率完全超出了百分之百。”

到了 2011 年 6 月，温州民间借贷也逐步趋紧，只收不借了。信泰的资金链随时可能会断掉。

温州著名本土经济学家周德文曾指出，太阳能行业本身就是一个资金密集、投资大而回报周期长的行业，就好比一辆高速行驶的汽车突然没油了，就会出现事故。

果然，在 2011 年 9 月 21 日，报道称胡福林“跑路”到美国，留下巨额负债。

(2) 深入剖析

近 20 年风雨无阻般的发展，使信泰集团业务蒸蒸日上，胡福林本人也名声大噪。为何在发展几近顶峰时期突然陷入危机？

■ 公司运转层面

整个企业陷入危机,原因自然是多方面的,既有外部政策性影响,也有内部决策性因素。但对于任何一个企业,尤其是民营企业来说,资金链的紧张甚至断裂往往是扼住咽喉最根本的原因。对于信泰集团而言,其后期无限扩张,对资金的急切需求不言而喻,进而进行银行贷款、民间借贷也理所当然,但其忽视了"短贷长投"、"短融长投"的巨大危害性。

短贷长投,一般是指利用短期的贷款或其他方式融资,进行长线投资(如固定资产投资)是当下企业经常利用的一种操作方式。本来,对于企业而言,融资与再投资再正常不过,而且,长期投资往往利润回报丰厚,但周期长。如果通过银行短期贷款进行长期投资,当宏观经济状况良好、企业资金链运转正常、现金流充足时,确实是利大于弊。然而,一旦国家宏观政策有变,银行信贷紧缩,银行可能"停止放贷",进而"抽贷",要求"提前还贷",其他银行跟风,民间借贷也会受到影响,便将导致企业现金流短缺,周转不灵,资金链紧张甚至断裂,企业偿债能力恶化,企业最终可能濒临破产。就如同高速行驶的汽车突然没油,极有可能发生重大事故。因此,才出现浙江温州各老板不得不"跑路"的现象。

■ 法律规定层面

企业向银行申请贷款,签订借款合同时,一般都会明确贷款的用途,而且合同会约定,借款人不得擅自改变借款的用途。实践中,企业将短期流动资金贷款用作固定资产投资的很多,银行方面基于自身业务的需要,在进行前期审核时,可能会采取"睁一只眼,闭一只眼"的态度,最终还是会予以发放。但不得否认在借款合同明确约定贷款用途的前提下,贷款人擅自变更其用途,其行为构成不但违反《贷款通则》之规定,也构成违约,应承担违约责任即提前还贷以及支付违约金等。

当然,贷款人违约不仅包含变更贷款用途这一种违约行为,还包括逾期付款、隐瞒重要信息、提供虚假信息等,因此有必要对该类民事违约风险从法律规定及合同条款的角度进行深入的解析。

根据《贷款通则》第 71 条的规定,借款人如有下列行为,由贷款人对其部分或全部贷款加收利息;情节特别严重的,由贷款人停止支付借款人尚未使用的贷款,并提前收回部分或全部贷款:

➢ 不按借款合同规定用途使用贷款的;

➢ 用贷款进行股本权益性投资的；

➢ 用贷款在有价证券、期货等方面从事投机经营的；

➢ 未依法取得经营房地产资格的借款人用贷款经营房地产业务的；依法取得经营房地产资格的借款人，用贷款从事房地产投机的；

➢ 不按借款合同规定清偿贷款本息的；

➢ 套取贷款相互借贷牟取非法收入的。

第72条规定，借款人有下列情形之一，由贷款人责令改正。情节特别严重或逾期不改正的，由贷款人停止支付借款人尚未使用的贷款，并提前收回部分或全部贷款：

➢ 向贷款人提供虚假或者隐瞒重要事实的资产负债表、损益表等资料的；

➢ 不如实向贷款人提供所有开户行、账号及存贷款余额等资料的；

➢ 拒绝接受贷款人对其使用信贷资金情况和有关生产经营、财务活动监督的。

■ 合同约定层面

在《贷款通则》的精神指导之下，实务中，借款人与银行签订的《借款合同》中也会对上述内容进行约定，而且较为详细，甚至将前述规章未做明确规定的某些情形也纳入合同条款中。现以招商银行2014年的借款合同示范文本为例，[①]对相关条文进行解释，进而指出其潜藏的法律风险。

该合同主要包含如下条款：货币币种和金额；贷款用途；贷款期限；贷款先决条件；贷款利率与利息；担保条款；借贷双方的权利义务；借款人的特别保证事项；提款和用款；提前还款；贷款展期；费用；违约事件及处理；合同的变更和解除；其他；法律适用及纠纷的解决；协议生效等。一旦达成协议，双方应受协议的约束，严格按照合同履行各自的义务，否则构成违约，承担相应的违约责任。

■ 违约行为认定条款

该示范合同对违约行为作如下约定：

16.1　借款人出现下列情形之一者，即视为已发生违约事件：

16.1.1　借款人违反本合同第7.2.1条规定，向甲方提供虚假的情况或隐瞒真实的重要情况，不配合甲方的调查、审查和检查，甲方要求借款人在合理的

---

① 该份合同文本请参见附录部分。

期限内予以改正,借款人逾期仍不改正的【提供虚假材料】;

16.1.2　借款人违反本合同第7.2.2条规定,不接受或逃避甲方对其使用信贷资金情况和有关生产经营、财务活动的监督的【拒绝接受监督】;

16.1.3　借款人违反本合同第7.2.3条规定,未按本合同约定用途使用贷款,或未遵循甲方关于资金支付管理和报告的要求【违约使用贷款】;

16.1.4　借款人违反本合同第7.2.4条规定,未按本合同约定按时足额偿还贷款本息的【未及时还贷】;

16.1.5　借款人违反本合同第7.2.5条规定,擅自单方面将本合同项下债务转让给第三人;或违反本合同第7.2.7条规定义务,怠于管理和追索其到期债权,或以无偿或其他不适当方式处分现有主要财产的【擅自转让债务、不正当处分财产】;

16.1.6　借款人违反本合同第7.2.6条规定,在借款人发生该条规定的情况时,不及时通知甲方,或甲方得知借款人发生该条规定的情况后,要求借款人增加本合同项下债务偿还的保障措施,借款人不予配合,甲方认为影响甲方贷款安全收回的【未尽通知义务】;

16.1.7　借款人违反本合同第7.2.8条规定,在发生该等重大事项前未取得甲方同意的【擅自决议重大事项】;

16.1.8　借款人违背本合同第9.1、9.2、9.6条,或违背第9.3、9.4、9.5、9.7、9.8、9.9、9.10、9.11条,未按甲方要求立即纠正的【违反保证】;

16.1.9　借款人未按本合同第10条规定提取、支用贷款的,或借款人违反本合同第15条的规定,未按甲方要求使用资金回笼账户资金,或不接受甲方监管,未按甲方要求立即纠正的【未按约接受资金监管】;

16.1.10　借款人在与借款人其他债权人签订的合法有效的合同项下发生重大违约事项,且在自发生违约之日起三个月内未能得到圆满解决。

前述重大违约事项是指借款人的违约导致其债权人有权向其索偿金额达到人民币______万元以上;

16.1.11　借款人违反本合同规定其他义务,或经甲方合理判断借款人出现信用状况下降或发生其他可能影响甲方债权实现的情形【资信减弱】;

16.1.12　借款人发生其他甲方有合理理由认为影响其合法权益的情形【其他】。

16.2　保证人发生下列情形之一者，贷款人认为可能影响保证人担保能力，要求保证人排除由此造成的不利影响，或要求借款人增加、更换担保条件，保证人和借款人不配合的，即视为已发生违约事件【因保证人原因】：

16.2.1　发生类似于本合同第7.2.6条、第7.2.7条、第7.2.8条所述情况之一的；

16.2.2　出具不可撤销担保书时隐瞒了自身承担保证责任的实际能力，或未获得有权机关的授权；

16.2.3　未按时办理年检注册手续；

16.2.4　怠于管理和追索其到期债权，或以无偿或其他不当方式处分现有主要财产。

16.3　抵押人（或出质人）发生下列情形之一者，甲方认为可能造成抵押（或质押）不成立或抵押物（或质物）不足值，要求抵押人（或出质人）排除由此造成的不利影响，或要求借款人增加、更换担保条件，抵押人（或出质人）和借款人不配合的【因抵押或质押原因】：

16.3.1　对抵押物（或质物）没有所有权或处分权，或权属存在争议；

16.3.2　隐瞒抵押物（或质物）共有、已出租、被查封、被监管、存在法定优于抵押权的优先权等情况；

16.3.3　抵押人未经甲方书面同意，擅自转让、出租、再抵押或以其他任何不适当的方式处分抵押物；

16.3.4　抵押人对抵押物未加妥善保管、维护和维修，致抵押物价值明显贬损；或抵押人的行为直接危及抵押物，导致抵押物价值减少的；或在抵押期内抵押人不按甲方的要求对抵押物进行投保的；

16.3.5　抵押物发生或可能发生被征收、被拆迁的风险，抵押人未按《抵押合同》的约定履行相关义务的；

16.3.6　抵押物发生或可能发生其他影响抵押物价值或影响甲方抵押权等事项。

■ 违约责任条款

显然，因银行方有一定的强势地位，故上述违约行为认定条款仅约束借款人，对于贷款人并未作相应约定。但根据上述约定，只要借款人行为符合上述约定，则其应根据合同对违约责任的承担所作的约定承担违约责任，具体如下：

16.4　一旦发生第16.1、16.2、16.3条规定的任何一种违约事件时，甲方有权同时或分别采取如下措施：

16.4.1　变更贷款资金受托支付条件、取消借款人以“自主支付”的方式使用贷款【变更、取消】；

16.4.2　停止发放借款人尚未使用的贷款【停止放贷】；

16.4.3　提前收回已发放的贷款本息和相关费用【提前收款】；

16.4.4　直接扣收借款人结算账户或其他账户上的存款并委托招商银行其他机构扣收借款人在该机构的存款，以清偿借款人在本合同项下的全部债务【直接划款】；

16.4.5　依据本合同第19条进行追索【争议解决方式】。

(3)应对措施

针对可能承担的民事违约责任，借款人首先应对合同的条款有所认知，明晰己方的权利和义务，尤其是应履行的义务，同时也应了解银行的权利和义务。其次，积极履行合同约定内容，告知义务、接受资金监管义务、按照用途使用贷款义务等，如此才能“防患未然”，同时应关注银行方是否尽到该尽的义务，是否按期发放贷款，如果银行有违约行为，应注意保存证据。

实践中经常发生的“短贷长投”现象，主要原因应该在于民营企业融资环境不完善、融资结构不合理。例如，银行贷款往往都是短期的，而企业的发展离不开中长期投资，这就导致其将短期贷款用于长期资产的投资，从而不仅给银行坏账的发生埋下了导火索，而且对于企业本身其财务风险也加大。

因此，要想尽可能减少这种风险，在一定程度上需要依赖宏观经济的发展及外部政策的变化。对于企业而言，不仅要做到上述对合同条款的认知、合同义务的积极履行，还应加强公司自身的投融资管理，要做好企业融资结构和投资结构的平衡与匹配；既要做好融资期限结构、品种结构和时间结构的安排，同时又要做好投资的规模结构、品种结构和时间结构的安排，千万不能把短期资金投向长期资产当作一种似乎无可奈何而又理所当然的安排。

2. 互保圈危机及其应对

“互联互保”贷款是指向多个企业相互提供担保，从银行取得贷款。这并非一种专门的贷款形式，而是申请各类型贷款时的一种手段。企业之间形成联盟，互相为对方担保，主体增多，则形成圈状，因此形象称为“互保圈”。民生银行贷款项目中有小微企业互助担保贷款、互保贷款、联保贷款等模式。该银行将互保联保直接列为贷款的一种模式，而非在具体贷款模式下允许提供此类互联互保贷款，但该种模式有其特殊的风险。

举例而言，如甲、乙是两家企业，均希望向银行申请1000万元贷款融资，根据银行要求借款人必须提供担保，要么是第三人保证，要么是第三人或借款人自己提供的抵押、质押担保，但互联互保模式下，仅需要乙对甲向银行贷款提供担保，甲对乙向银行贷款提供担保。表面上看来，似乎是信用担保模式的一种创新，银行发放两份贷款均有担保，但实质上，危机四伏。当甲企业出现问题时，造成关联企业即乙企业脱保，相关银行担心贷款风险，遂对乙企业采取提前收贷行为。当互保的企业数增多时，则会出现，甲乙借款的银行之外其他一些银行也因为发现贷款存在风险，又看到同行在收贷，为保障自己贷款的安全，只好采取跟风收贷行为。如此一来，就会导致本已资金链断裂的中小微企业快速濒临死亡。更严重的后果是，由于各银行在本地区都采提前收抽贷政策，从而使其他中小微企业的生存状况更加恶化，融资难、融资贵的问题更加突出。

根据浙江省的官方数据，在浙江省内，这种企业互保、联保模式约占企业总融资比例的40%。在民间的估算中，这个比例高达60%～70%。[①]

(1)典型案例——“德隆系案”

案件概况[②]如下：2004年，曾经是中国最大的民营企业的德隆股票崩盘，德隆集团曾被称为“股市第一强庄”。后续引发的“德隆系案”号称新中国成立以来最大的金融证券案，涉案地域特别广。据新闻报道称该案的案卷材料可装一卡车，有关证人300多位，交换证据程序持续4天之久，共有3名法官、5名公诉人、14名律师参与。

1986年，德隆创建于新疆乌鲁木齐。2000年年初，德隆在上海注册了德隆国际战略投资有限公司，注册人民币5亿元。经过十多年的发展，德隆逐渐形成了以传统产业的区域市场、全球市场为目标的重组和整合能力。德隆在十年间涉足的领域涵盖制造业、流通业、服务业、金融业和旅游业等十几个行业。公

---

① 参见中国经济周刊报道：《危险的互保链：浙江民企染上“金融瘟疫”》，载中国经济网，http://www.ce.cn/cysc/newmain/yc/jsxw/201210/23/t20121023_21267372.shtml，2014年8月1日访问。

② 参见新浪财经网，http://finance.sina.com.cn/focus/dlonginterrogation/，2014年8月1日访问。

司拥有新疆屯河集团有限责任公司、湘火炬投资股份有限公司、沈阳合金投资股份有限公司三个全资公司,并参股20余家公司。2002年,这些公司实现了销售收入40亿元,上缴利税4.5亿元的辉煌战绩,德隆国际的总资产超过200亿元。当时,该巨型企业集团拥有错综复杂的关联公司关系,旗下拥有177家子孙公司和19家金融机构。

据监管部门的调查,2002~2004年德隆在整个银行体系的贷款额高达200亿~300亿元。在贷款类别中,短期贷款占绝大部分,短期偿债风险极大。一旦银行对其紧缩贷款,新疆屯河精心打造的资本和产业链条就有断裂的可能。不仅如此,德隆控股的合金投资(000663)2002年年报显示,报告期内,公司实际发生担保金额3.46亿元。

随后,时任总裁唐万新以"非法吸收公众存款罪"、"操纵证券市场交易价格罪"被判刑,三家核心企业因"操纵证券市场交易价格罪"被罚50多亿元。

(2)深入剖析

德隆系最终瓦解,原因定有诸多综合因素,现仅以其通过互联互保方式融资、向银行贷款为原因之一,进行深入分析。

■ 公司治理层面:

毋庸置疑的是,选择和上市公司互保,确实在初期能互惠互利,不会增加成本,而如果选择担保公司则要支付更多担保费。但公司认识不足的是,当上市公司之间涉及金额巨大的互保,只要有一家因不规范运作出现问题,就会产生连锁反应,风险会沿着担保链波及其他公司,甚至引发局部的金融债务链危机,损害相关公司的商业信誉及银行的资产质量。在担保风险中受伤害的不仅仅是上市公司,同时包括银行等金融机构也会受到影响,严重的会使当地经济产生巨大的波动。

此外,通过互联互保方式借到款项之后的后续不合法操作,也会使瓦解加速。德隆系运作的资本金中绝大多数都是短期贷款,被德隆用在了实业的对外扩张上。众所周知,德隆的实业以传统产业为主,回报缓慢。这样的短贷长投,无异于玩火。德隆盘根错节的持股方式、分散的股权、各级公司之间交叉持股的特点为其融资提供了便利,但也正是这些问题才导致德隆陷入危机。借助上市公司,德隆大量从银行贷款;借助金融机构,德隆挪用保证金、信托资金,进行民间非法融资。这样德隆就陷入一个恶性的循环怪圈,年年的利润都被用来偿付高息，而所借的资金越来越多，只要其中一环稍微出点问题，就有全面崩溃的危险。

在此过程中，银行只注重发放贷款和收取利润，对于资金的去向和实际用途监管严重缺失，反而，在有一点危机的苗头之时，银行只顾“抽贷”。

因此，互联互保圈导致担保链危机重重，而后续的“短贷长投”又使资金链紧张。这是最终导致德隆案发、火烧连营的最主要原因。

■ 社会层面：

在联保互保时，社会诚信体系的不完善也可以说是企业陷入危机的原因之一。尤其是在选择与陌生企业互保联保时，如果择友不善，可在片刻之内引火上身。这一点，在德隆案中似乎不太明显，因德隆系关联企业多，但较易发生在中小微企业融资时，由银行牵线搭桥，与资质未必过硬的企业成为队友。

■ 法律规定层面：

首先，根据《公司法》第16条的规定，公司向其他企业投资或者为他人提供担保，依照公司章程的规定，由董事会或者股东会、股东大会决议；公司章程对投资或者担保的总额及单项投资或者担保的数额有限额规定的，不得超过规定的限额。公司为公司股东或者实际控制人提供担保的，必须经股东会或者股东大会决议。前款规定的股东或者受前款规定的实际控制人支配的股东，不得参加前款规定事项的表决。该项表决由出席会议的其他股东所持表决权的过半数通过。

《公司法》第122条规定：“上市公司在一年内购买、出售重大资产或者是担保金额超过公司资产总额百分之三十的，由股东大会作出决议，并经出席会议的股东所持表决权的三分之二以上通过。”

上述规定，体现公司在对外担保方面是有特定程序要求的，但企业之间互联互保模式的出现，似乎使银行授信过于泛滥，授信额度过高。

其次，互保、联保模式最早被用于农户间的贷款担保。2000年1月中国人民银行出台的《农村信用合作社农户联保贷款管理指导意见》中规定：“没有直系亲属关系的农户在自愿基础上组成联保小组，信用社对联保小组成员提供的贷款称为农户联保贷款；农户联保贷款的基本原则是多户联保、按期存款、分期还款；联保小组由居住在信用社服务辖区内有借款需求的5～10户借款人自愿组成。”

2004年银监会出台的《农村信用合作社农户联保贷款指引》中进一步明确:“农户联保贷款是指社区居民依照本指引组成联保小组,贷款人对联保小组成员发放的并由联保小组成员相互承担连带保证责任的贷款;联保小组由居住在贷款人服务区域内的借款人组成,一般不少于5户。”也就是说,农户联保贷款模式中,组成联户组的各农户,既是贷款人,又是担保人,互相承担连带责任。由于农户之间非常熟悉,如果不还贷款,除了法律压力,还要面临邻里之间的信誉压力,因此担保效果非常好。这种模式化解了农户提供抵押贷款担保难的局面,有利于提高银行对农户放贷的积极性,对于解决农户贷款资金需求、维护信贷资金安全、促进农村经济发展均有积极意义。

2006年,银监会发布《农村信用社小企业信用贷款和联保贷款指引》,其中规定,“本指引所指联保贷款包括一般联保贷款和特殊联保贷款。一般联保贷款是指由多个小企业组成联保组并签订协议,在借款人不能按约偿还贷款时由联保组成员承担连带责任的贷款。特殊联保贷款是指由多个小企业共同出资设立风险基金、设定还款责任和损失风险补偿机制,由贷款人对联保的小企业发放的贷款”。“联保组成员不得少于5户。”

从上述三份规章及规范性文件可以看出,互联互保模式最初源自农民之间担保借贷,后逐步发展到中小企业之间。2008年国际金融危机之后,当时中小企业普遍面临融资难、融资贵的问题,于是监管部门便推出了“互联互保”模式,就是通过企业互相担保的方式,向银行申请贷款。商业银行无论是国有行、股份制银行还是城商行,都纷纷加入了贷款大军。正因如此,“互联互保”模式则被许多地方政府作为解决中小微企业融资难行之有效的改革创新经验。在浙江,经济相对发达,中小企业居多,互保圈十分盛行。

最后,关于企业互保联保贷款方式的法律特征,属于保证,而非抵押、质押。根据《担保法》第6条的规定,保证是指第三人和债权人约定,当债务人不履行债务时,该第三人按照约定履行债务或承担责任的担保方式,本质上是一种信用担保。《担保法》第12条规定,“同一债务有两个以上保证人的,保证人应当按照保证合同约定的保证份额,承担保证责任。没有约定保证份额的,保证人承担连带责任,债权人可以要求任何一个保证人承担全部保证责任,保证人都负有担保全部债权实现的义务”。因此,针对联保模式,至少有两个以上担保人,属于共同保证。根据担保合同的约定是否承担份额,否则承担连带责任保证。针对互保模式，则是相互为对方提供保证。单纯的连带责任并不可怕，可怕的是大量的交叉联保互保，为互保联保而设立的错综复杂的关联企业之间的连带责任。

诺贝尔经济学奖获得者马克维茨认为，在投资额度一定的情况下，对不同的资产进行组合，可以降低投资的风险，即一组企业的总授信额度应该是组内实力最强的单户的授信额度，而非进行各户额度叠加。

(3)应对措施

除中小微企业互保联保盛行，据21世纪经济报道，2013年238家上市公司出现355亿元非关联担保，互保圈正将上市公司拖向未知的未来。① 要解决这一难题，国家宏观调控的加强、市场的进步、制度与体系的健全、融资渠道多元化、企业治理结构的完善，都不可或缺。

银监会于2013年出台《关于进一步做好小微企业金融服务工作的指导意见》，是为贯彻落实《国务院办公厅关于金融支持小微企业发展的实施意见》(国办发[2013]87号)，进一步推进银行业小微企业金融服务工作。由此可见，互联互保本是政府、银行为刺激经济、帮助中小企业解决融资难、融资贵的困境的一项新举措，但因牵涉面广、涉及主体多、数额巨大、相互围圈，遂有“牵一发而动全身”的危险。

本质上，互联互保确非坏事，但从案例可得出有两点值得注意：其一，不能将担保链过于集中，否则风险难以分散。以德隆为例，其下属的177家关联企业互为担保、联合担保，只要一家出现问题，便会“一损俱损”。其二，选择关联企业之外，极有可能发生“银行牵线”而选择与“陌生企业”互保联保，最终因“择友不善”而陷入危机。因此，企业在凭借互保圈向银行申请巨额贷款时，要意识到风险的存在，并注意分散风险，不能扎堆担保，进而慎重考虑自己的“保友”究竟“是敌是友”，能否“有难同当”。

3. 个人连带责任及其应对

除了借款人企业可能承担的违约责任风险以及互保圈带来的风险，还有个人连带责任风险也须引起注意。一般而言，在公司向银行申请贷款进行融资

---

① 参见21世纪经济报道，http://www.21cbh.com/HTML/2013-5-9/wONTAzXzY3OTkwOQ.html，2014年7月25日访问。

时，银行都会要求公司提供担保，人保或物保，甚至人保和物保，都有可能由公司法人或其他责任人提供。一旦公司破产，资不抵债，曾提供担保的个人须根据担保合同约定承担连带责任。

此类案例很多，前述“眼镜大王”跑路案、“德隆系案”，最终公司“大老板”都难辞其咎。

因此，公司申请银行贷款需个人提供担保时，个人务必意识到可能存在的风险，提供担保之前谨慎考虑以及对担保的额度、责任进行明确约定。

（二）刑事责任风险及其应对

在银行贷款过程中，贷款人可能涉嫌违法发放贷款罪、违法向关系人发放贷款罪等罪名，但本节仅讨论借款人可能触及的刑事犯罪。借款人可能涉嫌贷款诈骗罪、合同诈骗罪等。

1. 典型案例

“金甲贷款诈骗罪案”概况如下：①

【上海市人民检察院第二分院指控】被告人金甲个人控制经营经虚假出资注册成立的上海金胜电子发展有限公司（以下简称“金胜公司”）和上海益全实业有限公司（以下简称“益全公司”）。1999 年 10 月至 2008 年 11 月，被告人金甲隐瞒金胜公司、益全公司日益陷入严重亏损以至资不抵债的实际状况，以公司经营需要资金为由，以高额利息为诱饵，以其个人名义或以金胜公司、益全公司名义骗取虞某某、李某、刘某、蒋某等 29 名金胜公司、益全公司职工、其他社会人员、个体供货商以及上海华傲通信设备有限公司 5 家单位集资款共计人民币 2736.117 万元（以下币种均为人民币），除去已支付的利息 420.13596 万元，实际骗取集资款 2315.98104 万元。上述钱款主要被金甲用于归还高额利息及前期债务等。

2008 年 7 月，被告人金甲以益全公司名义向渣打银行上海分行（以下简称“渣打银行”）申请 100 万元中小企业无抵押小额贷款。为隐瞒益全公司经营亏损的事实，金甲向渣打银行提供了虚假盈利的公司利润表、损益表、资产负债表等。除去已归还的贷款以及银行扣除的相关税费，金甲实际骗取渣打银行贷款 72.78569 万元。

---

① 参见上海市第二中级人民法院（2010）沪二中刑初字第 21 号刑事判决书。

2004 年 4 月至 2009 年 1 月，被告人金甲隐瞒金胜公司、益全公司日益陷入严重亏损以至资不抵债的事实，在明知根本无力支付货款的情况下，仍以该两家公司的名义向上海海鸥通信设备有限公司等 35 家供货单位或个体供货商购进货物，并在明知公司账户资金根本无力支付的情况下向上述各供货商开具了 1365 万余元的银行票据，共骗取价值 2068.226738 万元的手机及相关配件等货物。

2008 年 12 月，被告人金甲在明知已无力归还上述钱款及支付货款的情况下，即策划实施逃匿。2009 年 1 月 5 日，被骗取货物的各家供货单位在得知金甲已逃匿后分别向公安机关报案。2009 年 1 月 17 日，被告人金甲在其藏匿的本市虹漕南路某弄某号某室被公安人员抓获。

公诉机关认为，被告人金甲以非法占有为目的，使用诈骗方法非法集资 2300 万余元，数额特别巨大；诈骗银行贷款 72 万余元，数额特别巨大；在履行合同过程中，骗取供货商货物价值 2068 万余元，数额特别巨大，应当依照《刑法》第 192 条、第 193 条第 5 项、第 224 条第 4 项、第 5 项之规定，分别以集资诈骗罪、贷款诈骗罪、合同诈骗罪追究被告人金甲的刑事责任，并适用《刑法》第 69 条之规定，对其数罪并罚。

法院经审理查明：被告人金甲于 2000 年和 2003 年先后借资注册成立金胜公司和益全公司。公司以经营电子产品为主。2003 年受让他人股权取得上海杰耸贸易有限公司（以下简称"杰耸公司"），以经营通讯器材为主。金甲系以上三家公司实际控制人。

被告人金甲以金胜公司和益全公司经销手机业务，先后在易买得超市、易初莲花、太平洋数码和美罗城等多处开设了 50 余家门店。由于大商场对入场经销商有销售指标的规定，金甲在不能完成规定指标时，就以杰耸公司购买金胜和益全公司的手机，以完成销售指标。

金胜公司从 2000 年开始营业，第二年开始逐年不断扩大亏损，益全公司从 2006 年起亏损，金甲以支付高额利息借款维持经营。至 2008 年 12 月 31 日，累计亏损 2340 万余元，亏损的主要原因是支付借款利息和为完成销售指标而自买自卖增加的支出。

1999 年起，被告人金甲先后以金胜公司和益全公司发展业务需要，以至少 1% 的月息，持续向公司员工借款。2007 年以后，金甲开始向供货商等社会上的关系人借款。至2008年12月,累计向18名公司员工借款564万元,支付利息147.3万余元,未还款416.6万余元;向10名公司外个人借款1159万元,支付利息133.9万元,未还款1025.1万元;向供货商借款1013.1万余元,支付利息138.8万余元,未还款874.2万余元;总计未还款2315.9万余元。

被告人金甲在公司亏损不断加剧的情况下,不顾无力履行支付合同货款义务的实际,一面以高息借款经营,另一面采用进货后向供货商开具延期兑付支票的方式维持经营,最终导致巨额欠款不能偿还。

2004年4月至2009年1月,金胜公司和益全公司从35家供应商处收取价值2064万余元的货物和4.2万元的质保金及押金,向供应商开具延期兑付支票1365.2504万元,尚欠供应商货款等共计2068.2万余元。

2008年7月18日,被告人金甲以益全公司名义,与渣打银行签订了100万元无抵押贷款合同,贷款期限24个月。扣除手续费和印花税等,益全公司实际收到贷款97.99万元。2008年8月至2009年1月4日,益全公司归还本金和利息金额总计25.2万余元,尚欠72.7万余元。

2009年1月4日,金甲携全家逃往以其岳父名义租借的本市虹漕南路某弄某号某室藏匿。同月17日,金甲在该藏匿处被公安人员抓获。

最终判决:被告人金甲负债经营,在明知公司亏损已经资不抵债的情况下,仍不计后果高息举债,之后又逃匿,在得知被公安机关网上追捕后,仍拒不投案,据此,应认定金甲主观上有非法占有的故意,其行为已构成诈骗犯罪,且诈骗数额特别巨大。

被告人金甲向公司职工、社会关系人和供货商借款,没有通过媒体、手机短信等途径公开宣传,既不是向社会不特定对象吸收资金,也不是向社会公众募集资金。因此,金甲的行为不属于非法吸收或者变相吸收公众存款,也不属于非法集资。如前所述,金甲不计后果借款、最终不予归还的行为构成诈骗罪而非集资诈骗罪。公诉机关该项指控的罪名不当,本院予以纠正。

被告人金甲作为金胜公司和益全公司的负责人,在公司资不抵债的情况下,明知公司已经没有履行合同的能力,仍代表公司不计后果从供货商进货,导致严重损害供货商利益的后果。因金甲个人没有非法占有货物的故意,其代表公司签订、履行合同中的非法所得归公司所有,因此,金甲代表公司实施的合同诈骗行为,属于单位犯罪,金甲应作为单位犯罪中直接负责的主管人员承担刑事责任。公诉机关就该节事实指控金甲个人犯罪不当,本院予以纠正。被告人金甲在益全公司严重亏损的情况下,隐瞒亏损的事实向银行贷款,用于归还公司债务,最终导致70万余元不能归还,其行为属于益全公司所为的贷款合同诈骗,构成单位犯罪。因单位犯贷款诈骗罪,应以合同诈骗罪论处,公诉机关就该节事实指控金甲个人犯贷款诈骗罪不当,本院予以纠正。该节单位贷款合同诈骗的数额与前一节单位合同诈骗的数额应予合并计算,认定单位犯合同诈骗罪,数额特别巨大。因公诉机关没有指控金甲掌控的公司单位犯罪,而作为自然人犯罪对金甲提起公诉,根据有关规定,应依照刑法关于处罚单位犯罪的规定,对金甲追究单位犯罪中直接负责的主管人员的刑事责任。由于该节单位犯罪,犯罪所得均用于单位归还债务和经营活动,案发前单位的部分货物被哄抢,部分债权没有收回,尚有部分退赔的可能,且金甲在单位犯罪中个人没有非法所得,因此,对金甲该节犯罪的量刑可以酌情从轻。被告人金甲犯数罪,应依法予以数罪并罚。辩护人提出的被告人金甲的行为不构成犯罪的辩护意见,缺乏事实和法律依据,本院不予采纳。依照《刑法》第266条、第224条第4、5项、第31条、第231条、第55条第1款、第57条第1款、第69条第1款、第64条以及最高人民法院、最高人民检察院《关于办理诈骗刑事案件具体应用法律若干问题的解释》第1条第1款之规定,判决如下:

(1)被告人金甲犯诈骗罪,判处无期徒刑,剥夺政治权利终身,罚金人民币30万元;犯合同诈骗罪,判处有期徒刑15年,剥夺政治权利5年,罚金人民币25万元。决定执行无期徒刑,剥夺政治权利终身,罚金人民币55万元(刑期从判决确定之日起计算,罚金于本判决生效之日起3个月内缴纳至本院)。

(2)追缴违法所得,不足部分责令退赔,发还各被害人和被害单位。

2. 深入剖析

(1)公司治理层面

本案较好地体现了公司在融资过程中可能触及的刑事法律风险。金甲作为三个公司的实际控制人,因公司经营不善,急需融资。其通过向员工进行非法融资,后被认定为诈骗罪;向供货商进行虚假交易,后被认定为合同诈骗罪;隐瞒真实情况向银行申请贷款融资,构成贷款诈骗,因单位犯贷款诈骗罪应认定为合同诈骗罪。第一、二种涉及本章第七节的民间融资形式,该部分内容将在后续章节中展开深入剖析;第三种涉及本节的银行贷款融资方式，公司实际控制人隐瞒相关事实并捏造虚假情况向银行骗贷，最终被定罪入刑。

首先，公司治理不完善，导致运营出现问题，资金周转不灵，从而向银行申请贷款。这种情形并不罕见。其次，实际控制人怀侥幸心理，拆东墙补西墙的同时违法骗贷，势必导致东窗事发。

(2)法律规定层面

■ 贷款诈骗罪的定罪量刑

一般而言，贷款诈骗罪的主要情形是以个人名义向银行骗贷，常见的如签订虚假房屋买卖合同，从而骗取银行贷款。本案金甲的行为虽然也是骗取银行贷款，但其行为系为公司利益，但法律规定单位犯贷款诈骗罪不宜认定为贷款诈骗罪，应以合同诈骗罪定罪。

《刑法》第193条规定，有下列情形之一，以非法占有为目的，诈骗银行或者其他金融机构的贷款，数额较大的，处5年以下有期徒刑或者拘役，并处2万元以上20万元以下罚金；数额巨大或者有其他严重情节的，处5年以上10年以下有期徒刑，并处5万元以上50万元以下罚金；数额特别巨大或者有其他特别严重情节的，处10年以上有期徒刑或者无期徒刑，并处5万元以上50万元以下罚金或者没收财产：

- 编造引进资金、项目等虚假理由的；
- 使用虚假的经济合同的；
- 使用虚假的证明文件的；
- 使用虚假的产权证明作担保或者超出抵押物价值重复担保的；
- 以其他方法诈骗贷款的。

最高人民检察院、公安部《关于公安机关管辖的刑事案件立案追诉标准的规定(二)》第50条规定，以非法占有为目的，诈骗银行或者其他金融机构的贷款，数额在2万元以上的，应予立案追诉。对于预备犯、未遂犯、中止犯，需要追究刑事责任的，应予立案追诉。

《关于审理诈骗案件应用法律的若干问题的解释》规定“其他严重情节”认定依据如下：

- 为骗取贷款，向银行或者金融机构的工作人员行贿，数额较大的；
- 挥霍贷款，或者用贷款进行违法活动，致使贷款到期无法偿还的；

➢ 隐匿贷款去向，贷款期限届满后，拒不偿还的；

➢ 提供虚假的担保申请贷款，贷款期限届满后，拒不偿还的；

➢ 假冒他人名义申请贷款，贷款期限届满后，拒不偿还的。

该解释同时规定，“其他特别严重情节”是指：

➢ 为骗取贷款，向银行或者金融机构的工作人员行贿，数额巨大的；

➢ 携带贷款逃跑的；

➢ 使用贷款进行犯罪活动的。

■ 单位不构成贷款诈骗罪，应定合同诈骗罪

最高法于 2001 年出台的《全国法院审理金融犯罪案件最高人民法院工作座谈会纪要》规定，有两种情形不能以贷款诈骗罪定罪：

➢ 对于合法取得贷款后，没有按规定的用途使用贷款，到期没有归还贷款的，不能以贷款诈骗罪定罪处罚；

➢ 对于确有证据证明行为人不具有非法占有的目的，因不具备贷款的条件而采取了欺骗手段获取贷款，案发时有能力履行还贷义务，或者案发时不能归还贷款是因为意志以外的原因，如因经营不善、被骗、市场风险等，不应以贷款诈骗罪定罪处罚。

如此规定究其原因，可能在于国家宏观上对于企业融资还是持有一个较为宽容的态度，严格区分罪与非罪，区分正常的企业运营风险、市场风险与刑法法律犯罪。

同时规定，单位不构成贷款诈骗罪：对于单位实施的贷款诈骗行为，既不能以贷款诈骗罪定罪处罚，也不能以贷款诈骗罪追究直接负责的主管人员和其他直接责任人员的刑事责任。但是，在司法实践中，对于单位十分明显地以非法占有为目的，利用签订、履行借款合同诈骗银行或其他金融机构贷款，符合刑法第 224 条规定的合同诈骗罪构成要件的，应当以合同诈骗罪定罪处罚。

《刑法》第 224 条规定，有下列情形之一，以非法占有为目的，在签订、履行合同过程中，骗取对方当事人财物，数额较大的，处 3 年以下有期徒刑或者拘役，并处或者单处罚金；数额巨大或者有其他严重情节的，处 3 年以上 10 年以下有期徒刑，并处罚金；数额特别巨大或者有其他特别严重情节的，处 10 年以上有期徒刑或者无期徒刑，并处罚金或者没收财产：

（一）以虚构的单位或者冒用他人名义签订合同的；

（二）以伪造、变造、作废的票据或者其他虚假的产权证明作担保的；

（三）没有实际履行能力，以先履行小额合同或者部分履行合同的方法，诱骗对方当事人继续签订和履行合同的；

（四）收受对方当事人给付的货物、货款、预付款或者担保财产后逃匿的；

（五）以其他方法骗取对方当事人财物的。

同时《刑法》第231条规定，单位犯本节第221条至第230条规定之罪的，对单位判处罚金，并对其直接负责的主管人员和其他直接责任人员，依照本节各该条的规定处罚。

因此，单位或直接责任人在银行贷款融资过程中触犯上述法律规定，将受到相应刑事处罚。

3. 应对措施

针对触犯刑事法律犯罪的风险，我们似乎更常听到贷款人即银行应做更多的防范、避免被骗取贷款的言论。但作为公司或者企业实际控制人而言，拟通过银行贷款进行融资时，也应防范此类风险。防范此类风险的关键在于守住底线，合法申请贷款，获得资金支持，不应怀有侥幸心理。对于一个企业而言，在市场逐步完善的经济浪潮中，企业的诚信相对更有价值。一旦有刑事犯罪记录，对于小微企业，想爬起来不容易；对于大型企业、上市公司而言，损失的不仅是大众的信赖，而且将面对监管部门更严苛的监管。

第二节
信托贷款

根据中国人民银行（以下简称“央行”）2014年7月底发布的统计数据显示，上半年地区社会融资规模排名前五位的依次是江苏（10,355亿元）、广东（8401亿元）、山东（8066亿元）、北京（7309亿元）、浙江（4789亿元）。上海社会融资规模为4482亿元，位列第六位，但信托贷款排名第一（1010亿元），占其社会融资规模近23%,也是占比最高的地区。[1]

根据中国信托业协会最新发布的《中国信托业发展报告(2013~2014)》显示,2013年年底,全行业68家信托公司管理的信托资产规模为10.91万亿元,同比增长46.05%(上年7.47万亿元)。从信托财产来源来看,单一资金信托占比69.62%;集合资金信托占比24.90%;财产权信托占比5.48%。从信托功能看,融资类信托占比47.76%;投资类信托占比32.54%;事务管理类信托占比19.70%。从资金信托的投向来看,第一大领域为工商企业,占比28.14%;第二大领域为基础产业,占比25.25%(工商企业和基础产业两大领域占比一半以上);第三大领域为金融机构,占比12.00%;第四大领域为证券市场,占比10.35%;第五大领域为房地产,占比10.03%;其他占比14.23%。[2]

根据2014年第2季度末信托公司主要业务数据显示,在资金信托的运用方式上,贷款余额为527,301,670.47元,占比44.78%,近半壁江山。

上述数据足以说明信托贷款在社会融资方式中的重要性。信托贷款占比之高,信托资产规模之大,是信贷额度管制以及利率双轨制背景下金融创新的结果。一方面它有效补充了正规金融体系对金融服务提供的不足;另一方面由于发展速度过快,不论是对信托机构、投资者还是需融资者,都存在一定的风险。对此,后续将进行深入剖析。

一、信托贷款概述

信托贷款是诸项信托业务的一种。

信托贷款是指信托机构在国家规定的范围内,制定信托发行计划,募集资金,通过信托计划募集的信托资金,对自行审定的单位和项目发放的贷款。其中涉及的主体包括委托人(财产权利人)、信托机构(委托人)与借款人(信托贷款的对象)。

(一)何为信托

信托,即受人之托,代人管理财物,是"舶来品"。就操作层面而言,信托最

① 参见凤凰财经网站,http://finance.ifeng.com/a/20140731/12832788_0.shtml,2014年8月3日访问。

② 参见中国信托业协会官方网站,http://www.xtxh.net/xtxh/topnews/19990.htm,2014年8月9日访问。

早源自英国,经法律移植而来。根据我国《信托法》规定,信托是指委托人基于对受托人的信任,将其财产权委托给受托人,由受托人按委托人的意愿以自己的名义,为受益人的利益或者特定目的,进行管理或者处分的行为。

信托首先是一种信用行为,翻译自"Trust"。信用是信托法律关系构建的前提。信托是一种委托行为,委托人委托受托人对委托人的财产进行管理,受托财产并非受托人的财产,但受托财产产生收益归属于委托人,受托人从中赚取手续费等。信托是一种财产的管理行为,为受益人的利益而管理。现今信托已是一种金融制度,是现代金融的组成部分,与银行、保险、证券构成了现代金融体系。此外,信托还有破产隔离的特征,受托人将信托财产和受托人固有财产相区别,并分别管理、记账和核算。受托人主体资格的变更,不影响受托财产的归属。

该法律关系中涉及三方主体:投资者、信托结构以及融资方。信托机构,是指依据《公司法》《信托公司管理办法》等法律、法规依法设立的主要经营信托业务的金融机构,即信托公司。借款人,即信托贷款的对象。根据《中国银行信托咨询公司信托贷款办法》的规定,信托贷款的对象是在工商行政管理部门登记注册,实行独立核算,具有法人资格,并遵守国家政策、法令,正常经营的国营、集体、外商投资企业和其他经济实体。因该《办法》于 1992 年生效,当时所谓的"经济实体"概念应指当今的公司、企业等商主体。

(二)信托贷款适用的法律规范

信托贷款应符合相应的法律法规及其他规范性文件的规定。在法律层面主要涉及全国人民代表大会常务委员会(以下简称"全国人大常委会")于 1995 年颁布的《中华人民共和国担保法》(以下简称《担保法》),全国人民代表大会于(以下简称"全国人大")1999 年颁布的法律《中华人民共和国合同法》(以下简称《合同法》),全国人大常委会于 2001 年颁布的《中华人民共和国信托法》(以下简称《信托法》)。

部门规章和规范性文件层面主要涉及中国人民银行 1991 年出台的《中国银行信托咨询公司信托贷款办法》《中国银行信托咨询公司信托贷款审批与管理细则》,银监会 2007 年出台的《信托公司治理指引》《信托公司管理办法》,银监会于 2009 年出台的《信托公司集合资金信托计划管理办法》(如表 2 - 3 所示)。

表 2－3　银行贷款适用相关法律规范表

<table>
<tr><th colspan="6">银行贷款适用的相关法律规范</th></tr>
<tr><th>序号</th><th colspan="2">名　　称</th><th>颁布机关</th><th>时间</th><th>备注</th></tr>
<tr><td>1</td><td rowspan="3">法律</td><td>《担保法》</td><td>全国人大常委会</td><td>1995 年</td><td rowspan="3"></td></tr>
<tr><td>2</td><td>《合同法》</td><td>全国人大</td><td>1999 年</td></tr>
<tr><td>3</td><td>《信托法》</td><td>全国人大常委会</td><td>2001 年</td></tr>
<tr><td>4</td><td rowspan="3">部门规章</td><td>《中国银行信托咨询公司信托贷款办法》</td><td>中国人民银行</td><td>1991 年</td><td rowspan="3"></td></tr>
<tr><td>5</td><td>《信托公司管理办法》</td><td>银监会</td><td>2007 年</td></tr>
<tr><td>6</td><td>《信托公司集合资金信托计划管理办法》</td><td>银监会</td><td>2009 年</td></tr>
<tr><td rowspan="2">7</td><td rowspan="2">规范性文件</td><td>《中国银行信托咨询公司信托贷款审批与管理细则》</td><td>中国人民银行</td><td>1991 年</td><td rowspan="2"></td></tr>
<tr><td>《信托公司治理指引》</td><td>银监会</td><td>2007 年</td></tr>
<tr><td colspan="6">对于银监会出台的“三办法一指引”可参照适用:《固定资产贷款管理暂行办法》《流动资金贷款管理暂行办法》《个人贷款管理暂行办法》《项目融资业务指引》。</td></tr>
</table>

(三)信托贷款与银行贷款的区别

本书介绍的主要融资方式有 30 多种,其中本章第一节专门对银行贷款进行了详细的介绍。同是企业融资方式,信托贷款与银行贷款有什么区别?企业在融资时,该如何选择?

1. 资金来源不同

信托贷款是企业通过向信托机构申请获得的贷款,其基本来源于信托机构自委托人处募集的资金。银行贷款则是企业向银行申请贷款,银行资金来源于自有资金、存款资金及其他资金。一般而言,我们将银行贷款视为间接融资方式的一种,而信托贷款则为直接融资。

2. 利润收入不同

信托公司在整个信托法律关系中,是受托人,有点类似“中介地位”。通过信托募集来的资金产生收益之后,并非直接转换成信托公司的利润,因信托收益须按事先约定收益的各方进行分配,其中受托人收益是信托公司该笔业务的手续费收入,再经过一系列的扣除后的最终余额,才能构成信托公司的业务利润。而银行贷款则不同,银行是贷款人即债权人,银行信贷的收入完全归放款银行，作为其业务收入，继而转化为利润。信托贷款的利润却不能直接、足额形成信托公司利润。因此，两种方式下信托机构、银行的收入是不同的。

3. 监管力度不同

从第一节银行贷款应适用的法律规范可知，相关部门对银行贷款的监管较为严格，相比而言，信托贷款监管力度更小，这也使信托贷款更有灵活性。

4. 操作要求不同

银行更多进行的工作是风险管控，因此发放银行贷款的审批流程"规范化"，要求较为僵硬，有"一刀切"之嫌，同时要求提供的担保等条件更多。信托贷款可谓价格灵活、风险与收益匹配灵活、放款灵活，可以满足客户的个性化需求。

信托贷款发放之后，信托公司还可直接进行股本权益性投资，而这更增强了对投资项目的控制力。同时如果项目净资产回报率高，信托公司不但可以保证贷款安全，而且还分享企业资本增值性收益，如果将来上市，长期投资的综合收益率较高。有的信托公司甚至推出夹层融资，即通过股权和债权的混合模式，兼顾了多种模式的优势。此外，信托公司在阶段性信托投资时，通过公司股东回购股权的方式向企业融资，将股权融资转换成债权融资，既可以以股东资格指派董事参与经营和决策，还可以在设计产品时让股东承担回购义务以及第三人对该回购义务提供担保，这就扩大了债务偿还的保障渠道。除了股权外，信托公司还可以通过附加条件转移所有权的方式购买企业的不动产、应收债权等资产，向企业融资或者以担保信托的模式为信托贷款提供担保。这些灵活的组合运用方式也为金融产品创新注入了新的活力。

因此，对于借款人而言，信托贷款的操作方式相对更为灵活、简单，银行贷款要经严格的审批。

（四）借贷双方的权利义务

信托公司可以办理下列两种信托贷款，分别是：流动资金贷款，用于企业在商品生产、商品流通及正常经营活动过程中所需的外汇、人民币资金；固定资产贷款，用于企业为引进先进技术、设备及国内配套设施，开发能源，发展交通运输旅游设施，开发房地产等所需的外汇、人民币资金。

借款人首先要具有一定的条件才能申请信托贷款，信托公司也应具备相关资质要求才能作为出借方。然后，借款人向信托公司提出信托贷款申请，经过信托公司审批，双方签订合同，进而发放贷款。但双方在行使权利之前必须积极履行自己的义务。根据《中国银行信托咨询公司信托贷款审批与管理细则》的规定，双方主要权利义务如下。

1. 借贷双方的资质

根据《中国银行信托咨询公司信托贷款办法》的规定，提出书面申请的借款人首先应是在工商行政管理部门登记注册，实行独立核算，具有法人资格，并遵守国家政策、法令，正常经营的国营、集体、外商投资企业和其他经济实体。

《中国银行信托咨询公司信托贷款审批与管理细则》则进一步细化，借款单位必须是独立核算法人和经济实体：资信可靠，善于合作，领导班子素质好，有一定的经营管理能力；贷款项目经济效益好，有能力偿还贷款本息及费用；配套要落实，使用信托贷款所需相应的厂房、设备、水、电、燃料、原材料、运输及其他配套资金都应逐项做出具体安排，并提供已落实的书面材料，以保证贷款发放后能尽快产生经济效益；凭担保单位出具的担保函发放信托外汇贷款时，担保单位必须有可自由支配的足够替借款单位偿还债务的外汇。

此外，发放信托固定资产贷款，其项目必须纳入国家或地方的技术改造计划，基本建设贷款项目要列入国家的基本建设计划。批准手续必须完备。对计划外项目不予贷款。

对于外汇信托贷款项目，借款单位须有充足的外汇偿还能力，用出口收汇偿还或用地方留成外汇或其他外汇偿还的要提供有关部门批准同意的文件。

贷款人即信托机构，是指依据《公司法》《信托公司管理办法》等法律、法规依法设立的主要经营信托业务的金融机构，即信托公司。

2. 信托公司的权利及义务

(1)信托公司的权利

【终止合同】借款人应按照《借款合同》规定的期限，在信托公司开立贷款帐户并使用贷款。自《借款合同》生效之日起，6 个月内不用款，除经信托公司同意者外，信托公司将主动终止合同。

【收回贷款】借款人对每笔贷款应按照《借款合同》中规定的用途使用，不得挪用。如有挪用，要限期纠正，并对挪用部分在原利率基础上加收 20% 以上罚息，情况严重的，信托公司有权停止发放贷款或立即收回已贷款项。

(2)信托公司的义务

【遵循原则】信托公司发放信托贷款时应遵循如下几个原则：

➢ 贯彻执行国家的方针、政策，遵守国家的法律和法规，贷款项目应符合国家的产业政策，重点应支持经济效益好、创汇高的项目。对国家规定停止或严格限制发展的产业和产品应不予贷款。

➢ 发放信托贷款是为解决企业在生产经营过程中所需短期资金和促进企业的设备更新改造、技术进步，提高产品质量，更新产品的花色品种，提高出口商品竞争能力，增强出口创汇能力。

➢ 保障信托贷款的经济效益。信托公司应选择信誉好，利润高的企业发放信托贷款。通过贷款得到良好的经济效益，按时收回贷款本息，实现贷款良性循环，加速资金周转。

【遵守规定】信托公司管理信托计划，应当遵守以下规定：

➢ 不得向他人提供担保；

➢ 向他人提供贷款不得超过其管理的所有信托计划实收余额的30%，但中国银行业监督管理委员会另有规定的除外；

➢ 不得将信托资金直接或间接运用于信托公司的股东及其关联人，但信托资金全部来源于股东或其关联人的除外；

➢ 不得以固有财产与信托财产进行交易；

➢ 不得将不同信托财产进行相互交易；

➢ 不得将同一公司管理的不同信托计划投资于同一项目。

3. 借款人的权利及义务

(1)借款人的权利

借款人的权利同上一节银行贷款中借款人的权利，主要是获得借款并依据合同约定进行使用。

(2)借款人的义务

【依法申请义务】借款人向信托公司申请信托贷款时，应遵守法律及信托公司的规定，依法申请并按照规定提供要求的文件。

申请流动资金贷款时，应提供下列文件：

➢ 贷款申请书；

➢ 企业营业执照；

➢ 企业财务报表；

➢ 企业产品、销售情况、销售合同或订单；

➢ 担保函或抵押合同；

➢ 信托公司认为必要的其他材料。

申请固定资产贷款时，应提供下列文件：

➢ 贷款申请书；

➢ 企业营业执照；

➢ 上级主管部门对项目可行性研究报告的批复和批准借款的文件或董事会做出的借款决议；

➢ 水、电、汽和原材料已落实的批复文件或合同；

➢ 引进技术和设备清单；

➢ 借款单位的财务报表，已落实的各项投资来源证明文件；

➢ 经有关部门同意使用出口收汇或地方留成外汇偿还外汇贷款的批件；

➢ 归还信托公司贷款的资金来源和具体的还款计划；必要时应向财税部门确认综合还款或用项目新增利税还款的证明文件；

➢ 担保函或抵押合同；

➢ 两家以上金融机构共同贷款项目，要提供由几家金融机构与借款单位共同签订的保证各方权益的还款协议书；

➢ 借款单位要提供项目投产后有关银行承担流动资金贷款的证明文件；

➢ 信托公司认为必要的其他有关文件和资料。

【按约用款义务】借款人在款项发放之后，应按照法律规定、合同约定使用款项，不得超出约定的使用用途。一般而言，使用范围主要如下：

➢ 企业在生产经营过程中所需的外汇或人民币短期周转资金；

➢ 企业为引进先进适用的技术、设备，扩大出口商品的生产能力，提高产品质量，增加花色品种，改进包装的资金需求；

➢ 支持能源、交通运输和通讯的开发和利用；

➢ 其他对社会主义现代化建设有利并有还款能力的项目。

【及时还款义务】借款人应及时还款，贷款期限一般自借款合同生效之日起，至合同规定的还清贷款本息及费用为止。流动资金贷款期限，最长不超过1年。固定资产贷款期限为1~3年，个别经济效益特别好的项目经审查同意可适当延长，但不得超过该企业营业执照规定的经营期结束前一年。

(五)信托贷款的一般流程

1. 书面申请

具有申请资质的申请人向信托机构提出书面申请,申请应符合下列条件:

➢ 贷款项目应符合花钱少、收效大、创汇高、还款及时的原则;

➢ 贷款的还款来源有保障,外汇贷款国内配套人民币资金落实,有可靠的还汇来源;

➢ 借款单位申请固定资产贷款,须有上级主管部门批准文件或董事会做出的借款决议,项目要纳入国家有关部门及地方技术改造计划;基建项目应列入基建计划;

➢ 借款单位应提供经信托公司认可的担保文件或财产抵押,必要时应提供财产抵押加信用担保。

2. 审批

根据《中国银行信托咨询公司信托贷款审批与管理细则》的规定,信托公司在对贷款项目进行审批时,主要分为项目调查、项目评估、项目审批和上报备案四个阶段。

【项目调查】当接到企业的贷款申请时,对该项目的全面情况以及企业提供的有关资料和数据进行深入调查和核实,要求数据准确、资料齐全、情况详细,为项目提供可靠依据。

【项目评估】在调查研究的基础上要求对贷款项目进行技术、经济和财务评估,写出详细评估报告,为贷款的审批提供决策依据。评估内容主要包括下列几项:

➢ 企业现状和领导班子经营管理水平;

➢ 项目的基本情况,是否符合国家的产业政策和长远规划;

➢ 项目的产品是否适销对路;

➢ 外汇贷款是否有足够的还汇来源;

➢ 项目建设地点和建设条件是否合适,有无重复建设和重复引进现象;

➢ 项目的技术分析;

➢ 投资总额和资金筹集情况;

➢ 项目配套设施及其工程的实施方案;

➢ 项目的财务收益与社会综合效益预测;

➢ 最终评估的结论。

【项目的审批】各行信托公司应建立集体会审制度，任何贷款项目都应采取自下而上的方式申报，在项目调查和评估的基础上，对项目进行集体会审。集体会审应在信托公司总经理室的领导下，由业务、财务部门经理、具体经办人员以及有关人员一同参加。分级负责，分级把关，会审应发扬民主认真听取各方面的意见，反对独断专行。

会审时，经办人员对项目可行性做出全面介绍，评估人员提出质疑时，经办人员应进行详细解答，并做出详细书面记录。

公司总经理室应根据国家的有关方针政策和集体会审的决定对项目进行审批，对超出审批权限的项目应逐级上报。

未经正式批准的贷款项目，任何人不得以任何方式对外表示承诺或办理有关贷款手续。

【审批权限】对具备条件的贷款项目，按照既定的批准权限进行审批权限以内的贷款项目由分行信托公司或报经分行审批。权限以上的项目要逐项报总行审批，各分行信托公司不得采取化整为零方式批准超权限的贷款。

总行审批的贷款，借款单位需要追加贷款时，要报总行重新审批。

分行审批权限之内的贷款，借款单位需要追加贷款时，追加贷款和原审批贷款之和超过分行审批权限时（汇率变动因素除外），要报总行审批。

总行审批的贷款，借款单位确实因特殊原因，不能按期如数归还贷款需延期偿还时须报总行批准。

在分行权限之内的贷款，需延期偿还时，由分行自行批准。

【上报备案】凡管辖分行在权限之内批准的固定资产或流动资金贷款金额在200万美元（包括配套人民币贷款）以上的项目，要逐项上报总行备案，并附主要的文件资料。总行从收到文件之日起半个月内不提出复议意见，视同意贷款。在总行审查复议期间，企业不得对外签约订货，不得对外开证、付汇。对固定资产贷款项目金额在200万美元（包括配套人民币，不含200万美元的项目）以下由分行信托公司自行批准后填写项目档案卡片报备总行。对流动资金贷款项目金额在200万美元（不含200万美元的项目）以下不须报备。

3. 签订合同

借款单位申请借款经信托公司同意后，双方须签订借款合同，以明确双方的责任、权利和义务。对重大项目的借款合同应由法律顾问草拟或由其审核。

借款合同的主要内容应包括下列几项：

➢ 借贷双方名称，法定地址；

➢ 借款用途；

➢ 借款币种、金额、期限、利率、费用及计收方法；

➢ 借款先决条件；

➢ 提款与还款；

➢ 借款人承诺或保证；

➢ 违约与违约处理；

➢ 特别约定事项；

➢ 适用法律；

➢ 合同签字日期、地点、有权签字人签字。

信托公司认为必要时，借款合同须经有关部门公证或鉴证，所需费用由借款人承担。

与银行贷款相同，企业在申请信托贷款时同样须按要求提供担保。信托公司根据项目经济效益和资金回收的安全性，在必要时应要求借款单位提供由第三者提供的无条件的，不可撤销的信用担保。该担保人必须是信托公司认可的资信可靠的、有偿还债务能力的金融机构、企业或其他独立核算的经济实体。

担保人如遇撤销、改组、破产或其他原因失去担保能力或资格时，借款单位需提前通知信托公司，并提出继承担保人人选，经信托公司同意后，将担保的法律责任转移给继承担保人。担保文件必须由担保人的法人代表或授权人签发。信用担保文件内容如下：

➢ 保函受益人，担保人全称和法定地址；

➢ 担保货币、金额、期限以及其他条件；

➢ 担保人的责任与保证履行的义务；

➢ 保函中须明确，保函是无条件的，不可撤销的；承诺受益人发出索偿通知是不可抗辩的，担保还清贷款本息和费用，同意贷款人对借款人的任何宽限不会影响担保的责任；

➢ 担保人的银行账户名称与账号。

对于提供抵押申请贷款的要求如下：信托公司可凭借款单位的财产或权益发放抵押贷款。当借款单位违反合同有关条款或到期不能偿还贷款本息时，信托公司有权处理其抵押物作为贷款本息及费用的补偿。办理抵押贷款时,信托公司与借款单位必须签署书面抵押文件,并经有关部门公证。

借款单位将其财产抵押给信托公司时借款单位的董事会或主管部门要做出同意抵押的书面决定,并由法人代表或授权签字人签发。

对抵押物的估价应委托有权威的机构进行,抵押贷款的金额由信托公司决定,一般不超过抵押物市值的60%。

二、主要业务类型

常见的信托贷款主要有两种类型:流动资金信托贷款和项目信托贷款,也适用银监会出台的《流动资金贷款管理暂行办法》《项目融资业务指引》等规定。

(一)流动资金贷款集合资金信托计划

以安信信托股份有限公司(以下简称"安信信托")为例,其是中国第一批股份制非银行业金融机构,1987年成立,1992年转制为股份有限公司,1994年在上海证券交易所上市(股票代码:600816),2004年迁址上海,是国内最早一批金融类上市公司,也是目前我国仅有的两家上市信托公司之一。安信信托从投资者处募集资金,然后以流动资金贷款、项目开放两种方式进而投向房地产、基础设施、工商企业、证券市场、金融机构等。以下主要介绍其投向流动资金贷款的信托计划。①

1. 信托计划背景

借款人:融益建材

融益建材成立于2006年,注册资本3000万元,从事建筑材料、金属材料、装潢材料的销售。融益建材立足舟山,参与舟山、宁波、象山等地的基础设施等固定资产投资项目,主要为各项目提供建筑材料,包括铝合金材料、石材、保温材料、改性沥青等建筑原辅材料与成套设备;近年来,凭借与重点客户的长期良好关系,其销售网络辐射长三角地区,销售收入及利润水平稳步提高。

随着国家级舟山群岛新区的快速发展与象山大目湾新城的开发建设,融益建材的业务机会进一步加大。公司与恒尊集团、大昌建设、邦泰置业等区域主要大客户签订了长期合作协议,保障了其未来几年的销售规模;同时凭借其较

① 参见安信信托官方网站,http://anxintrust.com:81/products/sub/index.html,2014年8月9日访问。

强的市场拓展能力，其在区域的市场份额不断增大，盈利能力有一定保障。截至2014年一季度末，融益建材总资产3.35亿元，净资产1.24亿元，具备一定资产实力；同时其年销售收入约7亿元，盈利状况较好。为补充公司经营流动资金，融益建材拟向安信信托借款融资。

担保保障：抵押与保证

为借款人在相关贷款合同项下的全部支付义务提供抵押担保。抵押物评估价值2.64亿元，按贷款本金舟山远邦置业有限公司（以下简称“远邦置业”）以其持有的舟山凤凰城三期2幅住宅土地（36,370.20m^2）的土地使用权计算的抵押率为38%。抵押地块位于舟山旅游胜地朱家尖岛，地理位置优越，与“海天佛国”普陀山隔海相望，紧邻朱家尖跨海大桥，是舟山本岛通往普陀山的门户之地。

浙江邦泰置业有限公司（以下简称“邦泰置业”）及其实际控制人陈烽及其配偶玄芸对借款人在相关贷款合同项下的全部支付义务提供不可撤销的连带责任保证担保。邦泰置业资产规模大，盈利能力良好，截至2013年年末其净资产评估价值约20亿元，年项目销售资金回笼超过20亿元，同时其资信情况好，融资能力较强，与金融机构合作关系良好，具有较强的保证能力。

2. 信托计划具体内容

（1）交易结构

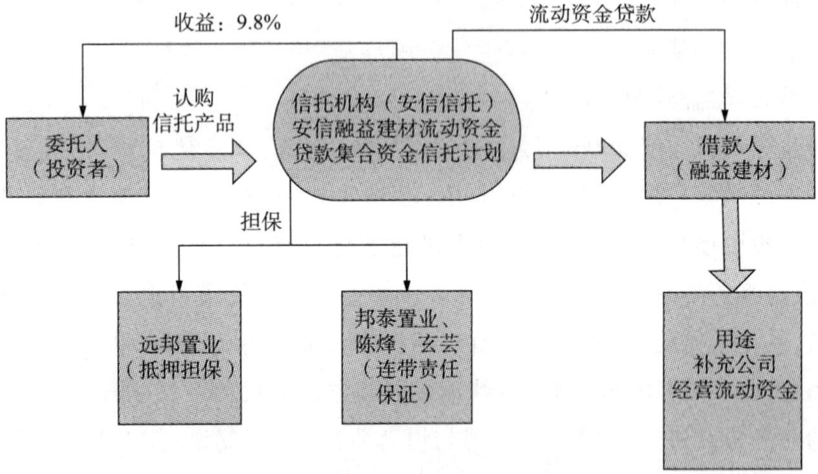

图2-2　安信·融益建材流动资金贷款集合资金信托计划交易结构图

(2)计划说明

表 2-4 安信·融资建材流动

信托产品名称	安信·融益建材流动资金贷款集合资金信托计划
募集规模	人民币 1 亿元,可分期募集
期限	18 个月,经受托人同意,到期可延长不超过 6 个月,延长期间任意时点可提前结束
借款人	舟山融益建材有限公司
信托机构	安信信托
担保方	舟山远邦置业有限公司、浙江邦泰置业有限公司、陈烽、玄芸
募集资金用途	向借款人"融益建材"发放信托贷款,用于补充公司经营流动资金
信托利益	包括投资者信托受益权本金与预期收益,通过借款人偿付贷款本息方式获得
	预期年化收益率:9.8%
最低认购金额	100 万元
风险控制	远邦执业以土地设定抵押、保证人承担连带责任保证

(二)项目贷款集合资金信托计划

以四川信托有限公司(以下简称"四川信托")为例,该公司注册资本为 20 亿元人民币,获得"中国最具成长性信托公司奖"。四川信托从投资者处募集资金,投向基础设施类、房地产类、结构化证券投资类、定向增发类信托等。以下主要介绍其项目贷款集合资金信托计划。

1. 信托计划背景

借款人:成都中强实业有限公司

成都中强实业有限公司(以下简称"中强实业")成立于 2001 年 4 月 2 日,是一家专业致力于房地产开发的专业化公司,公司注册资金为人民币 478,128,087.14 元。公司自成立以来主要是经营开发其名下的"成都国际商城"项目。

担保保障:抵押、质押及保证

商业房产抵押,中强实业以其持有的位于成都市锦江区东御街、染坊街之间的"成都国际商城"(标的项目)在建工程抵押给四川信托有限公司。股权质押,成都国宏信实业有限公司以其持有的中强实业100%股权质押给四川信托有限公司。保证担保,成都国宏信实业有限公司、万腾实业集团有限公司为中强实业按照约定按时、足额偿还信托借款本息提供连带责任保证担保。中强实业实际控制人吴昊为中强实业按照约定按时、足额偿还信托借款本息提供个人无限连带责任保证担保。

2. 信托计划具体内容

(1)交易结构

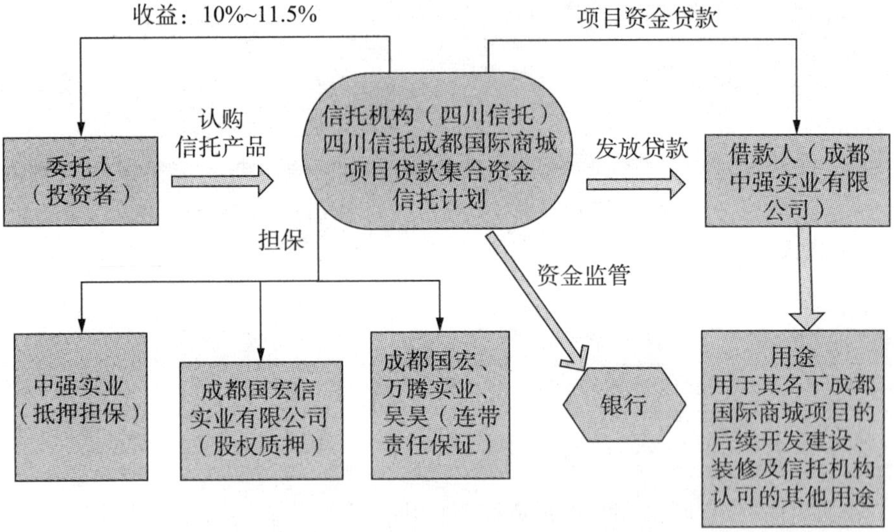

图2－3　四川信托·成都国际商城项目贷款集合资金信托计划结构图

(2)计划说明

表2－5　四川信托·成都国际商城项目贷款集合资金信托计划说明表

信托产品名称	四川信托·成都国际商城项目贷款集合资金信托计划
募集规模	任意时点信托资金总规模不超过人民币39亿元,可分期发行,最终以信托计划成立日实际募集的信托资金金额为准
期限	每期信托期限均为不超过24个月,可提前结束
借款人	成都中强实业有限公司
信托机构	四川信托
担保方	中强实业、成都国宏信实业有限公司、万腾实业集团有限公司、吴昊

续表

<table>
<tr><td>募集资金用途</td><td colspan="3">向成都中强实业有限公司发放信托贷款，中强实业将取得资金用于其名下成都国际商城项目的后续开发建设、装修及信托机构认可的其他用途</td></tr>
<tr><td rowspan="3">信托利益</td><td colspan="3">包括投资者信托受益权本金与预期收益，通过借款人偿付贷款本息方式获得</td></tr>
<tr><td rowspan="2">预期年化收益率</td><td>100（含）~300（不含）</td><td>10%</td></tr>
<tr><td>300（含）以上</td><td>11.5%</td></tr>
<tr><td>认购起点</td><td colspan="3">起点金额为100万元，以10万元的整数倍递增（金额优先、同额时间优先、额满即止）</td></tr>
<tr><td>风险控制</td><td colspan="3">担保：
➢ 中强实业以土地设定抵押
➢ 成都国宏信实业有限公司设定股权质押
➢ 成都国宏信实业有限公司、万腾实业集团有限公司为中强实业按照约定按时、足额偿还信托借款本息提供连带责任保证担保。中强实业实际控制人吴昊为中强实业按照约定按时、足额偿还信托借款本息提供个人无限连带责任保证担保
监管：
➢ 信托资金监管，中强实业在银行开立监管账户（预留信托公司指定人员印鉴），未经信托公司同意，监管账户不得开通同城通存通兑业务和网上银行等电子渠道功能（仅用于查询的除外）。该账户专项用于接收信托资金，资金只能用于标的项目建设及信托公司认可的其他用途。如中强实业需使用该账户内的资金则其应当向信托公司提交相应的用款申请书及用款证明（包括不限于工程承包合同、采购合同等），经信托公司审批同意后可办理有关资金的汇出或划转
➢ 资金归集监管。设置信托资金归集期，保证信托资金安全
➢ 现场监管。信托公司向中强实业派驻现场监管人员1名，对中强实业的银行账户及重要证照进行监管</td></tr>
</table>

三、风险及应对

信托贷款高速增长，既与经济增速放缓背景下实体经济低迷，使银行放贷更加谨慎，而资金链紧绷的企业为了救急不得不从外部寻求资金支持有关，也与当前银行储蓄利率较低，居民存款离开银行体系，流向了回报更高的理财产品、信托产品有关，还与监管机构希望提高直接融资在社会融资规模中的比例，降低间接融资占比，分散银行体系信贷风险的政策取向有关。总之,信托贷款的繁荣涉及“天时与地利”。但不可否认的是,拟通过信托贷款进行融资,对于融资方而言存有风险,对于信托机构而言也有风险,对于投资者而言更是如此。

与银行贷款所产生的风险相比,信托贷款风险对于不同主体有所差异。一般而言,银行发放贷款之后,其自身面对的潜在风险要高于信托机构,因在银行贷款这一法律关系中,银行是出借人、债权人,其发放贷款之后对于贷款能否及时、足量偿还,有更为全面的审视义务,承担更大的风险。对于信托贷款法律关系中的信托机构,基于信托法律关系,信托机构作为受托人,并不承担标的款项的全部风险,只要在合同实施的过程中尽职,信托贷款风险承担的主体是受益人即投资者。对于借款人而言,两种融资方式产生的风险差异相对较小。

因此,当企业向信托机构申请贷款时,信托机构也要经过一系列审核流程之后,才决定是否发放贷款。其中,融资方面临两种风险,分别是商业风险与法律风险。商业风险,主要体现为申请借款被信托机构拒绝的风险、获得贷款迟延导致融投、资机会错失的风险以及获得贷款后无力偿还的风险。防范第一个、第三个风险的关键主要在于借款人要有良好的征信,申请时提交的材料真实、全面,后期还款及时。

本节主要讨论可能存在的法律风险及其应对措施。前文已经提及,信托贷款是信托法律关系的体现,因此,如果借款人违反其与信托机构签订的《贷款合同》,首先要承担民事违约责任。对于合同未约定的内容,同时相关法律或部门规章有规定的,应承担法律规定的责任。甚至如果触及刑事法律的规定,构成刑事犯罪,则应承担刑事责任。

上述风险与银行贷款的风险差异不大,具体可参照本章第一节内容。但实践中,更多的是民事违约责任。吉林信托与南京牡丹园置业有限公司房地产信托贷款案、华澳信托与大连实德塑料建材有限公司工商企业信托贷款案、中融信托与鄂尔多斯凯创房地产开发有限责任公司房地产股权投资案、中信信托与青岛舒斯贝尔房地产开发有限公司收益权投资案、五矿信托与上海荣腾置业有限公司收益权及股权投资案,都是业界较为典型的信托投资风险案件。其中,安信信托与平阳县泰宇房地产公司信托贷款案更具代表性。为使读者有更为明晰的了解,该部分将对此案进行详细介绍。

（一）典型案例介绍——安信信托与泰宇花苑案

安信信托与平阳县泰宇房地产公司“金融借款合同纠纷”一案审理近15个月，涉及标的款项4亿多元，法院最终确认泰宇对安信信托负债之事实。据报道，泰宇陷入危机的原因主要在于，2011年温州楼市进入谷底，当地爆发多起过度民间借贷导致企业资金链断裂事件；项目方通过民间借贷筹集资金，数额4.9亿元左右，同时泰宇花苑的实际销售价格没有达到预期。案件的来龙去脉详见下述。[①]

2011年3月29日，安信信托与泰宇公司、陈甲、陈乙订立《信托贷款合同》一份，约定：泰宇公司因“泰宇花苑”项目开发建设的需要，向安信信托申请最高金额为4亿元的信托贷款，泰宇公司确认贷款资金来源于安信信托管理下的“温州‘泰宇花苑’项目开发贷款集合资金信托计划”（以下简称“信托计划”）资金。合同约定，“二年期”信托贷款本金2亿元，“三年期”信托贷款本金2亿元；贷款用途为用于借款人“泰宇花苑”项目的开发建设以及借款人债务结构调整，贷款人不得将贷款资金挪作他用；贷款利率为固定利率，按贷款实际存续时间以年利率12.5%计算，按信托计划年度收取。泰宇公司违反合同约定，不履行相应义务的，安信信托有权宣布贷款合同项下全部贷款本金立即提前到期，除提前向泰宇公司收回贷款本金余额外，还将收取全部“二年期”“三年期”利息中未付部分。如泰宇公司未按约偿还信托贷款本金及利息，或者安信信托根据合同约定提前宣布贷款到期，则对贷款本金及利息部分，自逾期之日起按每天千分之一计收罚息。泰宇公司承诺按一定时间节点取得预售许可证，实现竣工验收，逾期视为违约，安信信托有权行使担保权利。若泰宇公司未经安信信托书面同意擅自挪用合同项下任何贷款，安信信托有权提前收回全部或部分贷款，同时自泰宇公司擅自挪用之日起，根据挪用金额和实际挪用天数，按每天千分之一计收罚息，直至泰宇公司归还全部挪用资金为止。此罚息并不影响安信信托在合同项下的其他任何权利等。该合同于2011年4月1日由上海市普陀公证处作了具有强制执行效力的债权文书公证。

2011年3月，安信信托与陈甲签订《质押合同》一份，约定陈甲以其持有的泰宇公司90%股权为《信托贷款合同》项下泰宇公司全部债务提供质押担保。

---

① 参见（2012）沪二中民六（商）初字第4号，上海市第二中级人民法院判决书。

2011 年 3 月，安信信托分别与陈甲、陈乙签订两份《保证合同》，陈甲及陈乙均为《信托贷款合同》项下泰宇公司债务的履行提供不可撤销的连带责任保证。

2011 年 3 月，泰宇公司与安信信托签订《抵押合同》，约定泰宇公司以位于浙江省平阳县敖江镇旧城五期外 2 号 C 区块的土地使用权（《中华人民共和国国有土地使用证》编号：平国用（2005）第 2 – 8036 号，使用权面积 19812 平方米），以及位于浙江省平阳县敖江镇曙光南路的土地使用权（《中华人民共和国国有土地使用证》编号：平国用（2005）第 2 – 8135 号，使用权面积 10621.90 平方米），为泰宇公司与安信信托所签订的《信托贷款合同》项下债务的履行提供抵押担保。

上述《质押合同》《保证合同》《抵押合同》均于 2011 年 4 月 1 日由上海市普陀公证处作了具有强制执行效力的债权文书公证。

2011 年 3 月 29 日，安信信托、泰宇公司与建行温州分行签订《贷款专户开立协议》，协议约定，泰宇公司在建行温州分行开立账号为××××××××××××××××××4 – 0002 贷款专用账户（即上文所称信托贷款专户），用于接收《信托贷款合同》项下的贷款资金。泰宇公司需划付专户资金时，应由安信信托以“划款确认书”形式确认，安信信托需在建行温州分行预留划款确认书授权签章，交建行温州分行存档；建行温州分行收到每笔划款确认书时应将传真件上印鉴与预留印鉴及支票金额进行核对，核对无误后方可划款。协议明确泰宇公司可以就以下事项申请使用信托贷款专户资金：工程结算、支付行政规费和税费、其他法规规定项目开发费用；信托贷款利息和本金偿还；借款人日常开发和经营管理费用及财务费用支出；信托报酬与融资顾问费；用于项目公司债务结构调整，金额不超过 2 亿元，其中 8000 万元应偿还建行温州分行开发贷款；经安信信托同意的其他相关费用。合同确认了各方联系人及相关电话和地址等，并对当事人其他权利义务作了约定。协议附件 1 为“划款确认授权书”，泰宇公司作为授权人授权安信信托于 2011 年 3 月 29 日至 2014 年 10 月 25 日作为泰宇公司专户的划款确认人；安信信托签发划款确认指令或通知的人员为“陈錡”或“沈研”，复核人为“栾雅钧”，预留有效业务章名称为“安信信托投资股份有限公司财务专用章”，上述相关人员签名及印鉴均在划款授权书上预留样式。协议附件 2 为“划款确认书”样式。

上述《贷款专户开立协议》约定，本案信托贷款资金用于项目公司债务结构调整的金额不超过2亿元，其中8000万元系偿还建行温州分行开发贷款。根据2011年5月3日泰宇公司及建行温州分行共同向安信信托出具的情况说明，双方确认户名为泰宇公司、开户行为建行温州分行、账号为××的账户为泰宇公司贷款还款专户(以下简称贷款还款专户)；双方确认8000万元资金划至泰宇公司贷款还款专户后，即视为泰宇公司已偿还完毕该公司与建行温州分行《人民币资金借款合同》项下的相应部分贷款。2011年4月29日及2011年5月4日，泰宇公司信托贷款专户各有一笔4000万元款项划至贷款还款专户，摘要记录为"归还本金"。为此项划款，泰宇公司向安信信托出具付款申请书，请求划款8000万元至贷款还款专户，并加盖公章。安信信托则出具由"陈錡"签发、"栾雅钧"复核，加盖有安信信托预留财务专用章的第4号划款确认书，通知建行温州分行划款。建行温州分行遂于上述日期划款8000万元，并依承诺解除了相应宗地的土地抵押权。

2012年2月29日，未经安信信托授权，泰宇公司信托贷款专户中2000万元被划至泰宇公司贷款还款专户。2012年3月14日，安信信托向建行温州分行发出告知函，要求建行温州分行尽快与泰宇公司商洽，确保上述资金于2012年4月10日前划回信托贷款专户。2012年4月17日，安信信托就上述问题再次向建行温州分行及泰宇公司发出告知函。上述告知函及邮寄经过经上海市黄浦公证处公证。

法院认为，根据《信托贷款合同》《贷款专户开立协议》等合同约定，泰宇公司有权在4亿元贷款本金中使用8000万元归还其欠建行温州分行的贷款。根据安信信托提供的泰宇公司付款申请书、安信信托划款确认书及泰宇公司与建行温州分行向安信信托出具的情况说明以及相关账户资金往来情况，可以证明该8000万元额度已于2011年5月使用完毕。相关明细账显示，2012年2月29日另有2000万元资金从泰宇公司信托贷款专户划至其贷款还款专户，标志为"逾期本金"。安信信托于3月14日、4月17日及时以书面形式向建行温州分行、泰宇公司提出异议。可以认定泰宇公司挪用2000万元信托贷款资金的事实成立。根据《信托贷款合同》约定，安信信托有权提前收回全部或部分贷款，同时自借款人挪用之日起，根据挪用金额和挪用天数计收罚息。因合同明确挪用罚息并不影响贷款人在合同项下的其他任何权利，安信信托有权就此挪用金额向泰宇公司计收罚息。但合同约定按照挪用金额每日千分之一的标准计算罚息过高,本院予以调整。因泰宇公司已进入破产重整程序,根据《破产法》第46条的规定,附利息的债权自破产申请受理时起停止计息,故本案相关罚息均应计至平阳县法院受理泰宇公司重整申请之日,即2013年1月22日为止。

安信信托与泰宇公司签订的《信托贷款合同》系各方当事人真实意思表示,不违反法律、行政法规的强制性规定,合法有效,当事人应予恪守。安信信托依约放款后,泰宇公司未足额支付到期利息;同时违反《贷款专户开立协议》的约定,在未经安信信托依程序确认的情况下,擅自将2000万元信托贷款资金划至其贷款还款账户。安信信托基于泰宇公司违约事实,宣布合同项下全部贷款本金提前到期,并要求泰宇公司偿还本金、支付期内利息及相关罚息,符合《信托贷款合同》约定,应予准许。安信信托以泰宇公司收到本案诉状副本后的2012年6月16日作为宣告合同到期日,并自当日开始按照期内息标准计收借款本金的逾期罚息,该利率标准不违反法律法规的规定,本院予以准许。但安信信托主张按每日千分之一的标准计收逾期利息及挪用资金的罚息,高于中国人民银行关于逾期罚息在借款期内利息水平上最高加收50%的规定,考虑到泰宇公司已进入破产程序,本院参照上述标准对逾期利息及挪用资金罚息的利率予以调整。安信信托与陈甲签订《质押合同》,与陈甲、陈乙签订两份《保证合同》,均亦系合同当事人真实意思表示。主债务人泰宇公司未履行相应合同义务,质押人、保证人则应在约定的范围内分别对泰宇公司在《信托贷款合同》项下的债务向安信信托承担相应质押及连带保证责任。

(二)深入剖析

不论是通过银行等金融机构申请贷款,还是通过非银行金融机构申请贷款,都是企业在融资时最常选择的。与银行贷款合同一样,信托贷款也需要借贷双方签订《贷款合同》。合同会对双方的权利义务进行明确的约定,如果违约,则承担相应的违约责任。因此,既要遵守《合同法》及相应部门规章的规定,又要遵守双方的约定。

1. 法律规定层面

《中国银行信托咨询公司信托贷款审批与管理细则》第13条规定,借款单位必须按《借款合同》规定的期限如数归还贷款本金支付利息及费用。

借款单位因特殊原因，确实不能按期如数归还贷款本息时，应提前一个月向信托公司提出书面展期申请，经审查同意后，方可展期并办理展期手续。展期只能一次。对流动资金贷款，展期期限不能超过原贷款期限，固定资产贷款展期期限不能超过2年。对于不能按期支付利息的贷款，不能办理展期。

对借款单位确认无力偿还贷款本金和利息，信托公司又不同意展期时，对逾期贷款应做催收贷款处理并可采取下列措施：

(1)通知担保单位履行担保义务；

(2)依法拍卖其抵押品，依法索偿贷款本息及其他费用。

从逾期日起，信托公司对逾期贷款本息部分，按借款利率加收20%～50%的罚息。

2. 合同约定层面

不同的借贷主体之间签订的《贷款合同》内容可能有所差异，但一般都是在《合同法》精神指导下对双方权利义务的约定，是双方真实的意思表示，双方可行使自己的权利，更应该积极履行自己的义务。以某信托公司出具的一份信托贷款合同模板为例(甲方指借款人，乙方指信托机构)，来了解借贷双方究竟有何种权利义务，在违约约定时，又往往会承担何种责任。该合同相关内容如下：

■ 甲方的权利和义务

➢ 甲方的权利

(1)有权要求乙方按合同约定发放借款；

(2)有权按本合同约定的用途使用借款；

(3)有权要求乙方对甲方提供的有关财务资料以及生产经营方面的商业秘密予以保密，但法律法规和规章另有规定的除外。

➢ 甲方的义务

(1)甲方同意接受并承诺配合乙方或由乙方聘任的第三方贷款服务机构对乙方发放的贷款进行日常管理；甲方应按照乙方或贷款服务机构的要求提供有关财务会计资料及生产经营状况资料，包括但不限于向乙方或贷款服务机构提供上季度末的资产负债表、截至上季度末的损益表，并于年度末提供当年现金流量表，并且对所提供资料的真实性、完整性和有效性负责；

(2)应按本合同约定的用途使用借款，不得挤占、挪用，不得以任何方式将贷款资金直接或间接进行股票市场、期货市场投资；

(3)应积极配合并自觉接受乙方或贷款服务机构对其生产经营、财务活动及本合同项下借款使用情况的检查、监督；

(4)应按本合同的约定按期归还借款本息；

(5)甲方及其投资者不得抽逃资金或转移资产，以逃避对乙方的债务；

(6)在未还清乙方贷款本息之前，未征得乙方同意不得用本合同项下的贷款形成的资产向第三人提供担保；

(7)本合同有效期间，甲方如要为他人债务提供担保，可能影响其本合同项下还款能力的，应当提前书面通知乙方或贷款服务机构并征得乙方同意；

(8)本合同项下保证人出现停产、歇业、注销登记、被吊销营业执照、破产、被撤销以及经营亏损等情况，部分或全部丧失与本贷款相应的担保能力，或者作为本合同项下贷款担保的抵押物、质押财产价值减少、意外毁损或灭失，甲方应当及时通知乙方或贷款服务机构，并提供乙方认可的其他担保；

(9)本合同有效期间，甲方发生名称、法定代表人(负责人)、住所、经营范围、注册资本金变更等事项，应当及时通知乙方或贷款服务人；

(10)本合同有效期间，甲方如发生承包、租赁、股份制改造、联营、合并、兼并、分立、合资、申请停业整顿、申请解散、申请破产等足以影响乙方贷款债权实现的行为，应当提前30个工作日书面通知乙方或贷款服务机构，征得乙方同意，并按乙方要求落实本合同项下债务的清偿及担保；

(11)本合同有效期间，甲方如发生停产、歇业、被注销登记、被吊销营业执照、法定代表人或主要负责人从事违法活动、涉及重大诉讼活动、生产经营出现严重困难、财务状况恶化等情形，对其履行本合同项下还款义务产生重大不利影响的，均应立即书面通知乙方或贷款服务人，并按乙方要求落实本合同项下债务的清偿及担保；

(12)应当承担与本合同及本合同项下担保有关的律师服务、保险、评估、登记、托管、鉴定、公证等费用。

■ 乙方的权利和义务

➢ 乙方的权利

(1)乙方有权收取任何依据本合同发生的甲方应付乙方款项，包括但不限于借款本金、利息等；

(2)乙方有权亲自或聘任其他第三方对乙方发放的贷款进行日常管理，包括但不限于了解甲方的生产经营、财务活动，有权要求甲方提供有关的计划统计、财务会计报表等文件资料。

➢ 乙方的义务

按照本合同的约定按期足额发放贷款，但因甲方原因造成迟延的除外。对甲方提供的有关财务资料以及生产经营方面的商业秘密应予以保密，但法律法规和规章另有规定的除外。

3. 应对措施

针对可能承担的民事违约责任，借款人首先应对合同的条款有所认知，明晰己方的权利及义务，尤其是应履行的义务，同时也应了解银行的权利及义务。其次，积极履行合同约定内容，告知义务，接受资金监管义务，按照用途使用贷款义务等，如此才能“防患于未然”，同时应关注信托机构是否尽到该尽的义务，是否按期发放贷款，如果信托机构有违约行为，应注意保存证据。

实践中经常发生的“兑付危机”，对信托机构、投资者都是一种风险。当然，在信托机构尽到应尽的勤勉职责之后，风险更大程度上由投资者承担，这一点与银行贷款不同。对于融资者而言，构成“违约”，其面临的承担违约责任风险要自行承担。这种危机发生的主要原因，首先应该在于民营企业融资环境不完善、融资结构不合理，如银行贷款往往都有额度限制，要求也更为严格，审批期限较长，而信托贷款发放限制较少，因此申请此类贷款的企业居多。其次，信托机构对贷款发放之后的监管却不比银行监管多，一旦企业运营出现问题，兑付危机便“油然而生”。

因此，要想尽可能减少这种风险，在一定程度上需要依赖宏观经济的发展及外部政策的变化。对于企业而言，不仅要做到上述对合同条款的认知、合同义务的积极履行，还应加强公司自身的投融资管理，做好企业融资结构和投资结构的平衡与匹配。更重要的是，企业应尽量避免“过桥贷款”(由于信托贷款更易申请，因此，很多企业通过信托贷款来偿还银行贷款、民间借贷)，因为一旦有资金链断裂，将导致整个企业陷入危机。

第三节
债券融资

债券融资是诸多社会融资方式之一，其自身又分为多种类型，企业债、公司债、中小企业集合债、可转债、中期票据等。根据人民银行、发改委、证监会、保监会、中央国债登记结算有限责任公司和银行间市场交易商协会等部门发布的数据，显示2014年上半年社会融资规模，如表2－6所示：①

表2－6　2014年上半年地区社会融资规模统计表

单位：亿元人民币

地区	地区社会融资规模	其中：Of which：						
	融资方式	人民币贷款	外币贷款	委托贷款	信托贷款	未贴现银行承兑汇票	企业债券	非金融企业境内股票融资
北京	7309	2726	900	1339	311	－246	1451	706
天津	3001	1176	212	460	102	366	613	21
河北	3199	1879	55	387	162	186	289	38
山西	2053	925	－4	463	－47	80	586	0
内蒙古	1724	1224	9	－15	120	64	285	2
辽宁	3143	1892	－23	425	－10	294	435	35
吉林	1906	1379	－11	164	209	126	－15	0
黑龙江	1670	1222	－33	34	198	48	117	50
上海	4482	2054	302	727	1010	110	70	91

① 参见中国人民银行官方网站，http://www.pbc.gov.cn/publish/goutongjiaoliu/524/2014/20140730153417131771575/20140730153417131771575_.html，2014年8月12日访问。

续表

地区	地区社会融资规模	其中：Of which：						
	融资方式	人民币贷款	外币贷款	委托贷款	信托贷款	未贴现银行承兑汇票	企业债券	非金融企业境内股票融资
江苏	10355	4464	213	1383	229	2277	1513	100
浙江	4789	3052	382	287	195	-82	663	98
安徽	2625	1892	60	229	65	-108	374	23
福建	1798	1906	160	310	-1086	118	239	65
江西	2442	1247	77	212	554	73	232	1
山东	8066	3227	532	586	91	2454	939	84
河南	4392	2295	9	394	30	1187	341	42
湖北	4149	2186	-48	700	680	15	421	109
湖南	2379	1414	45	162	33	64	520	77
广东	8401	4985	381	1549	418	-143	717	193
广西	1809	1201	24	263	0	-56	293	7
海南	524	356	60	49	0	-45	76	12
重庆	3360	1407	10	399	145	710	492	3
四川	4590	2591	124	699	133	225	508	53
贵州	1980	1308	-9	163	-37	213	267	37
云南	2036	1112	53	281	-8	34	487	11
西藏	436	296	0	4	121	-7	10	0
陕西	2997	1530	19	477	331	-21	544	51
甘肃	1588	1099	11	138	-143	224	201	2
青海	915	457	18	32	320	2	75	0

续表

地区	地区社会融资规模	其中：Of which：						
	融资方式	人民币贷款	外币贷款	委托贷款	信托贷款	未贴现银行承兑汇票	企业债券	非金融企业境内股票融资
宁夏	541	405	1	47	0	-14	69	23
新疆	1723	898	20	305	128	23	203	87
总计	100382	53805	3549	12653	4254	8171	13015	2021

注1：地区社会融资规模是指一定时期和一定区域内实体经济从金融体系获得的资金总额，是增量概念。

Note1："Aggregate Financing to the Real Economy (AFRE) by province" refers to the total volume of financing provided by the financial system to the real economy during a certain period of time in each province. It is a flow.

注2：表中数据为初步统计数。

Note2：The statistics is provisional.

注3：数据来源于人民银行、发改委、证监会、保监会、中央国债登记结算有限责任公司和银行间市场交易商协会等。

Note3：Source of data：PBC，NDRC，CSRC，CIRC，CCDC and NAFMII.

注4：由金融机构总行（或总部）提供的社会融资规模为5566亿元。

Note4：AFRE provided by headquarters of financial institutions is 556.6 billion Yuan.

不难看出，在整个上半年社会融资共10万亿元有余，其中银行贷款位列第一，债券融资仅跟其后，表明债券融资受融资者的青睐程度仅次于银行贷款。

另根据和讯网报道，2014年第二季度，我国债券市场上主要债券品种发行规模合计32,136.90亿元，较上季度增长54.52%，较上年同期增长48.31%。该季度，发行量增加较多的债券品种包括金融债券、企业债券、中期票据、短融以及在银行间债券市场发行的私募债券。截至该季度末，主要债券品种存量规模达到31.91万亿元。[①] 详细数据见表2-7：

① 参见http://bond.hexun.com/2014-07-29/167084394.html，和讯网，2014年8月20日访问。《2014年第二季度短期融资券市场分析报》，联合资信评估有限公司刘艳、王柠、余雷、李丹。

表 2-7　2014 年第二季度短期融资券发行情况表

券种类别	2013 第二季度发行情况		2014 第一季度发行情况		2014 第二季度发行情况		2014 年第二季度末存量情况	
	期数（期）	规模（亿元）	期数（期）	规模（亿元）	期数（期）	规模（亿元）	期数（期）	规模（亿元）
政府债	24	5914.20	9	1940.00	28	6280.0	271	94611.28
国债	21	5250.20	9	1940.00	20	4912.0	203	85148.28
地方政府债	3	664.00	0	0.00	8	1368.0	68	9463.00
央行票据	11	1140.00	0	0.00	0	0.00	15	4891.72
金融债	84	4387.90	130	7054.00	145	7985.0	730	111267.3
政策性银行债	60	4732.90	115	6590.00	122	6715.0	480	96750.38
商业银行债券	12	310.00	12	446.00	16	813.00	217	13690.00
非银行金融机构债券	2	20.00	3	18.00	7	457.00	33	827.00
政府支持机构债券	0	0.00	1	200.00	8	1150.0	87	10850.00
企业债券	85	960.50	145	1704.50	229	2742.4	1954	27098.94
一般企业债	84	956.50	144	1694.50	225	2707.5	1942	27033.85
集合企业债	1	4.00	1	10.00	4	34.90	12	65.09
中期票据	176	2382.50	105	1170.10	231	3098.6	1932	30255.60
美元中期票据	0	0.00	0	0.00	0	0.00	1	2.00
集合票据	8	17.55	0	0.00	3	4.30	80	169.22
短期融资券	300	4211.70	318	4919.90	434	6111.7	1141	15497.90
短期融资券	246	2225.70	230	2389.40	345	3491.7	951	9765.90
超级短期融资券	54	1986.00	88	2530.50	89	2620.00	190	5732.00
证券公司短期融资券	33	834.00	58	1023.50	60	970.00	60	970.00
资产支持证券及票据	0	0.00	24	482.60	34	330.00	77	978.57
非金融企业资产支持票据	9	20.00	8	35.00	7	10.00	42	138.80

续表

券种类别	2013 第二季度发行情况		2014 第一季度发行情况		2014 第二季度发行情况		2014 年第二季度末存量情况	
	期数（期）	规模（亿元）	期数（期）	规模（亿元）	期数（期）	规模（亿元）	期数（期）	规模（亿元）
非公开定向债务融资工具	134	1616.98	239	2099.10	393	3305.18	1281	14020.86
公司债	24	183.55	12	164.50	14	106.00	457	6732.94
可转债	0	0.00	1	4.87	3	43.72	30	1621.57
外国债券	0	0.00	0	0.00	0	0.00	3	31.30
合计	888	21668.88	1050	20798.07	1589	32136.90	8160	319136.08

因此，债券市场仍士气充足、势力磅礴。若对债券融资有较为全面且深入的了解，将大大助力公司、企业及实际控制人开展融资，进一步提升经营管理绩效。

一、债券融资概述

债券融资是指，拟融资者经相关部门审核或批准或经注册后，以发行债券的方式向投资者募集资金、到期还本付息的一种融资方式。

（一）债券融资的特点

与银行贷款不同，债券融资是一种直接融资，不需要通过银行这一金融机构作为媒介，而是直接募集资金，较为灵活。同时，银行贷款期限一般较短，债券融资期限为中长期，更加符合企业的融资需求。

然而，银行贷款须经内部审批，债券融资发行须经相关部门审核、批准或向相关部门注册后才能完成。同时，银行贷款由双方当事人即借贷双方对借贷事宜达成一致即可，债券融资还需前期的社会宣传等各种，发行之后债券的利率也往往高于同期银行贷款。因此，债券融资历时可能较长，成本也较高。因此，两种融资方式有利有弊。

债券融资与股票融资都是直接融资方式，但从上述统计表看出，通过债券融资数额大约是股票融资数额的 6 倍，因此，融资者更青睐于债券融资方式。

这与债权融资方式的优势有关，首先，债券融资对资本结构具有优化作用，根据罗斯的“信号传递理论”，企业的价值与负债率呈正相关，越是高质量的企业，负债率越高。其次，债券融资可在一定程度上减轻企业的税负，企业可以合理的避税。

（二）债券融资适用的相关法律规范

债券融资应符合相应的法律法规及其他规范性文件的规定。法律层面，主要是全国人民代表大会常务委员会（以下简称“全国人大常委会”）颁布的《中华人民共和国担保法》《中华人民共和国物权法》《中华人民共和国公司法》以及《中华人民共和国证券法》。全国人民代表大会（以下简称“全国人大”）颁布的法律《中华人民共和国合同法》（以下简称《合同法》）。

部门规章层面，主要是《上市公司证券发行管理办法》《公司债券发行与交易管理办法》《企业债券管理条例》《中央企业债券发行管理暂行办法》《银行间债券市场非金融企业债务融资工具管理办法》等。

其他规范性文件及司法解释层面，主要是《公开发行证券的公司信息披露内容与格式准则第23号——公开发行公司债券募集说明书》、《公开发行证券的公司信息披露内容与格式准则第24号——公开发行公司债券申请文件》、《公开发行证券的公司信息披露内容与格式准则第11号——上市公司公开发行证券募集说明书》《公开发行证券的公司信息披露内容与格式准则第35号——创业板上市公司公开发行证券募集说明书》《公开发行证券的公司信息披露内容与格式准则第10号——上市公司公开发行证券申请文件》《国家发展改革委办公厅关于进一步改进企业债券发行工作的通知》《国家发展改革委办公厅关于进一步改进企业债券发行审核工作的通知》《国家发展和改革委员会关于推进企业债券市场发展、简化发行核准程序有关事项的通知》《国家发展和改革委员会关于下达2007年第一批企业债券发行规模及发行核准有关问题的通知》《深圳市人民政府办公厅关于印发深圳市中小企业集合债券组织发行实施细则的通知》。银行间债券市场非金融企业债务融资适用的相关法律规范将在该节第三部分专门列出。

部分主要法律规范见表2－8：

表 2-8 债券融资适用相关法律规范表

债券融资适用的相关法律规范				
序号	名称	颁布机关	时间	备注
1	《企业债券管理条例》	国务院	1993年08月02日	
2	《担保法》	全国人大常委	1995年10月01日	
3	《合同法》	全国人大	1999年10月01日	
4	《上市公司证券发行管理办法》	证监会	2006年05月06日	
5	《公开发行证券的公司信息披露内容与格式准则第10号——上市公司公开发行证券申请文件》	证监会	2006年05月08日	
6	《商业银行小企业授信工作尽职指引(试行)》	银监会	2006年09月26日	
7	《国家发展和改革委员会关于下达2007年第一批企业债券发行规模及发行核准有关问题的通知》	国家发展和改革委员会	2007年03月19日	
8	《银行开展小企业授信工作指导意见》	银监会	2007年06月29日	
9	《小企业贷款风险分类办法(试行)》	银监会	2007年07月20日	
10	《公司债券发行试点办法》(失效)	证监会	2007年08月14日	
11	《公开发行证券的公司信息披露内容与格式准则第24号——公开发行公司债券申请文件》	证监会	2007年08月15日	
12	《物权法》	全国人大	2007年10月01日	
13	《深圳市人民政府办公厅关于印发深圳市中小企业集合债券组织发行实施细则的通知》	深圳市政府	2007年12月02日	
14	《国家发展和改革委员会关于推进企业债券市场发展、简化发行核准程序有关事项的通知》	国家发展和改革委员会	2008年01月02日	
15	《中央企业债券发行管理暂行办法》	国务院国有资产监督管理委员会	2008年04月03日	
16	《银行间债券市场非金融企业债务融资工具管理办法》	中国人民银行	2008年04月09日	
17	《项目融资业务指引》	银监会	2009年10月18日	

续表

债券融资适用的相关法律规范				
序号	名称	颁布机关	时间	备注
18	《关于进一步做好中小企业金融服务工作的若干意见》	银监会	2010年06月21日	
19	《银行间债券市场非金融企业超短期融资券业务规程(试行)》	中国银行间市场交易商协会	2010年12月21日	
20	《银行间债券市场非金融企业债务融资工具非公开定向发行规则》	中国银行间市场交易商协会	2011年04月29日	
21	《银团贷款业务指引》	银监会	2011年08月01日	
22	《国家发展改革委办公厅关于进一步改进企业债券发行审核工作的通知》	国家发展和改革委员会	2013年04月19日	
23	《证券法》	全国人大常委	2013年06月29日	
24	《国家发展改革委办公厅关于进一步改进企业债券发行工作的通知》	国家发展和改革委员会	2013年08月02日	
25	《公司法》	全国人大常委	2014年03月01日	
26	《公开发行证券的公司信息披露内容与格式准则第35号——创业板上市公司公开发行证券募集说明书》	证监会	2014年06月11日	
27	《公司债券发行与交易管理办法》	证监会	2015年01月15日	
28	《商业银行并购贷款风险管理指引》	银监会	2015年02月10日	
29	《上海证券交易所公司债券预审核指南(一)申请文件及编制》	上交所	2015年09月15日	
30	《上海证券交易所公司债券预审核指南(二)申请文件的签章》	上交所	2015年09月15日	
31	《上海证券交易所公司债券预审核指南(三)审核和发行程序及其实施》	上交所	2015年09月15日	

(三)债券融资的种类

债券融资方式中根据不同的标准可以分为不同种类。根据发行主体分类,可分为政府债券、金融债券、企业类债券、资产支持证券和国际债券。具体而言,政府债券细分为国债和地方政府债，其中，国债是指由中央政府发行的债券，由国家政府的信用作担保，所以信用最好，有“金边债券”之称；地方政府债券是指由地主政府发行，其信用、利率、流通性通常略低于国债；金融债券是指由银行或非银行金融机构发行，信用度高、流动性高、安全性高，利率也往往高于国债，具体又分为政策性金融债、商业银行债、非银行金融机构债、证券公司债；企业类债券是指由企业发行的债券，又称公司债券，风险高、利率也高，具体分为企业债、公司债、可转债、非金融企业债务融资工具；资产支持证券，是指由特定目的信托受托机构发行的、代表特定目的信托的信托受益权份额，是由受托机构发行的、以该财产所产生的现金支付其收益的受益证券；国际债券则指国外各种机构发行的债券。

根据偿还期限，可分为超短期债券、短期债券、中期债券、长期债券 4 种。超短期债券是指 270 天内的债券；短期债券是指 1 年以内的债券，通常有 3 个月、6 个月、9 个月、12 个月几种期限；中期债券是指 1 至 5 年内的债券；5 年以上的债券则是长期债券。一般而言，债券融资期限比银行贷款融资期限要长。

按偿还方式，分为定息债券、一次还本付息债券、贴现债券、浮动利率债券、累进利率债券、可转换债券 6 种。分别指债券票面附有利息票，通常半年或一年支付一次利息，利率是固定的；到期一次性支付利息并偿还本金；发行价低于票面额，到期以票面额兑付，发行价与票面额之间的差就是贴息；债券利率随着市场利率变化；根据持有期限长短确定利率，持有时间越长，则利率越高，反之亦然；到期可将债券转换成公司股票的债券。

为方便比较，将上述三种分类以图表的形式表示见表 2－9：

表 2－9　债券分类表

债券种类							
序号	分类标准	具体类型					备注
1	发行主体	政府债券	金融债券	企业类债券	资产支持证券	国际债券	
		政府发行	银行或非银行金融机构	企业	特定受托机构（如信托、证券公司等）	国外相关机构	

续表

债券种类								
序号	分类标准	具体类型						备注
2	债券期限	长期	中期	短期	超短期			
		n>5年	1<n≤5年	n≤1年	n≤270天			
3	偿还方式	定息债券	一次还本付息债券	贴现债券	浮动利率债券	累进利率债券	可转换债券	
		利率是固定	到期一次性支付	发行价低于票面额，到期以票面额兑付	债券利率随着市场利率变化	据持有期限长短确定利率	到期可将债券转换成公司股票	

本节虽名为债券融资，但因本书主要是以公司、企业或实际控制人的视角来探讨各种融资方式，因此，企业类债券是本节的研究重点。企业类债券根据其审核机构的不同，还可以进一步细分。须经国家发展和改革委员会核准发行的是企业债，包括中央企业债和地方企业债，以及中小企业集合债；须经证监会核准发行的是上市公司发行的公司债和可转换债；须由中国银行间交易市场交易商协会注册发行的非金融企业债务融资工具（具有法人资格的非金融企业在银行间债券市场发现发行的，约定在一定期限内还本付息的有价证券）。

为方便比较，将企业类债券的细化分类以图表的形式表示见表2－10：

表2－10　企业类债券分类表

企业类债券种类				
序号	审核主体	具体类型		备注
1	发改委	企业债	中央企业债	
			地方企业债	
			中小企业集合债	
2	证监会	公司债	公司债	
			可转换债	

续表

<table>
<tr><th colspan="5">企业类债券种类</th></tr>
<tr><th>序号</th><th>审核主体</th><th colspan="2">具体类型</th><th>备注</th></tr>
<tr><td rowspan="4">3</td><td rowspan="4">中国银行间交易市场交易商协会</td><td rowspan="4">非金融企业债务融资工具</td><td>超短期融资券</td><td rowspan="4"></td></tr>
<tr><td>短期融资券</td></tr>
<tr><td>中期票据</td></tr>
<tr><td>中小企业集合票据</td></tr>
</table>

二、各企业类债券具体介绍

企业拟通过发行债券进行融资，因发行债券类型不同其具体流程也有所差别，审核机构不同，要求递交的文件也不同。下文将做详细介绍。

（一）企业债

企业债也分为中央企业债和地方企业债，以及中小企业集合债。前两者比较好理解，即分别由中央级别的企业与地方级别的企业发行的债券，而中小企业集合债是基于中小型企业融资难的现状，通过采取联合“捆绑”在一起发行债券融资的一种方式。一般企业债与中小企业集合债的发行有所不同。

1. 适用对象及条件

根据《企业债券管理条例》规定，企业债券是指企业依照法定程序发行、约定在一定期限内还本付息的有价证券。而企业债的发行主体为在中国境内具有法人资格的企业，合伙制企业、独资企业等不具有法人资格的企业则不适用。除此之外，任何单位和个人不得发行企业债券。同时，企业还需具备如下要件：

➢ 企业规模达到国家规定的要求；

➢ 企业财务会计制度符合国家规定；

➢ 具有偿债能力；

➢ 企业经济效益良好，发行企业债券前连续三年盈利；

➢ 所筹资金用途符合国家产业政策。

对此，发改委出台的《国家发展和改革委员会关于推进企业债券市场发展、简化发行核准程序有关事项的通知》有进一步限制：

➢ 股份有限公司的净资产不低于人民币 3000 万元，有限责任公司和其他类型企业的净资产不低于人民币 6000 万元；

➢ 累计债券余额不超过企业净资产(不包括少数股东权益)的 40%；

➢ 最近三年可分配利润(净利润)足以支付企业债券一年的利息；

➢ 筹集资金的投向符合国家产业政策和行业发展方向，所需相关手续齐全。用于固定资产投资项目的，应符合固定资产投资项目资本金制度的要求，原则上累计发行额不得超过该项目总投资的 60%。用于收购产权(股权)的，比照该比例执行。用于调整债务结构的，不受该比例限制，但企业应提供银行同意以债还贷的证明；用于补充营运资金的，不超过发债总额的 20%；

➢ 债券的利率由企业根据市场情况确定，但不得超过国务院限定的利率水平；

➢ 已发行的企业债券或者其他债务未处于违约或者延迟支付本息的状态；

➢ 最近三年没有重大违法违规行为。

2. 发行流程

(1) 制定发行章程

首先，拟发行债券企业应制定发行章程，章程内容应包括企业的名称、住所、经营范围、法定代表人；企业近三年的生产经营状况和有关业务发展的基本情况；财务报告；企业自有资产净值；筹集资金的用途；效益预测；发行对象、时间、期限、方式；债券的种类及期限；债券的利率；债券总面额；还本付息方式；审批机关要求载明的其他事项。同时，企业应公布经审核机关批准的发行章程。

(2) 报送相关材料

企业应向审批机关即发改委提出申请，并按要求报送相关材料。中央直接管理企业的申请材料直接申报；国务院行业管理部门所属企业的申请材料由行业管理部门转报；地方企业的申请材料由所在省、自治区、直辖市、计划单列市发展改革部门转报。

根据《企业债券管理条例》规定，报送材料主要包括：发行企业债券的申请书；营业执照；发行章程；经会计师事务所审计的企业近三年的财务报告；审批机关要求提供的其他材料。企业发行企业债券用于固定资产投资，按照国家有关规定需要经有关部门审批的，还应当报送有关部门的审批文件。

对此，《国家发展和改革委员会关于推进企业债券市场发展、简化发行核准程序有关事项的通知》对此材料进一步细化，具体如下：

➢ 发行申请材料的纸张、封面及份数

纸张：应采用幅面为210×297毫米规格的纸张（A4纸张规格）。

封面：包括标有"××××公开发行企业债券申请材料"字样；申请企业名称、住所、联系电话、联系人、邮政编码；主承销商名称、住所、联系电话、联系人、邮政编码。申报时间。

份数：申请材料为一份原件及电子文档。

➢ 发行申请材料目录

国务院行业管理部门或省级发展改革部门转报发行企业债券申请材料的文件；发行人关于本次债券发行的申请报告；主承销商对发行本次债券的推荐意见（包括内审表）；发行企业债券可行性研究报告，包括债券资金用途、发行风险说明、偿债能力分析等；发债资金投向的有关原始合法文件；发行人最近三年的财务报告和审计报告（连审）及最近一期的财务报告；担保人最近一年财务报告和审计报告及最近一期的财务报告（如有）；企业债券募集说明书；企业债券募集说明书摘要；承销协议；承销团协议；第三方担保函（如有）；资产抵押有关文件（如有）；信用评级报告；法律意见书；发行人《企业法人营业执照》（副本）复印件；中介机构从业资格证书复印件；本次债券发行有关机构联系方式；其他文件。

其中债券募集说明书，募集说明书应包括封面、扉页、目录、释义和正文内容等部分。募集说明书扉页应包括以下内容：

①发行人或发行人董事会声明；如"发行人或发行人董事会已批准本期债券募集说明书及其摘要，发行人领导成员或全体董事承诺其中不存在虚假记载、误导性陈述或重大遗漏，并对其真实性、准确性、完整性承担个别和连带的法律责任"。

②企业负责人和主管会计工作的负责人、会计机构负责人声明；如"企业负责人和主管会计工作的负责人、会计部门负责人保证本期债券募集说明书及其摘要中财务报告真实、完整"。

③主承销商勤勉尽责声明。

④投资提示；如"凡欲认购本期债券的投资者，请认真阅读本募集说明书及其有关的信息披露文件，并进行独立投资判断。主管部门对本期债券发行所作出的任何决定，均不表明其对债券风险作出实质性判断"。"凡认购、受让并持有

本期债券的投资者,均视同自愿接受本募集说明书对本期债券各项权利义务的约定。”“债券依法发行后,发行人经营变化引致的投资风险,投资者自行负责。”

⑤其他重大事项或风险提示。

⑥本期债券基本要素;债券名称、发行总额、期限、利率、发行方式、发行对象、信用级别、担保等。

募集说明书释义应在目录次页排印,对募集说明书中的有关机构简称、代称、专有名词、专业名词进行准确、简要定义。

(3)等待审核

发改委是审核企业债券发行的主管机构。发改委受理企业发债申请后,依据法律法规及有关文件规定,对申请材料进行审核。符合发债条件、申请材料齐全的直接予以核准。申请材料存在不足或需要补充有关材料的,应及时向发行人和主承销商提出反馈意见。发行人及主承销商根据反馈意见对申请材料进行补充、修改和完善,重要问题应出具文件进行说明。

发改委应自受理申请之日起3个月内(发行人及主承销商根据反馈意见补充和修改申报材料的时间除外)作出核准或者不予核准的决定,不予核准的,应说明理由。

(4)公开发行

获批之后由证券经营机构承销。非证券经营机构和个人不得经营企业债券的承销和转让业务。

(5)几点特殊要求

根据《企业债券管理条例》规定,企业在发行企业债券时,还有几点须引起注意:

(1)关于债券本身

企业债券的票面应当载明下列内容:企业的名称、住所;企业债券的面额;企业债券的利率;还本期限和方式;利息的支付方式;企业债券发行日期和编号;企业的印记和企业法定代表人的签章;审批机关批准发行的文号、日期债券总面额不得大于该企业的自有资产净值。

企业债券的利率不得高于银行相同期限居民储蓄定期存款利率的40%。

(2)所筹资金的使用

企业发行企业债券所筹资金应当按照审批机关批准的用途,用于本企业的生产经营。企业发行企业债券所筹资金不得用于弥补亏损和非生产性支出，也不得用于房地产买卖、股票买卖和期货交易等高风险性投资。否则将受到相关行政处罚。

3. 中小企业集合债

中小企业集合债是通过牵头人组织，以多个中小企业所构成的集合为发债主体，若干个中小企业各自确定债券发行额度，采用集合债券的形式，使用统一的债券名称，形成一个总发行额度而向投资人发行的约定到期还本付息的一种企业债券形式，它是以银行或证券机构作为承销商，需由担保机构担保，评级机构、会计师事务所、律师事务所等中介机构参与的新型企业债券方式。

集合债券是依照“统一冠名，分别负债，联动担保，集合发行”的模式，在全国银行间债券市场发行的企业债券，相对以往单一企业发债方式而言，它采用的是多企业联合发债、捆绑上市的模式。

（二）公司债

公司债是公司依照法定程序发行、约定在1年以上期限内还本付息的有价证券。与企业债一样，两者于公司、企业而言，显然都是比较重要的融资方式。但两者到底有何区别？是否任何企业、公司都能发行？发行流程、审核机构、报送的主要材料等又是否有差异，如果有，具体有何差别，详见表2-11：

表2-11　公司债与企业债比较表

序号	比较项目	公司债	企业债
1	发行主体差别	由股份有限公司或有限责任公司发行的债券	由中央政府部门所属机构、国有独资企业或国有控股企业发行的债券，它对发债主体的限制比公司债窄
2	发行定价	由发行人和保荐人通过市场询价确定	利率限制是要求发债利率不高于同期银行存款利率的40%
3	发行制度	核准制。由证监会进行审核，对总体发行规模没有限制	审核制。发改委进行审核，发改委每年会定下一定的发行额度
4	发行状况	可采取一次核准，多次发行	要求审批后一年内发完

续表

序号	比较项目	公司债	企业债
5	发债资金用途差别	主要用途包括固定资产投资、技术更新改造、改善公司资金来源结构、调整公司资产结构、降低公司财务成本、支持公司并购和资产重组等	主要限制在固定资产投资和技术革新改造方面,并与政府部门的审批项目直接相关
6	信用来源差别	公司债的信用来源是发债公司的资产质量、经营状况、盈利水平和持续盈利能力等	不仅通过"国有"(即国有企业和国有控股企业等)机制贯彻了政府信用,而且通过行政强制落实担保机制,实际信用级别与其他政府债券大同小异
7	管制程序差别	公司债监管机构往往要求严格债券的信用评级和发债主体的信息披露,特别重视发债后的市场监管工作	发债由国家发改委和国务院审批,要求银行予以担保;一旦债券发行,审批部门则不再对发债主体的信息披露和市场行为进行监管
8	市场功能差别	债是各类公司获得中长期债务性资金的一个主要方式	受到行政机制的严格控制,每年的发行额远低于国债、央行票据和金融债券,也明显低于股票的融资额

1. 适用对象及条件

与企业债不同,公司债的发行主体是公司,是依照《公司法》规定设立的合法存续的具有法人资格的公司。包括有限责任公司和股份有限公司。公司发行公司债应符合《公司法》《证券法》及《公司债券发行与交易管理办法》等法律法规的规定,在具体操作上应遵守上海证券交易所出台的《公司债券预审核指南(一)(二)(三)》的规定。发行人主体条件具体如下:

(1)股份有限公司的净资产不低于人民币三千万元,有限责任公司的净资产不低于人民币六千万元(《证券法》第十六条第一款第(一)项)。对于需要编制合并财务报表的公司,发行条件中涉及的净资产指合并报表所有者权益。

(2)累计债券余额不超过公司净资产的百分之四十(《证券法》第十六条第一款第(二)项)。

①发行人及其子公司发行在外的债券余额全额计算。

②计入权益的债券不计入累计债券余额。

③累计债券余额原则上以债券面值为准，对于可转债、可交换债券等股债混合型品种，其账面价值与面值差异较大的，可以债券账面价值为准。

④累计债券余额的债券计算范围包括根据《证券法》规定公开发行一年期以上的公司债券、企业债券。公开发行的其他债务融资工具、非公开发行的债券和其他债务融资工具、一年期以下的短期公司债券和其他债务融资工具、其他债务融资合同可不计入累计债券余额的债券范围。

⑤金融类公司（含商业银行类、证券公司类、商业保险类）发行公司债券时，银监会、证监会、保监会对其发行公司债券规模有核定监管指标要求的，金融类公司应在监管机构核定的指标内提出发行方案。

⑥公司净资产计算口径为：公司债券实际发行前的最近一期的净资产，其中净资产是指合并报表所有者权益，含少数股东权益。

（3）最近三年平均可分配利润足以支付公司债券一年的利息（《证券法》第十六条第一款第（三）项）。对于需要编制合并财务报表的公司，发行条件中涉及的“可分配利润”指合并报表归属于母公司所有者的净利润。

（4）筹集的资金投向符合国家产业政策；公开发行公司债券筹集的资金，必须用于核准的用途，不得用于弥补亏损和非生产性支出；除金融类企业外，募集资金不得转借他人（《证券法》第十六条第一款第（四）项、第二款、《公司债券发行与交易管理办法》第十五条第一款）。

①发行人发行公司债券募集资金可用于补充流动资金、偿还银行贷款，或用于特定项目。

②按照集团公司的规定，集团公司发行公司债券募集资金可以在集团公司及其子公司范围内统筹使用。

（5）债券的利率不超过国务院限定的利率水平（《证券法》第十六条第一款第（五）项）。

（6）国务院规定的其他条件（《证券法》第十六条第一款第（六）项）。

同时，法律法规禁止发行的情形具体如下：

（1）前一次公开发行的公司债券尚未募足（《证券法》第十八条第（一）项）。根据前一次申请和核准文件，不是必须募足的，则不存在此类情形。

（2）对已公开发行的公司债券或者其他债务有违约或者延迟支付本息的事实，仍处于持续状态（《证券法》第十八条第（二）项、《公司债券发行与交易管理办法》第十七条第(三)项)。“其他债务”包括除公开发行公司债券外公开发行的其他债券和债务融资工具、私募发行债券和债务融资工具以及借贷债务,不包括日常生产经营中的应付账款等负债。

(3)违反《证券法》规定,改变公开发行公司债券所募资金的用途(《证券法》第十八条第(三)项)。因募集资金被侵占挪用,监管部门采取限制发行债券措施的,在限制期内不得发行公司债券。

(4)最近三十六个月内公司财务会计文件存在虚假记载,或公司有重大违法行为(《公司债券发行与交易管理办法》第十七条第(一)项)。

①财务会计文件存在虚假记载,被相关部门作出限制发行债券的监管决定且在限制期内的公司,本所不接受其发行公司债券的申请文件。

②根据《国务院关于进一步加强企业安全生产工作的通知》(国发〔2010〕23号)中“对于发生重大、特别重大生产安全责任事故或一年内发生2次以上较大生产安全责任事故并负主要责任的企业,以及存在重大隐患整改不力的企业,由省级及以上安全监管监察部门会同有关行业主管部门向社会公告,并向投资、国土资源、建设、银行、证券等主管部门通报,一年内严格限制新增的项目核准、用地审批、证券融资等”的要求,具有上述安全生产违法行为,省级及以上安全监管监察部门会同有关行业主管部门向社会公告并在限制期内的企业,本所不接受其发行公司债券的申请文件。

③根据《国务院办公厅关于继续做好房地产市场调控工作的通知》(国办发〔2013〕17号)中“加强房地产企业信用管理,研究建立住房城乡建设、发展改革、国土资源、金融、税务、工商、统计等部门联动共享的信用管理系统,及时记录、公布房地产企业的违法违规行为。对存在闲置土地和炒地、捂盘惜售、哄抬房价等违法违规行为的房地产开发企业,有关部门要建立联动机制,加大查处力度。国土资源部门要禁止其参加土地竞买,银行业金融机构不得发放新开发项目贷款,证券监管部门暂停批准其上市、再融资或重大资产重组,银行业监管部门要禁止其通过信托计划融资”的要求,具有上述房地产重大违法行为,经国土资源部门查处并未按规定整改的企业,本所不接受其发行公司债券的申请文件。

④根据国家税务总局等21个部门《关于对重大税收违法案件当事人实施联合惩戒措施的合作备忘录》中对税务机关公布的重大税收违法案件信息中所

列明的当事人限制证券市场部分经营行为的规定，属于税务机构公布的重大税收违法案件信息且未缴清税款、滞纳金和罚款的企业，本所不接受其发行公司债券的申请文件。

⑤发行人最近三十六个月内发生其他重大违法行为，按照法律法规规定并经监管部门作出限制发行债券的监管决定且在限制期内的，本所不接受其发行公司债券的申请文件；法律法规和监管部门未限制其发行债券的，发行人可在申请文件中披露相关情况。

(5)发行人向国务院证券监督管理机构或者国务院授权的部门报送的证券发行申请文件，必须真实、准确、完整；本次发行申请文件有虚假记载、误导性陈述或者重大遗漏(《证券法》第二十条第一款、《公司债券发行与交易管理办法》第十七条第(二)项)。

(6)严重损害投资者合法权益和社会公共利益的其他情形(《公司债券发行与交易管理办法》第十七条第(四)项)。

(7)发行人属于地方政府融资平台公司(《公司债券发行与交易管理办法》第六十九条)。具体要求待进一步补充后确定。

此外，从事房地产业务公司发行公司债券的特别要求如下：

已明确为房地产行业的上市公司，或者最近一期合并财务报表中房地产业务的营业收入比重超过50%(含)，或房地产业务的营业收入比重虽小于50%，但房地产业务的收入和利润均在所有业务中最高，且均占到发行人总收入和总利润的30%以上的非上市公司，发行公司债券应遵守下列特别要求：

(1)发行人应出具自查报告，说明报告期内公司及其房地产行业子公司是否存在闲置土地和炒地、捂盘惜售、哄抬房价等违法违规行为，是否存在被行政处罚或调查的情况及相应的整改措施和整改效果。

(2)董事监事高级管理人员及控股股东和实际控制人应当公开承诺，如因存在未披露的土地闲置等违法违规行为，给发行人和投资者造成损失的，将承担赔偿责任。

2.发行流程

(1)股东(大)会决议

公司申请发行公司债券，属《公司法》规定的“股东(大)会职权”中股东

(大)会有权"对发行公司债券作出决议"。故发行公司债券首先应当由公司董事会制定方案,由股东会或股东大会做出决议。如果不经股东(大)会决议通过,则不得发行。需决议事项具体如下:

- 发行债券的数量;
- 发行债券的数量;
- 发行方式;
- 债券期限;
- 募集资金的用途;
- 决议的有效期;
- 其他按照法律法规及公司章程规定需要明确的事项。

发行公司债券,如果对增信机制、偿债保障措施作出安排的,也应当在决议事项中载明。

(2)保荐人保荐

发行公司债券,应当由保荐人保荐,并向中国证监会申报。保荐人应当按照证监会的有关规定编制和报送募集说明书和发行申请文件。根据《国家发展和改革委员会关于推进企业债券市场发展、简化发行核准程序有关事项的通知》,公司债券发行需提交的申请材料与企业债券发行相同,详见本节"企业债"部分,在此不再赘述。

(3)等待审核

公司债券发行的审核机构为证监会,证监会受理申请文件后,依法审核公开发行公司债券的申请,自受理发行申请文件之日起 3 个月内,作出是否核准的决定,并出具相关文件。

根据《中国证券监督管理委员会发行审核委员会办法》第四章第三节规定,发行申请文件由发审委审核,每次参加发审委会议的委员为 5 名,表决投票时同意票数达到 3 票为通过,同意票数未达到 3 票为未通过。

(4)公开发行

公司公开发行债券,可以申请一次核准,分期发行。自中国证监会核准发行之日起,发行人应当在 12 个月内完成首期发行,剩余数量应当在 24 个月内发行完毕。

公开发行公司债券的募集说明书自最后签署之日起 6 个月内有效。采用分期发行方式的，发行人应当在后续发行中及时披露更新后的债券募集说明书，并在每期发行完成后五个工作日内报中国证监会备案。公开发行的公司债券，应当在依法设立的证券交易所上市交易，或在全国中小企业股份转让系统或者国务院批准的其他证券交易场所转让。

3. 信息披露

公开发行公司债券的发行人应当及时披露债券存续期内发生可能影响其偿债能力或债券价格的重大事项。重大事项包括：

➢ 发行人经营方针、经营范围或生产经营外部条件等发生重大变化；

➢ 债券信用评级发生变化；

➢ 发行人主要资产被查封、扣押、冻结；

➢ 发行人发生未能清偿到期债务的违约情况；

➢ 发行人当年累计新增借款或对外提供担保超过上年末净资产的20%；

➢ 发行人放弃债权或财产，超过上年末净资产的10%；

➢ 发行人发生超过上年末净资产10%的重大损失；

➢ 发行人作出减资、合并、分立、解散及申请破产的决定；

➢ 发行人涉及重大诉讼、仲裁事项或受到重大行政处罚；

➢ 保证人、担保物或者其他偿债保障措施发生重大变化；

➢ 发行人情况发生重大变化导致可能不符合公司债券上市条件；

➢ 发行人涉嫌犯罪被司法机关立案调查，发行人董事、监事、高级管理人员涉嫌犯罪被司法机关采取强制措施；

➢ 其他对投资者作出投资决策有重大影响的事项。

4. 小结

综上，发行公司债的条件相对企业债发行要简单。在具体操作层面，2015年9月上海证券交易所出台的《上海证券交易所公司债券预审核指南（一）（二）（三）》是最新的参考性指南，将申请文件及编制、签章、审核和发行程序及其实施都进行了详尽的阐述与介绍。拟发行债券的公司可按照其要求和标准进行提交材料。

（三）银行间债券市场非金融企业融资工具

银行间债券市场的交易参与人是金融机构，几乎所有的债券都可在银行间债券市场挂牌交易，除了可转换债券。为进一步完善银行间债券市场管理，促进非金融企业直接债务融资发展，中国人民银行于2008年出台《银行间债券市场非金融企业融资工具管理办法》，对非金融企业在银行间债券市场发行债务融资工具进行规制。

1. 债务融资工具具体类型

债务融资工具主要包括超短期融资券、短期融资券、中期票据、中小企业集合票据等。发行上述融资工具的非金融企业均应向中国银行间市场交易商协会（以下简称“交易商协会”，是指由市场参与者自愿组成的，包括银行间债券市场、同业拆借市场、外汇市场、票据市场和黄金市场在内的银行间市场的自律组织）注册。中央国债登记结算有限责任公司（以下简称“中央结算公司”）负责登记、托管、结算等事宜，全国银行间同业拆借中心（以下简称“同业拆借中心”）为债务融资工具在银行间债券市场的交易提供服务。而中国人民银行依法对交易商协会、同业拆借中心、中央结算公司进行监督管理，同时可要求3个机构及时向人民银行保送与债务融资工具发行和交易等有关的信息。此外，企业自身不能承销，应由金融机构承销。还有一点较为重要的是，此类债务融资工具的投资者应自行判断和承担投资风险。至于各融资工具具体如何操作，相互之间有何差异，后续将进行详细阐述。

2. 适用的相关法律规范

银行间债券市场非金融企业融资应遵守如下法律规定，主要涉及：

中国人民银行2008年出台的《银行间债券市场非金融企业债务融资工具管理办法》、交易商协会2009年出台的《银行间债券市场非金融企业中期票据业务指引》、《银行间债券市场非金融企业短期融资券业务指引》及其2010年出台的《银行间债券市场非金融企业超短期融资券业务规程（试行）》。交易商协会2012年《银行间债券市场非金融企业资产支持票据指引》、《银行间债券市场中小非金融企业集合票据业务指引》、交易商协会2009年《银行间债券市场非金融企业债务融资工具发行注册规则》、交易商协会2012年《银行间债券市场非金融企业债务融资工具信息披露规则》、交易商协会2013年《银行间债券市场非金融企业债务融资工具持有人会议规程》、交易商协会2013年《银行间债券市场非金融企业债务融资工具注册工作规程》、交易商协会2011年《银行间市场非金融企业债务融资工具发行规范指引》、交易商协会《银行间债券市场非金融企业债务融资工具非公开定向发行规则》、2012 年《银行间债券市场非金融企业债务融资工具中介服务规则》、《银行间债券市场非金融企业债务融资工具尽职调查指引》、《银行间债券市场非金融企业债务融资工具募集说明书指引》。

具体见表 2－12：

表 2－12　银行间债券市场非金融企业融资相关规范性文件表

序号	名　　称	日期	颁布机关	备注
1	银行间债券市场非金融企业债务融资工具管理办法	2008 年	中国人民银行	
2	银行间债券市场非金融企业中期票据业务指引	2009 年	交易商协会	
3	银行间债券市场非金融企业短期融资券业务指引	2009 年	交易商协会	
4	银行间债券市场非金融企业债务融资工具发行注册规则	2009 年	交易商协会	
5	银行间债券市场非金融企业超短期融资券业务规程(试行)	2010 年	交易商协会	
6	银行间市场非金融企业债务融资工具发行规范指引	2011 年	交易商协会	
7	银行间债券市场非金融企业债务融资工具非公开定向发行规则	2011 年	交易商协会	
8	银行间债券市场非金融企业资产支持票据指引	2012 年	交易商协会	
9	银行间债券市场非金融企业债务融资工具中介服务规则	2012 年	交易商协会	
10	银行间债券市场非金融企业债务融资工具尽职调查指引	2012 年	交易商协会	
11	银行间债券市场中小非金融企业集合票据业务指引	2012 年	交易商协会	

续表

序号	名　　称	日期	颁布机关	备注
12	银行间债券市场非金融企业债务融资工具募集说明书指引	2012 年	交易商协会	
13	银行间债券市场非金融企业债务融资工具信息披露规则	2012 年	交易商协会	
14	银行间债券市场非金融企业债务融资工具持有人会议规程	2013 年	交易商协会	
15	银行间债券市场非金融企业债务融资工具注册工作规程	2013 年	交易商协会	

3. 一般发行流程

(1)注册

首先,适格的发行主体须是具有法人资格的非金融企业。主体适格之后,其发行各债务融资工具均需向交易商协会申请注册。注册制不同于审批制和备案制,没有审批制那般严苛,又比备案制更为严格。该制度是目前较为成熟的资本市场通常采用的方式,表明我国的资本市场也在逐渐完善,对金融市场的进一步发展具有重大意义。

这里所指的“注册”实行注册会议制度,由注册会议决定是否接受债务融资工具发行注册。根据相关规定,注册会议下设注册办公室。注册会议由 5 名经济金融理论知识丰富、熟知相关法律法规、从业经验丰富、职业声誉较高的金融市场专家(简称注册专家)参加。参加会议的注册专家由注册办公室从注册专家名单中随机抽取。最终是否能注册成功,由注册会议上注册专家最终的意见决定。

注册由拟发行企业通过承销商将发行文件送达注册办公室。注册文件包括:

- 债务融资工具注册报告(附企业《公司章程》规定的有权机构决议);
- 主承销商推荐函及相关中介机构承诺书;
- 企业发行债务融资工具拟披露文件;
- 证明企业及相关中介机构真实、准确、完整、及时披露信息的其他文件。

(2)信息披露

由于该类债券融资投资者承担的风险更大,因此,为了保护投资者的合法权益,交易商协会专门制定《银行间债券市场非金融企业债务融资工具信息披露规则》,对发行企业应尽的披露义务做了较为详尽的规定。如果企业不履行或相关中介机构不履行相应披露义务,不但企业将受行政处罚,相关责任人员也将受到处罚。如果还因未尽信息披露义务导致他人利益受损,将承担相应的损害赔偿责任。涉嫌刑事违法的将被移交司法机关处理。

关于发行文件的披露,首期发行债务融资工具的,应至少于发行日前五个工作日公布发行文件;后续发行的,应至少于发行日前三个工作日公布发行文件。

关于发行实际情况的披露,企业最迟应在债权债务登记日的次一工作日,通过交易商协会认可的网站公告当期债务融资工具的实际发行规模、价格、期限等信息。

在融资工具有效期内,对于下述信息企业应作持续性披露:

➢ 每年4月30日以前,披露上一年度的年度报告和审计报告;

➢ 每年8月31日以前,披露本年度上半年的资产负债表、利润表和现金流量表;

➢ 每年4月30日和10月31日以前,披露本年度第一季度和第三季度的资产负债表、利润表和现金流量表;

➢ 第一季度信息披露时间不得早于上一年度信息披露时间,上述信息的披露时间应不晚于企业在证券交易所、指定媒体或其他场合公开披露的时间。

在债务融资工具存续期内,企业发生可能影响其偿债能力情形,我们称这类情形为"重大事项",此时也应及时披露:

➢ 企业名称、经营方针和经营范围发生重大变化;

➢ 企业生产经营的外部条件发生重大变化;

➢ 企业涉及可能对其资产、负债、权益和经营成果产生重要影响的重大合同;

➢ 企业发生可能影响其偿债能力的资产抵押、质押、出售、转让、划转或报废;

➢ 企业发生未能清偿到期重大债务的违约情况;

➢ 企业发生大额赔偿责任或因赔偿责任影响正常生产经营且难以消除的；

➢ 企业发生超过净资产 10% 以上的重大亏损或重大损失；

➢ 企业一次免除他人债务超过一定金额，可能影响其偿债能力的；

➢ 企业 1/3 以上董事、2/3 以上监事、董事长或者总经理发生变动；董事长或者总经理无法履行职责；

➢ 企业做出减资、合并、分立、解散及申请破产的决定，或者依法进入破产程序、被责令关闭；

➢ 企业涉及需要说明的市场传闻；

➢ 企业涉及重大诉讼、仲裁事项；

➢ 企业涉嫌违法违规被有权机关调查，或者受到刑事处罚、重大行政处罚；企业董事、监事、高级管理人员涉嫌违法违纪被有权机关调查或者采取强制措施；

➢ 企业发生可能影响其偿债能力的资产被查封、扣押或冻结的情况；企业主要或者全部业务陷入停顿，可能影响其偿债能力的；

➢ 企业对外提供重大担保。

(3)发行

经过前述流程之后，企业可以招标方式、簿记建档方式及非公开定向方式发行债券融资工具。

◆ 招标发行

招标发行是指发行债务融资工具的发行人使用中国人民银行发行系统在银行间债券市场招标发行债务融资工具的行为。相关当事人包括发行人、投标参与人、提供发行服务的中介机构及其他相关人员。发行人应与投标参与人签订书面协议，明确双方权利与义务。这种形式可理解为，发行人发出一个要约邀请，投资者可发出要约，最终由发行人决定是否承诺。最终，双方签订合同。

◆ 簿记建档发行

簿记建档发行，是指发行人和主承销商共同确定利率区间后，投资人根据对利率的判断确定在不同利率档次下的申购定单，再由簿记建档管理人(以下简称簿记管理人)记录投资人认购债务融资工具利率(价格)及数量意愿，并进行配售的行为。相关当事人包括发行人、主承销商、簿记管理人、提供发行服务的中介机构(若有)、公证员(若有)及其他相关人员。与招标发行不同,簿记建档发行时在询价基础上,由发行人与主承销商协商确定利率(价格)区间。换言之,虽经过询价,但最终还是由发行人与主承销商事先确定一个利率档,类似于发行人向不特定公众发出要约,投资者承诺即可。

◆ 非公开定向发行

非公开定向方式发行,是指企业向银行间市场特定机构投资人(以下简称"定向投资人")发行债务融资工具,并在定向投资人范围内流通转让的行为。对应的公开发行是指向不定向的投资者发行融资工具。定向发行相关当事人主要包括发行人、主承销商、簿记管理人(若有)、定向投资人代表(若有)、提供发行服务的中介机构及其他相关人员。当然,定向发行也可以具体采用前述两种方式,招标发行方式及簿记建档方式。此时,应遵守前述两种发行方式的相关规定。

根据《银行间债券市场非金融企业债务融资工具非公开定向发行规则》规定,企业发行定向工具虽仍应在交易商协会注册,但协会只对注册材料进行形式完备性核对。材料形式完备性核对实行核对人和复核人双人负责制,主要流程包括:

➢ 企业或相关中介机构应提交非公开定向发行注册材料正式件一份;

➢ 核对人根据相关自律规则指引对非公开定向发行注册材料进行核对:若核对人认为非公开定向发行注册材料形式完备,则直接交由复核人进行复核,若核对人认为非公开定向发行注册材料形式不完备,经复核人复核后,核对人可通过主承销商向企业出具补充信息的建议函;

➢ 复核人对核对人工作进行复核,复核人可根据需要通过主承销商向企业出具补充信息的建议函,复核人认定非公开定向发行注册材料形式完备,则按照规定程序办理相关后续工作。

非公开定向发行方式下的融资工具发行、登记、托管、结算、流通转让等事项都由交易商协会监督管理。定向发行的融资工具发行价格按照市场化方式确定,而且只能在定向投资人之间流通转让,不得任意流通。

企业向定向投资人发行定向工具前,应与拟投资该期定向工具的定向投资人达成《定向发行协议》。《定向发行协议》的内容包括但不限于:

➢ 发行人的基本情况;

➢ 发行人对定向工具的募集资金用途合法合规、发行程序合规性的声明；

➢ 拟投资定向工具的机构投资人名单及基本情况；

➢ 发行人与拟投资定向工具的机构投资人的权利和义务；

➢ 定向工具名称、发行金额、期限、发行价格或利率确定方式；

➢ 募集资金用途及定向工具存续期间变更资金用途时的告知方式和时限；

➢ 信息披露的具体标准和信息披露方式；

➢ 定向工具的流通转让范围及约束条件；

➢ 投资风险提示；

➢ 法律适用及争议解决机制；

➢ 保密条款；

➢ 协议生效的约定。

采取定向发行的，在注册有效期内可分期发行，首期发行应在注册后 6 个月内完成。

4. 各融资工具具体介绍

债券处可在证交所发行、交易之外，银行间债券市场也是其活跃的地盘。以下是一组数据：

(1) 超短期融资券

◆ 适用对象及条件

超短期融资券，根据《银行间债券市场非金融企业超短期融资券业务规程（试行）》规定，是指具有法人资格、信用评级较高的非金融企业在银行间债券市场发行的，期限在 270 天以内的短期融资券。顾名思义，超短期融资券比短期融资券的有效期更短。短期融资券是指 1 年以内，而超短期是指 270 天以内。同时，这里的发行主体要求更高，明确要求"信用评价较高"的企业。

企业发行超短期融资券所募集的资金应用于符合国家法律法规及政策要求的流动资金需要，不得用于长期投资。有点类似银行贷款中的流动资金贷款，贷款必须用于企业经营之需，缓解流动资金紧张局势，不得用于其他投资等。

发行实行市场定价，并且在上海清算所登记、托管、结算，不同于其他几种类型需在中央结算公司登记、托管、结算等。

◆ 发行流程

超短期融资券的发行，基本流程与前述一般发行流程基本一致，企业需向交易商协会提出注册申请并提交相应注册文件，同时应将发行的相关情况对外披露。值得注意的是上述发行文件，是通过中国货币网和上海清算所网站披露。具体而言，拟发行企业应以不可修改的电子版形式送达同业拆借中心。同业拆借中心依据本规程及相关自律规则完成信息披露文件的格式审核后，对符合规定格式的信息披露文件予以公布，并及时发送上海清算所，由上海清算所在其网站公布。此外，企业应在发行超短期融资券后 2 个工作日内将发行情况向交易商协会备案。

(2)短期融资券

短期融资券，是指具有法人资格的非金融企业在银行间债券市场发行的，约定在 1 年内还本付息的债务融资工具。为保护投资者合法权益，法律法规要求短期融资券待偿还余额不得超过企业净资产的40%。同时应披露2个评级，企业主体信用评级和当期融资券的债项评级。短期融资券在债权债务登记日次一工作日即可在全国银行机构投资者之间流通转让，而非个人投资者。

(3)中期票据

中期票据，是指具有法人资格的非金融企业在银行间债券市场按照计划分期发行的，约定在一定期限还本付息的债务融资工具。不难看出，企业发行中期票据应制定发行计划，在计划内可灵活设计各期票据的利率形式、期限结构等要素。该完整的发行计划还应于中期票据首次发行公告之日，在银行间债券市场一次性披露。其后的发行将依据已制订的发行计划分期发行。同时，有效期并非明确的 1 年之内或者 270 天之内，而是在一定期限内。关于中期票据的定价，不同于一般的“市场化定价”，而是由主要承销商与企业协商定价，具体而言投资者可就特定投资需求向主承销商进行逆向询价，主承销商可与企业协商发行符合特定需求的中期票据。其他方面的要求与短期融资券相差无几。

(4)中小企业集合票据

中小企业集合票据，是为了解决中小企业融资难的困境而设计的融资工具，与中小企业集合债券类似，鼓励中小微型企业相互之间“统一行动”，以致达到融资设定的“相应门槛”，进而融通资金。具体是指2个(含)以上、10个(含)以下具有法人资格的企业，在银行间债券市场以统一产品设计、统一券种冠名、统一信用增进、统一发行注册方式共同发行的，约定在一定期限还本付息的债务融资工具。但此种融资工具实行“一次注册、一次发行”，不能分期发行，也不能在注册失效之后再次注册。同时，“集合体”中的任一企业集合票据待偿还余额不得超过该企业净资产的40%，且任一企业集合票据募集资金额不超过2亿元人民币，单支集合票据注册金额不超过10亿元人民币。在其债权债务登记日的次一工作日即可在银行间债券市场流通转让，并未限定只能在机构投资者之间流通。

(5)资产支持票据

此处所指的“资产支持票据”是在银行间债券市场由非金融企业发行的资产证券化产品。由基础资产所产生的现金流作为还款支持的，约定在一定期限内还本付息的债务融资工具。当然，这里的基础资产并非一般的资产，而是有其特殊性，主要是指符合法律法规规定，权属明确、能够产生可预测现金流的财产、财产权利或财产和财产权利的组合。同时，基础资产不得附带抵押、质押等担保负担或其他权利限制。换言之，通过将这种未来能产生现金流的资产作为标的资产，发行债券，吸引投资者，从而自身达到融资的目的。资产支持票据可采取公开发行与非公开发行两种形式。

此时，拟对外披露的信息有所不同，主要包含：

➢ 资产支持票据的交易结构和基础资产情况【交易结构、基础资产】；

➢ 相关机构出具的现金流评估预测报告【现金流报告】；

➢ 现金流评估预测偏差可能导致的投资风险【投资风险】；

➢ 在资产支持票据存续期内，定期披露基础资产的运营报告。

同时，因资产支持票据对于投资者的风险较大，根据规定其在发行时应约定投资者保护机制，包括但不限于：

➢ 债项评级下降的应对措施【债项评级】；

➢ 基础资产现金流恶化或其它可能影响投资者利益等情况的应对措施【现金流恶化】；

➢ 资产支持票据发生违约后的债权保障及清偿安排【违约责任】；

➢ 发生基础资产权属争议时的解决机制【争议解决】。

三、企业类债券的风险与应对措施

在本节开篇“概述”部分已经用数据说明债券融资受到企业的高度青睐，其程度仅次于银行贷款融资。在银行贷款，银行虽为出借方，但其资金来源主要为一般公众在银行的存款，银行为扮演金融中介的身份；而在债券融资，借款人直接从出借人处融资。说到底，两种融资方式本质上都是借款合同。但与银行贷款相比，企业发行债券融资往往要承担更大风险。在银行贷款中，银行为尽量避免风险而对企业贷款设置较高的门槛、较多的条件，最典型的便是要求提供作为第二还款来源的巨额担保。而企业债券类融资，相关规定并未明确要求提供担保，更多的是信用债券，由投资者和债券发行人承担更多的风险。由于本书主要站在融资方的立场，故更多的也将分析融资方将面临的风险，主要表现为债券发行违规、债券发行失败、债券发行之后本金偿还违约、利息偿还违约或本息偿还违约，导致企业生产经营出现困难，发生信誉危机，进而承担相应的民事责任、行政责任甚至刑事责任。

2014年债市一度警报不断，甚至有集中爆发的趋势。2014年3月4日，上海超日太阳能科技股份公司（股票代码“002506”，以下简称“超日太阳能”）发布公告，正式宣布“11超日债”违约，该案被称为“中国债市首例违约案件”。2014年4月份，“12华特斯”（浙江华特斯聚合物科技有限公司于2013年1月23日发行的一期中小企业私募债券）因发行人被法宣宣布破产重组遭遇兑付危机。由徐州中森通浩新型板材有限公司发行的“13中森债”出现利息事实性违约。2014年7月15日，华通路桥集团有限公司（以下简称“华通路桥”）发布公告称，由于董事长王国瑞被调查，该公司发行的4亿元发行的“13华通路桥CP001”（华通路桥2013年度第一期短期融资券）到期兑付存在不确定性。①

从上市公司发行的公司债，到中小企业发行的私募债，再到非金融企业在银行间债券市场发行的短期融资券，都遭遇严重兑付危机。虽然有的企业在兑付到期最后关头有转机，实现完全兑付，有惊无险，但对整个债券市场的

---

① 参见人民网，http://paper.people.com.cn/gjjrb/html/2014-07/28/content_1457432.htm，2015年7月13日访问。

影响却不容忽视。有人称“违约风波事件虽然短期内影响了低等级融资主体的需求,但从长期看,信用风险定价的复位与隐性刚性兑付的破除,将有力地推动利率市场化背景下中国资本市场持续壮大,为未来实体经济的发展创造多层次的融资市场环境”,这一主张虽不无道理,但作为融资方,还是应尽量将此类风险扼杀在摇篮,在风波生起之前使其平复。作为企业而言,其存在的目的绝大多数情形下都是为了营利,为中国资本市场的“茁壮成长”出力虽在所不辞,但以牺牲自己为前提的出力无疑是不理智的。因此,对企业发行债券融资过程中产生的风险及其应对进行深入分析的必要性及重要性仍在。

(一)信誉风险

典型案例——华通路桥令债市“步步惊心”

2014 年 7 月 17 日,“13 华通路桥 CP001”到期兑付存在不确定性的风险提示公告着实引起一阵风波。

2013 年 7 月 22 日,华通路桥集团有限公司发行 2013 年度第一期短期融资券,共计 4 亿元,采取固定利息发行,票面利率 7.30%,债券期限 365 天,由广发银行股份有限公司作为主要承销商。到期兑付日为 2014 年 7 月 23 日,本计息债券利率为 7.3%,应偿付本息金额合计 4.292 亿元人民币。[①]

据报道,联合资信评估有限公司 7 月 14 日发布公告,将华通路桥集团有限公司列入信用评级观察名单,并于 7 月 16 日将其主体评级由 AA - 、展望稳定调降到 BB + 、展望为负面,债项评级则从 A - 1 下调到 B。

然而,当投资者们担心将出现兑付违约风险时,当地政府伸出援助之手,使得该期短融券的本息兑付资金最终于兑付日下午全部到账。因此,银行间债市首单可能构成“本金违约”的风波得以平息。

(二)民事法律风险及其应对

前文已经述及,发行债券融资归根究底还是通过借款合同展开,因此,该融资方式潜在的民事法律风险与第一节银行贷款差距不大,往往都是发行人届期无法偿债,其本质属违约行为。只是这种违约,因债权人或出借人众多,风险一

---

① 广发证券网,信息来源 http://www.gf.com.cn/cms/newsContent.jsp?docId=1930055,2014 年 8 月 20 日访问。

旦爆发,牵涉面将更广、对市场的影响力也将更大。

自2015年以来,关于房地产公司尤其是上市公司(以恒大、万科为例)大举发债融资的新闻不说铺天盖地,至少也掀起了一阵浪潮。其原因可能与房地产企业自身属性有关,比如项目较多、工程耗时久、资金回笼较慢。虽然近期还未有由于偿债能力恶化导致风险爆发的趋势或案例,但是各发债主体信用一般有所差距,风险还是不可避免。本节将以债市首例违约——11超日债为例,进行详细阐述。

1. 违约责任典型案例——“11超日债,债市首例违约案”

案例概况[①]如下:上海超日太阳能科技股份有限公司(Shanghai Chaori Solar Energy Science & Technology CO., LTD.),法定代表人倪开禄,注册资本52720.00万元,成立于2003年6月26日,经营范围为太阳能材料、太阳能设备、太阳能灯具、电子电器生产、销售、安装,从事货物进出口及技术进出口业务等。

“11超日债”是超日太阳能获证监会批准之后公开发行的公司债券。根据其披露的公告显示,发行规模为10亿元,每张面值为人民币100元,共计1000万张,发行价格为100元/张。债券期限不超过5年(含5年),附第3年末发行人上调票面利率选择权及投资者回售选择权。债券的利率为固定利率债券,票面利率由发行人与保荐机构(主承销商)按照国家有关规定协商确定为8.98%,在债券存续期限前3年保持不变;如发行人行使上调票面利率选择权,未被回售部分债券存续期限后2年票面年利率为债券存续期限前3年票面年利率加上调基点,在债券存续期限后2年固定不变。债券票面利率采取单利按年计息,不计复利。按年付息、到期一次还本。利息每年支付一次,最后一期利息随本金一起支付,起息日为2012年3月7日。在该期债券的计息期限内,每年付息一次;若投资者放弃回售选择权,则至2017年3月7日一次兑付本金;若投资者部分或全部行使回售选择权,则回售部分债券的本金在2015年3月7日兑付,未回售部分债券的本金至2017年3月7日兑付。该期债券发行时并无担保,但后经相关机构要求追加了一定担保,并且经相关机构综合评定,发行人的

① 参见超日太阳能2012年发布的《公开发行公司债券募集说明书》《公司债券发行公告》及《债券票面利率的公告》。

主体信用等级为AA,该期债券的信用等级为AA。该期公司债券发行所募集的资金用途,其中4亿元用于偿还银行贷款,剩余6亿元补充流动资金。嗣后,成功发行。当初债券网上预设的发行规模为2.5亿元人民币,最终网上实际发行数量为2.5亿元人民币,占本期债券发行总量的25%;债券网下预设的发行规模为7.5亿元人民币,最终网下实际发行数量为7.5亿元人民币,占本期债券发行总量的75%。

但2014年3月5日超日太阳能发布《2011年公司债券第二期利息无法按期全额支付的公告》,称第二期利息原定付息日为2014年3月7日,利息金额共计人民币8980万元,但此次仅能够按期支付共计人民币400万元。超日同时在公告中表示公司构成违约,并将严格按照《募集说明书》的相关约定,针对本次违约承担相关的责任。

2. 深入剖析

"超日"因"11超日债"违约有"日落"之嫌,其原因究竟何在?

■ 历史发展层面

该案被业内称为"债市首例违约案",打破了债市兑付违约的零记录。因2004年以前我国债券发行量少,而且发行主体更多为国企或大型企业,一般都会有银行提供担保,因此偿债能力较强,违约风险较小。但后期随着市场发展,更多类型的债券兴起,债券发行主体结构与经济环境都发生了很大变化。一方面,债券发行主体多样化,信用资质整体下移,另一方面,我国经济发展出现了下行趋势,GDP增速持续下滑,企业经营状况有所恶化,同时央行持续实施稳健货币政策,导致市场流动性有所收紧。因此,违约危机的爆发可谓有其历史必然性。

■ "合同"约定层面

超日太阳能公开发行公司债,通过对外发布募集说明书"引诱"投资者投资,当投资者申购之后,超日太阳能将向投资者发放记名形式的债券。虽然就"借款"一事并没有书面的"合同",但募集说明书构成要约,投资者认购构成承诺,债券上载内容即为双方已达成合致的标志。超日太阳能应遵守其在募集说明书中明确约定的内容,同样投资者也应遵守相应的约定。现募集说明书中明确提及公司违约责任,一旦公司违约,则应严格履行合同。具体约定内容如下:

◆ 当公司不能按时支付利息时,公司将至少采取如下措施:

不向股东分配利润;暂缓重大对外投资、收购兼并等资本性支出项目的实施;调减或停发董事和高级管理人员的工资和奖金;主要责任人不得调离。

◆ 承担延期支付的部分所对应的应付利息和罚息

公司将按照《募集说明书》的相关规定,对本期利息延期支付的部分承担相应的利息以及罚息,即按照该未付利息对应债券品种的票面利率另计利息(单利)、按照每日万分之一的罚息率向债券持有人支付违约金,具体计算方式以公司后续披露的延期付息具体安排公告中的相关内容为准。

◆ 积极配合债券受托管理人处置本期债券的担保物

公司为"11 超日债"追加的担保物包括公司及子公司的部分应收账款、部分不动产及机器设备。同时,公司将按照《受托管理协议》的约定,积极配合受托管理人处置为本期债券追加的上述担保物,以偿还上述延期支付的利息。但是,上述担保物的变现价值仍存在不确定性。

还好,风波过后,终究平息,超日经破产重整后"起死回生"。2015 年 2 月 27 日,因企业债违约而备受瞩目的上海超日发布了春节后的首份公告。根据公告,现由江苏协鑫能源有限公司控股的超日太阳,已于近日正式更名为"协鑫集成科技股份有限公司"。同年 4 月 29 日,协鑫公司发布 2014 年年度报告,报告显示 2014 年度公司净利润为正值,公司实现盈利。同年 5 月 4 日,根据《深圳证券交易所股票上市规则》的有关规定,协鑫公司向深圳证券交易所提出公司股票恢复上市的申请。这意味着协鑫公司(原超日公司)有望经营性"保壳"成功,并于 2015 年年内恢复上市。[①]

① 参见中国法院网,http://www.chinacourt.org/article/detail/2015/06/id/1649907.shtml,2015 年 7 月 13 日访问。

第四节
供应链融资

2013 年曾被称为中国互联网金融元年。工信部信息化推进司副司长董宝青曾在公开场合表示,要把 2014 年打造成在线供应链金融的元年。[①] "供应链金融"似乎来势凶猛,原因在于其"既能有效解决中小企业融资难题,又能延伸银行的纵深服务"的双赢效果。那么,到底什么是供应链金融?供应链金融相关法律规范有哪些、具体有哪些业务类型、每个业务类型对应的操作模式如何、利弊又如何、是否潜藏法律风险等问题,本节将分别予以介绍。

一、供应链融资概述

现代意义上的供应链金融概念发端于 20 世纪 80 年代,深层次的原因在于世界级企业巨头寻求成本最小化冲动下的全球性外采和业务外包。所谓供应链,就是围绕核心企业,通过对信息流、物流、资金流的控制,将供应商、制造商、分销商、零售商指导最终用户练成一个整体的功能网络、网链结构。[②] 供应链金融(Supply Chain Finance,简称"SCF"),一般被认为是商业银行信贷业务的一个专业领域(银行层面),也是企业尤其是中小企业的一种融资渠道(企业层面)。由于 finance 一词在中文里有金融、融资、财务等多种含义,因此,在微观层面我们也可称为供应链融资。其运行的框架具体指银行向企业(核心企业)提供融资和其他结算、理财服务,同时向这些企业的供应商提供贷款及时收达的便利,或者向其分销商提供预付款代付及存货融资服务。简单地说,就是银行将核心企业和上

---

① 参见网易财经,http://money.163.com/14/0612/11/9UHMDRTJ00253B0H.html,2015 年 1 月 6 日访问。

② 参见深圳发展银行、中欧国际工商学院"供应链金融"课题组:《供应链金融——新经济下的新金融》,上海远东出版社 2009 年版,第 11 页。

下游企业联系在一起提供灵活运用的金融产品和服务的一种融资模式。[①]

因此,从该定义可知,供应链融资与传统的保理业务及货押业务(动产及货权抵/质押授信)非常接近,但又有明显区别,即供应链融资是核心企业与银行间达成的,一种面向供应链所有成员企业的系统性融资安排,而保理业务和货押等只是简单的贸易融资产品。简言之,前者比后者要复杂,涵盖范围要广。

(一)供应链融资适用的相关法律规范

供应链融资适用的相关法律规范主要包括《商业汇票承兑、贴现与再贴现管理暂行办法》、《票据管理实施办法》、《票据法》、最高人民法院《关于审理票据纠纷案件若干问题的规定》、最高人民法院《关于审理信用证纠纷案件若干问题的规定》、《中国银行业保理业务规范》、商务部办公厅《关于做好商业保理行业管理工作的通知》、《上海市商业保理试点暂行管理办法》等。

相关主要规范试见表2-13:

表2-13　供应链融资相关法律规范表

序号	生效日期	名称	颁布机关
1	1997年5月22日	《商业汇票承兑、贴现与再贴现管理暂行办法》	中国人民银行
2	1997年8月1日	《国内信用证结算办法》	中国人民银行
3	1997年10月1日	《票据管理实施办法》	中国人民银行、国务院
4	2000年11月21日	最高人民法院《关于审理票据纠纷案件若干问题的规定》	最高人民法院
5	2004年8月28日	《票据法》	全国人大常委
6	2005年9月5日	中国人民银行《关于完善票据业务制度有关问题的通知》	中国人民银行
7	2006年1月1日	最高人民法院《关于审理信用证纠纷案件若干问题的规定》	最高人民法院
8	2009年10月16日	《电子商业汇票业务管理办法》	中国人民银行

① 参见深圳发展银行、中欧国际工商学院"供应链金融"课题组:《供应链金融——新经济下的新金融》,上海远东出版社2009年版,第25页。

续表

序号	生效日期	名称	颁布机关
9	2010年7月4日	《中国银行业保理业务规范》	银行业协会
10	2012年6月27日	商务部《关于商业保理试点有关工作的通知》	商务部
11	2013年8月15日	商务部办公厅《关于做好商业保理行业管理工作的通知》	商务部办公厅
12	2014年2月21日	《中国(上海)自由贸易试验区商业保理业务管理暂行办法》	中国(上海)自由贸易试验区管理委员会
13	2014年4月8日	《商业银行保理办法》	银监会
14	2014年8月1日	《上海市商业保理试点暂行管理办法》	上海市人民政府办公厅

(二)供应链融资的特点

1. 企业融资新渠道

供应链融资为中小企业融资的理念和技术瓶颈提供了解决方案,中小企业信贷市场不再可望而不可及。供应链融资开始进入很多大型企业财务执行官的视线。对他们而言,供应链融资作为融资的新渠道,不仅有助于弥补被银行压缩的传统流动资金贷款额度,而且通过上下游企业引入融资便利,自己的流动资金需求水平持续下降。

由于产业链竞争加剧及核心企业的强势,赊销在供应链结算中占有相当大的比重。Coface 发布的《2008 中国企业信用风险状况调查报告》显示,企业通过赊账销售已经成为最广泛的支付付款条件。赊销导致的大量应收账款的存在,一方面让中小企业不得不直面流动性不足的风险,企业资金链明显紧张;另一方面作为企业潜在资金流的应收账款,其信息管理、风险管理和利用问题,对于企业的重要性也日益凸显。在新形势下,盘活企业应收账款成为解决供应链上中小企业融资难题的重要路径。

2. 银行开源新通路

供应链融资提供了一个切入和稳定高端企业的新渠道,通过面向供应链系统成员的“一揽子”解决方案,核心企业被“绑定”在提供服务的银行。供应链融资如此吸引国际性银行的主要原因在于:供应链融资比传统业务的利润更丰厚,而且提供了更多强化企业关系的宝贵机会。在金融危机的环境下,上述理由显得更加充分。

由于银行更关注整个供应链的贸易风险,对整体贸易往来的评估会将更多中小企业纳入银行的服务范围。即便单个企业达不到银行的某些风险控制标准,但只要这个企业与核心企业之间的业务往来稳定,银行就可以不只针对该企业的财务状况进行独立风险评估,而且可以对这笔业务进行授信,并促成整个交易的实现。

3. 资金封闭管理

供应链金融借一笔,定一单,还一笔,自贷自偿,交易过程的信息流、物流和资金流的相对封闭运行,具有还款来源自偿性,银行可跟踪管理,真正做到资金的封闭管理。相比之下,传统授信业务的还款来源依靠企业综合收入,不单纯对应单笔交易,借款人流动资产在形态规模上随着企业经营活动不断变化,银行难以有效监控。

4. 供应链融资实现多流合一

供应链融资很好地实现了“物流”“商流”“资金流”“信息流”等多流合一。一般来说,一个特定商品的供应链从原材料采购,到制成中间及最终产品,最后由销售网络把产品送到消费者手中,将供应商、制造商、分销商、零售商直到最终用户连成一个整体。

(三)供应链融资的几种典型模式

供应链融资具有自偿性商品融资的特点。自偿性指所得销售收入首先用于归还贷款。商品融资指在商品交易中运用结构性短期融资工具,基于商品交易中的存货、预付款、应收账款等资产的融资。融资模式主要包括如下几种:①

1. 经销商、供应商网络融资模式

融资模式简介:利用核心企业的信用引入,对核心企业的多个经销商、供应商提供授信的一种金融服务,是供应链金融最典型的融资模式,目前主要运用

① 参见中国贸易金融网,http://www.sinotf.com/GB/SupplyChain/1081/2014-09-17/2OMDAwMDE4MDE2OQ.html,2015年3月1日访问。

在汽车、钢铁等供应链管理较为完善的行业。这些行业内核心企业和供应链成员关系紧密,并有相应的准入和退出制度。

该模式的应用必须有一个重要基础,即核心企业必须有供应链管理意识,对银行授信环节予以配合。

2. 银行物流合作融资模式

融资模式简介:银行与第三方物流公司合作,通过物流监管或信用保证为客户提供授信的一种金融服务,主要合作形式包括物流公司提供自有库监管、在途监管和输出监管等,也有物流公司基于货物控制为客户提供担保的情形。

该模式的核心在于银行借助物流公司的专业能力控制风险,银行可以通过与物流公司的合作发现并切入客户群,拓展业务空间。

3. 交易所仓单融资模式

融资模式简介:利用交易所的交易规则以及交易所中立的动产监管职能,为交易所成员提供动产质押授信的一种金融服务。该模式包括现货仓单质押融资和未来仓单质押融资两种形式。交易所有两类:一是上交所等三大期货交易所;二是一些地方的大型专业交易市场。

该模式的推动力在于交易所和批发市场方具有促进交投的利益驱动,进而关心会员的资金流问题。因此商业银行可以将交易所作为“1”,会员作为“N”实施业务开发。

4. 订单融资封闭授信融资模式

融资模式简介:银行利用物流和资金流的封闭操作,采用预付账款融资和应收账款融资的产品组合,为经销商提供授信的一种金融服务。

该种服务实际上突破了“1 + N”的模式,主要是其交易特点为“两头大、中间小”即“1 + N + 1”,适用于多个不同产业领域的中间商,如以煤炭企业为上游、钢铁企业为下游的经销商,以办公设备生产企业为上游、政府采购平台为下游的经销商。

5. 设备制造买方信贷融资模式

融资模式简介:根据设备制造生产企业和下游企业签订的买卖合同,由商业银行向下游终端企业或经销商提供授信,用于购买该生产企业设备的一种金融服务。

与传统先款后货融资模式的区别:融资主体不同。先款后货融资模式的融资主体是经销商；设备制造买方信贷融资模式的融资主体是生产企业。担保方式不同。先款后货融资模式的担保方式为动产（即存货）质押或抵押，均需引入第三方物流企业监管；设备制造买方信贷融资模式的担保方式为设备（固定资产）抵押，在有关部门登记即可。融资工具不同。先款后货融资模式的基本融资工具为银票（期限较短）；设备制造买方信贷融资模式的基本融资工具为中长期贷款（期限较长）。

二、供应链融资业务的具体介绍

供应链金融融资模式下对应着动产质押、权利质押（应收账款质押及仓单质押）、保兑仓、先票款后货、国内保理等具体业务。各项具体业务适用的对象、申请要求、操作流程等并没有明确的法律规定，因此，在实际操作层面各银行也有不同的规定。本节对各项业务的介绍系参考中国邮政官方网站的介绍。[①]

（一）动产质押融资

动产质押融资业务是指融资企业在正常经营过程中，以其已经拥有的银行认可的动产作质押，交由银行认可的监管企业进行监管，以动产价值作为还款保障，以融资企业成功组织交易后的货物销售回笼资金作为融资企业第一还款来源，偿还银行信贷资金的融资业务。

1. 动产质押的类型

一般而言，银行提供静态质押和动态质押两种业务模式。静态质押模式下企业必须通过打款赎货的方式提货；动态质押模式下企业可通过以货换货的方式，采用银行认可的、新的等值货物置换已质押的货物。

2. 动产质押的优势

采取动产质押的方式，对融资企业（核心企业上下游）有如下优势：

- 提供了一种新的融资担保形式，降低融资门槛，拓宽了融资渠道；
- 盘活了企业的存货资产，降低了因增加存货带来的资金周转压力；
- 融资品种多样，操作简便灵活。

采取动产质押的方式，对核心企业有如下优势：

---

① 参见中国邮政官网，http://www.psbc.com/portal/zh_CN/xiamen/Recommendations/26690.html，2015年4月1日访问。

➢ 稳定与上下游购、销关系,强化对上下游企业的控制力度,提升供应链整体竞争力;

➢ 扩大产销量及企业群体,提升行业竞争力和品牌地位;

➢ 减少直接融资,节约财务成本,优化财务数据。

3. 动产质押的适用范围

根据中国邮政储蓄的要求,企业如果拟通过动产质押进行融资,适用范围如下:

➢ 质押物主要限于企业的存货,即除存货以外缺乏其他合适的(抵)质押物或者担保条件的企业可申请;

➢ 企业所持有的存货应所有权清晰、性质稳定、规格明确、便于计量、价格波动不大且易于变现;

➢ 核心企业愿意在银行帮助下借助自身信用为供应商和经销商融资提供支持,从而稳定上下游销售渠道。

4. 动产质押的申请条件

符合动产质押适用对象的企业,再进行申请的时候需要符合如下前提条件:

➢ 企业为经工商行政管理机关或主管机关核准登记的企(事)业法人或其他经济组织;

➢ 能够通过银行的债项评级;

➢ 拟质押动产为银行已批准开办质押的动产或符合《动产质押业务管理办法》要求的条件;

➢ 核心企业已经银行认定或符合《动产质押业务管理办法》要求的条件;

➢ 信贷用途符合国家法律法规相关规定和银行规定。

5. 动产质押程序

(1)提交材料

企业除需提供银行授信业务的基础资料外,还需提供如下资料:

➢ 动产质押业务申请书;

➢ 表明融资企业对动产拥有所有权、处分权证明(购销合同、付款凭证、发票等),及同意质押的有关文件、材料;公司作为出质人的,应根据其公司章程要求,提供由股东会或董事会出具的同意质押的决议;

➢ 提供质物清单,包括品种、规格、数量、生产厂商、进货价格、国家许可生产或进口证明、质量合格证明、产品说明书等;

➢ 最近两个年度与核心企业的购销合同、发票等过往交易记录;融资企业为核心企业下游经销商的,还应提供核心企业对于经销商的准入、退出机制,以及认定为核心企业经销商的证书等相关材料;

➢ 银行要求的其他材料。

(2)审核

企业对上述材料进行审查,按照内部审批流程层级审批,决定授信的额度。

(3)签约并交付

企业与银行、监管方三方一起签订《仓储监管协议》。如果是动态质押,银行向监管方发出发货指令,银行可要求企业提交保证金(或补充同类质押物)。

(二)权利质押融资

除了动产质押,根据我国《物权法》的规定,[①]仓单、票据、股权以及某些债权都可以作为质押的标的,亦即该类权利在特定时候可以成为企业或实际控制人融资的重要手段。对此,立法者给出的解释是,随着经济高度发展,商品交易越加频繁,商品和货币流通的手段也应需要而不断发展,以票据、有价证券及其他财产凭证替代有形财产和货币流通越加广泛。充分利用这些财产凭证所体现的无形财产权,对促进资金融通和商品流通、发展经济有着重要作用。

仓单一般被视为物权凭证,应收账款属典型的债权凭证,两者都是权利。因此,本节将选取仓单质押和应收账款质押两种典型进行介绍。

---

① 《物权法》第223条规定:"债务人或者第三人有权处分的下列权利可以出质:
(一)汇票、支票、本票;
(二)债券、存款单;
(三)仓单、提单;
(四)可以转让的基金份额、股权;
(五)可以转让的注册商标专用权、专利权、著作权等知识产权中的财产权;
(六)应收账款;
(七)法律、行政法规规定可以出质的其他财产权利。"

1. 标准仓单质押融资

仓单，是指仓库保管人应存货人的请求而填发的有价证券。[①] 标准仓单质押融资业务是指银行以借款企业自有或有效受让的标准仓单作为质押物，根据一定质押率向借款企业发放的短期流动资金贷款。在借款企业不履行债务时，银行有权依照《担保法》及相关法律法规，以该标准仓单折价或以拍卖、变卖该仓单的价款优先受偿。

(1) 仓单质押的优势

采取仓单质押，可以保障企业现金流持续稳定，提高企业资金使用效率，节约企业财务费用。

(2) 仓单质押的申请条件

申请以质押仓单的方式进行融资的申请条件如下：

➢ 企业法人或经授权的独立企业单位或其他经济组织。

➢ 在银行开立结算账户，保持良好结算关系，无贷款逾期记录。

➢ 有固定经营场所，合法经营并拥有稳定销售渠道和成熟的商业运行模式。

➢ 原则上有符合基本要求比例以上的存款保证金，融资期限一般不超过 6 个月，最长不超过 1 年。

➢ 标准仓单质押贷款的期限不能超过交易所规定的该标准仓单的有效期。

➢ 贷款质押率要根据借款人信用登记和仓单对应商品的性质差异来确定，不同的借款人及不同的标准仓单，质押率不同。

(3) 仓单质押流程

标准仓单质押融资流程如下：

①提交材料，如下：

➢ 借款人提出申请时应填写《供应链金融业务申请材料清单》一式两份；

---

① 根据《合同法》的规定，存货人交付仓储物的，保管人应当给付仓单。保管人应当在仓单上签字或者盖章。仓单包括下列事项：(1) 存货人的名称或者姓名和住所；(2) 仓储物的品种、数量、质量、包装、件数和标记；(3) 仓储物的损耗标准；(4) 储存场所；(5) 储存期间；(6) 仓储费；(7) 仓储物已经办理保险的，其保险金额、期间以及保险人的名称；(8) 填发人、填发地和填发日期。仓单是提取仓储物的凭证。存货人或者仓单持有人在仓单上背书并经保管人签字或者盖章的，可以转让提取仓储物的权利。

➢ 营业执照、贷款证(卡)、法人代码证、法人代表身份证、特殊行业生产经营许可证或企业资质等级证书(若有);

➢ 公司章程及验资报告;

➢ 连续三年经审计的财务报告(含报表附注与说明),最近一期的财务报表;成立不足三年的企业,提交自成立以来的年度财务报告和最近一期财务报表;

➢ 近一年的主要银行账户对账单;

➢ 经营场所产权证明或租赁合同协议书;

➢ 提供其与银行认定的核心企业具有良好合作关系的证明等材料;

➢ 银行要求的其他相关资料。

②办理质押手续。

③银行为企业提供出账。

④企业补缴保证金或归还银行授信。

⑤银行释放标准仓单。

⑥或者,在需要企业以标准仓单参与实物交割偿还银行授信情况下,银行将标准仓单直接交给期货公司,授权其代理参与实物交割。

⑦交易款项首先用于偿还银行授信。

2. 应收账款质押融资

根据中国人民银行出台的《应收账款质押登记办法》的规定,应收账款,是指权利人因提供一定的货物、服务或设施而获得的要求义务人付款的权利,包括现有的和未来的金钱债权及其产生的收益,但不包括因票据或其他有价证券而产生的付款请求权。① 应收账款质押是指融资企业以合法拥有的应收账款质押给银行,银行以贷款、承兑等各种形式发放的、用于满足企业日常生产经营周转或临时性资金需求的授信业务。

---

① 根据《应收账款质押登记办法》的规定,应收账款具体包括如下权利:
(1)销售产生的债权,包括销售货物,供应水、电、气、暖,知识产权的许可使用等;
(2)出租产生的债权,包括出租动产或不动产;
(3)提供服务产生的债权;
(4)公路、桥梁、隧道、渡口等不动产收费权;
(5)提供贷款或其他信用产生的债权。

(1)应收账款质押融资的优势

对于供应链的上游供应商,将应收账款进行质押可以改善资金流状况,能接受核心企业较为苛刻的付款条件,提高谈判的主动性;获得银行授信,有利于扩大生产和销售规模,稳定与核心企业的购销关系;盘活应收账款,减少流动资金占用,降低财务费用。

对于核心企业,则能稳定上游的合作关系,获得更加稳定、优质的货源供应;减少直接融资,节约财务成本,提高利润率;借助银行的供应链融资为供应商提供增值服务,减少支付压力。

(2)应收账款质押融资的申请条件

通过应收账款进行质押融资,并非适用所有企业。对于与核心企业采用赊销结算方式,账期一般在 15 天以上 180 天以内的企业可适用,以及与核心企业具有稳定的、连续的贸易关系,且与核心企业无关联关系的企业也适用。

具体而言,企业应符合如下前提条件:

➢ 企业是经工商行政管理机关或主管机关核准登记的企(事)业法人或其他经济组织;

➢ 必须自身经营活动现金流连续、稳定,有不断补充的现金流可以用来偿还银行贷款;

➢ 与核心企业履约情况正常,按照交易合同约定进行结算,交易记录良好,业务关系稳定;

➢ 与核心企业合作年限原则上不低于 2 年,或企业实际控制人与核心企业的合作年限不低于 3 年,或与核心企业有长期订单;

➢ 能够通过银行的债项评级;

➢ 拟质押应收账款符合银行相关规定;

➢ 承诺银行为所质押应收账款的唯一收款行;

➢ 信贷用途符合国家法律法规相关规定和银行规定。

(3)应收账款质押融资的流程

企业申请应收账款质押进行融资的流程如下:

①提交材料。

企业在银行和应付款方(合作企业)就其供货商应收账款质押贷款融资签署合作协议的基础上,方向银行申请贷款。企业除需提供银行授信业务的基础

资料外,还需提供如下资料:

➢ 用于质押的应收账款的清单及基本资料,包括付款人名录和账户等情况;

➢ 与付款人之间一年以内的应收账款历史交易记录;

➢ 对已发生应收账款应提供应收账款交易双方签订的交易合同及该交易合同项下的发票;若需进一步证明应收账款真实性的,可要求借款人提供发货证明、运输单据等;

➢ 借款人以未来应收账款作质押担保的,应提供未来应收账款对应的交易合同;

➢ 能够反映付款人经营状况和财务状况的材料,借款人确实无法提供的,经办行必须通过其他合理途径获取付款人资料;

➢ 经办行需要的其他材料。

②银行、申请借款方、应付款方签署三方协议;银行和申请借款方签署借款合同及相关担保合同,通知应付款方冻结质押部分应付款的支付。

③核定贷款金额,放款。

④到期贷款回收。

⑤通知应付款方解冻。

⑥应付款方支付货款。

3. 保理

保理,是指卖方(债权人)将其与买方(债务人)订立的销售合同所产生的应收账款转让给保理商,由保理商为其提供贸易融资、销售分户账管理、应收账款的催收、信用风险控制与坏账担保等综合性金融服务。

(1)申请保理融资的条件

申请保理融资的条件如下:

➢ 申请人应当是经工商行政管理机关核准登记的企业,具备独立法人资格;

➢ 申请人资信良好,发展前景良好、产品销售渠道通畅;

➢ 供应商与买方间有稳定的商品买卖关系;

➢ 买方为信誉良好、具有履约实力的企业;

➢ 商品交易或提供的服务合法、有效、真实,购销双方没有争议;

➢ 应收账款权属清楚,没有争议,不受抵销权、质押权、留置权、抵押权及求偿权的影响;

➢ 应收账款、账龄结构合理、坏账比例适度、风险能有效预测和控制;

➢ 购销合同中没有对应收账款禁止转让的条款;

➢ 银行要求的其他条件。

(2)应提交的材料

申请保理应提交如下材料:

➢ 基础资料:营业执照副本及年检登记文件、组织机构代码证、税务登记证及按时纳税证明、公司章程、验资报告、近两年财务报告(若有经审计的财务报告,则提供具有相应资格的会计事务所审计的财务报告)、有权机构的授权书或相关决议等;经人民银行年检的贷款卡(证);

➢《国内保理业务申请书》,申请书应由卖方法定代表人或其授权的有权签字人签字并加盖公章;

➢ 与特定买方签订的商务合同(如年度购销协议),近两年销售及收款明细,以及交易中所使用的各种文件、单据(如发票、货运及质检单据)样式;

➢ 法定代表人资格证明书、身份证及授权代理人办理相关申请手续的授权委托书、代理人身份证;

➢ 银行认为应当提供的其他材料。

(3)保理流程

保理的流程如下:

➢ 企业在额度内向银行申请应收账款转让;

➢ 银行接受应收账款,并于企业共同通知买方;

➢ 买方对应收账款及转让事宜进行确认;

➢ 银行向企业发放融资;

➢ 应收帐款到期日期前通知买方付款,买方直接将款项汇入银行指定账户,银行扣除融资款项,余额划入企业账户。

4. 其他

供应链融资除了上述动产质押、权利质押、保理业务等典型的融资方式,还有及票据融资、信用证融资以及其他创新型的融资方式,将动产质押与票据结合,或者将权利质押与票据结合等。

(1)票据融资

票据融资是指商业汇票的承兑、贴现、转贴现和再贴现等业务,对于普通企业而言,主要是承兑和贴现两种形式,对于银行而言,转贴现是其进行融资的一种方式。根据《商业汇票承兑、贴现与再贴现管理暂行办法》的规定,商业汇票承兑是指银行作为付款人,根据承兑申请人(出票人)的申请,承诺对有效商业汇票按约定的日期向收款人或被背书无条件支付汇票款的行为。银行的这一票据行为也是对出票人的一种信用授予。商业汇票贴现则是商业汇票的持票人将未到期的商业汇票转让于银行,银行按票面金额扣除贴现利息后,将余额付给持票人的一种融资行为。持票人承兑汇票、申请贴现的具体条件《商业汇票承兑、贴现与再贴现管理暂行办法》都作了相应的规定。

票据融资简便灵活,中小企业可以不受企业规模限制便可筹集资金。持有未到期银行承兑汇票的中小企业若急需资金,可到银行办理贴现,利用贴现所得资金组织生产,从而创造高于贴现息的资金使用收益。票据融资相比其他融资方式,具有可优化银企关系、实现银企双赢的特点,银行也比较乐于接受。

(2)信用证融资

我们都知道,通常而言信用证只是一种支付结算方式,简便、快捷、安全,能避免直接使用现金带来的不便。其实,除此之外,信用证还可被企业用来募集资金。

对于买方而言,其可通过开立信用证进行融资。一般而言,买方企业如果开立信用证,往往只需缴纳相当于信用证担保合同金额的特定比例作为保证金(信用证总额不能超过该企业在该行的授信额度),直至银行收到信用证对应的货物单据之后,再通知卖方付款赎单。在此过程中,信用证起到天然的资金融通作用,主要体现在企业只需要缴纳相当于信用证担保合同金额的特定比例(可能是10% ~30%)作为保证金(不同银行额度不同),即可避免整个买卖环节相当于合同金额大部分比例资金的占用。这无疑给企业的资金周转带来较大的空间。

对于卖方而言,其同样可能会成为另一个买卖合同关系当中的买方,因此同样可采用上述方式进行融资。当然,除此之外,企业还可通过押汇、福费廷等方式进行资金的融通。

(3)保兑仓

保兑仓是指以银行信用为载体,以银行承兑汇票为结算工具,由银行控制货权,卖方(或仓储方)受托保管货物并对承兑汇票保证金以外金额部分由卖方以货物回购作为担保措施,由银行向生产商(卖方)及其经销商(买方)提供的以银行承兑汇票的一种金融服务。

保兑仓对卖方而言,可批量销售,增加经营利润,减少银行融资,降低资金成本,保障收款,提高资金使用效率;对于买方而言,也可提供融资便利,解决全额购货的资金,降低成本。

(4)先票/款后货

先票/款后货是基于核心企业(供货方)与经销商的供销关系,经销商通过银行融资提前支付预付款给核心企业并以融资项下所购买货物向银行出质,银行按经销商的销售回款进度逐步通知监管企业释放质押货物的授信业务。

此种融资方式对核心企业而言,可提高销售预测准确性,合作安排生产节奏,降低生产成本;减少应收账款对资金的占用,降低资金使用成本,提高资金使用效率;稳定销售渠道,提高市场占有率。对于下游经销商,则突破担保资源限制,解决采购预付账款不足问题;增加向核心企业单次订货的规模,获得更大的采购折扣和其他优惠;提前锁定商品采购价格,防止涨价风险;融资工具多样,降低融资成本。

三、供应链金融风险及其应对

(一)供应链金融主要风险因素

1. 银行面临的风险

由于供应链融资模式的特殊性,[①]对银行来说,风险系数似乎更大,而且其风险将具有自身的特点。一般来说,供应链融资的风险通常源于以下这些因素:

(1)交易合同的真实性

商业银行在供应链融资模式中,是资金的注入者,更关注整个供应链交易

---

① 参见新浪财经,http://finance.sina.com.cn/roll/20100526/00023334053.shtml,2015 年 3 月 31 日访问。

的风险，对风险的评估不再只是对借款主体的评估，更多是对交易进行评估，因此，交易合同真实性就是至关重要的，也是供应链健康运行的关键所在。银行对供应链企业的信贷支持是基于交易合同真实性和自偿性特征，一旦交易合同的真实性不存在，银行就会面临巨大的风险。

(2)核心企业风险传递

供应链融资是银行依赖核心企业的信用，向整个供应链提供金融解决方案，实际上是将核心企业的融资能力转化为上下游企业的融资能力，提升上下游企业的信用级别。在这个过程中，核心企业与其上下游中小企业是信用捆绑关系。在融资工具向上下游延伸过程中，一旦核心企业信用出现风险，这种风险也必然会随着交易链条扩散到系统中的上下游企业，进而影响供应链金融的安全性。

(3)没有完整信用体系支撑

供应链金融的基础是供应链成员企业之间紧密而又稳定的协作关系，而这种协作关系维系的关键是企业之间的信用。如果供应链成员企业之间缺乏可靠和稳定的信用关系，那么银行供应链金融的风险也会加大。

(4)立法滞后问题

供应链融资业务是一项业务创新，产品不断推陈出新，业务模式多样，相对于传统业务其标准化程度较低。在信用捆绑、货物监管、资产处置、交易文本的确定等诸多方面涉及一系列新的法律问题，现有法律很难完全覆盖，这也会给供应链金融业务带来法律风险。

(5)操作风险

目前供应链金融业务自成业务系统，专业化程度较高，从业务准入评级到审批、贷后管理都有别于传统业务。此外供应链金融服务作为系统性业务不仅对核心企业及其供应链的运行有总体把握，还要熟悉行业特征、竞争模式、风险表现，因此该项业务对从业人员提出更高要求。而在实际工作中，商业银行对其内部管理大都沿用传统业务模式，因此存在各环节操作风险，在一定程度上制约了业务发展。

2. 企业面临的法律风险

在供应链融资模式中，虽然银行面临的风险因素可能较多，一旦风险爆发其给金融体系甚至整个市场经济带来的影响也可能较大，但是，作为融资方的企业、企业主、实际控制人仍应充分预知该模式潜藏的风险。由于供应链融资其本质仍属于借款性(债权债务关系)融资,相应的动产质押、权利质押等,都是对该债权债务的担保,因此,对融资方而言,其可能面临的法律风险与本章债务性融资项下各节介绍的融资方式对应的风险类似,包括企业不诚信导致信誉受损的风险,包括在民事法律上的违约责任(实际控制人、负责人等个人责任以及第三方的连带责任等)风险,甚至刑事法律上的以金融诈骗为首的刑事犯罪法律风险。

为便于读者更为直观的感受,特从全国法院审判文书网选取供应链金融业务的典型案例:中国邮政储蓄银行股份有限公司上海分行(以下简称"邮政储蓄")诉上海翔雄贸易有限公司(以下简称"翔雄公司")、郑妙忠、黑龙江省建工集团有限责任公司(以下简称"建工集团")金融借款合同纠纷一案(案号:(2014)黄浦民五(商)初字第7811号)。

2013年3月27日,邮政储蓄与翔雄公司签订《供应链金融业务额度授信合同》,约定邮政储蓄向翔雄公司提供综合授信限额为人民币(以下币种同)5000万元,有效期为2013年3月25日至2014年3月24日。同日,双方又签订《供应链金融业务人民币借款合同》,约定翔雄公司向邮政储蓄借款5000万元,借款期限为6个月,自2013年3月29日至2013年9月28日,贷款利率以中国人民银行公布的同期同档次贷款利率为基准利率,上浮10%,罚息利率按合同执行利率基础上加收50%确定。合同还约定,邮政储蓄为实现债权而实际发生的一切费用(包括但不限于诉讼费、仲裁费、财产保全费、差旅费、执行费、评估费、拍卖费、公证费、送达费、公告费、律师费等)均由翔雄公司承担。

同日,邮政储蓄与郑妙忠签订《供应链金融业务最高额保证合同》,约定郑妙忠为翔雄公司的借款提供金额为5500万元的最高额连带责任保证担保,担保的范围包括主合同项下债权本金及利息(包括利息、复利、罚息)、违约金、赔偿金、实现债权的费用、因债务人违约而给邮政储蓄造成的损失和其他所有应付费用。此外,同日邮政储蓄与翔雄公司签订《应收账款质押合同》、《应收账款质押登记协议》,约定翔雄公司以其对建工集团所享有的2013年9月28日到期的总额为62,532,967元的应收账款为其上述借款提供质押担保。双方共同向建工集团签发了《应收账款质押通知书》,建工集团也签署了同意《应收账款质押通知书》全部内容的回执。

同年3月29日，邮政储蓄与翔雄公司在中国人民银行征信中心办理了应收账款质押登记手续。2014年2月11日，邮政储蓄办理了展期登记，将应收账款质押登记的到期日续展到2016年3月28日。

2013年3月29日，邮政储蓄向翔雄公司发放了借款5000万元。翔雄公司自2013年9月起逾期未全额归还借款本息。截至2014年3月31日，翔雄公司尚欠借款本金48,110,996.82元及逾期利息1,534,724元，邮政储蓄还为该案诉讼聘请律师支付了律师费250,000元。邮政储蓄故起诉请求判令翔雄公司归还借款本金48,110,996.82元，支付至2014年3月31日止的逾期利息1,534,724元及自2014年4月1日起至借款还清之日止的逾期利息，支付律师费250,000元；郑妙忠承担连带保证责任；对翔雄公司提供质押的其对建工集团的应收账款行使质权优先受偿。

翔雄公司、郑妙忠、建工集团均未参加诉讼庭审，也未提供给出任何答辩意见。

法院经审理最终认为：该案系争《供应链金融业务额度授信合同》《供应链金融业务人民币借款合同》系邮政储蓄与翔雄公司的真实意思表示，双方均应恪守。邮政储蓄依约发放贷款，翔雄公司必须依约按时还本付息。现翔雄公司未依约还本付息，已构成违约。故邮政储蓄要求翔雄公司归还借款本金及支付逾期利息的诉讼请求符合法律规定，本院对此予以支持。该案涉及的《供应链金融业务最高额保证合同》《应收账款质押合同》《变更协议》《应收账款质押登记协议》以及承诺函系各方当事人的真实意思表示且合法有效，各方当事人均应按照各自承诺履行各自的义务。故郑妙忠作为保证人理应根据邮政储蓄的主张承担担保责任，其在承担了担保责任后有权向翔雄公司进行追偿。邮政储蓄亦有权要求以翔雄公司质押的其对建工集团的应收账款优先受偿。综上所述，违约方理应按照合同的约定履行各自义务。

（二）供应链融资业务的风险控制

在供应链融资业务中，对于银行面临的法律风险，银行应有针对性地予以防范，对基础合同真实性全面深入审查，对核心企业信用评级进行认定，提高具体业务操作的审慎程度等。对于企业而言，一旦通过银行的审查融得资金，应严格履行相关合约，按照承诺履行应尽的义务，否则不但融得的资金可能将被提前收回，还将应对诉讼程序，并面临大额的违约金以及不良的诚信记录。

第五节

类金融机构融资

清华大学金融学院研究生导师、中信资产管理有限公司的董事长兼总经理刘志强博士认为,类金融机构是指那些提供融资服务,但无金融牌照的企业。他曾在公开场合指出,部分学者将中国的多数类金融机构归为“影子银行”不恰当。欧美国家所说的“影子银行”[①]主要包括投资银行、对冲基金、货币市场基金、债券、保险公司、结构性投资工具等非银行金融机构,中国金融市场尚未发展到使用这些金融衍生产品的阶段。[②] 通常,我们中国所指的影子银行,根据中国人民银行调查统计司对影子银行的定义,中国的影子银行体系包括商业银行表外理财、证券公司集合理财、基金公司专户理财、证券投资基金、投连险中的投资账户、产业投资基金、创业投资基金、私募股权基金、企业年金、住房公积金、小额贷款公司、非银行系融资租赁公司、专业保理公司、金融控股公司、典当行、担保公司、票据公司、具有储值和预付机制的第三方支付公司、有组织的民间借贷等融资性机构。不难看出,上述定义的口径相当宽泛。当然,另一种极端的说法则是最窄口径的定义,即只包括银行理财业务与信托公司两类。[③]

关于影子银行的界定,仍存争议。但是,当下主流观点认为类金融机构主

---

① 参见中国金融网,http://www.cnfinance.cn/magzi/2014-02/17-18875.html,2015 年 7 月 13 日访问。美国金融稳定委员会(FSB)对影子银行体系的定义为:为常规银行体系之外的主体与活动提供信用媒介的体系。更进一步地,FSB 将值得监管当局关注的影子银行体系定义为,由于流动性/期限转换、杠杆率与错误的信用风险转移等引发了系统性风险关注的或者引发了监管套利关注的,为常规银行体系之外的主体与活动提供信用媒介的体系。上述影子银行定义建立在两个相互交错的支柱之上。支柱之一是位于常规银行体系之外的主体从事如下活动:接受与存款特征相似的融资、实施流动性和(或)期限转换、造成信用风险转移、使用直接的或间接的杠杆。支柱之二是上述非银行主体的重要融资来源包括证券化、证券借贷与回购交易。

② 参见中国日报网,http://www.chinadaily.com.cn/hqcj/2013-12/04/content_17151753.htm,2015 年 2 月 7 日访问。

③ 参见中国金融网,http://www.cnfinance.cn/magzi/2014-02/17-18875.html,2015 年 7 月 13 日访问。

要包括小额贷款、融资租赁、财务公司、担保公司、典当等形式。类金融企业近年来在经济发展特别是带动服务业转型升级、畅通企业融资渠道等方面发挥着越来越重要的作用。①

其中,典当作为中国传统的金融行业,被率先引入中信资产管理,成为这家公司的第一个类金融业务板块。融资租赁,作为另一个重要的融资渠道,也被打造为中信资产管理的类金融主力板块。无论是典当还是融资租赁,抑或是其他形态的类金融机构或类金融业务,均为中小企业开辟了更多的融资渠道,有力促进了实体经济发展。以融资租赁为例,这种运营模式的特点是通过"融物"进行融资,以直接融资租赁、售后回租、销售式租赁等十余种经营形式参与到实体经济发展当中,涉及医药、化工、节能环保等多个行业,为企业尤其是中小企业解决了融资难融资贵的现实问题。据称,中国融资租赁业在经济领域的深化度仅有4%左右,发达国家的深化度达到了30% ~40%,所以中国融资租赁业未来的发展空间十分广阔,服务中小企业的潜力十分巨大。

然而,通过类金融机构进行融资仍然具有风险,既有企业内部的原因,包括内部机构治理、企业文化等,也有外部客观因素,如国际市场风险的扩散、某个行业产能过剩等风险。因此,企业对风险的管控除了要高度重视外,还要有前瞻性以及配套不断完善的法律制度。

本节将重点围绕典当融资,同时也对融资租赁及小额贷款公司进行对比介绍。

一、典当

典当,作为一种特殊的融资方式和金融业与流通业中的一种边缘业种和业态,在社会经济发展过程中起着重要的作用。据称,古巴比伦(公元前1894 ~前729年)时期,许多商人为做生意,曾经以粮食、金银和珠宝等典当借贷。在我国,典当也由来已久。根据全国典当行业监督管理信息系统显示,2014年上半年,全国典当企业累计发放当金1960.6亿元,同比增长20.7%。业务结构保持稳定,房地产典当、动产典当和财产权利典当分别占所有典当业务的53.1%、

① 参见中国网,http://finance.china.com.cn/roll/20141125/2811156.shtml,2015年6月20日访问。

28.8% 和 18.1%。截至 6 月底，全国典当余额为 835.5 亿元，同比增长 25.1%。[①] 由此可见，典当在当下对中小微企业融资仍扮演相对重要的角色。

因此，本节将主要对典当融资进行较为详细的介绍，包括典当融资的“前世今生”、发展现状、主要特征、典当对象的条件、典当流程及典当可能存在的风险等。

(一) 典当融资概述

典当，根据《典当管理办法》之规定，是指当户将其动产、财产权利作为当物质押或者将其房地产作为当物抵押给典当行，交付一定比例费用，取得当金，并在约定期限内支付当金利息、偿还当金、赎回当物的行为。此处的典当行，是指依照法律设立的专门从事典当活动的企业法人，其组织形式与组织机构适用《公司法》的有关规定。

1. 典当的历史渊源

典当在中国可谓历史悠久。[②] 综合史料来看，中国典当业的历史发展，大致可划分为三个主要阶段，即唐宋两朝至明代中期，明代中叶至清代前期，清末民初至新中国成立。每个阶段又各有其时代的鲜明特点。

民国初年至国民党政府退出中国大陆这一时期，尽管中国的典当业不如明清两代兴旺，但典当法规却是中国典当史上最为发达的。无论是在法规的性质、数量上，还是在法规的级别、层次、内容上，都远远超过了任何一个时代。首先是地方性典当法规的相继出台。民国初期，各省关于典当的专门法规纷纷亮相，涉及的内容方方面面，对中国各地典当行业的发展起到了十分重要的推动作用。

据统计，当时各省几乎都有典当法规，有些省还不止一部，另一些省会城市或中等城市也有自己的典当法规。其中较著名的典当专项法规有：1913 年《江苏省典当修正木榜规条》（共 15 条）、1927 年重新修正颁布的《当典营业新则》（扩充为 18 条）。另有 1915 年《陕西省征收当税章程》、1915 年《河南当税章程》、1929 年《安徽省押店营业规则》、1930 年《北平市当商营业暂行规则》、

---

① 参见商务部网站，http://ltfzs.mofcom.gov.cn/article/ckts/cksm/201407/20140700672569.shtml，2015 年 2 月 10 日访问。

② 参见中国典当网，http://www.pawn.com.cn/base/scContent.asp?newsid=4876，2015 年 2 月 9 日访问。

1930 年《修正上海市典当营业规则》、1931 年《浙江省典当营业暂行规则》、1932 年《天津市华界当商减息办法》,等等。

2. 典当的发展现状

自新中国成立后至今,与典当相关的法律规范已不多,主要包括商务部与公安部联合发布的于 2005 年 4 月 1 日生效的《典当管理办法》,商务部出台的于 2012 年 12 月 5 日生效的《典当行业监管规定》,中国人民银行、中国银监会联合出台的于 2008 年 4 月 24 日生效的《中国人民银行、中国银行业监督管理委员会关于村镇银行、贷款公司、农村资金互助社、小额贷款公司有关政策的通知》等。

至于典当实务,以上海为例,根据上海典当网,截至 2014 年 6 月底,上海市全市典当企业为 259 家(新设典当企业 8 家);分支机构 68 家(新设分支机构 5 家),共计 327 家典当经营网点。全市注册资金(按 259 家企业计算)为 601,326 万元,比 2013 年增加 32,720 万元,增长 5.75%。

企业分布结构情况见表 2-14:

表 2-14　企业分布结构情况表

注册资本金分类	企业数	所占比重
1000 万元以下(不含 1000 万元)	12 家	4.6%
1000 万 ~ 2000 万元以下(不含 2000 万元)	109 家	42.1%
2000 万 ~ 5000 万元以下(不含 5000 万元)	121 家	46.7%
5000 万 ~ 1 亿元(不含 1 亿元)	14 家	5.4%
1 亿 ~ 2 亿元(不含 2 亿元)	2 家	0.8%
2 亿元以上	1 家	0.4%
共计	259 家	

按 251 家上报经营数据的典当企业计算,2014 年上半年完成典当总额 224 亿元,同比下降 8.9%,环比下降 9.37%;典当业务笔数总计 181691 笔,同比下降 7.19%,环比下降 9.19%;收入 4.66 亿元,同比下降 10.34%,环比下降 29.01%;应交税金达 0.59 亿元,同比下降 14%,环比下降 62.5%。

2014 年上半年平均每笔典当业务 12.33 万元;平均每月 37.33 亿元;典当余额约为 61.12 亿元;上半年资金周转次数 3.67 次;息费率 1.99%;全市典当企业平均经营规模约为 0.89 亿元。

2014 年上半年经营情况同比、环比对比见表 2－15：

表 2－15　上海市典当行 2014 年上半年经营情况同比、环比表

统计项目	2014 年上半年	2013 年上半年	同比增减比例%	2013 年下半年	环比增减比例%
典当笔数（笔）	181691	194752	－7.19%	198396	－9.19%
典当总额（万元）	2240022.37	2439413.95	－8.9%	2449947.55	－9.37%
总费收入（万元）	46619.54	51440.49	－10.34%	60144.55	－29.01%
典当余额（万元）	611173.76	593529.67	2.97%	631417.83	－3.31%
应交税金（万元）	5856.52	6676.46	－14%	9516.57	－62.5%

3. 典当的主要特征

融资者向典当行申请融资，其本质属于民间借贷，只是通过将当物设定质押或抵押作为债务的担保。此时，融资者被称为当户，当户持有的当票是典当行与其之间的借贷契约，是典当行向当户支付当金的付款凭证。当票上一般载有内容：典当行机构名称及住所；当户姓名（名称）、住所（址）、有效证件（照）及号码；当物名称、数量、质量、状况；估价金额、当金数额；利率、综合费率；典当日期、典当期、续当期；当户须知。根据《典当管理办法》的规定，典当行和当户不得将当票转让、出借或者质押给第三人。因此，虽然也是债权，但是典当产生的债权债务不得向第三人转让。除此之外，典当还具有短期性、高利性、不等价性等特征，具体如下：

（1）短期性

这是典当区别于其他金融借贷行为的特点，即典当时间方面的业务性特点。它表现为典当机构向当户发放当金的期限往往较短，通常大大短于银行等金融机构的贷款期限。根据《典当管理办法》的规定，典当期限由双方约定，最长不得超过 6 个月。

（2）高利性

这也是典当区别于其他金融借贷行为的特点，即典当收益方面的业务性特点。它表现为典当机构向当户发放当金的费率往往较高，通常大大高于银行等金融机构的贷款利率。根据《典当管理办法》的规定，典当当金利率按中国人民银行公布的银行机构 6 个月期法定贷款利率及典当期限折算后执行。此外，还有典当的月综合费，根据《典当管理办法》的规定，动产质押典当的月综合费率不得超过当金的42‰、房地产抵押典当的月综合费率不得超过当金的27‰、财产权利质押典当的月综合费率不得超过当金的24‰,而且,当期不足5日的,按5日收取有关费用。

(3)不等价性

这是典当最有争议和最遭人非议的特点,即典当另一个重要的行业性特点。它表现为典当机构在向当户发放当金时,通常都要按照一定的折当比率确定当价,即使当金的实际数额低于当物的实际价值,而且,当物的不同,导致当金也相差较大,尤其是奢侈品,如名表、名包等,往往都只能获取当金的3折,即使是绝当,比例也不超过3折。

(二)典当融资的条件

通过向典当行申请融资,个人及中小微企业均可申请,而且不需要满足特定的申请条件,融资方仅需提供相应的当物、身份证明文件等即可。与银行对借款人的资信条件近乎苛刻的要求相比,典当行对客户的信用要求几乎为零,典当行只注重典当物品是否货真价实,而且一般商业银行只做不动产抵押,而典当行则可以动产质押与不动产抵押两者兼为。此外,融得资金之后,典当行不问贷款的用途。

(三)典当融资的流程

通过将特定物典当给典当行进行融资,根据当物的不同具体融资流程也有所差异。如果按照当物不同担保的方式可将其分为两类,分别是房地产典当(抵押)、财产权利典当(质押)。其具体流程如何?是否与银行贷款存有差异?[①]

1.房地产典当融资流程介绍

(1)查验房地产产权证

由业务初审客户提供的有关其房地产抵押典当提供的基本资料(当户的合法有效证件及当物所有权证明),审核资料的完整性、真实性、合法性,并将客户资料记入《客户业务接待登记簿》。对基本资料不完整的客户协助其准备齐全。

(2)实地勘察

对基本资料完整的客户,业务应及时到房屋所在地察看房屋新旧、朝向、房

① 参见中国典当联盟网,http://www.cnpawn.cn/,2015年2月10日访问。后续典当相关实务操作基本知识介绍主要参考该网站。

型等，并与房屋所有权证、国有土地使用权证上的记载相核对，核实屋主及居住地的真实性。

(3)估价

经查验、勘察符合条件的业务，根据房屋的新旧程度、区域地段、同类市价等综合因素由典当行进行估价，或者由典当行委托的专业的、符合法律资格的房地产估价事务所估价，以确定房屋的现行价值。

(4)确定当金及综合费率

将客户资料、房地产估价报告书提交董事会，由董事会根据公司经营状况、风险等因素确定该笔业务的可操作性，对可操作的业务确定折当率、利率、费率标准。

(5)签订房地产典当合同

业务根据董事会决议的折当率、利率、费率标准等条款，与客户签订主合同(借款合同或当票)和抵押合同。

(6)办理登记及公证

抵押房屋，要到房地产登记部门办理他项权利登记，取得他项权利证书。同时，典当合同及委托授权需办理公证。

①现房抵押登记需提交的资料如下：

➢ 房地产权证(或房屋所有权证、土地使用权证)；

➢ 房地产估价报告书；

➢ 划拨用地、集体土地及村民所有的房地产提交优先向政府补交地价款保证书、市政府及国土资源局批准抵押的文件(属村集体土地的房地产须提交村委会同意抵押的证明)；

➢ 抵押人为合资企业、有限责任公司、股份公司的，须提交董事会或股东大会同意抵押的证明；

➢ 抵押人为国有或国有控股、集体企业的，须提交其上级主管部门同意抵押的证明；

➢ 房改房、经济适用住房须提交市房委会核准文件；

➢ 抵押各方当事人的身份证明或法人证明：

A. 个人：身份证、军(警)官证；

B. 企业：营业执照副本及法定代表人身份证复印件，境外企业营业执照需要经认证或公证；

C. 行政事业单位：法人代码证书及法定代表人身份证复印件。

②在建工程抵押登记需提交的资料如下：

➢ 房地产权证（或土地使用权证）；

➢ 建设用地批准书、建设用地规划许可证、建设工程规划许可证、用地红线图、缴清地价款凭证（计收地价单位证明）；

➢ 房地产估价报告书；

➢ 在建工程已完工部分的抵押房地产楼层平面图；

➢ 划拨用地、集体土地的提交优先向政府补交地价款的保证书，属村集体土地的房地产须提交村委会同意抵押的证明；

➢ 市政府或国土资源局批准抵押的文件；

➢ 抵押人为合资企业、有限责任公司、股份公司的，须提交董事会或股东大会同意抵押的证明；

➢ 抵押人为国有或国有控股、集体企业的，须提交其上级主管部门同意抵押的证明；

➢ 抵押各方当事人的身份证明或法人证明：

A. 个人：身份证、军（警）官证；

B. 企业：营业执照副本及法定代表人身份证复印件，境外企业营业执照需要经认证或公证；

C. 行政事业单位：法人代码证书及法定代表人身份证复印件。

③空地抵押登记需提交的资料如下：

➢ 房地产权证（或土地使用权证）；

➢ 建设用地批准书、建设用地规划许可证、建设工程规划许可证、用地红线图、缴清地价款凭证（计收地价单位证明）；

➢ 属划拨用地的，双方须提交优先向政府补交地价款的保证书，房地产估价报告书；

➢ 市政府或国土资源局批准抵押的文件；

➢ 抵押人为合资企业、有限责任公司、股份公司的，须提交董事会或股东大会同意抵押的证明；

➢ 抵押人为国有或国有控股、集体企业的，须提交其上级主管部门同意抵押的证明；

➢ 抵押各方当事人的身份证明或法人证明；

A. 属个人的，提交身份证复印件(核原件)；

B. 属企业的，提交营业执照副本及法定代表人身份证复印件(核原件)，境外企业营业执照须经认证或公证；

C. 属行政事业单位的，提交法人代码证书及法定代表人身份证复印件。

➢ 收存证件，发放当金。

相关规定：

A. 房地产登记部门发放的他项权证及相关资料由我公司业务部保存。

B. 业务将当票与当物资料核对后，将当物资料装入客户资料袋。

C. 封包时，与当户当面清点，包装，封存，封口处让当户签字。

D. 封包后，保管须在当票上签字，同时在封包上应贴牢当据编号。

E. 封包入库前，保管员应根据当票"保管联"在"库存当品登记簿"上登记入库；同时按照公安部门治安管理规定，在典当业务登记簿上对当户姓名、单位、居民身份证号码及当物名称、数量、规格、当据编号逐等项登记。

F. 公司拿到他项权证后，根据当票实付金额向当户支付当金。

④赎当注销登记的相关规定：

A. 到期客户持当票和本人身份证办理赎当。

B. 业务应审核赎取人身份证明及所持当票真伪。

C. 出纳员收取本金利息，确认结清后，开据一式三联"收款单"。

D. 保管员见出纳"收款单"保管联后，按当票编号入库取物，并对当物出库登记销号，当物与当票核对无误后交当户当面拆封，清点核收。

E. 之后双方向房地产抵押登记部门注销他项权利登记，并领回原证交还当户本人。

⑤续当的相关规定：

A. 当户由于资金等原因到期不能赎当的，可以续当。

B. 当户续当须持居民身份证和原当票于典当到期前或期满后 5 日内办理。

C. 办理续当时，业务员应审核原当票及当户身份证，填写续当凭证，续期不得超过原当票期限。

D. 保管员应根据续当凭证"保管联"对续期当物在"库存当品登记簿"上予

以登记。

E. 出纳员复核续当凭证后，与客户结清前期当金利息和本期综合费用。

⑥绝当。

典当期限届满 5 日内，当户既不赎当也不续当的行为，称为"绝当"。

绝当的相关规定：

A. 对大宗当物或折当率较低的当物，当期届满，先要发函或电话通知当户。

B. 保管员每月应根据"库存当品登记簿"清理逾期当物，列出绝当物清单。

C. 保管员根据审批意见，填写出库单，将绝当物出库，并在"库存当品登记簿"上登记销号，同时应建立"绝当品专用台账"，用以逐一记载绝当品的增加或减少。

D. 绝当物估价金额在 3 万元以上的，可以按《担保法》有关规定处理，也

可以按双方事先约定绝当后由我公司委托的拍卖行公开拍卖；拍卖收入在扣除拍卖费用及当金本息后，剩余部分退还当户，不足部分向当户追索。

E. 绝当物估价金额不足 3 万元的，典当行可以自行变卖或者折价处理。

F. 国家限制流通的绝当物，应当根据有关法律法规，报有关管理部门批准后处理或交售指定单位。

2. 财产权利典当流程

财产权利主要是指某种权利，但是具有财产的属性，主要包括证券、提单、商标等。财产权利典当操作程序可按以下 10 个步骤进行，即当户申请→受理、调查→估价→确定当金及息费率→内部审批→签订相关合同→办理质押手续→开票发放当金→贷后检查与管理→还款、解除担保。

(1) 当户提出申请

由借款企业或自然人向典当行提出以其所拥有的财产权利作质押申请典当借款，向典当行陈述借款用途及还款来源，并按照典当行的要求提供相应的初步资料，包括拟进行质押的财产权利凭证。

(2) 典当行受理并进行贷款调查

①当户基本情况调查

典当行受理财产权利典当业务后，对自然人当户，要首先调查当户的身份情况，其次要调查当户的资质信誉、家庭情况、经济收入以及当户名下财产状况；另外还要对当户的借款用途及还款来源进行调查和核实。对企业当户，要

首先调查当户的主体资格，其次要调查当户的经营情况、偿债能力及负债情况。最后要对当户的借款用途及还款来源亦应进行调查和核实。

②查验拟质押的财产权利的真实性及有效性

当户典当财产权利应向典当行财产权利凭证及权属证明。

对于财产权利凭证，典当行要审查其真实性及记载事项的有效性。

A. 对于汇票、本票、支票，要向票据的出票行申请查验票据的真实性及票据上记载事项的有效性。

B. 对于债券、存款单，要向债券发行单位或有关银行核实其真实性及记载事项的有效性。

C. 对仓单、提单，要向仓单签发人或提单的签发人或货物的承运人核实其真实性及记载事项的有效性。

D. 对于可以转让的基金份额、股权，要向登记部门（证券登记结算机构、工商部门）核实其真实性。

E. 对于可以转让的注册商标专用权、专利权、著作权，分别向商标局、专利局核实其真实性及记载事项的有效性，并要核实权利的有效期；对于著作权，典当行应要求著作权人提交相关证明文件，如已发表的证明文件或已在中国版权保护中心进行著作权登记的证明文件。

另外，对于注册商标专用权、专利权、著作权，还应审查许可使用情况。

F. 对于应收账款，典当行应核实当户提供的产生应收账款的合同、履行合同的证明文件（如发货单、出库单、送货单、提供服务的证明等）、当户财务凭证等，并向应收账款的债务人核实当户提供的上述证明文件的真实性以及应收账款的金额。

除此之外，典当行还应审查财产权利的权属。

对于共有（包括但不限于夫妻共有、家庭共有及其他形式的共有等情形）的财产权利，应向典当行提交共有人同意质押的声明与承诺；对于企业以企业所有的财产权利，应向典当行提交股东会决议或董事会决议。

（3）估价

与当户协商确定财产权利的价值，对于注册商标专用权、专利权、著作权等专业性的财产权利，为防控风险，典当行应聘请专业评估机构进行价值评估。

（4）确定当金及息费率

典当行综合考虑典当财产权利的价值与变现风险，与当户充分协商，合理确定当金本金金额和息费率。

(5)内部审批

业务人员填写典当放款调查审批表,按照企业内部关于贷款进行管理的有关规定,报送主管责任人审批。

(6)签订相关合同

由于财产权权利典当属于专业性较强、风险较大的贷款,典当行除应签发当票外,为明确确定典当行与当户及保证担保人之间的权利义务,还应与当户签订《典当借款合同》《质押合同》及相关的《保证合同》。

(7)办理质押手续

分如下类别办理质押手续:

①对于汇票、本票、支票,典当行除应要求当户提交出质的汇票、本票、支票外,还应向上述票据的出票行发出《质押通知书》,将票据出质事项书面告知出票行,取得出票行的签收回执,即办理核押手续。

②对于债券、存款单,对于记账式债券典当,典当行要向中国证券登记结算公司办理质押登记手续;对于存款单典当,典当行除应要求当户交付存单款外,还应将存款单质押事项书面告知存款单签发行,取得签发行的回执,即办理核押手续。

③对仓单、提单,典当行除应要求当户将仓单、提单交付典当行外,还应将质押事项书面告知仓单签发人或提单的货物的承运人。

④对于可以转让的基金份额、股权,要向证券登记结算机构、工商部门办理质押登记手续。

⑤对于可以转让的注册商标专用权、专利权、著作权,分别向商标局、专利局、中国版权保护中心进行质押登记。

⑥对于应收账款,典当行应核实在人民银行征信中心电子系统办理质押登记手续,同时要将应收账款出质事项通知应收账款的债务人,或就质押的有关事项与其签订三方协议。

(8)开票发放当金

房地产他项权证及相关合同资料应由典当行工作人员收存保管,财务人员凭典当放款审批书和有权人签字,支付当金。

(9)贷后检查与管理

典当行发放当金后,应按照内部关于贷款贷后检查与管理的相关规定,对当户及贷款相关责任人员如保证人等进行贷款检查,并针对不同的情形,进行贷后管理。

(10)还款、解除担保

到期借款人清偿当金本息和费用后,双方向房地产抵押登记部门注销他项权利登记,并领回原证件交还当户本人。

动产典当的程序与财产权利典当的程序基本一致,因此不专门列出。

3. 典当流程

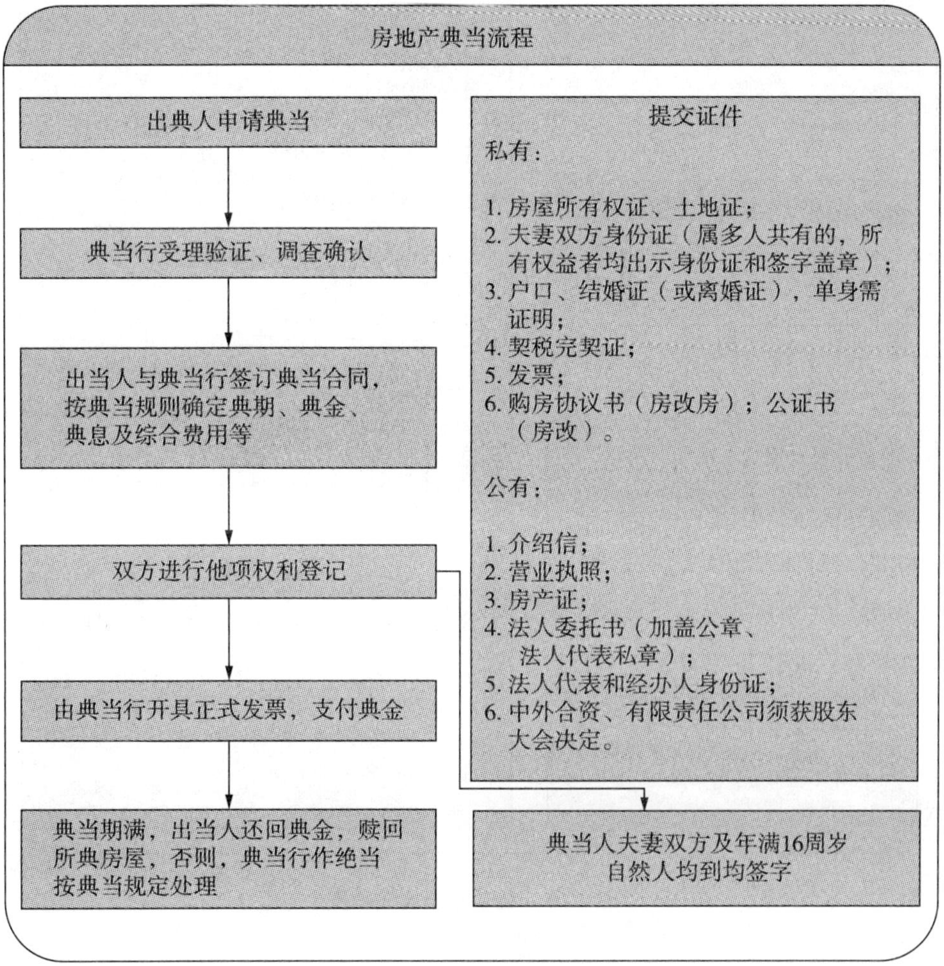

图 2-4　房地产典当流程图

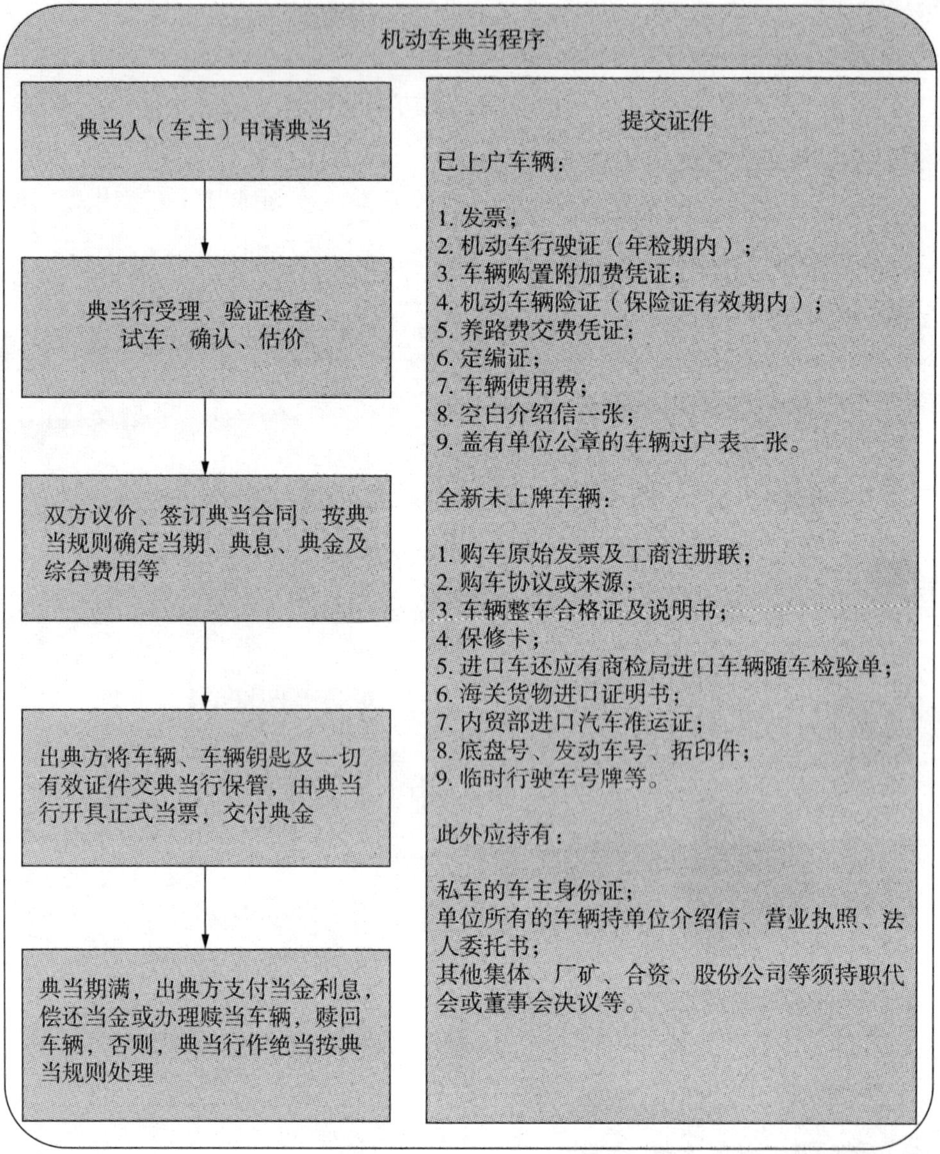

图 2－5　机动车典当流程图

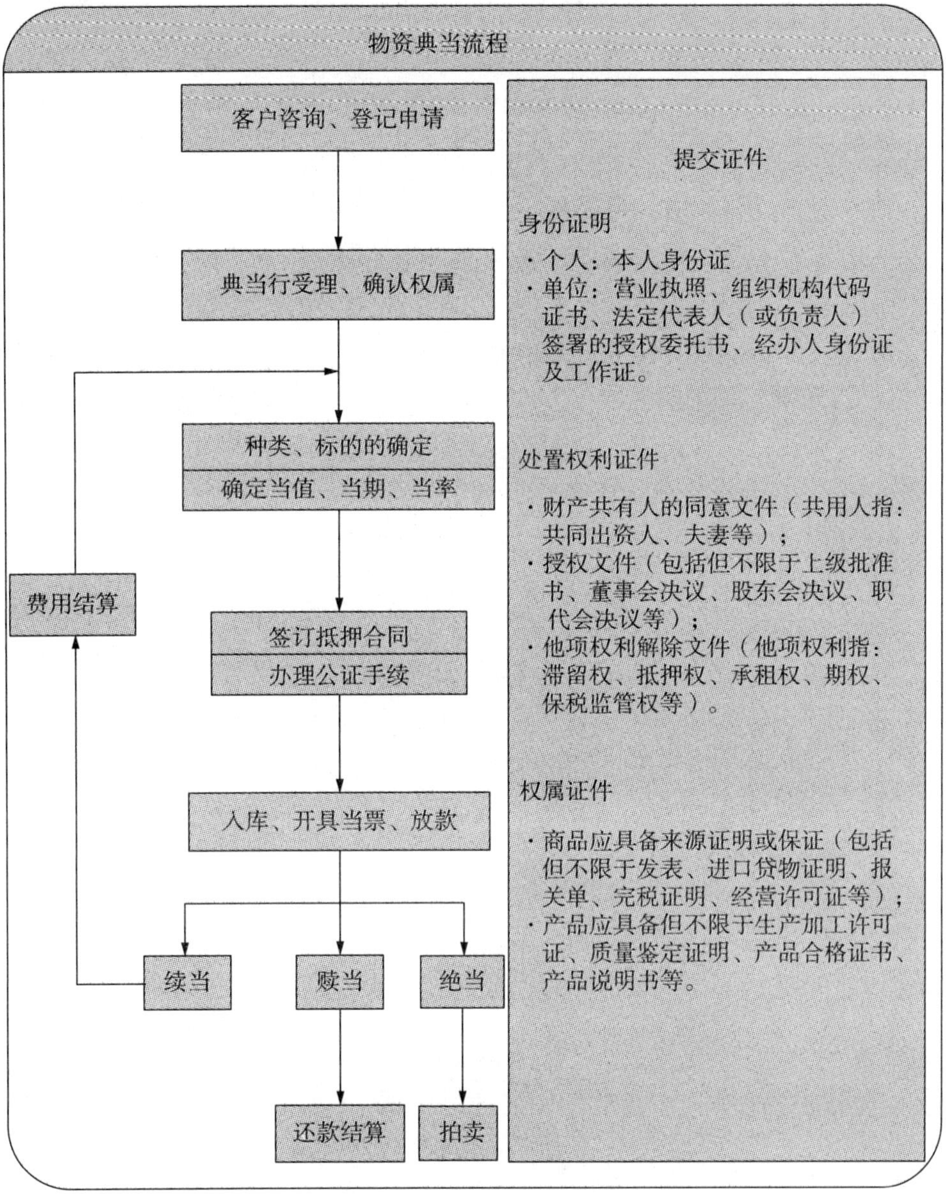
物资典当流程
客户咨询、登记申请
典当行受理、确认权属
种类、标的的确定
确定当值、当期、当率
费用结算
签订抵押合同
办理公证手续
入库、开具当票、放款
续当
赎当
绝当
还款结算
拍卖
提交证件
身份证明
·个人：本人身份证
·单位：营业执照、组织机构代码证书、法定代表人（或负责人）签署的授权委托书、经办人身份证及工作证。
处置权利证件
·财产共有人的同意文件（共用人指：共同出资人、夫妻等）；
·授权文件（包括但不限于上级批准书、董事会决议、股东会决议、职代会决议等）；
·他项权利解除文件（他项权利指：滞留权、抵押权、承租权、期权、保税监管权等）。
权属证件
·商品应具备来源证明或保证（包括但不限于发表、进口贷物证明、报关单、完税证明、经营许可证等）；
·产品应具备但不限于生产加工许可证、质量鉴定证明、产品合格证书、产品说明书等。

图2－6　物资典当流程图

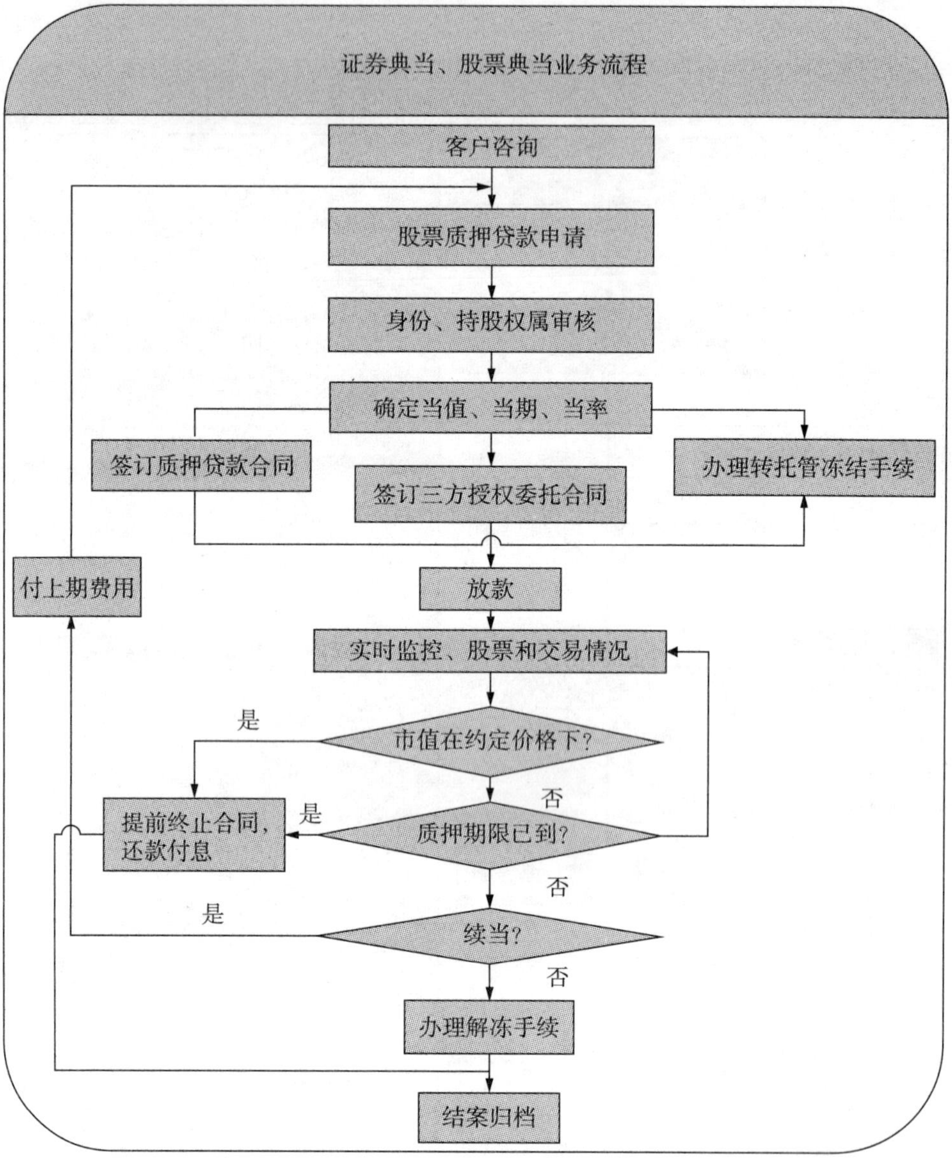

图2-7 证券典当、股票典当业务流程图

4. 典当合同范本

典当合同的示范文本请见附录部分。

(四)典当公司融资的风险及应对

通过典当融资，对于融资方而言，也具有相应的风险，包括融资被拒、融资方提供的当物可能获取的当金较低、融资之后赎当不能导致的违约责任等风险。

1. 典型案例

上海市黄浦区人民法院审理的上海东方典当有限公司诉胡永光典当纠纷一案(案号:(2013)黄浦民五(商)初字第6574号),便是融资方通过典当进行融资后续违约的案例。

上海东方典当有限公司(以下简称"东方典当")向法院起诉主张,2012年10月19日东方典当向胡永光发放借款人民币450,000元,当票号为036379,后经续当,胡永光应当在2013年2月19日之前清偿所有债务本息,但其截至目前仍欠东方典当全部本金未还。东方典当认为,双方签署的《典当合同》是双方真实意思表示,合法有效,应当得到法律保护。胡永光逾期还款构成了违约,应当向东方典当承担相应的违约责任,支付违约金。为此,东方典当起诉要求判令:(1)胡永光归还东方典当借款本金人民币450,000元;(2)胡永光支付东方典当计算至2013年4月23日止的逾期付款违约金人民币85050元,并支付自2013年4月24日起到实际清偿日止的逾期付款违约金(以本金人民币450,000元为基数,按每日3‰计算);(3)本案诉讼费、保全费由胡永光承担。

东方典当为证明其主张,提供如下证据:(1)《典当合同》(机动车),为证明东方典当、胡永光双方之间的质押借款关系以及相关的合同约定;(2)机动车注册登记信息及机动车行驶证,为证明双方已办理了对应机动车质押登记手续;(3)典当申请书及质押典当承诺,为证明胡永光全部完成了典当质押的手续;(4)当票和续当凭证,为证明典当关系的合法凭证,同时证明胡永光的息费缴纳和续当情况;(5)支付凭证,为证明东方典当履行了合同义务,支付了相应款项。然而,胡永光未给出任何答辩意见。

法院经审理,最终查明了案情,支持了东方典当的请求。理由如下:所谓典当,即当户将其动产、财产权利作为当物质押或将其房地产作为当物抵押给典当行,交付一定比例费用,取得当金,并在约定期限内支付当金利息、偿还当金、赎回当物的行为。当票是典当行与当户之间的借贷契约,系当事人的真实意思表示。

本案中,2012年10月19日,东方典当、胡永光签订了《典当合同》(机动车)。该合同载明:胡永光自愿将其合法拥有的机动车作为当物质押给东方典当,并支付合同约定的利息和相关费用。合同第 4 条载明:典当金额为人民币 450,000 元,月综合费率为 4.2%。借款期限为 2012 年 10 月 19 日至 2013 年 1 月 19 日,具体日期根据胡永光提出的申请为准并在双方签署的当票上予以确认。合同第 14 条约定:胡永光逾期还款,除应向东方典当归还借款本金外,还应支付违约金,以借款金额为基数,按每日 0.3% 计算。合同签订当日,东方典当向胡永光出具当票载明:典当金额人民币 450,000 元,综合费用人民币 18,900 元,实付金额人民币 431,100 元。典当期限自 2012 年 10 月 19 日起至 2012 年 11 月 19 日。双方办理了胡永光名下牌号为沪 G7××××的宝马汽车质押登记,质押权人为东方典当。之后,胡永光办理了两个月的续当手续并支付了综合费用。

本案东方典当根据约定支付典当借款,胡永光交付当物。东方典当、胡永光双方之间典当关系成立。双方均应按约全面履行义务。现东方典当履行了合同约定的义务,胡永光未按约在期限内支付归还当金、支付综合费用,赎回当物,违反了合同约定,理应按约承担相应的违约责任。因此,对东方典当要求胡永光归还借款本金及支付违约金的诉讼请求本院依法应予支持,东方典当有权要求依法处分质押物。

2. 分析应对

无论是企业还是企业主,通过典当的方式进行融资,避免风险的首要要点在于诚信、严格履约。虽然当下已经不存在由于无法赎当导致被迫卖身等情形,但如若有违约行为甚至诉讼记录,随着全国法院审判法律文书网的推广,任何人都可获取相关诉讼纠纷信息。随着典当行逐渐完成与人民银行征信系统等其他行业体系的对接,将来征信中心的历史记载也将给融资者添上一抹永远挥之不去的灰暗色,后续的融资之路将更加艰难。

二、融资租赁

融资租赁是当下发展迅猛且热门的行业之一,突破传统的租赁行业,不仅为企业日常经营提供租赁服务,同时为企业提供融资服务。《金融租赁公司管理办法》第 3 条规定,融资租赁,是指出租人根据承租人对租赁物和供货人的选择或认可,将其从供货人处取得的租赁物按合同约定出租给承租人占有、使用,向承租人收取租金的交易活动。根据《合同法》第 237 条的规定,融资租赁合同是出租人根据承租人对出卖人、租赁物的选择,向出卖人购买租赁物,提供给承租人使用,承租人支付租金的合同。

(一)融资租赁特征

融资租赁看似核心为租赁,但从其本质上看是以融通资金为目的,它是为解决企业资金不足的问题而产生的。需要添置设备的企业只须付少量资金就能使用到所需设备进行生产,相当于为企业提供了一笔中长期贷款。一般而言,融资租赁比较适合生产、加工型中小企业,特别是那些有良好销售渠道、市场前景广阔,但是出现暂时困难或者需要及时购买设备扩大生产规模的中小企业。融资租赁与传统意义上的租赁相比,有如下特点:

➢ 融资租赁具有较强的融资属性;

➢ 融资租赁是一项至少涉及出租人、承租人和供货商的交易,三方相互关联、相互制约;

➢ 租期较长;

➢ 租金包括了设备的价款、租赁费和借款利息;

➢ 设备的所有权如无特别约定,在法律上属于出租人,设备的使用权属于承租人,设备所有权与使用权长期分离。

(二)融资租赁现状

现代融资租赁始于20世纪50年代,以1952年美国租赁公司的成立为标志。① 引入我国之后,如今发展现状如何?

根据商务部网站公开披露数据②显示:截至2013年年底,我国登记在册的融资租赁企业共1086家,其中内资试点企业123家,外资企业963家,从业人数总计25,792人。全行业注册资本金总量2884.26亿元,资产总额8725.43亿元,平均注册资本和资产总额分别为2.66亿元和8.03亿元。行业平均资产负债率约为71.40%。2013年新增租赁投放量3863.54亿元。

从企业资金实力上看,截至2013年年底,注册资本金小于1.7亿元的融资租赁企业共533家,注册资本金在1.7亿元(含)至5亿元之间的融资租赁企业共425家,注册资本金在5亿元(含)至20亿元之间的融资租赁企业共116家,

① 参见和讯网,http://news.hexun.com/2012-06-18/142566521.html,2015年6月1日访问。

② 参见商务部网站,http://ltfzs.mofcom.gov.cn/article/wtojiben/wtojieshao/201410/20141000754002.shtml,2015年6月1日访问。

注册资本金在20亿元(含)以上的融资租赁企业共12家。注册资本前20位的公司注册资本合计占全行业的18.86%。如表2-16所示。

表2-16 截至2013年年底融资租赁企业注册资本金情况表

(单位:亿元)	总数	内资	外资
0<注册资本金<1.7	533	10	523
1.7≤注册资本金<5	425	82	343
5≤注册资本金<20	116	24	92
注册资本金≥20	12	7	5

从企业经营规模上看,截至2013年年底,资产总额小于5亿元的融资租赁企业共871家,资产总额在5亿元(含)至20亿元之间的融资租赁企业共145家,资产总额在20亿元(含)至100亿元之间的融资租赁企业共58家,资产总额在100亿元(含)以上的融资租赁企业共12家。资产总额前20位的公司资产总额合计占全行业的37.16%。具体见表2-17:

表2-17 截至2013年年底融资租赁企业资产总额情况表

(单位:亿元)	总数	内资	外资
0≤资产总额<5	871	58	813
5≤资产总额<20	145	35	110
20≤资产总额<100	58	24	34
资产总额≥100	12	6	6

从地区分布上看,东部地区融资租赁企业数量占据绝大部分,达到全国总数的91.16%(如图2-6所示)。上海、天津、北京成为我国融资租赁企业集聚地,三省市融资租赁企业数量占全国的48.8%。上海市融资租赁企业数量最多,为228家,其次为天津186家,北京116家。上海市融资租赁企业当年新增业务投放量也最多,达到1333.83亿元,占全国当年新增业务投放量的34.52%,其次为北京和天津,分别为910.77亿元和481.63亿元,三省市新增业务投放量超过全国的70%。

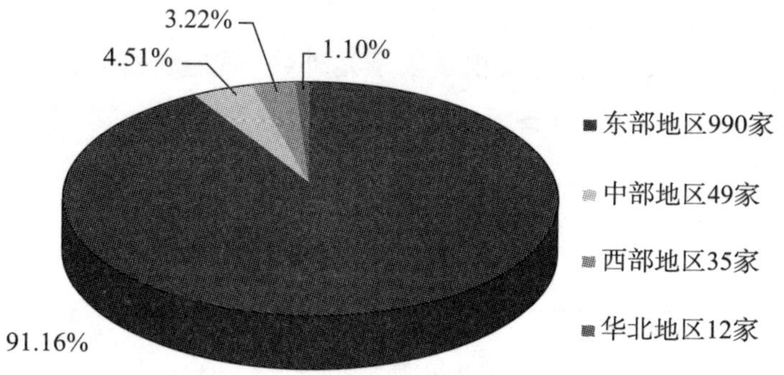

图 2－8　融资租赁企业数量地区分布图

(三)融资租赁的操作方式

融资租赁具体的操作方式有多种，尤其是随着市场自身的发展，越来越多的创新型方式正崭露头角。以下以长城融资租赁有限责任公司对外披露的操作方式为例进行介绍。①

1. 直接融资租赁

直接融资租赁由承租人指定设备及生产厂家，委托出租人融通资金购买并提供设备，由承租人使用并支付租金，租赁期满由出租人向承租人转移设备所有权(如图 2－7 所示)。它以出租人保留租赁物所有权和收取租金为条件，使承租人在租赁期内对租赁物取得占有、使用和收益的权利。这是一种最典型的融资租赁方式。

图 2－9　直接融资租赁流程图

2. 经营性租赁

由出租人承担与租赁物相关的风险与收益。使用这种方式的企业不以最终拥有租赁物为目的，在其财务报表中不反映为固定资产。企业为了规避设备风险或者需要表外融资，或需要利用一些税收优惠政策，可以选择经营租赁方式。

---

① 参见长城融资租赁有限责任公司官网，http://www. gwflc. com/al/&FrontComContent _ list01 - 1307604833635CurrentIds = c9d8f03c - 599f - 439d - bea9 - d99a85a4c58a__6460aa18 - 0b30 - 406c - ac82 - 48b1c9db937b&comContentId = 6460aa18 - 0b30 - 406c - ac82 - 48b1c9db937b&comp _ stats = comp - FrontComContent_list01 - 1307604833635. html，2015 年 6 月 3 日访问。

3. 售后回租

承租人和供货人为同一人，租赁物不是外购，而是承租人在租赁合同签订前已经购买并正在使用的设备。承租人将设备卖给租赁公司，然后反租回来。这种租赁方式有利企业将现有资产变现，还可以用来筹措股本金、并购资金等（如图2－10所示）。

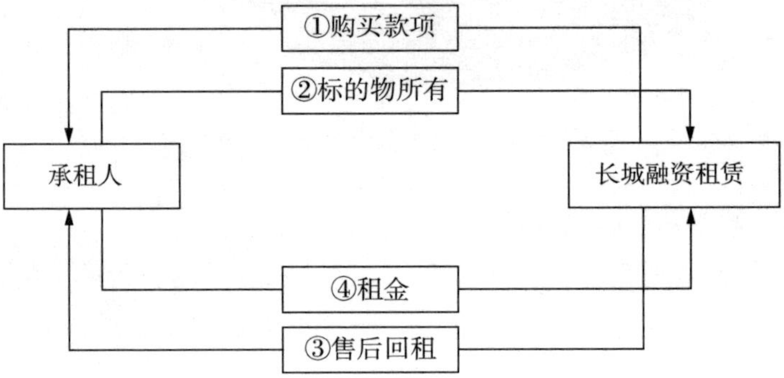

图2－10　售后回租流程图

4. 转租赁

以同一物件为标的物的多次融资租赁业务。在转租赁业务中，上一租赁合同的承租人同时又是下一租赁合同的出租人，称为转租人。转租人向其他出租人租入租赁物件再转租给第三人，转租人以收取租金差为目的。租赁物品的所有权归第一出租人。

5. 委托租赁

出租人接受委托人的资金或租赁标的物，根据委托人的书面委托，向委托人指定的承租人办理融资租赁业务。在租赁期内租赁标的物的所有权归委托人，出租人只收取手续费，不承担风险。

6. 联合租赁

租赁公司联合其他机构和企业共同对某一租赁项目提供融资支持，共担风险，共享收益。

7. 分成租赁

一种结合投资的某些特点的创新性租赁形式。租赁公司与承租人之间在确定租金水平时，是以租赁设备的生产量与租赁设备相关收益来确定租金，而不是以固定或者浮动的利率来确定租金。设备生产量大或与租赁设备相关的收益越高,租金越多,反之,租金越少。

三、小额贷款公司

根据《关于小额贷款公司试点的指导意见》的规定,小额贷款公司是由自然人、企业法人与其他社会组织投资设立,不吸收公众存款,经营小额贷款业务的有限责任公司或股份有限公司。其性质为企业法人,有独立的法人财产,享有法人财产权,以全部财产对其债务承担民事责任。小额贷款公司的股东依法享有资产收益、参与重大决策和选择管理者等权利,以其认缴的出资额或认购的股份为限对公司承担责任。自《关于小额贷款公司试点的指导意见》出台,各地纷纷出台小额贷款公司的管理办法。

(一)小额贷款公司特征

小额贷款公司与典当行虽然都是类金融机构,但两者还是有所区别的。[①]具体如下:

注册资本不同。小额信贷公司的注册资本具体要求比较笼统,而典当行注册资本的规定比较详细。单从注册资本上看,小额信贷公司的门槛明显要比典当行高许多。

服务对象不同。根据《关于小额贷款公司试点的指导意见》的规定:"小额贷款公司在坚持为农民、农业和农村经济发展服务的原则下自主选择贷款对象",可知小额信贷公司按其当前的要求主要是服务于"三农",发展农村经济,促进农村建设,服务对象主要是农民和以农业为切入点的经营者或企业。典当行的服务对象原则上是所有的自然人或不论是何种性质的企业。只要是拥有合适的质(抵)押物品,且质(抵)押物品的价值大于所要求的贷款数额的企业,都可以成为典当行的客户。从这一点来说,典当行的客户群要比小额信贷公司的客户群广得多。

经营方式不同。小额信贷公司以信用贷款为主,抵押贷款为辅,并对贷款对象和贷款资金的用途和数额有着具体的规定。典当行是只认物,只要是质(抵)押物合法且价值超过放款金额就可以,对客户的身份和资金的用途并不关心。从这一点上看,小额信贷公司的融资手段远没有典当行业灵活,且由于其是以信用贷款为主,经营风险也比典当行业要高出许多。

---

① 参见搜狐网,http://roll.sohu.com/20130119/n363966906.shtml,2015年2月3日访问。

收入方式不同。小额信贷公司的收入以利息为主,而典当行的收入却是以综合服务费和绝当后的物品变卖为主,利息收入只占典当收入的一小部分。从收入的方式来看,一方面是典当行业的资本回报率比小额信贷公司高,利润较大,但另一方面,较高的利率将影响客户群的进一步扩大。由此可见,典当行业的高利率是一柄“双刃剑”,与小额信贷公司相比,既是优势也是劣势。

(二)小额贷款公司现状

据公开数据,截至2014年12月31日,我国小额贷款公司总共有8791家,贷款余额为9420.38亿元,如表2-18所示:

表2-18　小额贷款公司分地区情况统计表(截至2014年12月31日)

地区名称	机构数量(家)	从业人员数(人)	实收资本(亿元)	贷款余额(亿元)
全国	8791	109948	8283.06	9420.38
北京市	71	867	103.98	118.46
天津市	110	1445	129.77	137.06
河北省	479	5524	270.92	288.97
山西省	344	3544	218.95	214.51
内蒙古自治区	473	4756	343.64	355.22
辽宁省	600	5586	375.86	346.2
吉林省	427	3575	111.88	87.06
黑龙江省	255	2263	122.94	110.35
上海市	117	1601	166.25	204.42
江苏省	631	6231	929.91	1146.66
浙江省	340	4127	708.99	910.61
安徽省	461	5808	357.96	423.7
福建省	113	1783	258.2	301.35
江西省	224	2925	244.1	282.1
山东省	327	4040	400.66	462.44
河南省	325	4952	223.03	246.25
湖北省	272	3860	310.28	330.84
湖南省	127	1587	98.27	106.39
广东省	400	9274	559.93	614.23
广西壮族自治区	312	4121	250.53	358.3

续表

地区名称	机构数量(家)	从业人员数(人)	实收资本(亿元)	贷款余额(亿元)
海南省	38	451	34.5	38.38
重庆市 2	46	5736	549.25	743.13
四川省	350	8245	582.31	661.91
贵州省	281	3244	86.97	86.02
云南省	409	3984	195.91	204.18
西藏自治区	12	115	8.01	4.82
陕西省	253	2660	217.19	216.63
甘肃省	351	3337	144.82	117.95
青海省	70	818	49.07	52.68
宁夏回族自治区	116	1470	67.13	65.25
新疆维吾尔自治区	257	2019	161.82	184.32

(三)贷款要求及一般流程

小额贷款公司的贷款申请流程并无统一的规定,具体需根据各小贷公司的要求进行申请。我们选取北京金典小额贷款股份有限公司为样本,根据其官方网站对外披露的信息,企业如需向其申请借款,其申请条件及贷款流程如下。①

1. 贷款对象的要求

如果借款人是企业,则借款人需在本地区有固定经营场所,有稳定的产业基础,有较稳定的现金流量,经营项目符合国家产业政策和环保政策,效益好、信用好(指无不良信用记录,或虽然有过不良记录,但不良信用记录的产生并非由于主观恶意且申请本次贷款之前已全部偿还了不良信用),有足够的偿还能力,有足够的抵(质)押物或足额的担保。

如果借款人是个人,根据借款风险评估,依次明确为:

- 昌平区有固定经营场所,有稳定的产业基础,有较稳定的现金流量的个人老板;
- 有一定规模的企业高管或股东;
- 有足够抵押物和足够担保的自然人;

① 参见北京金典小额贷款股份有限公司官网,http://www.jindiandaikuan.cn/0401.html,2015 年 2 月 2 日访问。

➢ 本公司股东推荐并担保的客户；

➢ 由昌平区中小企业服务中心认证的中小企业法人，“三农”企业法人，“三农”个人；

➢ 属于双人共有财产，经营收入，必要时要求双人借款。

2. 贷款流程

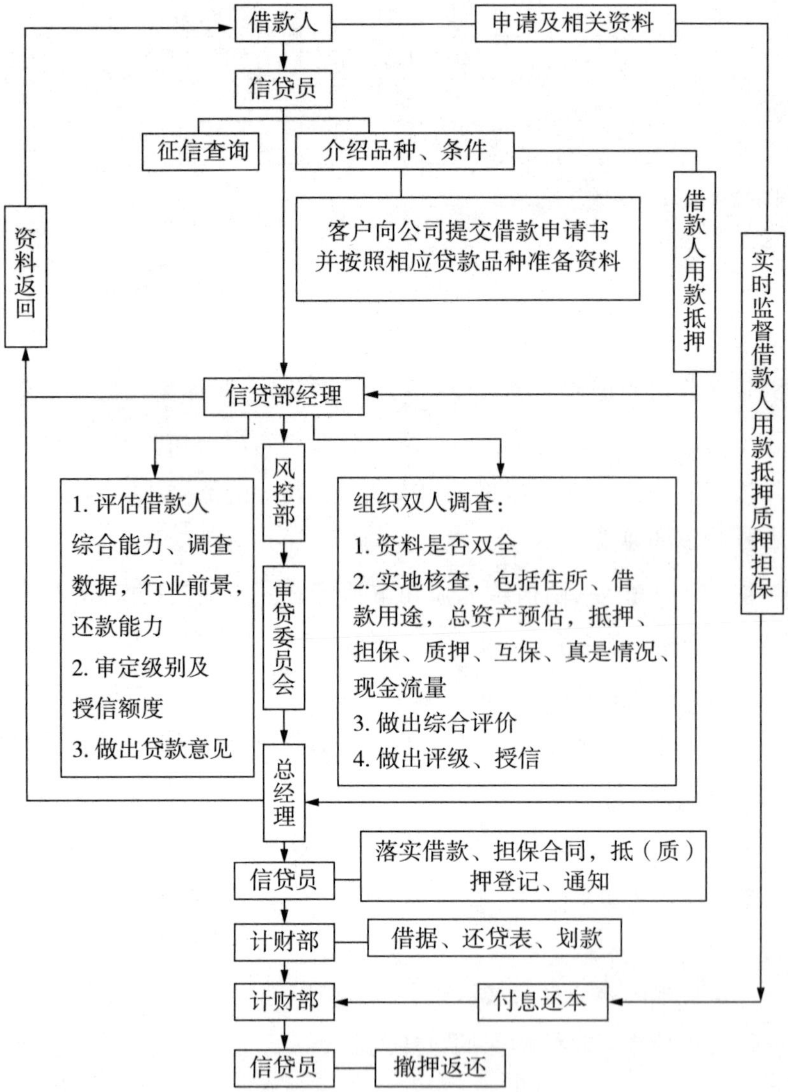

图2-11　贷款流程图

第六节

民间融资

民间融资是指自然人、非金融企业和其他组织之间，通过民间借贷、定向债券融资、企业内部融资、合会等方式，进行资金融通的行为。民间融资是最为原始，也是最为传统的融资方式，具备灵活简便、利率弹性大、融资主体多元化、专业化趋势等特点，不仅是自然人之间最为常见的融资方式，也是目前我国大部分中小微企业融资的主要渠道。

然而，由于民间融资方式比较多，而且往往发生在私人主体之间，具有一定的隐蔽性，因此与其相关的统计数据较少，即便有也可能只是区域性的，而且未必能真实、全面地反应民间借贷的现状。不过，民间借贷发生的诉讼纠纷一般是可以统计的。如下数据便是最高人民法院法官就2008年至2012年之间全国法院所受理的民间借贷案件所做的统计：

2008年以前，全国法院受理民间借贷纠纷案件数量相对平稳，2008年之后案件量开始大幅上升。2012年收案747,809件，比2008年的488,301件上升53.15%，占当年民事一审案件的10.22%，占各类借款合同的58.48%。2010年和2011年增幅放缓，2012年开始反弹，比2011年增长22.90%。2013年上半年继续呈大幅增长态势，收案443,631件，同比增长25.09%，涉案标的由2008年案均金额12.75万元上升至2013年上半年的31.60万元，增长了1.47倍。[①]

由此可见，民间借贷纠纷案件数量持续高位运行，标的越来越大。民间融资方式对于企业而言，多数时候就像是救命稻草，尤其对中小微企业而言。中小微企业经营运转期间对现金流具有强烈的需求，银行贷款常常可望而不可及，此时民间融资却往往能救急于水火之中。企业会抓住这根稻草，哪怕付出

---

① 参见法制网，http://www.legaldaily.com.cn/bm/content/2014-02/19/content_5287166.htm?node=20737，2015年6月10日访问。

的代价远超银行等金融机构所涉及的利息。这也在一定程度上解释了温州、鄂尔多斯等地“地下钱庄”盛行的原因。

因此,本章重点内容将针对民间融资的特点、方式、各融资模式的优劣、具体操作流程以及融资附随产生的风险等进行介绍。

一、民间融资概述

民间融资在一定程度上能缓解中小微企业融资难的现状,甚至盘活了经济。同时,对于各地政府而言也算是减压,弥补了正规金融的不足。因此,政府的监管力度也相对薄弱,民间融资市场较为活跃,从而导致非法集资、非法吸收公众存款等风险频繁爆发。那么,民间融资相应的法律规范性文件有哪些,民间融资与银行贷款等其他债权融资方式有何差异,民间融资具体有哪几种融资方式?

(一)民间融资适用的相关法律法规

民间融资适用的法律规范主要包括如下:《民法通则》、《合同法》、《担保法》、最高人民法院印发《〈关于人民法院审理借贷案件的若干意见〉的通知》、最高人民法院《关于如何确认公民与企业之间借贷行为效力问题的批复》、最高人民法院《关于依法妥善审理民间借贷纠纷案件促进经济发展维护社会稳定的通知》、浙江省高级人民法院《关于审理民间借贷纠纷案件若干问题的指导意见》《温州市民间融资管理条例》《温州市民间融资管理条例实施细则》《山东省人民政府办公厅关于促进民间融资规范发展的意见》等。

(二)民间融资的特点

民间融资相比银行贷款等涉金融机构融资方式具有融资主体多元化、融资方式多样性、利率弹性大、流程简单、私密隐蔽等特点。

1. 融资主体多元化

民间融资主体一般来说涉及出借人、借款人、担保人三方,可包括自然人、企业、个体工商户、其他组织等主体,可在自然人与自然人之间、自然人与企业之间发生融资关系,可有三方及以上的参与者,而且借款人一般无资质限制,多发生在熟人之间。相对而言,银行贷款、信托贷款等融资方式下出借人始终是银行、信托公司等金融机构,借款人也只能是符合特定资质的主体。

2. 融资方式多样性

民间融资包含的具体融资方式可谓多种多样，应该是债务融资模式下方式最多的一种，包括民间借贷、企业内部集资、合会、定向债券融资等。其中，民间借贷是民间融资的主角。除了传统的民间借贷，还有各种变相的借贷方式。由于企业之间的拆借行为涉及的借贷合同曾一度被认定为无效合同，因此，“聪明”的企业主们“发明”各种变相的融资方式。审判实务中“名为买卖，实为借贷”类案件屡见不鲜便是明证。

而且，据调研，民间借贷纠纷案件主要分布在经济发达或较为发达的地区以及经济增长较快的地区（北京、天津、上海、重庆等直辖市除外）。例如，2011年民间借贷案件量排前12位的是：浙江、江苏、山东、福建、广东、内蒙、安徽、河北、辽宁、四川、湖南、黑龙江。当年GDP总量排前12位的是：广东、江苏、山东、浙江、河南、河北、辽宁、四川、湖南、湖北、上海、福建。民间借贷案件数量与各省区市GDP的绝对数相关系数高达0.75，两者正相关度明显。[①]

3. 融资利率弹性大

《2014年中国财富报告：展望与策略》显示，2013年中国全国有166万户家庭参与民间有息借出资金，总规模达7500亿元，平均年利率36.2%，大大超过银行贷款利率。报告显示，去年中国有42万户家庭的借出款为低息借入、高息贷出，户均贷出55万元，总额达2300亿元，他们以平均7.5%的利息成本从银行借入，然后再以平均36.6%的利息借出，是银行基准利率的6倍（银行一年期基准利率为6.15%）。[②]

4. 融资流程简便

民间融资与前述银行贷款、信托贷款等融资方式都属债权融资，但是民间融资与银行贷款、信托贷款不同的是，前者所涉的主体不涉及金融机构，往往都是自然人、企业等非金融机构或主体。因此，民间融资一般无须像银行贷款融资一样走内部审批流程，流程相对简便。比如民间借贷，手续灵活、简便，备受急需资金者青睐。一般而言，民间借贷双方一般为亲朋好友熟人，大多无须支

---

① 参见法制网，http://www.legaldaily.com.cn/bm/content/2014-02/19/content_5287166.htm?node=20737，2015年6月10日访问。

② 参见新京报网，http://www.bjnews.com.cn/finance/2014/02/25/306292.html，2015年6月10日访问。

付利息。当借方需要资金时,或通过中介人或按自己意向说明资金用途、借款金额、还款能力及日期、利息,以口头或协议形式取得资金。因此,一般不需要手续,有手续的也是简单载明借贷双方、日期、还款金额或利息的简要凭据。民间借贷中一半以上是私下达成的交易,对借方来说,手续简便,在急需资金时办理非常方便,备受急需资金者青睐。

企业内部集资、合会两种形式也相对简单,即便是定向债券融资,也不像公募债、私募债的发行程序,甚至需要相关机构的审批程序。

5. 民间融资隐蔽性强

正是因为民间融资流程简单、利率弹性、方式多样,从而导致其相对而言具有隐蔽性和盲目性的特点,难以获得有效的监管,而且"地下"发展一旦形成规模,就会使区域宏观货币政策调控失灵,引发大面积债务问题,冲击区域金融秩序,影响区域金融安全。这也是现有金融体制不敢轻易对民间融资行为松绑的原因。

(三)民间融资的方式

民间融资市场比较活跃,因此融资的方式也多种多样,包括民间借贷、企业内部集资、合会、定向债券融资等方式,具体介绍如下:

1. 民间借贷

民间借贷是民间融资最典型的融资方式,即民间自然人之间,自然人与公司企业、其他经济组织之间以货币形态(也有少量的实物形态)授受信用的行为,是一种直接的借贷活动,也是民间金融活动最主要的融资形式。无论在经济较为发达的地区还是在经济落后的地区,民间自由借贷都广泛存在,只是在不同地区、不同主体融资的用途有所不同罢了。根据不同地区划分,在经济较为发达的地区,民间自由借贷融得的资金主要用于生产经营,而在落后地区,民间借贷融得的资金主要用于日常生活开支。根据不同主体划分,自然人借款可能用于日常生活,也有可能用于对外投资,企业借款多数系流动资金用于生产经营充实现金流。

由于本书融资主体主要定位于企业或者企业的实际控制人,因此企业如何通过民间方式融得资金是本节的关注点。然而,根据《贷款通则》、[1]最高

---

① 参见《贷款通则》第61条规定,各级行政部门和企事业单位、供销合作社等合作经济组织、农村合作基金会和其他基金会,不得经营存贷款等金融业务。企业之间不得违反国家规定办理借贷或者变相借贷融资业务。

人民法院《关于对企业借贷合同借款方逾期不归还借款的应如何处理问题的批复》①等规定,企业与企业之间借贷曾一度被认定为无效合同。尽管,2013年9月,最高人民法院副院长奚晓明关于《当前商事审判中需要注意的几个法律适用问题》指出,“对不具备从事金融业务资质的企业之间,为生产经营需要所进行的临时性资金拆借行为,如提供资金的一方并非以资金融通为常业,不属于违反国家金融管制的强制性规定的情形,不应当认定借款合同无效”,但仍有诸多法院都认定企业之间借贷无效。

无奈之下,企业通过各种变相手段进行民间融资,比较常见的是通过披着合法贸易的外套,进行借贷性融资。

2. 企业内部集资

企业除了可通过直接的、单一主体之间借贷,还可在企业内部进行小范围的资金的融通,即企业内部集资。据称华为一直未公开发行上市,最主要的原因便是资本金充足、现金流稳定。资金的来源之一便是内部员工集资。一般来说,企业内部集资,是指除国有企业之外的非金融企业或者其他组织未向社会公开宣传,仅在单位内部针对本单位职工集资用于本单位生产经营的活动。

这种融资活动大多发生在一些民营企业,筹资对象是企业内部职工。资金用途主要是解决企业购置设备所需固定资金和流动资金的不足。按照有关的金融管理法规,企业内部筹资必须经过人民银行批准,否则,就被视为扰乱金融秩序。民间集资盛行于20世纪80年代,其在相当程度上满足了当时非公有制经济,特别是民营经济起步阶段对资金的需求,对民营经济的崛起和快速发展发挥了重要作用。近几年,民营企业向社会非公开集资活动变得活跃,集资方式包括股权式、债权式、信托式、存款式等多种类型。有的还以经营项目为依托发行所谓“受益凭证”。

关于企业内部集资,至今尚无明确的法律规定。但是,民间融资十分活络、民间融资纠纷频发的温州市中级人民法院出台《民间借贷案件审理指导意见》,指出企业仅在单位内部针对本单位职工集资并用于本单位生产经营的,该借贷行为将被认定为是合法有效的。

① 参见最高人民法院《关于对企业借贷合同借款方逾期不归还借款的应如何处理问题的批复》,企业借贷合同违反有关金融法规,属无效合同。

最高人民法院刑三庭副庭长罗国良解读非法集资时指出，在亲友或者单位内部针对特定对象吸收资金不属于非法集资。实践中，行为人的亲友或者单位内部人员开始向社会公众吸收资金，使集资行为呈现出社会性特征，这种情形应当认定为"向社会公众吸收资金"，属于非法集资。①

3. 合会

合会，是在我国有着较为悠久历史的民间金融形式，是一种基于"血缘"、"地缘"关系的、带有互动合作性质的自发性群众融资组织。民间合会并非我国独有，在国外称为"轮转基金"。就规模而言，融资数额较大的合会多分布在经济较为发达的东南沿海地区，犹以浙江、福建为多。民间合会在我国种类很多，不同地区在称谓上也有所不同。具体来说，有"轮会""摇会""抬会"等多种叫法。传统合会的目的是进行金融互助和进行储蓄，演变过程中一部分合会因为构成人员的相知程度不断降低逐步向投机性质发展。例如，2004年福建福安发生倒会，对福建省民间金融产生了严重的负面影响。可以说，合会这种金融形式在不被法律认可的情况下是没有保障的，金融风险较大。②

然而，于2014年3月1日起开始施行的我国首部地方性金融法规《温州市民间融资管理条例实施细则》，首次肯定了合会的合法地位，并对合会下了定义。合会是指一般由合会邀会人根据一定目的邀集，以参会人在一定期间内、以约定的资金数量、以互相融通为条件，分期聚集一定资金，首先供邀会人使用，其后根据制定的办法，在邀会人主持下轮流由参会人收取，直至到期结会的一种互助组织形式。进言之，在合会内部，会员共同储蓄，可以申请借贷。

4. 定向债券融资

定向债券融资与公募债不同，并非公开募集发行，其发行的对象是特定的主体，因此在性质上类似于私募债。目前并无全国层面的法律法规对其予以明确规定。根据《温州市民间融资管理条例实施细则》的规定，企业因生产经营需要，可以以非公开方式向合格投资者进行定向债券融资，按照约定的期限和方式偿还本息。每期定向债券融资的合格投资者不得超过200人。拟进行定性

---

① 参见新华网，http://news.xinhuanet.com/legal/2014-04/21/c_126413819.htm，2015年6月11日访问。

② 参见人民论坛，http://www.rmlt.com.cn/2015/0529/388859.shtml，2015年6月11日访问。

债券融资的,应当符合下列要求:

- 在温州市行政区域区内注册登记,具有法人资格;
- 经营状况良好,有支付融资本息能力;
- 融资后资产负债率不得高于70%;
- 融资期限在1年以上;
- 温州市人民政府规定的其他要求。

自上述温州地方性政府融资法规出台,首单定向债便发行成功,即融资沪光集团定向债,计划发行1亿元,第一期3000万元已由承销商中新力合股份有限公司转账到该公司的账户,发行期限为3年,债券票面年利率为10.7%。①

二、变相民间借贷融资业务的介绍

上述几种民间融资业务的具体操作方式在此不再详细介绍,仅对假借合法形式(如正常的钢材贸易)进行变相民间借贷的情形进行介绍。企业需要资金本来是正当的渴求,如果为了融通资金而故意以贸易的形式达成企业之间资金拆借甚至发放贷款的目的,则可能会被认定为以合法形式掩盖非法目的,将受到民事法律的制约甚至刑事法律的制裁。我们将对实践中最常见的变相民间借贷融资模式进行介绍。

(一)买卖回购交易模式

买卖回购一般发生在两方主体之间,即一方为向他方借贷资金,就同一批货物先后签订两份价格、履行期不同的买卖合同。由于双方真实意思在于资金借贷,实践中,一般不会实际交付标的物。(具体见图2-12)

例如,甲钢铁企业欲向乙公司发放贷款,为避免企业间借贷无效后果,双方签订两份合同。其中合同一约定,乙将自己仓库的某批钢铁以1000万元之价格出售给甲,而合同二则约定,在满足特定条件或在特定时间内,甲公司将该批货物以1300万元之价格出售给乙。合同签订后,甲公司向乙公司支付"价款"1000万元。

该案中,本质上是乙公司向甲公司借款1000万元,利息为300万元。

---

① 参见每经网,http://www.nbd.com.cn/articles/2014-04-09/824191.html,2015年6月12日访问。

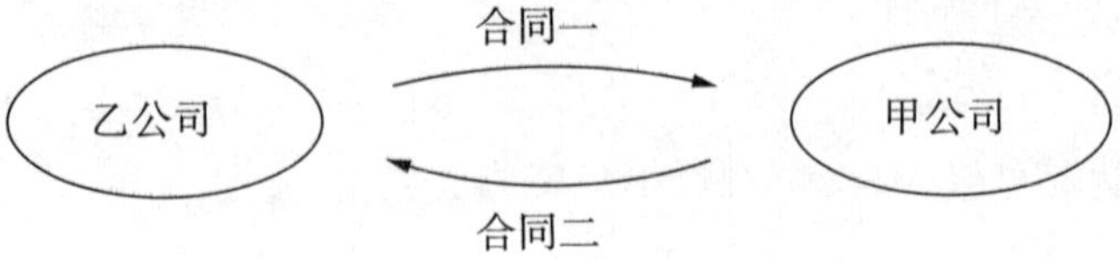

图 2－12　买卖回购交易模式图

(二)循环交易模式

循环交易是买卖回购模式的一种变型,即增加第三方乙公司。三方(或者多方)之间,两两就同一批货物签订买卖合同,每份合同中约定了不同的买卖价格、"交付"时间。由于相互间真实目的在于融资而非获得标的物所有权,该批货物并不发生实际交付。(具体见图 2－13)

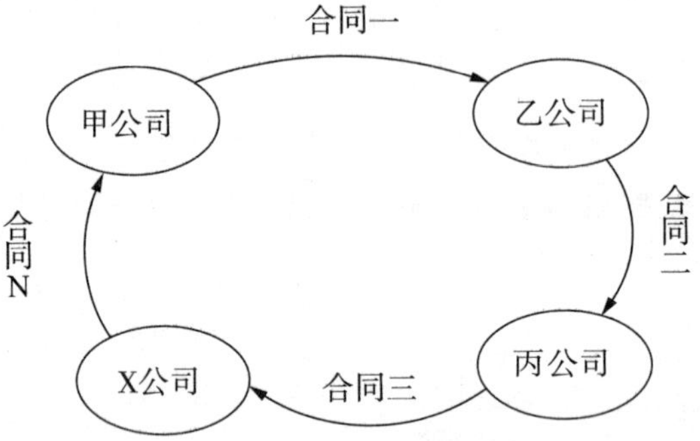

图 2－13　循环交易模式图

该案中,甲公司为获取资金融通,与乙公司就某批钢材签订买卖合同,价金为 1000 万元,乙公司再以 1100 万元之价格出售给丙公司,丙公司再以 1200 万元之价格出售给甲公司(丙与甲之间还可能存在中间商)。合同签订后,乙公司即将 1000 万元之"价款"交予甲公司,乙丙之间实际上并不发生资金往来,在丙甲之间合同约定履行期届至,甲公司将 1200 万元价款交予丙公司。实践中,乙丙之间往往可能存在关联关系。在整个过程中,该批钢材始终停放在甲仓库之中,没有实际移转。通过上述形式,乙公司向甲公司发放贷款 1000 万元,甲公司支付利息 200 万元。

(三)托盘交易模式

与循环贸易不同的是,在某些情形,融资一方存在资金与货物两方面的需求,具有融资与买卖双重目的。此时的交易模式可能设计为如下:乙公司欲从甲钢铁公司购买钢铁一批,但缺乏资金,需要从丙公司融资。首先,丙公司与甲公司签订钢材买卖合同,向甲公司购买钢材若干;同时,丙公司将该批钢材出售给乙公司。由于丙公司的目的在于向乙公司发放贷款,因此,实践中,丙公司往往指示甲公司直接向乙公司发货。[①] (具体见图2-14)

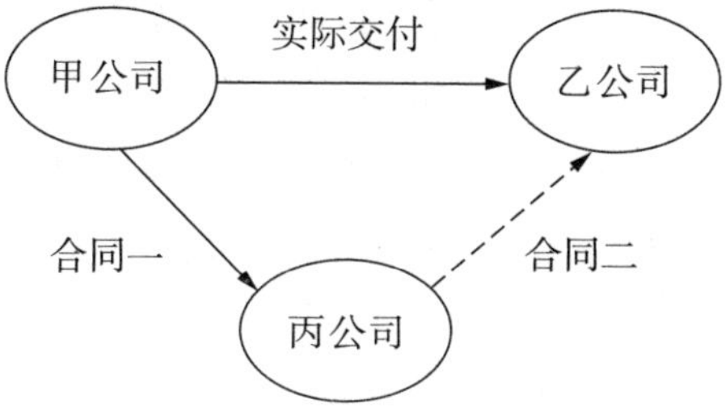

图2-14 托盘交易模式图

在这种模式的交易类型下,乙公司虽然也有取得货物的目的,但就其与丙公司之间的关系而言,本质上为融资关系而非买卖关系。

三、民间融资的法律风险及其应对

民间融资出资人的目的是获得高额利息回报,但在市场经济中资本逐利不一定都能顺利达到预期目的,甚至暗藏一定的法律风险。在民事法律角度,可能发生的法律风险包括,高额的利息对应的借贷合同有可能被认定为无效合同,企业之间的借贷合同有可能被认定为无效,借款人资信较差无还债能力导致出借人利益受损等。在刑事法律角度,可能会被判处擅自发行公司、企业债券罪、非法吸收公众存款罪、集资诈骗罪等。除了刑民法律风险、企业破产歇业,还有可能引发一系列社会问题,因偿债不能导致的故事伤害、故意杀人、绑架等群体性恶性事件早已不是新闻。

如本节开篇所提及,民间融资方式之一民间借贷纠纷正呈现出每年递增的状态,融资方违约承担责任的案例屡见不鲜。此类案例多数程度上都依赖于借

① 这种交易形式,从学理上来看,和指示交付很类似。但在指示交付中,指示人与受指示人之间须有占有媒介关系,而在本案中,丙公司和甲公司之间仅有买卖关系,买卖关系并不能构成占有媒介关系。因此,这实际上是所谓的"缩短给付"情形,属于指令交付,是现实交付的一种特殊形式。

款人的诚信与实际偿债能力。因此,此类风险的应对措施如同第一节银行贷款业务中的风险应对。但是,融资人一旦触碰到法律的红线,企业可能面临的最坏结果是破产,企业实际控制人侥幸的可能会跑路,逃之夭夭,不幸的将免不了锒铛入狱,在监狱中反省。

(一)非法集资风险案例——吴英案

曾轰动一时的吴英案,是民间融资可能引发的风险之一非法集资的典型案例。该案经一审、二审,然后经最高人民法院进行死刑复核裁定发回重审(案号为(2012)浙刑二重字第1号),最终浙江省高级人民法院认定吴英非法筹集巨额资金,构成集资诈骗罪,但鉴于其有如实供述事实之情节,最终判定死刑缓期执行。

吴英案案情如下:2003年至2005年,吴英先后开办了东阳吴宁贵族美容美体沙龙、东阳吴宁喜来登俱乐部、东阳千足堂理发休闲屋等,同时以合伙或投资名义,从俞亚素、唐雅琴、夏瑶琴、竺航飞、赵国夫、徐玉兰(另案处理)等人处高息集资,欠下巨额债务。为了还债,吴英继续非法集资。2005年5月至2007年1月,吴英以给付高额利息(多为每万元每天40~50元)为诱饵,采取隐瞒先期资金来源真相、虚假宣传经营状况、虚构投资项目等手段,先后从被害人林卫平、杨卫陵、杨志昂、杨卫江(均另案处理)及毛夏娣、任义勇、叶义生、龚苏平、周忠红、蒋辛幸、龚益峰等人处非法集资人民币77,339.5万元,用于偿付集资款本息、购买房产、汽车及个人挥霍等。至案发时,除已归还本息38,913万元,实际诈骗金额为38,426.5万元。具体事实如下:

1.2006年3月至2007年1月,吴英经杨军、骆华梅(均另案处理)介绍,以高额利息为诱饵,以投资广州白马市场商铺、注册公司及到上海银行办理4个亿贷款等需要资金为名,先后多次从林卫平处非法集资47241万元。至案发时,除已归还本息14,676万元,实际诈骗32,565万元。林卫平被骗资金又主要是从吴延飞等71人及浙江一统实业有限公司处非法吸收所得。

2.2006年6月至同年11月,吴英以高额回报或利息为诱饵,以炒铜期货、去湖北荆门收购烂尾楼及公司需要周转资金等为名,先后多次从杨卫陵处非法集资9600万元。至案发时,除已归还本息8428万元,实际诈骗1172万元。杨卫陵被骗资金又主要是从刘晓龙等30人处非法吸收所得。

3.2006年1月至同年11月,吴英以高息为诱饵,以投资广州白马市场商铺等为名,多次从杨志昂处非法集资3130万元。至案发时,除已归还本息1995

万元，实际诈骗1135万元。杨志昂被骗资金又主要是从楼恒贞等9人处非法吸收所得。

4.2005年5月至2006年11月，吴英以高额投资回报为诱饵，以投资做石油生意为名，多次从毛夏娣处非法集资不予归还，共诈骗资金762.5万元。

5.2006年10月，吴英以高息为诱饵，从任义勇处非法集资800万元。至案发时，除已归还50万元，实际诈骗750万元。

6.2005年11月至2006年11月，经杨军介绍，吴英以高息为诱饵，以投资广州白马市场商铺、公司资金周转等为名，多次从杨卫江处非法集资8516万元。至案发时，除已归还本息7840万元，实际诈骗676万元。杨卫江被骗资金又主要是从朱启明等12人处非法吸收所得。

7.2006年1月至10月，吴英以高息为诱饵，经杨卫江介绍，多次从叶义生处非法集资1670万元。至案发时，除已归还本息1354.5万元，实际诈骗315.5万元。

8.2006年11月28日，吴英以高息为诱饵，以投资需要资金为名，从龚苏平处骗取资金300万元。

9.2005年8月至2006年11月，吴英以高息为诱饵，以做煤和其他生意、公司注册需要资金等为名，从周忠红、杜云芳夫妇处非法集资2970万元。至案发时，除已归还本息2707.5万元，实际诈骗262.5万元。周忠红被骗资金除自有资金外，还有部分系从其兄弟周忠卫、周忠云处筹得。

10.2006年8月25日，吴英以高息为诱饵，以投资需要资金为名，从蒋辛幸处骗取资金250万元未归还。蒋辛幸被骗资金系从徐滨滨和包明荣2人处筹得。

11.2006年1月至9月间，吴英以高息为诱饵，以投资广州白马市场商铺为名，多次从龚益峰处非法集资2100万元。至案发时，除已归还本息1862万元，实际诈骗238万元。

诉讼过程中，检察院主张吴英构成集资诈骗罪。吴英辩护人提出：(1)吴英主观上没有非法占有的目的，客观上没有使用诈骗手段非法集资，借款人为特定对象，不符合面向社会不特定公众的要件，吴英的行为不构成集资诈骗罪；(2)吴英借款行为以公司名义进行，且用于公司经营，吴英的借款行为属于公司行为，而非吴英的个人行为；(3)即使吴英构成犯罪，应考虑本案受害人也存在一定过错，吴英有重大立功表现等从轻或减轻的量刑情节，要求对吴英在无期徒刑以下量刑。

针对上述抗辩，法院审查后认定：(1)吴英主观上具有非法占有的目的。吴英在早期高息集资已形成巨额外债的情况下，明知必然无法归还，却使用欺骗手段继续以高息不断地从林卫平等人处非法集资；吴英将集资款部分用于偿付欠款和利息、部分用于购买房产、车辆和个人挥霍，还对部分集资款进行随意处置和捐赠。(2)吴英集资过程中使用了诈骗手段。为了进行集资，吴英隐瞒其资金均来源于高息集资并负有巨额债务的真相，并通过短时间内注册成立多家公司和签订大量购房合同等进行虚假宣传，为其塑造"亿万富姐"的虚假形象。集资时其向被害人编造欲投资收购商铺、烂尾楼和做煤、石油生意等"高回报项目"，骗取被害人信任。(3)吴英非法集资对象为不特定公众。吴英委托杨某等人为其在社会上寻找"做资金生意"的人，事先并无特定对象，事实上，其非法集资的对象不仅包括林卫平等11名直接被害人，也包括向林卫平等人提供资金的100多名"下线"，还包括俞亚素等数十名直接向吴英提供资金但没有按诈骗对象认定的人。在集资诈骗的11名受害人中，除蒋辛幸、周忠红2人在借钱之前认识吴英外，其余都是经中间人介绍为集资而认识的，并非所谓的"亲友"。林卫平等人向更大范围的公众筹集资金，吴英对此完全清楚。(4)本色集团及各公司成立的注册资金均来自非法集资，成立后大部分公司都未实际经营或亏损经营；吴英用非法集资来的资金注册众多公司的目的是虚假宣传，给社会公众造成本色集团繁荣的假象，以骗得更多的社会资金，而且吴英大量集资均以其个人名义进行，大量资金进入的是其个人账户，用途也由其一人随意决定。故本色集团及所属各公司实质上是吴英非法集资的工具，原判认定本案为吴英个人犯罪正确。(5)一审认定吴英构成集资诈骗罪的相关证据均曾经吴英核对签字确认，并经一审、二审法庭出示、质证，本案的全部审判程序符合法律规定，并经最高人民法院复核确认，不存在程序违法现象。(6)吴英所谓检举揭发他人犯罪，均系其为了获取非法利益而向他人行贿，依法不构成立功。综上，吴英的辩解及其辩护人相关的辩护意见，均与查明的事实和相关法律规定不符，不予采纳。

因此，法院最终认定判定如下：吴英以非法占有为目的，以高额利息为诱饵，采取隐瞒真相，虚假宣传和虚构项目等欺骗手段面向社会公众非法集资，其行为已构成集资诈骗罪。吴英集资诈骗数额特别巨大,给国家和人民利益造成了特别重大损失,且其行为严重破坏国家的金融管理秩序,危害特别严重,应依法惩处。鉴于吴英归案后如实供述所犯罪行,并主动供述其贿赂多名公务人员的事实,其中已查证属实并追究刑事责任的 3 人,综合考虑,对吴英判处死刑,可不立即执行。吴英及其辩护人相关改判的要求,予以采纳,但辩护人要求对吴英在无期徒刑以下量刑,与吴英的罪行不符,不予采纳。原判定罪正确,审判程序合法,唯量刑不当,应予变更。

(二)案例分析及应对

最高人民法院经复核认为,被告人吴英集资诈骗犯罪事实清楚,证据确实、充分,一审判决、二审裁定定性准确,审判程序合法。吴英主观上具有非法占有的目的。吴英在早期高息集资已形成巨额外债的情况下,明知必然无法归还,却使用欺骗手段继续以高息(多为每万元每天 40 ~ 50 元,最高年利率超过 180%)不断地从林卫平等人处非法集资。

判决既定,然而讨论的声音未止:[①]部分法律界人士继续从犯罪构成要件的角度认为,判吴英有罪理由不充分。认定该罪名标准之一是“个人非法吸收或者变相吸收公众存款 30 户以上的”。吴英只是和特定的一些“会头”发生借贷关系,并不符合这一条。

但认为吴英有罪者称其行为是典型的“庞氏骗局”。北京大学国家发展研究院与法学院合聘研究员薛兆丰的观点如下:(1)反对极刑;(2)赞成给予民间融资更大自由;(3)认为吴英行为属于俗称“庞氏骗局”的诈骗行为。因此,如果不惩罚反而鼓励吴英式的经营行为,那将是对诚实商人的羞辱,也是对正当民间融资的扼杀。此外,吴英在举债时,刻意隐瞒实际亏损,并一再履行承诺,使人误信其盈利能力。在这过程中,吴英确实有实业投资,但这些实业的盈利能力从来不足以承担 50%、100% 甚至 400% 以上的利率。实际上,当吴英的经营出现亏空后,还款就越来越多地依靠她所构筑的资金链条,即利率高得越来越不切实际的新贷款。败露的契机,也正是这个资金链条的断裂。

华东政法大学经济法学院院长吴弘也认为,吴英是通过 11 个人,要求向更多的人去筹集资金,款项吸收进来,是典型的“庞氏骗局”。集资诈骗的钱是挪

---

① 参见第一财经网站,http://www.yicai.com/news/2012/04/1654185.html,2015 年 4 月 3 日访问。

用掉的,吴英案件中的大部分资金也是挥霍掉的,只有小比例的资金用于了投资,这符合集资诈骗的认定条件。同时,他表示,庞氏骗局在国外也是以诈骗处理。

有同情者认为,在民间借贷的复杂现实中,吴英的越陷越深情有可原。曾因非法吸收公众存款而入狱的河北大午农牧集团有限公司原董事长孙大午在接受本报采访时就认为,吴英拆东墙补西墙只是想瞒一时。“她的瞒,是想借了钱,然后盼着盈利,然后偿还。她的借款,是有合约、有文字承诺的,所以她是想还的,也在还。”因此,应该给吴英以时间和空间来还债。如果还不了就走破产程序,再对吴英和高利贷者进行处罚,政府还有收益。

据称,北京大学法学院教授张千帆教授曾表示,谈论吴英案,首先需要讨论的是:所谓的非法集资是不是应该构成经济犯罪?

国家垄断金融导致民间借不到借款,这种现象本身就是一种不公平和不平等的金融体制造成的,有一种观点认为非法集资不应该构成任何一方的犯罪,不仅不应该定罪,而且应该改变这种体制。

虽然,吴英案支持者与反对者仍各执己见,但吴英被判处刑罚是客观事实。学说可以多元,民意也可以宽容,但是法律就是法律,在没有因各方言论而得以修订之前,法律终究是合法与非法、履约与违约、罪与非罪的标尺与准绳。无论是企业还是实际控制人试图通过民间集资的方式进行融资,都必须死守那根红线。因为,虽然一般而言创新是被鼓励的,但是在当下的经济环境中相对保守的态度是能够获得融资的前提。

第三章

权益融资

第一节
天使投资、风险投资(VC)与私募股权投资(PE)

一般来说,一个公司从初步创立到稳定成长,需要三轮融资:第一轮融资主要来自个人或机构天使投资作为公司的启动资金;第二轮融资往往会有风险投资机构进入为产品的市场化注入资金;最后一轮则是上市前的融资,来自大型风险投资机构或私募基金。直至企业成功上市,仍需不断融资如定向增发。我们称前三轮融资为上市前融资,企业上市后为上市后的再融资。作为首轮融资,天使投资、VC 与 PE 似乎扮演着主角角色。

本节重点内容将围绕私募股权投资,天使投资与风险投资也将进行对比性介绍。

一、天使投资

有人称:当你刷爆了全部的信用卡并榨干了你所有的亲朋好友之后,作为一名创业者,接下来就只能向所谓的“天使”投资人求助了。[1] 这一表述,形象地描绘了“天使投资”对处于种子期、初创期成长性企业或创业者的重要性。

1998 年,两位还没毕业的穷学生向 Sun 公司的共同创始人安迪 · 贝托尔斯海姆讲述他们的创业梦想,后者对他们说:我听不懂你们的商业模式,先给你们一张支票,半年之后告诉我你们在做什么。靠着这 20 万美元支票起家,两个人一步步打造出了今天的 Google,而安迪 · 贝托尔斯海姆的 20 万美元后来演变成了近 3 亿美元。

2010 年,被美国《时代》杂志评为年度人物的互联网超级明星扎克伯格,facebook 创始人,也是在天使投资人 AboutFace 公司 20 万美元的资助下开始了梦想,其后又获得 AccelPartners 的 1270 万美元的风险投资。

在中国,天使投资孵化金蛋的例子也比比皆是。现任搜狐公司董事局主席兼首席执行官张朝阳,曾得到其老师美国麻省理工学院尼古拉 · 庞帝教授等的 20 多万美元天使投资,使其于 1996 年创立爱特信发展为今天的搜狐网,今天市值 21 亿美元;2000 年,李彦宏和徐勇借助 120 万美元的天使投资,创建了今天的百度,今天市值 771.94 亿美元。

到底何为天使投资?在我国,并没有明确的法律规定对其进行专门的解释。据称,天使投资一词,起源于百老汇,一般指富人出资帮助演出得以实现。因此,最初的天使投资带有公益性质。但我们所称的天使投资,主要指权益资本投资的一种方式,它是参与性投资,也是增值型投资。投资者拟通过对创业者投以资金而获取收益,同时还可能会参与公司的经营管理、战略决策等。只是与一般投资有所差异,天使投资风险很大,但收益也可能很高,可谓“高风险、高收益”。

该种投资模式下的投资者被称为投资天使,或天使投资人。在我国,有哪些著名的天使投资人?新东方创始人徐小平,小米科技创始人、董事长兼首席执行官、金山软件公司董事长雷军,曾任 Google、微软全球副总裁、创新工场董事长兼首席执行官李开复,都是中国著名的天使投资人。除此之外,逐渐兴起以“天使投资俱乐部、天使联盟”等形式组织的天使投资团队以及天使投资基金

① 参见福布斯中文网,http://www.forbeschina.com/review/201201/0014782.shtml,2014 年 9 月 3 日访问。

等机构化投资天使。2013 年天使投资联盟不断涌现，如江苏省天使投资联盟、中国技术创业协会天使投资联盟、广州开发区天使投资联盟、中关村天使投资协会、中关村天使投资百人会、中国青年天使会。天使投资基金则以真格基金为典型。

哪些企业能获得投资天使的投资呢？由于我国关于天使投资的立法几乎处于空白状态，因此没有特别限制。然而，近几年部分省市地方政府相继出台了一些规范性文件（详见后文“天使投资适用的法律规范”部分），有些规范对融资方或天使投资的对象有所限定。以杭州市为例，根据《杭州市蒲公英天使投资引导基金管理办法（试行）》的规定，天使投资引导基金的投资对象为初创期企业。初创期企业是指在杭州市注册设立，主要从事高新技术产品研究、开发、生产和服务，成立期限一般在 3 年以内的非上市公司，且应当具备下列条件：具有企业法人资格；职工人数在 100 人以下，具有大专以上学历的科技人员占职工总数的比例在 30% 以上，直接从事研究开发的科技人员占职工总数的比例在 10% 以上；年销售额在人民币 2000 万元以下或净资产在人民币 2000 万元以下，原则上每年用于高新技术研究开发的经费占销售额的 5% 以上。在实践中，似乎并没有过多限制，甚至很多时候天使投资人都不需要经过对项目的审核、缔约磋商等流程，直接将资金打入融资者、创业者账户。

天使投资与其他融资方式相比，尤其是 VC、PE，有何优势？创业者、初创期企业将怎样获得天使投资人的投资？具体要经过什么流程？当下，中国与国外天使投资现状如何？作为融资方的创业者、初创期企业又是否将面临各种风险？

（一）天使投资概述

1. 天使投资适用的法律规范

天使投资在国外发展相对更加成熟，在我国逐渐兴起离不开互联网的普及。然而，一直以来并没有明确的法律法规对天使投资进行规制，仅部分法律规范有所涉及：2003 年全国人大常委会出台的《中小企业促进法》，2006 年由国家发展和改革委员会、科学技术部、财政部、商务部、中国人民银行、国家税务总局、国家工商行政管理总局、中国银行业监督管理委员会、中国证券监督管理委员会、国家外汇管理局联合出台的《创业投资企业管理暂行办法》，2011 年科学技术部出台的《科技企业孵化器认定和管理办法》。

然而,在2013年,利好天使投资发展政策不断出台,2013年7月25日发改委发布《关于加强小微企业融资服务支持小微企业发展的指导意见》。该政策对于优质天使投资项目后续融资发展起到一定的促进作用。2013年8月8日,国务院出台《国务院办公厅关于金融支持小微企业发展的实施意见》。2013年10月25日国务院总理李克强主持召开国务院常务会议,此次会议重点讨论了推进公司注册登记制度改革,以进一步降低创业成本,激发社会投资活力。2013年一些地方政府也出台了相应促进天使投资发展的指导办法,如《江苏省天使投资引导资金管理暂行办法》《扬州市天使投资引导资金管理暂行办法》《青岛市财政局天使投资引导资金管理暂行办法》《宁波市天使投资引导基金投资管理实施细则(暂行)》《杭州市蒲公英天使投资引导基金管理办法(试行)》。

部分主要法律规范如表3-1所示:

表3-1 天使投资适用的部分主要法律规范

序号	规范名称	颁布机构	生效时间
1	国务院办公厅《关于金融支持小微企业发展的实施意见》	国务院办公厅	2013年8月8日
2	《关于加强小微企业融资服务支持小微企业发展的指导意见》	国家发展和改革委员会	2013年7月23日
3	《中小企业促进法》	全国人民代表大会常务委员会	2003年1月1日
4	《科技企业孵化器认定和管理办法》	科学技术部	2011年1月1日
5	《杭州市蒲公英天使投资引导基金管理办法(试行)》	杭州市科学技术委员会、杭州市财政局	2014年6月1日
6	《创业投资企业管理暂行办法》	国家发展和改革委员会、科学技术部、财政部、商务部、中国人民银行、国家税务总局、国家工商行政管理总局、中国银行业监督管理委员会、中国证券监督管理委员会、国家外汇管理局	2006年3月1日

续表

序号	规范名称	颁布机构	生效时间
7	《江苏省天使投资引导资金管理暂行办法》	江苏省财政厅、江苏省科学技术厅	2013 年 2 月 1 日
8	《宁波市天使投资引导基金管理办法(暂行)》	宁波市科学技术局、宁波市经济和信息化委员会、宁波市财政局	2012 年 11 月 20 日
9	《宁波市天使投资引导基金投资管理实施细则(暂行)》	宁波市天使投资引导基金管理委员会办公室	2013 年 3 月 11 日
10	《青岛市财政局天使投资引导资金管理暂行办法》	青岛市财政局、青岛市科学技术局	2013 年 9 月 12 日

2. 天使投资的特征

天使投资作为企业首轮融资三种主要方式之一,具有不同于第二轮、第三轮融资的特点。

(1)投资对象比较明确

天使投资的对象主要是处于种子期、初步创立期的企业,换言之,企业才刚刚起跑,尚不成熟。第二轮、第三轮投资往往是已经发展较为成熟的企业,甚至是已经上市的公众公司。

(2)投资者无门槛

天使投资的投资者并没有特别限制,并不要求投资者必须是个人或机构,也不要求个人账户余额必须达到一定值或为机构设置净资产或金融资产门槛。当然,实务操作上,天使投资更多是个人,虽未必是“大富翁”,但曾经可能是创业者,有一定的经验。

(3)高风险、高收益

天使投资对于投资者而言属“高风险、高收益”的一种投资方式,一旦投入的资金使种子期企业茁壮成长,可能将有 10 倍、20 倍甚至更高的收益。当然,投资者自身也能预见到,如果创业计划夭折,投入的资金将付诸东流。也因此,该种类型的投资者被称为“天使”。

(4)参与型投资

天使投资是一种增值型投资、参与型投资。由于投资者更多时候曾经也是创业者，因此投资后可能会参与公司的战略决策和设计，为创业者提供建议、帮渡难关等。当然，也有一些投资天使注入资金后持观望状，Google 曾经的投资天使安迪·贝托尔斯海姆便是典型。

同时，虽然其与 VC、PE 同为企业创立期较为重要的融资方式，但仍有所差异，也因此形成了天使投资自身的特点。与 VC 相比，天使投资一般被认为是风险投资的一种，但天使投资的投资者更多是个人，而 VC 投资者更多是机构。与 PE 相比，天使投资的投资金额一般较小，私募投资的投资者门槛较高。投资于单只私募基金的金额不低于 100 万元，且机构的净资产不低于 1000 万元，个人的金融资产不低于 300 万元或最近三年个人年均收入不低于 50 万元。虽然三者本质上仍有所差异，但在实务中，相互之间的界限越来越模糊。

3. 天使投资的发展现状

(1) 中国天使投资发展现状

2000 年以后，中国的风险投资快速发展，天使投资人也随之出现。但现阶段，中国仍面临缺少专业的天使投资家的困境。大多数天使投资者喜欢选择短、频、快的项目，因此比较成熟的大型项目（如接近上市的公司）融资相对容易，但风险系数相对高，更需要全方位扶持的创业型企业，较难获得支持。

虽然起步较晚，但顺应全球发展大潮，经历十几年的发展，中国天使投资进入快速发展期。根据投资中国研究院出具的《2013 年中国天使投资年度报告》[①]显示，2008～2013 年，中国天使投资案例数量和融资规模均呈逐年增加态势，2013 年全年共披露天使投资案例 262 起，总投资金额 10.09 亿元。由于天使投资机构的部分项目比较敏感、私密，不易对外披露，因此，中国天使投资案例数量和规模总体上应高于以上统计（具体见图 3－1）。

从单笔投资金额分布上看，2008 年以来披露的 861 起天使投资案例中，大多数案例的投资金额在 300 万元以下（占案例总数的 65.07%）。投资金额在 300 万元以上 500 万元以下的案例占比为 22.63%，在 500 万元以上 1000 万元以下的案例占比为 6.64%，在 1000 万元以上 2000 万元以下的案例占比为 3.08%，而 2000 万元以上的案例占比仅为 2.58%（具体见图 3－2）。

① 参见《2013 年中国天使投资年度报告》，投中研究院，2014 年 1 月 22 日。

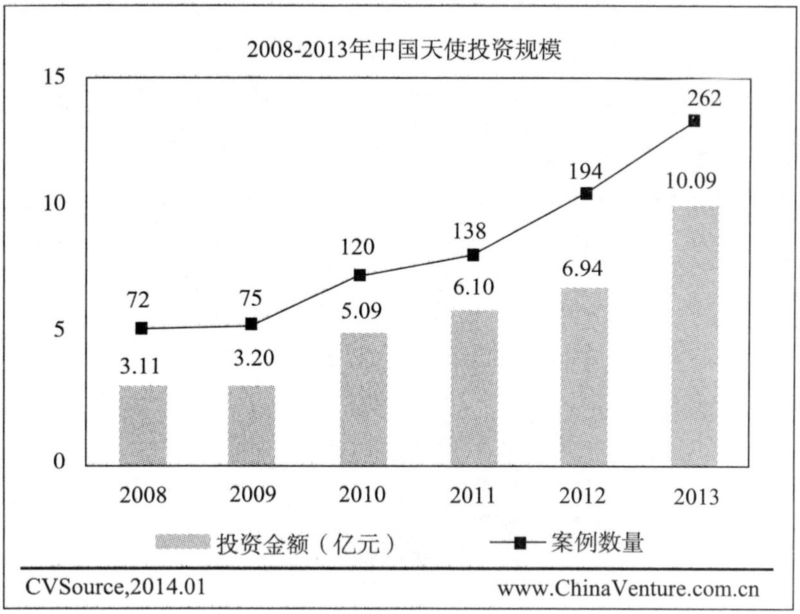

图 3-1　2008～2013 年中国天使投资规模

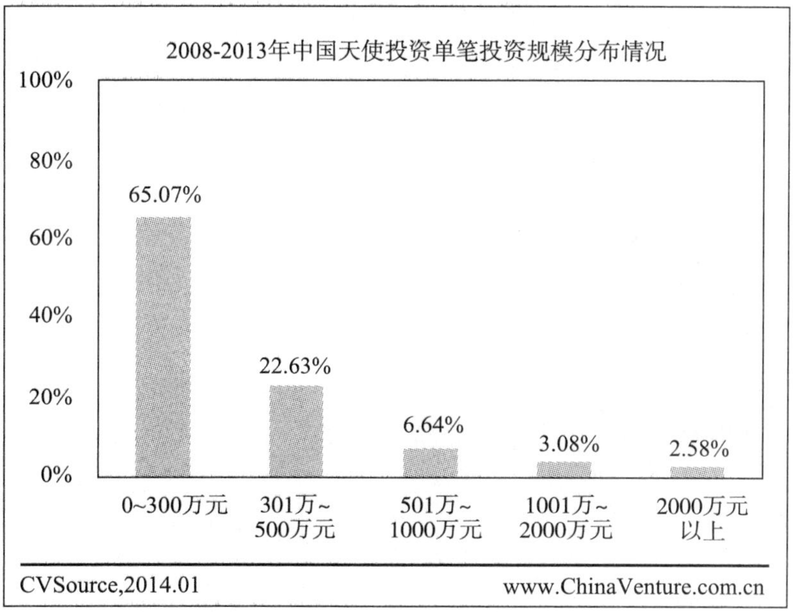

图 3-2　2008～2013 年至今中国天使投资单笔投资规模分布情况

可见，天使投资发展态势良好，一直呈递增状态，但单只投资额小仍占多数。

天使投资行业方面，中国天使投资行业分布较为集中，其中互联网、移动互联网、IT 行业最受中国天使投资人追捧，2008 年至今的投资案例数量占比分别为 34%、20% 和 18%，投资金额分别为 15.1 亿元、5.9 亿元和 5.3 亿元。这也符合天使投资介入的早期性这一基本属性。此外，制造业、文化传媒、医疗健康等行业也受到了天使投资人的广泛关注（见图 3－3、图 3－4）。

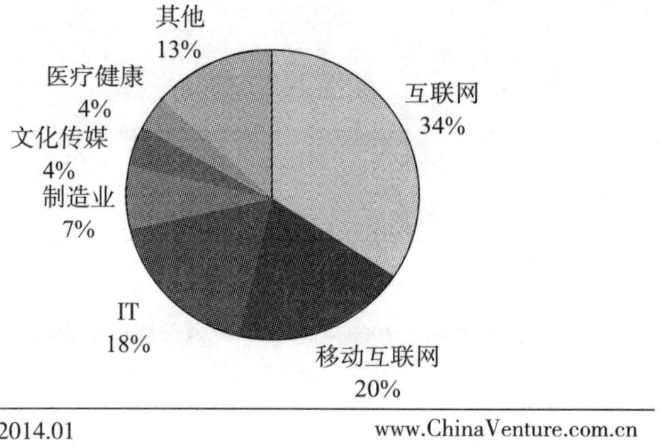

图 3－3　2008～2013 年中国天使投资行业分布（按数量）

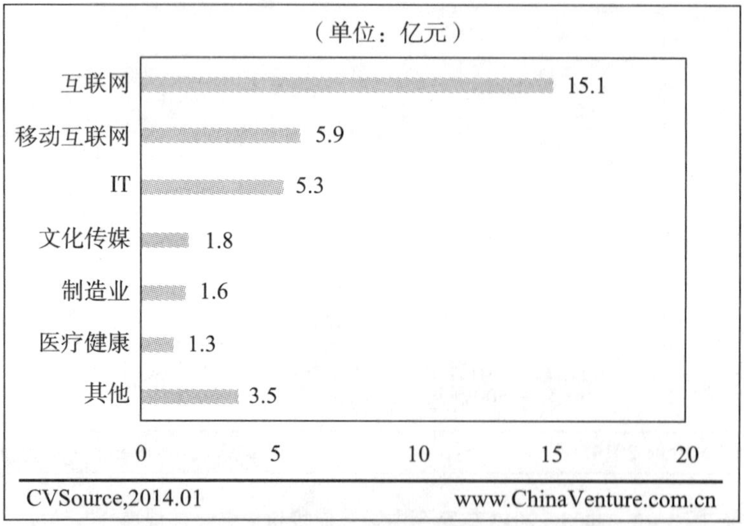

图 3－4　2008～2013 年中国天使投资行业分布（按金额）

(2)国外天使投资发展现状

总体而言,天使投资在资本市场相对发达的国家发展成熟。据美国天使投资协会的统计,从1996年开始,由天使投资人投资的创业企业数量以每年35%的速率增长。从投资总额上讲,天使投资已经占到了风险投资的40%~50%。在欧洲,天使投资人被称为"商业天使"或"有投资技巧的私人投资者",潜在数量约100万名,其中12.5万名较为活跃,每人平均每笔投资额约2.5万~25万欧元。①

美国《证券交易委员会501号条例》和《1993证券法》D条例中,明确了可成为天使投资家(经鉴定合格投资者)的标准:投资者必须有100万美元的净资产,至少20万美元的年收入,或者在交易中至少投入15万美元,且这项投资在投资者的财产占比不得超过20%。

全世界最为知名的孵化器为美国硅谷的Y Combinator,它扶持初创企业并为其提供创业指南。它不仅吸引了很多知名的天使投资人加入,其中孵化出的初创公司基本被超级天使或VC大力追捧和争相投资。Y Combinator一个项目只投2万~3万美元,占5%左右股份,会安排教练给每个创业者,并且有创业课程等予以辅助,但是不提供创业场地。除此之外,还有纽约市的高科技孵化器Betaworks、横跨欧美的Seed Camp等。

(二)天使投资融资业务介绍

创业者该如何开展天使投资?如何吸引天使投资人?又如何挑选天使投资人?具体流程如何?

在天使投资适用的法律规定部分,我们提到较高效力位阶的法律法规仍处于空白区。因此,并没有明确的规范对天使投资的流程予以规定。在实务中,形成的一套做法似乎被默认为行业惯例。它主要分为三个阶段,融资方与投资方达成增资初步意向及尽职调查、增资协议的签署和股东会批准、注资及工商登记。在双方达成初步意向之前,融资方即创业者会出具创业计划书,向投资者描述投资创意。可以说是否能吸引天使投资人、天使投资机构注资,极为关键的便是体现自创业计划书中创业者的设想是否能打动投资者。

① 参见和讯网,http://money.hexun.com/2014-07-17/166715269.html,2014年9月2日访问。

表3－2较为清晰地反映了一般天使投融资的整个过程，较为细化：①

表3－2　天使投资融资流程表

序号	办理事项	涉及的主要文件	是否为必经程序
1	创始人与投资人协商增资事宜	无	是
2	根据双方对增资事项的初步安排拟定	《投资条款清单》	否
3	双方审阅、讨论并签署《投资条款清单》	《投资条款清单》	否
4	投资人对企业进行尽职调查	《保密协议》	否
5	根据《投资条款清单》起草正式的增资法律文件	《增资协议》等	是
6	双方审阅、讨论并签署正式的增资法律文件	《增资协议》等	是
7	公司召开股东会，批准本次增资	《股东会决议》	是
8	正式协议签署后，公司开设入资所需的银行验资账户	一般情况需要公司的各类证件照，及投资人的身份证或营业执照复印件，但不同的开户银行有不同的要求	是
9	投资人汇入投资款	《汇款证明》	是
10	投资款入账后，公司即可委托会计师事务所办理验资报告	《验资报告》	是
11	申请办理工商变更登记	《公司章程》《股东会决议》《营业执照》	是

二、风险投资（VC）

VC全称为Venture Capital，即风险投资或风投，是股权投资的一种方式。但是股权投资的目的并非是通过实际持有公司的股权而控制企业，也不是为了经营企业，而是通过投资、提供增值服务把企业做大、做强，最终以IPO、并购、股

① 表格来源于北京尚伦律师事务所制作并于2013年5月对外公布的《天使投融资法律文件与解析》。

权回购等方式退出，获取相应的利润回报。

就拟融资者而言，VC 又是融资的一种方式，与天使投资、私募股权投资（PE）一起构成上市前企业三种最重要的融资方式。风险投资一词通常被认为起源于 20 世纪 60 年代的美国，是指一些愿意以高风险换取高收益的投资人发明的。当然，实质上，风险投资与天使投资一样，投融资行为早已存在，只是后期才有“风险投资”的称谓罢了。

风险投资对于创业初期的创业者、初创企业意义重大。首先，帮助企业将技术创新成果、创意点子等转化为现实生产力，助推成长性企业迅速成长；其次，加大科研投入，吸收优秀人才，引入现代化经营模式，建立现代企业管理制度；再次，通过股权投资，减轻企业过高的负债率，调整资产负债结构，进行财务规划，避免重复开发、重复建设，提高资金利用效率；最后，引导企业进行品牌形象建设，提高社会知名度，最终向成熟企业迈进。

那么，VC 自身有何特点？天使投资是否就是 VC 的一种？同为股权投资，VC 与 PE 有何异同？当下中国 VC 的发展现状如何？与资本市场较为发达的欧美国家相比，有哪些差距？是否有成功的案例？此外，对于拟通过 VC 融资的企业而言，一般认为其不存在风险，因为是“风险投资”而非“风险融资”，“风险投资对创业者最大的好处在于即使失败，也不会背上债务”，当真如此吗？

（一）VC 概述

1. VC 适用的法律规范

1985 年，官方文件《关于科学技术改革的决定》第一次提出创业风险投资后，在构建中国特色社会主义法律体系的过程中，我国的立法始终为风险投资的发展留有充足的空间。例如，从早期的《中小企业促进法》《公司法》《合伙企业法》到近些年的《企业所得税法》《就业促进法》《科学技术进步法》，这些法律的制定、实施对风险投资企业的发展提供了一个较为宽松的大环境。

与风险投资直接相关的法律规范具体如下：1999 年 11 月 16 日，科学技术部、国家计划委员会、国家经济贸易委员会、财政部、中国人民银行、国家税务总局、中国证券监督管理委员会七部委联合颁布《关于建立风险投资机制的若干意见》；1999 年 12 月 30 日，国务院办公厅出台《国务院办公厅转发科技部等部门关于建立风险投资机制若干意见的通知》;2001 年 12 月 4 日,中国证券监督管理委员会发布《关于对证券公司参与风险投资进行规范的通知》;2006 年 1 月 3 日,国家发展和改革委员会、科学技术部、财政部、商务部、中国人民银行、国家税务总局、国家工商行政管理总局、中国银行业监督管理委员会、中国证券监督管理委员会、国家外汇管理局十部委联合出台《创业投资企业管理暂行办法》;2007 年 1 月 31 日,财政部与国家发展和改革委员会联合颁布《关于产业技术研究与开发资金试行创业风险投资的若干指导意见》;2007 年 8 月 13 日,国家发展和改革委员会办公厅与财政部办公厅联合发布《关于产业技术研发资金试行创业风险投资项目申报和管理相关工作的通知》;2007 年 12 月 20 日,财政部与国家发展和改革委员会联合出台《产业技术研究与开发资金试行创业风险投资管理工作规程(试行)》;2008 年 7 月 11 日国家科学技术部出台《科学技术部关于孵化器与创业风险投资机构开展合作试点工作的通知》;2011 年 11 月 23 日,国家发展和改革委员会办公厅发布《关于促进股权投资企业规范发展的通知》;2012 年 12 月 28 日,全国人大常委会颁布《证券投资基金法》。

上述主要法律规范具体见表 3 - 3:

表 3 - 3 与风险投资直接相关的主要法律规范

序号	颁布机关	时间	名称
1	科学技术部、国家计划委员会、国家经济贸易委员会、财政部、中国人民银行、国家税务总局、中国证券监督管理委员会	1999 年 11 月 16 日	《关于建立风险投资机制的若干意见》
2	国务院办公厅	1999 年 12 月 30 日	《国务院办公厅转发科技部等部门关于建立风险投资机制若干意见的通知》
3	证监会	2001 年 12 月 4 日	《关于对证券公司参与风险投资进行规范的通知》

续表

序号	颁布机关	时间	名称
4	国家发展和改革委员会、科学技术部、财政部、商务部、中国人民银行、国家税务总局、国家工商行政管理总局、中国银行业监督管理委员会、中国证券监督管理委员会、国家外汇管理局	2006年1月3日	《创业投资企业管理暂行办法》
5	财政部与国家发展和改革委员会	2007年1月31日	《关于产业技术研究与开发资金试行创业风险投资的若干指导意见》
6	国家发展和改革委员会办公厅与财政部办公厅	2007年8月13日	《关于产业技术研发资金试行创业风险投资项目申报和管理相关工作的通知》
7	财政部与国家发展和改革委员会	2007年12月20日	《产业技术研究与开发资金试行创业风险投资管理工作规程(试行)》
8	国家科学技术部	2008年7月11日	《关于孵化器与创业风险投资机构开展合作试点工作的通知》
9	国家发展和改革委员会办公厅	2011年11月23日	《关于促进股权投资企业规范发展的通知》
10	全国人大常委会	2012年12月28日	《证券投资基金法》

2. VC的特征

(1)风险投资主体

风险投资主体主要有三类,风险投资资本金、风险投资公司及产业附属投资公司,分别以投资者个人自有资金投资、以风险投资基金(即通过集合在一起的基金的形式)进行投资以及代表母公司的利益进行投资而投向特定行业。

此外,创业风险投资家往往还会主动参与被投资企业的经营并实施监督和管理。创业风险投资家的能力与经验是创业风险投资机构的核心竞争优势,他们在扮演创业风险资本的"投资代理人"角色的同时还需要积极主动地参与到企业经营管理中去。实践中,创业风险投资家不仅要在投资前对企业进行筛选和考察以决定是否投入资金，更需要在投资后凭借其长期积累的知识、经验、信息网络甚至声誉来帮助创业企业家更好地经营企业，以提升企业的价值并为风险投资者实现投资回报。VC如果采取风险投资基金的方式运作，则不同于天使投资，具体形式上，一般采用有限合伙的形式，可以在税收方面享有一定的优惠。由风险投资基金管理公司作为普通合伙人，负责基金的管理、投资运作，投资者则作为有限合伙人。管理者通过管理行为获取报酬，投资者通过投资行为获得收益。

(2)风险投资对象

由于风险投资着眼于企业未来的发展潜能，而不是资产负债状况，因此，一般而言，创业风险投资主要以高新技术、高成长性企业为投资对象。也因此，投资者在投资回报上往往具有“高风险、高收益”的特点。具体而言，它通常投资于高新技术产业的创建和新产品的研究开发阶段，而该阶段的投资具备两个典型特征：一是失败概率极高，80%～90%的投资均以失败告终；二是一旦获得成功则会带来技术革新从而实现非常可观的投资回报。这两种特征使得创业风险投资兼具了高风险和高收益的特征。

根据相关数据显示，20世纪90年代，VC在中国所投资的企业几乎全部都是互联网企业，如新浪、搜狐、阿里巴巴创业之初都得到VC的“一臂之力”，如今都是互联网行业的领头羊。不难想象，当初投入的风险资本，如今获益的可观性之大。当然，不可否认期间“夭折”的项目肯定占绝大多数，只是市场会选择性地将“成功者”广而告之。如今，新一轮风险投资的投向已不再局限于互联网行业，一些传统的项目开始成为“宠儿”，以餐饮业、酒店业等服务行业为代表。

(3)风险投资退出途径

风险投资与天使投资典型差异之一在于，风险资本有较为明确的退出机制，投资者通常可以通过如下方式退出被投资企业，分别是股权回购、股权转让、IPO、并购等。

如果风险企业在渡过了技术风险和市场风险，已经成长为一个有发展潜力的中型企业后，仍然达不到公开上市的条件，它们一般会选择股权回购的方式实现退出。股份回购对于大多数风险投资者来说，是一个备用的退出方法。当风险企业不是很成功的时候，为了保证已投入资本的安全，便可采用此种方式退出。由于企业回购对投资双方来说都有一定的诱惑力,所以风险企业从风险投资家手中回购股权的方式发展得很快。在美国,从企业数目来看,风险企业回购已成为风险投资退出的最主要的途径。股权转让对投资者而言也是风险资本退出较为常见的方式之一。

当企业已经发展相当成熟,并达到公开上市的标准,则投资者可通过企业IPO,实现投资资本的回收以及资本的增值。

在国内并购重组风声水起的大背景下,因 IPO 关闸而退出不畅的风投机构们也开始转向并购市场寻找“退出之路”。2013 年以来,国内风投机构借道并购渠道,实现了 156 亿元资金的退出,而依靠 IPO 等其他渠道获得的退出额度总计才 34 亿元。以 2013 年上半年风投退出的总金额 190 亿元计算,并购退出的金额占到了 82%,并购成为风投最主要的退出渠道,具体通过现金收购、股权转让、定向增发三种方式实现退出。

3. 风险投资发展现状

本节对全球风险投资的发展现状与中国风险投资发展现状进行介绍,并进行简单的数据比对。数据[①]主要来源于《2013 年度风险投资与并购报告》。

(1)全球发展现状

2013 年,全年风险投资事件共 6056 起,其中 4771 起披露交易额 806 亿美元。全年四个季度的交易数量及交易额稳步增长,后三个季度维持在均衡水平。其中,三季度交易数量 1755 起,为交易数量最高的季度;二季度交易额 226 亿美元,为交易额最高的季度(具体见图 3-5)。

从行业分布来看,交易数量排名前 5 的是:健康/医疗、软件服务、电子商务、(新)能源、网络/通讯行业,交易数量合计 2704 起,占比 45%。(具体见图 3-6)

(2)中国发展现状

随着中国市场化进程的推进,风险投资在孵化中小企业方面发挥了越来越重要的作用。根据最新数据显示,中国市场 2013 年度风险投资交易数量 935 起,全球占比 15.44%,其中 402 起披露交易额 120.5 亿美元,全球占比 14.95%。(具体行业分布见图 3-7)

---

① 数据来源:《2013 年度风险投资与并购报告》,资本实验室,特此感谢。可参见新浪网专栏,http://tech.sina.com.cn/zl/post/detail/i/2014-02-26/pid_8442861.htm,2014 年 9 月 18 日访问。

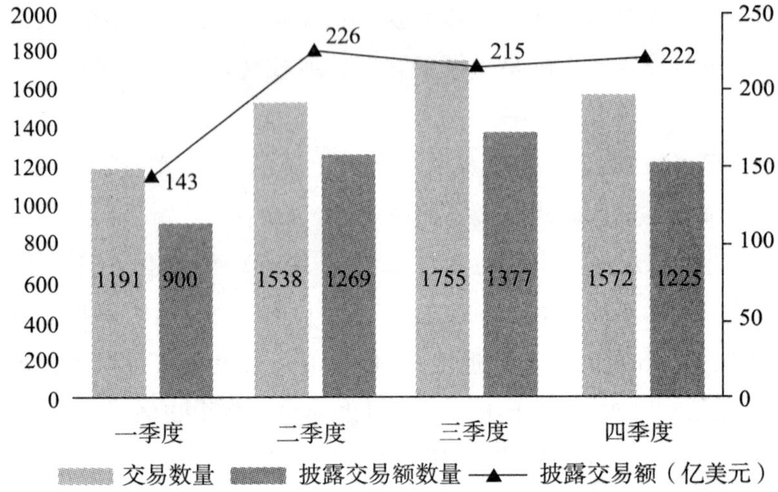

图 3－5　2013 年度投资活动季度变化趋势

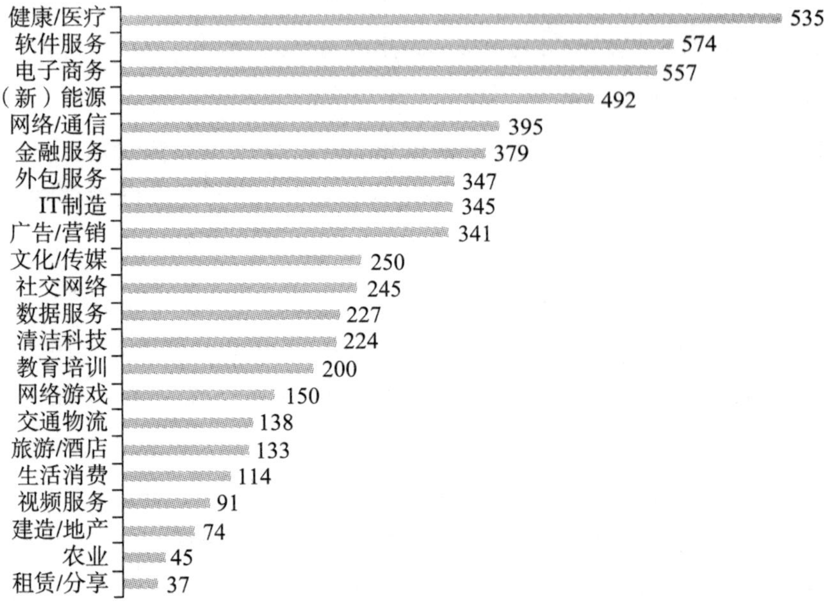

图 3－6　2013 年度各行业投资交易数量

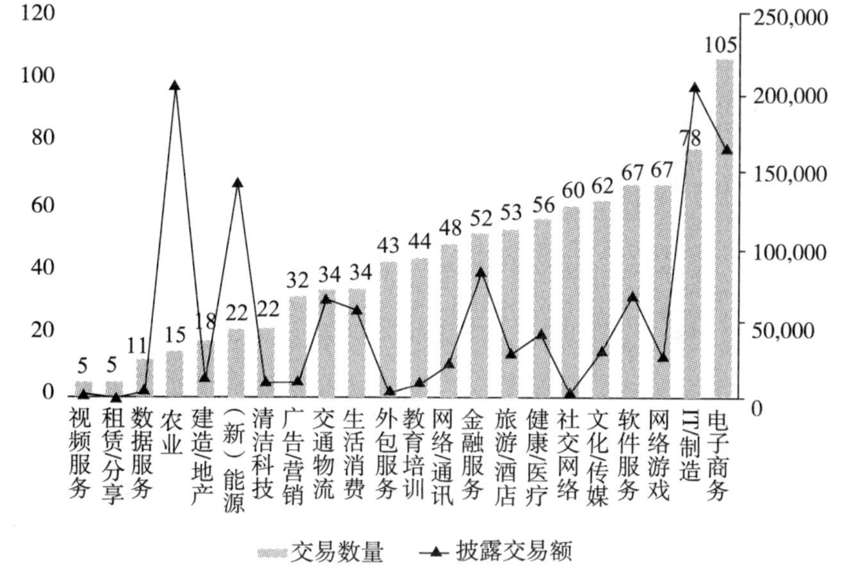

图 3－7　中国市场风险投资交易行业分布

通过将中国风险投资本行业交易数量和交易额的全球对比，可以进一步发现：2013 年度中国市场风险投资交易最活跃的行业包括：电子商务、在线旅游、交通/物流、网络游戏、文化/传媒、生活消费。这些行业在 2013 年的投资活动实现"井喷"，交易数量、交易额均接近或超过了本行业全球统计数据的 1/4。与上年度相比，中国互联网金融、在线教育领域在 2013 年的发展异常迅猛，创新层次、发展水平开始进一步与国际市场接近。在这背后，既有新创企业的异军突起，也有传统金融企业、传统教育企业、互联网巨头的强力推动（具体见图 3－8）。

（二）风险投资业务介绍

融资方该如何开展风险投资，具体流程又如何？包括如何吸引风险投资，又如何挑选天使投资人，以及具体如何注入资金等。

1. 制定投资计划书

对于融资方而言，开展风险投资第一步在于搜寻投资机会。投资机会可以来源于风险投资者、自行寻找、企业家自荐或第三人推荐。不论哪种方式，都需要融资方提供投资计划书。计划书类似于"要约邀请"，是拟投资者决定是否投

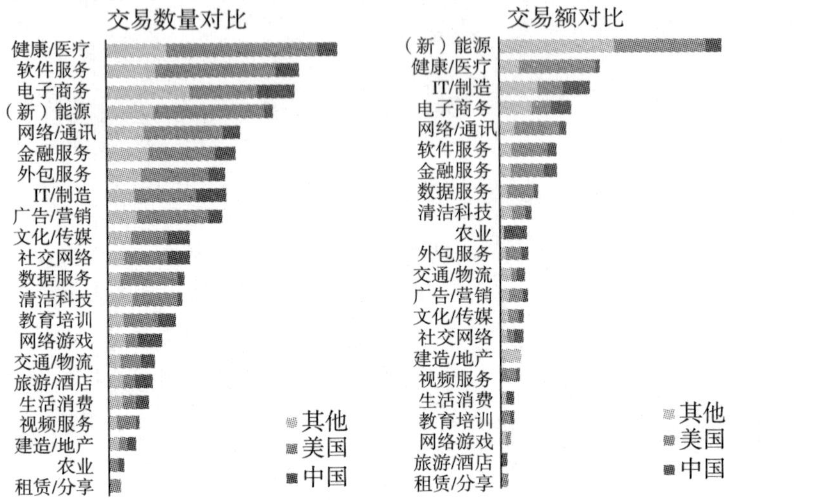

图 3－8　中国市场风险投资交易全球对比

资的关键所在。

据称，美国"新企业协进公司"（New Enterprise Associates Inc.，一家风险投资公司）每年接到二三千份项目建议书；经过初审筛选出二三百家后，经过严格审查，最终挑出二三十个项目进行投资，可谓百里挑一。这些项目最终每 10 个平均有 5 个会以失败告终，3 个不赔不赚，2 个能够成功。成功的项目为风险资本家赚取年均不低于 35% 的回报（按复利计算）。换言之，这家风险投资公司接到的每一个项目，平均得到认可的可能性只有 1%，且最终成功的可能性只有 0.2%，风险投资家在寻找能使他们获得高额回报（35% 以上的年收益率）的公司或机会。尚且不论上述数据是否真实可靠，但至少能说明项目建议书被投资者接纳的概率应该不高，或者说项目建议书成功邀请到投资者的可能性较小。因此，投资计划书的创意十分重要。

2. 初审

融资方制定计划书之后，便是积极的联络与求见投资者，推销、宣传设计的项目计划。与此同时，风险投资家所从事的工作包括：筹资、管理资金、寻找最佳投资对象、谈判并投资，对投资进行管理以实现其目标，并力争使其投资者满意。以前风险投资家用 60% 左右的时间去寻找投资机会，如今这一比例已降低到 40%。其他大部分时间用来管理和监控自己投资的资金。因此，风险投资家在拿到经营计划和摘要后，往往只用很短的时间走马观花地浏览一遍，以决定在这件事情上花时间是否值得。必须有吸引他的东西才能使之花时间仔细研究。

3. 尽调

如果初审较为顺利，融资者可稍作放松，因为第一关基本闯过。接下来便是风险投资家开始对融资方的经营情况进行考察以及尽可能多地对项目进行了解。他们通过审查对意向企业的技术、市场潜力和规模以及管理队伍进行仔细的评估。这一程序包括与潜在的客户接触、向技术专家咨询并与管理队伍举行几轮会谈。它通常包括参观公司、与关键人员面谈、对仪器设备和供销渠道进行估价。它还可能包括与企业债人、客户、相关人员及以前的雇主进行交谈。这些人会帮助风险投资家做出关于企业家个人风险的结论。风险投资对项目的评估是理性与灵感的结合。其理性分析与一般的商业分析大同小异，如市场分析、成本核算的方法以及经营计划的内容等与一般企业基本相同。所不同的是灵感在风险投资中占有一定比重，如对技术的把握和对人的评价。

4. 条款清单

审查阶段完成之后，如果风险投资家认为所申请的项目前景看好，那么便可开始进行投资形式和估价的谈判。通常融资方会得到一个条款清单，概括出涉及的内容。这个过程可能要持续几个月，因为融资方可能并不了解谈判的内容，他将付出多少，风险投资家希望获得多少股份，还有谁参与项目，对他以及现在的管理队伍会发生什么。对于融资方来讲，要花时间研究这些内容，尽可能将条款减少。

5. 签订合同

在前述步骤完成之后，将落实到签订合同，敲定最终的投融资事宜。由于在整个融资过程中，投资者占据优势地位，因此，风险资本家力图使他们的投资回报与所承担的风险相适应。根据切实可行的计划，风险资本家往往会对未来3~5年的投资价值进行分析，首先计算其现金流或收入预测，而后根据对技术、管理层、技能、经验、经营计划、知识产权及工作进展的评估，决定风险大小，选取适当的折现率，计算出其所认为的风险企业的净现值。基于各自对企业价值的评估，投资双方通过谈判达成最终成交价值。

三、私募股权投资(PE)

1976年,华尔街著名投资银行贝尔斯登的三名投资银行家合伙成立了一家投资公司KKR,专门从事并购业务。这是最早的私募股权投资公司。众多的私募股权投资公司在经过了20世纪90年代的高峰发展时期和2000年后的发展受挫期之后,目前重新进入上升期。①

美国最早设定一个私募股权基金投资者人数不能超过100个人。投资者的资格是资金实力较为雄厚。最初投资者资格要求年收入在20万美元以上,家庭资产也须达到一定的水平;机构投资者净资产必须在100万美元以上。1996年以后标准作出调整:投资者人数扩大到500人,个人投资者资产特别是金融资产规模在500万以上。②

私募股权融资是相对于公开发售而言的,以股权转让、增资扩股等方式通过定向引入投资者,使公司增加新的股东获得新的资金的行为。因为大多数股票市场对于申请发行股票的企业都有一定条件要求,因此对于大多数中小企业来说,较难达到上市发行股票的门槛,私募则成为民营中小企业进行股权融资的主要方式。

随着私募股权投资在中国当下的流行,尤其是作为企业第一轮融资的最后一个重点渠道,外加2014年《关于进一步促进资本市场健康发展的若干意见》之出台,指导中国资本市场发展的十年规划将"培育私募发展"单独列出,使私募的政策地位悄然变化。对中国私募界而言,私募股权投资到底该如何定义、是否具有中国特色、其组织形式有多少种、具体又该如何操作、是否伴随有风险都值得我们深入研究。

(一)私募股权投资概述

到底何为私募股权投资?私募股权投资,简称"PE"(Private Equity),欧洲私募股权投资与创业投资协会(EVCA)将其定义为"为非上市企业提供股权资本,可用于开发新产品和新技术、增加营运资本、收购或改善企业的财务状况,

---

① 参见中国风险研究院、香港理工大学公共政策研究所联合编著:《2008中国风险投资年鉴》,第40页。转引自石育斌:《中国私募股权融资与创业板上市实务操作指南》,法律出版社2009年版,第19页。

② 参见和讯网,http://funds.hexun.com/2010-03-16/123004733.html,2014年10月20日访问。

也可用来解决所有权和管理问题,如家族企业的持续经营或管理层收购。严格地讲,风险投资(VC)是私募股权投资的一个子集,是指对创建、早期发展或扩张阶段的股权投资”。

简单而言,就是指拟融资者通过私募而非公募方式吸引少数投资者以股权投资的方式向项目企业注入资金,从而融得资金的一种融资方式。私募股权投资基金(又称“私募投资基金”或“私募基金”),则是以非公开方式向面向少数投资者募集资金设立的投资基金。由于私募基金的销售和赎回都是通过基金管理人与投资者私下协商来进行的,因此它又被称为向特定对象募集的基金。

前述风险投资也是广义上的私募股权投资,甚至并购投资也是私募股权投资。两者都是权益型投资,投资者都具有高逐利性,而且实践中,两者的区别也逐渐缩小。不过,为了使各自特征突出,本节将其分别展开论述,仅从狭义角度研究(但在相关案例、数据统计中可能不做明确区分)。根据美国风险投资协会的定义,风险投资是指由专业人士投入到新兴的、迅速发展的、具有巨大发展潜力的企业中的一种权益性资本。但是,一般而言,VC 投资对象在发展阶段的分类上,可谓是发展期的、具有高成长性的企业,不同于天使投资的种子期和初创期。然而,其与私募股权投资的对象相比,后者可能处于前者发展的后一阶段,相对更为成熟的企业。同时,VC 的“风险”似乎更高,私募股权投资的风险,往往通过投资者与融资方签订的投资协议得到缓冲。

1. 适用的法律规范

私募股权投资适用的相关法律、法规、规章及规范性文件主要如下:全国人大常委会 2012 年 12 月 28 日出台的《证券投资基金法》;国务院 2014 年 5 月 8 日出台的《关于进一步促进资本市场健康发展的若干意见》(相对 2004 年国务院出台的《关于推进资本市场改革开放和稳定发展的若干意见》而言,其被称为“新国九条”);证监会 2014 年 8 月 21 日发布的《私募投资基金监督管理暂行办法》、2013 年 3 月 15 日发布的《证券投资基金销售管理办法》;中国证券投资基金业协会 2014 年 6 月 24 日发布的《基金管理公司风险管理指引(试行)》、2014 年 1 月 17 日发布的《私募投资基金管理人登记和基金备案办法(试行)》以及《公司法》《合伙企业法》。

2. 私募股权投资的特征

(1)私下募集性

私募股权投资是以非公开的方式募集资金。根据《证券投资基金法》及《私募投资基金监督管理暂行办法》的规定,私募基金的持有人一般不超过200人,而基金的发行不能通过传媒,私募基金管理人、私募基金销售机构不得向合格投资者之外的单位和个人募集资金,不得通过报刊、电台、电视、互联网等公众传播媒体或者讲座、报告会、分析会和布告、传单、手机短信、微信、博客和电子邮件等方式,向不特定对象宣传推介,主要通过私人关系、券商、投资银行或投资咨询公司介绍筹集资金。

(2)权益性融资

私募来的基金主要用于企业股权的投资,尤其是对非上市公司的投资。私募股权投资对融资者而言是一种权益性资本的融资,不是债务性融资。融资者以项目企业或公司的股权为对价来换取暂时的资金融通,投资者也不需要融资方提供担保,同时还可根据持有的股权对目标公司行使相应的权利。于投资者而言,则是一种权益性投资,可能获取远高于债权性投资的收益回报,同时赋予远高于债权性投资的风险。

(3)高风险、高收益

与天使投资、VC一样,私募股权投资更多发生在企业IPO之前的融资。因此,投资者投资的对象并非发展相当成熟的企业,甚至更多处于高成长期。将大笔资金注入项目企业,其收益依赖于项目公司的内部治理、资本运作等,必然要承担较高的风险。但换个角度,既然是高成长性的企业,其发展的加速度往往都远大于成熟企业,当项目公司最终以IPO或M&A等方式实现高溢价退出,其收益的可观程度值得期待。总之,类似硬币的两面,要么高风险,要么高收益。

(4)关注人、关注管理

私募股权投资的组织形式一般有三种,分别是公司型、契约型(即信托型)及合伙型。其中,合伙型(有限合伙)是最受欢迎的一种。之所以受欢迎,便在于合伙型的法律架构的高度合理性。有限合伙型分为有限合伙人(LP)与普通合伙人(GP),其中,LP一般仅出资,而GP承担管理者的角色。与公司型及契约型相比,有限合伙型不仅能合理地避免高额税收,还能有效地分离出资与管理,同时使激励与约束并存,最大限度盘活资本。此时,私募股权投资的核心落在了“GP”身上,虽然 GP 也可以是机构,但最终都是由人来操作、管理与控制。因此,私募股权投资对“人”与“管理”的关注度很高。

(5)退出途径较多

私募股权投资者的退出渠道和机制通常有四种:通过 IPO,投资者通过股票的抛售退出,该种退出方式投资者通常可获得较高投资收益;通过将股权转让方式退出;通过企业兼并收购退出;通过企业清算退出。相比天使投资,其退出方式较为明朗。

(6)监管较宽松

由于私募基金并非公募基金,对公众造成的潜在影响较小,甚至私募基金有“富人基金”之称,投资者一般都具有抗风险能力和自我保护的能力。因此,私募基金的监管环境相对宽松,即政府通常不对其进行严格规制。同时,私募基金的信息披露要求不严格,因此私募基金的保密度较高,反应较为迅速,具有非常灵活自由的运作空间。

3. 私募股权投资基金的组织形式

私募股权投资基金组织形式是指基金所采用的法律确认的组织存在形式,是基金作为整体与投资人等主体发生法律关系的法律资格,是确定基金管理人与投资人关系以及基金内部运行机制的法律基础。简言之,就是指将募集而来的资金以何种方式、何种形式进行管理运作等,但这种组织形式很重要,涉及基金投资者和基金管理人切身利益,同时又能规范和约束私募股权融资活动参与者权利与义务。从各国实践来看,私募股权投资基金的组织形式主要是公司型、信托型和有限合伙型。

(1)公司型私募股权投资基金

公司型私募股权投资基金是指用公司的形式来组织和运作而形成的私募基金。欧盟国家和亚洲国家多采用“治理结构完整、便于监管”的公司型。投资者购买一定的基金份额成为公司股东,以其投资额为限承担公司债务,享有相应权利,如有权出席股东(大)会、选举董事、参与公司重大决策。基金的管理者主要有两种方式,可以公司高管人员的身份存在,或直接对外委托专门的管理公司担任基金管理者。不论哪种形式,管理者都可以基金公司名义对外投资。

在此种组织形式下,投资者可通过行使股东权利对基金管理人进行监管,进而控制投资,同时由于具有完整的公司架构,基金运作比较正式和规范。目前公司式私募基金(多以"某投资公司"的形式存在)在中国能够比较方便地成立。半开放式私募基金也能够以某种变通的方式,比较方便地进行运作,不必接受严格的审批和监管,投资策略也就可以更加灵活。

不过,公司式私募基金也有相应的缺点,存在双重征税的劣势,以及"仅有钱"的投资者对"有技术"的基金管理者盲目的控制导致出资与管理未能有效分离。相关对策有:

➢ 将私募基金公司注册在税负轻的国家或地区,如英属维尔京群岛(BVI)、开曼群岛、毛里求斯、百慕大、塞舌尔、巴哈马等。

➢ 将公司式私募基金注册为高科技企业(可享受诸多优惠),并注册于税收比较优惠的地方。以上海市为例,将公司注册在各区,税负将不一样、国家其他优惠政策也不同,同时,即使在同一个区,注册在高新技术开发区、经济开发区等也有不同的待遇。

➢ 借壳,即在基金公司的设立运作中联合或收购一家可以享受税收优惠的企业(最好是非上市公司),并把它作为载体,如此可节约时间成本、注册成本等。

➢ 参考有限合伙的组织形式。

(2)契约型私募股权投资基金

契约型组织形式主要是指通过信托来设计,即通过当事人之间以专门的信托契约明确各自的权利与义务而形成私募基金。实践中,可由一家信托公司(也可以是证券公司)作为发起方,将募集来的资金自行管理投资或另行委托专门的投资顾问,由基金管理人以自己的名义对其进行专业化管理和投资决策。

投资者仅作为受益人分享利益,无权参与基金运作的重大决策。双方或三方一旦达成明确的契约,则双方的权利义务既定。一方面,基金管理人可以更有效地投资决策;另一方面,除非受托人即基金管理人在管理基金过程中存在故意或重大过失等行为,投资者一般不可解聘受托人,除非相关协议有特别约定。此时,投资者只能自行选择退出。此时,契约型组织形式的缺陷显露。虽然与公司型组织形式相比,契约型组织形式也能较好地实现出资与管理的有效分离，但是投资者似乎较难约束、监督、控制基金管理人。

(3)有限合伙型股权投资基金

①合伙型私募股权基金的特点

据称有限合伙型最早源于美国，也是美国最受欢迎的一种形式，在全球约有90%以上的私募股权投资采用了这种形式。总体而言，有限合伙型具有“成本低、效率高”的特点。2007年6月1日，我国《合伙企业法》正式施行，一批有限合伙企业陆续组建。这些有限合伙企业主要集中在股权投资和证券投资领域。有限合伙型基金的合伙人包括有限合伙人与普通合伙人两种。普通合伙人(GP)，一般也称管理人，以合伙企业的名义对基金进行运作，其以部分资金和技能入伙，负责日常的经营管理，对基金承担无限责任，其收益主要来自三个方面，分别是持有份额的收益、管理费及利润分红。有限合伙人(LP)，一般也称投资人，主要投入资金，以其持有的基金份额为限承担有限责任，其收入主要来源于基金的利润分红，一般不参与基金的运作。

②合伙型私募股权投资企业设立步骤

由于有限合伙型的私募最为典型，因此，将这种类型的私募股权投资企业的设立步骤(以在上海市设立为例)详列如下：

➢ 审批机关

A. 上海市工商行政管理局负责以下合伙企业的设立登记：

a)从事股权投资或股权投资管理的合伙企业；

b)上海市工商行政管理局规定的其他应由市局负责登记的合伙企业。

B. 上海市工商行政管理局区(县)分局负责除市局登记以外的其他合伙企业的设立登记。

➢ 申请条件

A. 有二个以上合伙人。合伙人为自然人的，应当具有完全民事行为能力；

B. 有书面合伙协议；

C. 有合伙人认缴或者实际缴付的出资；

D. 有合伙企业的名称和生产经营场所；

E. 法律、行政法规规定的其他条件。

➢ 提交材料目录

A. 全体合伙人签署的《合伙企业设立登记申请书》；

B.《指定代表或者共同委托代理人的证明》;

C. 全体合伙人签署的合伙协议;

D. 全体合伙人的主体资格证明或者自然人的身份证明;

E. 全体合伙人签署的对各合伙人认缴或者实际缴付出资的确认书;

F. 主要经营场所证明;

G. 全体合伙人签署的委托执行事务合伙人的委托书;执行事务合伙人是法人或其他组织的,还应当提交其委派代表的委托书和身份证明复印件;

H. 合伙人以实物、知识产权、土地使用权或者其他财产权利出资,经全体合伙人协商作价的,提交全体合伙人签署的协商作价确认书;经全体合伙人委托法定评估机构评估作价的,提交法定评估机构出具的评估作价证明。

I.《企业名称预先核准通知书》;

J. 经营范围中有法律、行政法规或者国务院决定规定在登记前须经批准的项目的,提交有关批准文件;

K. 法律、行政法规规定设立特殊的普通合伙企业需要提交合伙人的职业资格证明的,提交相应证明;

L. 其他有关文件证书。

➢ 办理流程

A. 申请人到工商机关办理企业名称预先核准,领取《企业名称预先核准通知书》;

B. 涉及前置审批的,申请人在领取《企业名称预先核准通知书》后到审批部门办理相应的审批手续,取得批准文件或许可证书;

C. 申请人向工商机关提交设立登记所需的申请材料,领取收件凭据;

D. 工商机关在收件后 5 日内作出是否准予登记的决定;需要对申请文件、材料核实的,应当在受理之日起 15 日内作出是否准予登记的决定;

E. 工商机关作出准予登记决定的,申请人在 10 日内到工商机关注册大厅领取营业执照。

➢ 审批时限

A. 工商机关收件后 5 日内决定是否准予登记;需要对申请文件、材料核实的,自受理之日起 15 日内决定是否准予登记;

B. 工商机关作出准予登记决定的,于 10 日内向申请人颁发营业执照。

(4)其他类型

除上述三种主要的组织形式外，还有虚拟式及组合式。私募基金表面看来像委托理财，但它实际上是按基金方式进行运作。比如，虚拟式私募基金在设立和扩募时，表面上是与每个客户签订委托理财协议，但这些委托理财帐户是合在一起进行基金式运作，在买入和赎回基金单元时，按基金净值进行结算。组合式私募基金为了发挥上述几种组织形式的优越性，可以设立一个基金组合，将几种组织形式结合起来，如公司式与虚拟式的组合，公司式与契约式的组合，契约式与虚拟式的组合，公司式、契约式与虚拟式的组合。

私募股权投资基金采取怎样的组织形式，以法律的安排为前提。原则上只要不违反社会公共利益及道德和秩序就都应得到法律的尊重，受到法律的保护。此外，私募股权投资基金高风险与高收益并存的特征直接影响了私募股权基金组织形式的选择，采用何种组织形式组建私募基金是当事人之间基于投资的高风险高收益做出的利益的均衡与协调。同时，由于投资人是资金的主要提供者和风险的主要承担者，基金组织形式的选择更多是投资人收益、成本与风险因素权衡的结果。

4. 私募股权投资的现状及发展趋势

(1)我国私募股权投资的现状

截至 2014 年 10 月 12 日，根据格上理财数据统计，中国证券投资基金业协会备案私募基金管理人有 3886 家，员工数合计高达 67, 508 人。已备案私募基金产品有 741 只，涉及 305 家私募基金管理人，私募基金管理人注册资本合计 4929. 18 亿元。

此外，在已备案的私募基金产品中，自主发行 544 只，其中，证券投资基金(456 只)，商品基金(43 只)，股权投资基金(38 只)，创业投资基金(3 只)，共涉及 242 家私募管理人。通过信托通道发行 67 只，华润信托、外贸信托占据半壁江山。另外，通过基金子公司发行 106 只，资管通道发行(包括证券资管、保险资管、期货资管等)7 只，其他通道发行 17 只。[①]

① 参见新浪财经网，http://finance. sina. com. cn/money/smjj/20141014/154820534911. shtml，2014 年 10 月 20 日访问。

表3－4　PE、VC各行业投资统计表(一)

PE、VC各行业的投资统计		
行业	金额(万)USD	案例数
互联网	816315.44	74
应用软件	830816.34	11
科技	32050	11
IT	812403.55	10
金融	191015.48	8
传媒娱乐	5190853.32	6
其他	806132.3	28
其他包括:		
能源	215676.99	5
医疗	153349.28	5
电信	14000	4
旅游	10285.88	3
家电	330000	2
食品	60082.61	2
电商	4898.04	2
连锁经营	244.9	2
房地产	14854.6	1
物流	2100	1
服务业	640	1
合计	8679586.43	148

来源:中华PE研究中心www.zhonghua－pe.com。

以上是2014年的统计数据。另,据相关统计数据显示①(具体见表3－4),2014年9月单月PE/VC投资事件(以美元为计量单位)涉及总金额为8,679,586.43万美元,披露共发生148起投资案例,本月投资主要涉及17个行

① 参见中华私募股权投资网,http://www.zhonghua－pe.com/2014/1020/92669.html,2014年10月20日访问。

业领域。本月投资总金额互联网业有 74 起投资案例数,但所涉及的金额只占了总金额的 9% ,金额为 816,315.44 万美元之多。互联网依然是投资者追捧的一个行业。

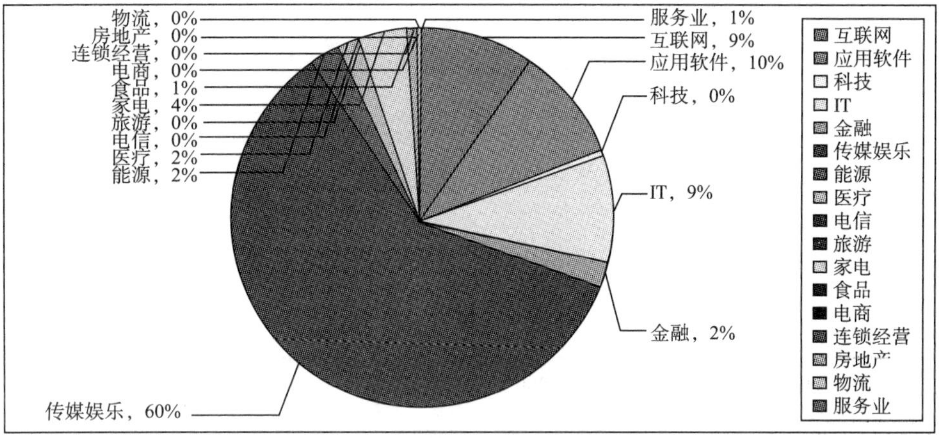

图 3－9 PE、VC 行业投资结构图

从图 3－9 来看投资金额排在第一位的是传媒娱乐行业,占总金额的 60% ,虽然投资案例只有 6 起,但总金额达到 5,190,853.32 万美元之多。排在第二位的是应用软件行业,排在第三位的是互联网行业和 IT 行业。

表 3－5 PE、VC 各行业投资统计表(二)

PE、VC 各行业的投资统计		
行业	金额(万)USD	案例数
互联网	217375.5	36
IT	14543016.74	19
金融	143190	5
传媒娱乐	101702.28	5
能源	568172	4
医疗	5882.4	3
服装	20893.7	3
其他	545876.84	10

续表

PE、VC 各行业的投资统计		
行业	金额(万)USD	案例数
其他包括:		
食品	218984.44	2
手游	3268	2
制造业	78998.4	2
消费用品	230556	2
牧业	14000	1
教育	70	1
合计	16146109.46	85

来源:中华 PE 研究中心 www. zhonghua - pe. com。

再让我们看看 2013 年 9 月 PE/VC 投资事件(以美元为计量单位,见表 3 - 5),涉及总金额为 16, 146, 109. 46 万美元,披露共发生 85 起投资案例,本月投资主要涉及 13 个行业领域。

其中,IT 行业的总投资额最大,食品次之,互联网位列第三。但投资案例总数互联网排首位,IT 其次,金融与传媒娱乐并列第三。

因此,不难看出自 2014 年,PE/VC 投资总额是 2013 年的 5 倍,可见 PE/VC 在中国的发展潜力之大。如果进一步细分,投资行业前三仍有互联网、金融与娱乐传媒、IT。其中,娱乐传媒的比重增长尤为明显,食品等投资渐少。

(2)我国私募股权投资的发展趋势

有人认为“私募规模将剧增,有望五年成长十倍”。① 同时,在今年“2014 上海对冲基金高峰论坛”的演讲中,私募排排网创始人、深圳市融智投资顾问有限责任公司董事长李春瑜就中国对冲基金现状及未来发展趋势做出八个预测。其中之一是,未来 20 年,国内私募证券投资基金管理机构超过 8000 家,管理规模超过 10 万亿人民币,这还是个保守的估计。② 在 2014 年 6 月 16 日召开的第三届中国证券投资基金业协会年会上,上海重阳投资管理有限公司董事长裘国

① 参见和讯网,http://funds. hexun. com/2014 - 10 - 18/169449460. html,2014 年 10 月 18 日访问。

② 参见和讯网,http://funds. hexun. com/2014 - 10 - 20/169471137. html,2014 年 10 月 20 日访问。

根在会上表示，私募基金行业将呈现三个重要发展趋势，只有秉持诚信守法、不断优化风控体系、持续提升核心竞争力，私募基金才能行的稳、驶的远，才能持续茁壮成长。①

各种预言，代表各种期望，虽不确定是否准确，但根据 2013 年至 2014 年的相关数据，预言似乎毋庸置疑。

（二）私募股权投资的业务介绍

前面概述部分对私募股权的系列介绍，主要是站在一个较为中立的视角予以阐述。但是，回到本书的写作视角，应主要从融资方融资需求、操作及风险等方面切入。因此，该部分主要从融资者的视角介绍私募股权融资的业务流程。

1. 私募股权融资业务流程

（1）拟定计划

首先，拟融资企业应内部决议融资的整体战略目标，进而和中介服务机构（如投资银行、律师、会计师或融资顾问）签署服务协议。这份协议包含中介服务机构为企业获得私募股权融资提供的整体服务。中介服务机构立刻开始和融资企业组建专职团队，召开启动工作会议，共同为拟融资企业设立一个目标估值，即企业愿意出让多少股份来获得多少资金。一般而言，企业尽量出让不超过 25% 的股份，尽量减少股权稀释，以保证原股东对企业的控制权。

（2）着手准备

目标基本明确之后，企业与中介服务机构应着手准备专业的私募股权融资材料。具体包括：

➢ 私募股权投资商业计划书或融资备忘录——关于公司的简介、公司治理结构、公司产品、业务范围、市场分析、竞争者分析等；

➢ 历史财务数据——企业过去三年已审计的财务报告、年度报告；

➢ 公司发展预测——在融资资金到位后，企业未来三年营业收入和净利润的增长（PE 通常依赖该预测去进行企业估值，所以该项工作很关键）；

➢ 准备起草保密协定或不披露重要信息协议书。

同时，应积极选择潜在的投资者，锁定主要对象，做好充分的准备向未来的

① 参见新华网，http://news.xinhuanet.com/fortune/2014-06/16/c_126626626.htm，2014 年 10 月 18 日访问。

投资者演示、交流项目计划。

(3)项目推介

中介服务机构应开始和相关 PE 的合伙人沟通,向他们呈递商业计划书、保密协定,介绍公司的基本情况、推介公司,并与他们就该项目的融资事宜展开讨论。该阶段的目标是使最优秀的 PE 投资者能够对公司产生兴趣。通常投资银行会代替企业回答 PE 的第一轮问题,并且与有兴趣的 PE 进行沟通。目标是决定哪一家或几家 PE 对公司有最大的兴趣,有可能给出最高估值、有相关行业投资经验,后期能帮助公司成功上市等,然后,过滤、筛选出几家最合适的投资者。

(4)磋商谈判

大致确定合适的投资者之后,中介服务机构将安排 PE 的合伙人和公司高管面对面会谈。中介服务机构通常会派核心人员参加所有会议,向企业高管介绍 PE 的背景,帮助企业优化回答问题的方式,并且总结和 PE 的所有会议。磋商谈判的目标是与至少两到三家 PE 签订投资意向书。投资意向书是 PE 向企业发出的一份初步的投资意向合同,会定义公司估值和一些条款(包括出让多少股份、股份类型,以及完成最终交易的日程表等),但一般而言不具有法律拘束力。当然,最终由企业决定接受哪个私募股权投资基金的投资,并签订投资意向书。此外,双方还会就价格条款、违约条款等进行商讨(bargain)。

(5)投资者尽职调查

在双方签订投资意向书之后,投资者会要求对企业进行深入的研究,因此 PE 会委托律师、审计师、会计师会去实地调查工厂、店铺或者其他公司办公地点,开展尽职调查。此时企业及其委托的中介服务将配合协助。一般而言,尽职调查包含三个方面:

➢ 财务——由 PE 聘请并支付费用的会计师事务所完成。他们对企业的历史财务数据进行分析。

➢ 法律——由 PE 聘请并支付费用的律师事务所完成。他们对企业的法律文件、注册文件、许可证及营业执照进行核实等。

➢ 经营——由 PE 方的人员完成。他们对企业的经营、战略和未来商业计划进行分析。

(6)缔结协议

尽职调查结束后,PE 的投资决策委员会将最终决定是否商定、签署投资协议。如果最终决定投资,则双方签署投资协议。

关于投资协议有两点值得注意:一是协议的缔结主体;二是协议的相关条款(后续将专门解析)。虽然私募股权投资也是投、融资的一种方式,但由于其具有较高的风险,因此为了保护投资者,最新出台的《私募投资基金监督管理暂行办法》对其设定了相应的门槛。能跨过门槛的称为“合格投资者”,其具体是指具备相应风险识别能力和风险承担能力,投资于单只私募基金的金额不低于100万且符合下列相关标准的单位和个人:

➢ 净资产不低于1000万元的单位;

➢ 金融资产不低于300万元或者最近三年个人年均收入不低于50万元的个人。

前款所称金融资产包括银行存款、股票、债券、基金份额、资产管理计划、银行理财产品、信托计划、保险产品、期货权益等。

因此,个人投资者与机构投资者均能实施私募股权投资。然而,某些投资者虽不能达到上述明确标准,但仍被视为合格投资者。具体如下:

➢ 社会保障基金、企业年金等养老基金,慈善基金等社会公益基金;

➢ 依法设立并在基金业协会备案的投资计划;

➢ 投资于所管理私募基金的私募基金管理人及其从业人员;

➢ 中国证监会规定的其他投资者。

以合伙企业、契约等非法人形式,通过汇集多数投资者的资金直接或者间接投资于私募基金的,私募基金管理人或者私募基金销售机构应当穿透核查最终投资者是否为合格投资者,并合并计算投资者人数。但是,符合本条第(一)、(二)、(四)项规定的投资者投资私募基金的,不再核查最终投资者是否为合格投资者和合并计算投资者人数。

同时,私募基金管理人、私募基金销售机构不得向投资者承诺投资本金不受损失或者承诺最低收益。

2. 投资协议相关主要条款解析

不论针对投资方还是融资方,决策过程的重中之重在于投资协议的主要条款设置。投资者的投资款以私募股权投资基金的形式体现。基金进入被投资企业的方式主要有两种,分别是增资扩股与股权转让。在企业融资过程中,投资者通常处于较强势的地位,体现在增资协议或股东协议上设置诸多“优先性条款”，如优先分红权（Dividend Preference）、优先清算权（Liquidation Preference）、被赎回权或回购权（Redemption）、表决权（Voting Rights）、转换权（Conversion Rights）、自动转换（Automatic Conversion）、共同出售权条款（Co－sale Right）和强制随售权条款（Drag Along Right）、反稀释条款（Anti－dilution Protection）、优先认购权（Preemptive Rights to New Issuances）、优先购买权（Shareholder's Preemptive Rights）。除优先性条款之外，投资方可能还会要求签订对赌协议。以下将分别予以解析。

（1）优先性条款

在股东的优先性权利中，本文将择“优先分红权、优先认购权、反稀释条款、赎回权及优先清算权”等进行解析。

股息优先权或优先分红权（Dividend Preference），是指在公司宣告分派股息时，股东或投资人享有的优先取得投资额比例对应股息的权利。该类条款在实践中很多，但法律依据似乎不甚充足。根据《公司法》第35条的规定，“股东按照实缴的出资比例分取红利；公司新增资本时，股东有权优先按照实缴的出资比例认缴出资。但是，全体股东约定不按照出资比例分取红利或者不按照出资比例优先认缴出资的除外”。《公司法》第167条第4款规定，“公司弥补亏损和提取公积金后所余税后利润，有限责任公司依照本法第三十五条的规定分配；股份有限公司按照股东持有的股份比例分配，但股份有限公司章程规定不按持股比例分配的除外”。因此，《公司法》明确可约定不按出资比例分取红利，但并未明确股东可优先分红。不过，根据民商法律精神“法无禁止则可为”，《公司法》未明确禁止此类行为，因此，也就能解释为何此类条款在实践中盛行。

优先认购权（Preemptive Rights to New Issuances），是指目标公司发行新股时投资人作为公司原股东享有优先按照其原持股比例认购的权利。根据前述《公司法》第35条的规定，“公司新增资本时，股东有权优先按照实缴的出资比例认缴出资”，因此该项权利有明确的法律依据。但，该条规定是针对有限责任公司作出的，对股份有限责任公司是否适用，并不确定。

反稀释条款（Anti－dilution Protection），也称“反股权摊薄条款”，是指股东或投资者在目标公司进行后续融资过程中，避免自己的股份贬值及份额被过分稀释而采取的保护措施。此类条款在实践中较多。根据《公司法》第72条的规定，“有限责任公司的股东之间可以相互转让其全部或者部分股权。股东向股东以外的人转让股权，应当经其他股东过半数同意。股东应就其股权转让事项书面通知其他股东征求同意，其他股东自接到书面通知之日起满三十日未答复的，视为同意转让。其他股东半数以上不同意转让的，不同意的股东应当购买该转让的股权；不购买的，视为同意转让。经股东同意转让的股权，在同等条件下，其他股东有优先购买权。两个以上股东主张行使优先购买权的，协商确定各自的购买比例；协商不成的，按照转让时各自的出资比例行使优先购买权。公司章程对股权转让另有规定的，从其规定”。因此，双方之间的约定符合意思自治范畴，并不损害公司利益、债权人利益及其他股东的合法权益。

赎回权(Redemption)，是指投资者在一定条件下要求目标企业或其股东按照投资额加上一定的溢价赎回其所持有的股权。其实质即在目标企业的业绩达不到期望值或在其他事先约定的情况下，投资者有权要求退出的一种方式，旨在收回初期的投资成本，并获得一定的溢价。当然，赎回权其实是站在投资者或者股东的视角定义的，但若从公司的角度而言，又可称为回购权。该种权利的约定，于投资者而言是风险防范的重要举措，于融资者而言则在一定程度上可督促、激励，在实践中确有实例。在法律层面，《公司法》针对有限责任公司与股份有限责任公司的回购分别作了规定：根据《公司法》第 75 条的规定，有限责任公司股东在如下情形可要求公司回购其股份：公司连续 5 年不向股东分配利润，而公司该 5 年连续盈利，并且符合本法规定的分配利润条件的；公司合并、分立、转让主要财产的；公司章程规定的营业期限届满或者章程规定的其他解散事由出现，股东会会议通过决议修改章程使公司存续的。根据《公司法》第 143 条的规定，公司在如下情形可回购本公司股份：减少公司注册资本；与持有本公司股份的其他公司合并；将股份奖励给本公司职工；股东因对股东大会作出的公司合并、分立决议持异议，要求公司收购其股份的。由此可见，赎回权或回购权在法律层面虽有依据，但权利本身是附有限制的，股东并非在任何情形下均可主张。

优先清算权(Liquidation Preference)，股东或投资者具有的在目标企业清算或结束业务时，优先于其他普通股股东获得分配的权利。《公司法》第 187 条第 1 款和第 2 款规定：“清算组在清理公司财产、编制资产负债表和财产清单后，应当制定清算方案，并报股东会、股东大会或者人民法院确认。公司财产在分别支付清算费用、职工的工资、社会保险费用和法定补偿金，缴纳所欠税款，清偿公司债务后的剩余财产，有限责任公司按照股东的出资比例分配，股份有限公司按照股东持有的股份比例分配。”可知不论是有限责任公司还是股份有限公司的股东，在公司清算期间都应按照持股比例获得分配。因此，该权利的设置在法律规定层面存在一定的障碍或限制，但在实务中，即使该种约定有效，当目标公司开始清算时，走完相应流程直至分配到股东的权利也是相当有限的。

（2）对赌协议

对赌协议，又称为估值调整条款（Adjustment Based on Performance），简单而言就是指投资者与融资方就未来不确定性的事项事先作出的一种约定，如果约定的条件成就，投资方可以行使一种估值调整协议权利；如果约定的条件未成就，则由融资方行使权利。一般而言，所约定的不确定的事项，在外国通常涉及公司的财务绩效、非财务绩效、赎回补偿、企业行为、股票发行和管理层去向等，所约定的范围非常广泛，既有财务方面的，也有非财务方面的。所用筹码除了股份外，管理层和投资方还以董事会席位、二轮注资和期权认购权等多种方式来实现对赌。①

在国内，通常仅涉及公司的财务绩效，而且一般都以单一的净利润为条件，以股权为筹码。根据不同的协议条款，投资方可以有以下三种不同选择：一是根据单一目标，如公司一年的净利润或者税前利润指标，作为股权调整与否的前提条件；二是设立一系列渐进目标，每达到一个指标，股权相应发生一定的调整；三是设定上下限，股权可依据时间和限制范围调整。这种协议或条款是否具有法律效力？该疑问由业界所谓的对赌第一案“海富投资与甘肃世恒”再审判决得以解决，如果对赌协议是由投资者与其所投资的公司签订，那么该协议无效。对于股东之间的对赌协议，只要该协议出于双方自由的意思表示，则即为有效。其实该案仅为涉讼并经再审第一案，在国内并非最早的案例，如2005年“蒙牛与摩根斯坦利等投资机构对赌案”也是典型。对此，后续风险部分将作详细分析。

（三）私募股权投资的风险及其应对

1. 潜在的风险分析及对策

无论是投资还是融资，都有风险，私募股权投资也难逃此劫。前文已提及在私募过程中，投资者往往处于相对较为强势的地位，通过各种优先条款来规避或转嫁风险。外加本书主要从融资方的视角出发，因此，该部分主要分析融

① 参见21世纪网，http://finance.21cn.com/stock/express/a/2014/1008/09/28338962.shtml，2014年10月20日访问。

资方面对的法律风险及其应对措施。一般而言，私募股权投资主要存在的三大风险，分别是融资失败、商业秘密泄露、公司融资后运营困难导致自身违约。

对于融资失败，原因可能在于：投资者与融资方未能就项目条件达成一致，比如对公司商业模式的认同、公司估值、小股东权利、对赌条款等，以至未能签订投资协议；或者存在实质性的法律障碍，比如公司股权存在瑕疵、缺乏退出机制、主要资产瑕疵、主要证照瑕疵、其他重大法律问题等，导致投资者"被放弃"投资。这种类型的风险具有一定的客观性，不能完全避免，但是可以采取相关措施，尽量避免发生不必要的融资失败。

针对商业秘密泄露，融资方在一定程度上还是可以有效避免的，融资者应在与潜在投资者磋商谈判之前便与对方签订保密协定，以防商业机密泄露。当然，对于融资方内部的商业秘密泄露，则需要从内部管理、治理机制入手，比如也签订保密协定或者加强培训。

接下来，便是公司融资后运营困难导致自身违约的情形了。如果约定了优先权条款、对赌条款，一旦触及条款约定，融资方将可能处于万劫不复的状态。针对这种情形，对于投资方应采取加强与融资企业沟通、合理选择对赌目标等措施将风险降到最低；对于融资方在交易中首先要避免盲目性，应合理估计企业价值，其次要通过合理的协议安排锁定风险，如对其独立性设置保障条款，以保证自身对企业最低限度控股地位，避免丧失对企业的控制权，不能为吸引资金注入，一味地妥协，导致最终资不抵债，自身难保。"蒙牛与摩根斯坦利对赌案"①便值得借鉴。牛根生当然知道企业缺乏资金，他可能不懂资本市场的所有玄机，但他深知将企业的控制权紧握在手的重要。因此，有了后续蒙牛的境外上市，也有

---

① 摩根与蒙牛对赌：2003 年，摩根士丹利等投资机构与蒙牛乳业签署了类似于国内证券市场可转债的"可换股文据"，未来换股价格仅为 0.74 港元/股。通过"可换股文据"向蒙牛乳业注资 3523 万美元，折合人民币 2.9 亿元。"可换股文据"实际上是股票的看涨期权。不过，这种期权价值的高低最终取决于蒙牛乳业未来的业绩。如果蒙牛乳业未来业绩好，"可换股文据"的高期权价值就可以兑现；反之，则成为废纸一张。为了使预期增值的目标能够兑现，摩根士丹利等投资者与蒙牛管理层签署了基于业绩增长的对赌协议。双方约定，从 2003 ~ 2006 年，蒙牛乳业的复合年增长率不低于 50%。若达不到，公司管理层将输给摩根士丹利约 6000 万 ~ 7000 万股的上市公司股份；如果业绩增长达到目标，摩根士丹利等机构就要拿出自己的相应股份奖励给蒙牛管理层。2004 年 6 月，蒙牛业绩增长达到预期目标。摩根士丹利等机构"可换股文据"的期权价值得以兑现，换股时蒙牛乳业股票价格达到 6 港元以上；给予蒙牛乳业管理层的股份奖励也都得以兑现。摩根士丹利等机构投资者投资于蒙牛乳业的业绩对赌，让各方都成为赢家。

了蒙牛的“牛市”。

2. 典型案例研究

(1)“海富投资与甘肃世恒”对赌有效案

【初审事实查明】[①]

甘肃省兰州市中级人民法院一审查明:2007年11月1日前,甘肃众星铸业有限公司(以下简称众星公司)、海富公司、迪亚公司、陆波共同签订一份《甘肃众星绊业有限公司增资协议书》(以下简称《增资协议书》),约定:众星公司注册资本为384万美元,迪亚公司占投资的100%。各方同意海富公司以现金2000万元人民币对众星公司进行增资,占众星公司增资后注册资本的3.859毛,迪亚公司96.15%。依据协议内容,迪亚公司与海富公司签订合营企业合同及修订公司章程,并于合营企业合同及修订后的章程批准之日起10日内一次性将认缴的增资款汇入众星公司指定的账户。合营企业合同及修订后的章程,在报经政府主管部门批准后生效。海富公司在履行出资义务时,陆波承诺于2007年12月31日之前将四川省峨边县五渡牛岗铅锋矿过户至众星公司名下。募集的资金主要用于以下项目:(1)收购甘肃省境内的一个年产能大于1.5万吨的特冶炼厂;(2)开发四川省峨边县牛岗矿山;(3)技入500万元用于循环冶炼技术研究。第7条特别约定第1项:本协议签订后,众星公司应尽快成立“公司改制上市工作小组”,着手筹备安排公司改制上市的前期准备工作;工作小组成员由股东代表和主要经营管理人员组成。协议各方应在条件具备时将公司改组成规范的股份有限公司,并争取在境内证券交易所发行上市。第二项业绩目标约定:众星公司2008年净利润不低于3000万元人民币。如果众星公司2008年实际净利润完不成3000万元,海富公司有权要求众星公司予以补偿,如果众星公司未能履行补偿义务,海富公司有权要求迪亚公司履行补偿义务。补偿金额=(1-2008年实际净利润/3000万元)×本次投资金额。第4项股权回购约定:如果至2010年10月20日,由于众星公司的原因造成无法完成上市,则海富公司有权在任一时刻要求迪亚公司回购届时海富公司持有之众星公司的全部股权,迪亚公司应自收到海富公司书面通知之日起180日内按以下约定回购金额向海富公司一次性支付全部价款。若自2008年1月1日起,众星公司的

① 参见最高人民法院判决(2012)民提字第11号。

净资产年化收益率超过10%，则迪亚公司回购金额为海富公司所持众星公司股份对应的所有者权益账面价值；若自2008年1月1日起，众星公司的净资产年化收益率低于10%，则迪亚公司回购金额为（海富公司的原始投资金额－补偿金额）×（1＋10%×投资天数/360）。此外，还规定了信息批露约定、违约责任等，还约定该协议自各方授权代表签字并加盖了公章，于协议文首注明之签署日期生效。协议未作规定或约定不详之事宜，应参照经修改后的众星公司章程及股东间的投资合同（若有）办理。

2007年11月1日，海富公司、迪亚公司签订《中外合资经营甘肃众星锌业有限公司合同》（以下简称《合资经营合同》），有关约定为：众星公司增资扩股将注册资本增加至399.38万美元，海富公司决定受让部分股权，将众星公司由外资企业变更为中外合资经营企业。在合资公司的设立部分约定，合资各方以其各自认缴的合资公司注册资本出资额或者提供的合资条件为限对合资公司承担责任。海富公司出资15.38万美元，占注册资本的3.85%；迪亚公司出资384万美元，占注册资本的96.15%。海富公司应于本合同生效后10日内一次性向合资公司缴付人民币2000万元，超过其认缴的合资公司注册资本的部分，计入合资公司资本公积金。第68条、第69条关于合资公司利润分配部分约定：合资公司依法缴纳所得税和提取各项基金后的利润，按合资方各持股比例进行分配。合资公司上一个会计年度亏损未弥补前不得分配利润。上一个会计年度未分配的利润，可并入本会计年度利润分配。还规定了合资公司合资期限、解散和清算事宜。还特别约定：合资公司完成变更后，应尽快成立"公司改制上市工作小组"，着手筹备安排公司改制上市的前期准备工作；工作小组成员由股东代表和主要经营管理人员组成。合资公司应在条件具备时改组成立为股份有限公司，并争取在境内证券交易所发行上市。如果至2010年10月20日，由于合资公司自身的原因造成无法完成上市，则海富公司有权在任一时刻要求迪亚公司回购届时海富公司持有的合资公司的全部股权。合同于审批机关扯准之日起生效。《中外合资经营甘肃众星锌业有限公司章程》（以下简称《公司章程》）第62条、第63条与《合资经营合同》第68条、第69条内容相同。之后，海富公司依约于2007年11月2日缴存众星公司银行账户人民币2000万元，其中新增注册资本114.7717万元，资本公积金1885.2283万元。2008年2月29日，甘肃省商务厅甘商外资字〔2008〕79号文件《关于甘肃众星锌业有限公司增资及股权变更的批复》同意增资及股权变更,并批准“投资双方于2007年11月1日签订的增资协议、合资企业合营合同和章程从即日起生效”。随后,众星公司依据该批复办理了相应的工商变更登记。2009年6月,众星公司依据该批复办理了相应的工商变更登记。2009年6月,众星公司经甘肃省商务厅批准,到工商部门办理了名称及经营范围变更登记手续,名称变更为甘肃世恒有色资源再利用有限公司。另据工商年检报告登记记载,众星公司2008年度生产经营利润总额26,858.13元,净利润26,858.13元。

【初审判决主文】

一审法院认为,根据双方的诉辩意见,案件的争议焦点为:(1)《增资协议书》第7条第2项内容是否具有法律效力;(2)如果有效,世恒公司、迪亚公司、陆波应否承担补偿责任。

经审查,《增资协议书》系双方真实意思表示,但第七条第(二)项内容即世恒公司2008年实际净利润完不成3000万元,海富公司有权要求世恒公司补偿的约定,不符合《中华人民共和国中外合资经营企业法》第八条关于企业利润根据合营各方注册资本的比例进行分配的规定,同时,该条规定与《公司章程》的有关条款不一致,也损害公司利益及公司债权人的利益,不符合《中华人民共和国公司法》第二十条第一款的规定。因此,根据《中华人民共和国合同法》第五十二条(五)项的规定,该条由世恒公司对海富公司承担补偿责任的约定违反了法律、行政法规的强制性规定,该约定无效,故海富公司依据该条款要求世恒公司承担补偿责任的诉请,依法不能支持。由于海富公司要求世恒公司承担补偿责任的约定无效,因此,海富公司要求世恒公司承担补偿责任失去了前提依据。同时,《增资协议书》第七条第(二)项内容与《合资经营合同》中相关约定内容不一致,依据《中华人民共和国中外合资经营企业法实施条例》第十条第二款的规定,应以《合资经营合同》内容为准,故海富公司要求迪亚公司承担补偿责任的依据不足,依法不予支持。陆波虽是世恒公司的法定代表人,但其在世恒公司的行为代表的是公司行为利益,并且《增资协议书》第七条第(二)项内容中,并没有关于由陆波个人承担补偿义务的约定,故海富公司要求陆波个人承担补偿责任的诉请无合同及法律依据,依法应予驳回。至于陆波未按照承诺在2007年12月31日之前将四川省峨边县五渡牛岗铅锌矿过户至世恒公司名下,涉及对世恒公司及其股东的违约问题,不能成为本案陆波承担补偿责任的理由。

综上所述，一审法院认为海富公司的诉请依法不能支持，世恒公司、迪亚公司、陆波不承担补偿责任的抗辩理由成立。依照《中华人民共和国合同法》第五十二条（五）项、《中华人民共和国公司法》第六条第二款、第二十条第一款、《中华人民共和国中外合资经营企业法》第二条第一款、第二款、第三条、《中华人民共和国中外合资经营企业法实施条例》第十条第二款之规定，该院于2010年12月31日作出（2010）兰法民三初字第71号民事判决，驳回海富公司的全部诉讼请求。

海富公司不服一审判决，向甘肃省高级人民法院提起上诉。二审查明的事实与一审一致。

【二审法院判决主文】

当事人争议的焦点为《增资协议书》第七条第（二）项是否具有法律效力。本案中，海富公司与世恒公司、迪亚公司、陆波四方签订的协议书虽名为《增资协议书》，但综观该协议书全部内容，海富公司支付2000万元的目的并非仅享有世恒公司3.85%的股权（计15.38万美元，折合人民币114.771万元），期望世恒公司经股份制改造并成功上市后，获取增值的股权价值才是其缔结协议书并出资的核心目的。基于上述投资目的，海富公司等四方当事人在《增资协议书》第七条第（二）项就业绩目标进行了约定，即“世恒公司2008年净利润不低于3000万元，海富公司有权要求世恒公司予以补偿，如果世恒公司未能履行补偿义务，海富公司有权要求迪亚公司履行补偿义务。补偿金额=（1－2008年实际净利润/3000万元）×本次投资金额”。四方当事人就世恒公司2008年净利润不低于3000万元人民币的约定，仅是对目标企业盈利能力提出要求，并未涉及具体分配事宜；且约定利润如实现，世恒公司及其股东均能依据《中华人民共和国公司法》《合资经营合同》《公司章程》等相关规定获得各自相应的收益，也有助于债权人利益的实现，故并不违反法律规定。而四方当事人就世恒公司2008年实际净利润完不成3000万元，海富公司有权要求世恒公司及迪亚公司以一定方式予以补偿的约定，则违反了投资领域风险共担的原则，使海富公司作为投资者不论世恒公司经营业绩如何，均能取得约定收益而不承担任何风险。参照最高人民法院《关于审理联营合同纠纷案件若干问题的解答》第四条第二项关于“企业法人、事业法人作为联营一方向联营体投资，但不参加共同经营，也不承担联营的风险责任，不论盈亏均按期收回本息，或者按期收取固定利润的，是明为联营，实为借贷，违反了有关金融法规，应当确认合同无效”之规定，《增资协议书》第七条第（二）项部分该约定内容，因违反《中华人民共和国合同法》第五十二条第（五）项之规定应认定无效。海富公司除已计入世恒公司注册资本的114.771万元外，其余1885.2283万元资金性质应属名为投资，实为借贷。虽然世恒公司与迪亚公司的补偿承诺亦归于无效，但海富公司基于对其承诺的合理依赖而缔约，故世恒公司、迪亚公司对无效的法律后果应负主要过错责任。根据《中华人民共和国合同法》第五十八条之规定，世恒公司与迪亚公司应共同返还海富公司1885.2283万元及占用期间的利息，因海富公司对于无效的法律后果亦有一定过错，如按同期银行贷款利率支付利息不能体现其应承担的过错责任，故世恒公司与迪亚公司应按同期银行定期存款利率计付利息。

因陆波个人并未就《增资协议书》第七条第（二）项所涉补偿问题向海富公司作出过承诺，且其是否于2007年12月31日之前将四川省峨边县五渡牛岗铅锋矿过户至世恒公司名下与本案不属同一法律关系，故海富公司要求陆波承担补偿责任的诉请无事实及法律依据，依法不予支持。

关于世恒公司、迪亚公司、陆波在答辩中称《增资协议书》已被之后由海富公司与迪亚公司签订的《合资经营合同》取代，《增资协议书》第七条第（二）项对各方已不具有法律约束力的主张。因《增资协议书》与《合资经营合同》缔约主体不同，各自约定的权利义务也不一致，且2008年2月29日，在甘肃省商务厅甘商外资字〔2008〕79号《关于甘肃众星锌业有限公司增资及股权变更的批复》中第二条中明确载明“投资双方2001年11月1日签订的增资协议、合资企业合营合同和章程从即日起生效”。故其抗辩主张不予支持。该院认为一审判决认定部分事实不清，导致部分适用法律不当，应予纠正。依照《中华人民共和国民事诉讼法》第一百五十三条第（二）项、第（三）项、第一百五十八条之规定，该院判决：一、撤销兰州市中级人民法院（2010）兰法民三初字第71号民事判决；二、世恒公司、迪亚公司于判决生效后30日内共同返还海富公司1885.2283万元及利息（自2007年11月3日起至付清之日止按照中国人民银行同期银行定期存款利率计算）。

世恒公司、迪亚公司不服甘肃省高级人民法院（2011）甘民二终字第96号民事判决，向最高人民法院申请再审，请求裁定再审，撤销二审判决，维持一审判决。理由是：一、海富公司的诉讼请求是要求世恒公司、迪亚公司和陆波支付利润补偿款19,982,095元，没有请求将计入合资公司资本金的18,852,283元及利息返还。因此二审判决判令世恒公司、迪亚公司共同返还18,852,283元及利息超出了海富公司诉讼请求和上诉请求，程序违法。同时，18,852,283元及利息已超过2200万元，明显超出诉讼标的。二、二审判决将海富公司缴付并计入合资公司资本公积金的18,852,283元认定为"名为投资实为借贷"，没有证据证明，也违反法律规定。三、二审判决参照最高人民法院《关于审理联营合同纠纷案件若干问题的解答》，适用法律错误。海富公司与迪亚公司、世恒公司之间不存在联营关系。四、《合资经营合同》第97条约定：该合同取代双方就上述交易事宜做出的任何口头或书面的协议、合同、陈述和谅解。所以《增资协议书》对各方已不具有约束力。迪亚公司并未依照《增资协议书》第7.2条或《合资经营合同》取得任何款项，判令迪亚公司承担共同返还本息的责任没有事实根据。

海富公司答辩称：一、《增资协议书》是四方当事人为达到上市目的而签订的融资及股份制改造一揽子协议书，不是《合资经营合同》所能容纳得了的。二、二审法院判令世恒公司和迪亚公司返还的是股本金之外的有特别用途的溢价款，不涉及抽逃出资问题。三、陆波在《增资协议书》中只代表其个人，是合同当事人的个人行为，因其违反《增资协议书》的约定应承担补偿责任。四、陆波的行为涉嫌刑事犯罪，其采取虚报注册资本的手段诱使海富公司误信其公司的经济实力，骗取海富公司资金。请求调取证据查证事实或将此案移交公安机关侦查。

本院审查查明的事实与一审、二审查明的事实一致。

【再审判决主文】

本院认为：2009年12月，海富公司向一审法院提起诉讼时的诉讼请求是请求判令世恒公司、迪亚公司、陆波向其支付协议补偿款19,982,095元并承担本案诉讼费用及其他费用，没有请求返还投资款。因此二审判决判令世恒公司、迪亚公司共同返还投资款及利息超出了海富公司的诉讼请求，是错误的。

海富公司作为企业法人，向世恒公司投资后与迪亚公司合资经营，故世恒公司为合资企业。世恒公司、海富公司、迪亚公司、陆波在《增资协议书》中约定，如果世恒公司实际净利润低于3000万元，则海富公司有权从世恒公司处获得补偿,并约定了计算公式。这一约定使海富公司均投资可以取得相对固定的收益,该收益脱离了世恒公司的经营业绩,损害了公司利益和公司债权人利益,一审法院、二审法院根据《中华人民共和国公司法》第二十条和《中华人民共和国中外合资经营企业法》第八条的规定认定《增资协议书》中的这部分条款无效是正确的。但二审法院认定海富公司 18,852,283 元的投资名为联营实为借贷,并判决世恒公司和迪亚公司向海富公司返还该笔投资款,没有法律依据,本院予以纠正。

《增资协议书》中并无由陆波对海富公司进行补偿的约定,海富公司请求陆波进行补偿,没有合同依据。此外,海富公司称陆波涉嫌犯罪,没有证据证明,本院对该主张亦不予支持。但是,在《增资协议书》中,迪亚公司对于海富公司的补偿承诺并不损害公司及公司债权人的利益,不违反法律法规的禁止性规定,是当事人的真实意思表示,是有效的。迪亚公司对海富公司承诺了众星公司 2008 年的净利润目标并约定了补偿金额的计算方法。在众星公司 2008 年的利润未达到约定目标的情况下,迪亚公司应当依约应海富公司的请求对其进行补偿。迪亚公司对海富公司请求的补偿金额及计算方法没有提出异议,本院予以确认。

根据海富公司的诉讼请求及本案《增资协议书》中部分条款无效的事实,本院依照《中华人民共和国合同法》第六十条、《中华人民共和国民事诉讼法》第一百五十三条第一款第二项、第一百八十六条的规定,判决如下:

一、撤销甘肃省高级人民法院(2011)甘民二终字第 96 号民事判决;

二、本判决生效后三十日内,迪亚公司向海富公司支付协议补偿款 19,982,095 元。如未按本判决指定的期间履行给付义务,则按《中华人民共和国民事诉讼法》第二百二十九条的规定,加倍支付延迟履行期间的债务利息;

三、驳回海富公司的其他诉讼请求。

(2)案例评析

该案判决于 2012 年 11 月 7 日生效,最终认定海富投资须向投资者支付协议约定的补偿款近 2000 万元。经查询,海富投资工商登记信息现已处于"吊销未注销"状态。显然判决认为对赌条款有效,融资方因未能成就条款约定的条件,导致承担约定的违约责任。

故事虽落幕,仍回味无穷。一审判决驳回海富投资全部诉讼请求,二审判决撤销一审判决，再审又撤销了二审判决。具体内容上认定世恒公司与海富公司在《增资协议书》中关于公司经营业绩的对赌协议无效，但股东之间即迪亚公司对海富公司的补偿约定有效。作为世恒公司的控股股东迪亚公司由于在签署该增资协议时，未能理性地看待世恒公司的发展，过于盲目乐观，从而导致未能意识并防范到该对赌协议的潜藏风险。

如今，对赌协议的应用越来越广泛。不容置疑，就投资者而言，此类条款意味着稳妥的期权犹如蜂蜜，就融资方而言，能吸引投资、注入资金，至少也是“糖果”。但不能忘了“糖衣炮弹”的故事，不能忽视对赌协议隐藏和显现的风险。风险主要来源如下三个方面：①

➢ 未来的不确定性，对赌协议产生的根源在于企业未来盈利能力的不确定性，目的是尽可能地实现投资交易的合理和公平。这种不确定性来源于多种因素，比如国际形势不确定、政府政策引导变化、商业模式改变、市场变化、企业自身经营风险以及不可控因素。

➢ 信息的不对称性。投资者有投资意向之后，会对企业进行详尽的尽调，以防范投资失败的风险。但根据买卖双方的信息不对称原理，买方无论怎样进行尽职调查，其掌握的信息都不可能超过卖方。在私募股权投资过程中，投融资双方同样不可避免地存在信息不对称情况，因此，必然具有很高的危险性。

➢ 投融资双方不理性。当融资方在出让股权募资时，为了能获取更多资金，往往过分包装夸大公司的估值，而且，过分的激励很可能导致融资方不理性。为了达到对赌协议所约定的业绩指标，控股股东或经营管理层冒进偏激，注重企业的短期业绩，忽视企业的长远发展。

为了防范此类风险，还应从源头开始。首先，投资方要增强与融资方的信息交换与沟通，减少信息不对称的情况。其次，应适当降低自己的期望，缩小双方在定价期望上的差距，谨慎合理作出业绩、发展预测。

---

① 参见21世纪网，http://finance.21cn.com/stock/express/a/2014/1008/09/28338962.shtml，2014年10月20日访问。

第二节
境内上市

在本章的第一节,我们介绍了企业进行权益融资的第一轮即天使、风险及私募。当企业发展到一定程度,随之而来的可能是进一步的融资,此时将考虑上市融资。上市又分为境内上市与境外上市。因不同的国家市场发展程度不同,经济体系及制度不同,导致上市要求、条件、程序、效果等方面都有所差异。因此,有必要做进一步的区分介绍。本节重点内容主要为境内上市融资,包括主板上市、中小板上市及创业板上市三种类型,从另一个角度也可分为在上海证券交易所上市与在深圳证券交易所上市两种。本节将对通过上市进行融资的条件要求、具体操作流程,以及融资附随产生的风险及其应对进行较为全面的阐述。

一、境内上市概述

(一)境内上市现状

企业通过上市进行融资,其现状如何?根据证监会官方网站公布的数据,截至2014年10月证券市场概况一览无遗。(具体如表3-6、表3-7所示)

表3-6 2014年10月证券市场概况统计表

统计项目	2013年年底	2014年9月	比2013年年底
境内上市公司数(A、B股)(家)	2489	2584	3.82%
境内上市外资股(B股)(家)	106	104	-1.89%
境外上市公司数(H股)(家)	185	200	8.11%
股票总发行股本(A、B、H股亿股)	40569.08	43197.27	6.48%
其中:流通股本(亿股)	36744.16	38815.90	5.64%
股票市价总值(A、B股亿元)	239077.19	300486.66	25.69%

续表

统计项目	2013 年年底	2014 年 9 月	比 2013 年年底
其中:股票流通市值(亿元)	199579.54	249171.27	24.85%
股票成交金额(亿元)	39672.04	65239.57	—
日均股票成交金额(亿元)	1803.27	3624.42	—
上证综合指数(收盘)	2115.98	2420.18	14.38%
深证综合指数(收盘)	1057.67	1350.50	27.69%
股票有效账户数(万户)	13247.15	13797.62	4.16%
平均市盈率(静态)			
上海	10.99	11.81	7.46%
深圳	27.76	31.99	15.24%
证券投资基金只数(只)	1552	1821	17.33%
交易所上市证券投资基金成交金额(亿元)	1024.87	1348.68	—

表 3-7　2014 年 10 月证券市场筹资统计表

时间	境内外筹资合计(亿元)	境内筹资合计(亿元)	首次发行金额			再筹资金额				
			A 股(亿元)	B 股(亿美元)	H 股(亿美元)	A 股(亿元)			B 股(亿美元)	H 股(亿美元)
						公开增发	定向增发(现金)	配股		
2012 年累计	1502.12	1115.60	0.39	0.00	44.32	0.00	258.68	13.36	0.00	17.16
2013.03	745.91	712.95	0.00	0.00	0.00	0.00	159.62	48.42	0.00	5.25
2013.04	834.35	834.35	0.00	0.00	0.00	0.00	238.35	35.68	0.00	0.00
2013.05	815.64	636.87	0.00	0.00	28.93	7.75	262.35	0.00	0.00	0.00
2013.06	370.83	339.99	0.00	0.00	0.00	16.40	83.57	26.41	0.00	4.99
2013.07	501.32	501.32	0.00	0.00	0.00	7.00	112.90	7.76	0.00	0.00
2013.08	535.22	535.22	0.00	0.00	0.00	7.00	114.66	14.49	0.00	0.00
2013.09	783.89	711.30	0.00	0.00	0.00	0.00	112.93	275.25	0.00	11.80
2013.10	209.02	171.13	0.00	0.00	0.00	0.00	78.47	0.00	0.00	6.17
2013.11	629.56	513.70	0.00	0.00	18.89	0.00	146.58	0.00	0.00	0.00

续表

时间	境内外筹资合计（亿元）	境内筹资合计（亿元）	首次发行金额			再筹资金额				
			A股（亿元）	B股（亿美元）	H股（亿美元）	A股（亿元）			B股（亿美元）	H股（亿美元）
						公开增发	定向增发（现金）	配股		
2013.12	1452.58	1054.13	0.00	0.00	65.35	32.00	320.05	49.23	0.00	0.00
2013年累计	7948.72	6884.83	0.00	0.00	113.17	80.42	2246.59	475.75	0.00	59.51
2014.01	772.52	707.97	187.72	0.00	0.94	0.00	406.51	8.01	0.00	9.64
2014.02	321.27	311.98	36.15	0.00	0.00	0.00	137.35	38.56	0.00	1.52
2014.03	634.89	530.85	0.00	0.00	0.00	14.61	338.55	13.31	0.00	2.30
2014.04	794.27	794.27	0.00	0.00	0.00	0.00	619.41	0.00	0.00	0.00
2014.05	658.78	549.90	0.00	0.00	12.15	3.65	239.66	30.65	0.00	5.50
2014.06	435.58	370.34	16.91	0.00	8.22	0.00	125.71	11.11	0.00	0.00
2014.07	587.04	546.66	46.18	0.00	2.52	0.00	266.80	18.68	0.00	4.03
2014.08	536.44	536.44	35.12	0.00	0.00	0.00	230.54	2.51	0.00	0.00
2014.09	913.59	903.53	69.09	0.00	0.00	0.00	542.72	0.00	0.00	1.64
2014.10	1168.72	752.07	54.27	0.00	2.50	0.00	248.61	7.35	0.00	65.29

注：①本表首发筹资金额以IPO上市首日为基础统计；

②2013年，共有410家公司定向增发，其中定向增发资产认购筹资1345.15亿元；自2012年12月起，考虑到中小企业私募债从发行到上市交易时间间隔较长，且不确定性因素较多，将原来按交易起始日统计变更为按托管登记日统计，并对原来数据进行了回溯调整。

表3－6、表3－7所载数据均来源于证监会网站，访问日期2014年12月18日。

不难看出，截至2013年年底在境内上市的企业有2489家，截至2014年9月已达2584家，比2013年年底增长3.82%。2013年境内筹资合计7948.72亿元，2014年截至10月，6004.01亿元，同比增长12.9%。显然，不论是上市企业的数量，还是通过上市融得的资金，都在以一定的比例保持上涨态势。

（二）境内上市相关法律规范

境内上市适用的法律规范主要如下：《证券法》《上海证券交易所股票上市

规则》《上市公司股权激励管理办法(试行)》《上市公司治理准则》《股票发行与交易管理暂行条例》《上市公司非公开发行股票实施细则》《上市公司收购管理办法》《上市公司章程指引》《上市公司证券发行管理办法》《上市公司重大资产重组管理办法》《上市公司重大资产重组管理办法》《首次公开发行股票并上市管理办法》《首次公开发行股票并在创业板上市管理暂行办法》《证券发行上市保荐业务管理办法》《证券发行与承销管理办法》等。(具体如表3－8所示)

表3－8　境内上市相关法律规范

序号	法律规范名称	生效日期	颁布机关
1	股票发行与交易管理暂行条例	1993年4月22日	国务院
2	上市公司治理准则	2002年1月7日	证监会;国家经济贸易委员会(已变更)
3	上市公司股权激励管理办法(试行)	2006年1月1日	证监会
4	上市公司证券发行管理办法	2006年5月8日	证监会
5	首次公开发行股票并上市管理办法	2006年5月18日	证监会
6	证券发行上市保荐业务管理办法	2009年6月14日	证监会
7	中国证券监督管理委员会发行审核委员会办法	2009年6月14日	证监会
8	上市公司非公开发行股票实施细则	2011年9月1日	证监会
9	证券发行与承销管理办法	2014年3月21日	证监会
10	首次公开发行股票并在创业板上市管理办法	2014年5月14日	证监会
11	中华人民共和国证券法	2014年8月31日	全国人民代表大会常务委员会
12	上市公司章程指引	2014年10月20日	证监会

续表

序号	法律规范名称	生效日期	颁布机关
13	上海证券交易所股票上市规则	2014 年 11 月 16 日	上海证券交易所
14	上市公司收购管理办法	2014 年 11 月 23 日	证监会
15	上市公司重大资产重组管理办法	2014 年 11 月 23 日	证监会

(三)境内上市的方式

企业在中国境内上市,主要通过沪深两所即上海证券交易所(以下简称“上交所”)和深圳证券交易所(以下简称“深交所”),发行上市的股票一般称为 A 股。在上交所上市仅包括主板市场上市,主要针对大中型企业。在深交所平台上市既有主板市场、中小企业板,又有创业板,上市主体既有大中型企业,又有中小企业甚至小微企业。主板、中小企业板、创业板构成我国资本市场基本体系架构。

1. 主板

主板也称为一板市场,指传统意义上的证券市场,主要为具有较大资本规模以及稳定的盈利能力大型成熟企业上市提供平台,既可在上海证券交易所上市也可在深圳证券交易所上市。

2. 中小企业板

2004 年 5 月 17 日,经国务院同意中国证监会批复,中小企业板在深交所正式启动。中小企业板设立之初的定位,是创业板的一个过渡阶段,但如今,中小企业板已独立于主板和创业板,成为中小企业融资和规范的重要平台。

3. 创业板

根据《首次公开发行股票并在创业板上市管理暂行办法》的规定,在创业板上市的企业主要是“自主创新企业及其他成长型创业企业”。创业板是多层次资本市场体系中的一个证券市场类别,往往与主板相对而言。一般而言,创业板是指针对规模较小、成立时间不长、盈利能力有限,但是具有高成长性、自主创新能力或高科技含量的中小企业而设置的证券交易市场。因此,创业板市场又称为二板市场。[①]

与主板市场相比,创业板市场不但是一个新兴市场,还是一个高风险和高收益相结合的市场,是主板市场的重要补充。

三者的区别如表 3-9 所示:

表 3-9 创业板、中小板、主板区别

市场	创业板	中小板	主板
经营时间	持续经营 3 年以上	持续经营 3 年以上	持续经营 3 年以上
财务要求	最近两年连续盈利,最近两年净利润累计超过 1000 万元,且持续增长	最近 3 个会计年度净利润均为正数且累计超过 3000 万元	最近 3 个会计年度净利润均为正数且累计超过 3000 万元
	或者最近一年盈利,且净利润不少于 500 万元,最近一年营业收入不少于 5000 万元,最近两年营业收入增长率均不低于 30%	最近 3 个会计年度经营活动产生的现金流量净额累计超过 5000 万元,或者最近 3 个会计年度营业收入累计超过 3 亿元	最近 3 个会计年度经营活动产生的现金流量净额累计超过 5000 万元,或者最近 3 个会计年度营业收入累计超过 3 亿元
	最近一期末不存在未弥补亏损	最近一期末不存在未弥补亏损	最近一期末不存在未弥补亏损
	最近一期末净资产不少于 2000 万元	最近一期末无形资产占净资产的比例不高于 20%	最近一期末无形资产占净资产的比例不高于 20%
	—	发行前股本总额不少于 3000 万元	发行前股本总额不少于 3000 万元
股本要求	发行后的股本总额不少于 3000 万元	发行后的股本总额不少于 5000 万元	—
业务经营	应当主要经营一种业务	完整的业务体系,直接面向市场独立经营的能力	完整的业务体系,直接面向市场独立经营的能力

① 参见石育斌:《中国私募股权融资与创业板上市实务操作指南》,法律出版社 2011 年版,第 89 页。

续表

市场	创业板	中小板	主板
公司管理	最近两年主营业务、董事和高级管理人员没有重大变动，实际控制人没有变更	最近 3 年主营业务、董事和高级管理人员无重大变动，实际控制人没有变更	最近 3 年主营业务、董事和高级管理人员无重大变动，实际控制人没有变更
	具有完善的公司治理结构，依法建立健全股东大会、董事会、监事会以及独立董事、董事会秘书、审计委员会制度，相关机构和人员能够依法履行职责	董事会下设战略、审计、薪酬委员会，各委员会至少指定一名独立董事会成员担任委员	董事会下设战略、审计、薪酬委员会，各委员会至少指定一名独立董事会成员担任委员
		至少 1/3 的董事会成员为独立董事	至少 1/3 的董事会成员为独立董事

（四）境内上市的优势与不足

企业上市是企业融资的一种重要方式，尤其对于那些已做大做强、实力较为雄厚又希望进一步发展壮大的企业，有诸多优势。

1. 境内上市的优势

境内上市的优势如下：

其一，通过上市可融得巨额资金，与此同时企业声誉将增强，有助于企业提高自身信用状况。因此，企业上市可丰富融资渠道、增强融资信誉。

其二，企业上市可规范企业运营、吸引优秀人才。上市帮助企业规范治理结构、完善各项管理制度，提高运营效率；利用股票期权等方式实现对员工和管理层的有效激励，有助于企业吸引优秀人才，增强企业的发展后劲。

其三，证明企业实力，提升企业形象。上市是对企业管理水平、发展前景、盈利能力的有力证明；通过报纸、电视台等媒介，可提高企业知名度，提升企业形象，扩大市场影响力。

其四，发现股票价值，增加其流动性。上市能够借助市场化评价机制发现企业股票的真实价值；增加股票流动性，是兑现投资资本、实现股权回报最大化的有效途径。

其五，企业上市将带动所在城市或地区的发展，因此，将在一定程度上享受到政府的优待。

2. 境内上市的劣势

境内上市的劣势如下：

其一，企业通过上市进行融资需要一定的成本，具体包括发行费用、承销费用、会计师费用、律师费用、评估师费用、路演费用、保荐费用、信息披露费用等，而且，一旦上市成功，后续的运营费用也将大于上市之前。

其二，成功上市也具有一定的风险。由于在境内上市的限制、要求较多，拟上市企业需要达到较高的标准才有资格申请，而且，如果一旦未经监管部门审核通过，那么所有的努力将付诸东流。

其三，企业需要规范运作。发行上市之前，企业的运作可能不尽规范，甚至更多时候是老板个人决策、拍板，即使有违法违规行为也较难察觉。一旦上市，企业运作便要规范起来。《深圳证券交易所中小企业板上市公司规范运作指引》、《深圳证券交易所主板上市公司规范运作指引》都是针对上市后企业的规范运作进行限定，从公司治理到对董监高等人员的管理，以及股东、控股股东、实际控制人的行为都有严格的规范。

其四，企业信息透明度高。企业通过上市募集的资金使用情况不仅需要严格按照当初招股说明书所述执行，而且还要接受监管，并定期对外公告。

其五，企业成功上市之后，股权将被稀释，企业的利润也将与众多股东一起分享。因此，仍有不少世界五百强企业至今未选择发行上市，如华为。

二、首次公开发行具体要求及操作程序

（一）主板市场首次公开发行的一般条件及程序

1. 主板市场首次公开发行的条件

根据《首次公开发行股票并上市管理办法》、沪深两个证券交易所股票上市规则等相关规范性文件的规定，拟上市的企业应符合一定的标准、具备上市的资格才能上市。

（1）发行人的条件

发行人的条件如下：

①发行人应当是依法设立且合法存续的股份有限公司。

②发行人自股份有限公司成立后，持续经营时间应当在 3 年以上，但经国务院批准的除外。有限责任公司按原账面净资产值折股整体变更为股份有限

公司的，持续经营时间可以从有限责任公司成立之日起计算。

③发行人的注册资本已足额缴纳，发起人或者股东用作出资的资产的财产权转移手续已办理完毕，发行人的主要资产不存在重大权属纠纷。

④发行人的生产经营符合法律、行政法规和公司章程的规定，符合国家产业政策。

⑤发行人最近3年内主营业务和董事、高级管理人员没有发生重大变化，实际控制人没有发生变更。

⑥发行人的股权清晰，控股股东和受控股股东、实际控制人支配的股东持有的发行人股份不存在重大权属纠纷。

⑦发行人具有独立性：

A. 资产完整，生产型企业应当具备与生产经营有关的生产系统、辅助生产系统和配套设施，合法拥有与生产经营有关的土地、厂房、机器设备以及商标、专利、非专利技术的所有权或者使用权，具有独立的原料采购和产品销售系统；非生产型企业应当具备与经营有关的业务体系及相关资产；

B. 人员独立，发行人的总经理、副总经理、财务负责人和董事会秘书等高级管理人员不得在控股股东、实际控制人及其控制的其他企业中担任除董事、监事以外的其他职务，不得在控股股东、实际控制人及其控制的其他企业领薪；发行人的财务人员不得在控股股东、实际控制人及其控制的其他企业中兼职；

C. 财务独立，发行人应当建立独立的财务核算体系，能够独立作出财务决策，具有规范的财务会计制度和对分公司、子公司的财务管理制度；发行人不得与控股股东、实际控制人及其控制的其他企业共用银行账户；

D. 机构独立，发行人应当建立健全内部经营管理机构，独立行使经营管理职权，与控股股东、实际控制人及其控制的其他企业间不得有机构混同的情形；

E. 业务独立，发行人的业务应当独立于控股股东、实际控制人及其控制的其他企业，与控股股东、实际控制人及其控制的其他企业间不得有同业竞争或者显失公平的关联交易。

⑧发行人运行规范：

A. 已经依法建立健全股东大会、董事会、监事会、独立董事、董事会秘书制度，相关机构和人员能够依法履行职责；

B. 发行人的内部控制制度健全且被有效执行，能够合理保证财务报告的可靠性、生产经营的合法性、营运的效率与效果，同时有严格的资金管理制度，不得有资金被控股股东、实际控制人及其控制的其他企业以借款、代偿债务、代垫款项或者其他方式占用的情形；

C. 发行人不得有下列情形：最近 36 个月内未经法定机关核准，擅自公开或者变相公开发行过证券；或者有关违法行为虽然发生在 36 个月前，但目前仍处于持续状态；最近 36 个月内违反工商、税收、土地、环保、海关以及其他法律、行政法规，受到行政处罚，且情节严重；最近 36 个月内曾向中国证监会提出发行申请，但报送的发行申请文件有虚假记载、误导性陈述或重大遗漏；或者不符合发行条件以欺骗手段骗取发行核准；或者以不正当手段干扰中国证监会及其发行审核委员会审核工作；或者伪造、变造发行人或其董事、监事、高级管理人员的签字、盖章；本次报送的发行申请文件有虚假记载、误导性陈述或者重大遗漏；涉嫌犯罪被司法机关立案侦查，尚未有明确结论意见；严重损害投资者合法权益和社会公共利益的其他情形。

⑨发行人财务与会计应当符合下列条件：

A. 最近 3 个会计年度净利润均为正数且累计超过人民币 3000 万元，净利润以扣除非经常性损益前后较低者为计算依据；

B. 最近 3 个会计年度经营活动产生的现金流量净额累计超过人民币 5000 万元；或者最近 3 个会计年度营业收入累计超过人民币 3 亿元；

C. 发行前股本总额不少于人民币 3000 万元；

D. 最近一期末无形资产（扣除土地使用权、水面养殖权和采矿权等后）占净资产的比例不高于 20%；

E. 最近一期末不存在未弥补亏损。

⑩发行人不得有下列影响持续盈利能力的情形：

A. 发行人的经营模式、产品或服务的品种结构已经或者将发生重大变化，并对发行人的持续盈利能力构成重大不利影响；

B. 发行人的行业地位或发行人所处行业的经营环境已经或者将发生重大变化，并对发行人的持续盈利能力构成重大不利影响；

C. 发行人最近 1 个会计年度的营业收入或净利润对关联方或者存在重大不确定性的客户存在重大依赖；

D. 发行人最近 1 个会计年度的净利润主要来自合并财务报表范围以外的

投资收益；

E. 发行人在用的商标、专利、专有技术以及特许经营权等重要资产或技术的取得或者使用存在重大不利变化的风险；

F. 其他可能对发行人持续盈利能力构成重大不利影响的情形。

(2)发行人董监高的条件

发行人董监高的条件如下：

①发行人的董事、监事和高级管理人员已经了解与股票发行上市有关的法律法规，知悉上市公司及其董事、监事和高级管理人员的法定义务和责任；

②发行人的董事、监事和高级管理人员符合法律、行政法规和规章规定的任职资格，且不得有下列情形：被中国证监会采取证券市场禁入措施尚在禁入期的；最近 36 个月内受到中国证监会行政处罚，或者最近 12 个月内受到证券交易所公开谴责；因涉嫌犯罪被司法机关立案侦查或者涉嫌违法违规被中国证监会立案调查，尚未有明确结论意见。

(3)募集资金的运用

募集资金应按以下条件运用：

①募集资金应当有明确的使用方向。原则上应当用于主营业务，除金融类企业外，募集资金使用项目不得为持有交易性金融资产和可供出售的金融资产、借予他人、委托理财等财务性投资，不得直接或者间接投资于以买卖有价证券为主要业务的公司。

②募集资金数额和投资项目应当与发行人现有生产经营规模、财务状况、技术水平和管理能力等相适应。

③募集资金投资项目应当符合国家产业政策、投资管理、环境保护、土地管理以及其他法律、法规和规章的规定。

④发行人董事会应当对募集资金投资项目的可行性进行认真分析，确信投资项目具有较好的市场前景和盈利能力，有效防范投资风险，提高募集资金使用效益。

⑤募集资金投资项目实施后，不会产生同业竞争或者对发行人的独立性产生不利影响。发行人应当建立募集资金专项存储制度，募集资金应当存放于董事会决定的专项账户。

在上交所主板市场首次公开发行的条件如图 3－10 所示：[①]

主体资格	合法存续的股份有限公司； 自股份有限公司成立后，持续经营时间在3年以上，但经国务院批准的除外； 最近3年内主营业业务和董事、高级管理人员没有发生重大变化，实际控制人没有发生变更。
独立性	具有完整的业务体系和直接面向市场独立经营的能力； 五独立：资产完整、人员独立、财务独立、机构独立、业务独立； 业务独立：发行人的业务独立于控股股东、实际控制人及其控制的其他企业，与控股股东、实际控制人及其控制的其他企业间不得有同业竞争或者显失公平的关联交易。
规范运行	依法建立健全股东大会、董事会、监事会、独立董事、董事会秘书制度； 内部控制制度健全且被有效执行； 公司章程明确对外担保的审批权限和审议程序，不存在为控股股东、实际控制人及其控制的其他企业进行违规担保的情形； 有严格的资金管理制度，不得有资金被控股股东、实际控制人及其控制的其他企业以借款、代偿债务、代垫款项或者其他方式占用的情形。
财务与会计	最近3个会计年度净利润君威证书且净利润累计＞3000万元； 最近3个会计年度经营活动产生的现金流量净额累计＞5000万元；或最近3个会计年度营业收入累计＞3亿元； 发行前股本≥300万元； 最近一期末无形资产占净资产的比例≤20%； 最近一期末不存在来弥补亏损； 最近三年无重大违法行为，财务会计报告无虚假记载。
募集资金运用	募集资金应当有明确使用方向，原则上应当用于主营业务； 募集资金数额和投资项目应当与发行人现有生产经营规模、财务状况、技术水平和管理能力等相适应； 募集资金投资项目应当符合国家产业政策、投资管理、环境保护、土地管理以及其他法律、法规和规章的制度； 发行人应当建立募集资金专项存储制度，募集资金应当存放于董事会决定的专项账户。
股本及公开发行比例	发行后股本总额≥5000万公开发行比例须≥25%； 如果发行后股本总额＞4亿元，公开发行比例须≥10%。

图 3－10　上交所主板市场首次公开发行条件

① 该图来源于上海证券交易所官方网站。

2. 上交所主板市场首次公开发行的程序

根据《首次公开发行股票并上市管理办法》、沪深两个证券交易所股票上市规则等相关规范性文件的规定，首次公开发行股票的程序如下。

（1）发行准备阶段

发行前期，一系列筹备工作，主要是与各中介机构进行沟通、联络。

（2）内部决议

发行人董事会应当依法就本次股票发行的具体方案、本次募集资金使用的可行性及其他必须明确的事项作出决议，并提请股东大会批准。其中，决议内容包括但不限于：

①本次发行股票的种类和数量；

②发行对象；

③价格区间或者定价方式；

④募集资金用途；

⑤发行前滚存利润的分配方案；

⑥决议的有效期；

⑦对董事会办理本次发行具体事宜的授权；

⑧其他必须明确的事项。

（3）制作申请文件

发行人应当按照中国证监会的有关规定制作申请文件，由保荐人保荐并向中国证监会申报。特定行业的发行人应当提供管理部门的相关意见，应向证监会报送如下文件：公司章程；发起人协议；发起人姓名或者名称，发起人认购的股份数、出资种类及验资证明；招股说明书；代收股款银行的名称及地址；承销机构名称及有关的协议。保荐人出具发行保荐书。

同时，发行人申报文件中不得有下列情形：

①故意遗漏或虚构交易、事项或者其他重要信息；

②滥用会计政策或者会计估计；

③操纵、伪造或篡改编制财务报表所依据的会计记录或者相关凭证。

（4）保荐人保荐

根据证监会相关规定，企业发行上市需要经具有保荐资格的机构进行保荐。保荐人，是指具有保荐企业发行并上市的机构，一般指证券公司。

①发行辅导：在推荐发行人首次公开发行股票并上市前，应当对发行人进行辅导，对发行人的董事、监事和高级管理人员、持有5%以上股份的股东和实际控制人(或者其法定代表人)进行系统的法规知识、证券市场知识培训，使其全面掌握发行上市、规范运作等方面的有关法律法规和规则，知悉信息披露和履行承诺等方面的责任和义务，树立进入证券市场的诚信意识、自律意识和法制意识。

②辅导验收：保荐机构辅导工作完成后，应由发行人所在地的中国证监会派出机构进行辅导验收。

③发行保荐书：保荐机构应当确信发行人符合法律、行政法规和中国证监会的有关规定，方可推荐其证券发行上市。保荐机构决定推荐发行人证券发行上市的，可以根据发行人的委托，组织编制申请文件并出具推荐文件。保荐机构推荐发行人发行证券，应当向中国证监会提交发行保荐书、保荐代表人专项授权书以及中国证监会要求的其他与保荐业务有关的文件。发行保荐书应当包括下列内容：

A. 逐项说明本次发行是否符合《公司法》《证券法》规定的发行条件和程序；

B. 逐项说明本次发行是否符合中国证监会的有关规定，并载明得出每项结论的查证过程及事实依据；

C. 发行人存在的主要风险；

D. 对发行人发展前景的评价；

E. 保荐机构内部审核程序简介及内核意见；

F. 保荐机构与发行人的关联关系；

G. 相关承诺事项；

H. 中国证监会要求的其他事项。

④配合审核工作：保荐机构提交发行保荐书后，应当配合中国证监会的审核，并承担下列工作：组织发行人及证券服务机构对中国证监会的意见进行答复；按照中国证监会的要求对涉及本次证券发行上市的特定事项进行尽职调查或者核查；指定保荐代表人与中国证监会职能部门进行专业沟通，保荐代表人在发行审核委员会会议上接受委员质询；中国证监会规定的其他工作。

(5)制作并披露招股说明书

发行人应当按照中国证监会的有关规定编制和披露招股说明书。招股说明书内容与格式准则是信息披露的最低要求。不论准则是否有明确规定,凡是对投资者作出投资决策有重大影响的信息,均应当予以披露。同时,发行人及其全体董事、监事和高级管理人员应当在招股说明书上签字、盖章,保证招股说明书的内容真实、准确、完整。保荐人及其保荐代表人应当对招股说明书的真实性、准确性、完整性进行核查,并在核查意见上签字、盖章。招股说明书中引用的财务报表在其最近一期截止日后的 6 个月内有效。特别情况下发行人可申请适当延长,但至多不超过 1 个月。财务报表应当以年度末、半年度末或者季度末为截止日。招股说明书的有效期为 6 个月,自中国证监会核准发行申请前招股说明书最后一次签署之日起计算。

申请文件受理后、发行审核委员会审核前,发行人应当将招股说明书(申报稿)在中国证监会网站(www. csrc. gov. cn)预先披露。发行人可以将招股说明书(申报稿)刊登于其企业网站,但披露内容应当完全一致,且不得早于在中国证监会网站的披露时间。此外,预先披露的招股说明书(申报稿)不是发行人发行股票的正式文件,不能含有价格信息,发行人不得据此发行股票。

(6)证监会审核

证监会审核程序如下:

①受理:证监会收到申请文件后,在 5 个工作日内作出是否受理的决定。

②初审:决定受理后,由相关职能部门对发行人的申请文件进行初审。在初审过程中,将征求发行人注册地省级人民政府是否同意发行人发行股票的意见,并就发行人的募集资金投资项目是否符合国家产业政策和投资管理的规定征求国家发展和改革委员会的意见。

③审核:由发行审核委员会审核。依照法定条件对发行人的发行申请作出予以核准或者不予核准的决定,并出具相关文件。主板发审委委员为 25 名,部分发审委委员可以为专职。其中中国证监会的人员 5 名,中国证监会以外的人员 20 名发审委会议表决采取记名投票方式。表决票设同意票和反对票,发审委委员不得弃权。发审委委员在投票时应当在表决票上说明理由。发审委会议对发行人的股票发行申请只进行一次审核。一般普通程序,每次参加发审委会议的发审委委员为 7 名。表决投票时同意票数达到 5 票为通过,同意票数未

达到5票为未通过。

(7)正式发行

自中国证监会核准发行之日起,发行人应在6个月内发行股票;超过6个月未发行的,核准文件失效,须重新经中国证监会核准后方可发行。

(二)创业板首次公开发行的一般条件及流程

1.创业板首次公开发行的条件

(1)发行人的条件

发行人的条件如下:

①发行人是依法设立且持续经营3年以上的股份有限公司。有限责任公司按原账面净资产值折股整体变更为股份有限公司的,持续经营时间可以从有限责任公司成立之日起计算。

②最近2年连续盈利,最近两年净利润累计不少于1000万元;或者最近1年盈利,最近1年营业收入不少于5000万元。净利润以扣除非经常性损益前后孰低者为计算依据;最近1期末净资产不少于2000万元,且不存在未弥补亏损。

③发行后股本总额不少于3000万元;发行人的注册资本已足额缴纳,发起人或者股东用作出资的资产的财产权转移手续已办理完毕。发行人的主要资产不存在重大权属纠纷。

④发行人应当主要经营一种业务,其生产经营活动符合法律、行政法规和公司章程的规定,符合国家产业政策及环境保护政;且发行人最近2年内主营业务没有发生重大变化,实际控制人没有发生变更。

⑤发行人的股权清晰,控股股东和受控股股东、实际控制人支配的股东所持发行人的股份不存在重大权属纠纷。

⑥发行人资产完整,业务及人员、财务、机构独立,具有完整的业务体系和直接面向市场独立经营的能力。与控股股东、实际控制人及其控制的其他企业间不存在同业竞争以及严重影响公司独立性或者显失公允的关联交易。

⑦发行人具有完善的公司治理结构,内部控制制度健全且被有效执行。

(2)发行人董监高的条件

发行人董监高的条件如下:

①董事、高级管理人员没有发生重大变化,实际控制人也没有发生变更。

②同时还不存在下列情形：

A. 被中国证监会采取证券市场禁入措施尚在禁入期的；

B. 最近 3 年内受到中国证监会行政处罚，或者最近 1 年内受到证券交易所公开谴责的；

C. 因涉嫌犯罪被司法机关立案侦查或者涉嫌违法违规被中国证监会立案调查，尚未有明确结论意见的。

（3）募集资金的运用

发行人募集资金应当用于主营业务，并有明确的用途。募集资金数额和投资方向应当与发行人现有生产经营规模、财务状况、技术水平、管理能力及未来资本支出规划等相适应。

2. 创业板首次公开发行的程序

（1）内部决议

发行人董事会应当依法就本次发行股票的具体方案、本次募集资金使用的可行性及其他必须明确的事项作出决议，并提请股东大会批准。发行人股东大会应当就本次发行股票作出决议。决议至少应当包括下列事项：

①发行方式；

②价格区间或者定价方式；

③募集资金用途；

④发行前滚存利润的分配方案；

⑤决议的有效期；

⑥对董事会办理本次发行具体事宜的授权；

⑦其他必须明确的事项。

（2）制作申请文件

发行人应当按照中国证监会《公开发行证券的公司信息披露内容与格式准则第 29 号——首次公开发行股票并在创业板上市申请文件》之规定制作申请文件，由保荐人保荐并向中国证监会申报。

（3）保荐人保荐

保荐人保荐发行人发行股票并在创业板上市，应当对发行人的成长性进行尽职调查和审慎判断并出具专项意见。发行人为自主创新企业的，还应当在专项意见中说明发行人的自主创新能力，并分析其对成长性的影响。

(4)证监会审核

证监会审核程序如下：

①受理：中国证监会收到申请文件后，在5个工作日内作出是否受理的决定。

②审核：中国证监会受理申请文件后，由相关职能部门对发行人的申请文件进行初审，由创业板发行审核委员会审核，并建立健全对保荐人、证券服务机构工作底稿的检查制度。创业板发审委委员为35名，部分发审委委员可以为专职。其中中国证监会的人员5名，中国证监会以外的人员30名。发审委会议表决采取记名投票方式。表决票设同意票和反对票，发审委委员不得弃权。发审委委员在投票时应当在表决票上说明理由。发审委会议对发行人的股票发行申请只进行一次审核。一般普通程序，每次参加发审委会议的发审委委员为7名。表决投票时同意票数达到5票为通过，同意票数未达到5票为未通过。

③决定：中国证监会自申请文件受理之日起3个月内，依法对发行人的发行申请作出予以核准、中止审核、终止审核、不予核准的决定，并出具相关文件。

(5)正式发行

发行人应当自中国证监会核准之日起12个月内发行股票，发行时点由发行人自主选择；超过12个月未发行的，核准文件失效，须重新经中国证监会核准后方可发行。股票发行申请未获核准的，发行人可自中国证监会作出不予核准决定之日起6个月后再次提出股票发行申请。

深交所创业板首次公开发行申请文件如下：

①股票发行申请书（公司和主承销商盖章）；

②中国证监会"证监许可"核准文件（原件及复印件各1份，原件核对后退还公司）；

③证券简称及代码申请书（经办人签字，公司盖章）；

④发行上市期间报送文件的相关承诺，承诺内容应包括新股发行上市期间报送的电子文件与书面文件一致、报送申请文件中的发行申报文件与在证监会最后定稿的文件一致，以及对外披露的公告与经交易所审核的公告一致（公司、主承销商盖章）；

⑤股票发行基本情况表（主承销商盖章，请在保荐业务专区发行上市业务栏目填报和下载电子表格）；

⑥行业分类情况表（主承销商盖章）；

⑦主承销商经办人员的身份证复印件、主承销商授权委托书(需主承销商法定代表人签字)及主承销商法定代表人身份证明书(主承销商盖章,需附法定代表人身份证复印件);

⑧公司经办人员的身份证复印件、公司授权委托书(需公司法定代表人签字)及公司法定代表人身份证明书(公司盖章,需附法定代表人身份证复印件);

⑨发行方案(主承销商盖章)。

深交所创业板首次公开发行流程如图3-11所示:

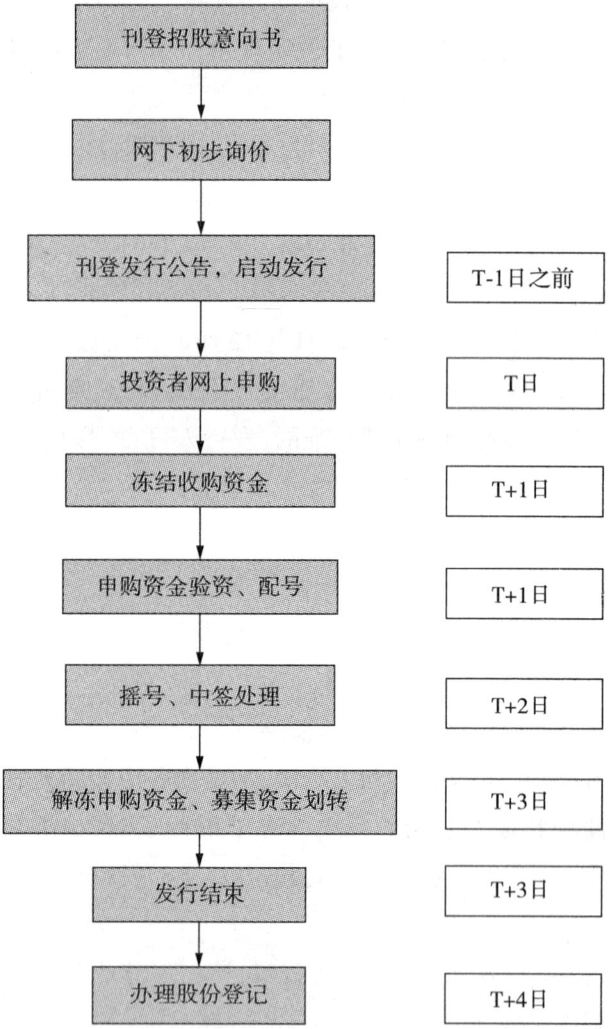

图3-11 深交所创业板首次公开发行流程图

三、上市条件及程序

（一）上交所上市的条件及程序

1. 上交所上市的条件

发行人首次公开发行股票后申请其股票在上交所上市，应当符合下列条件：

①股票经中国证监会核准已公开发行；

②公司股本总额不少于人民币 5000 万元；

③公开发行的股份达到公司股份总数的 25% 以上；公司股本总额超过人民币 4 亿元的，公开发行股份的比例为 10% 以上；

④公司最近 3 年无重大违法行为，财务会计报告无虚假记载；

⑤本所要求的其他条件。

2. 上交所上市的程序

（1）需递交的材料

企业拟在上交所上市，应向上交所提交如下申请材料：

①上市申请书；

②中国证监会核准其股票首次公开发行的文件；

③有关本次发行上市事宜的董事会和股东大会决议；

④营业执照复印件；

⑤公司章程；

⑥经具有执行证券、期货相关业务资格的会计师事务所审计的发行人最近 3 年的财务会计报告；

⑦首次公开发行结束后发行人全部股票已经中国证券登记结算有限责任公司上海分公司（以下简称“登记公司”）托管的证明文件；

⑧首次公开发行结束后，具有执行证券、期货相关业务资格的会计师事务所出具的验资报告；

⑨关于董事、监事和高级管理人员持有本公司股份的情况说明和《董事（监事、高级管理人员）声明及承诺书》；

⑩发行人拟聘任或者已聘任的董事会秘书的有关资料；

⑪首次公开发行后至上市前，按规定新增的财务资料和有关重大事项的说

明(如适用);

⑫首次公开发行前已发行股份持有人,自发行人股票上市之日起1年内持股锁定证明;

⑬发行人控股股东和实际控制人相关承诺函;

⑭最近一次的招股说明书和经中国证监会审核的全套发行申报材料;

⑮按照有关规定编制的上市公告书;

⑯保荐协议和保荐人出具的上市保荐书;

⑰律师事务所出具的法律意见书;

⑱本所要求的其他文件。

除了递交材料之外,公司在股票首次上市之前应当向上交所申请并签署《证券上市协议》。《证券上市协议》包括以下内容:股票简称、上市日期、上市数量等基本情况;双方的权利与义务和应当遵守的法律、法规和其他相关规定;关于公司及其董事、监事和高级管理人员应当积极配合上交所监管的规定;上市费用以及交纳方式;股票暂停、终止上市和终止上市后进入代办股份转让系统继续交易等相关事项;其他有关内容。

(2)上交所股票首次公开发行并上市的流程,具体见图3-12:

(二)深交所上市的条件及程序

1.深交所上市条件

(1)深交所主板、中小企业板上市条件

深交所主板、中小企业板上市条件如下:

①股票已公开发行;

②公司股本总额不少于5000万元;

③公开发行的股份达到公司股份总数的25%以上;公司股本总额超过4亿元的,公开发行股份的比例为10%以上;

④公司最近3年无重大违法行为,财务会计报告无虚假记载;

⑤本所要求的其他条件。

(2)深交所创业板上市条件

深交所创业板上市条件如下:

①股票已公开发行;

②公司股本总额不少于3000万元;

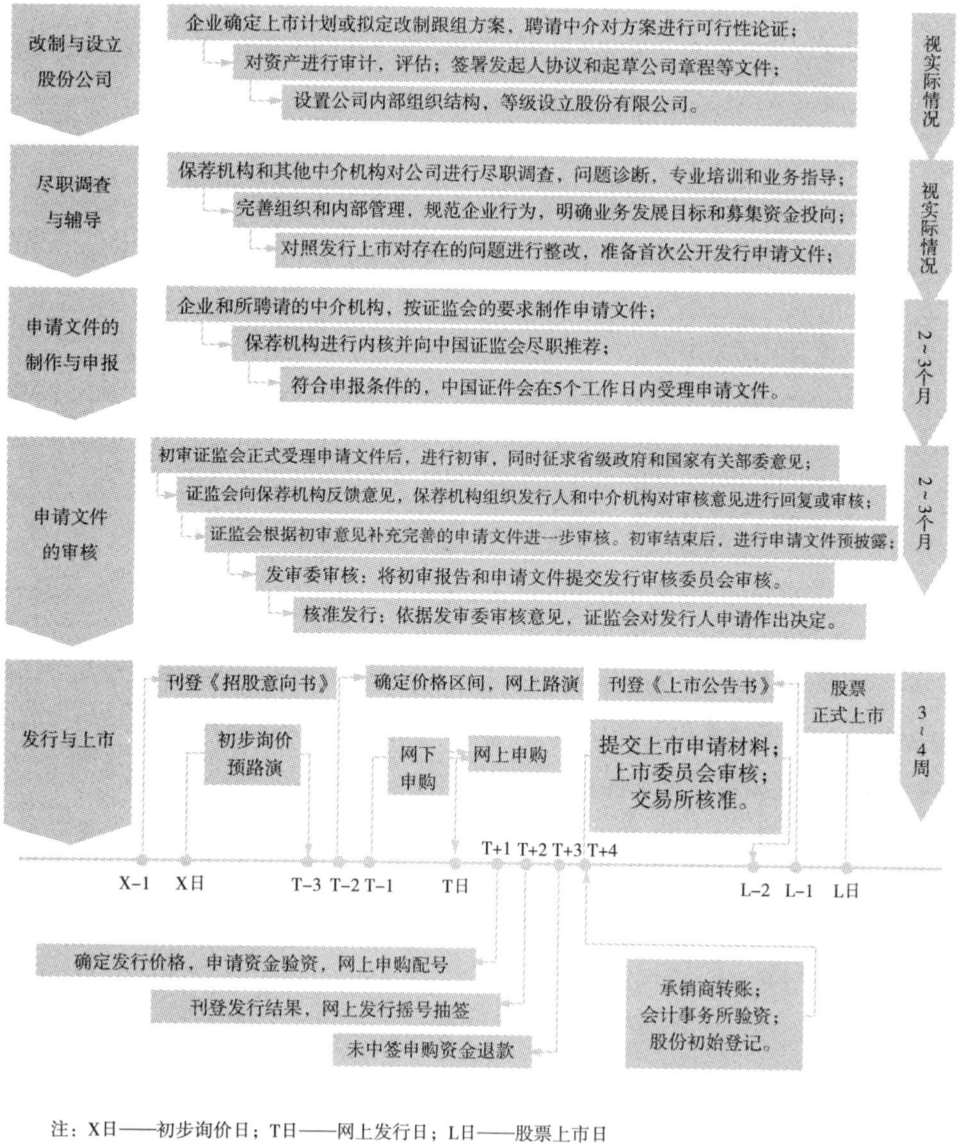

图 3-12　上交所股票首次公开发行并上市流程图①

③公开发行的股份达到公司股份总数的 25% 以上；公司股本总额超过 4 亿元的，公开发行股份的比例为 10% 以上；

---

① 该图来源于上海证券交易所官方网站。

④公司股东人数不少于200人；

⑤公司最近3年无重大违法行为，财务会计报告无虚假记载；

⑥本所要求的其他条件。

2.深交所上市程序

(1)需递交的材料

股票在深交所上市需递交如下申请材料：

①上市报告书(即为上市申请书，公司盖章)；

②申请上市的董事会、股东大会决议(复印件，加盖董事会公章)；

③公司营业执照复印件及本次股票发行完成后3个月内办理完成工商变更登记的承诺(公司盖章)；

④公司章程(草案，公司盖章)；

⑤依法经具有执行证券、期货相关业务资格的会计师事务所审计的发行人最近3年的财务会计报告(复印件加盖公司公章，书面文件的电子版不需要通过业务专区上传)；

⑥公司拟聘任或已聘任的董事会秘书及证券事务代表的资料；发行人已聘任董事会秘书和证券事务代表的，在提供以下材料的同时应提供董事会聘任书，公司拟聘任董事会秘书和证券事务代表的，应同时提供包括被推荐人符合《深圳证券交易所股票上市规则》/《深圳证券交易所创业板股票上市规则》任职资格的说明、董事会推荐书：

A.个人简历、学历证明(复印件，学历证明需公司盖章)；

B.联系方式，至少应包括办公电话、住宅电话、移动电话、传真、通信地址及专用电子邮件信箱地址，董事会秘书应当保证本所可以随时与其联系；

C.董事会秘书资格证书(如有，复印件加盖公司公章)(书面文件的电子版不需要通过业务专区上传)；

⑦需报送的承诺与说明：

A.控股股东和实际控制人承诺书，内容为自发行人股票上市之日起36个月内，不转让或者委托他人管理其持有的发行人股份，也不由发行人回购其持有的股份(原件；如控股股东和实际控制人为法人，需法定代表人签字)；其他股东就所持股份作出的锁定承诺(如需持有，原件；如相关股东为法人，需法定代表人签字)；

B. 发行人控股股东、持有发行人股份的董事和高级管理人员承诺书，内容为所持股票在锁定期满后两年内减持的，其减持价格不低于发行价；公司上市后 6 个月内如公司股票连续 20 个交易日的收盘价均低于发行价，或者上市后 6 个月期末收盘价低于发行价，持有公司股票的锁定期限自动延长至少 6 个月；

C. 发行人及其控股股东承诺书，内容为发行人招股说明书有虚假记载、误导性陈述或者重大遗漏，对判断发行人是否符合法律规定的发行条件构成重大、实质影响的，将依法回购首次公开发行的全部新股，且发行人控股股东将购回已转让的原限售股份；

D. 发行人及其控股股东、实际控制人、董事、监事、高级管理人员等相关责任主体的承诺书，内容为发行人招股说明书有虚假记载、误导性陈述或者重大遗漏，致使投资者在证券交易中遭受损失的，将依法赔偿投资者损失；

E. 保荐机构、会计师事务所等证券服务机构承诺书，内容为因其为发行人首次公开发行制作、出具的文件有虚假记载、误导性陈述或者重大遗漏，给投资者造成损失的，将依法赔偿投资者损失；

F. 发行人及其控股股东、公司董事及高级管理人员等责任主体作出公开承诺事项的，应同时提出未能履行承诺时的约束措施说明；

G. 公司董事、监事和高级管理人员持有股份情况及《董事（监事、高级管理人员）声明与承诺书》（请在本指南所附链接下载声明与承诺书的电子文件；声明与承诺书签订须经律师见证，书面文件一式三份，其中报送交易所一份；请注意声明中关于持股情况的项目需填写直接和间接持股股份情况；相关电子文件不需要通过业务专区上传）；

H.《控股股东、实际控制人声明及承诺书》（请在本指南所附链接下载声明与承诺书的电子文件；声明与承诺书签署须经律师见证，书面文件一式三份，其中报送交易所一份；书面文件的电子版不需要通过业务专区上传）；

I. 发行人及其控股股东、公司董事及高级管理人员在发行人上市后 3 年内公司股价低于每股净资产时稳定公司股价的预案，预案应包括启动股价稳定措施的具体条件、可能采取的具体措施等；

⑧发行人公开发行前持股 5% 以上股东的持股意向及减持意向说明。

⑨保荐机构对保荐代表人的专项授权委托书（保荐机构盖章）；

⑩报送中国证监会的历次反馈意见回复、关于发审委审核意见的函的回复及发行方案备案文件(复印件,需与报送中国证监会的相关文件一致;请同时报送中国证监会正式受理发行申请的通知(复印件));

⑪保荐机构经办人员的身份证复印件、保荐机构授权委托书(需保荐机构法定代表人签字)及保荐机构法定代表人身份证明书(保荐机构盖章,需附法定代表人身份证复印件;如报送发行申请文件时已报送且经办人员相同则不必再次报送);

⑫公司经办人员的身份证复印件、公司授权委托书(需公司法定代表人签字)及公司法定代表人身份证明书(公司盖章,需附法定代表人身份证复印件;如报送发行申请文件时已报送且经办人员相同则不必再次报送);

⑬公司全部股票已经中国证券登记结算有限责任公司深圳分公司托管的证明文件及相关附件(复印件);

⑭新股发行登记申请书及登记申报表(公司盖章);

⑮具有执行证券、期货相关业务资格的会计师事务所出具的关于新股募集资金到账的验资报告(原件,书面文件的电子版不需要通过业务专区上传);

⑯保荐机构出具的上市保荐书(保荐机构盖章,需附保荐协议原件);

⑰律师事务所出具的关于公司股票上市的法律意见书(原件);

⑱上市公告书(原件,创业板发行人需同时报送上市公告书的提示性公告);

⑲股票发行后至上市前公司按规定需新增的财务资料和有关重大事项的说明文件(原件);

⑳招股说明书;

㉑进入全国中小企业股份转让系统的承诺;

㉒保荐机构关于公司首发后上市前股东持股情况的说明(原件),内容应包括以下几点:

A. 非社会公众、社会公众持股数量及比例情况,社会公众定义参见本所股票上市规则2012年修订版第18.1条或创业板股票上市规则2012年修订版第17.1条规定;

B. 以表格形式详细列明非社会公众的信息:如为法人,应列明名称、组织机构代码;如为个人,应列明姓名、身份证号码;

C. 公司上市后是否因社会公众持股比例较低而存在较大的退市风险；

㉓国有股转持批复文件（如适用，复印件）；

㉔本所要求的其他文件。

（2）深交所上市流程

保荐机构和保荐代表人应当关注在发行人证券核准发行至上市期间发生的可能对投资者投资决策产生重大影响的事项，并及时向交易所报告。

①T－1 日或之前

保荐机构在刊登招股意向书后 5 日内按照上市申请文件清单要求向深交所上市推广部报送上市申请文件（书面文件），并同时通过保荐业务专区报送电子文件。

②L－2 日或之前（L 日为新股上市日）

A. 上午 8 点 30 分前保荐机构在保荐业务专区"发行上市业务—上市数据填报"栏目填写和提交上市数据。

B. 保荐机构按照上市文件清单要求向深交所上市推广部报送其他上市申请文件（书面文件），并同时通过保荐业务专区报送电子文件。

③L－2 日

A. 保荐机构到深交所上市推广部领取股票上市通知书；

B. 保荐机构联系指定媒体披露上市公告书；

C. 发行人到深交所上市推广部领取股票上市初费交款通知，交纳上市初费。

④L－1 日

A. 披露上市公告书、上市保荐书及法律意见书（创业板发行人还需要同时披露上市公告书的提示性公告）；

B. 保荐机构和公司做好上市准备。

⑤L 日

按时参加上市仪式。

深交所上市流程如图 3－13 所示：

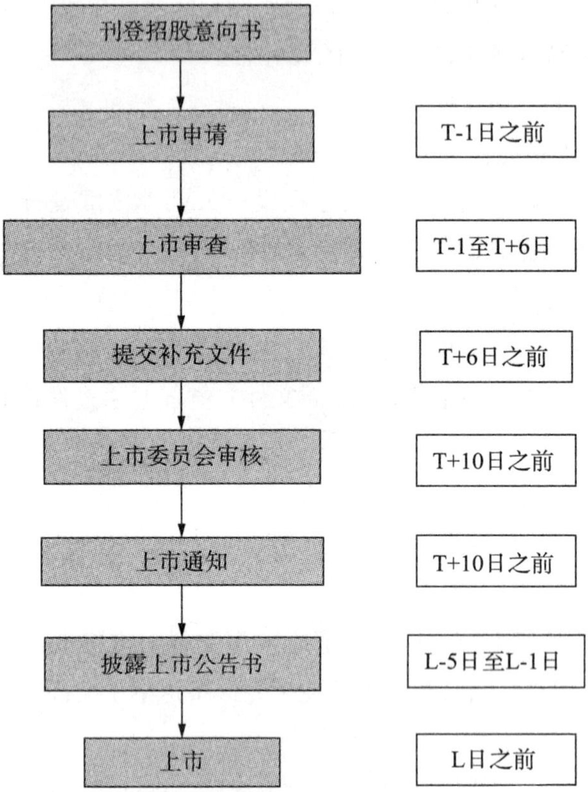

图3－13　深交所上市流程图

四、首次公开发行股票并上市的潜在风险及其应对

当下,众多企业纷纷投入IPO浪潮之中,仍有部分企业虽跻身于世界五百强,却没有挤入上市公司行列的意愿,最为典型的属华为投资控股有限公司。据称,华为创始人任正非在公司"蓝血十杰"的表彰会上重申华为不会上市。至于不会上市的原因,他的解释是"上市可能会让我们越来越怠惰,失去奋斗者的本质色彩"。[①] 任正非的回答略带英雄主义的色彩,充满力量。但上市真的会让华为的员工更加怠惰吗?真的会打击他们奋斗的激情吗?或者说,不上市真的只是基于前述原因吗?显然不是。一方面,不可否认,华为的经营理念、经济实力确实经得起

① 参见网易财经,http://money.163.com/14/0622/08/9VB5HBSN00253G87.html,2014年12月24日访问。

世界五百强企业这一称谓。换言之,华为对于外部融资的需求较小,既然能“自给自足”,便无需上市融资。另一方面,上市虽然能为企业带来巨额资金,但其弊端包括自身附随的法律风险也难以预估,就像硬币的正反两面,收益与风险基本是并存的。因此,多种原因共同导致华为仍未选择上市。除华为之外,民营企业的另一些代表企业如娃哈哈、方太、立白、顺丰等都曾表示不上市,而且至今仍未上市。

因此,企业通过首次公开发行股票并上市进行融资同其他融资方式一样,在一定程度上都潜藏有风险。具体风险包括在股票发行申请阶段被证监会不予核准、欺诈发行的风险。

(一)不予核准的风险及其应对

企业上市之前要经过一系列流程(前述已详尽介绍),首先进行前期研讨、验证、辅导等准备,然后接着严格按照相关法律、法规的规定递交申请发行材料,最后由监管部门作出批复。经过漫长的期间,最终批复结果可能是核准发行也可能是不予核准发行。

1. 典型案例

不予核准上市的原因有很多。企业上市一般需要一年甚至几年的时间,其是否成功受很多外在因素限制。同时,企业内部的问题也会对其上市造成影响。企业在上市过程比较常见的内部问题包括:法律架构重组、独立经营原则、业务剥离、关联交易、同业竞争、税务问题、会计问题和公司治理。其中任何一个存在问题都可能导致最终不予核准。

IPO 失败的原因包括:被举报存在问题(如“同花顺”上市案例)、权属纠纷的不确定性(如“立立电子”开创证券市场 IPO 申请先批后撤案例)、信息披露质量差(如创业板首批上市公司神州泰岳案例)、财务会计问题(如“华西能源工业股份有限公司”案例)、主体资格存在缺陷(如“天津三英焊业”管理层发生重大变动导致被否决发行案例)、独立性问题(如“东方红航天生物技术公司”与关联公司之间的关系不独立案例)、盈利能力问题(如“南京磐能电力”经营业绩严重依赖关联方案例)、募投资金效益风险大(如“赛轮股份”案例)以及企业运营不规范或中介报告瑕疵等原因。[①]

---

① 参见中证网,http://www.cs.com.cn/wyss/05/02/201109/t20110921_3064431.html,2014 年 12 月 25 日访问。

再以2014年(截至2014年10月14日)证监会官方公布的核准发行案例为统计基数,该年度申请核准发行的企业为82家,其中有3家不予核准发行。①虽然比例不大(仅3.6%),但对于3家不被核准发行的企业而言损失可谓巨大。由于未上市成功,因此相关信息并未对外披露。以下将选取IPO成功的企业进行研究,从其对外披露的发行、上市相关费用,可略窥企业IPO通常所需的费用,具体如表3-10所示:

2012年10月上市

表3-10 奥瑞金(002701)发行上市费用

序号	项　目	金额(元)
1	承销及保荐费	66242880
2	律师费	4830000
3	审计及验资费	12940000
4	股份登记及上市初费	800000
5	信息披露费	2710000
6	文件制作及印刷费	500000
合计		88022880

2012年9月上市

表3-11 煌上煌(8362.03)发行上市费用

序号	费用名称	金额(万元)
1	承销保荐费用	7794
2	审计验资费用	106
3	律师费用	77
4	信息披露费用	355
5	发行手续费	30.03
合计		8362.03

① 参见证监会官网,http://www.csrc.gov.cn/pub/zjhpublic/,2014年12月24日访问。其中,不予核准发行的3家企业分别为湖北永祥粮食机械股份有限公司、江苏天鸟高新技术股份有限公司和上海岱美汽车内饰件股份有限公司。不予核准发行的原因,有与《首次公开发行股票并上市管理办法》第30条的规定不符、与《首次公开发行股票并在创业板上市管理暂行办法》(现已变更为《首次公开发行股票并在创业板上市管理办法》)第16条的规定不符,还有与《首次公开发行股票并在创业板上市管理办法》第19条的有关规定不符。

2. 深入剖析

企业上市决策面临的最大风险就是上市申报最终不能得到发审委的通过，这意味着企业上市工作失败。这一失败会给企业带来诸多威胁。严格的信息披露要求，使公司的基本经营情况被公开，给了竞争对手一个学习的机会。另外，中介机构也掌握着大量企业的重要信息，同样面临流失的风险。上市工作的失败，还使改制规范过程中付出的税务成本、社保成本、上市筹备费用、中介费用等前期成本费用支出变成沉没成本，无法在短期内得到弥补。其中，承销费用占比最大。在整个上市过程里，承担最多工作的券商收取的费用是最高的。由前面所列两个案例可知，两家企业成功发行并上市所需的费用8000万元以上，承销费用占比约80%甚至更高。虽并不能直接推出IPO通常费用，但不难得知发行费用确实不菲。

具体所涉及的费用分析①如下。

(1)中介费用

企业上市必须是企业与中介机构合作才能实现的工作。在市场准入的保护伞下，中介服务成为一种稀缺资源，使中介费用成为主要的上市成本之一。企业上市必需的合作中介包括券商、会计师事务所、资产评估机构、律师事务所、其他咨询机构、财经公关机构等。中介费用的高低取决于合作双方的协议结果，它的主要影响因素包括目标融资额、合作方的规模与品牌、企业基础情况决定的业务复杂程度、市场行情等。当然，部分中介费用可以延迟至成功募资后再实际支付。

(2)上市筹备费用

上市筹备工作是一个系统工程，不仅需要各个职能部门按照上市公司的规范性要求提升管理工作水平，还要求组建一个专业的上市筹备工作团队对整个上市筹备工作进行组织与协调。因此，上市筹备费用对于企业来讲，也是必须考虑的成本因素。上市筹备费用主要包括：上市筹备工作团队以及各部门为加强管理而新增的人力成本；公司治理、制度规范、流程再造培训费用；为加强内部控制规范而新增的管理成本等。

---

① 参见21世纪网，http://www.21cbh.com/2013/7-16/xNMDQwXzcyNDAxNQ.html，2014年12月29日访问。

(3)社保成本

在劳动密集型企业,往往存在劳动用工不规范的问题,如降低社保基数、少报用工人数、以综合保险代替城镇社保、少计加班工资、少计节假工资。发审委对企业劳动用工的规范要求异常严格。因此,拟上市公司一般均会因此付出更高的社保成本。

(4)高级管理人员报酬

资本市场的财富效应使企业在上市决策过程中必须考虑高级管理人员的报酬问题。除了高管的固定薪资之外,还要考虑符合公司发展战略的高管激励政策。高管固定薪资一般不会因企业上市而带来增量成本,但高管激励政策往往成为拟上市公司新增的高额人力资源成本。因为在市场环境下,大多数企业会采用高管持股计划或期权计划作为对高级管理人员的主要激励手段。

对于中小民营企业,上市需要考虑的高级管理人员报酬问题有时还表现在高级管理人员的增加上。大多数中小民营企业为了满足公司治理的要求,不得不安排更多的董、监事会成员和高级管理人员。

(5)税务成本

拟上市企业如果是有限责任公司的性质,需改制为股份公司。改制之前需补缴大量税款,这是拟上市公司普遍存在的问题。一般情况下,导致企业少缴税款的原因主要包括:

➢ 企业财务人员信息和业务层面的原因导致少缴税款。比如对某些偶然发生的应税业务未申报纳税;税务与财务在计税基础的规定上不一致时,常导致未按照税务规定申报纳税的情况发生。

➢ 财务管理不规范,收入确认、成本费用列支等不符合税法规定,导致少缴税款。这种现象在企业创立初期规模较小时普遍发生,尤其是规模较小时税务机关对企业实行核定征收、所得税代征等征税方式的情况下,许多企业对成本费用列支的要求不严,使不合规发票入账、白条入账等情况大量存在。一旦这些情况为税务机关掌握,税务机关有权要求企业补税并予以处罚。

➢ 关联交易处理不慎往往会形成巨额税务成本。新《所得税法》和已出台的《特别纳税调整管理办法》对关联交易提出了非常明确的规范性要求。关联企业之间的交易行为如存在定价明显偏低现象,税务机关有权就其关联交易行为进行调查,一旦确认关联交易行为影响到少缴税款的,税务机关可裁定实施特别纳税调整。

3. 应对措施

正如前面已经提及，外部市场环境、企业内部问题均会对企业上市造成影响。企业在上市过程比较常见的内部问题包括：法律架构重组、独立经营原则、业务剥离、关联交易、同业竞争、税务问题、会计问题和公司治理。其中任何一个存在问题都可能导致最终不予核准。因此，具体的应对措施也应从内外两个方面入手。选定上市的最好时机，尽量不要在国家宏观政策对 IPO 持限制态度的时段上市。例如，2013 年我国境内上市基本处于暂停状态，在 2014 年才开闸。

（二）欺诈发行的风险及其应对

由于通过上市可以募集巨额资金，因此，少数企业不惜冒触碰刑事法律的风险，编造虚假数据、隐瞒重大信息等，企图上市融资。该类案例包括但不限于，国内首例上市公司及其高管因欺诈发行（配股）而被追究刑事责任的案件“2005 年山东巨力欺诈发行刑事诉讼案”、国内首例因欺诈发行被证券交易所公开谴责的案件“2010 年江苏三友欺诈发行公开谴责案”、[①]2002 年大庆联谊欺诈上市及民事赔偿案、2002 年通海高科欺诈发行撤销上市及刑事诉讼案、2002 年红光实业欺诈上市、刑事诉讼及民事赔偿案、2009 年立立电子欺诈发行撤销上市案、2010 年苏州恒久欺诈发行撤销上市案以及 2011 年胜景山河欺诈发行撤销上市案等。[②]

上述欺诈发行的企业至少都受到要么来自证监会部门的行政处罚，要么来自证券交易所的惩戒，如果给股民带来损失将承担民事赔偿责任，更有甚者，将承担刑事法律责任。不仅仅是公司自身，与之相关的公司董、监、高人员也将承担连带责任。以下将选取欺诈发行典型案例进行详细解析。

---

① 根据《上海证券交易所股票上市规则》的规定，证券交易所在特定条件下可对上市公司或相关人员给予惩戒。17.2 上市公司、相关信息披露义务人和其他责任人违反本规则或者向本所作出的承诺，本所可以视情节轻重给予以下惩戒：（1）通报批评；（2）公开谴责。

17.3 上市公司董事、监事、高级管理人员违反本规则或者向本所作出的承诺，本所可以视情节轻重给予以下惩戒：（1）通报批评；（2）公开谴责；（3）公开认定其 3 年以上不适合担任上市公司董事、监事、高级管理人员。以上第（2）项、第（3）项惩戒可以一并实施。

② 参见 21 世纪网，http://www.21cbh.com/HTML/2013-5-10/4NNDA1XzY4MDY4Nw.html，2014 年 12 月 29 日访问。

1. 欺诈发行之民事法律风险

(1) 典型案例——"万福生科"欺诈发行案

万福生科(湖南)农业开发股份有限公司(以下简称"万福生科"),主要从事稻米精深加工系列产品的研发、生产和销售。该公司于2011年9月27日于创业板上市。上市前,业绩定期报告的财务数据虚假记载情况可谓触目惊心:2008年至2011年公司有近一半的营业收入、几乎全部的营业利润和近九成的归属母公司股东净利润均为虚增,[①]成为自创业板开板以来首家涉嫌欺诈上市的公司。

2012年9月,证监会对万福生科涉嫌财务造假等违法违规行为立案稽查。2013年4月,证监会将万福生科及两名责任人涉刑部分移送公安机关处理,并于当年9月对相关责任主体分别作出警告、罚款、暂停资格等行政处罚。除万福生科及公司有关责任人之外,证监会还对该案涉及的证券公司、保荐人、会计师事务所、律师事务所等中介机构处以警告、罚款、市场禁入等措施。

暂且不论及发行人可能承担的刑事法律责任,仅就民事赔偿也可能是一笔不菲的费用。此时,对于投资者来说,在法律框架内,以公平的方式迅速获得赔偿是对其最大的公平。虽然,20多年来,中国资本市场查处的大案要案不少,如蓝田案、银广夏案,但投资者真正获得民事赔偿的并不多,除了法律法规不健全外,诉讼周期长、成本高、权益难保障也阻碍了投资者获赔的机会。

监管部门在万福生科案中探索了投资者赔付的新模式。在证监会对万福生科案的查处过程中,督促保荐机构平安证券推出了对适格投资者的先行补偿方案,先行出资设立了"万福生科虚假陈述事件投资者利益补偿专项基金",用基金财产偿付符合条件的投资者因公司虚假陈述而遭受的投资损失。万福生科实际控制人龚永福和杨荣华夫妇在证监部门的协调下,将3000万股万福生科股票质押给中国证券投资者保护基金有限责任公司管理,作为履行赔偿责任的保证。

正是基于这样的赔偿创新,使赔偿工作仅用了2个月就顺利完成,1万多名适格投资者获得约1.8亿元左右的补偿金。"万福生科案"因而成为目前国内同类案件中赔付速度最快、赔偿人数最多、赔付率最高的案例,并且首次实现了

---

① 参见中财网,http://www.cfi.net.cn/p20130306000354.html,2014年12月29日访问。

对受损投资者的全额赔偿,开创了资本市场投资者保护方式的先河,为进一步探索如何更好地保护投资者提供了新思路。[①]

(2)案例分析

投资者请求欺诈发行人及其相关人员承担民事损害赔偿责任的法律基础何在?

根据最高人民法院《关于审理证券市场因虚假陈述引发的民事赔偿案件的若干规定》第 17 条的规定,证券市场虚假陈述,是指信息披露义务人违反证券法律规定,在证券发行或者交易过程中,对重大事件作出违背事实真相的虚假记载、误导性陈述,或者在披露信息时发生重大遗漏、不正当披露信息的行为。欺诈、虚假记载,是指信息披露义务人在披露信息时,将不存在的事实在信息披露文件中予以记载的行为;误导性陈述,是指虚假陈述行为人在信息披露文件中或者通过媒体,作出使投资人对其投资行为发生错误判断并产生重大影响的陈述;重大遗漏,是指信息披露义务人在信息披露文件中,未将应当记载的事项完全或者部分予以记载;不正当披露,是指信息披露义务人未在适当期限内或者未以法定方式公开披露应当披露的信息。万福生科在发行过程中的行为构成虚假陈述。

此外,根据最高人民法院《关于审理证券市场因虚假陈述引发的民事赔偿案件的若干规定》第 6 条的规定,涉及欺诈发行、虚假陈述的生效刑事判决、相关监管部门作出的行政处罚可以作为投资者提起民事索赔的前置程序,故投资者向万福生科以及相关高管发起证券民事赔偿诉讼的条件已经具备。

但是在正式启动民事索赔程序之前,证监会为了保护投资者,督促发行人、保荐人等设立一项赔偿基金(1.8 亿元)。这一方式,可谓证券欺诈发行类纠纷解决的新方向,不仅切实保护投资者的权益,还可尽量避免诉讼程序繁琐、耗时长、取证难的缺点。但是,这笔基金对发行人而言则是一笔巨大的支出,其实际募集到的资金为 39,481.0541 万元、实际发行费用 3018.9459 万元,但赔偿费用就达 1.8 亿元。

除了实际支付的损害赔偿额,欺诈发行也在无形之中损害公司自身的声誉。因此,民事赔偿责任的负面影响不可小觑。

---

① 参见和讯网,http://stock.hexun.com/2014-12-15/171422571.html,2014 年 12 月 29 日访问。

2. 欺诈发行之刑事法律风险

(1)典型案例——"绿大地"欺诈发行案

云南绿大地生物科技股份有限公司(以下简称"绿大地",股票代码"002200")成立于1996年,主营业务为绿化工程设计及施工,绿化苗木种植及销售。2007年12月21日,绿大地在深圳中小板挂牌上市。2011年3月17日,绿大地发布公告称,董事长何学葵因涉嫌欺诈发行股票罪被公安机关逮捕。4天后,中国证监会在其官网上显示,证监会在2010年3月就因绿大地涉嫌信息披露违规立案稽查,发现公司存在涉嫌虚增资产、虚增收入、虚增利润等多项违法违规行为。2011年5月4日,绿大地被实行"退市风险警示"特别处理,股票简称变更为 * ST 大地。①

2013年2月7日,绿大地收到昆明市中级人民法院(2012)昆刑一初字第73号《刑事判决书》。

经审理查明:2004年至2007年6月,被告人何学葵、蒋凯西共同策划让被告单位绿大地公司发行股票并上市,并安排其被告人赵海丽、赵海艳登记注册了一批由绿大地公司实际控制或者掌握银行账户的关联公司,并利用相关银行账户操控资金流转,采用伪造合同、发票、工商登记资料等手段,少付多列、将款项支付给其控制的公司、虚构交易业务、虚增资产人民币70,114,000.00元、虚增收入296,102,891.7元。绿大地公司招股说明书中包含了上述虚假内容。2007年12月21日被告单位绿大地公司在深圳证券交易所首次发行股票并上市,非法募集资金达人民币3.4629亿元。2005年至2009年期间,被告单位绿大地公司为达到虚增销售收入和规避现金交易、客户过于集中的目的,在被告人何学葵、蒋凯西、庞明星安排下,由被告人赵海丽利用银行空白进账单,填写虚假资金支付信息后,私刻银行印章加盖于单据上,伪造了各类银行票证共计74张,2007年12月21日被告单位绿大地公司上市后,依法负有向股东和社会公众如实披露真实信息的义务,但该公司经被告人何学葵、蒋凯西、庞明星共同策划、被告人赵海丽、赵海艳具体实施,采用伪造合同、伪造收款发票等手段虚增公司资产和收入,多次将上述虚增的资产和收入发布在绿大地公司的半年报

① 参见全景网,http://www.p5w.net/stock/news/gsxw/201302/t20130225_43976.htm,2014年12月29日访问。

告及年度报告中。其中,《2007 年度报告》虚增资产 21,240,000.00 元,虚增收入 96,599,026.78 元;《2008 年半年度报告》虚增资产 97,350,000.00 元,虚增收入 52,549,690.00 元;《2008 年度报告》虚增资产 163,353,150.00 元,虚增收入 85,646,822.39 元;《2009 年半年度报告》虚增收入 47,002,891.14 元;《2009 年度报告》虚增资产 104,070,550.00 元,虚增收入 68,560,911.94 元。2010 年 3 月,在中国证监会立案调查被告单位绿大地公司期间,被告单位绿大地公司为掩盖公司财务造假的事实,在被告人何学葵的指示下,被告人赵海丽将依法应当保存的 66 份会计凭证替换并销毁。

云南省昆明市中级人民法院认为:被告单位绿大地公司为达到上市发行股票的目的,由被告人何学葵、蒋凯西、庞明星共同策划,在被告人赵海丽、赵海艳的积极参与下,绿大地公司在招股说明书中编造重大虚假内容,发行股票,被告单位绿大地公司、被告人何学葵、蒋凯西、庞明星、赵海丽、赵海艳的行为均符合欺诈发行股票罪的主、客观构成要件,构成欺诈发行股票罪,非法募集资金人民币达 3.4629 亿元,依照《刑法》第 160 条之规定,应对被告单位"处非法募集资金金额百分之一以上百分之五以下罚金";对其直接负责的主管人员和其他直接责任人员"处五年以下有期徒刑或者拘役"。被告单位绿大地公司作为上市公司,依法负有如实向股东和社会公众及时披露重要信息的义务,但该公司多次违规向社会公众披露虚假信息,严重损害了股东及其他人的利益,被告人何学葵身为董事长、被告人蒋凯西身为财务总监,被告人庞明星身为财务顾问,是直接的主管人员,被告人赵海丽、赵海艳在单位犯罪中行为积极,为其他直接责任人,五被告人应对被告单位绿大地公司违规披露重要信息的行为依法承担刑事责任,依照《刑法》第 161 条之规定,对其直接负责的主管人员和其他直接责任人员"处三年以下有期徒刑或者拘役,并处或者单处二万元以上二十万元以下罚金"。被告单位绿大地公司无视国家法律,经被告人何学葵、蒋凯西、庞明星共同策划,在被告人赵海丽的积极参与下,为达到公司虚增资产和收入目的,伪造银行进账单,其行为构成伪造金融票证罪,依照《刑法》第 177 条之规定,对单位判处罚金;对直接负责的主管人员和其他直接责任人员"处五年以下有期徒刑或者拘役,并处或者单处二万元以上二十万元以下罚金;情节严重的,处五年以上十年以下有期徒刑,并处五万元以上五十万元以下罚金"。被告人何学葵、蒋凯西、庞明星作为单位伪造金融票证犯罪行为的直接负责主管人员,被告人赵海丽作为直接责任人,依法应当按照在单位犯罪中的地位和作用,各自承担刑事责任。被告单位绿大地公司无视国家法律,故意销毁依法应当保存的会计凭证,情节严重,其行为构成故意销毁会计凭证罪,被告人何学葵作为被告单位的主管人员,被告人赵海丽作为被告单位故意销毁会计凭证的直接责任人,均应对被告单位的犯罪行为承担刑事责任,依照《刑法》第 162 条之一之规定,应对单位判处罚金,对其直接负责的主管人员何学葵和直接责任人员赵海丽“处五年以下有期徒刑或者拘役,并处或者单处二万元以上二十万元以下罚金”。综上,公诉机关指控被告单位及各被告人的犯罪事实清楚、证据确实充分,指控罪名成立,昆明市中级人民法院予以确认。关于被告单位的辩护人所提没有证据证实被告单位经股东会议做出决定实施欺诈发行股票和伪造金融票证、违规披露重要信息、故意销毁会计凭证罪的行为的辩护意见,昆明市中级人民法院认为,本案被告人何学葵、蒋凯西、庞明星作为单位的主管人员,被告人赵海丽、赵海艳作为单位员工、犯罪行为积极实施者,五被告人为单位利益、以单位名义实施犯罪,收益归单位所有,负责决策或具体实施上述犯罪行为代表了单位意志,故辩护人关于被告单位不构成犯罪的辩护意见不能成立。关于辩护人所提本案中各被告人实施伪造金融票证的行为,其目的是发行股票或披露虚假信息,因此本案伪造金融凭证与欺诈发行股票、违规披露重要信息,属手段行为与目的行为的牵连关系,根据的是牵连犯的处断原则,只能从一罪重处,不能数罪并罚的辩护观点。昆明市中级人民法院认为:本案按牵连犯择一重罪处断不能完整反映案件的本质,只有数罪并罚才能全面、客观评价,才能真正体现罪责相适应原则,故辩护人所提“认定牵连犯择一重罪处罚”的辩护意见,昆明市中级人民法院不予采纳。关于被告单位、被告人何学葵、赵海丽的辩护人针对故意销毁会计凭证罪所提各被告人所销毁的会计凭证是伪造的凭证,不属于依法应当保存的会计凭证的辩护意见。昆明市中级人民法院认为,各被告人伪造的银行进账单已经进入会计统计账簿中,无论是否真实,依法都应当保存,被告单位、被告人何学葵、赵海丽将上述凭证销毁的行为构成故意销毁会计凭证罪,辩护人的上述辩护意见昆明市中级人民法院不予采纳。关于被告人何学葵、庞明星、赵海丽的辩护人所提本案涉案伪造的银行进账单、解款单不属于《刑法》第 166 条规定的“金融票证”,故不构成伪造金融票证罪的观点,本院认为,根据中国人民银行银发(2004)235 号文件、中国人民银行办公厅银便函

(2003)8 号文件证实,本案涉及的银行进帐单、解款单属于伪造金融票证罪中的金融票证,辩护人的此辩护观点不能成立。关于辩护人所提涉案的马鸣基地土壤改良财务造假事实,在不同指控罪名中均出现,属重复评价的辩护意见,本院认为,相同事实由于发布的主体不同、载体不同、时间不同、对象不同、受众不同、违法依据不同,其法律评价及社会危害性亦不同,应当分别、单独进行刑法评价,辩护人关于重复评价的观点本院不予采纳。关于被告人何学葵、庞明星、赵海丽的辩护人认为,本案证据不能证实三被告人主观上有过共谋,客观上实施了欺诈发行股票罪、伪造金融票证及违规披露重要信息的犯罪行为,其不构成欺诈发行股票罪、伪造金融票证罪及违规披露重要信息罪;被告人蒋凯西的辩护人认为,没有证据证实被告人蒋凯西实施了伪造金融票证罪及违规披露重要信息罪的行为,本院认为,公诉机关指控犯罪事实均为单位犯罪,在被告单位绿大地公司构成欺诈发行股票罪、伪造金融票证罪及违规披露重要信息罪的前提下,被告人何学葵、蒋凯西、庞明星、赵海丽作为被告单位的主管人员或直接责任人应对被告单位的犯罪行为承担刑事责任,同时本案证人证言、书证等大量证据已证实,被告人何学葵、蒋凯西、庞明星、赵海丽均参与欺诈发行股票、伪造金融票证和违规披露重要信息的行为,故四被告人的辩护人认为四被告人不构成相关犯罪的观点不能成立,本院不予采纳。关于被告单位、被告人何学葵、庞明星、赵海丽、赵海艳的辩护人对司法会计鉴定报告所提异议,本院认为,司法会计鉴定人所持有的执业证上明确其具有司法会计鉴定的资格,并且司法会计鉴定报告是依照法定程序作出的,结论合法、有效,被告单位绿大地公司的辩护人、被告人何学葵、庞明星、赵海丽、赵海艳的辩护人认为司法鉴定报告不符合法律规定的辩护观点不能成立,重新鉴定的申请本院不予采纳。关于被告人庞明星的辩护人认为庞明星不是绿大地公司的成员,其不具各欺诈发行股票罪、违规披露重要信息罪、伪造金融票证罪的主体资格的辩护观点,本院认为,被告人庞明星是绿大地公司聘请的财务顾问,绿大地公司涉及的财务造假行为均系庞明星教唆、策划的结果,所涉造假行为均在庞明星的主观认知及认同范围之内,依法应按其在单位犯罪中所起作用追究刑事责任,故上述辩护观点不能成立,本院不予采纳。关于被告人何学葵的辩护人所提案发后何学葵通过股权转让、无息借款行为挽回公司的部分经济损失的辩护观点本院已经注意,并在量刑时予以考虑。关于被告人蒋凯西的辩护人所提蒋凯西具有立功情节,被告人赵海艳的辩护人所提赵海艳具有自首情节的辩护观点无事实依据,本院不予采纳。

综上,本院为维护社会经济秩序,维护证券市场、金融市场的正常秩序,根据各被告人的犯罪事实、情节和对社会的危害程度及悔罪表现,依照《中华人民共和国刑法》第一百六十条、第一百六十一条、第一百六十二条之一、第一百七十七条、第二十五条、第三十条、第三十一条、第六十九条之规定,判决如下:

一、被告单位绿大地公司犯欺诈发行股票罪,判处罚金人民币一千万元;犯伪造金融票证罪,判处罚金人民币二十万元;犯故意销毁会计凭证罪,判处罚金人民币二十万元;决定执行罚金人民币一千零四十万元。

二、被告人何学葵犯欺诈发行股票罪,判处有期徒刑三年;犯伪造金融票证罪判处有期徒刑五年,并处罚金人民币二十万元;犯违规披露重要信息罪,判处有期徒刑二年,并处罚金人民币二十万元;犯故意销毁会计凭证罪,判处有期徒刑一年,并处罚金人民币二十万元;决定执行有期徒刑十年,并处罚金人民币六十万元(刑期从判决生效之日起计算,判决执行以前先行羁押的,羁押一日折抵刑期一日,即从2012年1月21日起至2021年5月5日止)。

三、被告人蒋凯西犯欺诈发行股票罪,判处有期徒刑三年;犯伪造金融票证罪判处有期徒刑三年,并处罚金人民币二十万元;犯违规披露重要信息罪,判处有期徒刑一年,并处罚金人民币十万元;决定执行有期徒刑六年,并处罚金人民币三十万元(刑期从判决生效之日起计算,判决执行以前先行羁押的,羁押一日折抵刑期一日,即从2012年1月21日起至2017年2月24日止)。

四、被告人庞明星犯欺诈发行股票罪,判处有期徒刑二年;犯伪造金融票证罪判处有期徒刑三年,并处罚金人民币二十万元;犯违规披露重要信息罪,判处有期徒刑一年,并处罚金人民币十万元;决定执行有期徒刑五年,并处罚金人民币三十万元(刑期从判决生效之日起计算,判决执行以前先行羁押的,羁押一日折抵刑期一日,即从2012年1月21日起至2016年3月31日止)。

五、被告人赵海丽犯欺诈发行股票罪,判处有期徒刑二年,犯伪造金融票证罪,判处有期徒刑二年,并处罚金人民币十万元;犯违规披露重要信息罪,判处有期徒刑六个月,并处罚金人民币十万元;犯故意销毁会计凭证罪,判处有期徒刑六个月,并处罚金人民币十万元;决定执行有期徒刑五年,并处罚金人民币三十万元(刑期从判决生效之日起计算,判决执行以前先行羁押的,羁押一日折抵刑期一日,即从2012年1月21日起至2016年2月24日止)。

六、被告人赵海艳犯欺诈发行股票罪,判处有期徒刑二年;犯违规披露重要信息罪,判处有期徒刑六个月,并处罚金人民币五万元;决定执行有期徒刑二年零三个月,并处罚金人民币五万元(刑期从判决生效之日起计算,判决执行以前先行羁押的,羁押一日折抵刑期一日,即从2013年2月6日起至2015年3月1日止)。

后续,根据绿大地公告,该案被告人何学葵、蒋凯西、庞明星、赵海丽、赵海艳等对《刑事判决书》不服,提出上诉。云南省高级人民法院最终作出刑事裁定,维持原判,该刑事判决生效。同时,民事索赔序幕随之开启,截至2014年6月11日,昆明市中院已受理投资者提起的虚假陈述民事赔偿诉讼案件共计57件,索赔总标的额为686万余元。[①]

(2)案例分析

■ 公司治理层面

绿大地通过虚构资产、虚增交易、关联方交易等手段成功上市,公司获得一次性募集资金3.46亿元,其股票发行价16.49元,上市首日飙升到45.82元。除公司自身一跃成名,董监高等高层也获得巨大收益。可以说,通过上市融得巨额资金是绿大地铤而走险的根本原因。同时,公司自身的治理架构设置也不尽合理,监督关系形同虚设。

■ 法律规定层面

根据《刑法》第160条的规定,欺诈发行股票、债券罪是指在招股说明书、认股书、公司、企业债券募集办法中隐瞒重要事实或者编造重大虚假内容,发行股票或者公司、企业债券,数额巨大、后果严重或者有其他严重情节的,处5年以下有期徒刑或者拘役,并处或者单处非法募集资金金额1%以上5%以下罚金。单位犯前款罪的,对单位判处罚金,并对其直接负责的主管人员和其他直接责任人员,处5年以下有期徒刑或者拘役。

"绿大地案"基本符合本罪的构成要件。其一,主体要件,犯罪主体主要是单位,自然人在一定条件下也能成为犯罪的主体。其二,主观要件,在主观上只能是故意构成,过失不构成本罪。即行为人明知自己所制作的招股说明书、认

① 参见凤凰网,http://news.ifeng.com/a/20140702/40981354_0.shtml,2014年12月29日访问。

股书、债券募集办法等不是对本公司状况或本次股票、债券发行状况的真实、准确、完整反映，仍然积极为之者，因而本罪行为人的罪过实质是诈欺募股或诈欺发行债券。其三，客体要件，指国家对证券市场的管理制度以及投资者(即股东、债权人和公众)的合法权益。其四，客观方面，行为人必须实施在招股说明书、认股书、公司、企业债券募集办法中隐瞒重要事实或者编造重大虚假内容的行为。而且违法行为即制作虚假的招股说明书、认股书、公司债券募集办法发行股票或者公司、企业债券的行为，必须达到一定的严重程度，即达到“数额巨大、后果严重或者有其他严重情节的”。①

3. 欺诈发行风险之应对

由于欺诈发行导致的民事法律风险、刑事法律风险，与前述不予核准的风险相比，后者可能会由于政策因素、企业的实体情况而爆发，但前者一般不会。前者的可控性更强，风险在一定程度上可完全避免。所谓“欺诈”，有故意隐瞒客观事实、故意捏造虚假事实两个方面，但无论是哪一方面，也无论是“绿大地案”还是“万福生科案”，根本原因都在于主观上的不诚信、客观上的不真实。因此，应对的措施也应从主客观两方面入手，严格按照发行上市的要求进行申请、申报，务必保证财务数据的真实可靠等。保持对市场与法律的敬畏，才可能展翅高飞。

第三节
境外上市

随着越来越多较为成熟的企业纷纷踏上境内主板、中小企业板、创业板，从

---

① 最高人民检察院、公安部《关于公安机关管辖的刑事案件立案追诉标准的规定(二)》第5条规定：“欺诈发行股票、债券案(刑法第一百六十条)在招股说明书、认股书、公司、企业债券募集办法中隐瞒重要事实或者编造重大虚假内容，发行股票或者公司、企业债券，涉嫌下列情形之一的，应予立案追诉：(一)发行数额在五百万元以上的；(二)伪造、变造国家机关公文、有效证明文件或者相关凭证、单据的；(三)利用募集的资金进行违法活动的；(四)转移或者隐瞒所募集资金的；(五)其他后果严重或者有其他严重情节的情形。”

而进入沪深两市,在资本市场大展雄风,也有不少企业瞄准了境外(泛指中国大陆以外的包括香港、澳门、台湾在内的世界上其他国家和地区)的商机,赴美国、香港、新加坡等地发行上市,进一步壮大公司,并试图参与国际资本市场的竞争。

企业为何会选择赴境外上市?原因诸多,主要可能包括如下:达不到境内上市的财务指标;企业财务极度不规范或法律上存在硬伤;对国内上市时间不确定的考虑(国内监管审核时间较长);对国内上市过程的误解;境外交易所的积极宣传;财务顾问的卓越宣传和卓绝的努力;募集资金及期权等的灵活运用;持续融资的便利;个人资产的安全性和便利性安排(尤其是针对自然人是企业的实际控制人);个人或家庭的特殊需求以及境内外发审理念的差异等等。总结下来,相对而言,境外上市具有门槛较低、融资效率较高、融资额度较大等优势。

那么,当下境内企业境外上市现状如何?现存法律、法规有哪些?境外上市的条件、流程等具体包括哪些?又有哪些典型的案例?境外上市是否有潜在的法律风险等?本节主要就境外上市的几个重点问题进行介绍。

一、境外上市概述

目前,我国民营企业一般选择在香港、新加坡、美国、加拿大等国家和地区的资本市场上市。香港资本市场由于语言、文化的相同,是中国民营企业上市的首选地,但由于近些年来香港资本市场上市的内地民营企业出事较多,香港联交所加强了对内地民营企业上市的监管力度,上市的审核程序比较严格。阿里巴巴后期之所以选择在美国纽交所上市,主要原因之一便在于香港联交所不接受阿里巴巴的合伙人制,认为该制度突破了公司法上传统的股东会职权主义。新加坡市场成为中国民营企业选择较多的上市地,但新加坡市场的资金量较小,只适宜中小型的民营企业上市。美国资本市场比较欢迎中国的高科技企业上市;加拿大资本市场对能源行业的中国公司比较欢迎。中国的民营企业可以根据各个资本市场的情况选择比较适宜自己公司的上市地。

(一)境外上市现状

截至2015年5月,共有542家中国在美上市公司。[①] 根据香港联交所官方网站对外披露的统计数据显示,境内企业在香港主板上市的公司有183家,总市值为7,071,917,568,654港元;在香港创业板上市的公司有24家,总市值为8,696,736,245;红筹股主板上市公司138家,总市值为6,583,983,456,402元;红筹股创业板上市公司为5家,总市值为17,939,208,413元。[②]

与此同时,根据证监会官方网站对外披露的统计数据显示,境外上市外资股(H股,不包括红筹股,即仅针对在境内注册在香港上市的公司)自1993年至今融资数额约2219.08亿美元,具体如表3-12所示:

表3-12 境外上市外资股(H股)筹资统计简表

年度	家数			退市家数	筹资额(亿美元)
	新上市	增资发行	可转换债券		
1993	6	/	/	/	10.49
1994	11	/	/	/	22.34
1995	2	1	/	/	3.79
1996	6	1	1	/	12.12
1997	17	2	2	/	46.85
1998	1	2	/	/	4.57
1999	3	/	/	/	5.69
2000	6	/	/	/	67.90
2001	8	1	/	1	8.82
2002	16	1	/	/	23.23
2003	18	3	2	/	64.92
2004	18	8	1	/	78.26
2005	12	12	/	1	206.47

① 参见新浪财经官网,http://vip.stock.finance.sina.com.cn/usstock/ustotal.php,2015年5月25日访问。

② 参见香港联合交易所网站,http://sc.hkex.com.hk/TuniS/www.hkex.com.hk/chi/stat/smstat/chidimen/chidimen_c.htm,2015年5月25日访问。

续表

年度	家数			退市家数	筹资额(亿美元)
	新上市	增资发行	可转换债券		
2006	23	11	/	2	393.48
2007	7	15	1	2	126.97
2008	5	6	/	/	45.56
2009	6	8	/	/	156.36
2010	7	15	/	/	353.80
2011	6	6	/	1	116.24
2012	9	6	/	1	158.75
2013	8	10	/	2	174.18
2014	15	10	/	1	138.31
合计	210	118	7	11	2219.08

另，根据外汇局2015年2月15日公布的《2014年中国跨境资金流动监测报告》的显示，2014年单年度境内企业境外上市外资股(H股)筹资规模为342亿美元，较2013年增长73%，但其中并不包含阿里巴巴在美上市IPO融资的250亿美元。①

境内企业境外上市的统计对象是指在中国大陆注册的法人机构，而非中国背景的公司。2014年，在纽约证券交易所上市的阿里巴巴是Alibaba Group Holding Ltd.，该公司注册在开曼群岛，实际是特殊目的公司。统计口径上，该公司是境外企业而非境内企业，因此不属于境内企业海外上市范畴，具体如图3－14所示：

据称，中国的对外投资总额将在2014年历史性地首次超过引资总额，超过1000亿美元，到2025年可望达到美国当前3000亿美元的水平，中国累计对外投资总额将由现在的6600亿美元提高到2025年或2030年的3万亿美元。②

---

① 参见中国新闻网，http://finance.chinanews.com/stock/2015/02－15/7066255.shtml，2015年5月25日访问。

② 参见http://www.haokoo.com/money/1874312.html，2015年5月25日访问。

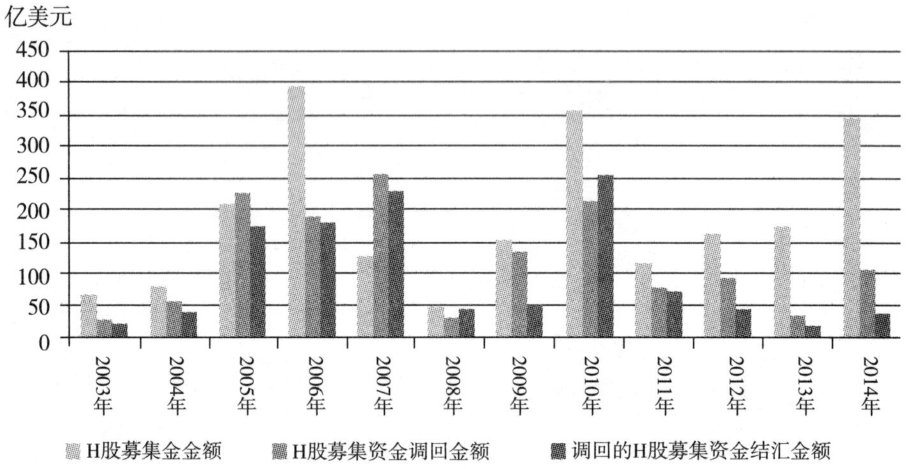

图 3－14　2003～2014 年我国 H 股募集资金及调回结汇情况图

（二）境外上市的相关法律规范

《公司法》《证券法》《合同法》；1992 年国务院发布的《关于进一步加强证券市场宏观管理的通知》；1993 年中国证券监督管理委员会出台的《关于进一步促进境外上市公司规范运作和深化改革的意见》；1994 年中国证券监督管理委员会发布的《关于境内企业到境外发行股票和上市审批程序的函》；1994 年国家经济体制改革委员会、国务院证券委员会发布的《到境外上市公司章程必备条款》；1994 年国务院出台的《关于股份有限公司境外募集股份及上市的特别规定》；1997 年国务院出台的《关于进一步加强在境外发行股票和上市管理的通知》；1998 年中国证券监督管理委员会出台的《关于落实国务院〈关于进一步加强在境外发行股票和上市管理的通知〉若干问题的通知》；1999 年国家经贸委出台的《关于进一步促进境外上市公司规范运作和深化改革的意见》；1999 年中国证券监督管理委员会发布的《境外上市公司董事会秘书工作指引》；1999 年中国证券监督管理委员会发布的《境内企业申请到香港创业板上市审批与监督指引》；2002 年国家外汇管理局、中国证券监督管理委员会发布的《关于进一步完善境外上市外汇管理有关问题的通知》（汇发［2002］77 号）；2003 年国家外汇管理局发布的《关于完善境外上市外汇管理有关问题的通知》（汇发［2003］108 号）；2004 年国务院出台的《关于推进资本市场改革开放和稳定发展的若干意见》；2004 年中国证券监督管理委员会发布的《关于规范境内上市公司所属企业到境外上市有关问题的通知》;2005 年国家外汇管理局发布的《关于扩大境外投资外汇管理改革试点有关问题的通知》;2005 年国家外汇管理局发布的《关于境内居民通过境外特殊目的公司融资及返程投资外汇管理有关问题的通知》(汇发[2005]75 号)。

上述主要法律规范见表 3 – 13:

表 3 – 13　境外上市相关法律规范表

序号	时间	名称	版本机关
1	1999 年	《合同法》	全国人大
2	2013 年	《公司法》	全国人大
3	2014 年	《证券法》	全国人大
4	1992 年	《关于进一步加强证券市场宏观管理的通知》	国务院
5	1993 年	《关于进一步促进境外上市公司规范运作和深化改革的意见》	证监会
6	1994 年	《关于境内企业到境外发行股票和上市审批程序的函》	证监会
7	1994 年	《到境外上市公司章程必备条款》	国家经济体制改革委员会、国务院证券委员会
8	1997 年	《关于进一步加强在境外发行股票和上市管理的通知》	国务院
9	1998 年	《关于落实国务院〈关于进一步加强在境外发行股票和上市管理的通知〉若干问题的通知》	证监会
10	1999 年	《关于进一步促进境外上市公司规范运作和深化改革的意见》	国家经贸委
11	1999 年	《境外上市公司董事会秘书工作指引》	证监会
12	1999 年	《境内企业申请到香港创业板上市审批与监督指引》	证监会

续表

序号	时间	名称	版本机关
13	2002 年	《关于进一步完善境外上市外汇管理有关问题的通知》	国家外汇管理局、证监会
14	2003 年	《关于完善境外上市外汇管理有关问题的通知》	国家外汇管理局
15	2004 年	《关于推进资本市场改革开放和稳定发展的若干意见》	国务院
16	2004 年	《关于规范境内上市公司所属企业到境外上市有关问题的通知》	国务院
17	2005 年	《关于扩大境外投资外汇管理改革试点有关问题的通知》	国家外汇管理局
18	2005 年	《关于境内居民通过境外特殊目的公司融资及返程投资外汇管理有关问题的通知》	国家外汇管理局

(三)境外上市地点

企业在境外上市,可选择的地点主要包括美国、香港、英国、新加坡等地,具体而言,包括纽约证券交易所、美国股票交易所、纳斯达克证券交易所、柜台买卖中心,香港联合交易所,英国全国性集中市场、全国性的二板市场、全国性的三板市场、区域性市场,新加坡证券交易所(包括主板和副板)。

1. 美国

美国的证券市场体现了立体多层次,为不同融资需求服务的鲜明特征。美国拥有现时世界上最大最成熟的资本市场,纽约是世界的金融中心,这里聚集了世界上绝大部分的游资和风险基金。其中,世界 500 强企业大多数都选择在纽约证券交易所(NYSE)上市。除了纽约证券交易所,还有美国证券交易所(AMEX)和纳斯达克自动报价与交易系统(NASDAQ),后者是这个世界最大的电子交易市场,具有不限国别、不限行业、不限成立年龄、不限盈利、不限所有权的宽松上市条件特性。此外,还有柜台电子公告榜(OTCBB)等柜台交易市场。不同的市场为不同的企业进行筹融资服务,只要企业符合其中某一个市场的上市条件,就可以向美国证监会申请“登记”挂牌上市。

2. 香港

香港联合交易所立足于亚洲主要国际金融中枢——香港，是全球领先的交易所及结算所营运机构，按市值计是全球其中一家最大交易所集团。香港交易所经营证券及衍生产品市场以及相关的结算所，是香港上市公司的前线监管机构。香港交易所是由远东交易所、金银证券交易所、九龙证券交易所、香港证券交易所四间交易所合并而成的。香港交易所也有主板与创业板之分，前者是为那些规模较大、成立时间较长，也具备一定盈利纪律的公司提供融资的市场，后者则是主要为那些仍处于成长期的企业提供融资机会的市场。

3. 英国

英国资本市场也是多层次的资本市场体系，主要包括全国性集中市场（伦敦证券交易所）、全国性的二板市场（AIM：Alternative Investment Market）、全国性的三板市场（未上市证券市场，OFEX：Off - Exchange）、区域性市场（伯明翰、曼彻斯特等地方性交易市场）。

4. 新加坡

新加坡证券交易所（SGX：Singapore Exchange）成立于 1973 年 5 月 24 日，其前身可追溯至 1930 年的新加坡经纪人协会。新交所采用了国际标准的披露标准和公司治理政策，为本地和海外投资者提供了管理良好的投资环境。经过几十年的发展，新加坡证券市场已经成为亚洲主要的证券市场。新交所分两个市场，一个为小规模市场（SES - SESDAQ），另一个为主要市场（SES - Mainboard）。

（四）境外上市的方式

如同企业境内上市，有直接上市方式也有间接上市方式，后者主要包括借壳上市。企业在境外上市，也有直接上市和间接上市两种方式。直接上市是指在境内注册的公司直接向国外证券主管部门申请发行，向当地的证券交易所申请挂牌上市交易。比如在香港联合交易所 IPO（H 股），在美国纳斯达克或者纽约交易所 IPO（N 股），或者在新加坡交易所上市（S 股）。在实践中，我国的大型国有企业一般采取直接上市的方式，如中石油、中石化、中国联通等企业。

间接上市与直接上市相反，并非以境内公司的名义在境外交易所上市，而是通过造壳或者借壳来上市。造壳具体是指境内企业在境外注册公司，然后新注册的公司以收购等方式取得国内公司的控制权（或者另设 WFOE），最后境外公司在境外交易所上市并交易。借壳或买壳是指内地企业可通过在境外资本市场买壳上市,美国、加拿大等国家的资本市场有一批无资产、无负债的净壳,一般在三板市场交易。境内企业可以通过很小的代价(20 万 ~40 万美元)购买一个上市公司的壳,并通过定向增发等方式将内地企业的资产装进行,达到恢复主板上市的条件时,即可重新发行股票并上市。买壳上市的操作时间大致在 9 个月至 12 个月。

当然,除了上述两种方式,还可通过存托凭证、可转换债券上市,但该方式往往是企业在境外已上市,在后续融资时采用的方式。因此,本节不做重点介绍。

(五)境外上市的优势与劣势

越来越多的企业选择境外上市,主要包括中国香港、美国、新加坡等国家或地区,是因为企业境外上市具有得天独厚的优势。

1. 境外上市的优势

(1)上市门槛较低

境内上市对企业连续盈利的要求使很多存在亏损的企业对于境内上市可望而不可即,而且境内上市容量有限,需要排队等待审核。总体而言,境外发达资本市场上市的门槛较低,条件更加灵活。以香港上市为例,监管部门没有连续 3 年盈利规定,控股公司也能上市等。其次,香港资本市场的发行制度实行注册制,交易所就能够决定企业能否上市,而境内资本市场的发行制度实行核准制,上市成功率受审核通过率的影响。

(2)上市成功率较高

首先,中国香港、美国、新加坡等国家或地区资本市场市场化程度高,较少受政策的干预,上市过程较短,条例清晰,程序便捷,较容易获得审批,可预期性强。并且,由于境外资本市场的政策透明度高,能否上市,企业基本上可以自己预先做出判断,确定性较强。此外,境外上市的时间短,融资成本低。目前,境外的资本市场通过直接上市或买壳上市的时间大约为 9 至 12 个月,而国内主板上市的周期最少也要 3 年。

因此,综合而言,境外上市的成功率相对较高。

(3)融资灵活便捷

在香港上市,无论以直接融资(如发行新股或债券)、间接融资(如银行借贷)或以增发新股筹集资金,皆可通过资本市场进行。资金供应充盈、法制完备、富专业性、市场人为干预少,造就香港资本市场集资之便利性。在香港上市6个月之后,上市发行人就可以进行新股融资。自2000年以来,香港后续融资额占市场总融资额的比例通常超过50%,尽管这一现象在2006年和2007年的上市热潮中有所改变。自2008年金融风暴以来,后续融资渠道再次占有极大比重的份额;这一现象一直到2010年才重新改变成首发上市占主导地位。

(4)有利于提升国际影响力

境外上市将大大提高公司在国际的知名度和企业形象,扩大企业品牌在国际的影响力,有利于企业打开国际市场,可以让更多的潜在客户了解公司及其产品,建立信任度,为公司各项业务开展带来便利。

此外,还有助于企业建立风险管理机制,促进企业的可持续性、长远发展。

2. 境外上市的劣势

(1)发行及维护成本较高

境外上市的融资成本主要包括保荐费、承销费、会计师费、律师费、公关费、宣传费、印刷费、上市费等。由于上市地不同和企业发行规模不一样,境外资本市场的融资成本没有统一的标准。从近几年的情况来看,首次融资的成本约占募集资金的8%~30%。但企业上市后的持续融资成本将大大下降,约占企业募集资金的5%~10%。有些中介机构在上市时除收取一定现金外,还在要收取企业上市后一定数量的股票,具体收费标准由企业和中介机构协商确定。

此外,上市后维护成本高,高昂的会计师、律师、交易所年费,不管市场活不活跃,这个钱都得付;此外,语言、文化、制度鸿沟,都会产生巨大的沟通成本,不仅体现在看得见的工资上,更重要的会使企业失去对市场乃至一切的灵感,特别是从事制造和消费产业的企业。

所以在整个融资的成本来看,境外总体上的成本是比较高的。

(2)发行市盈率及换手率低

境外上市发行成本较高,但发行价格较低。境内上市的市盈率很多在10倍以上,甚至要15倍以上,而境外市场,除了一些创新的企业板块以外,绝大多数是做不到的。因此,相对而言,境外上市的市盈率较低,一般不太能进行大规模的资金筹集,而且,境外上市的股票换手率比境内上市股票的换手率高。

(3)与本土市场脱节

企业在境外上市以后,在国际资本市场上有了一定声誉,但在国内市场声音就可能变小了。由于近年来中国经济的高速发展,中国的 GDP 仍然是高于境外,而且中国政府对资本市场发展的越发强有力支持,境外上市企业如何抓住中国市场,与中国资本市场对接,便可能成为境外上市的劣势之一。①

二、境外上市的一般条件及流程

企业境外上市需要符合国内监管法律法规要求(主要参见本节前述相关法律法规),同时符合境外具体上市地监管法律法规要求。企业在符合相关条件、要求的前提下,根据法定流程发行上市。在新加坡上市的公司(如骏马化纤股份有限公司、福建振云塑业股份有限公司等)须符合新加坡的上市条件,在纽约交易所上市的公司(如华能国际电力股份有限公司)须符合纳斯达克上市的条件等。

(一)境外上市的前提条件

根据《关于规范境内上市公司所属企业到境外上市有关问题的通知》,如果上市公司所属企业到境外上市,是指上市公司有控制权的所属企业(以下简称"所属企业")到境外证券市场公开发行股票并上市的行为,则上市公司应当符合下列条件:

➢ 上市公司在最近 3 年连续盈利。

➢ 上市公司最近 3 个会计年度内发行股份及募集资金投向的业务和资产不得作为对所属企业的出资申请境外上市。

➢ 上市公司最近 1 个会计年度合并报表中按权益享有的所属企业的净利润不得超过上市公司合并报表净利润的 50%。

➢ 上市公司最近 1 个会计年度合并报表中按权益享有的所属企业净资产不得超过上市公司合并报表净资产的 30%。

➢ 上市公司与所属企业不存在同业竞争,且资产、财务独立,经理人员不存在交叉任职。

➢ 上市公司及所属企业董事、高级管理人员及其关联人员持有所属企业的股份,不得超过所属企业到境外上市前总股本的 10%。

---

① 参见金融界,http://stock.jrj.com.cn/2012/03/28065912595115.shtml,2015 年 5 月 25 日访问。

➢ 上市公司不存在资金、资产被具有实际控制权的个人、法人或其他组织及其关联人占用的情形，或其他损害公司利益的重大关联交易。

➢ 上市公司最近 3 年无重大违法违规行为。

（二）境外上市境内审批流程

1. 提出申请

公司申请境外发行股票和上市应向证监会提交下列文件：

➢ 申请报告，内容包括：公司演变及业务概况、股本结构、公司治理结构、财务状况与经营业绩、经营风险分析、发展战略、筹资用途、符合境外上市地上市条件的说明、发行上市方案；

➢ 股东大会及董事会相关决议；

➢ 公司章程；

➢ 公司营业执照、特殊许可行业的业务许可证明（如适用）；

➢ 行业监管部门出具的监管意见书（如适用）；

➢ 国有资产管理部门关于国有股权设置以及国有股减（转）持的相关批复文件（如适用）；

➢ 募集资金投资项目的审批、核准或备案文件（如适用）；

➢ 纳税证明文件；

➢ 环保证明文件；

➢ 法律意见书；

➢ 财务报表及审计报告；

➢ 招股说明书（草稿）；

➢ 中国证监会规定的其他文件。

2. 证监会受理

中国证监会受理部门根据《中国证券监督管理委员会行政许可实施程序规定》（证监会令第 66 号）和国务院《关于股份有限公司境外募集股份及上市的特别规定》（国务院令第 160 号）、《境内企业申请到香港创业板上市审批与监管指引》（经国务院批准证监会发布证监发行字［1999］126 号）、《关于股份有限公司境外发行股票和上市申报文件及审核程序的监管指引》（证监会公告［2012］45 号）等规定的要求，依法受理境内企业境外发行并上市及境外增发行政许可申请文件，并按程序转证监会国际合作部。

国际合作部对申请材料进行形式审查:需要申请人补正申请材料的,按规定提出补正要求;申请材料形式要件齐备,符合受理条件的,按程序通知受理部门作出受理决定;申请人未在规定时间内提交补正材料,或提交的补正材料不齐备或不符合法定形式的,按程序通知受理部门作出不予受理决定。

公司收到中国证监会的受理通知后,可向境外证券监管机构或交易所提交发行上市初步申请。

3. 证监会审核及反馈

受理后,国际合作部相关审核处室根据申请项目具体情况、公务回避的有关要求以及审核人员的工作量等因素确定审核人员。审核人员从合规性角度对申报材料进行审阅,并撰写发行概要及初步反馈意见。

证监会官网对外公开了证监会对拟在境外上市的企业进行审核时的关注要点,具体如表 3 - 14:①

表 3 - 14 证监会审核拟在境外上市企业时关注要点表

关注要点	
国有股权管理	1. 本次发行并上市是否履行了国有股减(转)持义务,是否取得了国有资产管理部门关于国有股权设置以及国有股减(转)持的相关批复文件及全国社保基金会关于国有股减持转持有关事宜的复函;如无法及时提供全国社保基金会的复函,请补充提供专项承诺,在境外发行上市前向我会提供。
外资准入与宏观调控及产业政策	2. 发行人及各下属公司业务范围是否涉及国家禁止或限制外商投资的领域,境外发行上市前后是否持续符合有关外资准入政策。
	3. 发行人业务范围是否符合以下情形之一:(1)主营业务为房地产业务,或(2)房地产业务(并表内)占营业收入比重大于或等于 50%,或(3)房地产业务的收入和利润均在所有业务中最高,且均占到公司总收入和总利润的 30% 以上(包含本数);在符合上述情形之一的情况下,是否存在违反《国务院关于继续做好房地产市场宏观调控工作的通知》(国办发[2013]17 号)与《国务院关于坚决遏制部分城市房价过快上涨的通知》(国发[2010]10 号)的情形。
	4. 发行人及各下属公司是否属于产能过剩行业;如属于,是否符合市场准入条件,是否存在违规和未取得合法手续、不符合重点产业调整和振兴规划及相关产业政策要求、未经批准或违规审批的项目等违反国发[2013]41 号、国发[2009]38 号、国办发[2013]67 号、银发[2009]386 号等国务院有关文件及有关部门规章的情形。

① 参见证监会官网,http://www.csrc.gov.cn/pub/newsite/gjb/jwss/jwssshgzyd/201505/t20150522_277601.html,2015 年 5 月 25 日访问。

续表

关注要点	
合规经营	5. 本次境外发行募集资金是否投向《国务院关于促进节约集约用地的通知》(国发[2008]3号)规定的违法用地项目。
	6. 发行人及各下属公司近一年是否存在违反《国务院关于进一步加强企业安全生产工作的通知》(国发[2010]23号)的情形。
	7. 发行人及各下属公司近两年是否存在涉嫌违反《证券法》、《证券投资基金法》、《期货交易管理条例》、《国务院关于股份有限公司境外募集股份及上市的特别规定》(国务院令第160号)及《国务院关于进一步加强在境外发行股票和上市管理的通知》(国发[1997]21号)等证券、期货法律法规行为的情形。
	8. 发行人及各下属公司是否存在因涉嫌违法违规被行政机关调查,或者被司法机关立案侦查,尚未结案的情形;是否存在被中国证监会依法采取限制业务活动、责令停业整顿、制定其他机构托管、接管等监管措施,尚未解除的情形。
	9. 发行人发起人认购的股份是否缴足,发起人用作出资的财产权转移手续是否已办理完毕。
股权结构与公司治理	10. 发行人是否在公司章程中载明了《到境外上市公司章程必备条款》(证委发[1994]21号)所要求的内容。
	11. 发行人及各下属公司是否建立健全了完备、规范的保密和档案规章制度并落实到位,是否符合《关于加强在境外发行证券与上市相关保密和档案管理工作的规定》(中国证券监督管理委员会、国家保密局、国家档案局公告[2009]29号)。
本次发行	12. 本次发行并上市是否履行了完备的内部决策程序,是否取得了必要的内部批准和授权;是否取得了行业监管部门出具的监管意见书(如适用)等必要的外部批准程序。
	13. 本次发行募投项目是否取得了必要的审批、核准或备案文件(如适用),是否符合固定资产投资管理有关规定。

如审核人员在初审过程中发现需要特别关注的问题,将提交反馈会讨论。反馈会主要讨论有关问题、拟反馈意见及其他需要会议讨论的事项,通过集体决策方式确定反馈意见。反馈会后,审核人员根据会议集体决策意见修改反馈意见,履行内部签批程序后将反馈意见按程序转受理部门告知、送达申请人。自受理材料至反馈意见发出期间为静默期,负责该事项审核的工作人员不得与申请人及其代理人主动接触。

审核过程中,审核人员将根据《证券期货市场诚信监督管理暂行办法》(证监会令第 80 号)的要求统一查询证监会“资本市场诚信数据库”,如发现申请人以及有关当事人有未履行或未如期履行承诺信息或者有违法失信信息的,将按上述办法的有关规定对行政许可申请人实施诚信约束。此外,审核过程中如发行人发生或发现应予补充、更新的事项,应及时报告国际合作部并补充、修改相关材料。

4. 申请人落实反馈意见

申请人收到反馈意见后,应组织相关中介机构按照要求准备回复意见,并在规定时间内向受理部门提交反馈材料。在准备回复意见过程中如有疑问可与审核人员以电话、传真等方式进行沟通。需要当面沟通的,国际合作部将指定两名以上工作人员在办公场所与申请人及其中介机构会谈。

国际合作部收到反馈意见回复材料进行登记后转审核处室。相关审核人员按要求对回复材料进行审核。

5. 核准及批复

经受理、审核及反馈等程序后,审核人员应撰写审核报告,履行核准或者不予核准境外首次公开发行并上市或境外增发行政许可的签批程序后,审结发文,经受理部门向申请人发出行政许可核准文件,并及时完成申请文件原件的归档工作。

企业收到中国证监会行政许可核准文件后,可向境外证券监管机构或交易所提交发行上市正式申请。

三、香港上市的具体要求及程序

鉴于相关统计数据表明,大部分企业境外上市的首选地往往为香港,因此,具体的上市条件、流程介绍将重点关注香港联交所。

(一)香港上市的具体要求

根据《境内企业申请到香港创业板上市审批与监管指引》的规定,境内企业申请到香港创业板上市的条件如下:

- 经省级人民政府或国家经贸委批准、依法设立并规范运作的股份有限公司(以下简称“公司”);
- 公司及其主要发起人符合国家有关法规和政策,在最近 2 年内没有重大违法违规行为;
- 符合香港创业板上市规则规定的条件;

➢ 上市保荐人认为公司具备发行上市可行性并依照规定承担保荐责任；

➢ 国家科技部认证的高新技术企业优先批准。

根据香港《主板上市规则》《创业板上市规则》的规定，在香港联交所上市交易的要求包括财务要求、可接受的司法地区有限、特定会计准则、营业记录及管理层、公众持股、股东、市值等方面，[①]具体如下：

财务要求：

表 3－15　香港联交所上市财务要求

<table>
<tr><th colspan="4">主板</th><th>创业板</th></tr>
<tr><td colspan="4">主板新申请人须具备不少于 3 个财政年度的营业记录，并须符合下列三项财务准则其中一项：</td><td rowspan="7">创业板申请人须具备不少于 2 个财政年度的营业记录，包括：
• 日常经营业务有现金流入，于上市文件刊发之前两个财政年度合计至少达2000万港元
• 上市时市值至少达 1 亿港元</td></tr>
<tr><td></td><td>1. 盈利测试</td><td>2. 市值/收入测试</td><td>3. 市值/收入/现金流量测试</td></tr>
<tr><td>股东应占盈利</td><td>过去三个财政年度至少 5000 万港元（最近一年盈利至少 2000 万港元盈利，及前两年累计盈利至少 3000 万港元）</td><td>—</td><td>—</td></tr>
<tr><td>市值</td><td>上市时至少达 2 亿港元</td><td>上市时至少达 40 亿港元</td><td>上市时至少达 20 亿港元</td></tr>
<tr><td>收入</td><td>—</td><td>最近一个经审计财政年度至少 5 亿港元</td><td>最近一个经审计财政年度至少 5 亿港元</td></tr>
<tr><td>现金流量</td><td>—</td><td>—</td><td>前 3 个财政年度来自营运业务的现金流入合计至少 1 亿港元</td></tr>
<tr><td colspan="4">注：本交易所可接纳为期较短的营业记录，并/或修订或豁免上述的溢利或其他财务准则规定。有关详情请参阅（股本证券的特别上市规定）一节。</td></tr>
</table>

① 参见香港联合交易所官方网站，http://sc. hkex. com. hk/TuniS/www. hkex. com. hk/chi/listing/listreq_pro/ListReq_c. htm，2015 年 5 月 25 日访问。

表 3－16　香港联交所上市可接受的司法地区

《主板规则》第 19 章和《创业板规则》第 24 章规定了海外公司寻求在联交所作主要上市时的基本要求。《主板规则》第 19.05(1)(b)条和《创业板规则》第 24.05(1)(b)条及相关解释列明了海外公司寻求在联交所作主要上市时对于股东保护的标准。 注册在香港或其他已接纳的司法地区以外的申请人寻求在主板和创业板上市，联交所将根据每个案例的实际情况来考核，申请人要表明其能为股东提供的保障水准至少相当于香港提供的保障水准。就联交所预期海外公司寻求在联交所作主要上市时对于股东保障水准的主要要求一览表，请参阅 2007 年 3 月 7 日刊登的联合政策声明。

表 3－17　香港联交所上市会计准则要求

新申请人的账目必须按《香港财务汇报准则》或《国际财务汇报准则》编制。 经营银行业务的公司必须同时遵守香港金融管理局发出的《本地注册认可机构披露财务资料》。	
主板	创业板
如属海外注册成立的主板新申请人，在若干情况下，本交易所可接纳其按《美国公认会计原则》或其他会计准则编制的账目。	创业板新申请人若已经或将会同时在纽约证券交易所或 NASDAQ 全国市场上市，则其按《美国公认会计原则》编制的账目可获接纳。

表 3－18　是否适合于香港联交所上市判定标准

必须是本交易所认为适合上市的发行人及业务。 如发行人或其集团(投资公司除外)全部或大部分的资产为现金或短期证券，则其一般不会被视为适合上市，除非其所从事或主要从事的业务是证券经纪业务。

表 3－19　香港联交所上市营业记录及管理层要求

主板	创业板
新申请人须在大致相若的拥有权及管理层管理下具备至少 3 个财政年度的营业记录。这实际指该公司： 在至少前 3 个财政年度管理层大致维持不变；及 在至少最近一个经审计财政年度拥有权和控制权大致维持不变。 豁免： 在市值/收入测试下，如新申请人能证明下述情况，本交易所可接纳新申请人在管理层大致相若的条件下具备为期较短的营业记录： 董事及管理层在新申请人所属业务及行业中拥有足够(至少 3 年)及令人满意的经验；及 在最近一个经审计财政年度管理层大致维持不变。	新申请人必须具备不少于 2 个财政年度的营业记录： a. 管理层在最近 2 个财政年度维持不变；及 b. 最近一个完整的财政年度内拥有权和控制权维持不变。 豁免： 在下列情况下，联交所可接纳为期较短的营业记录，及/或修订或豁免营业记录和拥有权及控制权维持不变的要求： 开采天然资源的公司；或 新成立的(工程项目)公司。

表 3-20　香港联交所上市最低市值要求

新申请人上市时证券预期市值至少为：

主板	创业板
2 亿港元	1 亿港元

表 3-21　香港联交所上市公众持股市值要求

新申请人预期证券上市时由公众人士持有的股份的市值须至少为：

主板	创业板
5000 万港元	3000 万港元

公众持股量：

无论任何时候公众人士持有的股份须占发行人已发行股本至少 25%。

若发行人拥有一类或以上的证券，其上市时由公众人士持有的证券总数必须占发行人已发行股本总额至少 25%；但正在申请上市的证券类别占发行人已发行股本总额的百分比不得少于 15%，上市时的预期市值也不得少于如表 3-22：

表 3-22　香港联交所上市公众持股量要求

主板	创业板
5000 万港元	3000 万港元

如发行人预期上市时市值超过 100 亿港元，则本交易所可酌情接纳一个介乎 15% 至 25% 之间的较低百分比。

表 3-23　香港联交所上市股东分布要求

主板	创业板
持有有关证券的公众股东须至少为 300 人	必须至少有 100 名公众股东

注：持股量最高的 3 名公众股东实益持有的股数不得占证券上市时公众持股量逾 50%。

表 3－24　香港联交所上市招股机制要求

主板	创业板
若公众人士对新申请人证券的需求可能甚大，新申请人不得仅以配售形式上市 《主板上市规则》载有首次公开招股有关股份分配的若干程序。有关详情请参阅《主板上市规则》《第 18 项应用指引》（证券的首次公开招股）	新申请人可自由决定其招股机制，亦可仅以配售形式于本交易所上市

招股价：

《主板上市规则》和《创业板上市规则》都没有规定招股价，但新股不得以低于面值发行。

（二）香港上市的具体程序

根据《主板上市规则》《创业板上市规则》，境内企业赴香港上市的流程如表 3－25 所示：[①]

表 3－25　香港联合交易所（主板）上市程序

<table>
<tr><td colspan="2">香港联合交易所（主板）上市程序</td></tr>
<tr><td colspan="2">委任保荐人
提交申请至少两个月前须委任保荐人并于其委任五个营业日内书面通告知联交所</td></tr>
<tr><td colspan="2">↓</td></tr>
<tr><td colspan="2">提交上市申请：
➢ 根据《主板上市规则》第 9.10A(1)条提交上市申请表格 A1、申请版本及所有其他相关文件
➢ 资料须大致完备
➢ 申请版本须于联交所网站刊发中英文版本</td></tr>
<tr><td colspan="2">↓</td></tr>
<tr><td>详尽审阅</td><td>发回申请</td></tr>
<tr><td>↓</td><td>↓</td></tr>
</table>

① 参见香港联合交易所网站，http://sc.hkex.com.hk/TuniS/www.hkex.com.hk/chi/listing/listreq_pro/listpro/flowchart_main_c.htm，2015 年 5 月 25 日访问。

续表

质量评估 ➢ 是否符合上市资格 ➢ 是否适宜上市 ➢ 业务是否可持续 ➢ 是否遵守《上市规则》《公司条例》《公司(清盘及杂项条文)条例》及《证券及期货条例》 ➢ 是否存在重大披露错漏 经初步接受作详尽审阅之上市申请,证监会或香港交易所仍可因资讯非大致完备而发回申请 **新程序下出具意见的时间表** 首轮意见:于接获申请后 10 个营业日内发出 保荐人的回复须完整详尽,否则香港交易所不会进行审阅(如我们不会接受诸如“将稍后提供”之类的回复,涉及指引信 GL6 - 09A 所允许需要更新的财务资料除外) 合资格人士报告由选自专家小组的一家外聘矿业顾问进行审阅。虽然基本上所有顾问都同意遵循简化上市程序,但延误仍可能出现 **上市聆讯时间表** 上市时间并没有一个预设的时间表,主要取决于保荐人回复的时间及质量	**快速复核程序:** ➢ 适用于要求复核上市部发回申请的决定 ➢ 申请人和保荐人有权要求复核上市部发回申请的决定(发回决定)及上市委员会同意该发回决定的裁决 **双重复核:** ➢ 上市部的发回决定由上市委员会复核 ➢ 上市委员会同意发回决定的裁决由上市(复核)委员会复核 ➢ 快速复核程序不适用于须按《主板上市规则》第 20.25 条提交申请版本的集体投资计划申请人 如需更多资料,请参阅指引信 GL61 - 13《有关上市部及上市委员会发回上市申请的裁决之加快复核程序指引》
↓	↓
上市聆讯	8 个星期内禁止重新提交申请 (发回申请函之日期起计,除非上市委员会推翻发回决定)
↓	
聆讯后资料集于联交所网站的登载	
↓	
股份交易开始	

续表

<table>
<tr><td colspan="2">香港联合交易所(创业板)上市程序</td></tr>
<tr><td colspan="2">委任保荐人
提交申请至少2个月前须委任保荐人并并于其委任5个营业日内书面通知联交所</td></tr>
<tr><td colspan="2">↓</td></tr>
<tr><td colspan="2">提交上市申请
➢ 根据《创业板上市规则》第12.09条提交上市申请表格5A、申请版本及所有其他相关文件
➢ 资料须大致完备
➢ 申请版本须于联交所网站刊发中英文版本</td></tr>
<tr><td colspan="2">↓</td></tr>
<tr><td>详尽审阅</td><td>发回申请</td></tr>
<tr><td>↓</td><td>↓</td></tr>
<tr><td>质量评估
➢ 是否符合上市资格
➢ 是否适宜上市
➢ 业务是否可持续
➢ 是否遵守《上市规则》《公司条例》《公司(清盘及杂项条文)条例》及《证券及期货条例》
➢ 是否存在重大披露错漏
经初步接受作详尽审阅之上市申请,证监会或香港交易所仍可因资讯非大致完备而发回申请
新程序下出具意见的时间表
首轮意见:于接获申请后10个营业日内发出
保荐人的回复须完整详尽,否则香港交易所不会进行审阅(如我们不会接受诸如“将稍后提供”之类的回复,涉及指引信GL6-09A所允许需要更新的财务资料除外)
合资格人士报告由选自专家小组的一家外聘矿业顾问进行审阅。虽然基本上所有顾问都同意遵循简化上市程序,但延误仍可能出现。
上市聆讯时间表
上市时间并没有一个预设的时间表,主要取决于保荐人回复的时间及质量</td><td>快速复核程序:
适用于要求复核上市部发回申请的决定
申请人和保荐人有权要求复核上市部发回申请的决定(发回决定)及上市委员会同意该发回决定的裁决
双重复核:
➢ 上市部的发回决定由上市委员会进行复核
➢ 上市委员会同意发回决定的裁决由上市(复核)委员会复核
如需更多资料,请参阅指引信GL61-13《有关上市部及上市委员会发回上市申请的裁决之加快复核程序指引》</td></tr>
</table>

续表

↓	
上市聆讯	8个星期内禁止重新提交申请(发回申请函之日期起计,除非上市委员会推翻发回决定)
↓	
聆讯后资料集于联交所网站的登载	
↓	
股票交易开始	

四、境外上市的法律风险

境内企业境外上市与在境内上市相比,同样都会面临风险,一般而言,境外上市的风险比境内上市的风险要大。其中不可避免的风险包括政治风险、政策与法律风险、安全与健康风险、文化与沟通风险等。上述风险对应的上市成本也将随之增加。在本节我们尚不考虑政治、政策等相对较为客观的风险,重点关注与企业自身相关的在一定程度上能加以预防、应对的风险,主要包括上市失败及上市后被迫退市这两种风险。

一般而言,在境外上市大潮中,总有人胜出,也总有人败退,并非所有拟登陆境外资本市场的企业都一帆风顺。举例来说,曾经凭借《捕鱼达人》游戏风靡一时的触控科技因估值太低,于今年5月21日无奈宣布暂缓赴美上市;今年4月,万洲国际因为认购额严重不足,也宣布暂停赴港IPO。可见,筹不到足够资金、股票被低估、IPO披露规则严格等问题,令中国企业出海IPO的计划频频折戟。[①] 此外,也有一些企业虽然顺利上市,但因后期运营维护不善,导致最终被迫退市。

无论是企业上市不成功,还是上市后又被迫退市,对企业而言都将产生巨大损失。前已述及,境外上市的费用及后续维护成本都较境内上市更大。因

① 参见前瞻网 http://ipo.qianzhan.com/detail/140925-8e465040.html,2015年6月7日访问。

此，这两种风险带来的直接后果便是巨额经济损失，前期的投入在极大程度上都将白费，同时可能附带各类诉讼、仲裁纠纷，在美国尤为突出的是集体诉讼。当然，企业的后续发展也将受到负面影响。

(一)境外上市失败风险

境外上市失败的企业很多，如下文列举。

1. 上市失败案例——拉手网止步纳斯达克

拉手网①于2010年3月18日正式上线，是一家将团购与位置服务相结合的社会化网站，为消费者提供各类生活团购信息。原计划2011年11月14日赴美国纳斯达克上市的拉手网最终以失败告终。11月8日，拉手网向美国证券交易委员会(SEC)提交的F-1文件修订版显示，该公司将发行5356990美国存托股票(ADS)，1ADS折合36股普通股，发行价区间为13~15美元。按最高价15美元计算，拉手网最多融资8000万美元。

2. 案例分析

关于拉手网止步于纳斯达克，据称直接原因是美国证券交易委员会及投资方收到一封举报邮件，受此影响拉手网需要澄清部分会计问题。这封举报邮件具有“恶意性质”，可能是国内一些团购竞争对手“故意为之”。除此之外，还有如下几点原因：②

➢ 拉手至今未获得“拉手”和“拉手团购”的商标；

➢ 巨额亏损，累计亏损达巨大，据招股书披露，在截至2010年12月31日的这一年中，拉手网净亏损为5350万元人民币(约合830万美元)。在截至2011年6月30日的前6个月中，净亏损为3.913亿元人民币(约合6050万美元)，但净营收仅为人民币5782万元，净亏损为净营收的6.8倍。截至2011年二季度末，拉手网持有的现金及等价物为7.49亿元(合1.16亿美元)；

➢ 央视曝光的篡改后台数据、“虚报经营资质”“虚标购买人数”；

➢ 公司CFO张检曾担任被摘牌后遭遇集体诉讼的在美上市公司多元印刷的审计委员会主席和独立董事。

---

① 拉手网案例介绍，请参见凤凰网专题报道http://tech.ifeng.com/internet/special/lashouipo/，2015年6月7日访问。

② 参见新浪财经http://finance.sina.com.cn/chuangye/internet/20111117/073810832523.shtml，2015年6月7日访问。

虽然众说纷纭，但上述原因确实都有可能成为拉手成功上市的“拦路虎”。不论究竟是哪种原因，抑或是哪几种原因，都说明一点，虽然境外资本市场对境内企业入市的门槛要求较低，但企业想随随便便通过境外上市融资、圈钱以解燃眉之急并非易事。

(二)境外退市风险

随着越来越多的企业跨境上市，也有为数不少的企业因各种原因被要求退市。以在美国上市为例，东南融通、中国生物、新华悦动、西安宝润、瑞达电源、中国高速频道、艾瑞泰克、智能照明、福麒国际、盛大科技、数百亿、纳伟仕、盛世巨龙、多元印刷、岳鹏成电机等企业都纷纷退市。退市企业退市的原因主要在于财务出了问题。[①] 也有企业退市在于上市维护费用过高。东南数码股份有限公司(以下简称“东南数码”)是其中的一员。东南数码于 2008 年 1 月登陆 AIM(伦敦证交所第二板交易市场，相当于英国创业板)，登陆的方式是引入(introduction)。公司不但未曾募集到一分钱，反而花了 3000 万元的发行上市和维护费用，4000 万元到 5000 万元的退市费用。[②] 当然，东南数码的案例有些过于极端，并非所有退市企业退市都在于融资不成反而花费巨额上市维护费用。

本节将以东南融通为例予以介绍并加以分析。

1. 境外退市案例——东南融通纽交所退市案

东南融通[③](NYSE：LFT)，是中国第一家在纽交所上市的软件企业，也是中国领先的金融 IT 综合服务提供商。东南融通在全球范围内拥有超过 2000 名员工，在中国大陆设有 1 个企业博士后科研工作站、3 个研发中心、6 个技术交付中心、70 个服务机构，同时在美国、加拿大和中国香港设有分支机构开拓海外业务。作为中国领先的金融 IT 综合服务提供商，东南融通为银行、保险、基金、证券等金融行业、大型企业财务公司提供整体解决方案和软件产品，业务范围涵盖了规划咨询、软件开发实施、技术服务、IT 外包与运营服务、系统集成及系统维护服务等，是中国金融行业客户重要的 IT 服务提供商和战略合作伙伴。2007 年公司在美国纽交所上市后，进一步加大了海外业务拓展的力度。长期以来，东南融通一直专

---

① 参见财新网，http://finance.caixin.com/2011-07-26/100284219.html，2015 年 6 月 7 日访问。

② 参见 http://www.15ss.cn/news/2012816/n39674193.html，2015 年 6 月 7 日访问。

③ 公司介绍信息，请参见腾讯财经，http://stockhtm.finance.qq.com/astock/quotpage/q/LFT.N.htm#info，2015 年 6 月 7 日访问。

注于金融 IT 综合服务市场,是金融客户成长和盈利的最佳伙伴。展望未来,东南融通将继续保持领先优势、在特定领域内将产品与客户的需求有效结合,将本地市场和海外市场有效结合,立志成为在全球具有竞争能力和领先优势的金融行业 IT 综合服务提供商。公司成立于 1996 年,总部在中国的北京。

2011 年 7 月 22 日,纽交所监管部发布消息称,因不再符合上市标准,已对其启动退市程序,期间继续维持停牌。①

而且,在 2011 年 4 月末到 5 月中旬,东南融通几次遭受来自香橼研究(Citron Research)和 OLP Global 的质疑,指出其通过转移成本利润造假、管理层污点和员工模式问题。随后,东南融通停牌,其审计师德勤随即宣布辞审。

后期包括 Howard G. Smith 在内的多家美国律师事务所代表持股股东向法院提交诉状,对东南融通提起集体诉讼。根据公开数据统计,2010 年,在 284 家在美上市的中国企业中,有 25 家(即 8.8%)曾遭遇过集体诉讼。②

在纽交所遭遇退市以及集体诉讼后,东南融通在国内也委托律师处理近 7500 万元的债权:有 49 份合同仍有欠款,金额超过 100 万元的合同有 6 个,50 万元到 100 万元金额的合同有 4 个,50 万元以下的合同有 39 个。欠款客户包括中国工商银行、中国银行、中国交通银行等国有大型银行,也包括中国人民财产保险股份有限公司(中国人保)、中国人民人寿保险股份有限公司(中国人寿)等保险类大客户。据东南融通不完全统计,客户拖欠东南融通的欠款金额达到近 7500 万元:中国人民财产保险股份有限公司拖欠了 1500 万元,泛华保险欠 1100 万元,中国人民人寿保险股份有限公司拖欠了 450 万元;中国银行欠 900 万元,交通银行欠 600 万元。另外,汕头商行、上海农商、天津滨海农商,哈尔滨银行、丹东银行、营口银行等城商行,中小银行共欠款 1000 万元;渤海财险、长安保险、安邦保险、幸福人寿等保险类企业共欠款 600 万元。据悉,上述欠款方称拖欠款项的原因在于东南融通自退市后,就没有继续履约的能力。

显然,东南融通退市后的日子并不好过,无论是境外的集体诉讼还是境内欠款的处理,无论是公司高管还是公司普通员工,无论是公司的危机处理还是

① 案例介绍内容请参见和讯网,http://stock.hexun.com/2011-07-25/131716859.html,2015 年 6 月 7 日访问;新浪财经,http://tech.sina.com.cn/it/2012-10-23/00157727130.shtml,2015 年 6 月 7 日访问;财新网,http://finance.caixin.com/2011-07-26/100284219.html,2015 年 6 月 7 日访问。

② 参见前瞻网,http://ipo.qianzhan.com/detail/140925-8e465040.html,2015 年 6 月 7 日访问。

后期的发展规划，都将是东南融通发展史上“浓墨重彩”的一笔。

2. 退市案例分析

(1) 相关法律规定

根据《纽约证券交易所上市规则》第八章“暂停上市及终止上市”的规定，上市公司“持续上市标准”，具体见表3－26：[①]

表3－26　纽约证券交易所上市公司持续上市标准

条款802.01：股东结构原则（下列任何条件不满足就将触发退市程序）	条款802.01B（1）：以利润标准获得上市资格的企业，下列情况（同时出现）将触发退市程序	条款802.01B（2）：以市值/收入和现金流标准获得上市资格的企业，下列情况之一将触发退市程序	条款802.01B（3）：以纯粹市值/收入标准获得上市资格的企业，下列情况之一将触发退市程序	条款802.01B（4）：以关联公司标准获得上市资格的企业（适用于母公司或关联公司在NYSE上市的公司），下列情况同时出现将触发退市程序
总股东数小于400	连续30天总市值低于5000万美元	连续30天总市值低于2500万美元；同时总收入在过去12个月中小于2000万美元	连续30天总市值低于3.75亿美元；同时总收入在过去12个月中低于1500万美元	上市公司的母公司或关联公司不再控股该公司，或者母公司或关联公司不再符合上市条件
总股东数小于1200，并且过去12个月中月均成交量小于10万股	股东权益低于5000万美元	平均总市值在过去30天中低于7500万美元	平均总市值在过去30天中低于1亿美元	平均总市值在过去30天中低于7500万美元，同时，股东权益低于7500万美元
公众持股数小于60万股				

根据《纽约证券交易所上市规则》，纽约证券交易所的退市流程如下：交易所决定让某只股票退市时，会书面通知上市公司，解释做此决定的依据和采取行动的政策及其依据，交易所会同时做两件事情：第一，公开披露公司的状况和交易所作退市决定的依据；第二，开始每日发布股票信息和信息通知确认股票

① 参见新华网，http://news.xinhuanet.com/fortune/2013－03/18/c_124467087_2.htm，2015年7月10日访问。

的状况，包括交易所网站的相似信息。

如果上市公司不要求在特定期内复核，交易所将停止交易该股票，如果被申请复核，复核程序将在申请被交易所秘书处建档后的至少25个交易日开始启动，双方都要提交摘要和相关材料给对方和交易所总委员会办公室。如果委员会决定证券发行者应该退市，一旦实施，交易所将立即停止交易，同时，交易所会将股票退市最后决定的信息在报纸上刊登，并同时在网站上挂出帖子告知公众。这样的公告在决议实际生效之前会一直挂在交易所网站上。如果交易所认为股票不应该退市的话，发行者会受到该决议的通知。

(2)纽交所官方答复

东南融通退市的原因应该是多方面的，据纽交所宣称，纽交所监管部完成了对东南融通的评估，认为东南融通在如下三方面已不符合上市公司条件：

首先，东南融通目前没有任何独立的审计委员会成员，甚至没有一个有效的审计委员会。7月5日，东南融通3名独立董事兼审计委员会主席成员提出辞职，至今未补缺。

其次，依据原东南融通CFO及原外部审计公司德勤双双辞职的情况，认为东南融通不能真实反映其盈利和财务状况，可能侵害公众利益。

最后，德勤的辞审提醒纽交所不再信任东南融通提交的原上市申请中的财务账目，质疑东南融通是否符合原上市条件，而东南融通至今未公布2010年度财报。[①]

显然，从纽交所的答复中可以看出东南融通退市的主要原因也是与财务相关问题有关。有人如此形容美国股市监管之严苛，“让造假者倾家荡产”。境内企业越过美国资本市场上市门槛顺利上市可能还不算难事，但是如果能通过监管部门后续严格的信息披露要求，并且可以持续维护并运营下去，即便不能步入世界500强企业之列，也称得上“强”企业。

(三)风险应对

针对上述两种风险，境内企业应如何应对？

首先，制定可行计划，并择时上市。上市计划的制定是企业顺利实现境外上市的关键所在。这一计划制定过程需要结合市场环境和企业自身内部环境多方面因素，资本市场风云变幻，计划的可行性是降低上市风险的主要保障。

---

① 参见财新网，http://finance.caixin.com/2011-07-26/100284219.html，2015年6月7日访问。

同时企业也要把握正确的上市时机，良好的经济环境是上市的较好时间，这时候市场不缺乏资金来源，因此融资的效果更加突出。正确的上市时机加上正确的上市地点，最终将成为股票发行成功的保障。不合时宜的上市计划、时机都可能直接导致企业上市融资效果大打折扣。等待一个好的上市时机，其实就是规避上市风险的主要举措之一。

其次，全面深入了解上市法规、政策。企业海外上市除了解国内相关政策以及监管机构的要求，还应充分了解海外市场的法律法规和监管要求，聘请专业的法律顾问，严格遵守上市地法律法规的监管要求。同时，可向美国学习，购买董事及高级职员责任保险或者其他相关的保险，降低一旦发生集团诉讼所产生的经济损失，如因诉讼而产生的高昂的律师费用和败诉的赔偿费用等。

最后，也是最重要的一点，积极加强公司内部治理。内部治理，除了企业正常的运营管理，还包括体系制度的建立。企业在上市前后最根本的变化之一就是需要建立强有力的公司治理体系。其中包括建立结构性的风险管理体系，设立独立董事制度，良好的内控体系以及内部审计委员会等。美国监管当局对上市公司提出了严格的信息披露和财务报告要求，对企业运营和内控实施重点审查，美国相关证券交易所的监管规定都对上市公司的公司治理和合规提出了严格的具体要求。但是部分中国企业（如前述东南融通）在海外上市后却并未建立起相应的公司治理架构，从而产生制度漏洞。

第四节 新三板

第十二届中国财经风云榜证券行业论坛——“互联网证券转折点”于 2015 年 1 月 17 日拉开帷幕。在议题为《重构：券商投行业务再出发》的圆桌论坛中，华龙证券北京分公司副总经理吕红贞表示，2015 年是真正新三板黄金时代的到来。[①] 这一观

① 参见和讯网，http://stock.hexun.com/2015-01-17/172484068.html，2015 年 1 月 18 日访问。

点印证了当下新三板的火热，而且也并未空穴来风，大量的数据足以支撑。根据全国中小企业股份转让系统官方网站公布的数据，截至2015年1月6日，在新三板挂牌上市的企业共有1591家。[①] 据统计，仅2014年一年新增挂牌公司1216家，占全部公司总数的76%。2014年成交量同比放大10倍，成交额同比放大15倍。2014年融资次数是历年总和的2.92倍，融资量是历年总和的3.95倍。这些数字反应出当下新三板的“火热”与“流行”，预计新三板市场仍将是贯穿2015年全年的资本市场亮点。[②]

那么，到底什么是新三板？为何是“新三板”，是否有“旧三板”？其与主板、中小企业板、创业板有何差别？在新三板挂牌上市的企业有何要求、具体如何操作？本节将重点介绍新三板相关内容，包括其涉及的法律规定、历史渊源、特征、具体业务。

一、新三板概述

新三板，即现在的全国股份转让系统，其前世今生随着市场的变化而变化，作为多层次资本市场建设的重要组成部分，其扮演的角色类似基石，为中小企业融资带来巨大的机遇，对我国实体经济的发展起着强大的推动作用。

（一）新三板的历史渊源

1990年12月5日，STAQ（全国证券交易自动报价系统）正式开始运行。STAQ系统是一个基于计算机网络进行有价证券交易的综合性场外交易市场。为会员提供有价证券（包括法人股、国债、金融债、企业债四大类十五种）的买卖价格信息和结算服务。NET系统（中国证券交易系统）是由多家银行和券商共同出资组建的有限责任公司，于1993年4月28日投入运行。

1999年9月9日，为整合中国证券市场多头管理以及防范亚洲金融危机，关闭了STAQ网和NET网，这两个系统停止运行。

2001年，为解决STAQ和NET系统历史遗留问题公司的股份流通问题，证券公司代办股份转让系统设立。自2002年开始，退市公司的股份转让也通过代办股份转让系统进行。代办股份转让系统是一个以证券公司及相关当事人

---

① 参见全国中小企业股份转让系统，http://www.neeq.com.cn/listing，2015年1月6日访问。

② 参见中国证券网，http://jrz.cnstock.com/yw/201501/3300691.htm，2015年1月6日访问。

的契约为基础,依托证券交易所和登记结算公司的技术系统,以证券公司代理买卖挂牌公司股份为核心业务的股份转让平台。代办系统由中国证券业协会负责自律性管理,以契约明确参与各方的权利、义务和责任。

2006 年,《证券公司代办股份转让系统中关村科技园区非上市股份有限公司股份报价转让试点办法》出台,“新的代办股份转让系统”将在北京中关村科技园区建立,专门为中关村(8.72% ~2.57%)科技园区非上市股份公司提供的代办股份转让平台。因为挂牌企业均为高科技企业而不同于原转让系统内的退市企业及原 STAQ、NET 系统挂牌公司,故形象地称为“新三板”。[①] 由此,“新三板”正式诞生,试点工作开始。新三板与旧三板最大的不同是配对成交,现在设置 30% 幅度,超过此幅度要公开买卖双方信息。

2012 年 8 月,国务院批准扩大非上市股份公司股份转让试点,园区扩展为四个:中关村科技园区、上海张江高新产业开发区、武汉东湖新技术产业开发区和天津滨海高新区。因此,成立了全国中小企业股份转让系统,是经国务院批准设立的全国性证券交易场所,与上交所、深交所一起构成资本市场的主要交易平台。对应的全国中小企业股份转让系统有限责任公司为其运营管理机构。2012 年 9 月 20 日,公司在国家工商总局注册成立,注册资本 30 亿元。上海证券交易所、深圳证券交易所、中国证券登记结算有限责任公司、上海期货交易所、中国金融期货交易所、郑州商品交易所、大连商品交易所为公司股东单位。全国股转系统依法对股份公司股票挂牌、定向发行等申请及主办券商推荐文件进行审查,出具审查意见。同时,根据《全国中小企业股份转让系统有限责任公司管理暂行办法》(证监会令第 89 号)的规定,在证券公司代办股份转让系统的原 STAQ、NET 系统挂牌公司和退市公司及其股份转让相关活动,由全国中小企业股份转让系统有限责任公司负责监督管理。股票在全国股转系统挂牌的公司为非上市公众公司,股东人数可以超过 200 人。

2013 年 6 月,国务院决定国务院确定将中小企业股份转让系统试点扩大至全国。挂牌公司将不再受高新园区的限制,不受所有制的限制,也不限于高新技术企业。2013 年年底,新三板方案突破试点国家高新区限制,扩容至所有符合新三板条件的企业。

---

① 以下为行文方便,全国中小企业股份转让系统、全国股转系统、新三板等通用。

新三板的发展历史具体见表3－27：

表3－27 新三板的发展历史①

三板前世——STAQ、NET以及老三板	
1992年7月、1993年4月	STAQ系统和NET系统成立，1998年关闭
2000年	多地重建产权交易所
2001年7月16日	“代办股份转让系统”成立
三板市场今生——新三板	
2006年年初	新股份转让系统建立，被称为新三板
2009年7月	《中关村报价转让试点办法》正式实施
2011年年初	新三板规则制度设计初步完成
2011年5月	新三板进入会签程序
2011年12月	新三板挂牌企业突破100家
2012年4月	证监会表示该年将加快推进新三板建设中证协组织券商培训
2012年7月23日	新三板副主办券商制正式实施
2012年8月3日	证监会称新三板扩容获国务院批准，首批扩大试点除中关村科技园区外，新增上海张江高新产业开发区，东湖新技术产业开发区和天津滨海高新区

（二）新三板的相关法律规定

自2012年年底，新三板扩容之后，先前制定的近30部规范性文件被废止。现行有效的主要规范性文件见表3－28：

表3－28 新三板相关主要法律规定

序号	法律规范	生效日期	颁布部门
1	国务院《关于全国中小企业股份转让系统有关问题的决定》	2013年12月13日	国务院
2	《全国中小企业股份转让系统有限责任公司管理暂行办法》	2013年1月31日	证监会

① 该表格数据来源于东方财富网，http://topic.eastmoney.com/xsb2013/，2015年1月18日访问。

续表

序号	法律规范	生效日期	颁布部门
3	《全国中小企业股份转让系统主办券商推荐业务规定(试行)》	2013 年 2 月 8 日	全国中小企业股份转让系统公司
4	《全国中小企业股份转让系统投资者适当性管理细则(试行)》	2013 年 12 月 30 日	全国中小企业股份转让系统公司
5	《全国中小企业股份转让系统挂牌公司信息披露细则(试行)》	2013 年 2 月 8 日	全国中小企业股份转让系统公司
6	《全国中小企业股份转让系统主办券商管理细则(试行)》	2013 年 2 月 8 日	全国中小企业股份转让系统公司
7	《全国中小企业股份转让系统业务规则(试行)(2013 年修订)》	2013 年 12 月 30 日	全国中小企业股份转让系统公司
8	《中关村科技园区非上市股份有限公司进入代办系统进行股份转让试点工作指南》	2006 年 2 月	证券业协会、中关村科技园区管理委员会、深交所
9	《非上市公众公司监督管理办法》	2013 年 12 月 26 日	证监会
10	《非上市公众公司监管指引第 2 号——申请文件》	2013 年 1 月 4 日	证监会
11	《非上市公众公司信息披露内容与格式准则第 3 号——定向发行说明书和发行情况报告书》	2013 年 12 月 26 日	证监会
12	《全国中小企业股份转让系统股票挂牌业务操作指南(试行)》	2015 年 1 月 12 日	全国中小企业股份转让系统公司
13	《全国中小企业股份转让系统非上市公众公司重大资产重组业务指引(试行)》	2014 年 7 月 25 日	全国中小企业股份转让系统公司
14	《全国中小企业股份转让系统股票发行业务细则(试行)》	2013 年 12 月 30 日	全国中小企业股份转让系统公司
15	《全国中小企业股份转让系统做市商做市业务管理规定(试行)》	2014 年 6 月 5 日	全国中小企业股份转让系统公司

(三)新三板的特征

新三板对应的全国中小企业股份转让系统于 2012 年 9 月正式注册成立。该股转系统在场所性质和法律定位上,与上交所、深交所是相同的,构成多层次资本市场体系的重要组成部分。但是,新三板设立又有其特殊性。结合证监会就落实《国务院关于全国中小企业股份转让系统有关问题的决定》(以下简称《国务院决定》)有关事宜答记者问,笔者总结新三板之特征具体如下。

1. 设立目的

我国设立新三板,主要是为了缓解中小微企业融资难,试图建设多层次资本市场,以相对更为宽松的监管条件、更为简便的行政程序为中小微企业提供融资平台。让暂时不符合主板及创业板上市标准的公司通过"新三板"挂牌,可由原股东和愿意购买公司股票的投资者直接交易,实现最快速的股权流通和融资,推进中小微企业的发展壮大和科技进步。

同时,按照《国务院决定》的精神,全国股份转让系统的挂牌公司可以直接转板至证券交易所上市。当然,转板上市的前提是挂牌公司必须符合《证券法》规定的股票上市条件,在股本总额、股权分散程度、公司规范经营、财务报告真实性等方面达到相应的要求。因此,可通过转板机制,使得交易所市场、全国股转系统和区域性股权转让市场之间形成上下贯通、有机联系的统一整体。企业就可以根据自身发展阶段、股份转让和融资等方面的不同需求,自由选择适合的市场,促进企业持续健康发展,进一步发挥资本市场优化资源配置的作用。①

2. 服务对象

根据《国务院决定》之规定,全国股份转让系统的定位主要是为创新型、创业型、成长型中小微企业发展服务。申请挂牌的公司应当业务明确、产权清晰、依法规范经营、公司治理健全,可以尚未盈利,但须依法履行信息披露义务。符合条件的公司可通过主办券商申请在全国股份转让系统挂牌,公开转让股份、进行股权融资、债权融资、资产重组等。因此,与主板、中小企业板、创业板,新三板更像是企业孵化器,起到一个过渡的作用。

---

① 参见中国证券业协会官网,http://www.sac.net.cn/hyfw/hydt/201312/t20131216_76897.html,2015 年 1 月 6 日访问。

同时，企业在新三板挂牌之后属于非上市公众公司。在交易所市场(含主板、中小企业板、创业板)上市的公司，按照证券法规定，是经证券监督管理部门核准公开发行股份，并经交易所审核同意上市的公司。

3. 投资者门槛

我国交易所市场的投资者结构以中小投资者为主，而全国股转系统实行了较为严格的投资者适当性制度。未来的发展方向将是一个以机构投资者为主的市场，这类投资者普遍具有较强的风险识别与承受能力。参与新三板股票转让的投资者(无论是机构投资者和自然人投资者)，应当具备一定的证券投资经验和相应的风险识别和承担能力，了解熟悉相关业务规则。

(1)机构投资者

新三板的机构投资者符合下列条件之一方可申请参与挂牌公司股票公开转让：

- 注册资本500万元人民币以上的法人机构；
- 实缴出资总额500万元人民币以上的合伙企业。

(2)自然人投资者

自然人投资者与机构投资者不同，其须同时符合下列条件方可申请参与挂牌公司股票公开转让：

- 投资者本人名下前一交易日日终证券类资产市值500万元人民币以上。证券类资产包括客户交易结算资金、在沪深交易所和全国股份转让系统挂牌的股票、基金、债券、券商集合理财产品等，信用证券账户资产除外；
- 具有2年以上证券投资经验，或具有会计、金融、投资、财经等相关专业背景或培训经历。投资经验的起算时间点为投资者本人名下账户在全国股份转让系统、上海证券交易所或深圳证券交易所发生首笔股票交易之日。

二、新三板具体业务介绍

(一)新三板挂牌的条件

企业拟通过新三板挂牌融得资金，虽与IPO上市融资相比条件较为宽松，但仍然需具备特定的标准。根据《全国中小企业股份转让系统股票挂牌条件适用基本标准指引(试行)》的规定，主要包括公司存续期限、盈利能力、公司治理机制、股权清晰度、券商推荐及督导等几个方面。

1. 依法设立且存续满 2 年

(1)依法设立

公司依法设立,是指公司依据《公司法》等法律、法规及规章的规定向公司登记机关申请登记,并已取得《企业法人营业执照》。

①公司设立的主体、程序合法合规

国有企业需提供相应的国有资产监督管理机构或国务院、地方政府授权的其他部门、机构关于国有股权设置的批复文件;外商投资企业须提供商务主管部门出具的设立批复文件;《公司法》修改(2006 年 1 月 1 日)前设立的股份公司,须取得国务院授权部门或者省级人民政府的批准文件。

②公司股东的出资合法、合规

股东出资方式及比例应符合《公司法》相关规定。以实物、知识产权、土地使用权等非货币财产出资的,应当评估作价,核实财产,明确权属,财产权转移手续办理完毕。以国有资产出资的,应遵守有关国有资产评估的规定。公司注册资本缴足,不存在出资不实情形。

(2)存续 2 年

公司存续 2 年是指存续 2 个完整的会计年度。如果是有限责任公司,按原账面净资产值折股整体变更为股份有限公司的,存续时间可以从有限责任公司成立之日起计算。整体变更不应改变历史成本计价原则,不应根据资产评估结果进行账务调整,应以改制基准日经审计的净资产额为依据折合为股份有限公司股本。申报财务报表最近一期截止日不得早于改制基准日。

2. 公司业务明确、具持续经营能力

(1)业务明确

公司业务明确是指公司能够明确、具体地阐述其经营的业务、产品或服务、用途及其商业模式等信息。空壳公司、皮包公司则属业务部明确的范畴。公司可同时经营一种或多种业务,每种业务应具有相应的关键资源要素。该要素组成应具有投入、处理和产出能力,能够与商业合同、收入或成本费用等相匹配。

公司业务如需主管部门审批,应取得相应的资质、许可或特许经营权等。公司业务须遵守法律、行政法规和规章的规定,符合国家产业政策以及环保、质量、安全等要求。

(2)持续经营能力

持续经营能力是指公司基于报告期内的生产经营状况,在可预见的将来,有能力按照既定目标持续经营下去。

公司业务在报告期内应有持续的营运记录,不应仅存在偶发性交易或事项。营运记录包括现金流量、营业收入、交易客户、研发费用支出等。公司应按照《企业会计准则》的规定编制并披露报告期内的财务报表,公司不存在《中国注册会计师审计准则第 1324 号——持续经营》中列举的影响其持续经营能力的相关事项,并由具有证券期货相关业务资格的会计师事务所出具标准无保留意见的审计报告。

财务报表被出具带强调事项段的无保留审计意见的,应全文披露审计报告正文以及董事会、监事会和注册会计师对强调事项的详细说明,并披露董事会和监事会对审计报告涉及事项的处理情况,说明该事项对公司的影响是否重大、影响是否已经消除、违反公允性的事项是否已予纠正。

公司不存在依据《公司法》第 181 条规定解散的情形,或法院依法受理重整、和解或者破产申请。

3. 公司治理机制健全、经营合法合规

(1)公司治理机制健全

公司治理机制健全是指公司按规定建立股东大会、董事会、监事会和高级管理层(以下简称"三会一层")组成的公司治理架构,制定相应的公司治理制度,并能证明有效运行,保护股东权益。公司依法建立"三会一层",并按照《公司法》、《非上市公众公司监督管理办法》及《非上市公众公司监管指引第 3 号——章程必备条款》等规定建立公司治理制度。公司"三会一层"应按照公司治理制度进行规范运作。在报告期内的有限公司阶段应遵守《公司法》的相关规定。公司董事会应对报告期内公司治理机制执行情况进行讨论、评估。

(2)经营合法合规

经营合法合规是指公司及其控股股东、实际控制人、董事、监事、高级管理人员须依法开展经营活动,经营行为合法、合规,不存在重大违法违规行为。

①公司未发生重大违法违规行为

公司的重大违法违规行为是指公司最近 24 个月内因违犯国家法律、行政法规、规章的行为,受到刑事处罚或适用重大违法违规情形的行政处罚。行政处罚是指经济管理部门对涉及公司经营活动的违法违规行为给予的行政处罚。

重大违法违规情形是指凡被行政处罚的实施机关给予没收违法所得、没收非法财物以上行政处罚的行为，属于重大违法违规情形，但处罚机关依法认定不属于的除外；被行政处罚的实施机关给予罚款的行为，除主办券商和律师能依法合理说明或处罚机关认定该行为不属于重大违法违规行为的外，都视为重大违法违规情形。

公司最近24个月内不存在涉嫌犯罪被司法机关立案侦查，尚未有明确结论意见的情形。

②公司高层未发生重大违法违规行为

控股股东、实际控制人合法合规，最近24个月内不存在涉及以下情形的重大违法违规行为：控股股东、实际控制人受刑事处罚；受到与公司规范经营相关的行政处罚，且情节严重；情节严重的界定参照前述规定；涉嫌犯罪被司法机关立案侦查，尚未有明确结论意见。现任董事、监事和高级管理人员应具备和遵守《公司法》规定的任职资格和义务，不应存在最近24个月内受到中国证监会行政处罚或者被采取证券市场禁入措施的情形。

③其他

公司报告期内不应存在股东包括控股股东、实际控制人及其关联方占用公司资金、资产或其他资源的情形。如有，应在申请挂牌前予以归还或规范。公司应设有独立财务部门进行独立的财务会计核算，相关会计政策能如实反映企业财务状况、经营成果和现金流量。

4.股权明晰、股票发行和转让行为合法合规

(1)股权明晰

股权明晰是指公司的股权结构清晰，权属分明，真实确定，合法合规，股东特别是控股股东、实际控制人及其关联股东或实际支配的股东持有公司的股份不存在权属争议或潜在纠纷。

公司的股东不存在国家法律、法规、规章及规范性文件规定不适宜担任股东的情形。申请挂牌前存在国有股权转让的情形，应遵守国资管理规定。申请挂牌前外商投资企业的股权转让应遵守商务部门的规定。

(2)股票发行和转让合法合规

股票发行和转让合法合规，是指公司的股票发行和转让依法履行必要内部

决议、外部审批(如有)程序,股票转让须符合限售的规定。

公司股票发行和转让行为合法合规,不存在下列情形:最近 36 个月内未经法定机关核准,擅自公开或者变相公开发行过证券;违法行为虽然发生在 36 个月前,目前仍处于持续状态,但《非上市公众公司监督管理办法》实施前形成的股东超 200 人的股份有限公司经中国证监会确认的除外。

公司股票限售安排应符合《公司法》和《全国中小企业股份转让系统业务规则(试行)》的有关规定。

在区域股权市场及其他交易市场进行权益转让的公司,申请股票在全国股份转让系统挂牌前的发行和转让等行为应合法合规。

公司的控股子公司或纳入合并报表的其他企业的发行和转让行为需符合本指引的规定。

5. 主办券商推荐并持续督导

(1)公司须经主办券商推荐

拟在新三板挂牌的公司,与 IPO 类似,须经主板券商推荐,双方签署《推荐挂牌并持续督导协议》。主办券商应完成尽职调查和内核程序,对公司是否符合挂牌条件发表独立意见,并出具推荐报告。

(2)主办券商后续督导

公司挂牌成功之后,主板券商还需对挂牌公司进行持续性督导。

(二)新三板挂牌的流程

为规范申请挂牌公司、主办券商在全国股转系统办理股票挂牌业务,全国中小企业股份转让系统有限责任公司根据相关法律法规、《全国中小企业股份转让系统业务规则(试行)》等有关规定,制定《全国中小企业股份转让系统股票挂牌业务操作指南(试行)》,对挂牌业务进行了详细的介绍和引导。

1. 股东开户

除股东存在外资、个人独资企业等特殊情形外,其他境内股东均应于申请挂牌公司向全国中小企业股份转让系统有限责任公司(以下简称"全国股转公司")报送申请挂牌文件前,完成开立证券账户的工作。

2. 申请证券简称和代码

申请挂牌公司应于向全国股转公司报送申请挂牌文件时一并提交《证券简称及证券代码申请书》,证券简称应避免与已挂牌公司和上市公司重复(参考格式见图 3－15）。

证券简称及证券代码申请书

________股份有限公司股票

证券简称及证券代码申请书

全国中小企业股份转让系统有限责任公司：

我公司股票拟在全国中小企业股份转让系统挂牌公开转让。

特向贵公司申请证券简称及证券代码，挂牌公开转让的证券简称拟定为________。

请予核定。

申请挂牌公司经办人签名：

联系电话：

传真：

________股份有限公司

（公章）

年　　月　　日

说明：证券简称应从公司中文全称中选取不超过四个汉字的字符。

图 3－15　证券简称及证券代码申请书模版

3. 领取同意挂牌函、转让方式的函和缴费通知单

申请挂牌公司或主办券商接到领取通知后，于第二个转让日派人持申请挂牌公司出具的介绍信和经办人身份证复印件前往全国股转公司受理窗口领取《同意挂牌函》《关于同意股票挂牌时采取协议转让方式的函》（或《关于同意股票挂牌时采取做市转让方式的函》）和《缴费通知单》。

4. 缴费

根据《缴费通知单》的要求，申请挂牌公司缴纳挂牌初费和当年年费。

5. 办理信息披露

信息披露无论在 IPO 还是新三板挂牌，都是企业逃不过的关键阶段。

（1）挂牌前首次信息披露

取得证券简称和代码的当日或第二个转让日，主办券商应协助申请挂牌公司通过全国股转系统业务支持平台进行首次信息披露操作。

挂牌前首次信息披露文件包括：

①公开转让说明书；

②财务报表及审计报告；

③补充审计期间的财务报表及审计报告(如有)；

④法律意见书；

⑤补充法律意见书(如有)；

⑥公司章程；

⑦主办券商推荐报告；

⑧股票发行情况报告书(如有)；

⑨全国股转公司同意挂牌的函；

⑩中国证监会核准文件(如有)；

⑪其他公告文件。

上述①~⑥文件系统将自动提取反馈回复的最后一稿，无须主办券商再次上传。

(2)首次信息披露操作流程

主办券商登录业务支持平台，在确认申请挂牌文件在已归档的前提下，进入首次信息批露模块，找到待批露的项目，打开并点击“处理”即可进入传送公告页面。

在该页面，系统将自动抓取“5(1)①~⑥”列示的文件，券商需要上传同意挂牌函等其他披露文件；确认无误后，选择披露日期，点击“披露”，系统将在转让日的15:30后在www.neeq.com.cn或www.neeq.cc上进行披露。

(3)更正公告

文件披露后，不得随意更改、替换或撤销。如确需修改，申请挂牌公司和主办券商通过全国股转系统业务支持平台提交申请挂牌公司出具的更正公告、更正后的信息披露文件、主办券商出具的情况说明(如涉及法律意见书更正的，由律师事务所出具说明；涉及审计报告及财务报表更正的，由会计师事务所出具说明)，上述文件均需加盖公章；经挂牌业务部确认后，发布更正公告及更正后的信息披露文件。

(4)在线填写挂牌进度计划

主办券商应在获知申请挂牌公司代码和简称的当日或第2个转让日，在全国股转系统业务支持平台上在线填写《主办券商办理股份公司股票挂牌进度计划表》,合理安排申请挂牌公司办理挂牌手续的时间,并严格执行。

(5)领取《代码和简称通知书》和缴费发票

申请挂牌公司在准备办理股份初始登记前在全国股转公司挂牌业务部领取《关于证券简称及证券代码的通知》和缴费发票。

(6)提交股票初始登记申请表

公司股份办理初始登记前,无论是否存在首批解除转让限制情形,均需在取得同意挂牌函的当日或第 2 个转让日向全国股转公司公司业务部提交股票初始登记申请表(加盖主办券商公章),并说明是否存在申请挂牌同时股票发行情形。

除法定限售股份外,申请挂牌公司股东存在自愿限售股份情形的,应根据《关于向全国中小企业股份转让系统申请协助出具自愿限售登记函有关事项的公告》(股转系统公告[2014]65 号)的要求,向全国股转公司公司业务部提交申请挂牌公司和自愿限售股东共同签字盖章的申请书,并提交主办券商出具的审查意见。

(7)股份初始登记

申请挂牌公司及主办券商应不迟于取得证券简称和代码的第 2 个转让日向中国证券登记结算有限责任公司北京分公司(以下简称“中国结算北京分公司”)报送股份初始登记预审文件,根据中国结算北京分公司的安排现场办理登记手续,领取《股份登记确认书》。

(8)办理股票挂牌

申请挂牌公司取得中国结算北京分公司出具的《股份登记确认书》的当日 11 时前,将《股份登记确认书》《公开转让记录表》(加盖公章)扫描件提交给全国股转公司挂牌业务部,确定公司挂牌日期(挂牌日为取得《股份登记确认书》后的第 2 个转让日)以便办理股份进入交易系统的操作。

(9)挂牌前的第二次信息披露

①披露时间

T-1 日(T 日为挂牌日,下同),申请挂牌公司及主办券商通过全国股转系统业务支持平台报送第二次信息披露文件。系统将在转让日的 15:30 后在 www.neeq.com.cn 或 www.neeq.cc 上进行披露。

②披露文件

披露文件如下：

关于公司股票将在全国股转系统挂牌公开转让的提示性公告；关于公司挂牌同时发行的股票将在全国股转系统挂牌公开转让的公告(如有)；其他公告文件。

(10)申请挂牌同时发行股票融资的流程

全国股转系统是公开市场，为提高投融资对接的效率，满足申请挂牌公司的融资需求，申请挂牌公司可在申请挂牌时或挂牌审查期间提出股票发行申请，履行董事会、股东大会审议程序，自主决定发行方式、发行价格和发行的比例。申请挂牌同时股票发行后股东不超过200人的，中国证监会豁免核准。

①披露发行意向

申请挂牌同时发行股票且尚未确定认购对象的，可在报送申请挂牌材料后向全国股转公司挂牌业务部申请在www.neeq.com.cn或www.neeq.cc披露股票发行意向。

②披露公开转让说明书等文件

取得证券简称和代码后，申请挂牌公司按照“5.1 挂牌前首次信息披露”流程办理《公开转让说明书》等文件的信息披露事宜。

③报送备案材料

在完成股票认购、验资后，参照《全国中小企业股份转让系统股票发行业务细则(试行)》及其指引的有关规定，申请挂牌公司通过业务支持平台向全国股转公司受理窗口报送备案材料；取得全国股转公司出具的股份登记函。

④办理股份登记

取得股份登记函后，申请挂牌公司、主办券商持股份登记函及其他材料前往中国结算北京分公司办理股份初始登记，初始登记的股份为发行完成后的全部股份。

⑤披露发行的股份等文件

取得《股份登记确认书》后，申请挂牌公司披露《关于公司挂牌同时股票发行的股票将在全国股转系统挂牌公开转让的公告》等文件。

⑥披露工商变更登记公告

申请挂牌公司完成工商变更登记后，发布《关于完成工商变更登记的公告》。

⑦通过股票发行持有公司股份的股东

根据《全国中小企业股份转让系统投资者适当性管理细则(试行)》的规定,通过申请挂牌同时股票发行持有公司股份的股东,如不符合参与挂牌公司公开转让条件,只能买卖其持有或曾持有的挂牌公司股票。

⑧挂牌日后完成股票发行的

申请挂牌公司拟于挂牌日后完成股票发行的,其发行程序及投资者适当性要求按照已挂牌公司股票发行的规定办理。

(11)挂牌仪式

申请挂牌公司拟举办挂牌仪式的,请填写《全国股转公司挂牌仪式申请》(具体见表3-29),发邮件至 guapaiyishi@neeq.org.cn,与全国股转公司信息服务研究部沟通具体事宜。

表3-29　全国股转公司挂牌仪式申请表

报送信息	内容
拟参加(集体/专场)仪式	
公司全称	
证券简称	
证券代码	
主办券商	
控股股东	
主营业务	
企业或主办券商联系人	
总资产(万元)	
总股本(万)	
净资产(万元)	
净利润(万元)	
公司简介(200~400字)	

(12)临时公告

申请挂牌公司在首次信息披露至股票挂牌期间应遵守《关于申请挂牌期间公司信息披露相关问题的通知》(股转系统公告[2014]26号)的规定,履行信息披露义务。

在此期间需进行信息披露的，应通过电子邮件方式向全国股转系统挂牌业务部财务和非财务审查员提交公告文件(加盖申请挂牌公司公章或其他信息披露主体公章)、主办券商情况说明(加盖主办券商公章)、信息披露业务流转表(加盖主办券商公章)等文件的扫描件，同时将抄送 xxpl@ neeq. org. cn。经同意后，相关公告文件在转让日的 15:30 后在 www. neeq. com. cn 或 www. neeq. cc 上进行披露。

6. 办理公司挂牌进度计划表

表 3－30 是拟挂牌企业或主办券商需要递交全国股转系统的关于挂牌进度安排的表格。

表 3－30 办理公司挂牌进度计划表

序号	事项	办理时限	预计完成日期
1	股份公司原股东在证券公司营业部开立证券账户	报送挂牌申请文件前	
2	申请挂牌同时股票发行工作进度安排	挂牌日前	
3	挂牌前首次信息披露日期	T－9 日	
4	向股转系统公司公司业务部提交申请	T－8 日	
5	股转公司公司业务部出具初始登记表	T－6 日	
6	向中国结算北京分公司提交登记预审材料	T－5 日	
7	中国结算公司北京分公司现场办理股份初始登记	T－3 日	
8	向股转系统公司挂牌业务部递交《股票公开转让记录表》、《股份登记确认书》，确定挂牌日期	T－2 日	
9	挂牌前第二次信息披露日期	T－1 日	
10	股票挂牌	T 日	

7. 挂牌过程中的几份协议范本

企业拟在新三板挂牌，需与多个主体签订多份协议，包括与券商、律师、会计师、审计评估部门签署中介服务协议，以及与全国股转系统公司签订协议等。

其中,企业与主办券商签订的协议以及与全国股转系统公司签订协议参考范本请见附录部分。

(三)挂牌后股票发行

一般而言,企业前期新三板挂牌阶段,主要是资金输出。挂牌之后,通过向符合规定的投资者发行股票才能融得资金。当然,挂牌的同时申请发行股票也可以(前述挂牌流程阶段略作介绍)。根据全国股转系统网站公告的信息,2014年3月31日成都国科海博信息技术股份有限公司(股票代码:430629)申请挂牌同时申请定向发行股票。① 挂牌之后,根据《全国中小企业股份转让系统股票发行业务指南》企业发行股票流程如下。

1. 决议

(1)董事会与股东大会决议

挂牌公司董事会、股东大会应当对股票发行等事项作出决议。董事会、股东大会表决应当执行公司章程规定的表决权回避制度。

(2)股票发行方案重大调整的认定标准

《业务细则》规定的对股票发行方案作出重大调整,是指以下两种情形:

①发行对象名称(现有股东除外)、认购价格、认购数量或数量上限、现有股东优先认购办法的调整;

②发行对象范围、发行价格区间、发行价格确定办法、发行数量或数量上限的调整。

2. 发行与认购

(1)发行方式

董事会决议确定具体发行对象的,挂牌公司应当按照股票发行方案和认购合同的约定发行股票。

董事会决议未确定具体发行对象的,可以通过询价确定发行对象、发行价格和发行股数。

(2)披露认购公告

挂牌公司最迟应当在缴款起始日前的两个转让日披露股票发行认购公告。

本次股票发行如有优先认购安排的,认购公告中还应披露现有股东的优先

① 参见全国中小企业股份转让系统,http://www.neeq.com.cn/announcement,2015年1月19日访问。

认购安排。公司章程已约定不安排优先认购或全体现有股东在发行前放弃优先认购的，也应予以专门说明。

优先认购安排包括但不限于以下内容：

①现有股东在本次发行前放弃优先认购的情况（如有）；

②现有股东优先认购的缴款期限和缴款方式；

③现有股东放弃优先认购股份的处理方式。

（3）认购与缴款

发行对象可用现金、非现金资产，以及同时以非现金资产和现金认购发行股票。

参与认购的投资者和现有股东应按照认购公告和认购合同的约定，在缴款期内进行缴款认购。

3. 验资

认购完成后，挂牌公司应当按照相关规定，办理验资手续。

4. 提交文件

挂牌公司应当在股票发行验资完成后的10个转让日内，向全国股份转让系统公司接收申请材料的服务窗口（北京市西城区金融大街丁26号金阳大厦南门）报送以下文件：

办理豁免申请核准的股票发行备案，[①]公司应当提交相关文件。股票发行经中国证监会核准的，公司申请办理股票挂牌手续，应当提交相关文件。

经接收服务窗口人员核对，确认提交的文件齐备后，向公司出具《材料接收确认单》。文件一经接收，未经全国股份转让系统公司同意，不得变更或撤回。

5. 材料审查

全国股份转让系统公司对提交的文件进行审查，如发现问题将通过电子邮件（feedback@ neeq. org. cn）向主办券商发送问题清单。

主办券商应协助公司落实问题清单中的问题，并在收到问题清单后的10

---

① 《非上市公众公司监督管理办法》第45条规定，在全国中小企业股份转让系统挂牌公开转让股票的公众公司向特定对象发行股票后股东累计不超过200人的，中国证监会豁免核准，由全国中小企业股份转让系统自律管理，但发行对象应当符合本办法第三十九条的规定。

个转让日内将对问题清单的回复发送至 feedback@ neeq. org. cn。

全国股份转让系统公司在备案审查过程中，发现公司、主办券商、律师事务所及其他证券服务机构有需要补充披露或说明的情形，可以要求其提供补充材料或进行补充披露。

6. 出具股份登记函

全国股份转让系统公司对文件审查后出具股份登记函，送达公司并送交中国证券登记结算有限责任公司（以下简称“中国结算”）和主办券商。

7. 披露相关公告并办理股份登记

公司按照中国结算发布的《全国中小企业股份转让系统股份登记结算业务指南》的要求向中国结算申请办理股份登记。

公司办理股份登记前，应与中国结算协商确定股票发行情况报告书和本次登记股份的挂牌转让公告的披露日；豁免申请核准的挂牌公司还应当同时披露股票发行法律意见书和主办券商关于股票发行合法合规性意见。挂牌转让公告应当明确本次登记股份的转让日，并符合中国结算的有关规定。

挂牌转让公告披露后，中国结算进行股份登记并出具股份登记证明文件。

8. 公开转让

完成股份登记后，本次股票发行中无限售条件和无锁定承诺的股份按照挂牌转让公告中安排的时间在全国股份转让系统公开转让。

三、新三板挂牌的风险及其应对

（一）新三板挂牌的风险及案例

企业通过新三板上市又诸多好处，由于对企业盈利性无要求导致亏损企业也可以申请挂牌，挂牌成功之后企业声誉将扩大导致议价能力提升、融资渠道也将拓宽，通过券商的督导公司的治理水平将提升，同时可进入政府视野获取更大的扶持，最后还为转板至主板、创业板打下基础。但是，不可否认，新三板挂牌也有其风险，最为典型的属挂牌失败的风险。

根据《全国中小企业股份转让系统股票发行业务细则（试行）》第 22、23 条之规定，以及《全国中小企业股份转让系统股票发行业务指南》的相关规定，拟申请挂牌公司需向全国股转系统公司报送材料，履行备案程序。全国股转系统公司对相关文件进行审查，如发行问题将通过主办券商发送问题清单，然后券商将协助公司对问题清单进行回复。

据统计,[①]新三板挂牌问题企业主要有如下几个方面:公司设立期限问题、出资问题、资产问题、公司运营问题、同业竞争问题等。

1. 出资问题

由于出资问题导致挂牌受影响的案例有:技术出资超比例且未评估(风格信息,430216);无形资产出资瑕疵,现金补正(奥特美克,430245);无形资产出资瑕疵,先减资再现金增资(金日创,430247);专利技术出资比例违反《公司法》规定(铜牛信息,430243);无形资产出资瑕疵,作减资处理(奥尔斯,430248);以人力资源、管理资源出资(联动设计,430266)。

2. 资产问题

土地取得方式与证载信息不一致(成科机电,430257);无发票,资产未入账(蓝天环保,430263)。

3. 公司设立期限问题

反馈要求对是否符合“公司依法设立”发表明确意见(昌盛股份,430503);反馈要求说明并披露是否符合“依法设立且存续满两年”的挂牌条件(新华通,430559)。

4. 同业竞争问题

出具承诺,解决潜在同业竞争问题(普华科技,430238);[②]不存在同业竞争的说明:划分业务专属行业(东软慧聚,430227)。

5. 公司运营问题

使用员工个人账户收取货款(美兰股份,430236);出售子公司予股东交易款项未支付完毕(盛世光明,430267);未办理环保相关许可手续(430607,大树智能)。

---

① 该统计数据来源于网络,已经全国股转系统校验。

② 参见全国中小企业股份转让系统,http://file.neeq.com.cn/upload/disclosure/2013/0626/62615602.pdf,2015年1月19日访问。截至本说明书签署日,公司实际控制人包晓春除控制本公司外,未控制其他企业。持有公司股份5%以上的主要股东汪清生、邢克俭、廖培林、洪布坤除持有本公司股份外,未控制其他企业。公司股东、董事会秘书石淑珍除持有本公司股份外,还控制长沙普兴。长沙普兴基本情况详见本说明书“第四节　公司财务关联方、关联方关系及重大关联方交易情况 4 其他关联方情况”。为避免今后出现同业竞争情形,上述人员均出具了《避免同业竞争承诺函》。

（二）应对措施

与主板、中小企业板、创业板相比，企业在新三板挂牌无论是条件还是流程都相对简便，而且效率较高、成本较低，甚至审批监管程度也较低。但是，挂牌门槛相对较低并不意味着企业可随意提交申请文件，更不能提供虚假文件。通过上述问题案例可以看出，最主要的问题还是企业达不到挂牌的基本条件，尤其是以下几项：依法设立且存续满两年；业务明确，具有持续经营能力；公司治理机制健全，合法规范经营；股权明晰，股票发行和转让行为合法合规等。其中，似乎牵涉问题最多的要属财务相关问题。解决此类问题除了主办券商的督导、尽责，更重要的还在于企业自身，尽可能规范公司治理结构及运营状态、检查历史遗留问题并尽量弥补等。

第五节
区域性股交中心挂牌融资

与新三板一样，各地股权交易中心都属于证券场外交易市场，而交易所市场属于场内市场，由主板、中小板、创业板构成。股权交易中心和新三板同属一个层级，是比交易所市场较低层次的资本市场，它们与交易所市场通过转板机制建立起企业在不同层次市场之间的流动，构成我国的多层次资本市场。主板、中小板、创业板、新三板及区域股权交易中心、产权交易市场之间的关系见图3－16：[①]

根据《上海市人民政府关于本市推进股权托管交易市场建设的若干意见》的规定，“股权托管交易市场要坚持与统一监管的全国性场外市场相对接，努力成为我国多层次资本市场体系的重要补充，为多层次资本市场储备企业资源”，可知区域性股权托管或交易中心并未被视作多层次资本市场的组成部分，而是重要补充。区域性股权交易中心似乎在扮演着向多层次资本市场储备、输送企

① 图片来源于网络，http://jsl641124.blog.163.com/blog/static/17702514320138163354043 3/，2015年3月11日访问。

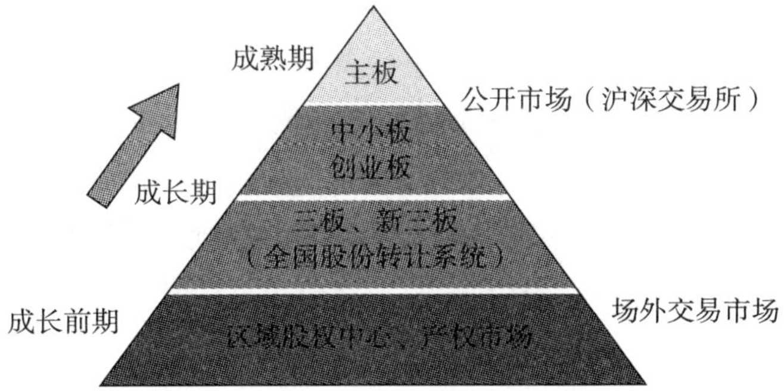

图3－16　主板、中小板、创业板、新三板及区域股权交易中心、产权交易中心关系图

业资源的角色。

暂且不论区域性股权交易市场是否为多层次资本市场的组成部分，没有疑问的是，当下中国的场外交易市场以全国中小企业股份转让系统即所谓的新三板为主，区域性的股权交易中心、产权市场为辅。建设区域性股权交易市场，有利于促进多层次资本市场体系发展，进一步拓展金融市场；有利于加快培育和壮大战略性新兴产业，提升自主创新能力；有利于为股权投资、风险投资提供有效退出机制，拓宽投融资渠道，完善企业公司治理，规范企业股权托管转让行为，促进科技型、中小型企业创新发展和持续健康成长。

一、区域性股交中心概述

2015 年全国两会证监系统代表委员召开媒体见面会，全国人大代表、深圳证券交易所总经理宋丽萍出席并与媒体进行交流，她表示发展中小企业区域性股权市场也就是通常说的“四板”具有重要的现实意义。因为，在我们这样一个区域发展不平衡的大国，区域发展水平差距大，贴合区域经济特点的四板具有非常现实的必要性。区域性股权市场不仅对于促进资本与早期创业企业相结合具有重要的意义，而且还可以自下而上地弥补资本市场对区域内中小企业，特别是科技型中小企业的服务短板。[①]

我国曾出现几乎各省份都要设立或正在设立或已经设立股权交易中心的

① 参见和讯网，http://news.hexun.com/2015－03－08/173842449.html，2015 年 3 月 11 日访问。

一派“繁荣景象”，试图建立区域性的场外股权交易市场。但自2011年年底到2012年，国务院连续出台《关于清理整顿各类交易市场所切实防范金融风险的决定》《关于清理整顿各类交易场所的实施意见》，因此，繁荣背后也潜藏乱象。

当下，据不完全统计，全国较为活跃的股权交易所主要包括上海股权托管交易中心（以下简称“上海股交中心”）、天津股权交易所、[1]前海股权交易中心[2]等，另外还有广州股权交易中心、北京股权交易中心、浙江股权交易中心、福建海峡股权交易中心、海西股权投资中心、重庆市股份转让中心、武汉股权托管交易中心等。目前并没有统一的全国性的股权交易所、交易中心相应的法律规定、规则，因此，每个地域的股交中心或股交所对企业挂牌、融资的具体要求可能不一样，各有特点（如前海股交中心要求拟挂牌的企业净利润或营业收入达到一定要求，而上海股交中心设Q板和E板，都没有对净利润或营业收入设定要求）。因而本节将以上海股交中心为例，重点介绍通过股交所或股交中心挂牌、融资的特点、优势，企业需具备的条件、具体的流程以及可能存在的法律风险等。

（一）上海股交中心的基本情况

上海股交中心，即上海股权托管交易中心股份有限公司，成立于2010年11月3日，经国务院同意，由上海市人民政府批准设立，遵循中国证监会对中国多层次资本市场体系建设的统一要求，是上海市国际金融中心建设的重要组成部分，也是中国多层次资本市场体系建设的重要环节。其与中国证监会监管的证券市场实现对接，除为挂牌公司提供定向增资、重组购并、股份转让、价值挖掘、营销宣传等服务外，还对挂牌公司规范运作、信息披露等市场行为予以监管，为挂牌公司实现转主板、中小板、创业板上市发挥培育、辅导和促进作用。上海市人民政府于2011年12月28日出台了《上海市人民政府关于本市推进股权托管交易市场建设的若干意见》，上海市财政局、市金融服务办公室于2012年5月30日出台了《关于印发〈本市鼓励中小企业开展股权托管交易有关财政专项扶持办法〉》，以鼓励中小企业改制挂牌等。

---

① 参见天交所官网，http://www.tjsoc.com/web/data1.aspx#gpqysl，2015年3月11日访问，截至2014年7月，在天交所挂牌企业数为494家。截至2015年2月，累积股权直接融资额为80.51亿元。

② 参见前海股交中心官方网站，https://www.qhee.com/，截至2015年3月11日在前海股权交易中心挂牌的企业有4539家，已帮企业融资61亿元。

但由于中小企业数量巨大,在实际操作中,仍有相当部分中小企业因诸多原因,暂不具备在上海股交中心股份转让系统挂牌条件,错失了与资本市场对接的机会。为完善上海股交中心的服务体系,进一步满足中小企业多元化需求,上海股权托管交易中心以创新的思维、精细的论证,在市金融办的具体指导下,隆重推出"中小企业股权报价系统"。2013 年 8 月 7 日,上海股权托管交易中心中小企业股权报价系统(www. china - seeq. com)正式启动。

当下,上海股权托管交易中心现已形成"一市两板"的新格局:在一个市场——上海股权托管交易市场,构建非上市股份有限公司股份转让系统(以下简称"转让系统"或"E 板")、中小企业股权报价系统(以下简称"报价系统"或"Q 板")两个板,为不同类型、不同状态、不同阶段的企业提供对接资本市场的机会及相适的资本市场服务。

(二)上海股交中心融资业务现状

根据上海股交中心官网披露,截至 2015 年 3 月 10 日,随着 32 家中小微企业集体登陆上海股交中心,上海股交中心挂牌企业突破四千家。截至 2015 年 4 月 30 日,在 E 板挂牌企业数为 399 家,Q 板挂牌企业为 4568 家,股权融资数额为 52.89 亿元,债权融资数额为 19.02 亿元。[①](具体见图 3 - 17、图 3 - 18、图 3 - 19)

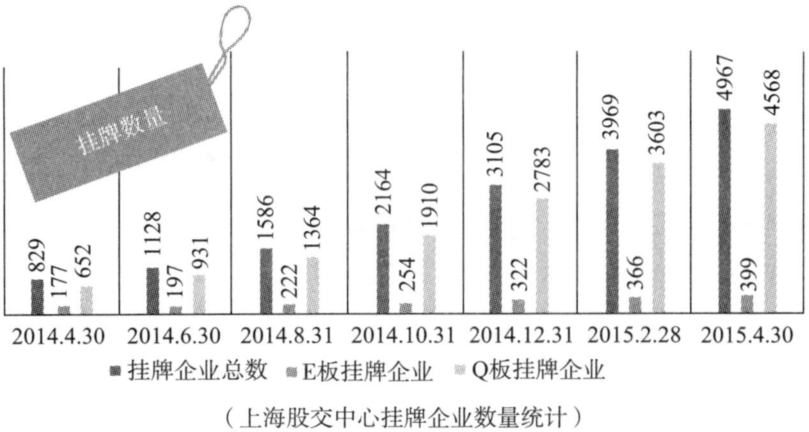

图 3 - 17 上海股交中心挂牌企业数量统计图

① 参见上海股交中心官网公开披露的数据,http://www. china - see. com/index. do,2015 年 3 月 11 日访问。

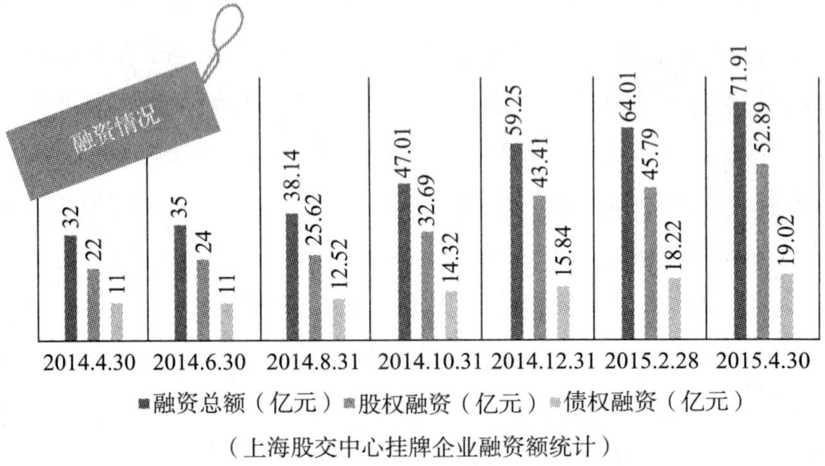

图 3－18　上海股交中心挂牌企业融资额统计图

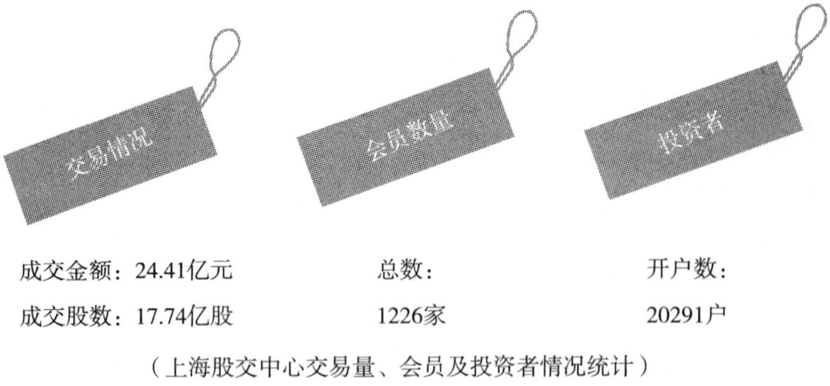

图 3－19　上海股交中心交易量、会员及投资者情况统计图

根据2015年最新数据，本年度3月至4月，在E板和Q板挂牌的企业通过定性增资获得资金数额具体见表3－31、表3－32：

表 3－31　E 板定向增资数据统计(2015.3～4)

序号	股份代码	股份名称	增发价格（元/股）	募集资金（万元）	增发数量（万股）
1	100128	雄狮科技	1.75	3500	2000
2	100269	乐派股份	3	1500	500

续表

序号	股份代码	股份名称	增发价格（元/股）	募集资金（万元）	增发数量（万股）
3	100260	祺沣网业	1.8	1440	800
4	100130	草源牧业	5.6	1288	230
5	100283	聚银小贷	2	1000	500
6	100163	兆祥装饰	5	600	120
7	100309	大满文化	2.5	600	240
8	100177	昆仑科技	2.5	474.5	189.8
9	100302	古格藏茶	4.5998	200	43.48
10	100191	紫坤股份	3	108	36
11	100109	佰康股份	3.5	84	24

表 3－32　Q 板股权融资数据统计（2015.3～4）

序号	企业代码	企业简称	增资数（万股）	日期
1	201262	名家厨房	2470	20150306
2	201262	名家厨房	750	20150306
3	200151	元上电子	100	20150312
4	200123	聚和科技	1400	20150317
5	200123	聚和科技	500	20150318
6	203570	闵镇纸业	5940	20150319
7	202980	壳子网	400	20150323
8	200440	甜妈仔	900	20150326
9	201847	葫芦号	500	20150403
10	201603	农乐生物	400	20150407
11	201650	柏易科技	700	20150410
12	203312	东方亮	1700	20150413
13	204328	财富会	9950	20150414
14	202001	好耕教育	5000	20150415
15	204256	元潮电商	4950	20150417

（三）在上海股交中心进行挂牌的优势

上海股交中心与新三板一样，都是面向所有有意愿进入资本市场的非上市公司，只要其符合相关条件即可挂牌，不受区域、行业的限制。在中心挂牌的企业在条件成熟的情况下，可以直接到更高级的资本市场上市。

非上市股份有限公司在上海股交中心挂牌后，给企业带来的直接变化是：第一，形成了有序的股份退出机制；第二，企业法人治理机构的规范运作程度将显著提高。这些变化将给企业在带来如下好处：

➢ 有利于建立现代企业制度，规范企业运作，完善法人治理结构，促进企业健康发展；

➢ 有利于提高股份的流动性，完善企业的资本结构，提高企业自身抗风险的能力，增强企业的发展后劲；

➢ 有利于企业扩大宣传，树立品牌，促进企业开拓市场；

➢ 有利于企业吸收风险资本投入，引入战略投资者，进行资产并购与重组等资本运作；

➢ 通过规范运作、适度信息披露、相关部门监管等，可以促进企业尽快达到创业板、中小板及主板上市的要求；

➢ 开展股份报价转让业务，完善了股份退出的机制，使企业定向增资更容易实现；

➢ 公司在公共平台上挂牌，增加了企业的信用等级，更利于获得银行贷款。

看似在股交中心进行挂牌与在其他平台进行挂牌效果都差不多，但是在股交中心挂牌成本相对低廉，而且挂牌成功率高，之后融资更为便捷。挂牌 Q 板企业的适应性要求与新三板及 E 板相近，但要求会相对较低，同时挂牌 Q 板的费用较新三板和 E 板少得多，挂牌费用约 6 万～10 万元，每年督导费用约 1 万元。

二、股交中心挂牌的条件与流程

虽然上海股交中心属地方性的平台，但其与新三板一样都是多层次资本市场的组成部分，因此，具备不同条件、有不同发展策略的企业可选择不同的平台。一般而言，在上海股交中心 Q 板挂牌条件相对最为简单，只要求有固定办公场所、满足企业正常运行的人员等，甚至不要求企业一定是股份有限责任公司。如果是股份公司，则可根据存续时限等相关条件选择新三板上市还是 E 板上市。具体见图 3－20：

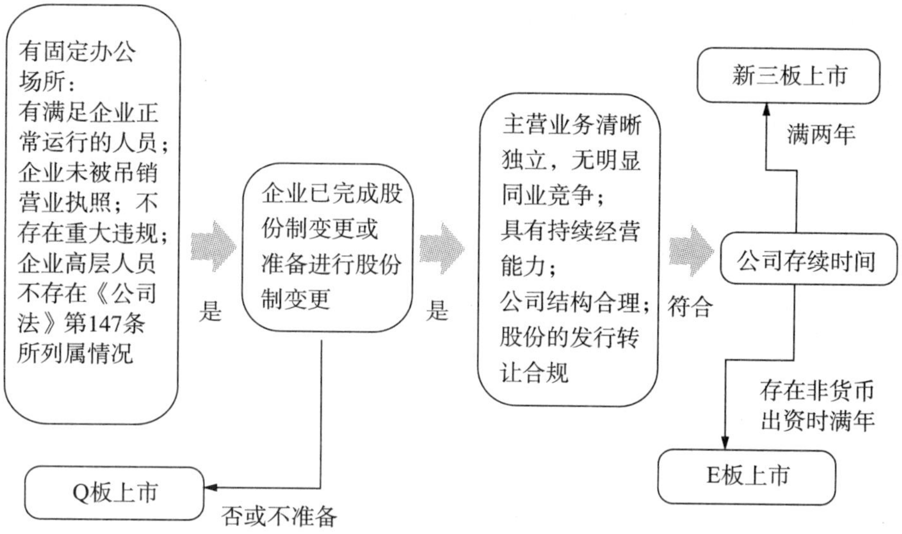

图 3－20　股份公司新三板、E 板上市条件及流程图

（一）E 板挂牌条件

非上市股份有限公司（股东数 <200 名）申请在上海股交中心挂牌，应具备以下条件：

1. 业务基本独立，具有持续经营能力；

2. 不存在显著的同业竞争、显失公允的关联交易、额度较大的股东侵占资产等损害投资者利益的行为；

3. 在经营和管理上具备风险控制能力；

4. 治理结构健全，运作规范；

5. 股份的发行、转让合法合规；

6. 注册资本中存在非货币出资的，应设立满一个会计年度；

7. 上海股交中心要求的其他条件。

此外，股份有限公司将进一步分类：（1）注册资本、实收资本和净资产均不低于 500 万元的股份有限公司；（2）注册资本、实收资本或净资产低于 500 万元的股份有限公司。这两种状态的股份有限公司均可进入股份转让系统挂牌，为区分起见将在股份转让系统中使用不同的股份代码。

（二）Q板挂牌条件

拟挂牌的非上市企业（股东数 <200 名）形式不限，包括但不限于有限责任公司、股份有限公司以及本中心认定的其他组织与机构。

企业存在下列情况之一的，不得在中小企业股权报价系统挂牌：

1. 无固定的办公场所；

2. 无满足企业正常运作的人员；

3. 企业被国家有关部门吊销营业执照或其他合法执业证照；

4. 存在重大违法违规行为或被国家相关部门予以严重处罚；

5. 企业的董事、监事、经营管理人员存在《公司法》第 146 条所列属的或违反国家其他相关法律法规的情形；

6. 本中心认定的其他情形。

（三）挂牌流程

非上市公司在上海股交中心挂牌，主要业务流程如下：

1. 非上市公司召开董事会和股东大会就同意在上海股交中心挂牌并进行股份转让相关事宜做出决议；

2. 非上市公司委托上海股交中心推荐机构会员，聘请经上海股交中心认定的会计师事务所、律师事务所、资产评估事务所（必要时）为其挂牌提供专业服务；

3. 推荐机构会员向上海股交中心报送预审材料；

4. 会计师事务所进行独立审计并出具审计报告、律师事务所进行独立调查并出具法律意见书、推荐机构会员进行尽职调查并形成相关尽职调查文件；

5. 推荐机构会员向上海股交中心报送申请文件；

6. 上海股交中心对申请文件进行审核；

7. 上海股交中心审核同意的，获得上海股交中心出具同意挂牌的通知后，拟挂牌公司向上海股交中心申请股份简称和代码，与上海股交中心签订挂牌协议书，办理股份的集中登记；

8. 拟挂牌公司在上海股交中心办理挂牌手续；

9. 挂牌前三日，拟挂牌公司在上海股交中心指定网站披露：《股份转让说明书》《公司章程》《审计报告》《法律意见书》，推荐机构会员在上海股交中心指定网站发布拟挂牌公司挂牌公告。

三、挂牌后融资条件与流程

(一)一般融资方式

企业在成功挂牌最主要的目的便是提高知名度、获得融资,具体可通过如下渠道募集资金:

➢ 企业在挂牌上市后能获得相应市场的机构投资者的关注,可以引入战略投资者;

➢ 公司的股票价值更容易得到市场的认可,由此可以获得银行的授信额度(一般为企业股价估值的50%),还可以进行股份质押贷款;

➢ 另外还可以通过发行公司债方式进行融资;

➢ 企业通过股权转让、定向增发等方式实现融资。

(二)定向增发的条件与流程

上述几种融资方式中,被企业采用的概率更大的方式为定向增发。

1. 前期准备

挂牌公司拟进行定向增资的,应与推荐机构会员协商后,聘请经上海股交中心认定的会计师事务所、律师事务所(必要时)、资产评估事务所(必要时)等专业服务机构为其定向增资提供有关专业服务。

2. 项目预审

推荐机构会员开展定向增资业务前,应向上海股交中心报送预审材料,具体包括以下内容:

➢ 定向增资方案(草案);

➢ 推荐机构会员立项报告;

➢ 推荐机构会员项目小组成员;

➢ 会计师事务所及其项目成员;

➢ 资产评估事务所及其项目成员(必要时);

➢ 律师事务所及其项目成员(必要时);

➢ 上海股交中心要求的其他文件。

3. 尽职调查

推荐机构会员应对拟进行定向增资的挂牌公司开展尽职调查,尽调的内容包括定向增资的必要性，增资价格的合法性、合理性和公允性，募投项目资金需求量、可行性和收益前景等事项。推荐机构会员应督促拟定向增资的挂牌公司及时披露信息并保证披露信息的真实、准确、完整。

4. 报送文件

同意定向增资的，应出具尽职调查报告，并向上海股交中心报送定向增资申请文件（包括但不限于）：

➢ 定向增资方案；

➢ 董事会、股东大会有关定向增资事项的决议及股东大会授权董事会处理有关事宜的决议；

➢ 推荐机构会员与挂牌公司就定向增资事宜签订的协议；

➢ 挂牌公司定向增资申请；

➢ 挂牌公司定向增资涉及国有资产管理、外资管理、环境保护、土地管理等事项，取得的有关部门批准文件；

➢ 新增认购人与挂牌公司签订的以挂牌公司获得上海股交中心同意其定向增资为生效条件的认购协议；

➢ 新增认购人遵守认购协议条款，遵守《中华人民共和国公司法》和公司章程的规定，不损害所增资挂牌公司利益和该挂牌公司其他认购人利益的声明；

➢ 最近 1 年经审计的财务报告；

➢ 尽职调查报告；

➢ 盈利预测审核报告，盈利预测期间为定向增资完成当年及下 1 个会计年度；

➢ 上海股交中心要求的其他文件。

5. 文件审核

上海股交中心对推荐机构会员报送的申请文件进行审核，审核的事项包括以下内容：

➢ 申请文件是否齐备；

➢ 推荐机构会员是否已对拟定向增资的挂牌公司进行了勤勉尽责尽职调查；

➢ 拟定向增资的挂牌公司披露的信息是否符合信息披露规则的要求；

➢ 拟定向增资的挂牌公司是否符合基本定向增资条件；

➢ 上海股交中心认定的其他事项。

一般自收到预审材料 5 个工作内进行审核,并向推荐机构会员反馈预审核意见,推荐机构会员收到上海股交中心无异议意见后,方可启动后续工作。

6. 上报备案

上海股交中心审核同意后报送上海市金融服务办公室备案。

7. 实施增资

上海股交中心出具同意挂牌公司定向增资的通知后,挂牌公司可实施定向增资,完成验资后,推荐机构会员应向上海股交中心报送下列文件:

➢ 定向增资结果报告书;

➢ 验资报告;

➢ 挂牌公司与认购人签署的认购协议;

➢ 新增股东名单及股东身份证明文件;

➢ 推荐机构会员对挂牌公司定向增资出具的专项意见;

➢ 挂牌公司向上海股交中心申请股份登记的文件;

➢ 上海股交中心要求的其他文件。

8. 信息披露

根据《上海股权托管交易中心挂牌公司定向增资业务规则》的规定,挂牌公司应积极履行信息披露义务,包括董事会决议、增资方案、增资结果报告书、推荐机构的专项意见等。具体应披露的内容如下:

挂牌公司应在董事会通过本次定向增资决议之日起两个转让日内,披露董事会决议和定向增资方案。定向增资方案包括但不限于下列内容:

➢ 增资的股份种类及数量;

➢ 增资价格或价格区间及定价依据;

➢ 向本次定向增资前股权登记日在册股东优先配售增资股份的方案;

➢ 定向增资新增意向认购人名单、基本情况、与挂牌公司及主要股东的关联关系;

➢ 意向认购人出资方式,以非货币资产出资的,说明该资产的基本情况、评估情况、交易价格、定价依据以及该资产对挂牌公司的必要性;

➢ 本次募集资金用途及募投项目是否有利于挂牌公司长远发展,是否符合国家产业政策及有关国有资产管理、外资管理、环境保护、土地管理等法律法

规,是否获得相关部门批准;

➢ 前次募集资金的使用情况(如有);

➢ 防止增资后股东累计超过200人的措施;

➢ 新增股份的登记及限售安排;

➢ 本次增资前滚存未分配利润的处置方案。

挂牌公司应在完成定向增资股份登记之日起两个转让日内,披露定向增资结果报告书,包括但不限于下列内容:

➢ 定向增资履行的相关程序;

➢ 定向增资股份的种类和数量;

➢ 定向增资价格及定价依据;

➢ 定向增资前挂牌公司原有股东优先认购的情况;

➢ 募集资金情况、用途及相关管理措施;

➢ 认购人情况及认购股份数量;

➢ 定向增资后股东人数;

➢ 定向增资后股本变动情况;

➢ 定向增资后主要财务指标变化及管理层讨论与分析;

➢ 定向增资股份的登记限售情况。

推荐机构会员应披露关于挂牌公司定向增资的专项意见,包括但不限于下列内容:

➢ 定向增资过程的合法、合规性;

➢ 挂牌公司是否符合定向增资条件;

➢ 定向增资对象的合规性;

➢ 定向增资价格是否显失公允;

➢ 定向增资结果是否公平、公正,是否符合定向增资的有关规定;

➢ 募集资金投向是否符合国家产业政策并有利于挂牌公司长远发展;

➢ 定向增资对挂牌公司财务状况的影响;

➢ 定向增资过程中挂牌公司是否规范履行信息披露义务;

➢ 推荐机构会员认为需说明的其他事项。

四、区域性股交中心挂牌融资风险

企业通过区域性的股交中心进行挂牌，可能面临的首要风险是挂牌失败。一旦挂牌不成功，前期投入的发行费用、时间成本、人力成本等将成为企业的损失重地。以上海市股交中心为例，E板与Q板相比，Q板挂牌的费用相对低很多。E板的发行费用一般为120万~200万元，Q板可能是其1/10甚至更少。

此外，挂牌后可能还会面临的风险与信息披露有关。进入资本市场后，企业的信息必须进行一定程度的披露：公司难有暗箱操作，如果公司存在一定的历史问题，一旦得到披露，将会对公司造成较大的影响（Q板的信息披露由于是选择性的，影响较小）。同时由于资本市场的敏感性，公司的业绩将受到市场的关注，运营承受较大压力。

总体而言，企业通过地方性的、区域性的股权交易市场进行挂牌，面临的风险与企业通过IPO、新三板挂牌的风险相似，应对措施也相差不大，只是前者产生的风险可能相对较低，因此，本节不再赘述。

第六节 重大资产重组

本章前面几节介绍了企业进行股权融资的几种常用方式，包括第一轮融资的天使、VC、PE，到后面新三板挂牌、主板创业板上市等。一般而言，企业在上市后，“更大更强”的目标变得更为急切，对资金的需求度也随之增加。因此，上市之后的再融资仍是企业实际控制人、控股股东以及高管层面的重点工作之一。当下，我国企业的融资渠道缺乏，同时在特殊的股权结构、制度安排以及居高不下的市盈率下，股权融资成为一种廉价的融资方式。因此上市资格以及上市公司的再融资资格成了稀缺的资源。有资格的想保护它，没有资格的想得到它。在这种融资资格大战当中，资产重组活动扮演了重要的角色。

不过，一般而言，上市公司主要可通过增发股份（包括公开发行、非公开发行两种)、配股、发行债券等方式进行再融资。通常,重大资产重组并未被纳入“再融资”行列。理由在于,增发股份或发行债券通常的目的是为了“圈钱”,“圈钱”进一步的目的是为了还债、常规性经营所需或者对外投资等。然而,最新修订的《上市公司重大资产重组管理办法》将重大资产重组定义为“上市公司及其控股或者控制的公司在日常经营活动之外购买、出售资产或者通过其他方式进行资产交易达到规定的比例,导致上市公司的主营业务、资产、收入发生重大变化的资产交易行为”。因此,重大资产重组主要是指资产的变动,如出售资产、购买资产,变动的结果导致公司股权结构、主营业务等都发生重大变化。同时,证监会对两者的监管力度也不相同。一般而言,重大资产重组的要求相对较低(除非是重大资产重组已实质上构成了借壳上市),定向增发的要求相对较高,公开增发的要求相对更高。不过,增发与重大资产重组在特定时候也有交叉,如当重大资产重组的支付方式是通过发行股份,那么此时其本质似乎就是增发。《上市公司非公开发行股票实施细则》第 6 条规定“发行方案涉及中国证监会规定的重大资产重组的,其配套融资按照现行相关规定办理”也印证了这一点。

总而言之,从广义上来说,重大资产重组应包括增发等情形,只是此时发行股份应符合相应的要求。[①] 此外,公司在进行重大资产的同时还可以进行配套融资,因此,重大资产重组也属于企业再融资的重要方式之一。[②] 从狭义上来说,就算将重大资产重组与增发等情形独立开来,由于资产重组将对企业的经

① 《上市公司重大资产重组管理办法》第 43 条第 1 款规定:“上市公司发行股份购买资产,应当符合下列规定:(一)充分说明并披露本次交易有利于提高上市公司资产质量、改善财务状况和增强持续盈利能力,有利于上市公司减少关联交易、避免同业竞争、增强独立性;(二)上市公司最近一年及一期财务会计报告被注册会计师出具无保留意见审计报告;被出具保留意见、否定意见或者无法表示意见的审计报告的,须经注册会计师专项核查确认,该保留意见、否定意见或者无法表示意见所涉及事项的重大影响已经消除或者将通过本次交易予以消除;(三)上市公司及其现任董事、高级管理人员不存在因涉嫌犯罪正被司法机关立案侦查或涉嫌违法违规正被中国证监会立案调查的情形,但是,涉嫌犯罪或违法违规的行为已经终止满 3 年,交易方案有助于消除该行为可能造成的不良后果,且不影响对相关行为人追究责任的除外;(四)充分说明并披露上市公司发行股份所购买的资产为权属清晰的经营性资产,并能在约定期限内办理完毕权属转移手续;(五)中国证监会规定的其他条件。”

② 《上市公司重大资产重组管理办法》第 44 条规定:“上市公司发行股份购买资产的,可以同时募集部分配套资金,其定价方式按照现行相关规定办理。上市公司发行股份购买资产应当遵守本办法关于重大资产重组的规定,编制发行股份购买资产预案、发行股份购买资产报告书,并向中国证监会提出申请。”

营模式、主营业务、收入等产生重大影响，进而影响融资的资格，因此也可称为间接融资。

一、重大资产重组概述

有人趣称，重大资产重组是ST上市企业的救命稻草，也是咸鱼翻身的希望。也有人说，并购重组是推动上市公司股价向上弹性的最有效因子。[①] 那么当下，我国重大资产重组现状如何？相关的法律规范又有哪些？

（一）重大资产重组现状

根据上交所资本市场研究所出具的《沪市上市公司2013年度重大资产重组专题分析报告》显示，2013年度沪市上市公司重大资产重组交易似乎比较活跃。[②] 全年共有116家公司涉及重大资产重组事项，占沪市公司的12%。其中，36家公司完成重大资产重组，交易金额合计1128亿元。当年，沪市不构成重大的资产重组共发生332家次，较2012年度增长23%；交易金额合计2624亿元，较2012年度增长71%。另外，全年有9家公司经重组委审核通过或取得证监会核准文件等重大进展，14家公司完成重组配套融资，融资金额100.58亿元，有39家公司终止重组（除被证监会不予核准后终止重组的1家外，主要系公司自身原因终止重组）。

从整体市值来看，公司重大资产重组实施完成后市值大幅增长。2013年，从启动重组日到完成重组日（启动重组日指重大资产重组停牌起始日，完成重组日为刊登“重大资产重组实施情况报告书”的日期，对于个别未刊登实施情况报告书的公司，以刊登非公开发行股票发行结果暨股份变动公告（适用于发行股份购买资产情形）或者资产交割公告（适用于未发行股份情形）日期作为完成重组日）的市值增加值看，36家完成重组的公司合计增加市值为2023亿元，同比增长29%。从个体市值来看，上述36家完成重组的公司重组后市值平均增幅为133%，较2012年完成重组公司市值平均增幅同比增长49个百分点。完成重组后，市值增长在100%以上的有14家，市值增长在0～100%的有16家，

---

① 参见东方财富网，http://finance.eastmoney.com/news/1353,20141222459640072.html，2015年3月25日访问。

② 参见网易财经，http://money.163.com/14/0605/02/9TUMBINQ00253B0H.html，2015年3月25日访问。现状部分相关数据等来源于该份分析报告。

仅6家公司市值下降。

截至2014年12月底,2014年度共有108家上市公司宣布终止重大资产重组,而2013年同期重组失败的上市公司为64家,同比增长68.7%。[①]

新版《上市公司重大资产重组管理办法》正式实施后,证监会取消了对不构成借壳上市的上市公司重大购买、出售、置换资产行为的审批,即以现金为对价的重大资产重组将免于审核。受该政策刺激,自2015年以来A股并购重组火爆,目前正在排队的并购重组申请共有123宗,其中44宗的申请时间在2015年之后。但新规实施后,上市公司重组失败的案例也随之增多。根据Wind提供的数据,2015年以来共有19家公司的重大资产重组计划“流产”,其中11家公司公告重组失败,4家公司重组被证监会暂停审核,1家公司重组未获股东大会通过,3家公司遭并购重组委否决。[②]

(二)重大资产重组相关法律规范

兼并重组可谓是企业加强资源整合、实现快速发展、提高竞争力的有效措施,也是化解产能严重过剩矛盾、调整优化产业结构、提高发展质量效益的重要途径。因此,国务院不断出台国家层面的宏观政策,证监会、沪深两所都有出台相应的规范性文件。

与重大资产重组相关的法律规范如下:《公司法》《合同法》《上市公司重大资产重组申报工作指引》《国务院关于进一步促进资本市场健康发展的若干意见》《国务院关于促进企业兼并重组的意见》《国务院关于进一步优化企业兼并重组市场环境的意见》《公开发行证券的公司信息披露内容与格式准则第26号——上市公司重大资产重组》《上市公司并购重组行政许可并联审批工作方案》《上市公司重大资产重组信息披露及停复牌业务指引》《关于在借壳上市审核中严格执行首次公开发行股票上市标准的通知》《上市公司收购管理办法》《上市公司重大资产重组管理办法》《深圳证券交易所公司管理部关于做好上市公司重大资产重组信息披露工作的通知》以及《中国证券监督管理委员会关于规范上市公司重大资产重组若干问题的规定》等。

---

① 参见东方财富网,http://finance.eastmoney.com/news/1353,20141222459640072.html,2015年3月25日访问。

② 参见和讯网,http://stock.hexun.com/2015-03-16/174072778.html,2015年3月26日访问。

上述相关法律规范具体见表 3－33：

表 3－33　重大资产重组相关法律规范表

序号	法律规范名称	生效日期	颁布机关	备注
1	中国证券监督管理委员会关于规范上市公司重大资产重组若干问题的规定	2008 年 4 月 16 日	证监会	
2	深圳证券交易所公司管理部关于做好上市公司重大资产重组信息披露工作的通知	2008 年 5 月 18 日	深圳证券交易所	
3	上市公司重大资产重组申报工作指引	2008 年 5 月 20 日	证监会	
4	国务院关于促进企业兼并重组的意见	2010 年 8 月 28 日	国务院	
5	关于在借壳上市审核中严格执行首次公开发行股票上市标准的通知	2013 年 11 月 30 日	证监会	
6	国务院关于进一步优化企业兼并重组市场环境的意见	2014 年 3 月 7 日	国务院	
7	国务院关于进一步促进资本市场健康发展的若干意见	2014 年 5 月 8 日	国务院	
8	上市公司并购重组行政许可并联审批工作方案	2014 年 10 月 24 日	工信部、商务部、发改委、证监会	
9	上市公司收购管理办法	2014 年 11 月 23 日	证监会	
10	上市公司重大资产重组管理办法	2014 年 11 月 23 日	证监会	
11	上市公司重大资产重组信息披露及停复牌业务指引	2015 年 1 月 8 日	上海证券交易所	

二、重大资产重组的条件及程序

上市公司或其控股或控制的公司拟进行重大资产重组，交易需要符合法定的要求,即上市公司进行的资产交易行为需要达到一定的条件才能称为重大资产重组。此外,重大资产重组需要经过特定的程序,需要内部董事会、股东大会进行决议以及通过证监会审核批准等。

(一)重大资产重组的条件

根据《上市公司重大资产重组管理办法》的规定,上市公司实施重大资产重组应符合如下条件:

1. 交易合法合规

➢ 符合国家产业政策和有关环境保护、土地管理、反垄断等法律和行政法规的规定;

➢ 不会导致上市公司不符合股票上市条件;

➢ 重大资产重组所涉及的资产定价公允,不存在损害上市公司和股东合法权益的情形;

➢ 重大资产重组所涉及的资产权属清晰,资产过户或者转移不存在法律障碍,相关债权债务处理合法;

➢ 有利于上市公司增强持续经营能力,不存在可能导致上市公司重组后主要资产为现金或者无具体经营业务的情形;

➢ 有利于上市公司在业务、资产、财务、人员、机构等方面与实际控制人及其关联人保持独立,符合中国证监会关于上市公司独立性的相关规定;

➢ 有利于上市公司形成或者保持健全有效的法人治理结构。

2. 交易资产占比达标

除了交易合法合规之外,变动的资产占比(资产总额、营业收入、净资产额等)也要求达标。

➢ 购买、出售的资产总额占上市公司最近 1 个会计年度经审计的合并财务会计报告期末资产总额的比例达到 50% 以上;

➢ 购买、出售的资产在最近 1 个会计年度所产生的营业收入占上市公司同期经审计的合并财务会计报告营业收入的比例达到 50% 以上;

➢ 购买、出售的资产净额占上市公司最近 1 个会计年度经审计的合并财务会计报告期末净资产额的比例达到 50% 以上,且超过 5000 万元人民币。

购买、出售资产未达到前款规定标准,但中国证监会发现存在可能损害上市公司或者投资者合法权益的重大问题的,可以根据审慎监管原则,责令上市公司按照本办法的规定补充披露相关信息、暂停交易、聘请独立财务顾问或者其他证券服务机构补充核查并披露专业意见。

如果自控制权发生变更之日起，上市公司向收购人及其关联人购买的资产总额，占上市公司控制权发生变更的前一个会计年度经审计的合并财务会计报告期末资产总额的比例达到100%以上的，除符合《重大资产重组管理办法》相关规定的要求外，主板（含中小企业板）上市公司购买的资产对应的经营实体应当是股份有限公司或者有限责任公司，且符合《首次公开发行股票并上市管理办法》（证监会令第32号）规定的其他发行条件；上市公司购买的资产属于金融、创业投资等特定行业的，由中国证监会另行规定。创业板上市公司不得实施前款规定的交易行为。因此，如果通过重大资产重组最终导致企业借壳上市，还需符合IPO的相关规定。

（二）重大资产重组的程序

根据《上市公司重大资产重组申报工作指引》，重大资产重组申报工作流程如下。

1. 决策程序

上市公司进行重大资产重组，应当由董事会依法作出决议，并提交股东大会批准。股东大会就重大资产重组事项作出决议，必须经出席会议的股东所持表决权的2/3以上通过。股东大会就重大资产重组作出的决议，至少应当包括下列事项：

- 本次重大资产重组的方式、交易标的和交易对方；
- 交易价格或者价格区间；
- 定价方式或者定价依据；
- 相关资产自定价基准日至交割日期间损益的归属；
- 相关资产办理权属转移的合同义务和违约责任；
- 决议的有效期；
- 对董事会办理本次重大资产重组事宜的具体授权；
- 其他需要明确的事项。

2. 申报程序

上市公司在股东大会作出重大资产重组决议并公告后3个工作日内，按照《公开发行证券的公司信息披露内容与格式准则第26号——上市公司重大资产重组》的要求编制申请文件,并委托独立财务顾问向中国证券监督管理委员会(以下简称“证监会”)申报,同时抄报派出机构。

(1)申请文件目录

➢ 重大资产重组申请文件目录及交易各方和中介机构联系表;

➢ 并购重组方案概况表;

➢ 关于书面文件与电子文件一致的承诺函;

➢ 关于本次重大资产重组申报文件不适用内容的说明。

(2)上市公司重大资产重组报告书及相关文件

➢ 重大资产重组报告书;

➢ 重大资产重组的董事会决议和股东大会决议;

➢ 上市公司独立董事意见;

➢ 公告的其他相关信息披露文件。

(3)独立财务顾问和律师事务所出具的文件

➢ 独立财务顾问报告;

➢ 法律意见书;

➢ 关于本次交易产业政策和交易类型的独立财务顾问核查意见。

(4)本次重大资产重组涉及的财务信息相关文件

➢ 本次重大资产重组涉及的拟购买资产最近 2 年及 1 期的财务报告和审计报告(确实无法提供的,应当说明原因及相关资产的财务状况和经营成果);

➢ 本次重大资产重组涉及的拟购买资产的评估报告及评估说明,或者估值报告;

➢ 本次重大资产重组涉及的拟出售资产最近 2 年及 1 期的财务报告和审计报告(确实无法提供的,应当说明原因及相关资产的财务状况和经营成果);

➢ 本次重大资产重组涉及的拟出售资产的评估报告及评估说明,或者估值报告;

➢ 根据本次重大资产重组完成后的架构编制的上市公司最近 1 年及 1 期的备考财务报告及其审阅报告;

➢ 盈利预测报告和审核报告(如有);

➢ 上市公司董事会、注册会计师关于上市公司最近 1 年及 1 期的非标准保留意见审计报告的补充意见(如有);

➢ 交易对方最近 1 年的财务报告和审计报告(如有)。

(5)关于借壳上市的申请文件要求

➢ 内部控制鉴证报告;

➢ 最近 3 年及 1 期的财务报告和审计报告;

➢ 最近 3 年原始报表及其与申报财务报表的差异比较表及会计师事务所出具的意见;

➢ 最近 3 年及 1 期非经常性损益明细表及会计师事务所出具的专项说明;

➢ 最近 3 年及 1 期的纳税证明文件;

➢ 根据本次重大资产重组完成后的架构编制的上市公司最近 1 年及 1 期的备考财务报告及其审计报告。

(6)本次重大资产重组涉及的有关协议、合同、决议及承诺函

➢ 重大资产重组的协议或合同;

➢ 涉及本次重大资产重组的其他重要协议或合同;

➢ 交易对方与上市公司就相关资产实际盈利数不足利润预测数的情况签订的补偿协议(如有);

➢ 交易对方内部权力机关批准本次交易事项的相关决议;

➢ 涉及本次重大资产重组的承诺函。

(7)本次重大资产重组的其他文件

➢ 有关部门对重大资产重组的审批、核准或备案文件;

➢ 债权人同意函(如有);

➢ 关于同意职工安置方案的职工代表大会决议或相关文件(涉及职工安置问题的);

➢ 交易对方的营业执照复印件;

➢ 拟购买资产的权属证明文件;

➢ 与拟购买资产生产经营有关的资质证明或批准文件;

➢ 上市公司全体董事和独立财务顾问、律师事务所、会计师事务所、资产评估机构、估值机构等证券服务机构及其签字人员对重大资产重组申请文件真实性、准确性和完整性的承诺书;

➢ 独立财务顾问、律师事务所、会计师事务所、资产评估机构、估值机构等证券服务机构对上市公司重大资产重组报告书援引其出具的结论性意见的同

意书；

➢ 独立财务顾问、律师事务所、会计师事务所、资产评估机构、估值机构等证券服务机构及其签字人员的资格证书或有法律效力的复印件；

➢ 上市公司与交易对方就重大资产重组事宜采取的保密措施及保密制度的说明，并提供与所聘请的证券服务机构签署的保密协议及交易进程备忘录；

➢ 上市公司、交易对方和相关证券服务机构及其他知悉本次重大资产重组内幕信息的单位和自然人在董事会就本次重组申请股票停止交易前或第一次作出决议前（孰早）6 个月至重大资产重组报告书披露之前 1 日止，买卖该上市公司股票及其他相关证券情况的自查报告，并提供证券登记结算机构就前述单位及自然人二级市场交易情况出具的证明文件；

➢ 上市公司及其控股股东、实际控制人、董事、监事和高级管理人员，构成收购人的交易对方、本次重组证券服务机构及其主办人名单，包括名称（姓名）、组织机构代码（公民身份证号码）或其他身份信息；

➢ 本次重大资产重组前 12 个月内上市公司购买、出售资产的说明及专业机构意见（如有）；

➢ 资产评估结果备案或核准文件（如有）；

➢ 中国证监会要求提供的其他文件。

3. 申报接收和受理程序

证监会办公厅受理处统一负责接收申报材料，对上市公司申报材料进行形式审查。申报材料包括书面材料一式三份（一份原件和两份复印件）及电子版。

证监会上市部接到受理处转来申报材料后 5 个工作日内作出是否受理或发出补正通知。补正通知要求上市公司作出书面解释、说明的，上市公司及独立财务顾问需在收到补正通知书之日起 30 个工作日内提供书面回复意见。逾期不能提供完整合规回复意见的，上市公司应当在到期日的次日就本次重大资产重组的进展情况及未能及时提供回复意见的具体原因等予以公告。

收到上市公司的补正回复后，证监会上市部应在 2 个工作日内作出是否受理的决定，出具书面通知。受理后，涉及发行股份的适用《证券法》关于审核期限的规定。

为保证审核人员独立完成对书面申报材料的审核，证监会上市部自接收材料至反馈意见发出这段时间实行“静默期”制度，不接待申报人的来访。

4. 审核程序

证监会上市部由并购一处和并购二处分别按各自职责对重大资产重组中法律问题和财务问题的审核，形成初审报告并提交部门专题会进行复核，经专题会研究，形成反馈意见。

5. 反馈和反馈回复程序

在发出反馈意见后，证监会上市部可以就反馈意见中的有关问题与申报人和中介机构进行当面问询沟通。问询沟通由并购一处和并购二处 2 名以上审核员同时参加。反馈意见要求上市公司作出解释、说明的，上市公司应当自收到反馈意见之日起 30 个工作日内提供书面回复，独立财务顾问应当配合上市公司提供书面回复意见。逾期不能提供完整合规回复的，上市公司应当在到期日的次日就本次重大资产重组的进展情况及未能及时提供回复的具体原因等予以公告。

6. 无须提交重组委项目的审结程序

上市公司和独立财务顾问及其他中介机构提交完整合规的反馈回复后，不需要提交并购重组委审议的，予以审结核准或不予核准。上市公司未提交完整合规的反馈回复的，或在反馈期间发生其他需要进一步解释或说明事项的，证监会上市部可以再次发出反馈意见。

7. 提交重组委审议程序

需提交并购重组委审议的，证监会上市部将安排并购重组委工作会议审议。并购重组委审核的具体程序按照《上市公司重大资产重组管理办法》和《中国证券监督管理委员会上市公司重组审核委员会工作规程》的规定进行。

8. 重组委通过方案的审结程序

并购重组委工作会后，上市公司重大资产重组方案经并购重组委表决通过的，证监会上市部将以部门函的形式向上市公司出具并购重组委反馈意见。公司应将完整合规的落实重组委意见的回复上报证监会上市部。落实重组委意见完整合规的，予以审结，并向上市公司出具相关批准文件。

9. 重组委否决方案的审结程序

并购重组委否决的，予以审结，并向上市公司出具不予批准文件，同时证监会上市部将以部门函的形式向上市公司出具并购重组委反馈意见。上市公司拟重新上报的，应当召开董事会或股东大会进行表决。

10. 封卷程序

上市公司和独立财务顾问及其他中介机构应按照证监会上市部的要求完成对申报材料原件的封卷存档工作。

（三）信息披露及停牌事宜

由于重大资产重组新规出台，宏观层面的审批有所放宽，但证监会对企业信息披露的要求却相应的提高。《上市公司重大资产重组管理办法》总则部分第4条明确规定，“上市公司实施重大资产重组，有关各方必须及时、公平地披露或者提高信息，保证所披露或者提供信息的真实、准确、完整，不得有虚假记载、误导性陈述或者重大遗漏”。同时，第54条、55条对于虚假陈述、误导性陈述或重大遗漏等情形规定了明确的行政处罚，涉及刑事犯罪的将依法追究刑事责任。①

此外，深交所和上交所也各自出台了关于信息披露工作的具体要求。②

1. 信息披露

上市公司应当在董事会作出重大资产重组决议后的次一工作日至少披露下列文件：

- 董事会决议及独立董事的意见；
- 上市公司重大资产重组预案。

（1）重组预案

其中，重大资产重组预案至少包括如下内容：

①重大事项提示、重大风险提示。

②本次交易的背景和目的。

---

① 《上市公司重大资产重组管理办法》第54条规定：“上市公司或者其他信息披露义务人未按照本办法规定报送重大资产重组有关报告，或者报送的报告有虚假记载、误导性陈述或者重大遗漏的，由中国证监会责令改正，依照《证券法》第一百九十三条予以处罚；情节严重的，可以责令暂停或者终止重组活动，并可以对有关责任人员采取市场禁入的措施；涉嫌犯罪的，依法移送司法机关追究刑事责任。”

第55条规定：“上市公司或者其他信息披露义务人未按照规定披露重大资产重组信息，或者所披露的信息存在虚假记载、误导性陈述或者重大遗漏的，由中国证监会责令改正，依照《证券法》第一百九十三条规定予以处罚；情节严重的，可以责令暂停或者终止重组活动，并可以对有关责任人员采取市场禁入的措施；涉嫌犯罪的，依法移送司法机关追究刑事责任。

重大资产重组或者发行股份购买资产的交易对方未及时向上市公司或者其他信息披露义务人提供信息，或者提供的信息有虚假记载、误导性陈述或者重大遗漏的，按照前款规定执行。”

② 深交所与上交所的规定：分别是《深圳证券交易所公司管理部关于做好上市公司重大资产重组信息披露工作的通知》《上市公司重大资产重组信息披露及停复牌业务指引》。

③本次交易的具体方案。方案介绍中应当披露本次交易是否构成《重组办法》第13条规定的交易情形(以下简称借壳上市)及其判断依据。

④上市公司基本情况,包括公司设立情况及曾用名称,最近3年的控制权变动情况(如上市公司最近3年控制权未变动,则应披露上市以来最近一次控制权变动情况),主营业务发展情况和主要财务指标(包括总资产、净资产、营业收入、利润总额、净利润、经营活动产生的现金流量净额、资产负债率、毛利率、每股收益等,下同),以及控股股东、实际控制人概况。

⑤交易对方基本情况。交易对方为法人的,应当披露其名称、注册地、法定代表人,与其控股股东、实际控制人之间的产权控制关系结构图,最近3年主要业务发展状况和最近2年主要财务指标,按产业类别划分的下属企业名目等;交易对方为自然人的,应当按照本准则第15条第2项的相关要求披露;交易对方为其他主体的,应当披露其名称、性质及相关协议安排,如为合伙企业,还应当比照第15条第1项相关要求,披露合伙企业及其相关的产权及控制关系、主要合伙人及其他关联人、下属企业名目等情况。

⑥交易标的基本情况包括:历史沿革、报告期(本准则所述报告期指最近两年及一期,如属于借壳上市的情形,报告期指最近3年及一期)主要财务指标、主营业务、评估或估值的情况及拟定价等;相关证券服务机构未完成审计、评估或估值、盈利预测审核(若涉及)的,上市公司全体董事应当声明保证相关数据的真实性和合理性,并作出"相关资产经审计的财务数据、评估或估值结果以及经审核的盈利预测数据(若涉及)将在重大资产重组报告书中予以披露"的特别提示;交易标的为企业股权的,应当披露该企业是否存在出资瑕疵或影响其合法存续的情况;上市公司在交易完成后将成为持股型公司的,应当披露作为主要交易标的的企业股权是否为控股权;交易标的为有限责任公司股权的,应当披露是否已取得该公司其他股东的同意或者符合公司章程规定的转让前置条件;交易标的涉及土地使用权、矿业权等资源类权利的,应当披露是否已取得相应的权属证书、是否已具备相应的开发或开采条件以及土地出让金、矿业权价款等费用的缴纳情况;交易标的涉及立项、环保、行业准入、用地、规划、施工建设等有关报批事项的,应当披露是否已取得相应的许可证书或相关主管部门的批复文件。

⑦非现金支付方式情况(如涉及)。上市公司发行股份购买资产的,应当披

露发行股份的定价及依据、本次发行股份购买资产的董事会决议明确的发行价格调整方案等相关信息。上市公司通过发行优先股、向特定对象发行可转换为股票的公司债券、定向权证等非现金支付方式购买资产的，应当比照前述要求披露相关信息；交易方案涉及吸收合并的，应当披露换股价格及确定方法、本次吸收合并的董事会决议明确的换股价格调整方案、异议股东权利保护安排、债权人权利保护安排等相关信息；交易方案涉及募集配套资金的，应当披露募集配套资金的预计金额及占交易总金额的比例、股份发行情况、用途及必要性等相关信息。

⑧本次交易对上市公司的影响，包括但不限于主营业务、盈利能力、关联交易、同业竞争和股权结构的预计变化情况。

⑨本次交易行为涉及有关报批事项的，应当详细说明已向有关主管部门报批的进展情况和尚需呈报批准的程序，并对可能无法获得批准的风险作出特别提示。

⑩本次交易存在其他重大不确定性因素的，应当对相关风险作出充分说明和特别提示。

⑪保护投资者合法权益的相关安排。

⑫本次交易涉及的相关主体买卖上市公司股票的自查情况。

⑬相关证券服务机构的意见。

(2)重组报告书

重大资产重组报告书、独立财务顾问报告、法律意见书以及重组涉及的审计报告、资产评估报告或者估值报告至迟应当与召开股东大会的通知同时公告。上市公司自愿披露盈利预测报告的，该报告应当经具有相关证券业务资格的会计师事务所审核，与重大资产重组报告书同时公告。

其中，重组报告书的要求如下：

①封面、目录、释义。

②重大事项提示。

包括但不限于：

A. 本次重组方案简要介绍；

B. 按《重组办法》规定计算的相关指标、本次重组是否构成关联交易(如构成关联交易，应披露构成关联交易的原因、涉及董事和股东的回避表决安排)、是否构成借壳上市及判断依据；

C. 本次重组支付方式、募集配套资金安排简要介绍(若涉及);

D. 交易标的评估或估值情况简要介绍;

E. 本次重组对上市公司影响的简要介绍,列表披露本次重组对上市公司股权结构的影响及对上市公司主要财务指标的影响;

F. 本次重组已履行的和尚未履行的决策程序及报批程序,本次重组方案实施前尚需取得的有关批准,并明确取得批准前不得实施本次重组方案;

G. 列表披露本次重组相关方作出的重要承诺;

H. 本次重组对中小投资者权益保护的安排,包括但不限于股东大会表决情况、网络投票安排、并购重组摊薄当期每股收益的填补回报安排等;

I. 其他需要提醒投资者重点关注的事项。

③重大风险提示

上市公司应当在重组报告书扉页中针对本次重组的实际情况,遵循重要性和相关性原则,在第十三节"风险因素"基础上,选择若干可能直接或间接对本次重组及重组后上市公司生产经营状况、财务状况和持续盈利能力等产生严重不利影响的风险因素,进行"重大风险提示"。

④本次交易概况。

A. 交易背景及目的;

B. 本次交易决策过程和批准情况;

C. 本次交易具体方案;

D. 本次重组对上市公司的影响。

⑤交易各方。

⑥交易标的。

⑦本次交易主要合同。

上市公司应当披露本次交易合同的主要内容,包括但不限于:

A. 资产出售或购买协议:合同主体、签订时间;交易价格及定价依据;支付方式(一次或分次支付的安排或特别条款、股份发行条款等);资产交付或过户的时间安排;交易标的自定价基准日至交割日期间损益的归属;与资产相关的人员安排;合同的生效条件和生效时间;合同附带的任何形式的保留条款、补充协议和前置条件;违约责任条款。

B. 业绩补偿协议(如有)。

C. 募集配套资金股份认购协议(如有)。

D. 其他重要协议。

⑧交易的合规性分析。

⑨管理层讨论与分析。

⑩财务会计信息。

A. 交易标的为完整经营性资产的,报告期的简要财务报表。

B. 依据交易完成后的资产、业务架构编制的上市公司最近 1 年及 1 期的简要备考财务报表。

C. 上市公司或相关资产盈利预测的主要数据(如有,包括主营业务收入、利润总额、净利润等)。

⑪同业竞争和关联交易。

交易标的在报告期是否存在关联交易、关联交易的具体内容、必要性及定价公允性。本次交易完成后,上市公司与实际控制人及其关联企业之间是否存在同业竞争或关联交易、同业竞争或关联交易的具体内容和拟采取的具体解决或规范措施。

⑫风险因素。

⑬其他重要事项。

A. 本次交易完成后,上市公司是否存在资金、资产被实际控制人或其他关联人占用的情形;上市公司是否存在为实际控制人或其他关联人提供担保的情形。

B. 上市公司负债结构是否合理,是否存在因本次交易大量增加负债(包括或有负债)的情况。

C. 上市公司在最近 12 个月内曾发生资产交易的,应当说明与本次交易的关系。

D. 本次交易对上市公司治理机制的影响。

E. 本次交易后上市公司的现金分红政策及相应的安排、董事会对上述情况的说明。

F. 本次交易涉及的相关主体买卖上市公司股票的自查情况。

G. 其他能够影响股东及其他投资者做出合理判断的、有关本次交易的所有信息。

H. 独立财务顾问和律师事务所对本次交易出具的结论性意见。

I. 本次交易所聘请的独立财务顾问、律师事务所、会计师事务所、资产评估机构(如有)、估值机构(如有)等专业机构名称、法定代表人、住所、联系电话、传真,以及有关经办人员的姓名。

J. 中国证监会要求披露的其他信息。

K. 上市公司应当在重组报告书的显著位置载明:"本公司及全体董事、监事、高级管理人员保证本报告书内容的真实、准确、完整,对报告书的虚假记载、误导性陈述或重大遗漏负连带责任"。

⑭借壳上市。

⑮非现金支付方式。

⑯换股吸收合并。

A. 换股吸收合并涉及上市公司的,重组报告书还应当在第六节规定的"交易标的"部分后,加入第七节"换股吸收合并方案",其以下各部分依次顺延。"换股吸收合并方案"部分应当比照第54条相关要求进行披露,此外还应当包括以下内容:

B. 换股各方名称;

C. 换股价格及确定方法;

D. 本次换股吸收合并的董事会决议明确的换股价格调整方案;

E. 本次换股吸收合并对异议股东权利保护的相关安排,如为提供现金选择权,应当披露其安排,包括定价及定价原则、被提供现金选择权的股东范围(异议股东或全体股东)、现金选择权提供方、与换股价格的差异及差异原因;

F. 本次换股吸收合并涉及的债权债务处置及债权人权利保护的相关安排;

G. 本次换股吸收合并涉及的相关资产过户或交付的安排;

H. 本次换股吸收合并涉及的员工安置。

⑰募集配套资金。

⑱重组报告书摘要。

编制重组报告书摘要的目的是为向公众提供有关本次重组的简要情况,摘要内容必须忠实于重组报告书全文,不得出现与全文相矛盾之处。

上市公司应当在重组报告书摘要的显著位置载明:

"本重大资产重组报告书摘要的目的仅为向公众提供有关本次重组的简要情况,并不包括重大资产重组报告书全文的各部分内容。重大资产重组报告书全文同时刊载于×××网站;备查文件的查阅方式为:×××。”

“本公司及董事会全体成员保证重大资产重组报告书及其摘要内容的真实、准确、完整,对报告书及其摘要的虚假记载、误导性陈述或重大遗漏负连带责任”。

2. 停牌事宜

根据《重大资产重组管理办法》的规定,①上市公司重大资产重组涉及某些情形都应向相应的证券交易所申请停牌。其中,上交所规定如下:

➢ 上市公司与交易对方初步达成实质性意向但无法确定是否构成重大资产重组;

➢ 虽未达成实质性意向但预计筹划信息难以保密的,应当在非交易时间向本所申请股票及其衍生品种停牌;

➢ 上市公司获悉股东、实际控制人筹划涉及本公司的重大资产重组事项时,应当按照上述要求及时向本所申请停牌。

对此,深交所规定如下:

➢ 上市公司与中介机构已制作好重大重组事项相关公告和文件,准备报送并披露。

➢ 上市公司正筹划重大重组事项,在相关董事会决议公告前,相关信息已在媒体上传播或者公司证券交易出现异常波动的,上市公司应当立即将有关计划、方案或者相关事项的现状以及相关进展情况和风险因素等予以公告,并及时向本部主动申请办理公司证券停牌。

➢ 上市公司预计筹划中的重大重组事项难以保密的,应及时向本部主动申请办理公司证券停牌。

---

① 参见《上市公司重大资产重组管理办法》第30条第1款规定:“上市公司在收到中国证监会关于召开并购重组委工作会议审核其申请的通知后,应当立即予以公告,并申请办理并购重组委工作会议期间直至其表决结果披露前的停牌事宜。”

第40条规定:“上市公司的股东、实际控制人以及参与重大资产重组筹划、论证、决策等环节的其他相关机构和人员,应当及时、准确地向上市公司通报有关信息,并配合上市公司及时、准确、完整地进行披露。上市公司获悉股价敏感信息的,应当及时向证券交易所申请停牌并披露。”

第42条第2款规定:“上市公司预计筹划中的重大资产重组事项难以保密或者已经泄露的,应当及时向证券交易所申请停牌,直至真实、准确、完整地披露相关信息。停牌期间,上市公司应当至少每周发布一次事件进展情况公告。”

停牌申请示范表格如表3－34所示：

表3－34 停牌申请示范表

公司简称		证券代码	
重组涉及金额(万元)		重组是否属于《重组办法》规范的范畴	
重组是否涉及上市公司发行股份		重组是否需上重组委审核	
申请人名称		申请人联系电话	
停牌申请提交时间	年 月 日 时 分		
申请内容			
被申请人			
申请事项	本公司申请对下列证券停牌： 证券1简称： ,证券1代码： ； 证券2简称： ,证券2代码： ； 证券3简称： ,证券3代码： ； 开始停牌时间： ； 预计复牌时间： 。		
重组方案简介			
停牌原因	1. 准备报送重组材料； 2. 媒体已有传言； 3. 证券交易出现异常波动； 4. 预计筹划中的重组事项难以保密； 5. 其他：________		
承诺	1. 本公司保证申请停牌的重组事项是真实的，且具备可行性和可操作性，无重大法律政策障碍。本公司经慎重决定，申请公司证券停牌。本公司不存在故意虚构重组信息及其他损害投资者权益的情形。 2. 自停牌之日起5个交易日内，本公司如果不能针对筹划中的重组事项向你部提交符合披露要求的实质性进展公告或重组事项相关公告的，你部可对本公司证券强制复牌。同时，本公司将按要求发布提示公告。 3. 本公司承诺于 年 月 日前披露符合《公开发行证券的公司信息披露内容与格式准则26号上市公司重大资产重组申请文件》要求的重组预案，逾期未牌事项，并在公司董事会公告重大资产重组预案后对公司股票予以复牌能披露重大资产重组预案的，公司证券应当自动复牌，并自复牌之日起三个月内不再筹划重大资产重组事项。		
预计重组进展安排	重组各阶段时间安排、停复牌安排		
其他			
上市公司董事长签字		上市公司董事会签章	

三、重大资产重组法律风险及相关案例

资本市场并购重组在我国经济结构调整和产业升级中发挥着日益重要的作用。上市公司可以通过并购重组实现行业整合,改善基本面,提高持续经营能力。但是,资产重组也并非任意企业都能顺利完成的,风险仍可能潜伏其中。因为重组交易本身异常复杂,一个重组预案的形成需经历内部决策包括董事会决议及股东大会决议等、意向性接触、框架协议签订、交易价格确定、重组申报、相关主管部门审批等多个环节,任何一个环节出了问题,都会导致重组失败。

(一)不予核准的风险及其相关案例

不予核准的风险,主要涉及证监会的监管。虽然新政放宽了对重大资产重组进行行政许可、审批的范围,但并不意味着核准自身的放宽。2015 年,证监会并购重组委否决了利德曼、万好万家、群兴玩具三家上市公司的重组申请,不符合重组新规中的条款是重组遭否的一大原因。

1. "万好万家"案——因不符新规未过审核

浙江万好万家实业股份有限公司,成立于 1992 年 9 月,其前身系无锡庆丰股份有限公司(以下简称"庆丰股份")。2003 年 1 月 27 日,经中国证监会证监发行字[2003]6 号文核准,庆丰股份以向沪市、深市二级市场投资者定价配售方式成功发行了 6000 万股人民币普通股(A 股)。2003 年 2 月 20 日,经上海证券交易所上证上字[2003]7 号《上市通知书》批准,庆丰股份公开发行的 6000 万股社会公众股在上海证券交易所挂牌交易,证券代码 600576。2006 年 12 月 15 日,经中国证监会批准,庆丰股份与万好万家集团有限公司进行了资产置换。上述资产置换于 2006 年 12 月 25 日完成,公司主营业务由棉纺织生产加工转变为房地产开发、连锁酒店经营投资,控股股东变更为万好万家集团有限公司。2007 年 6 月 1 日起,公司股票简称变更为"万好万家",证券代码不变。2007 年 7 月 6 日,公司名称正式变更为浙江万好万家实业股份有限公司,公司注册资本为 218,093,090 元。

截至 2013 年 12 月 31 日,公司股票市值约 20 亿元,万好万家集团有限公司为公司控股股东,持有 44.98% 的股份。公司下设杭州万好万家股权投资有限公司、上海万好万家投资管理有限公司、浙江万好万家矿业投资有限公司、浙江

万家房地产开发有限公司、浙江众联在线资产管理有限公司五家子公司，涉足股权投资、投资管理与咨询、矿业投资、房地产投资、互联网金融服务业务五大产业群。

万好万家于2014年8月23日发布并购重组公告，拟发行股份及支付现金购买兆讯传媒、翔通动漫、青雨影视三家公司全部股权并募集配套资金，若重组成功，万好万家的实际控制人将变成浙江省国资委。

证监会上市公司并购重组审核委员会（以下简称“并购重组委”）于2015年2月5日举行2015年第12次并购重组委会议，依法对公司提交的发行股份购买资产并募集配套资金方案（以下简称“方案”）进行了审核。并购重组委在审核中关注到，公司存在以下情形：本次重组的三家标的公司属于不同的业务领域，且上市公司控制权发生变化，未来存在较大整合风险，未来盈利能力存在较大不确定性，不符合《上市公司重大资产重组管理办法》第11条“有利于上市公司增强持续经营能力”、“有利于上市公司形成或者保持健全有效的法人治理结构”的规定。因此，并购重组委作出了不予核准的决定。

事后，公司发表公告称：根据相关法律法规的规定及公司2014年第一次临时股东大会的授权，鉴于公司有重组意愿及现实需要，实施重组有利于公司长远可持续发展，符合公司和全体股东的利益，公司董事会决定继续推进本次重大资产重组事项。公司将根据中国证监会并购重组审核委员会的审核意见，结合相关规定，进一步补充、修改、完善本次重大资产重组的方案及相关申请材料，并尽快重新提交中国证监会审核。

2.“金刚玻璃”案——审核通过因相关方面违法被暂停

广东金刚玻璃科技股份有限公司（以下简称金刚玻璃，股票代码：300093）始创于1994年，并于2010年在深圳证券交易所创业板成功上市。公司主要从事各类高科技特种玻璃的研制、开发、生产。主导产品分为安防玻璃和光伏电池及建筑组件两大类。公司被认定为国家高新技术企业、中国优秀民营科技企业、全国企事业知识产权试点单位、广东省百家知识产权优势民营企业、广东省清洁生产企业、广东省制造业信息化工程示范企业、广东省首批创新型试点企业、广东省企业技术中心、广东省玻璃深加工技术研究开发中心等。

2014年7月，金刚玻璃对外发布了《广东金刚玻璃科技股份有限公司发行股份及支付现金购买资产并募集配套资金暨关联交易预案》的公告。

2014 年 10 月,金刚玻璃通过了《关于广东金刚玻璃科技股份有限公司符合向特定对象非公开发行股份及支付现金购买资产并募集配套资金条件的议案》,决定以发行股份及支付现金相结合的方式购买汉恩互联 100% 股权(预估值为 5.1 亿元),并进行配套融资。汉恩互联是一家数字营销体验整体解决方案提供商,具有"全息多媒体互动数字展示 + 移动运营"线下线上两大核心业务板块。因此,这一笔交易被视为金刚玻璃转型之举,连续涨停的股价表现直观地体现出市场各方的看好。①

2014 年 11 月,经中国证监会上市公司并购重组审核委员会审核,金刚玻璃发行股份及支付现金购买资产并募集配套资金的事项获得有条件通过。

2015 年 3 月 8 日,金刚玻璃发布公告称:3 月 6 日,公司接中国证监会通知,因参与本次重组的有关方面涉嫌违法被稽查立案,公司并购重组申请被暂停审核。金刚玻璃称,目前未收到对上市公司的立案调查通知书。

一般情况下,上市公司重组方案获得审议通过之后,在短期内会收到证监会下发的核准文件,那么重组就可以进入实质性的操作阶段。正因如此,在面对上述公告之时,市场各方普遍认为金刚玻璃的重组已经是板上钉钉。但是,这一次,金刚玻璃的遭遇如春雷一般。

虽然公告上称被暂停审核的原因是有关方面涉嫌违法被稽查立案,但究竟是违反何法,为何违法目前都不知情。

(二)商业因素致使重组"流产"

企业拟进行资产重组如果通过了监管,就类似于获得了准生证。但是,获得准生证之后,仍可能流产,导致重组"流产"的原因可以概括为两个方面:一是重组双方对重组标的资产价值评判意见不一,如江泉实业因重组方对盈利补偿协议提出异议而撤回了重组申报材料,金城股份因为拟收购的百花集团资产权属存在重大不确定性而中止重组。二是收购对象存在未解决的法律纠纷,或是政策不支持等"硬伤",如北斗星通的并购对象华信天线存在知识产权纠纷,成飞集成的并购重组因存在行业垄断嫌疑被迫中止。

① 参见巨潮资讯网的公告及和讯网报道,http://stock.hexun.com/2015-03-09/173849893.html,2015 年 3 月 29 日访问。

（三）企业应对

无论是上述核准未通过或通过后又生出变故等情形，还是那些获取了行政许可却因商业因素迫使计划流产的情形，应对措施最关键的还是不要怀有侥幸心理。

虽然宏观层面的审批逐步放松，但上市公司若违背新规，就无法走过并购重组委这一关。与万好万家等三家上市公司相比，金刚玻璃甚至在通过证监会审核后因涉嫌违法被紧急暂停审核，这说明证监会虽然有条件地放开了重大资产重组的审批，但对重大资产重组的事中事后监管依然严厉。

因此，企业应借助财务顾问、券商、律师、会计师等中介机构的专业辅导意见，合法合规地进行申报直至后续实施完成。否则，一旦审核不予批准，抑或批准之后又被否决，将导致因资产重组进行的准备工作、所有努力将付诸东流，不但原本怀有的通过重组获得企业机构调整转型、盘活存量资产等良好预期“破产”，而且企业的股票价格将跟随受挫。

第四章

融资新发展

第一节

资产管理计划融资

2013年,随着以往分业经营壁垒逐渐被打破,银行、券商、保险、基金、信托、资产管理公司等各类资产机构涌向同一片红海,大资产管理时代正式来临。新的行业竞争格局压缩了原有制度红利,也为各类机构的混业经营提供了崭新的发展机遇。在利率市场化、人民币国际化的大背景下,整个资产管理行业的产业链不断延伸,跨界竞争与合作更为常态化。只有那些模式灵活、善于把握市场机遇的金融机构才有可能成为最后的赢家。①

确实,在居民理财需求旺盛、行业监管逐步开放、行业融合度逐渐上升的背景下,我们已进入一个大资管甚至泛资管的时代。根据同花顺(107.610,5.01,4.88%)iFinD数据统计发现,截至2014年9月底,由券商、基金子公司发行的资管计划担任前十大流通股股东的上市公司已达284家,占上市公司总数的11.15%,合计

---

① 参见巴曙松、陈华良、王超等:《中国资产管理行业发展报告》,中国人民大学出版社2013年版。

持股数达40.98亿股。在券商资管中,中山证券的多只资管计划成为公司前十大流通股股东的家数最多,多达18家,广发、长江、宏源三家券商亦分别达到17家、10家和9家;在基金及子公司方面,长安基金入列上市公司流通股股东名录的家数最多,达29家;财通基金与国联安基金紧随其后,分别为25家和19家。[①] 如图4－1所示:

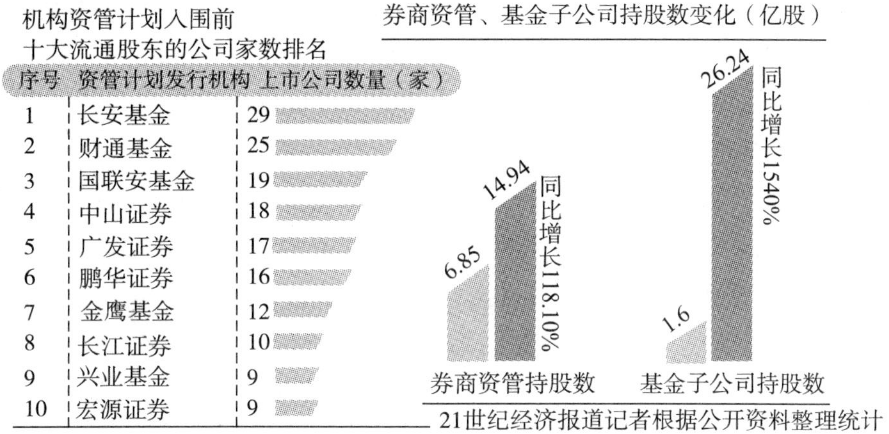

图4－1 2014年我国资管产业情况图

大资管时代下的资产管理计划,能促进债券市场健康发展,提升直接融资比例,盘活存量资产,支持经济转型,构建并活跃多层次资本市场。原因主要在于资管计划与其他金融产品相比更为灵活,还可进行结构化设计,在风控相同的情况下,客户可以拿到更高的收益。此外,当下各金融机构推出的资产管理计划类似于基金、信托,具有独立的法人地位,比较典型的体现即单独的资管计划可成为上市公司的股东。而在此之前,银行理财产品等某些金融产品在投资企业债权等标的时,都需要借助于间接投资具有独立法人地位的信托、券商资管产品等才能够实现,也就是常说的“通道业务”。

那么,何为资产管理计划,资管计划涉及哪些金融机构,产品有哪些类型,特点是什么,资管计划的发行、认购、资金投向的操作流程如何,企业又是如何通过资管计划进行融资,通过资管计划进行融资潜存的法律风险有哪些,具体

① 参见新浪财经,http://finance.sina.com.cn/money/fund/20141105/005920730678.shtml,2015年6月16日访问。

有哪些措施。本节主要内容将围绕上述问题展开。

一、资产管理计划融资概述

有人称资产管理市场的雏形诞生于基金业，银行理财与信托业的快速膨胀使整个行业在较短的时间内取得了长足的发展。自 2012 年以来，监管部门密集出台了一系列政策，放松了对各类资产管理机构在业务准入上的限制，资产管理各子行业的牌照垄断逐步瓦解。大资管时代具有明显的跨领域、跨行业竞争合作的特征，这既表现为资产管理行业内的金融机构多样化，也表现为券商、保险、证券基金获得了进军资产管理产业链的发展良机。[①]

对于企业而言，则可通过资管计划获得融资。无论是集合资产管理计划还是定向资产管理计划（专项资产管理计划已在"资产证券化"一节予以介绍），其实质都是将募集来的资金进行再投资。投资的对象可以是债权性质，也可以是权益性质。因此，企业可以通过引入资管计划进行融资。不过，由于资管计划具有逐利性，同时又具有高风险性，因此资管计划的投向基本上都是有投资价值的领域、有经济实力的企业。换言之，能够通过资管计划进行融资的企业都是大型企业，中小微企业相对较难。

（一）何为资产管理计划融资

资产管理是指对动产、不动产、股权、债权、其他财产权和资产组合进行委托管理、运用和处分，以达到保存、创造财富等目的的综合金融服务。

资产管理计划又被称为资产管理产品，是对募集而来的投资者的资金进行管理，从而达到投资升值目的的金融产品。

资产管理的主要参与主体包括投资人（一般不超过 200 人，公募情形除外）、资产管理机构（各金融机构）、资金托管机构（有受托进行管理资质的银行）、服务机构（销售机构、销售支付结算机构、投资顾问基金及评价机构、律师事务所及会计师事务所），当然还包括资金最后投向的主体（房地产公司、专项资管计划等）。

---

① 参见巴曙松、陈华良、王超等：《中国资产管理行业发展报告》，中国人民大学出版社 2013 年版，第 5 页。

（二）主要的相关法律规范

由于资产管理行业各种业务形态在不断丰富、创新产品层出不穷，整个市场都处在一个不断变动的大环境之下，而各金融结构也竞相活跃，都想从中分得一杯羹。同时，相关监管部门涉及证监会、银监会、保监会等，相关的法律法规不多，但部门规范性文件非常之多，包括但不限于：

银监会《关于中国（上海）自有贸易试验区银行业监管有关问题的通知》、银监会《关于加强信托公司结构化信托业务监管有关问题的通知》、银监会《关于信托公司信政合作业务风险提示的通知》、银监会《关于支持信托公司创新发展有关问题的通知》、《银行与信托公司业务合作指引》、《证券公司金融衍生品备案指引（试行）》、《深圳证券交易所资产管理计划份额转让业务指引》、《证券公司私募产品备案管理指引》、《证券公司客户资产管理业务规范》、《证券公司集合资产管理业务实施细则》、《证券公司定向资产管理业务实施细则》、《基金管理公司特定客户资产管理业务试点办法》、《证券投资基金法》、《资产管理机构开展公募证券投资基金管理业务暂行规定》、《证券公司私募产品备案管理办法》、《证券公司创新业务专业评价工作指引》、证监会机构部《关于证券公司定向资产管理业务和集合资产管理业务投资范围有关问题的答复意见》、上海证券交易所《关于集合资产管理业务有关事项的通知》、《客户交易结算资金管理办法》。

主要相关法律规范见表4－1：

表4－1　资产管理相关法律规范表

序号	生效日期	文件名称	颁布机关
证　券			
1	2012年10月18日	《证券公司定向资产管理业务实施细则》	证监会
2	2012年10月19日	《证券公司客户资产管理业务规范》	中国证券业协会
3	2012年10月31日	《关于证券公司集合资产管理业务有关事项的通知》	上海证券交易所

续表

序号	生效日期	文件名称	颁布机关
证券			
4	2013年3月15日	《证券公司私募产品备案管理办法》	中国证券业协会
5	2013年6月1日	《资产管理机构开展公募证券投资基金管理业务暂行规定》	证监会
6	2013年6月26日	《证券公司客户资产管理业务管理办法》	证监会
7	2013年6月26日	《证券公司集合资产管理业务实施细则》	证监会
8	2013年7月19日	《关于规范证券公司与银行合作开展定向资产管理业务有关事项的通知》	中国证券业协会
9	2013年8月9日	《证券公司私募产品备案管理指引》	中证资本市场发展监测中心有限责任公司
10	2013年8月13日	《证券公司创新业务专业(产品)评价工作指引》	中国证券业协会
11	2013年8月20日	《证券公司金融衍生品备案指引(试行)》	中证资本市场发展监测中心有限责任公司
12	2013年8月20日	《证券公司金融衍生品备案指引(试行)》	中证资本市场发展监测中心有限责任公司
13	2013年8月20日	证监会机构部《关于证券公司定向资产管理业务和集合资产管理业务投资范围有关问题的答复意见》	证监会机构监管部
14	2013年8月21日	《证券公司参与股指期货、国债期货交易指引》	证监会
15	2014年4月4日	《上海证券交易所资产管理计划份额转让业务指引》	上海证券交易所
16	2014年8月11日	《深圳证券交易所资产管理计划份额转让业务指引》	深圳证券交易所

续表

序号	生效日期	文件名称	颁布机关
证　券			
17	2015 年 4 月 24 日	《证券投资基金法》	全国人民代表大会常务委员会
保　险			
18	2006 年 3 月 14 日	《保险资金间接投资基础设施项目试点管理办法》	保监会
19	2006 年 10 月 31 日	《中国保险监督管理委员会关于加强保险资金风险管理的意见》	保监会
20	2010 年 9 月 5 日	《保险资金投资不动产暂行办法》	保监会
21	2012 年 7 月 16 日	《关于保险资金投资股权和不动产有关问题的通知》	保监会
22	2012 年 7 月 16 日	《保险资金投资债券暂行办法》	保监会
23	2012 年 7 月 16 日	《保险资金委托投资管理暂行办法》	保监会
24	2012 年 10 月 12 日	《关于保险资金投资有关金融产品的通知》	保监会
25	2012 年 10 月 12 日	《保险资金参与金融衍生产品交易暂行办法》	保监会
26	2012 年 10 月 12 日	《保监会关于保险资产管理公司有关事项的通知》	保监会
27	2013 年 1 月 24 日	《关于加强和改进保险机构资产管理能力建设有关事项的通知》	保监会
28	2013 年 2 月 4 日	《关于保险资产管理公司开展资产管理产品业务试点有关问题的通知》	保监会
29	2013 年 6 月 18 日	《保险机构投资设立基金管理公司试点办法》	保监会

续表

序号	生效日期	文件名称	颁布机关
保　险			
30	2014年1月	《关于保险资金投资创业板上市公司股票等有关问题的通知》	保监会
31	2014年2月	《中国保监会关于加强和改进保险资金运用比例监管的通知》	保监会
32	2014年5月1日	《保险资金运用管理暂行办法》	保监会
33	2014年5月5日	《关于保险资金投资集合资金信托计划有关事项的通知》	保监会
34	2014年8月	《国务院关于加快发展现代保险服务业的若干意见》	保监会
35	2014年10月	《保险公司所属非保险子公司管理暂行办法》	保监会
36	2014年12月	《关于保险资金投资创业投资基金有关事项的通知》	保监会
信　托			
37	2004年12月28日	中国银行业监督管理委员会《关于进一步加强信托投资公司内部控制管理有关问题的通知》	银监会
38	2005年1月1日	《信托投资公司信息披露管理暂行办法》	银监会
39	2006年8月15日	中国银行业监督管理委员会《关于信托投资公司开展集合资金信托业务创新试点有关问题的通知》	银监会
40	2007年1月22日	中国银行业监督管理委员会《关于实施〈信托公司管理办法〉和〈信托公司集合资金信托计划管理办法〉有关问题的通知》	银监会
41	2007年1月23日	中国银行业监督管理委员会《关于信托投资公司证券投资业务风险提示的通知》	银监会

续表

序号	生效日期	文件名称	颁布机关
信　托			
42	2007 年 2 月 14 日	中国银行业监督管理委员会《关于实施〈信托公司管理办法〉和〈信托公司集合资金信托计划管理办法〉有关具体事项的通知》	银监会
43	2007 年 3 年 1 日	《信托公司管理办法》	银监会
44	2007 年 3 月 1 日	《信托公司治理指引》	银监会
45	2007 年 7 月 19 日	中国银监会办公厅《关于调整信托公司受托境外理财业务境外投资范围的通知》	银监会
46	2008 年 2 月 1 日	中国银监会办公厅《关于进一步做好信托公司信息披露工作有关问题的通知》	银监会
47	2008 年 6 月 25 日	《信托公司私人股权投资信托业务操作指引》	银监会
48	2008 年 10 月 28 日	中国银监会办公厅《关于加强信托公司房地产、证券业务监管有关问题的通知》	银监会
49	2008 年 12 月 4 日	《银行与信托公司业务合作指引》	银监会
50	2008 年 12 月 9 日	中国银监会办公厅《关于进一步加强信托公司银信合作理财业务风险管理的通知》	银监会
51	2009 年 1 月 23 日	《信托公司证券投资信托业务操作指引》	银监会
52	2009 年 2 月 4 日	《信托公司集合资金信托计划管理办法》	银监会
53	2009 年 3 月 25 日	中国银监会《关于支持信托公司创新发展有关问题的通知》	银监会
54	2009 年 4 月 14 日	银监会《关于信托公司信政合作业务风险提示的通知》	银监会

续表

序号	生效日期	文件名称	颁布机关
证　券			
55	2010 年 2 月 10 日	中国银监会《关于加强信托公司结构化信托业务监管有关问题的通知》	银监会
56	2010 年 2 月 11 日	中国银监会办公厅《关于加强信托公司房地产信托业务监管有关问题的通知》	银监会
57	2010 年 11 月 12 日	中国银监会办公厅《关于信托公司房地产信托业务风险提示的通知》	银监会
58	2011 年 6 月 27 日	《信托公司参与股指期货交易业务指引》	银监会
基金管理公司			
59	2013 年 6 月 1 日	《证券投资基金法》	全国人大常委会
60	2013 年 6 月 1 日	《非银行金融机构开展证券投资基金托管业务暂行规定》	证监会
61	2013 年 6 月 1 日	《证券投资基金销售管理办法》	证监会
62	2013 年 4 月 2 日	《证券投资基金托管业务管理办法》	证监会
63	2012 年 11 月 1 日	《证券投资基金管理公司管理办法》	证监会
64	2012 年 11 月 1 日	《基金管理公司特定客户资产管理业务试点办法》	证监会
65	2012 年 11 月 1 日	《证券投资基金管理公司子公司管理暂行规定》	证监会
66	2012 年 11 月 1 日	《基金管理公司特定多个客户资产管理合同内容与格式准则》	证券业协会
67	2012 年 11 月 1 日	《基金管理公司单一客户资产管理合同内容与格式准则》	证券业协会
68	2014 年 5 月 4 日	《关于进一步加强基金管理公司及其子公司从事特定客户资产管理业务风险管理的通知》	证监会

（三）资产管理计划融资现状

正如本节开篇提到，我们现正处于一个大资管甚至泛资管的时代，几乎随时能在各大金融机构通知公告栏、门户网站看到各种资管产品，各产品对应的进入退出渠道、期限、年收益率、风险控制等方面各有不同。

1. 资管领域各金融机构的监管差异对比

虽然目前市场呈现的是百花齐放局面，但是监管机构对各金融机构自身的监管及其推出的资管计划的监管各有差异，具体见表 4－2（统计数据时间截至 2012 年年底）：

表 4－2　资管领域各金融机构的监管差异对比

资管领域各金融机构的监管差异对比①					
类别	信托公司	证券公司	基金子公司	银行理财	保险公司
投资范围	趋同	趋同	趋同	—	趋同
投资门槛	50 人	200 人	200 人	—	200 人
业务开展成本	注册资本最低限额为 3 亿元，实行净资本监管	—	2000 万元注册资本，无净资本约束	—	—
产品的开发性	受限制	可灵活设置开放期，券商资管计划允许展期	可灵活设置开放期	期限多在半年以下	—
产品的流动性	缺乏有效的流通平台，没有信托收益权二级市场	可交易所平台转让，拥有一级市场到二级市场完整业务链	可交易所平台转让	—	—
投资风险	隐性承担	不承担	不承担	分类别承担	不承担
投资者保护	投资者通过受益人大户决定信托计划的重大事项	没有投资者保护的方式规定	没有投资者保护的方式规定	—	—

① 参见巴曙松、陈华良、王超等：《中国资产管理行业发展报告》，中国人民大学出版社 2013 年版，第 189 页。

续表

资管领域各金融机构的监管差异对比					
类别	信托公司	证券公司	基金子公司	银行理财	保险公司
公司募兼营	私募	兼营	兼营	兼营	兼营
广告宣传	不可以	不可以	不可以	可以	—

2. 各金融机构资管业务基本情况

各金融机构开展资管业务的情况也不同，包括每年发行的资管计划数、资管涉及的资金规模、金融机构自身的净资产、净利润、杠杆倍数，具体见表4－3（统计数据时间截至2012年年底）：

表4－3　各金融机构资管业务基本情况

各金融机构资管业务基本情况①					
类别	银行	基金	证券	信托	保险
数量（家）	—	77	114	67	120
资管规模（万亿元）	132.6	3.6	1.89	7.47	7.35
净资产（亿元）	86000	130.02	6943	2032	—
杠杆倍数	15.4	276.88	2.72	36.76	—
净利润（亿元）	12400	—	329.3	331	—
ROE	19.8%	—	4.97%	18%	—

3. 各金融机构资管计划具体投资范围

（1）信托资管计划投向

根据信托相关规范性文件的规定，信托公司可以根据市场需要，按照信托目的、信托财产的种类或者对信托财产管理方式的不同设置信托业务品种。品种之一，便是集合资金信托计划，即由信托公司担任受托人，按照委托人意愿，

① 参见巴曙松、陈华良、王超等：《中国资产管理行业发展报告》，中国人民大学出版社2013年版，第197页。

为受益人的利益,将2个以上(含2个)委托人交付的资金进行集中管理、运用或处分的资金信托业务活动。

信托资管计划的投向比较宽泛,可以依照信托文件的约定,采取投资、出售、存放同业、买入返售、租赁、贷款等方式进行。信托公司可以运用债权、股权、物权及其他可行方式运用信托资金。信托公司运用信托资金进行证券投资,应当采用资产组合的方式,事先制定投资比例和投资策略,采取有效措施防范风险。信托资金可以进行组合运用,组合运用应有明确的运用范围和投资比例。信托公司运用信托资金,应当与信托计划文件约定的投资方向和投资策略相一致。信托公司固有业务项下可以开展存放同业、拆放同业、贷款、租赁、投资等业务。投资业务限定为金融类公司股权投资、金融产品投资和自用固定资产投资。信托公司经营外汇信托业务,应当遵守国家外汇管理的有关规定,并接受外汇主管部门的检查、监督。

同时,信托公司不得以卖出回购方式管理运用信托财产。信托公司管理信托计划,有如下禁止性规定:

➢ 不得向他人提供担保;

➢ 向他人提供贷款不得超过其管理的所有信托计划实收余额的30%,但中国银行业监督管理委员会另有规定的除外;

➢ 不得将信托资金直接或间接运用于信托公司的股东及其关联人,但信托资金全部来源于股东或其关联人的除外;

➢ 不得以固有财产与信托财产进行交易;

➢ 不得将不同信托财产进行相互交易;

➢ 不得将同一公司管理的不同信托计划投资于同一项目。

(2)券商资管计划投向

《证券公司客户资产管理业务管理办法》第11条规定,证券公司可以依法从事下列客户资产管理业务:

➢ 为单一客户办理定向资产管理业务;

➢ 为多个客户办理集合资产管理业务;

➢ 为客户办理特定目的的专项资产管理业务。

可知,券商资管计划分为三类,其中特定目的的专项资管就是通常所说的资产证券化,因此,在此仅介绍单一资管计划(或定向资管计划)、集合资管计划的投向:

①定向资管计划投向

定向资管计划投向，由券商与客户签订定向资产管理合同，自由约定投向的范围，只要不违反法律、法规、证监会的相关规定等即可。

根据证监会机构部《关于证券公司定向资产管理业务和集合资产管理业务投资范围有关问题的答复意见》，证券公司定向资产管理业务客户可以按照合同约定，作为资金融出方参与股票质押回购交易。然而，鉴于定向资产管理业务客户投资本公司集合资产管理计划涉嫌混合操作、重复收取管理费用、变相扩大本公司资产管理业务规模，不利于资产隔离和防范利益冲突，证券公司定向资产管理业务客户不宜投资本公司的集合资产管理计划。

证券公司办理定向资产管理业务，由客户自行行使其所持有证券的权利，履行相应的义务。证券公司将定向资产管理业务的客户资产投资于上市公司的股票，发生客户应当履行公告、报告、要约收购等法律、行政法规和中国证监会规定义务的情形时，证券公司应当立即通知有关客户，并督促其履行相应义务；客户拒不履行的，证券公司应当向证券交易所报告。

②集合资管计划投向

《证券公司集合资产管理业务实施细则》第 14 条规定，集合计划募集的资金可以投资中国境内依法发行的股票、债券、股指期货、商品期货等证券期货交易所交易的投资品种；央行票据、短期融资券、中期票据、利率远期、利率互换等银行间市场交易的投资品种；证券投资基金、证券公司专项资产管理计划、商业银行理财计划、集合资金信托计划等金融监管部门批准或备案发行的金融产品；以及中国证监会认可的其他投资品种。

集合计划可以参与融资融券交易，也可以将其持有的证券作为融券标的证券出借给证券金融公司。证券公司可以依法设立集合计划在境内募集资金，投资中国证监会认可的境外金融产品。集合计划可申购新股，可以不设申购上限，但是申报的金额不得超过集合计划的现金总额，申报的数量不得超过拟发行股票公司本次发行股票的总量。

此外，根据证监会机构部《关于证券公司定向资产管理业务和集合资产管理业务投资范围有关问题的答复意见》，证券公司集合资产管理计划可以作为资金融出方参与股票质押回购交易，可以投资集合资金信托计划受益权，但要加强合规管理和风险控制工作，稳妥开展投资管理活动。禁止集合资产管理计划投资单一资金信托受益权。

(3)基金管理公司资管计划投向

《基金管理公司特定客户资产管理业务试点办法》规定,其投资范围包括:

①现金、银行存款、股票、债券、证券投资基金、央行票据、非金融企业债务融资工具、资产支持证券、商品期货及其他金融衍生品;

②未通过证券交易所转让的股权、债权及其他财产权利。

其中,基金管理公司子公司唯一受到的限制是:“不得直接或者间接持有基金管理公司、受同一基金管理公司控股的其他子公司的股权,或者以其他方式向基金管理公司、受同一基金管理公司控股的其他子公司投资”,以防止这种类型的强关联关系导致的利益输送。

(4)保险资管计划投向

与成熟市场相比,目前我国的保险密度和保险深度还处于较低的水平,保险资产规模增长潜力巨大。2012 年,中国寿险和非寿险保费收入占 GDP 的比重分别为 1.7% 和 1.26% 。长期来看,中国经济仍将持续增长,特别是随着国民经济结构的调整优化,居民收入占 GDP 比重的提高,中产阶级发展壮大,中小企业经营状况进一步改善,中国保险市场进一步增长的潜力十分巨大,保险资产管理第三方业务具有巨大的发展空间。

自 2012 年 7 月以来,保监会发布了一系列保险业监管新规,其中包括 13 项投资新政,并赋予保险资产管理公司第三方资产管理人的权利,明文规定其可以受托管理保险业以外的资金。2013 年 2 月,保险资产管理公司发行私募产品开闸,公募基金行业也向保险资产管理公司敞开了大门。①

根据中国保监会《关于保险资产管理公司开展资产管理产品业务试点有关问题的通知》的规定,保险资管产品投资范围限于银行存款、股票、债券、证券投资基金、央行票据、非金融企业债务融资工具、信贷资产支持证券、基础设施投资计划、不动产投资计划、项目资产支持计划及中国保监会认可的其他资产。产品投资范围包括基础设施投资计划、不动产投资计划、项目资产支持计划等投资品种的,保险资产管理公司应当在产品合同和产品募集说明书中说明相应的投资比例、估值原则、估值方法和流动性支持措施等内容。

① 参见和讯网,http://stock.hexun.com/2014-03-12/162975148.html,2015 年 6 月 18 日访问。

二、资产管理计划融资具体业务介绍

资产管理计划的发行机构涉及基金管理公司、证券公司、商业银行、信托公司、保险机构、期货公司、私募股权投资机构等。其中,信托公司与基金管理公司相对更为活跃,信托公司尤为突出,甚至其他金融机构募集的资金直接认购信托公司推出的资管计划。究其原因,主要在于资产管理计划对应的法律关系要么是信托,要么是委托。此外,信托公司具有混业经营、产融结合、投资工具齐备的全牌照优势。因此,信托公司在资产管理的理念意识、产品创新、市场化程度及人员输出等领域实际上起着引领其他资产管理机构的作用。不过,随着分业经营、监管放开的大趋势,其他金融机构也纷纷崭露头角,呈现“百花齐放”的资管市场局面。①

(一)信托资管计划

根据相关数据显示,2014 年年末,信托行业管理的信托资产规模为 13.98 万亿元(平均每家信托公司 2055.88 亿元),较 2013 年年末的 10.91 万亿元,同比增长 28.14%;较 2014 年三季度末的 12.95 万亿元,环比增长 7.95%。但是,资产规模的增幅明显回落,相较于 2013 年年末 46.05% 的同比增长率,2014 年同比回落了 17.91 个百分点。此外,资金信托规模为 13.04 万亿元,占比为 93.28%;管理财产信托规模为 0.94 万亿元,占比为 6.72%。这反映我国目前的主要信托财产类型仍然为资金,非资金类的信托财产尚较少。②

与之相对应,我国目前的信托法律监管体系也是以《信托法》为基本法,以资金信托为中心构建的;我国信托公司较为常见的业务模式也当属发行集合资金信托计划。

1. 具体案例

由于集合资金信托计划数量相对较多,因此具体案例将选定集合资金计划。

国内第一只证券投资信托产品是 2004 年 2 月深圳国际信托投资公司推出的一只名叫“赤子之心”的证券投资集合资金信托计划。《信托公司证券投资信

① 参见余红征:《中国资产管理法律事务》,厦门大学出版社 2014 年版,第 15 ~ 17 页。

② 参见中国信托业协会,http://www.xtxh.net/xtxh/analyze/23010.htm,2015 年 6 月 20 日访问。

托业务操作指引》中规定，证券投资信托业务，是指信托公司将集合信托计划或者单独管理的信托产品项下资金，投资于依法公开发行、并在符合法律规定的交易场所公开交易的证券的经营行为。

该计划的结构如图 4 – 2 所示：

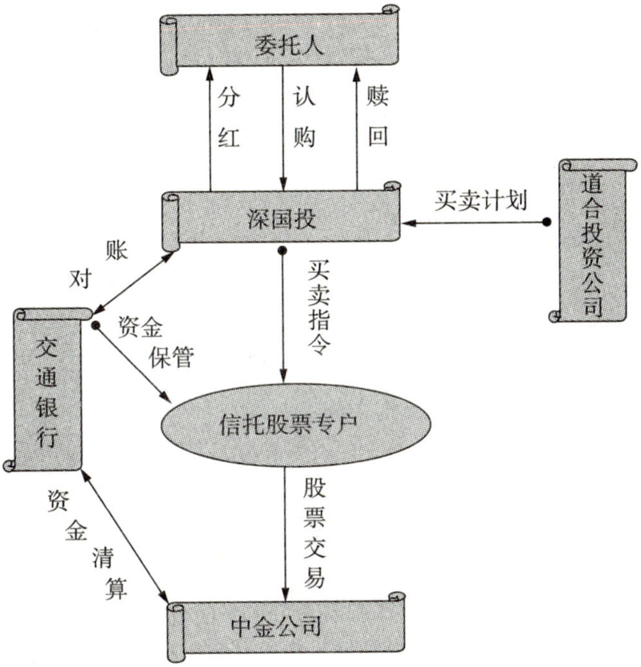

图 4 – 2 “赤子之心”证券投资集合资金信托计划结构图

华融・苏州高新结构化融资集合资金信托计划。①

该信托计划于 2011 年 9 月 26 日成立。融资企业为苏州新区高新技术产业股份有限公司，用于苏州高新物流项目建设、偿还母公司借款等。该计划为结构化融资集合资金信托计划，分期募集 10 亿元，以 5 亿元信托资金（以实际募集为准）用于向苏州高新发放信托贷款，以 5 亿元信托资金（以实际募集为准）用于受让苏州高新持有的新港建设公司 30% 股权的收益权和新创建设公司 25% 股权的收益权。期限为 2 年，满 1 年可提前终止，宽限期半年。受益人利益分配方式为按季付息，到期还本，利随本清。

---

① 参见中国信托业协会，http://www.xtxh.net/xtxh/cases/19327.htm，2015 年 6 月 20 日访问。

2011年10月1日,该信托计划完成第一次开放募集,当期募集资金2亿元,华融信托于当日将信托资金用于向苏州高新发放信托贷款。2012年2月14日,该信托计划完成第二次开放募集,当期募集资金5亿元,华融信托于当日将信托资金用于受让苏州高新持有的新港建设公司30%股权的收益权和新创建设公司25%股权的收益权。至此,华融信托完成了本信托计划全部10亿元资金的募集与投放,到期日为2013年9月26日。

该信托计划的结构如图4－3所示:

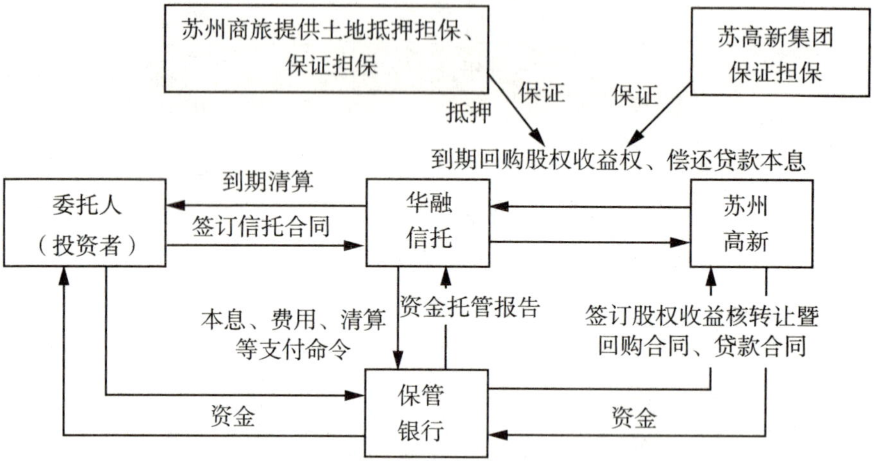

图4－3　华融·苏州高新结构化融资集合资金信托计划结构图

2. 信托计划操作流程

在实际操作中,都是先有明确的资金投向,再设立资管计划,而非相反。因此,信托公司在设立信托资管计划之前会做好充分的前期调查工作,并检讨自身条件,再行设计计划,并完成后续推广,募集到资金后进行管理。根据《信托公司集合资金信托计划管理办法》等规定,结合上述案例,信托计划具体操作流程如下:

（1）前期工作

信托公司设立信托计划,事前应进行尽职调查,就可行性分析、合法性、风险评估、有无关联方交易等事项出具尽职调查报告。

（2）设立条件

信托公司设立信托计划,应当符合以下要求:

➢ 委托人为合格投资者(投资一个信托计划的最低金额不少于 100 万元人民币的自然人、法人或者依法成立的其他组织;个人或家庭金融资产总计在其认购时超过 100 万元人民币,且能提供相关财产证明的自然人;个人收入在最近 3 年内每年收入超过 20 万元人民币或者夫妻双方合计收入在最近 3 年内每年收入超过 30 万元人民币,且能提供相关收入证明的自然人);

➢ 参与信托计划的委托人为唯一受益人;

➢ 单个信托计划的自然人人数不得超过 50 人,但单笔委托金额在 300 万元以上的自然人投资者和合格的机构投资者数量不受限制;

➢ 信托期限不少于 1 年;

➢ 信托资金有明确的投资方向和投资策略,且符合国家产业政策以及其他有关规定;

➢ 信托受益权划分为等额份额的信托单位;

➢ 信托合同应约定受托人报酬,除合理报酬外,信托公司不得以任何名义直接或间接以信托财产为自己或他人牟利;

➢ 中国银行业监督管理委员会规定的其他要求。

(3)计划推介

信托公司推介信托计划,应有规范和详尽的信息披露材料,明示信托计划的风险收益特征,充分揭示参与信托计划的风险及风险承担原则,如实披露专业团队的履历、专业培训及从业经历,不得使用任何可能影响投资者进行独立风险判断的误导性陈述。信托公司异地推介信托计划的,应当在推介前向注册地、推介地的中国银行业监督管理委员会省级派出机构报告。

信托公司推介信托计划时,不得有以下行为:

➢ 以任何方式承诺信托资金不受损失,或者以任何方式承诺信托资金的最低收益;

➢ 进行公开营销宣传;

➢ 委托非金融机构进行推介;

➢ 推介材料含有与信托文件不符的内容,或者存在虚假记载、误导性陈述或重大遗漏等情况;

➢ 对公司过去的经营业绩作夸大介绍,或者恶意贬低同行;

➢ 中国银行业监督管理委员会禁止的其他行为。

(4)资金托管

信托计划的资金实行保管制。对非现金类的信托财产,信托当事人可约定实行第三方保管,但中国银行业监督管理委员会另有规定的,从其规定。信托计划存续期间,信托公司应当选择经营稳健的商业银行担任保管人。信托财产的保管账户和信托财产专户应当为同一账户。信托公司依信托计划文件约定需要运用信托资金时,应当向保管人书面提供信托合同复印件及资金用途说明。

(5)信息披露

信托公司应当依照法律法规的规定和信托计划文件的约定按时披露信息,并保证所披露信息的真实性、准确性和完整性。受益人有权向信托公司查询与其信托财产相关的信息,信托公司应在不损害其他受益人合法权益的前提下,准确、及时、完整地提供相关信息,不得拒绝、推诿。信托计划设立后,信托公司应当依信托计划的不同,按季制作信托资金管理报告、信托资金运用及收益情况表。

信托计划发生下列情形之一的,信托公司应当在获知有关情况后 3 个工作日内向受益人披露,并自披露之日起 7 个工作日内向受益人书面提出信托公司采取的应对措施:信托财产可能遭受重大损失;信托资金使用方的财务状况严重恶化;信托计划的担保方不能继续提供有效的担保。

(6)相关文件设计

信托计划文件应当包含以下内容:

➢ 认购风险申明书;

➢ 信托计划说明书;

➢ 信托合同;

➢ 中国银行业监督管理委员会规定的其他内容。

认购风险申明书至少应当包含以下内容:

➢ 信托计划不承诺保本和最低收益,具有一定的投资风险,适合风险识别、评估、承受能力较强的合格投资者。

➢ 委托人应当以自己合法所有的资金认购信托单位,不得非法汇集他人资金参与信托计划。

➢ 信托公司依据信托计划文件管理信托财产所产生的风险,由信托财产承担。信托公司因违背信托计划文件、处理信托事务不当而造成信托财产损失的,由信托公司以固有财产赔偿;不足赔偿时,由投资者自担。

➢ 委托人在认购风险申明书上签字,即表明已认真阅读并理解所有的信托计划文件,并愿意依法承担相应的信托投资风险。

➢ 认购风险申明书一式二份,注明委托人认购信托单位的数量,分别由信托公司和受益人持有。

信托计划说明书至少应当包括以下内容:

➢ 信托公司的基本情况;

➢ 信托计划的名称及主要内容;

➢ 信托合同的内容摘要;

➢ 信托计划的推介日期、期限和信托单位价格;

➢ 信托计划的推介机构名称;

➢ 信托经理人员名单、履历;

➢ 律师事务所出具的法律意见书;

➢ 风险警示内容;

➢ 中国银行业监督管理委员会规定的其他内容。

信托合同应当载明以下事项:

➢ 信托目的;

➢ 受托人、保管人的姓名(或者名称)、住所;

➢ 信托资金的币种和金额;

➢ 信托计划的规模与期限;

➢ 信托资金管理、运用和处分的具体方法或安排;

➢ 信托利益的计算、向受益人交付信托利益的时间和方法;

➢ 信托财产税费的承担、其他费用的核算及支付方法;

➢ 受托人报酬计算方法、支付期间及方法;

➢ 信托终止时信托财产的归属及分配方式;

➢ 信托当事人的权利、义务;

➢ 受益人大会召集、议事及表决的程序和规则;

➢ 新受托人的选任方式;

➢ 风险揭示;

➢ 信托当事人的违约责任及纠纷解决方式；

➢ 信托当事人约定的其他事项。

资金保管协议至少应包括以下内容：

➢ 受托人、保管人的名称、住所；

➢ 受托人、保管人的权利义务；

➢ 信托计划财产保管的场所、内容、方法、标准；

➢ 保管报告内容与格式；

➢ 保管费用；

➢ 保管人对信托公司的业务监督与核查；

➢ 当事人约定的其他内容。

信托资金管理报告至少应包含以下内容：

➢ 信托财产专户的开立情况；

➢ 信托资金管理、运用、处分和收益情况；

➢ 信托经理变更情况；

➢ 信托资金运用重大变动说明；

➢ 涉及诉讼或者损害信托计划财产、受益人利益的情形；

➢ 信托计划文件约定的其他内容。

(二)证券资管计划

证券公司开展资管业务的初衷在于维持并吸引客户,通过提供代客理财服务,后期逐渐转向直接代为管理投资人资产。《关于规范证券公司受托投资管理业务的通知》首次明确规定,证券公司受托投资管理业务,是指证券公司作为受托投资管理人,依据有关法律、法规和投资委托人的投资意愿,与委托人签订受托投资管理合同,把委托人委托的资产在证券市场上从事股票、债券等金融工具的组合投资,以实现委托资产收益最优化的行为。

1. 具体案例

中信证券慧赢 1 号集合资产管理计划简介[①]

---

① 参见中信证券官网,http://www.cs.ecitic.com/finance/prodDetail.jsp?productCode=909112&type=5,2015 年 6 月 24 日访问。

➢ 投资目标

本集合计划的投资目标为:提供理想的风险调整收益。

➢ 投资范围

①银行存款等货币市场工具;

②剩余期限在397天以内(含397天)的政府债券、公司债券;

③结汇、购汇。

法律法规或中国证监会允许集合计划投资其他品种的,资产管理人在履行合同变更程序后,可以将其纳入本计划的投资范围。

➢ 投资组合比例

以上投资品种投资比例均为0%~100%。

➢ 风险收益特征及适合推广对象

本集合计划属于低风险、中等预期收益的理财品种。

中华人民共和国境内的个人投资者、机构投资者(法律法规禁止的除外),以及法律法规或中国证监会允许参与本集合计划的其他投资者。投资者在参与本集合计划之前,已经是推广机构的客户。

➢ 参与费与退出费

参与费:0%;退出费率:0%。

➢ 管理费

按前一日集合计划资产净值的0%年费率计提。

➢ 托管费

按前一日集合计划资产净值的0.1%年费率计提。

➢ 存续期限

本集合计划不设固定存续期。出现集合资产管理合同约定的终止情形时,终止清算。

➢ 最高规模

本集合计划在推广期的募集规模不超过30亿份,存续期规模上限为30亿份。本集合计划委托人数量为2人以上(含)200人以下(含)。管理人于推广期或每个投资周期参与开放日前,可以对拟募集的集合计划规模进行限制并公告。

➢ 最低参与金额

首次参与的最低金额为人民币100万元;

追加参与的最低金额为人民币 10 万元。

➢ 管理人

中信证券股份有限公司

➢ 托管人

中信银行股份有限公司

➢ 推广机构

中信证券股份有限公司、中信证券(山东)有限责任公司、中信证券(浙江)有限责任公司、中国民生银行股份有限公司

根据管理人对外披露的《中信证券慧赢 1 号集合计划资产管理计划 2014 年报告》显示,截至 2014 年 12 月 31 日,本集合计划单位净值 1.0072 元,累计单位净值 1.0539 元,本期集合计划收益率增长 5.42%。

2. 操作流程

根据《证券公司客户资产管理业务管理办法》《证券公司集合资产管理业务实施细则》等的规定,结合上述案例,证券资管计划的操作流程一般如下:

(1)计划设计

集合资管计划应当符合下列条件:

➢ 募集资金规模在 50 亿元人民币以下;

➢ 单个客户参与金额不低于 100 万元人民币;

➢ 客户人数在 200 人以下;

➢ 推广过程符合法律、行政法规和中国证监会的规定;

➢ 募集金额不低于 3000 万元人民币;

➢ 客户不少于 2 人。

(2)计划备案

根据《证券公司集合资产管理业务实施细则》第 10 条的规定,证券公司发起设立集合资产管理计划后 5 日内,应当将发起设立情况报中国证券业协会备案,同时抄送证券公司住所地、资产管理分公司所在地中国证监会派出机构,并提交下列材料:

➢ 备案报告;

➢ 集合资产管理计划说明书、合同文本、风险揭示书;

➢ 资产托管协议;

➢ 合规总监的合规审查意见（包括：证券公司、资产托管机构及代理推广机构是否具备集合计划所需的相关主体资格；是否取得集合计划所需的内部授权；集合计划说明书、合同、托管协议、推广协议、风险揭示书、发起设立情况等各项安排是否符合法律、行政法规、证监会和本规范的规定；集合计划备案材料是否符合本规范的规定；其他必要事项）；

➢ 已有集合计划运作及资产管理人员配备情况的说明；

➢ 关于后续投资运作合法合规的承诺；

➢ 中国证监会要求提交的其他材料。

（3）签订资管合同

集合资产管理合同应当包括风险揭示条款，详细说明下列风险的含义、特征和可能引起的后果：

➢ 市场风险；

➢ 管理风险；

➢ 流动性风险；

➢ 证券公司因停业、解散、撤销、破产，或者被中国证监会撤销相关业务许可等原因不能履行职责的风险；

➢ 其他风险。

证券公司应当制作风险揭示书，充分揭示上述风险的含义、特征、可能引起的后果。风险揭示书的内容应当具有针对性，表述应当清晰、明确、易懂，符合中国证券业协会制定的标准格式。证券公司、代理推广机构应当将风险揭示书交客户签字确认。客户签署风险揭示书，即表明已经理解并愿意自行承担参与集合计划的风险。

（4）产品推广

证券公司、代理推广机构应当按照集合资产管理合同和推广代理协议的约定推广集合计划，向客户如实披露证券公司的业务资格，全面、准确地介绍集合计划的产品特点、投资方向、风险收益特征，讲解有关业务规则、计划说明书和集合资产管理合同内容以及客户投资集合计划的操作方法，并充分揭示投资风险。

集合计划推广期间，证券公司、代理推广机构应当将计划说明书、集合资产管理合同文本和推广材料置备于营业场所。

计划说明书、集合资产管理合同文本应当与向中国证券业协会备案的文本内容一致。推广材料应当简明、易懂。

不得向合格投资者之外的单位和个人募集资金，不得通过报刊、电台、电视台、互联网等公众传播媒体或者讲座、报告会、分析会等方式向不特定对象宣传推介。禁止通过签订保本保底补充协议等方式，或者采用虚假宣传、夸大预期收益和商业贿赂等不正当手段推广集合计划。

(5)资金托管

证券公司应当将集合计划资产交由取得基金托管业务资格的资产托管机构托管。

资产托管机构应当按照中国证监会的规定和集合资产管理合同的约定，履行安全保管集合计划资产、办理资金收付事项、监督证券公司投资行为等职责。

(6)定期报告

集合计划存续期间，证券公司应当按照集合资产管理合同约定的时间和方式向客户寄送对账单，说明客户持有计划份额的数量及净值，参与、退出明细，以及收益分配等情况。

证券公司、资产托管机构应当在每季度结束之日起 15 日内，按照集合资产管理合同约定的方式向客户提供季度资产管理报告、资产托管报告，并报中国证券业协会备案，同时抄送证券公司住所地、资产管理分公司所在地中国证监会派出机构。

证券公司、资产托管机构应当在每年度结束之日起 3 个月内，按照集合资产管理合同约定的方式向客户提供年度资产管理报告、资产托管报告，并报中国证券业协会备案，同时抄送证券公司住所地、资产管理分公司所在地中国证监会派出机构。

(7)计划展期

集合计划展期应当符合下列条件：

➢ 集合计划运营规范，证券公司、资产托管机构未违反集合资产管理合同、计划说明书的约定；

➢ 集合计划展期没有损害客户利益的情形；

➢ 资产托管机构同意继续托管展期后的集合计划资产；

➢ 中国证监会规定的其他条件。

集合计划展期,证券公司应当按照集合资产管理合同约定通知客户。集合资产管理合同应当对通知客户的时间、方式以及客户答复等事项作出明确约定。

客户选择不参与集合计划展期的,证券公司应当对客户的退出事宜作出公平、合理的安排。

3. 相关文件必备条款

证券业协会都提供了示范性文本,可查询参考。本节仅列出证券公司资产管理合同、集合计划说明书、风险揭示书必备条款,详细见附录部分。

(三)基金管理公司资管计划

根据《基金管理公司特定客户资产管理业务试点办法》等相关规定,基金管理公司开展特定资产管理业务,应当设立专门的业务部门或者设立专门的子公司。相比证券公司、信托公司、保险公司等,基金管理公司由于其几乎全牌照的特点从而具有较大的优势,可以进行公开资金募集,也可以进行非公开资金募集;可以为单一客户办理特定资产管理业务,也可为特定的多个客户办理特定资产管理业务。

自2012年以来,在信托、券商等机构承受政策限制的同时,得益于较低的业务门槛和政策导向,基金子公司如雨后春笋般涌现,规模迅速扩张,逐渐成为金融机构的“新宠”。经历2013年的“野蛮生长期”后,随着监管政策的趋严,2014年以来,该发展劲头有所减弱。但从2012年11月第一家基金子公司获批开始,基金子公司跨越式发展的步伐就从未停止。目前,根据证监会公布的《基金管理公司从事特定客户资产管理业务子公司名录》,共计有71家基金专户子公司获批,合计注册资本为34.31亿元。根据证监会官网公布的《基金管理公司名录(2014年8月)》,共计95家基金管理公司,其中成立基金子公司的比例高达75%。基金子公司已经成为基金公司开展业务的重要渠道,帮助其实现业务的多元化经营、满足资产的多样化配置需求,快速扩大管理规模,提升市场竞争力。①

---

① 参见《2014年基金子公司年度报告》,载http://mp.weixin.qq.com/s?__biz=MzA4NDI0NzcyNw==&mid=202989171&idx=1&sn=439cc54413879af99cfcfa26cd7c50c9&scene=4&uin=MTc0MjY4NTEyMA%3D%3D&key=af154fdc40fed003d9d32091899f73f2283ebdf6275aa2af1fed649a9cd5b7b089f8182f7b182f887bdf3556fdc954a5&devicetype=webwx&version=70000001&lang=zh_CN&pass_ticket=hoxDX5YZURA64EbHqR2aUzVtvEqKbKSJj59grG19UAYJUdNnyzXr7pJxfoWePxiO,2015年6月20日访问。

1. 具体案例

南方基金管理公司于2014年年初推出的一款资管计划，南方医药保健灵活配置混合型基金。如表4－4所示：①

表4－4 南方医药保健灵活配置混合型基金计划内容

基金名称	南方医药保健灵活配置混合型基金	单位面值	1.00元
基金代码	000452	存续时间	不定期
基金类型	混合型	申购赎回开放日	
运作方式	开放式	基金管理人	南方基金管理有限公司
成立时间	2014年1月23日	基金托管人	中国建设银行股份有限公司
业绩比较基准	1年期银行定期存款利率（税后）+1%		
基金风险等级	中（评级来自海通证券）		
投资范围	本基金的投资范围包括国内依法发行上市的股票（包括中小板、创业板及其他经中国证监会核准上市的股票）、债券（包括国内依法发行和上市交易的国债、央行票据、金融债券、企业债券、公司债券、中期票据、短期融资券、超短期融资券、次级债券、政府支持机构债、政府支持债券、地方政府债、资产支持证券、中小企业私募债券、可转换债券及其他经中国证监会允许投资的债券）、债券回购、银行存款（包括协议存款、定期存款及其他银行存款）、货币市场工具、权证、股指期货以及经中国证监会允许基金投资的其他金融工具（但须符合中国证监会相关规定）。如法律法规或监管机构以后允许基金投资其他品种，基金管理人在履行适当程序后，可以将其纳入投资范围。基金的投资组合比例为：本基金股票投资占基金资产的比例范围为0～95%，投资于医药保健行业证券不低于非现金基金资产的80%。债券、债券回购、银行存款、货币市场工具、权证、股指期货以及经中国证监会允许基金投资的其他金融工具不低于基金资产净值的5%。本基金每个交易日日终在扣除股指期货合约需缴纳的交易保证金后，应当保持不低于基金资产净值5%的现金或者到期日在一年以内的政府债券		
基金份额和资产规模			
基金份额	302809200.08份（2015年3月31日）	基金资产规模	388750360.08元（2015年3月31日）
备注			

① 参见南方基金网，http://www.nffund.com/new/fundproduct/，2015年6月24日访问。

2. 操作程序

根据《基金管理公司特定客户资产管理业务试点办法》(以下简称《试点办法》)等规定,结合上述案例,基金管理公司资管计划一般操作流程如下:

(1)前提条件

符合下列条件的基金管理公司经中国证监会批准,可以开展特定资产管理业务:

➢ 经营行为规范且最近1年内没有因违法违规行为受到行政处罚或被监管机构责令整改,没有因违法违规行为正在被监管机构调查;

➢ 已经配备了适当的专业人员从事特定资产管理业务;

➢ 已经就防范利益输送、违规承诺收益或者承担损失、不正当竞争等行为制定了有效的业务规则和措施;

➢ 已经建立公平交易管理制度,明确了公平交易的原则、内容以及实现公平交易的具体措施;

➢ 已经建立有效的投资监控制度和报告制度,能够及时发现异常交易行为;

➢ 中国证监会根据审慎监管原则确定的其他条件。

基金管理公司开展特定资产管理业务,应当设立专门的业务部门或者设立专门的子公司。基金管理公司的子公司开展特定资产管理业务,也应当符合前款规定的条件。

(2)计划编制

资产管理人向特定多个客户销售资产管理计划,应当编制投资说明书。投资说明书应当真实、准确、完整,不得有任何虚假记载、误导性陈述或者重大遗漏。

投资说明书应当包括以下内容:

➢ 资产管理计划概况;

➢ 资产管理合同的主要内容;

➢ 资产管理人与资产托管人概况;

➢ 投资风险揭示;

➢ 初始销售期间;

➢ 中国证监会规定的其他事项。

(3)合同订立

无论是为单一客户还是多个客户服务,都应该签订《资产管理合同》。多个客户办理特定资产管理业务的,资产管理人在签订资产管理合同前,应当保证有充足时间供资产委托人审阅合同内容,并对资产委托人资金能力、金融投资经验和投资目的进行充分了解,制作客户资料表和相关证明材料留存备查,并应指派专人就资产管理计划向资产委托人作出详细说明。

(4)资产托管

资产管理人从事特定资产管理业务,应当将委托财产交托管机构进行托管。

(5)合同备案

为单一客户办理特定资产管理业务的,资产管理人应当在5个工作日内将签订的资产管理合同报中国证监会备案。对资产管理合同任何形式的变更、补充,资产管理人应当在变更或补充发生之日起5个工作日内报中国证监会备案。

为多个客户办理特定资产管理业务的,资产管理人应当在开始销售某一资产管理计划后5个工作日内将资产管理合同、投资说明书、销售计划及中国证监会要求的其他材料报中国证监会备案。

(6)后期报告

资产管理人应当按照资产管理合同的约定,编制并向资产委托人报送委托财产的投资报告,对报告期内委托财产的投资运作等情况做出说明。该报告应当由资产托管人进行复核并出具书面意见。

基金管理公司应当在每季度结束之日起的15个工作日内,编制特定资产管理业务季度报告,并报中国证监会备案。

3. 相关文件范本

资产管理合同的内容与格式在证监会于2012年发布的《基金管理公司特定多个客户资产管理合同内容与格式准则》与《基金管理公司单一客户资产管理合同内容与格式准则》中明确列出。本节仅对多个客户资产管理合同合同的相关内容进行介绍。

(1)合同的前言

载明订立资产管理合同的目的、依据和原则。

说明资产委托人自签订资产管理合同即成为资产管理合同的当事人。在本合同存续期间,资产委托人自全部退出资产管理计划之日起,该资产委托人不再是资产管理计划的投资人和资产管理合同的当事人。本合同草案已经中国证监会备案,但中国证监会接受本合同草案的备案并不表明其对资产管理计划的价值和收益作出实质性判断或保证,也不表明投资于资产管理计划没有风险。

(2)合同释义

对资产管理合同中具有特定含义的词汇作出明确的解释和说明。

(3)声明与承诺

列明资产委托人、资产管理人及资产托管人的声明与承诺,内容包括但不限于:

资产委托人保证委托财产的来源及用途合法,并已充分理解本合同全文,了解相关权利、义务,了解有关法律法规及所投资资产管理计划的风险收益特征,愿意承担相应的投资风险,本委托事项符合其决策程序的要求;承诺其向资产管理人提供的有关投资目的、投资偏好、投资限制和风险承受能力等基本情况真实、完整、准确、合法,不存在任何重大遗漏或误导。前述信息资料如发生任何实质性变更,应当及时书面告知资产管理人。

资产管理人保证已在签订本合同前充分地向资产委托人说明了有关法律法规和相关投资工具的运作市场及方式,同时揭示了相关风险;已经了解资产委托人的风险偏好、风险认知能力和承受能力,对资产委托人的财务状况进行了充分评估。资产管理人承诺按照恪尽职守、诚实信用、谨慎勤勉的原则管理和运用资产管理计划财产,除保本资产管理计划外,不保证资产管理计划一定盈利,也不保证最低收益。

资产托管人承诺按照恪尽职守、诚实信用、谨慎勤勉的原则安全保管资产管理计划财产,并履行本合同约定的其他义务。

(4)资产管理计划的基本情况

合同需列明资产管理计划的基本情况:

➢ 资产管理计划的名称;

➢ 资产管理计划的类别；

➢ 资产管理计划的运作方式；

➢ 资产管理计划的投资目标；

➢ 资产管理计划的存续期限；

➢ 资产管理计划的最低资产要求；

➢ 资产管理计划份额的初始销售面值；

➢ 其他需要列明的内容。

(5) 资产管理计划份额的初始销售

订明资产管理计划份额初始销售的有关事项，包括但不限于：

➢ 资产管理计划份额的初始销售期间、销售方式、销售对象，其中初始销售期间自资产管理计划份额发售之日起不得超过 1 个月；

➢ 资产管理计划份额的认购和持有限额，其中投资者在初始销售期间的认购金额不得低于 100 万元人民币(不含认购费用)；

➢ 资产管理计划份额的认购费用；

➢ 其他事项。

订明资产管理人应当将资产管理计划初始销售期间客户的资金存入专门账户，在资产管理计划初始销售行为结束前，任何机构和个人不得动用。

(6) 资产管理计划的备案

根据《试点办法》说明资产管理计划备案的条件和资产管理计划初始销售期限届满，不能满足《试点办法》第 13 条规定的条件时的处理方式。

初始销售期限届满，符合资产管理计划备案条件的，资产管理人应当自初始销售期限届满之日起 10 日内聘请法定验资机构验资，自收到验资报告之日起 10 日内，向中国证监会提交验资报告及客户资料表，办理相关备案手续。客户资料表应包括委托人名称、委托人身份证明文件号码、通讯地址、联系电话、参与资产管理计划的金额和其他信息。

自中国证监会书面确认之日起，资产管理计划备案手续办理完毕，资产管理合同生效。资产委托人的认购参与款项(不含认购费用)加计其在初始销售期形成的利息将折算为资产管理计划份额归资产委托人所有，其中利息转份额的具体数额以注册登记机构的记录为准。

(7) 资产管理计划的参与和退出

订明在资产管理计划运作期间，资产委托人参与和退出资产管理计划的有关事项，包括但不限于：

➢ 参与和退出场所；

➢ 参与和退出的开放日和时间，除资产管理合同另有约定外，资产管理计划每季度至多开放一次计划份额的参与和退出。开放期原则上不得超过 5 个工作日；

➢ 参与和退出的方式、价格及程序等；

➢ 参与和退出的金额限制；投资者在资产管理计划存续期开放日购买资产管理计划份额的，购买金额应不低于 100 万元人民币（不含参与费用），已持有资产管理计划份额的投资者在资产管理计划存续期开放日追加购买资产管理计划份额的除外；

➢ 当投资者持有的计划资产净值高于 100 万元人民币时，投资者可以选择全部或部分退出资产管理计划；选择部分退出资产管理计划的，投资者在退出后持有的计划资产净值不得低于 100 万元人民币。当资产管理人发现投资者申请部分退出资产管理计划将致使其在部分退出申请确认后持有的计划资产净值低于 100 万元人民币的，资产管理人有权适当减少该投资者的退出金额，以保证部分退出申请确认后投资者持有的计划资产净值不低于 100 万元人民币；

➢ 当投资者持有的计划资产净值低于 100 万元人民币（含 100 万元人民币）时，需要退出计划的，投资者必须选择一次性全部退出资产管理计划；

➢ 参与和退出的费用；

➢ 其他事项。

(8) 当事人及权利义务

列明资产委托人、资产管理人和资产托管人的基本情况，包括但不限于名称、住所、联系人、通讯地址、联系电话等信息。

根据《试点办法》及其他有关规定列明资产委托人的权利，包括但不限于：

➢ 分享资产管理计划财产收益；

➢ 参与分配清算后的剩余资产管理计划财产；

➢ 按照本合同的约定参与和退出资产管理计划；

➢ 监督资产管理人及资产托管人履行投资管理和托管义务的情况；

➢ 按照本合同约定的时间和方式获得资产管理计划的运作信息资料；

➢ 国家有关法律法规、监管机构及本合同规定的其他权利。

说明资产管理计划应当设定为均等份额。除资产管理合同另有约定外，每份计划份额具有同等的合法权益。

根据《试点办法》及其他有关规定列明资产委托人的义务，包括但不限于：

➢ 遵守本合同；

➢ 交纳购买资产管理计划份额的款项及规定的费用；

➢ 在持有的资产管理计划份额范围内，承担资产管理计划亏损或者终止的有限责任；

➢ 及时、全面、准确地向资产管理人告知其投资目的、投资偏好、投资限制和风险承受能力等基本情况；

➢ 向资产管理人或销售机构提供法律法规规定的信息资料及身份证明文件，配合资产管理人履行反洗钱义务；

➢ 不得违反本合同的约定干涉资产管理人的投资行为；

➢ 不得从事任何有损资产管理计划及其投资人、资产管理人管理的其他资产及资产托管人托管的其他资产合法权益的活动；

➢ 按照本合同的约定承担资产管理费、托管费、业绩报酬以及因资产管理计划财产运作产生的其他费用；

➢ 国家有关法律法规、监管机构及本合同规定的其他义务。

根据《试点办法》及其他有关规定列明资产管理人的权利，包括但不限于：

➢ 按照本合同的约定，独立管理和运用资产管理计划财产；

➢ 按照本合同的约定，及时、足额获得资产管理人报酬；

➢ 按照有关规定行使因资产管理计划财产投资所产生的权利；

➢ 根据本合同及其他有关规定，监督资产托管人；对于资产托管人违反本合同或有关法律法规规定的行为，对资产管理计划财产及其他当事人的利益造成重大损失的，应当及时采取措施制止，并报告中国证监会；

➢ 自行销售或者委托有基金销售资格的机构销售资产管理计划，制定和调整有关资产管理计划销售的业务规则，并对销售机构的销售行为进行必要的监督；

➢ 自行担任或者委托经中国证监会认定的可办理开放式证券投资基金份额登记业务的其他机构担任资产管理计划份额的注册登记机构，并对注册登记机构的代理行为进行必要的监督和检查；

➢ 委托其母公司对专项资产管理计划进行投资管理（专项资产管理计划适用）；

➢ 委托其他机构对投资涉及的资产进行尽职调查、资产评估等（专项资产管理计划适用）；

➢ 以受托人的名义，代表专项资产管理计划行使投资过程中产生的权属登记等权利（专项资产管理计划适用）；

➢ 国家有关法律法规、监管机构及本合同规定的其他权利。

根据《试点办法》及其他有关规定列明资产管理人的义务，包括但不限于：

➢ 办理资产管理计划的备案手续；

➢ 自本合同生效之日起，按照诚实信用、勤勉尽责的原则管理和运用资产管理计划财产；

➢ 配备足够的具有专业能力的人员进行投资分析、决策，以专业化的经营方式管理和运作资产管理计划财产；

➢ 建立健全内部风险控制、监察与稽核、财务管理及人事管理等制度，保证所管理的资产管理计划财产与其管理的基金财产、其他委托财产和资产管理人的固有财产相互独立，对所管理的不同财产分别管理，分别记账，进行投资；

➢ 除依据法律法规、本合同及其他有关规定外，不得为资产管理人及任何第三人谋取利益，不得委托第三人运作资产管理计划财产；

➢ 办理或者委托经中国证监会认定的可办理开放式证券投资基金份额登记业务的其他机构代为办理资产管理计划份额的登记事宜；

➢ 按照本合同的约定接受资产委托人和资产托管人的监督；

➢ 以资产管理人的名义，代表资产委托人利益行使诉讼权利或者实施其他法律行为；

➢ 根据《试点办法》和本合同的规定，编制并向资产委托人报送资产管理计划财产的投资报告，对报告期内资产管理计划财产的投资运作等情况做出说明；

➢ 根据《试点办法》和本合同的规定，编制特定资产管理业务季度及年度报告，并向中国证监会备案；

➢ 计算并按照本合同的约定向资产委托人报告资产管理计划份额净值；

➢ 进行资产管理计划会计核算；

➢ 保守商业秘密，不得泄露资产管理计划的投资计划、投资意向等，监管机构另有规定的除外；

➢ 保存资产管理计划资产管理业务活动的全部会计资料，并妥善保存有关的合同、协议、交易记录及其他相关资料；

➢ 公平对待所管理的不同财产，不得从事任何有损资产管理计划财产及其他当事人利益的活动；

➢ 对相关交易主体和资产进行全面的尽职调查，形成书面工作底稿，并制作尽职调查报告(专项资产管理计划适用)；

➢ 国家有关法律法规、监管机构及本合同规定的其他义务。

根据《试点办法》及其他有关规定列明资产托管人的权利，包括但不限于：

➢ 按照本合同的约定，及时、足额获得资产托管费；

➢ 根据本合同及其他有关规定，监督资产管理人对资产管理计划财产的投资运作，对于资产管理人违反本合同或有关法律法规规定的行为，对资产管理计划财产及其他当事人的利益造成重大损失的情形，有权报告中国证监会并采取必要措施；

➢ 按照本合同的约定，依法保管资产管理计划财产；

➢ 国家有关法律法规、监管机构及本合同规定的其他权利。

根据《试点办法》及其他有关规定列明资产托管人的义务，包括但不限于：

➢ 安全保管资产管理计划财产；

➢ 设立专门的资产托管部门，具有符合要求的营业场所，配备足够的、合格的熟悉资产托管业务的专职人员，负责财产托管事宜；

➢ 对所托管的不同财产分别设置账户，确保资产管理计划财产的完整与独立；

➢ 除依据法律法规、本合同及其他有关规定外，不得为资产托管人及任何第三人谋取利益，不得委托第三人托管资产管理计划财产；

➢ 按规定开设和注销资产管理计划的资金账户、证券账户和期货账户等投资所需账户；

➢ 复核资产管理计划份额净值；

➢ 复核资产管理人编制的资产管理计划财产的投资报告,并出具书面意见;

➢ 编制资产管理计划的年度托管报告,并向中国证监会备案;

➢ 按照本合同的约定,根据资产管理人的投资指令,及时办理清算、交割事宜;

➢ 根据法律法规及监管机构的有关规定,保存资产管理计划资产管理业务活动有关的合同、协议、凭证等文件资料;

➢ 公平对待所托管的不同财产,不得从事任何有损资产管理计划财产及其他当事人利益的活动;

➢ 保守商业秘密,除法律法规、本合同及其他有关规定另有要求外,不得向他人泄露;

➢ 根据法律法规及本合同的规定监督资产管理人的投资运作,资产托管人发现资产管理人的投资指令违反法律、行政法规和其他有关规定,或者违反本合同约定的,应当拒绝执行,立即通知资产管理人并及时报告中国证监会;资产托管人发现资产管理人依据交易程序已经生效的投资指令违反法律、行政法规和其他有关规定,或者违反本合同约定的,应当立即通知资产管理人并及时报告中国证监会;

➢ 国家有关法律法规、监管机构及本合同规定的其他义务。

(9)资产管理计划份额的登记

订明资产管理人办理登记业务的各项事宜。说明资产管理人委托经中国证监会认定的可办理开放式证券投资基金份额登记业务的其他机构代为办理资产管理计划份额的登记业务的,应当与有关机构签订委托代理协议,并列明代为办理资产管理计划份额登记机构的权限和职责。

(10)资产管理计划的投资

说明资产管理计划财产投资的有关事项,包括但不限于:

➢ 投资目标;

➢ 投资范围;

➢ 投资策略,说明资产管理人运作资产管理计划财产的决策依据、决策程序、投资管理的方法和标准等;

➢ 投资限制,列明按照《试点办法》及其他有关规定和本合同禁止或限制的投资事项;

➢ 业绩比较基准(如有);

➢ 风险收益特征。

(11)投资经理的指定与变更

订明资产管理计划投资经理由资产管理人负责指定,且本投资经理与资产管理人所管理的证券投资基金的基金经理不得相互兼任。同时,列明本资产管理计划投资经理的姓名、从业简历、学历及兼职情况等。订明资产管理计划投资经理变更的条件和程序。

(12)资产管理计划的财产

列明与资产管理计划财产有关的事项,包括:

◆ 资产管理计划财产的保管与处分

①说明资产管理计划财产应独立于资产管理人、资产托管人的固有财产,并由资产托管人保管。资产管理人、资产托管人不得将资产管理计划财产归入其固有财产。

②说明资产管理人、资产托管人因资产管理计划财产的管理、运用或者其他情形而取得的财产和收益归入资产管理计划财产。

③说明资产管理人、资产托管人可以按照本合同的约定收取管理费、托管费以及本合同约定的其他费用。资产管理人、资产托管人以其固有财产承担法律责任,其债权人不得对资产管理计划财产行使请求冻结、扣押和其他权利。资产管理人、资产托管人因依法解散、被依法撤销或者被依法宣告破产等原因进行清算的,资产管理计划财产不属于其清算财产。

④说明资产管理计划财产产生的债权不得与不属于资产管理计划财产本身的债务相互抵销。非因资产管理计划财产本身承担的债务,资产管理人、资产托管人不得主张其债权人对资产管理计划财产强制执行。上述债权人对资产管理计划财产主张权利时,资产管理人、资产托管人应明确告知资产管理计划财产的独立性。

◆ 资产管理计划财产相关账户的开立和管理

订明当事人在资产管理计划财产相关账户开立和管理中的职责及相应的办理程序。资产托管人按照规定开立资产管理计划财产的资金账户、证券账户和期货账户等投资所需账户,资产管理人应给予必要的配合。证券账户和期货账户的持有人名称应当符合证券、期货登记结算机构的有关规定。

投资指令的发送、确认和执行

具体订明有关资产管理人在运用资产管理计划财产时向资产托管人发送资金划拨及其他款项收付的投资指令的事项：

➢ 交易清算授权；

➢ 投资指令的内容；

➢ 投资指令的发送、确认及执行程序。

◆ 越权交易

具体订明下列事项：

➢ 越权交易的界定；

➢ 越权交易的处理程序；

➢ 资产托管人对资产管理人投资运作的监督。

◆ 资产管理计划财产的估值和会计核算

根据国家有关规定订明资产管理计划财产估值的相关事项，包括但不限于：

➢ 估值目的；

➢ 估值时间；

➢ 按照公认的会计准则订明估值方法；

➢ 估值对象；

➢ 估值程序；

➢ 估值错误的处理；

➢ 暂停估值的情形；

➢ 资产管理计划份额净值的确认；

➢ 特殊情况的处理。

说明资产管理计划的会计政策比照证券投资基金现行政策执行，并订明有关情况：

➢ 会计年度、记账本位币、会计核算制度等事项。

➢ 资产管理计划应独立建账、独立核算；资产管理人应保留完整的会计账目、凭证并进行日常的会计核算，编制会计报表；资产托管人应定期与资产管理人就资产管理计划的会计核算、报表编制等进行核对。

◆ 资产管理计划的费用与税收

订明资产管理计划费用的有关事项：

➢ 列明资产管理计划财产运作过程中，从资产管理计划财产中支付的费用种类、费率、费率的调整、计提标准、计提方式与支付方式等。

➢ 列明不得列入资产管理计划财产费用的项目，订明资产管理人和资产托管人因未履行或未完全履行义务导致的费用支出或资产管理计划财产的损失，以及处理与资产管理计划财产运作无关的事项发生的费用等不得列入资产管理计划的费用。

➢ 列明资产管理计划的管理费率和托管费率。资产管理人可以与资产委托人约定，根据资产管理计划的管理情况提取适当的业绩报酬。

➢ 订明业绩报酬的计提原则和计算方法。

说明本合同各方当事人根据国家有关规定纳税的情况。

资产管理计划的收益分配

说明资产管理计划收益分配政策比照证券投资基金现行政策执行，并订明有关事项：

➢ 可供分配利润的构成；

➢ 收益分配原则，包括订明收益分配的基准、次数、比例、方式、时间等；

➢ 收益分配方案的确定与通知。

(13)报告义务

列明资产管理人向资产委托人报告的种类、内容、时间和途径等有关事项，以及资产委托人向资产管理人查询资产管理计划财产投资运作情况和向资产托管人查询资产管理计划财产托管情况的具体时间和方式。涉及证券投资明细的，原则上每季度至多报告一次。

订明资产管理人每月至少应向资产委托人报告一次经资产托管人复核的计划份额净值。

列明资产管理人、资产托管人向监管机构报告的种类、内容、时间和途径等有关事项。

(14)风险揭示

列明资产管理计划财产投资相关的各项风险，包括但不限于：

➢ 市场风险；

➢ 管理风险；

➢ 流动性风险；

➢ 信用风险；

➢ 特定投资方法及资产管理计划所投资的特定投资对象可能引起的特定风险；

➢ 其他风险。

(15)资产管理合同的变更、终止与财产清算

说明全体资产委托人、资产管理人和资产托管人协商一致后，可对资产管理合同内容进行变更，资产管理合同另有约定的除外。

说明对资产管理合同任何形式的变更、补充，资产管理人应当在变更或补充发生之日起5个工作日内将资产管理合同样本报中国证监会备案。在资产管理计划运作期间开放参与和退出或发生资产委托人违约退出的，资产管理人应当于每季度结束之日起15个工作日内将客户资料表报中国证监会备案。

◆ 订明资产管理合同终止的情形，包括下列事项：

➢ 资产管理合同期限届满而未延期的；

➢ 资产管理合同的委托人少于2人的；

➢ 资产管理人被依法取消特定客户资产管理业务资格的；

➢ 资产管理人依法解散、被依法撤销或被依法宣告破产的；

➢ 资产托管人依法解散、被依法撤销或被依法宣告破产的；

➢ 经全体委托人、资产管理人和资产托管人协商一致决定终止的；

➢ 法律法规和本合同规定的其他情形（例如，约定资产管理计划运作满一年后，当资产管理计划资产净值低于某一标准时，资产管理人可以终止资产管理计划；或约定资产管理计划运作满一年后，当资产管理计划份额净值高于某一标准时，资产管理人可以终止资产管理计划等）。

◆ 订明资产管理计划财产清算的有关事项：

➢ 资产管理计划财产清算小组；

①资产管理计划财产清算小组组成，说明资产管理计划财产清算小组成员由资产管理人和资产托管人组成。清算小组可以聘用必要的工作人员。

②资产管理计划财产清算小组职责，说明资产管理计划财产清算小组负责资产管理计划财产的保管、清理、估价、变现和分配。资产管理计划财产清算小

组可以依法进行必要的民事活动。

➢ 订明资产管理计划财产清算的程序；

➢ 清算费用，说明清算费用的来源和支付方式；

➢ 资产管理计划财产清算剩余资产的分配，说明依据资产管理计划财产清算的分配方案，将资产管理计划财产清算后的全部剩余资产扣除资产管理计划财产清算费用后，按资产管理计划的投资人持有的计划份额比例进行分配；资产管理合同另有约定的除外；

➢ 订明资产管理计划财产清算报告的告知安排；

➢ 资产管理计划财产清算账册及文件的保存，说明资产管理计划财产清算账册及文件由资产管理人保存15年以上。

（16）资产管理计划财产相关账户的注销

订明资产管理计划财产清算完毕后，当事人在资产管理计划财产相关账户注销中的职责及相应的办理程序。资产托管人按照规定注销资产管理计划财产的资金账户、证券账户和期货账户等投资所需账户，资产管理人应给予必要的配合。

（17）违约责任

说明资产管理合同当事人违反本合同，应当承担违约责任；给合同其他当事人造成损失的，应当承担赔偿责任。本合同能够继续履行的应当继续履行。

在资产管理计划存续期间非开放日，资产管理合同当事人可以约定资产委托人不能退出，也可以约定资产委托人在承担一定的退出违约金和其他费用后可以申请退出资产管理计划，退出违约金不得低于退出金额（是指扣除管理费、托管费和业绩报酬等费用后的实际退出金额）的2%，并可根据距离下一次开放日剩余时间的长短逐级提高，退出违约金应当全额归入资产管理计划财产。

（18）争议的处理

说明发生纠纷时，当事人可以通过协商或者调解予以解决。当事人不愿通过协商、调解解决或者协商、调解不成的，可以根据合同的约定或者事后达成的书面仲裁条款向仲裁机构申请仲裁，或向人民法院起诉。

（19）资产管理合同的效力

说明资产管理合同是约定资产管理合同当事人之间权利义务关系的法律文件。资产委托人为法人的，本合同自资产委托人、资产管理人和资产托管人加盖公章以及各方法定代表人或授权代表签字之日起成立；资产委托人为自然人的，本合同自资产委托人本人签字或授权代表签字、资产管理人和资产托管人加盖公章以及双方法定代表人或授权代表签字之日起成立。本合同自资产管理计划备案手续办理完毕，获中国证监会书面确认之日起生效。

说明资产管理合同自生效之日起对资产委托人、资产管理人、资产托管人具有同等的法律约束力。

说明资产管理合同的有效期限。资产管理合同的有效期限可为不定期或合同当事人约定的其他期限。

(20)其他事项

列明资产管理合同其他需要约定的事项。

(四)保险资管计划

2010年7月30日，保监会发布《保险资金运用管理暂行办法》(2014年修订)，其中第26条规定，保险资产管理机构根据中国保监会相关规定，可以将保险资金运用范围的投资品种作为基础资产，开展保险资产管理产品业务。同时，明确指出，保险资产管理产品业务，是指由保险资产管理机构为发行人和管理人，向保险集团(控股)公司、保险公司以及保险资产管理机构等投资人发售产品份额，募集资金，并选聘商业银行等专业机构为托管人，为投资人利益开展的投资管理活动。

为落实上述规定，规范资产公司产品业务运作行为，明确产品业务有关事项，保监会发布《关于保险资产管理公司开展资产管理产品业务试点有关问题的通知》。该通知第1条指出，保险资管产品限于向境内保险集团(控股)公司、保险公司、保险资产管理公司等具有风险识别和承受能力的合格投资人发行，包括向单一投资人发行的定向产品和向多个投资人发行的集合产品。

据2015年1月26日全国保险监管工作会议披露的数据自保险资管业务试点以来，保险资产管理机构累计发行各类资管产品378个，保险资管产品发行累计规模突破1万亿元，而这也是2014年保险业发展实现重大跨越的一个重要体现。①

---

① 参见凤凰网，http://finance.ce.cn/rolling/201501/29/t20150129_4461038.shtml；网易财经，http://money.163.com/15/0408/03/AML9CGQG00253B0H.html，2015年6月20日访问。

1. 具体案例

泰康资产管理有限责任公司(前身为泰康人寿保险股份有限公司资产管理中心),2013年推出“泰康资产—积极配置”投资产品。

◆ 该产品投资范围如下:

权益类资产包括二级市场股票、股票型或偏股型基金、权益类保险资产管理产品、一级市场新股申购、定向增发,因可转债转股或权证行权获得的股票、因持有股票所派发的权证以及因申购可分离债券获得的权证等权益类资产。

固定收益类资产包括各种类型债券,包括金融企业(公司)债、非金融企业(公司)债、政府债券、准政府债券、银行存款(包括定期存款、协议存款、同业存款、结构性存款和通知存款等)、利率互换、固定收益类保险资产管理产品、债券型或偏债型证券投资基金、资产支持证券、基础设施债权投资计划、不动产投资计划、项目资产支持计划等根据保险监管法规允许投资的固定收益类资产。

流动性资产包括现金、货币市场基金、银行活期存款、银行通知存款、货币市场类保险资产管理产品、结算备付金、买入返售证券资产和剩余期限不超过1年的政府债券、准政府债券、逆回购协议及一年期以内的信用品种。

该产品可在适当情况下参与股指期货交易,但根据风险管理的原则,只能以套期保值为目的,并按照中国金融期货交易所套期保值管理的有关规定实施。

如法律法规或监管机构以后允许产品投资其他品种,产品投资管理人在履行适当程序后,可以将其纳入投资范围并按相应类型进行管理,但投资管理人应于新的投资范围实施前进行披露。

◆ 产品投资比例如下:

权益类资产:不低于产品资产的60%;固定收益类及流动性资产:不高于产品资产的40%,其中流动性资产不低于产品净资产的5%,投资于银行信贷资产支持证券不高于产品资产的20%。正回购:不高于产品净资产的100%。

产品募集对象为在中华人民共和国境内合法注册登记的保险集团(控股)公司、保险公司、养老保险公司、保险资产管理公司或经有关政府部门批准设立并符合所在行业监管规定的依法可投资于本产品的企业法人、事业法人、社会团体、企业年金基金等能够识别并承担相应风险的合格投资者(向单一投资人发行的定向产品,投资人初始认购资金不得低于3000万元人民币;向多个投资人发行的集合产品,投资人总数不得超过200人,单一投资人初始认购资金不得低于100万元人民币)。

产品的最低募集金额为1000万元人民币。

产品募集期限自产品发售之日起不超过3个月。

产品存续期间不定期,可在特定条件下终止。

2. 操作流程

根据《关于保险资产管理公司开展资产管理产品业务试点有关问题的通知》的规定,集合上述案例,一般保险资产管理的操作流程如下:

◆ 计划制定

保险资产管理公司需根据前期谈判、商业尽调的工作,根据法律、法规等规范性文件的规定,制定资产管理计划,设计资产管理产品。

◆ 发行审核

保险资产管理公司发行产品,实行初次申报核准,后续产品事后报告。保险资产管理公司初次发行产品,应当在发行前向中国保监会报送下列材料:

➢ 发行申请;

➢ 具备开展产品业务能力的情况说明,并附有中国保监会出具的《投资管理人受托管理保险资金报告表》;

➢ 产品合同;

➢ 集合产品的募集说明书;

➢ 托管协议;

➢ 其他相关文件。

中国保监会对申报材料进行审核,符合条件的,将向保险资产管理公司出具确认函。

保险资产管理公司后续发行集合产品,在完成发行后15个工作日内向中国保监会报送前款第3项至第6项材料,以及验资报告和认购情况报告。

保险资产管理公司后续发行定向产品,应当在合同签订后15个工作日内向中国保监会提交产品说明书和产品合同。

产品推介

保险资产管理公司在产品募集期间,可以自行或委托相应的销售机构推介产品,但不得通过互联网站、电视、广播、报刊等公共媒体公开推介。推介时,应当恪守职业道德和行为规范,全面、公正、准确地介绍产品特征和风险。推介材料必须真实、准确，不得存在虚假记载、误导性陈述或重大遗漏，或向投资人违规承诺收益和承担损失。

◆ 资金托管

产品资产应当实施托管，托管人需具备保险资金托管人资格，履行保管产品资产、监督产品投资行为、复核产品净值、披露托管信息、参与产品资产清算等职责。

◆ 计划实施

前期工作完成之后，进入实际运作阶段，保险资产管理公司将根据协议约定进行投资、交易、核算、报告等工作。

◆ 信息披露

保险资产管理公司、托管人以及产品的其他信息披露义务人应当依据法律法规及产品合同的约定向监管机构和投资人披露信息，并确保所披露信息的真实性、准确性和完整性。

三、资产管理计划融资业务风险及其应对

无论是哪一种资管产品，究其本质均是市场经济体制下投融资行为的体现。对于投资者来说，风险如暗流涌动般，包括一系列市场环境的变化可能导致战略风险、市场风险随之提高，各类金融产品同台竞技导致产品流动性风险暗藏，以及资产管理者若未能勤勉尽责、融资方未能积极履约带来的违约风险等。对于融资方而言，主要的风险可能在于未能融资成功（包括计划未能成立或成立后因故终止等）以及融资后无法顺利兑付（导致违约）两个方面。

（一）资管计划融资成功典型案例

2014年出台员工持股计划的上市公司中，包括三安光电（600703. SH）、苏宁云商（002024. SZ）、美克家居（600337. SH）、联建光电（300269. SZ）、阳光城（000671. SZ）等，均采取设立资产管理计划的方式推行员工持股计划。[①]

以三安光电为例，员工持股计划自然可被其对外宣传为调动员工积极性、促进公司长远发展的重大举措，但其短期内明显的融资效应不容否认，其几亿元的融资目的通过员工持股计划认购集合资管产品顺利达成：

---

① 参见腾讯财经，http://finance.qq.com/a/20141018/007950.htm，2015年6月16日访问。

2014 年 6 月 20 日,中证资本市场发展监测中心有限责任公司发布备案确认函,称兴业证券股份有限公司推出的集合资管产品,备案材料齐全并符合规定,现予以备案。[①]

三安光电于 2014 年 8 月 12 日晚间披露,经公司 8 月 8 日召开的职工代表大会讨论,为充分调动公司员工的积极性,有效地将股东利益、公司利益和经营者个人利益结合在一起,使各方共同关注公司的长远发展,根据相关法律法规的规定,拟定了《三安光电股份有限公司员工持股计划(草案)》(以下简称“草案”)及摘要。

根据草案,该员工持股计划筹集资金总额为 30,808 万元,资金来源为员工合法薪酬、自筹资金等。出资参加本员工持股计划的公司及下属子公司的部分董事、监事、高级管理人员和员工共有 979 人,其中公司董事、监事、高级管理人员 11 人。该员工持股计划设立后委托兴证证券资产管理有限公司管理,并全额认购兴证证券资产管理有限公司设立的鑫众 1 号集合计划中的次级份额。鑫众 1 号集合计划份额上限为 9.3 亿份,按照 2∶1 的比例设立优先份额和次级份额,鑫众 1 号集合计划主要投资范围为购买和持有三安光电股票。公司控股股东福建三安集团有限公司为鑫众 1 号集合计划中优先份额的权益实现提供担保。鑫众 1 号集合计划存续期内,优先份额按照 7.4% 的年基准收益率按实际存续天数优先获得收益。对于次级份额而言,通过份额分级,放大了次级份额的收益或损失。鑫众 1 号集合计划以二级市场购买等法律法规许可的方式取得并持有标的股票。股东大会通过本员工持股计划后 6 个月内,鑫众 1 号集合计划通过二级市场购买的方式完成标的股票的购买。鑫众 1 号集合计划通过二级市场购买等法律法规许可的方式所获标的股票的锁定期为 12 个月,锁定期满后 12 个月内鑫众 1 号集合计划出售的标的股票数量不超过锁定期间标的股票总数的 60%。

该员工持股计划的存续期为 36 个月。当鑫众 1 号集合计划参与投资的金融资产全部变现,即现金类资产占集合计划净值比例为 100% 时,管理人有权提前结束本集合计划,也即提前结束员工持股计划。

截至 2015 年 3 月 31 日,兴证证券资管—工商银行—兴证资管鑫众 1 号集

① 参见 http://www.sac.net.cn/cpbags/201406/t20140624_96250.html,2015 年 6 月 16 日访问。

合资产管理计划是三安光电的第五大股东。

(二)资管计划融资失败典型案例

自2015年以来,各金融机构推出的诸多资管计划频频出现刚性兑付危机甚至根本违约现象。

平安信托—翔园17号,因佳兆业资金链已经断裂出现兑付危机;长城信托—长城财富3号因融资方自身经营原因,出现违约;新华信托—汇源6号房地产信托,因销售进度出现问题而延期。[①] 信达澳银基金子公司信达新兴资产所管理的“信达新兴资产—北京亚奥果岭假日房地产投资专项管理计划”(以下简称亚奥果岭资管计划)到期违约。亚奥果岭资管计划募集规模3.8亿元,2015年4月已经到期,但由于项目方流动性不足,未能及时偿付投资者本息,构成实质性违约。2015年5月15日,信达新兴资产为已经延期兑付一个月之久的亚奥果岭资管计划找到债券收购方,最终化解了违约危机。[②]

(三)资管计划融资风险应对

对于融资者而言,拟通过资管计划的方式进行资金融通,成功者不在少数,但是失败的案例也不少,主要包括资管计划未能正常实施开展导致融资失败,或者融资之后由于经营问题、资金链断裂等情形导致违约,最终出现担保人兜底担责,甚至无法兑付。不论是信托资管、证券资管、基金子公司资管,抑或是保险资管,都可能存在类似风险。同样,针对该类风险的应对措施,融资方都应该从如下三个方面着手:首先,提前做好风险防范措施,尽可能将风险扼杀在摇篮中,同时充分预估可能存在的风险及其紧急应对,最好设计违约红线,一旦触及红线将采取何种措施;其次,规范生产经营活动,避免出现经营性困难,保持资金链的通畅运转;最后,融得资金后避免盲目投资、扩张,针对投资的项目应充分做好前期尽职调查工作。

---

① 参见新华网,http://news.xinhuanet.com/house/nb/2015-05-08/c_1115215839.htm,2015年6月15日访问。

② 参见证券之星官网,http://fund.stockstar.com/SS2015052000000866.shtml,2015年6月15日访问。

第二节
资产证券化

据媒体报道，“资产证券化将回归债券部，不再由原有的机构监管部审批，改为由证监会设立的公司债券监管部审批”。[①] 嗣后，证监会官网发布公告《关于调整发行监管部等九个部门主要职责的情况通报》，其中明确与资产证券化相关的业务由公司债券监管部监管。[②] 通过证监会发布的该公告，确认了报道的真实性，同时不禁引人思考，资产证券化到底属权益型融资还是债务型融资？它既有“证券化”的表象，但本质离不开“债券”。因此，非常明确地划分并不容易。然而，资产证券化在中国的发展仍处于“起跑”阶段，它是企业新型融资方式之一，而且是尤有发展潜力与前景的一种融资方式。因此，本书不再纠结于权益型融资还是债务型融资，而是将其归入“融资新发展”一章。

当然，之所以称其“新型”，主要是针对我国资本市场而言的。在资本市场已相对成熟的国家，其已经不是“新生儿”。作为金融市场上的一种结构性融资手段，资产证券化起源于 20 世纪 60 年代末美国住宅抵押贷款市场，目前已成为欧美资本市场最重要的金融创新工具。相关数据显示，近几年美国证券化产品的发行规模都保持在 2 万亿美元左右，2012 年为 2.2 万亿美元，同期欧洲证券化产品发行量为 2308.5 亿欧元。[③] 华尔街名言“如果你有一个稳定的现金流，就将它证券化”，大概能诠释资本证券化在美国资本市场的流行。

相比之下，2013 年我国共有 10 家银行和企业发行了资产证券化产品，发行规模达到 231.71 亿元，2012 年为 224.42 亿元。美国的发行量约为我国发行量的 10 倍。同时，国内资产证券化产品的发行量与其他融资方式相比也差距甚

---

① 参见和讯网，http://stock.hexun.com/2014-03-01/162613708.html，2014 年 8 月 24 日访问。

② 参见证监会官网，http://www.csrc.gov.cn/pub/newsite/zjhxwfb/xwdd/201404/t20140411_246797.html，2014 年 8 月 27 日访问。

③ 参见中国资产证券化网出具的《2013 年中国资产证券化年度报告》。

远。但值得欣喜的是,新一届中央人民政府提出“逐步推进信贷资产证券化常规化发展,盘活资金支持小微企业发展和经济结构调整”。以此为契机,资产证券化将在推动中国金融改革、建设中国金融体系现代化、完善多层资本市场的进程中发挥显著作用。证监会也表示,2014 年将全面推动资产证券化业务深入发展,大力发展应收账款证券化等企业资产证券化业务,借鉴成熟市场经验,加强立法研究和立法建议。中国社科院世经政所国际投资室主任张明曾在东方财富网公开表示:资产证券化很可能成为未来五年至十年内中国金融市场上最热门的语汇之一。

到底何为资产证券化?跻身于众多融资方式,且在成熟资本市场备受欢迎,奥秘何在?与其他融资方式相比,又有哪些优势?具体有哪些类型,如何操作?对于拟融资企业而言,又是否有风险?如果有,企业该如何应对?以下详述。

一、资产证券化概述

(一)何为资产证券化

根据《证券公司资产证券化业务管理规定》的规定,资产证券化是指以特定基础资产或资产组合所产生的现金流为偿付支持,通过结构化方式进行信用增级,在此基础上发行资产支持证券的业务活动。

根据被誉为“资产证券化之父”的美国耶鲁大学金融学教授弗兰克·法博齐(Frank Fabozzi)的定义,“资产证券化可以被广泛地定义为一个过程。通过这个过程,可以将具有共同特征的贷款、消费者分期付款合同、租赁合同、应收账款或其他不流动的资产,包装成可以在市场上交易的、具有投资特征的带息证券”。

无论是我国规范性文件所作的简练、专业的明文规定,还是有“资产证券化之父”之称的专家给出的通俗、易懂的定义,都指出了资产证券化的本质特征。“资产证券化”,英文名称为 Asset Backed Securitization(行业简称“ABS”),用更“接地气”的表达便是,将特定资产通过发行证券的手段以满足资本市场交易各方的需求。接下来通过分解法,明确“资产”的内涵与外延,以及具体发行证券的流程。

(二)相关法律规范

我国自 2005 年开始实行资产证券化的试点,其后发展成三种主要类型,包括信贷资产的证券化、企业资产的证券化以及非金融企业发行的资产支持票据。它们由不同的机构主管，信贷资产证券化由银监会审批发行资质、人民银行主管发行；企业资产证券化由证监会主管、证券公司承担发行等任务；资产支持票据由中国银行间市场交易商协会主管。截至 2014 年上半年，我国信贷资产支持证券余额为 960.07 亿元，占我国资产证券化存量的 74%；券商专项资产管理计划余额为 212.5 亿元，占比 16%；资产支持票据余额为 129.3 亿元，占比 10%。新型融资方式，其发展过程仍应遵循相应的法律规范，除适用统一的法律规范，如《公司法》《证券法》《合同法》《物权法》《担保法》等，各类型又应适用专门的规定，主要规范如下：证监会于 2013 年 3 月 15 日出台的《证券公司资产证券化业务管理规定》，2013 年 6 月 26 日出台的《证券公司客户资产管理业务管理办法》，深交所于 2013 年 4 月 22 日出台的《深圳证券交易所资产证券化业务指引》，上交所于 2013 年 3 月 26 日出台的《上海证券交易所关于为资产支持证券提供转让服务的通知》，中国人民银行、银监会于 2005 年 4 月 20 日出台的《信贷资产证券化试点管理办法》，中国人民银行于 2005 年 6 月 13 日出台的《资产支持证券信息披露规则》，中国人民银行、中国银行业监督管理委员会及财政部联合于 2012 年 5 月 27 日出台的《关于进一步扩大信贷资产证券化试点有关事项的通知》，银行间交易市场商协会于 2012 年 8 月 3 日出台的《银行间债券市场非金融企业资产支持票据指引》。

部分主要法律规范见表 4－5：

表 4－5　银行贷款适用相关法律规范表

银行贷款适用的相关法律规范					
序号	名称		颁布机关	出台时间	备注
1	法律	《担保法》	全国人大常委会	1995 年	
2		《合同法》	全国人大	1999 年	
3		《物权法》	全国人大	2007 年	
4		《证券法》	全国人大常委会	2013 年	
5		《公司法》	全国人大	2013 年	
6	部门规章	《信贷资产证券化试点管理办法》	中国人民银行、银监会	2005 年 4 月 20 日	

续表

银行贷款适用的相关法律规范

序号	名称		颁布机关	出台时间	备注
7	规范性文件	《资产支持证券信息披露规则》	中国人民银行	2005 年 6 月 13 日	
8		《关于进一步扩大信贷资产证券化试点有关事项的通知》	中国人民银行、银监会及财政部	2012 年 5 月 27 日	
9		《银行间债券市场非金融企业资产支持票据指引》	银行间交易市场商协会	2012 年 8 月 3 日	
10		《证券公司资产证券化业务管理规定》	证监会	2013 年 3 月 15 日	
11		《证券公司客户资产管理业务管理办法》	证监会	2013 年 6 月 26 日	
12	行业规定	《上海证券交易所关于为资产支持证券提供转让服务的通知》	上交所	2013 年 3 月 26 日	
13		《深圳证券交易所资产证券化业务指引》	深交所	2013 年 4 月 22 日	

(三)资产证券化的优势

资产证券化本无所谓好坏,然而在不同的金融市场、针对不同需求的企业主,则可能存在优劣之分。有人认为资产证券化在我国尚不成熟,市场规模小、发行数量少、投资者单一,甚至认为资产证券化是个危险的东西。正如央行行长周小川在文章中指出的,“在很多非金融专业人士看来,SPV(Special Purpose Vehicles)似乎不是个好东西,因为很多金融乱象好像都涉及 SPV,一些广为人知的金融市场上的违规行为、诈骗性产品似乎背后都有 SPV 的影子,如 2002 年美国安然公司出事,就是利用 SPV 做了很多表外业务,次贷危机也很大程度上与 SPV 有关系。但对于金融专业人士而言,对 SPV 恐怕还是要一分为二地看,既要认识到 SPV 对于满足市场投融资需求、规避和管理风险、提高资金配置效率的好处,也要清醒地认识到 SPV 可能带来的问题。应该说,很多融资业务创新都是通过 SPV 实现的,SPV 加上资产证券化在各国都有大量成功的实践。因此,SPV 有其积极的意义,特别是在创建多层级金融市场、金融产品和交易机制方面,可以发挥重要作用”。①

当然,对资产证券化持肯定态度者仍属多数,这从近年来起逐渐受到诸多企业的追捧就可以看出。原因在于其具有不同于其他融资方式的独特优势,主要包括融资门槛更低、融资成本更低、融资风险更小以及资产流动性更强。

1. 融资门槛更低

以银行贷款为代表的债券融资方式,相关限制较多,最典型的是要求所贷款项必须符合法定、约定的用途,如企业短贷长投,则构成违约;以发行公司债券为代表的债券融资方式,为保护投资者利益,要求发行债券的待偿余额不得超过企业净资产的 40%;以 IPO 为代表的权益型融资方式,监管更为严格,最典型的是及时披露公司各方面相关信息。对此,资产债券化的融资方式更有优势,并没有要求融资所得必须用于特定用途,没有要求融资数额必须符合特定比例要求,也没有要求披露与公司相关的各方面信息,仅披露与“基础资产”相关的信息,降低了企业“合法合规”方面的成本。甚至,资产证券化将由“核准制”转向“备案制”,发行流程也将缩减。

2. 融资成本更低

除民间融资外,一般融资方式都需要经特定机构审批、核准,或向特定机构注册之后才能发行。资产证券化(以企业资产证券化为例),一般流程可概括为企业将缺乏流动性、能产生稳定现金流的资产打包,转让给 SPV,再由证券公司进行包装,相关增信机构对标的资产进行信用增级,相关信用评级机构负责对证券进行信用等级评定,经证监会核准后发行,由承销商承销,最终投资者认购投资。可见企业将基础资产转让之后,基本只担当“原始权益人”的角色,根据《证券公司资产证券化业务管理规定》的规定,其应履行的职责限于:依照法律、行政法规、公司章程和相关协议的规定或者约定移交基础资产;配合并支持管理人、托管人以及其他为资产证券化业务提供服务的机构履行职责;专项计划法律文件约定的其他职责。因此,企业不仅能以较快的速度(相比逐笔收取相关款项)获得资金(虽然该笔资金相比将来的获益有所降低,但及时的资金流回笼对于企业来说更为重要),同时后续相应环节将产生的人力成本、时间成本、

① 参见周小川:《资本市场的多层次特性》,载《金融市场研究》2013 年第 8 期。

管理成本等都可忽略。

3. 融资风险更小

“资产隔离”机制可谓资产证券化的典型特征。周小川认为,SPV 设定的好处在于可使资产隔离、税收合理化并创造性的满足市场需求。因此,通过 SPV 融资对创新金融产品、多层次资本市场的建立意义重大。[①] 然而,对于企业主而言,由于资产证券化的融资主体,并非需融资的企业自身,而是通过 SPV 来完成,因此 SPV 制度的设计在一定程度上可使企业融资风险更小。一方面,企业通过 SPV 来完成整个融资过程,可避免因申请发行失败而损失各种发行费用的风险;另一方面,企业在较短时间内获取融资款,可避免将来产生的“呆账、坏账”等风险。此外,SPV 使得基础资产被“真实出售”,即使将来基础资产收益产生贬值危机,企业一般不需要承担损害赔偿责任,也避免了承担基础资产贬值带来的负面影响的风险。

但也有人对“资产隔离”持一种怀疑态度,认为我国基础资产(除信贷资产)并非“真实出售”,因此当证券价值受到基础资产的影响且企业破产时,基础资产是否能保障投资者的利益不无疑问。相关数据显示,企业资产证券化存量规模不足 500 亿元。根据银行间市场交易商协会数据,截至 2013 年年底,非金融企业债务融资工具余额达 5.27 万亿元,累计发行量为 11.07 万亿元。这些数据反映,资质好的企业,都通过短期融资券、中期票据等非金融企业债务融资工具方式融资。只有资质相对较差的企业,想利用一部分有稳定现金流的资产进行融资,但投资人会担心企业相对较差的资质会影响到未来资产的安全性,这就引发了企业资产证券化到底能不能实现破产隔离?[②] 该疑虑值得探讨,但这一点有待相关法律法规的进一步完善。

4. 资产流动性更强

拟被证券化的资产往往具有“流动性较差”的特征,虽然具有稳定的现金流,但对于企业而言,收益缓慢且风险较大。但若对这种资产进行证券化,一来可以尽快为企业带来现金流,避免资金链断裂,二来可以盘活资产挖掘新的融

---

① 参见周小川:《资本市场的多层次特性》,载《金融市场研究》2013 年第 8 期。

② 参见高新国(国开证券有限责任公司前副总裁):《资产证券化的障碍与对策》,载《中国金融》2014 年第 10 期。

资机会。以拟将商业地产租金收益证券化的产品为例，将租金收益证券化可保证急需较大资金量的房地产企业在较短时间内获取资金，促进“企业血液循环”，同时将转移出去的资产转换成具有高流动性的证券，盘活了不流动的资产。

二、资产证券化具体业务介绍

（一）产品发行总量

自2005年我国开始资产证券化试点至2013年年底，共通过审核的产品51只（不包含2012年新出的“资产支持票据”），46只发行成功。具体情况如表4－6所示：

表4－6　我国自2005年以来资产证券化计划一鉴表

序号	项目名称	发起人	发行人/时间	基础资产	发行市场、规模	备注
1	中国联通CDMA网络租赁费收益计划	联通新时空移动通信有限公司	中金公司联通收益01、02，2005年8月；联通收益03、04、05，2005年12月	中国联通CDMA网络租赁费收益权	上交所93.59	2005年8月01、02各募集16亿元，2006年1月03、04分别募集20.82亿元、20.49亿元，2005年12月05募集20.28亿元
2	莞深高速公路收费收益权专项资产管理计划	东莞发展控股股份公司	广发证券2005年12月	莞深高速公路收费收益权	深交所5.8	2005年12月设立
3	中国网通专项资产管理计划	中国网络通信集团公司	中金公司2006年2月	中国网通集团应收中国网通（集团）有限公司的112亿元应收账款	上交所103.15	共10期，即网通收益凭证01－10，均为2006年3月设立。发行受益凭证面值103.4亿元
4	华能澜沧江水电收益专项资产管理计划	华能澜沧江股份公司	招商证券2006年4月	华能澜沧江水电有限公司拥有的漫湾发电厂未来水电销售收入	深交所20	2006年5月设立，优先级收益凭证分三期，即澜电01、02、03

续表

序号	项目名称	发起人	发行人/时间	基础资产	发行市场、规模	备注
5	远东首期租赁资产支持收益计划	远东国际租赁公司	东方证券 2006年4月	远东国际租赁公司31份融资租赁合同应收租金	上交所 4.86	2006年5月设立,优先级4.77亿元,次级0.09亿元
6	浦东建设BT项目资产支持收益专项资产管理计划	上海浦兴投资发展公司、无锡普惠投资发展公司	国泰君安 2006年6月	13个市政道路BT项目的回购款合同债权	深交所 4.25	2006年6月设立,优先级4.1亿元,次级0.15亿元
7	南京城建污水处理收费资产支持收益专项资产管理计划	南京市城市建设投资控股集团	东海证券 2006年6月	南京城建未来4年的污水处理收费收益权	深交所 7.21	2006年7月设立,产品有宁建01、02、03、04
8	南通天电销售资产支持收益专项资产管理计划	南通天生港发电公司	华泰证券 2006年6月	天生港发电有限公司未来三年的电力销售收益权	深交所 8	2006年8月设立
9	江苏吴中集团BT项目回购款专项资产管理计划	江苏吴中集团	中信证券 2006年8月	吴中集团BT项目回购款	深交所 16.58	2006年8月设立,优先级15.88亿元,次级0.7亿元
10	远东二期专项资产管理计划	远东国际租赁公司	中信证券 2011年4月	应收租赁合同款	上交所 12.79	2011年8月设立
11	南京公用控股污水处理收费收益权专项资产管理计划	南京公用控股集团	中信证券 2011年12月	污水处理费收益权	深交所 13.3	2012年3月设立,优先级5期共12.5亿元,次级0.8亿元

续表

序号	项目名称	发起人	发行人/时间	基础资产	发行市场、规模	备注
12	欢乐谷主题公园入园凭证专项资产管理计划	深圳华侨城股份公司、北京世纪华侨城实业公司、上海华侨城投资发展公司	中信证券2012年1月	欢乐谷主题公园5年内的入园凭证收入	深交所18.5	2012年12月设立,优先级5期共17.5亿元,次级1亿元
13	—	—	—	—	—	—
14	—	—	—	—	—	—
15	华能澜沧江第二期水电上网收费权专项资产管理计划	华能澜沧江股份公司	招商证券2013年1月	水电上网收费	深交所33	2013年5月设立
16	隧道股份BOT项目专项资产管理计划	隧道股份公司	国泰君安2013年3月	应收专营权收入合同债权	上交所4.84	2013年5月设立
17	东证资管——阿里巴巴1号至10号专项资产管理计划	重庆阿里小贷公司和浙江阿里小贷公司	东方证券2013年7月	重庆阿里小贷和浙江阿里小贷的信贷资产	深交所25	1号、2号、3号、4号、5号已分别于2013年7月、8月、9月、10月、11月设立,5期总规模25亿元,6－10号在2013年已批准未设立
18	汇元一期专项资产管理计划	新疆广汇租赁服务有限公司	中信建投2013年10月	广汇租赁发放的27000多笔客户应收租赁款	上交所11.14	2013年12月设立,优先级10亿元,次级1.1354亿元
21	国家开发银行第一期信贷资产证券化	国家开发银行	中诚信托公司2005年12月	51笔基础建设贷款	银行间市场发行41.77	2005年12月设立,优先级39.27亿元,次级2.51亿元

续表

序号	项目名称	发起人	发行人/时间	基础资产	发行市场、规模	备注
22	建元2005－1个人住房抵押贷款支持证券	建设银行	中信信托公司2005年12月	住房抵押贷款	银行间市场发行30.16	2005年12月设立，优先级29.26亿元，次级0.9亿元
23	国家开发银行2006年第一期信贷资产证券化	国家开发银行	中诚信托公司2006年3月	信贷资产	银行间市场发行57.29	2006年4月设立，优先级53亿元，次级4.29亿元
24	信元2006－1重整资产证券化	中国信达资产管理公司	中诚信托公司2006年12月	重整资产（不良资产）	银行间市场发行48	2006年12月设立，优先级30亿元，次级18亿元由信达全部持有
25	东元2006－1重整资产证券化	中国东方资产管理公司	中诚信托公司2006年12月	重整资产（不良资产）	银行间市场发行19	2006年12月设立，优先级7亿元，次级12亿元全部由东方资产管理公司持有
26	—	—	—	—	—	—
27	浦元2007年第一期信贷资产证券化	浦发银行	华宝信托2007年9月	正常类企业贷款	银行间市场发行43.83	2007年9月发行，优先级42.3亿元，次级1.53亿元，全部由浦发银行
28	工元2007年第一期信贷资产支持证券	工商银行	华宝信托2007年10月	信贷资产	银行间市场发行40.21	2007年10月发行，优先级37.95亿元，次级2.26亿元
29	2007年兴元一期信贷资产证券化	兴业银行	对外经贸信托2007年12月	信贷资产	银行间市场发行52.43	2007年12月成立，优先级48.7亿元，次级3.73亿元

续表

序号	项目名称	发起人	发行人/时间	基础资产	发行市场、规模	备注
30	建元2007－1个人住房抵押贷款证券化	建设银行	中诚信托2007年12月	个人住房抵押贷款	银行间市场发行41.61	2007年12月成立，优先级40.21亿元，次级1.4亿元
31	通元2008年第一期个人汽车抵押贷款证券化	上海通用汽车金融公司	华宝信托2007年12月	个人汽车抵押贷款	银行间市场发行19.93	2008年1月成立，优先级19.01亿元，次级0.92亿元
32	建元2008－1重整资产证券化	建设银行	中诚信托公司2008年1月	重整资产（不良资产）	银行间市场发行27.65	2008年1月成立，优先级21.50亿元，次级6.15亿元
33	工元2008年第一期信贷资产支持证券	工商银行	中诚信托2008年3月	信贷资产	银行间市场行发80.11	2008年4月发行，优先级75.6亿元，次级4.51亿元
34	2008年第一期开元信贷资产证券化	国家开发银行	平安信托2008年4月	信贷资产	银行间市场发行37.66	2008年4月发行，优先级35.46亿元，次级2.2亿元
35	中信银行第一期信贷资产证券化	中信银行	中诚信托2008年9月	对公贷款	银行间市场发行40.77	2008年10月发行，优先级38.48亿元，次级2.29亿元
36	招元2008年第一期资产支持证券	招商银行	中信信托公司2008年10月	对公贷款	银行间市场发行40.92	2008年10月发行，优先级38.79亿元，次级2.13亿元
37	浙元一期	浙商银行	对外经贸信托2008年8月	中小企业信贷	银行间市场发行6.96	2008年11月发行，优先级6.16亿元，次级0.8亿元

续表

序号	项目名称	发起人	发行人/时间	基础资产	发行市场、规模	备注
38	信元2008－1重整资产证券化信托	信达资产管理公司	中诚信托2008年10月	重整资产（不良资产）	银行间市场发行48	2008年12月发行，优先级20亿元，次级28亿元
39	2012开元一期信贷资产证券化	国家开发银行	中信信托公司2012年7月	信贷资产	银行间市场发行101.66	2012年9月发行，优先级92.68亿元，次级8.98亿元
40	通元2012年第二期个人汽车抵押贷款证券化信托资产支持证券	上海通用汽车金融公司	中粮信托公司2012年10月	上汽通用发放的50614笔个人汽车抵押贷款	银行间市场发行20	2012年11月发行，优先级19亿元，次级1亿元向上海通用金融定向发行
41	交银2012年第一期信贷资产支持证券	交通银行	中海信托2012年10月	信贷资产	银行间市场发行30.34	2012年10月发行，优先级27.7亿元，次级2.64亿元定向发行
42	2012上元一期个人汽车抵押贷款支持证券	上汽财务公司	上海信托2012年10月	个人汽车贷款	银行间市场发行10	2012年11月发行，优先级9.5亿元，次级0.5亿元
43	中银2012年第一期信贷资产支持证券	中国银行	中诚信托2012年11月	公司型信贷资产	银行间市场发行30.62	2012年11月发行，优先级28亿元，次级2.62亿元
44	工元2013第一期信贷资产支持证券	工商银行	中海信托2012年12月	涉及29个借款人的贷款	银行间市场发行35.92	2013年3月发行，优先级32.1亿元，次级3.82亿元
45	2013年第一期发元信贷资产证券化	农业发展银行	中信信托公司2013年5月	36名借款人向农发行借用的42笔贷款	银行间市场发行12.74	2013年10月发行，优先级10.45亿元，次级2.29亿元

续表

序号	项目名称	发起人	发行人/时间	基础资产	发行市场、规模	备注
46	2013年第一期开元铁路专项信贷资产证券化项目	国家开发银行	中信信托公司2013年11月	国家开发银行向中国铁路总公司发放的中期流动资金贷款	银行间市场发行80	2013年11月发行，共200亿元，分三期发行，首期80亿元，全部为优先档，第二期和第三期各60亿元，已批准尚未发行
47	2013年第一期进元资产证券化项目	进出口银行	中信信托2013年3月	信贷资产	银行间市场发行10.4	2013年12月发行，优先级9.15亿元，次级1.24亿元

（二）三种业务类型对比

一般而言，我们认为资产证券化业务仅包括信贷资产证券化与企业资产证券化两种。信贷资产证券化，根据《信贷资产证券化试点管理办法》的规定，是指银行业金融机构作为发起机构，将信贷资产信托给受托机构，由受托机构以资产支持证券的形式向投资机构发行受益证券，以该财产所产生的现金支付资产支持证券收益的结构性融资活动。企业资产证券化，根据《证券公司资产证券化业务管理规定》的规定，是指以特定基础资产或资产组合所产生的现金流为偿付支持，通过结构化方式进行信用增级，在此基础上发行资产支持证券的业务活动。随着2012年《银行间债券市场非金融企业资产支持票据指引》的出台，资产支持票据作为新的一员加入。资产支持票据是指非金融企业在银行间债券市场发行的，由基础资产所产生的现金流作为还款支持的，约定在一定期限内还本付息的债务融资工具。三者之间有一定的差异，详细对比见表4－7：

表4－7　三种资产证券化业务对比表

三种类型资产证券化对比表				
序号	产品	信贷资产支持证券	企业资产支持证券	资产支持票据
1	监管机构	人民银行、银监会	证监会	银行间交易商协会
2	审核制度	资格审批与产品备案结合	核准制（拟转变为“备案制”）	注册制

续表

三种类型资产证券化对比表				
序号	产品	信贷资产支持证券	企业资产支持证券	资产支持票据
3	基础资产	银行信贷资产、由资产管理公司收购的银行不良贷款等	企业应收款、信贷资产、信托受益权、基础设施收益权等财产权利或商业物业等不动产财产或多项财产权利和财产的资产组合	符合法律法规规定,权属明确,能够产生可预测现金流的财产、财产权利或财产和财产权利的组合。基础资产不得附带抵押、质押等担保负担或其他权利限制
4	发行人	特定目的的信托受托机构主要是信托公司发行	中介机构主要是指证券公司(非金融企业作为发起人)	非金融企业直接发行
5	信用评级	双评级,鼓励采用鼓励探索采取多元化信用评级	不强制双评级	双评级,鼓励采用投资者付费模式评级;定向发行则与投资者协商
6	交易市场	全国银行间债券市场	证券交易所、证券业协会机构间报价与转让系统、柜台市场及证监会认可的其他交易场所	银行间债券市场
7	登记、结算、托管机构	中央国债登记结算有限责任公司	具有相关业务资格的商业银行、中国证券登记结算有限责任公司、具有托管业务资格的证券公司或者证监会认可的其他资产托管机构	上海清算所

(三)信贷资产证券化发行流程

1.适用对象

根据《信贷资产证券化试点管理办法》的规定,银行业金融机构是信贷资产证券化的发行主体,其通过设立特定目的的信托转让信贷资产。基础资产很明确,即金融机构的信贷资产。但中国人民银行、中国银行业监督管理委员会、财政部联合发布的《关于进一步扩大信贷资产证券化试点有关事项的通知》中指出,信贷资产证券化入池基础资产的选择要兼顾收益性和导向性,既要有稳定可预期的未来现金流,又要注意加强与国家产业政策的密切配合。鼓励金融机构选择符合条件的国家重大基础设施项目贷款、涉农贷款、中小企业贷款、经清理合规的地方政府融资平台公司贷款、节能减排贷款、汽车贷款等多元化信贷资产作为基础资产开展信贷资产证券化,丰富信贷资产证券化基础资产种类。

2. 具体流程

信贷资产证券化涉及的主体包括作为发起机构的银行业金融机构,受托机构、贷款服务机构、资金保管机构、资产支持证券投资机构以及证券登记托管机构等。由于本书主要从非金融企业的角度来介绍融资,因此信贷资产证券化不做详细介绍。

但企业若对信贷资产证券化流程有较为形象、具体的了解,为其拟将开展的企业资产证券化也有利无害。拟引用中国社科院世经政所国际投资室主任张明在《东方早报》上的一篇文章。[①] 其以金融市场上最普遍的一种资产证券化产品住房抵押贷款支持证券(Residential Mortgage - Backed Securities, RMBS)为例介绍了资产证券化(信贷资产证券化)的流程及该过程中各方可能的获益,简单却透彻、到位,具体如下:

假定商业银行 A 在 2014 年给 1 万个符合贷款标准的家庭提供了每笔均为 200 万元人民币的住房抵押贷款,期限均为 20 年。在没有资产证券化的情况下,A 银行要花上 20 年才能全部收回上述贷款,资金周转速度太慢。但对 A 银行而言,由于这 1 万个家庭每个月都要还本付息,这意味着 A 银行能够定期收到非常稳定的现金流,这就具备了将这 1 万笔住房抵押贷款证券化的基础。

标准的资产证券化流程分为以下几步:第一步,商业银行 A 注册成立一个空壳公司 B。B 公司没有任何其他业务,本身与 A 银行之间也没有任何股权或债权关系。第二步,商业银行将上述 1 万笔住房抵押贷款(期限 20 年、总金额 200 亿元人民币)的所有相关收益与风险,以 180 亿元人民币的价格转移给 B 公司。这相当于 B 公司因此获得了一个能够定期产生稳定现金流的资产池。第三步,B 公司聘请承销商 C 投资银行来设计并销售资产证券化产品。C 公司建议 B 公司以上述资产池产生的现金流为支持,发行两种不同类型的债券:一种债券为价值 140 亿美元优先级债券,年收益率为 4%;另一种债券为价值 45 亿美元次级债券,年收益率不定。这两种债券的区别在于资产池所产生现金流的分配规则:从 B 公司资产池中所产生的现金流,首先必须完全满足优先级债

① 参见张明:《何为资产证券化》,载《东方早报》2014 年 7 月 29 日版。

券的还本付息,之后剩余的现金流,在扣除必要费用后,全部发放给次级债券的持有者。这种分配规则,意味着优先级债券的风险要低于次级债,同时也意味着次级债券的预期收益率必然高于优先级债券。第四步,B 公司聘请独立评级公司 D 为上述优先级与次级债券进行信用评级。最终 D 公司为优先级债券给出 AA 信用评级,为次级债券给出 BBB 信用评级。第五步,在获得信用评级后,C 公司开始在市场上销售上述债券。最终 C 公司向风险偏好较低的机构投资者(如养老基金与保险公司)卖出了全部的优先级债券,向风险偏好较高的机构投资者(如信托公司与投资银行)卖出了全部的次级债券。第六步,B 公司向 A 银行支付购买 1 万笔住房抵押贷款的费用 180 亿元。第七步,B 公司选择一家金融机构 E 作为服务商(Servicer)。E 机构负责对 1 万笔住房抵押贷款进行日常管理,并将获得的本息收入定期支付给购买上述债券的机构投资者。

对作为资产证券化发起人(Originator)的 A 银行而言,它通过资产证券化过程,将缺乏流动性的长期资产转变为即期现金收入,一方面增强了资产周转速度,另一方面通过降低了风险资产规模而提高了资本充足率。对机构投资者而言,它们根据各自的风险偏好选择了收益率迥异的金融产品。承销商 C 获得了佣金收入,评级公司 D 获得了评级费,而服务商 E 获得了管理费。不难看出,这是一种有关各方均能获得好处的多赢结局。

(四)企业资产证券化发行流程

1. 适用对象

一般而言,非金融企业可发行企业资产证券化(又称资产专项计划),在交易结构中称为“原始权益人”。适格的“原始权益人”还需满足以下特定条件:

➢ 生产经营符合法律、行政法规、特定原始权益人公司章程或者企业、事业单位的内部规章文件的规定;

➢ 内部控制制度健全;

➢ 具有持续经营能力,无重大经营风险、财务风险和法律风险;

➢ 最近 3 年未发生重大违约、虚假信息披露或者其他重大违法违规行为;

➢ 法律、行政法规和中国证监会规定的其他条件。

上述特定原始权益人,在专项计划存续期间,应当维持正常的生产经营活动或者提供合理的支持,为基础资产产生预期现金流提供必要的保障。相比之下,该主体的限制条件远比其他融资方式限制少,注册资本、企业利润等都未设限。换言之,较低资质的非金融企业也可通过此种方式进行融资。

2. 具体流程

企业资产证券化到底需经历哪些流程?以下将详细阐述。

(1)明确基础资产

资产证券化流程较为复杂,开展的根本前提是基础资产或标的资产应符合相关法律法规的规定,属合法的交易标的。到底哪些资产可被证券化?

一般而言,基础资产是指符合法律法规、权属明确,可以产生独立、可预测的现金流的可特定化的财产权利或者财产。其可以是单项财产权利或者财产,也可以是多项财产权利或者财产构成的资产组合。财产权利或者财产,可以是企业应收款、信贷资产、信托受益权、基础设施收益权等财产权利,商业物业等不动产财产,以及证监会认可的其他财产或财产权利。此外,基础资产不得附带抵押、质押等担保负担或者其他权利限制。当然,如果能够通过专项计划相关安排,解除基础资产相关担保负担和其他权利限制的除外。

其中,"企业应收款"、"信托收益权"、"基础设施收益权"更为典型,商业物业等不动产财产处于"探索期",2014 年 8 月 14 日,中信建投设立的海印股份信托受益权专项资产管理计划(以下简称"海印股份资产证券化产品")正式成立,成为近一年来首个通过券商资管计划发行的企业资产证券化产品,也是国内首个以商业地产为基础资产的资产证券化产品。

信贷资产也可归入企业资产证券化的基础资产行列。换言之,政策层面规定金融机构也可将信贷资产通过证交所挂牌交易,突破了银行间市场的局限。但是,近期"平安 1 号小额消费贷款资产支持证券"却引起了一阵风波。2014 年 6 月,平安银行拟推出"平安 1 号",上证所和中债登发布该产品相关通知,但是 16 号却被央行叫停。事后,人民银行公开回应称"监督管理银行间债券市场是人民银行的法定职责","平安银行未事前报备"。虽过程坎坷,竟也发行成功。因此,信贷资产也可跻身企业资产证券化,由于相关监管部门之间的监管有所交叉,是否能切实平稳推进有待观察。

(2)确定交易主体

明确基础资产之后,交易结构中涉及的交易主体也应属"合法交易主体"。资产证券化的整个过程涉及的主体或者说参与人较多,有资产原持有人、资产管理人、托管机构、投资者等。其中,资产原持有人应符合的资质在"适用对象"

部分已经明确。托管机构一般为银行。投资者既可以是机构投资者也可以是个人投资者,但机构投资者较多。资产管理人,可以是资产原持有人,也可以是其他主体如证券公司、信托公司、保险公司等。不论是否为资产原持有人担任管理人,都须履行以下法定职责:

➢ 对相关交易主体和基础资产进行全面的尽职调查;

➢ 在专项计划存续期间,督促可能对专项计划以及资产支持证券投资者的利益产生重大影响的原始权益人(以下简称特定原始权益人)以及为专项计划提供服务的有关机构,履行法律规定或合同约定的义务;

➢ 办理资产支持证券发行事宜;

➢ 按照约定及时将募集资金支付给原始权益人;

➢ 为资产支持证券投资者的利益管理专项计划资产;

➢ 建立相对封闭、独立的基础资产现金流归集机制,切实防范专项计划资产被混同、挪用等风险;

➢ 监督、检查特定原始权益人持续经营情况和基础资产现金流状况,出现重大异常情况的,管理人应当采取必要措施,维护专项计划资产安全;

➢ 按照约定向资产支持证券投资者分配收益;

➢ 履行信息披露义务;

➢ 负责专项计划的终止清算;

➢ 法律、行政法规和中国证监会规定以及计划说明书约定的其他职责。

管理人在整个证券化过程中,扮演的角色十分重要,将在一定程度上影响基础资产的价值、投资者的收益等。因此,证监会派出机构将严格监督管理人行为,管理人被明确要求禁止从事如下行为:

➢ 募集资金不入账或者进行其他任何形式的账外经营;

➢ 超过计划说明书约定的规模募集资金;

➢ 挪用专项计划资产;

➢ 以专项计划资产设定担保或者形成其他或有负债;

➢ 违反计划说明书的约定以专项计划资产对外投资;

➢ 法律、行政法规和中国证监会禁止的其他行为。

(3)设立 SPV

SPV,特殊目的载体,是指为特殊目的而专门设立的载体。在企业资产证券化过程中,SPV 是为开展资产证券化业务专门设立的专项资产管理计划或者证监会认可的其他特殊目的载体。设立 SPV 可谓整个融资过程中的一种创新,可使资产隔离、税收合理化并创造性地满足市场需求。

在企业资产证券化过程中,新设立的 SPV 将从资产原持有人处受让基础资产,如企业应收账款、门票收益权、不动产租金,再由 SPV 聘请资产管理人、托管人、信用评级机构、信用增级机构、承销机构、会计师、律师等完成后续证券化的过程,向投资者发行收益凭证之后,SPV 将获得的认购款支付给资产原持有人。因此,在整个过程中,拟募集资金的企业并非自己直接发行证券,其在转让基础资产之后基本退出交易架构,而由 SPV 来完成整个过程。这较好地起到了资产隔离的效果,同时降低了融资风险。

(4)信用增级

资产专项计划可以通过内部或者外部信用增级方式提升资产支持证券信用等级。信用增级,并非必经程序。由于有些资产不像银行等金融机构提供的基础资产十分优质,所以为了吸引投资者,往往以增加抵押物或在各种交易档次间调剂风险的方式达成信用提升,主要形式是超额抵押、建立储备金和债券分档。内部增级可能改变债券的现金流结构,具体可分为内部信用增级与外部信用增级。其中,内部信用增级主要包括优先/次级结构的划分、现金储备账户、与原资产持有人签订回购条款以及自行提供抵押等物权担保;外部信用增级是指第三人提供担保、信用保险、银行支持等。

(5)信用评级

信用评级,又称为资信评级。由专门的信用增级机构进行信用增级之后,资产支持证券可以由取得证监会核准的证券市场资信评级业务资格的资信评级机构进行评级,可分为初始评级和跟踪评级。评级的内容主要包括法律法规风险、基础资产的信用质量、交易结构是否合法、管理及操作是否存在风险等。评级的等级重要,该评级结果将对投资者产生重要的参考价值。

(6)交易合同文本设计

资产证券化过程涉及诸多交易文件,主要包括《资产转让协议》《认购协议》《募集说明书》《资产管理合同》《资产托管协议》等。

(7)证券打包发售

信用评级完成并公布结果后,SPV 将经过信用评级的证券交给证券承销商去包装承销,可以采取公开发售或私募的方式来进行。由于这些证券一般都具有高收益、低风险的特征,所以主要由机构投资者来购买。

(8)向发起人支付对价

SPV从证券承销商哪里获得发行现金收入,然后按先前约定的价格向发起人支付购买证券化资产的价款。此时要优先向其聘请的各专业机构支付相关费用。

(9)管理资产池

SPV要请专门的服务人来对基础资产池进行管理。通常服务人会由发起人担任,这种安排有很重要的实践意义。因为一般而言,发起人相对更为熟悉基础资产的情况,也具有专门的技术和能力来管理,此外,还与每个债务人建立了联系。

(五)资产支持票据

资产支持票据(简称ABN)是指非金融企业在银行间债券市场发行的,由基础资产所产生的现金流作为还款支持的,约定在一定期限内还本付息的债务融资工具。基础资产是指符合法律法规规定,权属明确,能够产生可预测现金流的财产、财产权利或财产和财产权利的组合。基础资产不得附带抵押、质押等担保负担或其他权利限制。

1. 资产支持票据特点

资产支持票据有如下特点:通过对基础资产现金流监管及必要的基础资产抵质押方式,确保基础资产所产生的现金流优先用于偿还资产支持票据本息,可在一定程度上提高资产支持票据的债项评级;票据投资人拥有双重追索权,即基础资产所产生的现金流和发行人均对票据负有偿付义务;产品风险较信用债券更低,可使更多的具有优良基础资产的规模较小、信用等级较低的发行人能通过直接融资的手段解决资金需求;可以通过分析基础资产的现金流分布,灵活合理安排票据的发行期限和规模结构。资产支持票据产品的要素具体见表4-8:

表4-8　资产支持票据产品要素表

资产支持票据产品要素	
主管机构	交易商协会
发行人	非金融企业
发行规模	根据基础资产产生的现金流和企业规模确定

续表

资产支持票据产品要素	
发行期限	无限制要求
发行方式	可公开发行,也可非公开定向发行
募集资金用途	合法合规且符合产业政策,变更用途需提前披露
流通市场	银行间债券市场
投资者	公开发行面向银行间债券市场所有投资者,非公开定向发行面向特定机构投资人(简称"定向投资人")
信用评级	企业选择公开发行方式发行资产支持票据,应当聘请两家具有评级资质的资信评级机构进行信用评级。鼓励采用投资者付费模式等多元化信用评级方式进行信用评级 非公开发行信用评级和跟踪评级的具体安排由发行人与定向投资人协商确定,并在《定向发行协议》中明确约定
含权设计	无限制性规定
信托模式	无限制性规定
托管机构	银行间市场清算所股份有限公司(简称"上海清算所")
信息披露必备内容	资产支持票据的交易结构和基础资产情况 相关机构出具的现金流评估预测报告 现金流评估预测偏差可能导致的投资风险 在资产支持票据存续期内,定期披露基础资产的运营报告
信息披露方式	公开发行,应通过交易商协会认可的网站披露 非公开发行,应在《定向发行协议》中明确约定披露方式
投资者保护机制	企业应在资产支持票据发行文件中约定投资者保护机制,包括但不限于:(1)债项评级下降的应对措施;(2)基础资产现金流恶化或其他可能影响投资者利益等情况的应对措施;(3)资产支持票据发生违约后的债权保障及清偿安排;(4)发生基础资产权属争议时的解决机制
现金流控制	企业发行资产支持票据应制定切实可行的现金流归集和管理措施,对基础资产产生的现金流进行有效控制,对资产支持票据的还本付息提供有效支持

2. 适用对象

根据资产支持票据的特点和市场同类产品的实践,分析适用的基础资产类型包括应收账款类资产及收益类资产两大类。

应收账款类资产:BT项目、合同能源管理项目等产生的应收账款,可采用账款回收款监管,应收账款质押模式;经营性物业租金收入,可采用资金监管,经营性物业抵押模式(此类资产因受产业政策限制,目前的可行性较低)。

收益类资产:公路、桥梁、隧道、渡口、景点门票等收费权,可采用收费资金监管,收费权质押模式;航空航线运营票务收入,可采用资金监管,航线飞机等抵押模式;电费、水费、电话费等收益权,可采用资金监管,相应设备抵押模式。

3. 发行流程(具体见图4-4)

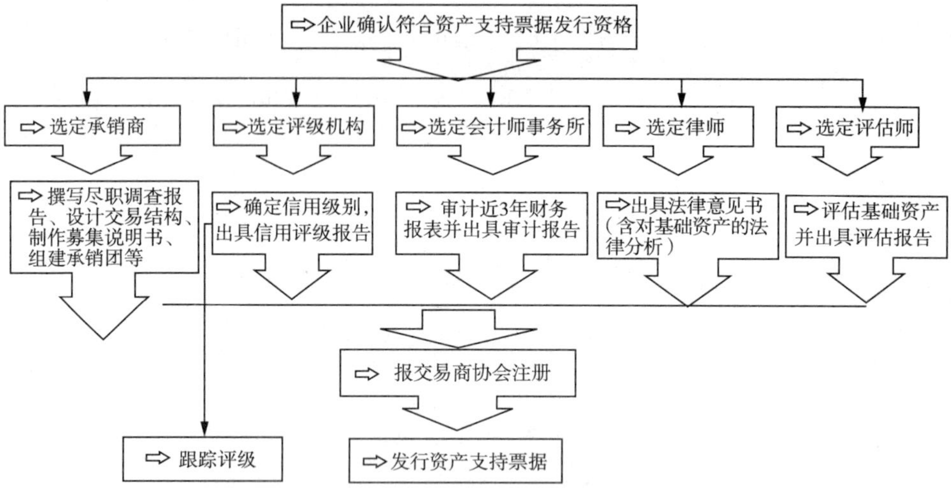

图4-4 资产支持票据发行流程图

第三节

互联网金融融资

2013年6月,《人民日报》刊登一篇对马云(互联网金融行业巨头阿里巴巴集团董事局主席)的采访文章《金融行业需要搅局者》,开篇提到"未来的金融有两大机会,一个是金融互联网,金融行业走向互联网;另一个是互联网金融,纯粹的外行领导，其实很多行业的创新都是外行进来才引发的”。[1] 我们暂且不去讨论马云观点的准确性与否，但不得不承认有两个概念即金融互联网与互联网金融（本书主要讨论的是后者），对这个时代产生了巨大影响。甚至有人说，我们已经进入了一个全新的时代——互联网金融的时代！

确实，从银行柜台转账到支付宝支付、从银行贷款到 P2P 借贷，不仅便利了个人生活，对于中小、小微企业来说也是一种福音，有人戏称互联网金融打通了“中小企业的任督二脉”，通过互联网金融融资，不仅条件宽松而且效率高，还使“融资难、融资贵”的困境得到一定程度的缓解。互联网金融融资可谓企业融资方式的新发展，而且来势汹涌，充满力量，但不可否认的是自 2014 年以来，其“野蛮式”的发展已显现瓶颈，以红岭、宜信等为例。

近期，诸多涉及互联网金融的风波，着实把披着“普惠”外衣的互联网金融从“云端”拉下“神坛”。有人评论称前述现象已揭露互联网金融病根，第三方担保不靠谱。互联网金融产品的内生风险以第三方担保等形式黑箱化，这样的互联网金融创新实际已不单是野蛮成长，而是一种缺乏建构的破坏性创造。那么，对于需要融资的企业而言，具体如何通过互联网融资、有多少种方式、不同方式有何利弊，以及在积极借助这个新型的平台获取资金的同时，如何处理好悬在头顶的达摩克利斯之剑——潜藏的风险，都有必要深入研究。

一、互联网金融融资概述

互联网，金融融资是指拟融资方借助互联网平台获得、融取资金，不同于传统融资的是互联网金融融资一般都是线上模式。换言之，借款人与贷款人可能互相不知道彼此，而通过互联网金融这一平台完成了交易，借款人支付利息借款，贷款人通过发放贷款获得利息。根据网贷之家的数据，截至我国 2014 年 9 月，我国网络贷款公司数量为 1438 家，当月的贷款成交量达 262.33 亿元，借贷人数近 80 万元。具体见表 4 – 9：[2]

---

① 参见凤凰网，http://news.ifeng.com/mainland/detail_2013_06/21/26634399_0.shtml，2014 年 6 月 22 日访问。

② 参见网贷之家网站，http://shuju.wangdaizhijia.com/industry – type – 0 – 9.html，2014 年 10 月 25 日访问。

表4-9　2014年我国网络贷款公司规模表

省份	成交量(亿元)	月环比增长	运营平台数量(家)	月环比增长	贷款余额(亿元)	综合利率(%)	平均借款期限(月)	当月投资人数(万人)	当月借款人数(万人)
全国	262.33	5%	1438	6%	646.03	17.14	6.59	66.78	10.82
广东	82.35	6%	342	4%	166.60	16.32	4.09	20.96	3.40
北京	40.16	11%	169	8%	146.23	14.36	11.47	10.22	1.66
浙江	39.25	-2%	218	6%	64.70	18.18	1.52	9.99	1.62
上海	32.48	7%	107	6%	122.22	13.45	18.66	8.27	1.34
江苏	10.05	-18%	97	3%	48.30	20.81	5.28	2.56	0.41
山东	10.01	-6%	116	18%	27.71	28.94	2.48	2.55	0.41
湖北	7.11	35%	28	4%	13.68	18.35	3.16	1.81	0.29
四川	5.44	61%	69	5%	7.37	25.78	1.89	1.38	0.22
其他	35.48	5%	292	5%	49.22	18.48	4.37	9.03	1.46

由此可见,互联网金融融资发展趋势良好。首先,其法律适用边界何在?在适法的前提下,到底如何通过互联网融资?有哪些方式或途径?具体要经过哪些流程?与普通的借贷有何差别?

(一)互联网金融融资适用的相关法律规范

互联网金融融资可谓时代的产物,近几年发展尤其迅猛,因此,专门针对互联网金融融资而制定的法律、法规未能及时出台。虽然也有不少零散的规定,但基本都是相关主管部门或行业协会出台的部门规章、规范性文件等,法律层级低。本节将自20世纪90年代开始至今的与互联网金融融资相关的法律、法规或其他规范性文件汇总见表4-10:

表4-10　互联网金融融资适用相关法律规范表

序号	颁布时间	发文部门	政策法规
1	1991年8月13日	最高人民法院	最高人民法院《关于人民法院审理借贷案件的若干意见》
2	1995年6月30日	全国人大常委会	《担保法》
3	1999年10月1日	全国人大	《合同法》

续表

序号	颁布时间	发文部门	政策法规
4	2000 年 8 月 4 日	保监会	《保险兼业代理管理暂行办法》
5	2006 年 12 月 12 日	国务院办公厅	国务院办公厅《关于严厉打击非法发行股票和非法经营证券业务有关问题的通知》
6	2007 年 3 月 16 日	全国人大	《物权法》
7	2008 年 5 月 8 日	证监会、央行	《关于小额贷款公司试点的指导意见》
8	2010 年 12 月 1 日	中国人民银行	《非金融机构支付服务管理办法实施细则》
9	2010 年 12 月 13 日	最高人民法院	最高人民法院《关于审理非法集资刑事案件具体应用法律若干问题的解释》
10	2011 年 5 月 25 日	国务院办公厅转发,人民银行、监察部、财政部、商务部、税务总局、工商总局、预防腐败局	《关于规范商业预付卡管理意见的通知》
11	2011 年 8 月 23 日	银监会	中国银监会办公厅《关于人人贷有关风险提示的通知》
12	2011 年 9 月 20 日	保监会	《保险代理、经纪公司互联网保险业务监管办法》
13	2011 年 10 月 28 日	中国人民银行	《支付机构预付卡业务管理办法(征求意见稿)》
14	2011 年 11 月 4 日	中国人民银行	《支付机构客户备付金存管暂行办法(征求意见稿)》
15	2011 年 12 月 2 日	最高人民法院	最高人民法院《关于依法妥善审理民间借贷纠纷案件促进经济发展维护社会稳定的通知》
16	2012 年 1 月 5 日	中国人民银行	《支付机构互联网支付业务管理办法(征求意见稿)》
17	2012 年 5 月 16 日	保监会	《关于提示互联网保险业务风险的公告》

续表

序号	颁布时间	发文部门	政策法规
18	2013 年 3 月 15 日	证监会	《证券投资基金销售机构通过第三方电子商务平台开展业务管理暂行规定》
19	2013 年 3 月 15 日	证监会	《证券投资基金销售管理办法》
20	2014 年 1 月 6 日	国务院办公厅	《关于加强影子银行监管有关问题的通知》(107 号文)
21	2014 年 3 月 19 日	深圳市金融办	深圳市《关于支持互联网金融创新发展的指导意见》
22	2014 年 4 月 3 日	银监会、中国人民银行	中国银监会、中国人民银行《关于加强商业银行与第三方支付机构合作业务管理的通知》(10 号文)

(二)互联网金融融资的方式

一般而言,主要可通过 P2P 和众筹两种路径融资。当然,两种路径下具体又有不同的模式。随着经济高速发展、市场化程度加快,各种创新型模式正如春笋般涌现,蓬勃发展,并一点一点地在撬动看似牢不可破的传统金融领域。

1. P2P(网络借贷)

(1)P2P 的起源

P2P 其实是舶来品,国内的 P2P 借贷服务平台于 2006 年由宜信引入。全球第一家提供 P2P 金融信息服务的公司始于 2005 年 3 月英国伦敦的一家名为 Zopa 的网站。Zopa 网贷平台为不同风险水平的资金需求者匹配适合的资金借出方,而资金借出方以自身贷款利率参与竞标,利率低者胜出。这一信贷模式凭借其高效便捷的操作方式和个性化的利率定价机制常常使借贷双方共同获益。至此之后 Zopa 得到市场的广泛关注和认可,其模式迅速在世界各国复制和传播。

除了英国的 Zopa 外,目前世界上最具有代表性的 P2P 网络借贷平台还有美国的 Prosper 与 Lending Club、德国的 Auxmoney 和日本的 Aqush 等。其中,成立于 2006 年 2 月的 Prosper 是当前全球最大的 P2P 网络借贷平台。①

① 参见 21 世纪网,http://www.21cbh.com/2013/xintuo_86/737425.html,2014 年 10 月 22 日访问。

Prosper 的流程大致如下：首先，对于借款人而言，要先登记资料进行最基本的信用征信，并提供一篇计划书告诉大家需要这笔钱的用途，同时设定其能接受的利率底限，接着等待放款人放款。其次，对于投资者而言，先转一笔钱进 Prosper 存放，再以类似拍卖的步骤进行竞拍，投资者可看到借款人的信用状况（如是否有房屋、信用额度多少、欠缴记录等），投资者也可问借款者问题（如现金流状况等）以最后决定要下标的最低利率和放款金额。最后，如果集资总额达到借款目标那么 Prosper 就以当时最高的借款利率为准放款给借款人，此时放款人将会取得 Prosper 发行的证券化了的债权。[①]

（2）P2P 的特点

P2P 原本既是 Peer to Peer 的缩写，指局域网中的计算机可进行对等交互；也是 Person to Person 的缩写，指的是人与人之间直接对接。现今，P2P 的外延已成为一个金融词汇——P2P 借贷（Peer to Peer Lending 或 Person to Person Lending）。根据银监会与小额信贷联盟的公文，P2P 借贷的中文官方译名为“人人贷”。[②]

通俗而言，P2P 网贷是指个人通过网络平台相互借贷，即由网站（公司）作为第三方中介平台，借款人在平台发放借款需求信息，投资者向借款人放贷的行为。同时，P2P 平台也能从中盈利，主要是从借款人收取一次性费用以及向投资人（即贷款人）收取评估和管理费用。贷款的利率确定或是由贷款人竞标确定或者是由平台根据借款人的信誉情况和银行的利率水平提供参考利率。

P2P 在一定程度上降低了市场信息的不对称性，对利率市场化将起到一定的推动作用。由于其参与门槛低、渠道成本低、融资效率高，在一定程度上拓展了社会的融资渠道。但从目前来看，P2P 网贷暂时还是很难撼动银行在信贷领域的霸主地位，无法对银行造成根本性冲击。P2P 之所以兴盛，在于众多的中小企业难从银行融资，因此其服务对象主要定位为“被遗弃者”，被银行、信托等金融机构遗弃的一族，他们可能资信相对不足，有些甚至企图诈骗，导致网络平台催收不能，最终坏债累累以致崩塌。

---

① 参见银率网，http://www.yinhang.com/a_2014_0320_194411.html，2014 年 10 月 22 日访问。

② 参见姚文平：《互联网金融——即将到来的新金融时代》，中信出版社 2014 年版，第 38 页。

(3)P2P 的一般模式

根据网贷平台发挥的作用、责任以及对应的盈利来源,P2P 业务可划分为三种模式:无担保线上模式、有担保线上模式和线下模式,具体介绍如下:

➢ 无担保线上模式,以拍拍贷为代表,其运作模式如下:网贷公司属于单纯的网络中介,只负责制定交易规则和提供交易平台,不负责交易的成交以及贷后资金管理,不承担借款人违约带来的损失,对出借人不承担担保责任。其贷款利率采用竞标的形式进行确定,同时将贷款分散以降低出借人的贷款风险。

➢ 有担保线上模式,以红岭创投为代表,其运作模式如下:以网贷公司对出借人的资金提供担保,同时也重视贷后资金的管理,同时扮演了担保人、联合追款人的复合中介角色。由于网贷公司并非单纯的网络中介,因此收取的费用较无担保线上要贵。

➢ 线下模式,以陆金所为代表,其运作模式如下:这一模式下的网贷公司多由传统的民间借贷发展而来,网络只是一种宣传渠道,旨在吸引出借人和借款人到公司洽谈业务。贷款利率根据陆金所对借款人的信用审核来确定。

2. 众筹

全球市场最大最成功的众筹平台之一 Kickstarter 公布了其 2013 年的最新统计数据,数据显示有 300 万用户参与了 4.8 亿美元的项目融资。其用户遍布在全世界七大洲的 214 个国家。[①] 截至 2014 年 10 月底,Kickstarter 公布其融资总额已经达到 10 亿美元,这些融资来自于全球 730 万人。在 10 亿美元的融资总额中,有 8.59 亿美元用于支持成功项目——10 亿美元只是表示用于所有项目的资金,包括仍在开展的项目以及尚未实现融资目标的项目。迄今为止,Kickstarter 平台上共有 57121 个项目取得了成功。由于 Kickstarter 会从每个成功的项目中分成 5%,这意味着该平台的分成收入在 4300 万美元以下。[②]

2014 年上半年,国内众筹领域共发生融资事件 1423 起,募集总金额

① 参见 http://www.bixinews.com/7477.html,2014 年 11 月 10 日访问。

② 参见 kickstarter 官方网站,https://www.kickstarter.com/learn? ref = hero;凤凰网 http://tech.ifeng.com/internet/detail_2014_03/04/34403960_0.shtml,2014 年 11 月 3 日访问。

18791.07 万元人民币。据报告显示，上半年，股权众筹事件 430 起，完成募集资金 15563 万元，综合类众筹完成募集 1682.04 万元，垂直类众筹完成募集 1546.03 万元。综合类众筹平台实际发起项目为 708 起，垂直类众筹平台供给事件为 285 起。在综合类众筹平台中，众筹网共发起 455 个项目，募资 1126.38 万，占比 67%，在项目数量及募集金额上均领跑其他综合平台。①

虽然中国国内众筹规模与 Kickstarter 还有很大差距，但自 2011 年以来已如火如荼发展。据世界银行发布的众筹报告称，中国将是全球最大的众筹市场，预计规模会超过 500 亿美金，未来众筹的发展将存在很大的想象空间。② 对于投融资者来说，都是利好消息。

(1) 众筹的起源

众筹，译自国外 crowdfunding，即大众筹资或群众筹资。据称，众筹源自 300 年前一位英国古老诗人蒲柏，其于 1700 年通过众筹出版了自己翻译的诗集《伊利亚特》。其后的 1783 年，为使新近谱写的 3 部钢琴协奏曲登上维也纳大厅，莫扎特也进行了一场众筹。竖立在纽约港口的自由女神像的基座，也是由 12 万人众筹而成。③ 该"起源说"与艺术家或艺术挂钩，真实性有待进一步考证。若掀开"众筹"这一专业称谓的外衣，其实质就是将众人的钱集合在一起，而此行为具有一定的私密性，因此，也难考证其究竟源自 300 年前，还是 1000 年前了。

现代众筹是指通过互联网方式发布筹款项目并募集资金，似乎将筹资的方式或平台主要界定为互联网了。筹款项目成功后，项目发起人将会给予支持者对等的回报。回报方式可以是实物，也可以是服务。众筹平台的运作模式大同小异——需要资金的个人或团队将项目策划交给众筹平台，经过相关审核后，便可以在平台的网站上建立属于自己的页面，用来向公众介绍项目情况。众筹在业界被通俗地比作"凑份子"，甚至有段子戏称"寺庙里的和尚出门都不叫化缘，该叫众筹了"。

---

① 参见《2014 年中国众筹模式上半年运行统计分析报告》，载众筹网，http://www.zhongchou.cn/deal-show/id-14630，2014 年 11 月 3 日访问。

② 参见凤凰网，http://news.ifeng.com/a/20140805/41438928_0.shtml，2014 年 11 月 3 日访问。

③ 参见和讯网，http://iof.hexun.com/2014-09-23/168737112.html，2014 年 11 月 4 日访问。

(2)众筹的一般模式

众筹一般分为股权模式与非股权众筹两种。股权众筹,是指创业企业通过网络平台向大众筹资,并以股权作为回报的一种互联网金融业态。股权众筹相关法律可追溯至2012年4月,美国总统奥巴马签署了《2012年促进创业企业融资法》(即JOBS法案),允许小企业在众筹融资平台上进行股权融资,不再局限于实物回报。[①] 国内股权众筹平台主要有天使汇和大家投。

非股权众筹,具体可分为债权模式、公益模式及奖励(激励)模式,即投资者投入资金后并不拥有被投资企业的股权,要么是预购或预售的方式,要么是公益性的赠与或奖励等方式。国内非股权众筹平台主要有点名时间、众筹网、淘梦网等等。

(3)众筹的特点

众筹是互联网投融资的一种方式,与其他投融资方式相比,有其自身的特性和优势,具体如下:

➢ 低成本。众筹模式最大的特点便在于其便利、低成本性,只要拟融资方有创意、有点子,便可成为项目发起人,借助众筹平台向社会大众融资,因此拓宽了人脉,节约了联络借款的时间成本与费用成本等。

➢ 大众性。众筹支持者通常是普通的草根民众,而非公司、企业或是风险投资人,而且数量一般较多。

➢ 低门槛。发起者无特别限制,无论职业、年龄、身份、地位、性别,只要有想法有创造能力都可以发起项目。

➢ 多样性。众筹的方向具有多样性,在国内的众筹网站上的项目类别包括教育、设计、科技、音乐、影视、食品、漫画、出版、游戏、摄影等。

➢ 高创性。发起人必须先将自己的创意(设计图、成品、策划等)达到可展示的程度,才能通过平台的审核,而不单是一个概念或者一个点子,要有可操作性。

虽然众筹有其自身独特的优势,然而,与P2P相比,不可否认,众筹尚处于一个相对"无闻"的阶段。由于众筹容易触碰法律红线,踩到非法集资、非法吸收公众存款等刑事犯罪的地雷,目前我国对这种公开募集资金型的众筹方式持

---

① 参见和讯网,http://iof.hexun.com/2014-09-30/169004341.html,2014年11月4日访问。

有一个较为谨慎的态度，因此，短期内对企业融资甚至整个金融行业的影响有限。

（三）互联网金融融资的特点

1. 运营成本低

市场充分有效，接近一般均衡定理描述的无金融中介状态（互联网金融平台仅充当“信息中介”的角色），可以达到与现在资本市场直接融资和银行间接融资一样的资源配置效率，在促进经济增长的同时，还能大幅减少交易成本。①

2. 贷款门槛低

首先，主体无限制，企业家、普通百姓都可以通过互联网进行各种金融交易；其次，金额、期限无限制，与银行贷款不同，通过互联网金融融资借款人可贷款的金额、期限无特别限制，尤其是短期贷款，基本可自由约定贷款期限；此外，款项的用途、去向也无特别要求，比如未要求“款项务必用在企业生产经营”之类。而且，最为关键的是，一般而言不需要借款人提供担保，有另外的担保公司或相关机构提供贷款，借款人仅需支付一定的担保费。

3. 操作简单、效率高

互联网金融融资，流程少、易于操作。首先借款人，申请借款无须提交繁杂的证明材料，一般而言，需在融资平台网站注册，然后提供相应的资产收入证明；其次相比银行贷款不需要经过严格的审核流程，贷款人支付十分便捷。因此，最终融资效率较高。

4. 风险系数高

由于是融资方式的创新，而创新总是附有一定风险，越过一定界限可能触碰刑事犯罪，借款人与融资平台可能构成非法集资罪、非法吸收公众存款。同时，由于借款人往往是“被遗弃”的一族，他们一般资信比较低，如果是中小企业万一遇资金链断裂，如果是个人遇资不抵债，都可能无法及时偿还贷款。此时，互联网金融平台与投资者都将面临大于银行贷款等其他投资方式的风险。

---

① 参见谢平、邹传伟：《互联网金融模式研究》，载《金融研究》2012 年第 12 期。

(四)互联网金融融资的一般流程(具体见图4-5)

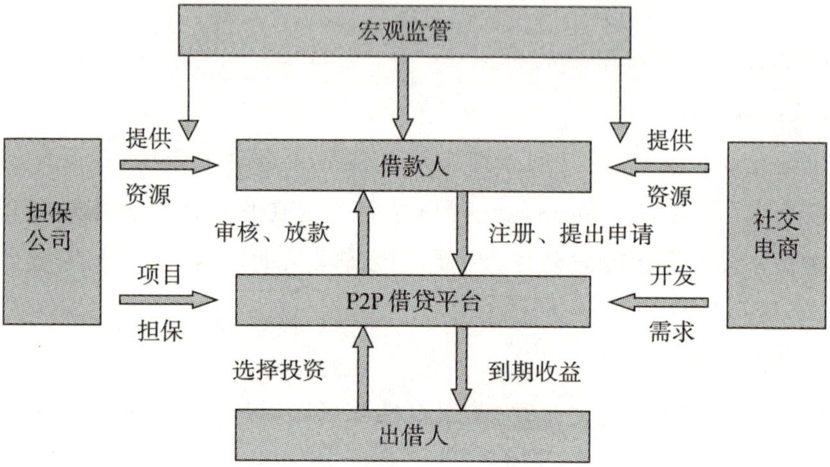

图4-5 互联网金融融资一般流程图

二、互联网金融融资的具体业务介绍

(一)P2P具体业务模式

P2P有哪些业务模式?P2P网络借贷平台为借贷双方提供信息流通交互、撮合、资信评估、投资咨询、法律手续办理等中介服务,有些平台还提供资金移转和结算、债务催收等服务。根据网贷平台发挥的作用、责任以及对应的盈利来源,其业务可划分为三种模式:无担保线上模式、有担保线上模式和线下模式。

1.无担保线上模式(拍拍贷)

拍拍贷是无担保纯线上模式的代表企业。拍拍贷成立于2007年6月,公司全称为"上海拍拍贷金融信息服务有限公司",总部位于国际金融中心的上海,是中国第一家P2P(个人对个人)网络信用借贷平台。目前,拍拍贷是注册用户量和数据交换量最多的P2P平台。其贷款业务主要有五种,分别是普通借款标、网购达人标、应收安全标、私营企业主标及莘莘学子标。分别针对普通工薪族、网购达人、网店卖家、私营企业主及大学生。不论哪种均无需提供担保,而且都是线上完成操作。本节将选取"私营企业主标"进行介绍。①

① 参见拍拍贷官方网站,http://www.ppdai.com/borrow/listtype_sy,2014年10月28日访问。

私营企业主如果需要融资，可考虑通过拍拍贷网络平台借款，优势在于无抵押、无担保，而且通过在线申请如果符合条件便可达成交易、短期内即可到账（具体见表 4－11）。

表 4－11　拍拍贷之私营企业主标主要内容表

<table>
<tr><td colspan="4">拍拍贷之私营企业主标</td></tr>
<tr><td colspan="2">适用对象</td><td colspan="2">私营业主</td></tr>
<tr><td>额度</td><td>3000 元～50 万元</td><td>贷款利率</td><td>12%～24%（即月利率：1%～2%）</td></tr>
<tr><td>贷款期限</td><td>3～12 个月</td><td>投标时间</td><td>1～15 天</td></tr>
<tr><td rowspan="6">应交材料</td><td colspan="3">身份证</td></tr>
<tr><td colspan="3">企业或个体工商户营业执照原件</td></tr>
<tr><td colspan="3">居住证明文件：
银行对账单、公用事业缴费单、房产证、户口簿</td></tr>
<tr><td colspan="3">收入证明文件：
央行征信记录、交易流水或银行存折、行驶证</td></tr>
<tr><td colspan="3">其他：全日制高中以上学历</td></tr>
<tr><td colspan="3">有收入来源</td></tr>
<tr><td>申请流程</td><td colspan="3">网站注册——发布借款——资质审核——筹集资金——网上达成交易——资金到账——定期还款</td></tr>
<tr><td>审核时间</td><td>满标后 1～3 个工作日</td><td>还款方式</td><td>等额本息，按月还款</td></tr>
<tr><td>手续费</td><td colspan="3">借款期限 6 个月（含）以下，借款成功后，本金的 2%；
借款期限 6 个月以上，借款成功后，本金的 4%（不成功不收取成交服务费）</td></tr>
</table>

拍拍贷，属于单纯的中介，只负责提供交易平台，不负责成交和贷后资金的管理，不承担借款人违约风险和担保责任。其风控措施包括：与十几家数据中心展开合作，如公安局身份证查询中心、工商、法院系统来验证借款人身份信息，认证后，基于其社交圈，利用自有系统对借款人进行评级，设立安全的信用额度。在借款人违约后，区分是恶意违约，还是确有困难来决定是否帮借款人偿还款项，对恶意者列入黑名单。该模式无担保，但仍有本金的保障计划。其营利模式：中介信息平台，成交后根据借款期限不同，征收手续费、催收费（只针对借款人）。

2. 无担保线上、线下模式(宜信)

宜信,创建于2006年,在我国境内首次引入网络借贷平台。目前已经在133个城市(含香港地区),48个农村建立起强大的全国协同服务网络,为客户提供全方位、个性化的普惠金融与财富管理服务。普惠金融项下有宜学贷、宜车贷、宜房贷、宜人贷、宜信租赁、普惠一号、信翼计划、小微企业信贷服务中心、农商贷等,贷款对象包括个人与企业。其中,宜人贷主要针对个人对个人P2P的贷款业务,小微企业信贷服务中心主要针对小微企业主和个体工商户群体,而且前者为线上模式,后者为线下模式,但两者通常都不需要提供抵押等担保(除房易贷)。[①] 以下将选取宜人贷与小微企业信贷服务中心为代表,对其具体要求及操作流程进行较为详细的介绍。

(1)宜人贷——线上端

相关条件及流程

借款额度:1万~50万元。

申请条件及相关材料:借款人年龄在22周岁(含)至55周岁之间;借款人的税后月薪需在4000元人民币以上。需要身份证复印件、工资卡银行流水、央行信用报告等证明材料。

相关费用:借款成功之后,借款人每月还款时需支付借款金额的0.235%~0.330%作为平台费。根据借款期限不同,所需平台费有所不同,具体平台费参看下表:当前优惠期内(2014年12月31日前),身份验证(7次内)及借款审核均为免费,在借款成功前,无需支付任何费用。

表4-12 "宜人贷"相关产品信息表

期限	年化利率	平台费/月
12个月	10%	0.330%
18个月	10.5%	0.307%
24个月	11%	0.284%
36个月	12%	0.235%

具体操作流程:首先,在宜信官网上注册一个账号,以便后期相关操作;其

① 参见宜信官方网站,http://www.creditease.cn/index.html,2014年10月24日访问。

次，点击“我要借款”选项，在线填写借款信息，包括借款金额、用途、期限、可接受每月最高还款额度等；再次，在线填写个人的详细信息，学历、工作、房产、收入等；最后，在线上传前述证明材料。接下来的工作是等候审核，审核通过，签订《宜人贷借款及服务协议》，最后接受平台放款。

(2)小微企业信贷服务中心——线下端

小微企业信贷服务中心具体有两种类型的贷款，分别是商易贷和房易贷，其中商易贷适用对象为在本地有个人房产且有稳定生意的人群，房易贷适用对象为在当地正常经营半年以上的人群(个体工商户、小微企业主等)。

◆ 商易贷相关条件及流程

申请额度:1 万 ~50 万元。

申请条件及相关材料:该种贷款适合在当地正常经营半年以上的人群(个体工商户、小微企业主等)，借款人年龄在 22 周岁(含)至 55 周岁之间，须在本地居住，是信用担保，无抵押无其他担保。申请人需提供如下证明材料:身份证明、居住证明、经商证明、主要账户流水及信用报告等。

关于具体操作流程，虽然前期同样需要经过网上注册，对个人信息、借款信息等进行网上填写，但与宜人贷不同的是，下一步是进行网上预约，并非直接在线申请，之后等待后台评估、审核。此时，审核并非仅需上传提交身份证明、信用证明等凭证，而是由宜人贷分布在各地的网店或营业部，上门进行审核、开展实地调查。具体见表 4 - 13

表 4 - 13 “商易贷”计划主要内容表

商　易　贷		
1	适用对象	在当地正常经营半年以上的人群 (个体工商户、小微企业主等)
2		年龄要求 22 ~55 周岁
3		居住要求须在本地居住
4	担保方式	信用(无抵押、无担保)
5	贷款额度	1 万 ~50 万元
6	贷款期限	6、9、12、18、24 个月
7	办理时间	2 ~5 个工作日

续表

商易贷		
8	需提供资料	1. 身份证明　2. 居住证明 3. 经商证明　4. 主要账户流水 5. 信用报告
9	基本流程	提交申请——评估、审核——协议签署——资金到账

◆ 房易贷相关条件及流程

房易贷并非通常所谓的购房贷款，而是“有稳定生意的人群”通过抵押自己的住房或商用房来获得贷款，因此非信用贷款，而是需提供抵押的担保贷款。贷款额度是商易贷的 10 倍，其他条件及流程基本相同。（具体见表 4 - 14）

表 4 - 14 “房易贷”计划主要内容表

房易贷		
1	适用对象	在本地有个人房产且有稳定生意的人群
2		年龄要求 18 ~ 60 周岁
3		居住要求须在本地居住
4	担保方式	个人住宅、商用房产抵押
5	贷款额度	10 万 ~ 500 万元
6	贷款期限	6、9、12、18、24 个月
7	办理时间	2 ~ 5 个工作日
8	需提供资料	1. 身份证明　2. 居住证明 3. 经商证明　4. 信用报告 5. 抵押房的房产证及备用房的房产证
9	基本流程	提交申请——评估、审核——协议签署——资金到账

上述两种贷款产品，虽都是线上、线下相结合，但主要操作步骤是线下完成，并都通过营业部。具体见图 4 - 6：

3. 无担保线下模式（陆金所）

2011 年 9 月，陆金所在上海市政府的支持下成立，注册资金 8.37 亿元人民币。从公司全名“上海陆家嘴国际金融资产交易市场股份有限公司”中可以看出，陆金所与国内其他 P2P 企业相比，富二代气质一览无余。陆金所具体分为

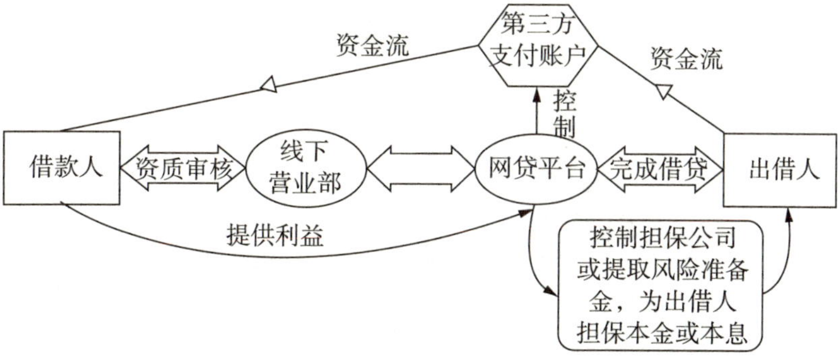

图 4－6 “商易贷”“房易贷”产品操作流程图

Lufax 和 Lfex 两种，前者主要是对个人投资者，后者主要是对公司业务。①

其中，“稳盈—安 e 贷”是 Lufax 平台主打项目之一。首先，借款人仍需在网站注册，申请用户名，填写基本信息，然后在线发布借款申请，等待后台运营。开始线下操作模式。

其次，借款人向担保公司递交材料申请借款担保，担保公司审批申请并决定是否提供担保。如果担保公司决定提供担保，则意味着对投资人即贷款人提供担保代偿服务。陆金所服务平台联系投资人，将投资资金转入平台，由平台代出借人发放借款，贷款相应的本金及收益也是由平台代收，后转入投资人。(具体见图 4－7)

4. 有担保线下模式(红岭创投)

红岭创投，为深圳市红岭创投电子商务股份有限公司旗下的互联网金融服务平台，于 2009 年 3 月正式上线运营。虽然其不是国内最早的互联网金融平台，但目前已发展成中国互联网金融中 P2P 网络信贷行业的领军企业之一。虽然 2014 年红岭创投曾一度成为互联网金融界的“新闻头条”，被传“坏债过亿”或“濒临倒闭”等，但风波终将过去。换个角度而言，大平台出现风控危机也属正常，对于红岭创投来说未必是坏事，同时对整个 P2P 行业来说甚至是好事。

红岭创投以前有线上无担保模式，但在风波事件之后的融资产品，基本上

① 参见陆金所官方网站，https://promo.lufax.com/activity－pages/sem－register/sem－register.html?marketFeedbackCode＝eyJ1cmxUaWQiOiltNzc5MCIsInVybFNvdXJjZSI6IjE4MzgyIn0，2014 年 7 月 13 日访问。关于陆金所的相关介绍详见其官网。

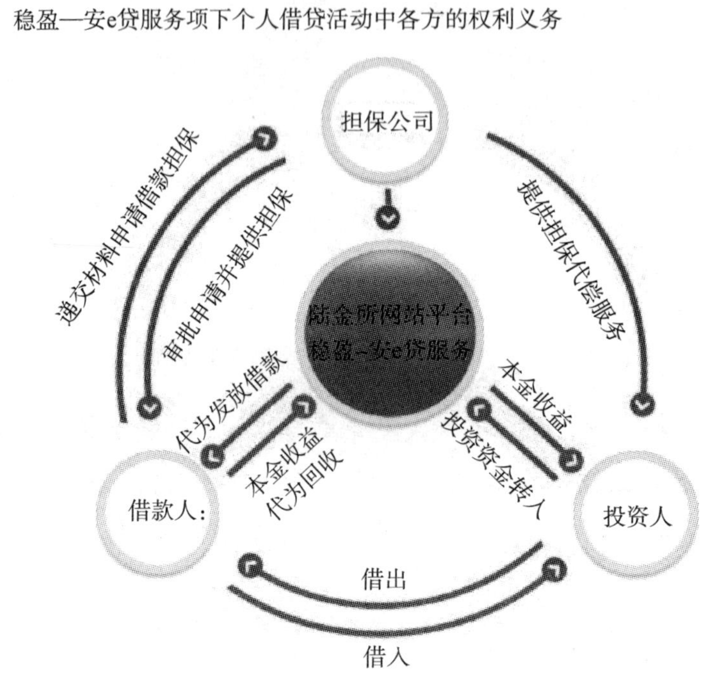

图4－7 “稳盈—安e贷”产品操作流程图

都是线下且需提供担保的模式，除公信贷。具体主要包括如下几类：公信贷、房易贷、车易贷、股权贷、股权贷、综合贷、开发贷以及担保贷，对象分别是公务员、有房产的个人或公司、有车的个人、拟上市的企业、有房产且愿抵押的企业、房地产开发企业以及有上市公司或大型企业担保的企业。本节主要针对股权贷和担保贷进行介绍。①

相比其他几种模式，红岭创投的贷款流程相对繁杂，但各产品的操作流程基本相似，主要如下：首先，可线上或线下提出贷款申请；其次，平台会组织贷款调查与贷款审查，接着将展开审批，前述流程都通过的话，平台将与融资方签订贷款协议；最后，贷款发放。

申请主体个人与企业都可以，但如果是个人的话，似乎限定在珠三角城市，企业的话，可放宽到其他一线、二线城市。须提交书面材料如下：

---

① 参见红岭创投官网，http://www.my089.com/Borrow/Product.aspx? c＝5，2014年10月28日访问。

➢ 反映企业法人或实际控制人的个人信息资料

身份证、户口本、婚姻证明文件、配偶身份证(如已婚则提供)、资产证明文件(房产证、车辆行驶证等)、个人征信报告(请至当地人民银行打印)、个人住址证明(有效投递)及个人主要银行账户流水(最近6个月)。

➢ 反映企业基本情况的资料

企业营业执照、组织机构代码证、税务登记证、特殊行业经营许可证、开户许可证、工商信息查询单(深圳、珠海除外)、企业情况简介、主要管理人员简介、最新企业章程、企业股东身份证、企业资产证明文件(房产证、车辆行驶证、设备、专利等)、贷款卡、贷款卡查询记录、企业注册资本验资报告。

➢ 反映企业财务信息的资料

上年度及最近6个月的纳税申报表等纳税证明或完税凭证、最近3年财务报表、最近6个月财务报表、最近6个月财务报表的主要科目明细(应收、其他应收、存货、固定资产、借款、应付、其他应付等科目)、最近6个月个人及对公银行对账单(流水经银行柜台打印或网银导出均可,抬头必须显示"对公户名及账号",流水收支必须显示"日期""对方户名"及"摘要信息")、最近3个月员工工资表、最近3个月员工水电费支付凭证、最近3个月企业租金支付凭证、最新办公场所租赁合同(最好提供备案合同)、企业业务合同(订单/采购/销售/投资等)、银行/信托/小额贷款等机构的借款合同及抵押合同。

借款方式		
1	借款额度	不限
2	借款年利率	上限24%
3	借款期限	1、3、6、9、12、18、24个月
4	审核时间	3~5个工作日
5	还款方式	按月分期还款、每月还息到期还本、不规则还款方式

(二)众筹具体业务模式

众筹分为股权众筹与非股权众筹,具体如何操作?

1. 非股权众筹(众筹网)

非股权众筹在境外的典型为Kickstarter,全球最著名的众筹网站,致力于支持和激励创新性、创造性、创意性的活动,通过网络平台面对公众募集小额资金，让有创造力的人有可能获得他们所需要的资金，以便使他们的梦想实现。Kickstarter 提供了“有创意、有想法，但缺乏资金”与“有资金，也愿意捐款支持好创意”的平台。

在境内的典型为众筹网，下文将主要对众筹网进行介绍。众筹网，于 2013 年 2 月成立，是中国最具影响力的众筹平台之一，是网信金融集团旗下的众筹模式网站，为项目发起者提供募资、投资、孵化、运营一站式综合众筹服务。众筹网的运行规则：首先，筹资项目必须在发起人预设的时间内达到或超过目标金额才算成功。若未达成，没有达到目标的项目，支持款项将全额退回给所有支持者。若达成，网友将得到发起人预先承诺的回报。① 融资方借助众筹平台发起众筹，具体流程及相关要求如下：

(1) 具体流程

➢ 注册。首先，在众筹网注册登录，填写个人的基本信息。

➢ 发起。然后，在成为众筹网注册用户后，在网页上方点击“发起项目”，根据提示在网站上提交所需要的基本项目信息，包括图文结合的项目介绍、回报说明，以及真实有效的个人信息。

➢ 审核。完成后便可提交审核。审核人员会对项目进行初审为 1 ~ 3 个工作日，通过后便进入二审阶段，如需修改调整，会有项目经理联系项目发起人，周期 1 ~ 3 个工作日。

(2) 发起人的资格

➢ 首先，作为项目发起人应为众筹网的注册用户。

➢ 其次，作为项目发起人的单位应为依法成立并登记备案的企业法人或其他组织；作为项目发起人的个人，应为年满 18 周岁并具有完全民事行为能力和民事权利能力的自然人，如项目发起人未满 18 周岁，应由其监护人代为履行本协议权利和义务。

➢ 再次，发起人应按照众筹网的要求，进行必要的身份认证和资质认证，包括但不限于身份证、护照、学历证明等的认证。

➢ 最后，应拥有在中国大陆地区开户并接收人民币汇款的银行卡或支付宝账户。

---

① 参见众筹网，http://www.zhongchou.cn/helpnew-about/id-1，2014 年 11 月 10 日访问。

(3)发起项目的相关要求

发起人在众筹网上发起的项目，不论具体主题如何，[①]都应符合众筹网的如下要求：

➢ 首先，应明确具体的开始时间和结束时间。截至项目结束时间，如项目众筹金额低于预定众筹金额，则项目众筹失败；如项目众筹金额等于或大于预定众筹金额，则项目众筹成功。

➢ 其次，不应抄袭、盗用他人的成果发起众筹项目，创意类产品必须为原创。而且，不得包含非法、色情、淫秽、暴力等内容，不得含有攻击性、侮辱性言论，不得含有违反国家法律法规、政策的内容及其他众筹网认为不适宜的内容，还应保证发起的项目应内容完整、合理，具有可行性。

➢ 再次，发起人应对本人及发起的项目进行介绍，同时，应向项目投资人充分说明项目存在的风险及挑战，以便于项目投资人对项目有全面充分的了解，从而独立慎重作出是否投资的决定。项目不得以未来收益（利润）作为回报，不得涉及股票、债券、分红等相关承诺。

➢ 发起的项目不得在国内外同类众筹网站同时发起，不应与第三方存在任何权利纠纷，否则因此导致的一切损失（包括众筹网因此被第三方权利追索而遭受的一切损失）由发起人本人承担。

➢ 最后，在项目发起后的运行过程中，应及时回复网友的提问，与项目投资人进行充分互动，促成项目众筹成功。项目发起后，应及时更新项目进展情况，以包括但不限于以照片、视频、素描等方式展示项目的进度信息。

2. 股权众筹（大家投）

股权众筹，投资者除了可以得到投资回报和与创业者进行交流之外，还可以成为他们所支持企业的股东。股权众筹在境外主要有美国的Fundersclub，英国的Crowdcube（全球首个股权众筹平台），境内主要有天使汇、点名时间（首个

---

① 以下类别的项目和内容不被允许在众筹网上发布：婴儿用品相关，洗浴和美容产品相关，保健品、营养补充剂相关，医疗器械、安全用品、成人用品相关，枪支、武器和刀具相关，房地产相关，兑奖、彩票和抽奖活动相关，竞赛（为了获得资助而在项目中允诺提供竞赛报名费和奖金等），毒品、类似毒品的物质、吸毒用具、烟等相关，财政奖励（所有权、利润份额、还款贷款等），多级直销和传销类相关，令人反感的内容（仇恨言论、不适当内容等），色情内容相关，支持或反对政治党派的项目，推广或美化暴力行为的项目，非创意类公益项目（如呼吁献血、捐款），招商加盟类项目，开店（如网店、服装店、小卖部、饭店、旅馆），建设网站等，涉及宗教类项目，调查问卷类项目。

中国众筹平台)。本节主要选取大家投进行介绍。

(1)具体流程

➢ 首先,在大家投网站注册登录,填写包括个人身份证号码在内的基本信息。

➢ 其次,提交融资项目商业计划书,大家投网站对项目进行审核,[①]如果审核不通过,审核人员须注明不通过理由,项目方看到拒绝理由可修改项目资料重新提交审核,第二次提交审核还不通过,项目方将无法进入平台融资。

➢ 再次,项目通过审核后,便进入项目库,[②]收入投资人收藏项目。然后,投资人约谈创业者,领投人[③]认投项目。

➢ 又次,创业者对领投人的领投意向进行确认,由大家投与融资项目方签订融资居间协议,跟投人开始跟投项目。

➢ 最后,融资项目额度被认投满额后,由投资人向投付宝转账,众筹成功,线上流程结束,转入线下增资扩股手续办理流程。

(2)发起人的资格

大家投并没有列明对投资者的具体要求,但是指明谢绝如下“创业者”进入平台融资:

➢ 边上班边融资,等融到钱才愿意辞职的打工者;

➢ 自己一分钱都不投资的创业者;

➢ 同时有几个项目在创业的创业者;

➢ 项目只有几页文档,没有团队没有任何实际行动的创业者;

➢ 对项目融资预算没有成熟规划,能融多少算多少的创业者。

---

① 主要审核内容包括:项目资料是否齐全、项目估值是否合理、项目商业模式是否可行等。

② 除了上述途径外,项目进入项目库还有另外一种途径:通过注册成为天使投资人(跟投人),提交资料申请成为领投人,大家投审核通过领投人后,直接进入项目库。

③ 领投人,领投人作为融资的投资人和牵头人,除向项目公司投资人民币若干万元外,应为融资成功提供以下支持:要求项目公司提供公司成立、资产、人事、知识产权、财务、关联交易及其他与当次项目投资有关的资料,并对材料的真实性、进行审核,经领投人审核通过和当次融资开始后,在“大家投”平台上公布相关资料,供项目其他投资人查阅,以促成本次融资;向项目其他投资人公布本人或其他合伙人的联系方式,接受其咨询与监督,并定期向项目其他投资人汇报项目融资进展情况;众筹资金募集成功后,担任持股实体的有限合伙企业的普通合伙人/执行事务合伙人;本当次融资完成后,自行或委派有限合伙企业的其他合伙人担任项目公司董事;为融资提供咨询意见。

(3)发起项目的相关要求

大家投对融资项目会进行审核，主要审核要求或者标准如下：

➢ 项目信息完整；

➢ 团队全职专注经营本项目，团队成员就学、工作简历清晰、明确（具体到时间节点、单位、职务）；

➢ 商业模式或技术方案清晰、聚焦、有市场可行性，具有创新性；

➢ 融资额度合理（项目 12～18 月开支），用途清晰，分期付款方式合理；

➢ 股东出资、历史财务数据清晰明确、逻辑合理；

➢ 市场高成长性；

➢ 融资金额在 20 万～1000 万元人民币之间；

➢ 只有想法尚未启动的项目不允许进入平台融资。

三、互联网金融融资潜在的风险及其应对

当企业或个人向 P2P 平台申请贷款或通过众筹平台融资时，借款人或平台并非立即应允，虽不需像银行贷款那样经过历时最长可达几个月的信用等级评估、尽职调查、层级审批等一系列流程之后，才承诺发放贷款，但也还是需要审核。之所以要审核，最主要的原因在于风险的防控，否则将会影响投资者的利益，甚至将影响平台自身的发展。近年来，平台倒闭的案例并不鲜见，投资者投资款无着落也是常有的事。对于融资者或借款人而言，相比投资者及平台，看似更多是获益者角色，实质上，也会触及诸多风险，包括商业风险及法律风险两个方面。

商业风险，主要体现为申请借款被借款人或平台拒绝的风险，获得贷款迟延导致融投资机会错失以及获得贷款后无力偿还的风险。防范第一、第三个风险的关键主要在于借款人要有良好的征信，申请时提交的材料真实、全面，后期还款及时。对于第二个风险，借款人难以防范，因不论是 P2P 平台还是众筹平台，相比其他融资方式而言其效率已经较高了。

本节主要讨论可能存在的法律风险及其应对措施。不管是 P2P 借款还是众筹融资，借款人（融资者）与贷款人（投资者）都会签订相关协议，其实质类似《合同法》中的借款合同，当然值得一提的是此类合同是否具有法律效力（后面将详细提及）。因此，如果借款人违反其与贷款人签订的《××合同》，首先要承

担民事违约责任。对于合同未约定的内容，同时相关法律或部门规章有规定的，应承担法律规定的责任。甚至，如果触及刑事法律的规定，构成刑事犯罪，则应承担刑事责任。

（一）民事法律风险及其应对

1. 典型案例介绍（P2P 平台起诉借款人第一案）

“中国 P2P 行业催收第一案近日正式在上海宣判。此次案件的原告是国内 P2P 网络借贷平台‘点融网’。上海市黄浦区人民法院近日判决：被告李臣明败诉，责令归还借款本金；李臣明的担保人和担保公司负连带清偿责任。”①为便于读者深入了解此类纠纷，特根据判决书②内容整理案情介绍如下：

点荣公司系提供借贷居间服务的有限责任公司，其拥有 www. dianrong. com 网站，出借人与借款人可通过成为该网站会员达成借贷意向。2013 年 7 月 8 日，李臣明通过点荣公司网站与会员号为 77631 等 80 人达成借款意向，借贷双方根据网站提供的格式文本约定：会员号为 77631 等 80 人共计向被告李臣明出借资金 50 万元，借款期限为 12 个月，利息为年利率 21. 99%，还款方式为每月等额本息，若李臣明在还款日之次日起算的 7 天内未足额还款的，则应按每日万分之五向出借人支付逾期罚息，且逾期本金的正常利息不停止计算；若借款人逾期支付任何一期还款超过 90 天或借款人在逾期后出现逃避、拒绝沟通或拒绝承认欠款事实等恶意行为，本协议项下的全部借款本息视同提前到期，借款人应立即清偿本协议项下尚未偿付的全部本金、利息、罚息及根据本协议产生的其他全部费用；若借款人逾期 90 天支付任何一期还款的，借款人应当按照借款余额的 20% 支付违约金；若借款人出现逾期还款 90 天或借款人在逾期后出现逃避、拒绝沟通或拒绝承认欠款事实等恶意行为的，全体出借人一致同意将本协议项下债权无偿转让给点荣公司，由点荣公司统一向借款人追索；本协议各方均应严格履行协议义务，任何一方违约，违约方应承担因违约使其他各方产生的费用和损失，包括但不限于调查费、诉讼费、律师费等。

---

① 参见新浪财经，http://finance. sina. com. cn/stock/t/20140910/112820253698. shtml，2014 年 11 月 12 日访问。

② 参见上海法律文书检索系统，（2014）黄浦民二（商）初字第 176 号，http://www. hshfy. sh. cn:8081/flws/text. jsp? pa = ad3N4aD0yJnRhaD2jqDIwMTSjqbvGxtbD8bb + KMnMKbP119a12jE3NrrFJnd6PQPdcssPdcssz。

该协议成立后，吴根花、上海清川塑胶制品有限公司通过签订保证合同承诺，对李臣明的还款义务承担连带责任。上述协议生效后，全体出借人通过点荣公司向李臣明放款50万元，但李臣明仅支付了两个月的本息，尚欠本金424,045.81元。嗣后，点荣公司多次派员向李臣明追索余款，但李臣明及吴根花、上海清川塑胶制品有限公司均予以回避。现全体出借人已根据协议将债权转让给点荣公司，点荣公司遂提起起诉。要求李臣明支付点荣公司本金424,045.81元、借款利息（自2013年9月9日起至被告实际清偿日止，以本金424,045.81元按年利率21.99%计付）、逾期还款的罚息（自2013年9月22日起至被告实际清偿日止，以本金424,045.81元按日万分之五计付）、违约金84,809.16元（以欠款余额424,045.81的20%计算）及律师费5万元；同时判令吴根花、上海清川塑胶制品有限公司对前述各项承担连带责任。

然而，借款人李臣明及保证人吴根花、上海清川塑胶制品有限公司均未给出任何答辩意见。

法院经审理后认为：全体出借人与李臣明通过点荣公司网站达成的借款协议合法有效，借贷双方均应严格履行。现李臣明仅履行两期还款义务，显属违约，应承担清偿本金、偿付利息、罚息、违约金及赔偿律师费之责任。鉴于全体借款人已将系争债权转让给点荣公司，故李臣明应向点荣公司承担上述责任。由于吴根花、上海清川塑胶制品有限公司作为保证人并未按约主动承担保证责任，故亦应对李臣明的上述还款义务承担连带清偿责任。

2. 深入剖析

有业内人士称，虽然该笔借款总金额不多，仅50万元，但意义重大。因为P2P平台借款项目一般金额较小而投资人又较多，所以一般P2P平台遭遇借款人违约的情况后很少采用法律诉讼的方式，也因此，P2P平台投资风险往往令人担忧。[①] 不难看出，相关评论多是从投资者的视角出发的。确实，该案对于投资者而言不但有警示作用，还为投资者维权提出了借鉴。但是，作为融资者，似乎更应该有醍醐灌顶的作用。毕竟，在判决书公开化、网络信息发达的今天，融资方一旦涉诉且败诉，其信誉将受到极大的负面影响，甚至后续拟融资只怕是

① 参见东方财富网，http://finance.eastmoney.com/news/1585,20140910422152730.html，2014年11月12日访问。

雪上加霜。

当然,在法律层面,该案有如下几个问题值得讨论:

(1)借款协议效力

在本案中,借款人是被告李臣民个人,出借人是80个人,平台仅起居间作用。该协议效力不容否认,应是合法有效。但是,根据点融网官网显示,个人及小微企业均可注册,平台均为其提供服务。那么问题就来了,如果小微企业A注册成为贷款人,向平台用户自然人B借款,且双方正好达成借款协议,该协议的效力并无争议。但如果贷款人并非自然人,而是另一小微企业,双方即两个小微企业之间签订的借款协议又是否有效?

企业之间的借款合同,在司法实践中多数法院会因企业不具备从事金融业务资质多而认定合同无效,法律依据主要来源于两点:其一,人民银行发布的《贷款通则》第61条规定"企业之间不得违反国家规定办理借贷或者变相借贷融资业务";其二,最高人民法院1996年发布的《关于企业借款合同借款方逾期不归还借款的应如何处理的批复》中认为"企业借款合同违反有关金融法规,属无效合同"。但是,根据最高人民法院副院长奚晓明在全国商事审判会议上的讲话,对不具备从事金融业务资质的企业之间,为生产经营需要所进行的临时性资金拆借行为,如提供资金的一方并非以资金融通为常业,不属于违反国家金融管制的强制性规定的情形,不应当认定借款合同无效。①

此外,根据最高人民法院于2014年6月27日发布的"郑州广厦置业有限公司、毋尚梅与被上诉人郑州佳德物业服务有限公司、李振州借款担保合同纠纷"判决书,最高人民法院以及河南省高级人民法院均认为,企业之间的借款若系临时性资金拆借,其合同并不违反国家金融管制的强制性规定,应当合法有效。

因此,关键似乎在于如何认定"企业之间的借款是否为临时性资金拆借"。那么,P2P平台的这种企业与企业之间的借贷如何认定呢?

---

① 关于奚晓明法官的讲话,其还提到,对"民间借贷"这一概念的范围,司法部门与行政监管部门的理解并不一致。按照1991年最高人民法院下发的《关于人民法院审理借贷案件的若干意见》中的规定,此类案件是指自然人之间的借贷纠纷、自然人与法人之间的借贷纠纷,以及自然人与其他组织之间的借贷纠纷。金融监管部门所掌握的标准是,凡商业银行金融借贷以外的借款合同纠纷均属于民间借贷。其中,既包括自然人之间的生活消费性借贷,也包括企业之间的生产经营性借贷。就企业间的借贷而言,既包括具备金融从业资质的小贷公司、典当公司等非银行机构与企业间的借贷,也包括不具备金融从业资质的企业之间的资金拆借行为。

(2)居间服务费条款效力

根据现行司法解释,无论公民间、公民与企业间抑或企业与企业之间的借贷合同,其约定的借款利率均不得超过中国人民银行公布的基准利率的4倍,否则超过部分无效。在实践操作中,借款协议往往是三方签订,甚至是四方签订。前者一般是指平台作为居间人,作为协议签订的一方主体,后者可能还包括第三方担保人。不论是三方还是四方,只要有平台作为居间方,便会对居间费用作出约定。看似是中介居间,但实质上难逃"规避超过4倍利率违法性"之嫌疑。对此,适合合法,在理论与实践中也存有争议。

(3)违约责任条款

本案中,借贷双方签订了一份借款合同格式文本。[①] 其中,关于违约责任约定如下:

第八条　逾期还款

8.1 借款人应严格履行还款义务,借款人未于借款协议规定的还款日前足额还款、但于还款日之次日起算的4天内足额还款的,无需支付逾期罚息。若借款人在还款日之次日起算的4天内未足额还款的,则应按照下列公式计算并向出借人支付逾期罚息。且逾期本金的正常利息不停止计算。借款人还清全部本金、利息、罚息之前,罚息计算不停止。

罚息总额=逾期本息总额×对应罚息利率×逾期天数

8.2 若借款人逾期支付任何一期还款或借款人出现逃避、拒绝沟通或拒绝承认欠款事实等恶意行为,网站有权将借款人的逾期记录计入网站黑名单或相关合作方的信用记录以及国家和地方的公民征信系统;一切相关法律责任及后果概由借款人自负,与出借人及网站无涉。

8.3 若借款人逾期支付任何一期还款或借款人出现逃避、拒绝沟通或拒绝承认欠款事实等恶意行为,经居间服务人确认,本协议项下的全部借款本息视同提前到期,借款人应立即清偿本协议项下尚未偿付的全部本金、利息、罚息及根据本协议产生的其他全部费用。

8.4 若借款人逾期支付任何一期还款,或借款人出现逃避、拒绝沟通或拒绝承认欠款事实等恶意行为,经居间服务人确认,出借人与居间服务人均可将借

① 参见点融网,http://www.dianrong.com/public/terms-of-use,2014年11月12日访问。

款人违约失信的相关信息及借款人其他信息向微博等媒体、用人单位、公安机关、检查机关、法律机关等披露,并有权将借款人提交或居间服务人自行收集的借款人的个人资料和信息与任何第三方进行数据共享,以便出借人、居间服务人和第三方催收逾期借款及对用户的其他申请进行审核之用,由此造成的损失,出借人与居间服务人不承担任何责任。

8.5 为集中维护各出借人权利,如借款人出现逾期还款,或出现逃避、拒绝沟通或拒绝承认欠款事实等恶意行为的,全体出借人一致同意将本协议项下债权无偿转让给居间服务人,由居间服务人统一向借款人追索,并委托居间服务人发送债权转让通知。但因借款人失踪或还款能力丧失等原因导致债权的追索不能实现或部分不能实现的,本协议项下债权经居间服务人书面通知出借人后重新转让还给出借人。出借人收到居间服务人书面通知后有权自行向借款人进行债权的追索,居间服务人应当配合提供出借人为实现债权所需文件。出借人应当承担因债权无法追索产生的一切法律责任及结果。若因在债务追索过程中居间服务人本人的重大过失导致出借人的利益无法实现的,居间服务人将对上述损失承担赔偿责任。

8.6 当借款人出现逾期还款或逃避,拒绝沟通或拒绝承认欠款事实等恶意行为时,如居间服务人认定借款人系疑似欺诈,且居间服务人同意先行支付本金给出借人的,出借人同意将债权不可撤销地转让给居间服务人。

8.7 出借人一致同意,经追索实现的债权款项应当全额支付至居间服务人指定的账户,并在扣除为实现债权支付的相关费用,包括但不限于诉讼保全费用,律师费用及诉讼费用后,由居间服务人负责向出借人进行支付。如经追索实现的债权不足以偿还本协议项下约定的本金、利息及违约金的,在扣除为实现债权支付的相关费用,包括但不限于诉讼保全费用,律师费用及诉讼费用及本协议第四条规定扣除账户管理费用后,出借人同意各自按照其借出款项比例收取本金、利息及罚息。

8.8 借款人的个人信息或工作情况发生重大变动,可能影响借款人按时还款的,借款人应于发生前述变更后的五个工作日内书面通知出借人与居间服务人该种逾期可能。

第九条　违约责任

9.1 本协议各方均应严格履行协议义务,任何一方违约,违约方应承担因违约使其他各方产生的费用和损失,包括但不限于调查费、诉讼费、律师费等。

9.2 各方同意,若出现如下任何一种情况,本协议项下的全部借款本息自动提前到期,借款人应立即清偿本协议项下尚未偿付的全部本金、利息、罚息及根据本协议产生的其他全部费用:

(1)借款人因任何原因逾期支付任何一期还款的;

(2)借款人个人信息或工作情况发生重大变动后的五个工作日内未书面通知出借人与居间服务人的;

(3)借款人在借款后出现逃避、拒绝沟通或拒绝承认欠款事实等恶意行为的;

(4)借款人违反本协议第十条规定的。

9.3 若借款人逾期90天支付任何一期还款的,借款人应当按照借款余额的20%支付违约金。

9.4 借款人的每期还款均应按照如下顺序清偿:

(1)根据本协议产生的除本款第(2)~(6)项之外的其他全部费用;

(2)罚息;

(3)拖欠的利息;

(4)拖欠的本金;

(5)正常的利息;

(6)正常的本金。

不难看出,借款人一旦违约,将产生高额违约金。点融网最终胜诉的依据也主要在于此。

3. 应对措施

针对可能承担的民事违约责任,借款人首先,应对合同的条款有所认知,明晰己方的权利及义务,尤其是应履行的义务,同时也应了解出借人及平台的权利及义务。其次,积极履行合同约定内容,告知义务、按照用途使用贷款义务等等,如此才能“防患未然”,同时应关注平台是否尽到该尽的义务,是否按期发放贷款,如果平台有违约行为,应注意保存证据。

实践中经常发生的借款人资金链断裂,从而产生“兑付危机”,似乎对信托机构、投资者而言风险更大。当然,在平台尽到应尽的勤勉职责之后,风险更大程度上由投资者承担。对于融资者而言,构成“违约”,其面临的承担违约责任风险要自行承担。这种危机发生的主要原因,首先应该在于民营企业融资环境不完善、融资结构不合理,其次在于互联网金融平台借贷的创新性、天然的高风险性,导致一旦个人负债累累或企业运营出现问题,兑付危机便"油然而生"。

因此,要想尽可能减少这种风险,在一定程度上需要依赖宏观经济的发展及外部政策的变化,更重要的是互联网金融平台的完善。对于个人或企业而言,不仅要做到上述对合同条款的认知、合同义务的积极履行,还应加公司自身的投融资管理,做好风险防范。

(二)刑事责任风险及其应对

在P2P借款过程中,除民事法律风险,还可能涉及非法集资、非法吸收公众存款、擅自发行股票、公司、企业债券罪定罪等刑事法律犯罪。看似平台构成此类犯罪的可能性更大,但融资者如果与平台串通,甚至平台自身就是需融资的一方(自融),则离犯罪仅一步之遥。

2014年3月24日,红岭创投发布了一个1亿元的大额融资项目,先后分为10个1000万元的快借标,3个小时内全部满标。3月26日和29日,红岭又先后发了一个2亿元和一个1亿元的大额标。[①] 突然出现的大单完全不同于此前P2P擅长的小额业务。因为在以往,众多的民间P2P网贷平台上,大多是平均几十万元的标。一时间,引起了P2P行业的极大关注,是否涉及非法集资?

2014年4月9日,香港万得通讯社有报道称,宜信有8亿元贷款已经坏账,该项目主要是在东北地区的房地产项目,坏账公司原本就是"皮包公司",申请贷款时资料为造假。宜信公司当天即作出回应称,报道失实,公司在东北地区的项目总规模远未达8亿元。4月10日,有报道称,宜信坏账或不止8亿元,而应该是达到"10亿元"。

到底何种情形构成刑事犯罪,具体认定标准何在?本节将选取P2P被判非法集资第一案进行详细介绍与分析,并尝试提出应对措施。

1.典型风险案例(东方创投P2P非法集资第一案)

曾轰动一时、涉案金额1.2亿元的"东方创投案",在历时9个多月的调查取证后,终于有了初步的判决结果。东方创投两位主要负责人获刑。该案被称

---

① 参见凤凰网,http://finance.ifeng.com/a/20140411/12097581_0.shtml,2014年4月15日访问。

为 P2P 第一案，根据判决书[1]整理介绍如下：

邓某于 2013 年 5 月份出资注册成立深圳市某有限公司，由邓某任法人代表及公司负责人，线某任运营总监，负责公司广告投放、人员招聘、客服管理及技术维护等工作。深圳市某有限公司在 2013 年 6 月 19 日创建“东方创投”网络投资平台，向社会公众推广其 P2P 信贷投资模式，以提供资金中介服务为名，承诺 3% 至 4% 月息的高额回报，通过网上平台非法吸收公众存款。截至 2013 年 10 月 31 日，“东方创投”网络投资平台共吸收公众存款人民币 126,736,562.39 元。2013 年 11 月 2 日，邓某前往公安机关投案自首；2013 年 12 月 18 日，线某前往公安机关投案自首。

案件事实，有物证、书证、证人证言等诸多证据予以证明，此外，邓某和线某都进行了供述。

其中，邓某供述称：我是在 2013 年 4 月份注册成立了深圳市某有限公司，我自己任法人及负责人。公司于 2013 年 6 月 19 日正式上线，同时通过互联网、电话及投资人团伙拉全国各地的客户在我的网络平台进行投资，投资的项目主要是房产、企业经营借款、应收款、信用贷款等。投资客户只需要通过身份证实名认证才能注册到平台，并签订“四方共同借款协议”。投资的单笔最低金额为 50 元，最高不超过 99 万元。目前网站注册的人数为 2900 人左右，真实投资的人数是 1330 人，最高投资的金额是 280 万元，最低投资金额是 300 元。投资回报收益是根据周期不同时间越长利息越高，分别是投资一个月，利息是 3.1%；投资二个月利息是 3.5%；三个月利息是 4.0%，投资人在投资期满需要提前一天申请提现，通过后第二天可以本金利息到账，如果没有申请，自动默认续投。申请提现的就由我们公司财务审核，第二天由出纳通过网银转账给提现客户。由于网络各方舆论攻击我们公司，导致投资客户产生恐慌心理，纷纷要求提现，导致公司的资金链无法及时跟进，也无法及时支付客户需要提现的资金。我收取的客户投资款一方面为了扩大企业规模。我在美国成立了一家名为 ALC 的合资公司，同时在深圳成立了深圳市兆融财富、深圳市中环宇基金管理有限公司，成立这三家公司花费了约 600 万元。一方面在今年(2013)年初，我在布吉

① 参见中国裁判文书网，(2014)深罗法刑二初字第 147 号，载 http://www.court.gov.cn/extension/print.htm? docId=2739935 1/6，2014 年 11 月 10 日访问。

街道办布吉某花园购买了四个街头铺面,总共花费3800万元,其中2500万元来自公司客户的投资款。同时我在9月初用布吉的四个铺面在担保公司做了抵押贷款,贷出3000万元人民币,用于支付深南路与华富路交汇的“世纪汇”商业写字楼18层整层的首期款2200万元,剩余的800万元用于日常返还客户投资提现。公司前期是有意向将客户的投资款出借给实际有资金需求的企业,但实际操作后发现坏账会超过6%不能按时收回。这个时候为了做到能及时返还投资人的本息,我就决定通过我名下的企业以及我的私人物业来实现增值利润反馈投资人。公司的股东就我一个,公司是我出资筹办的。另外有一个合伙人,也就是公司总经理线某,但他没有出资。他负责全部运营,包括公司人员招聘、对外收集客户资料、做宣传广告等,基本上是他全权管理,我就负责支配投资客户的投资款。我跟线某说过我用钱去买房产了,具体怎么操作他不知情。

线某供述称:深圳市某有限公司是在今年4月份成立的,法人代表和负责人是邓某。邓某在5月份找到我,说想从事P2P网络投资经营模式,让我帮他招人。我就在网上发布了招聘信息,公司在6月初装修完之后,我就找了之前在红领创投的一个同事在网上花了几十万元买了个平台,取名叫“东方创投”。然后在6月19日上线从事P2P网贷投资,主要是在平台上设立投资标的,比如企业借款、房产、车辆抵押借款等标的类型,投资客户选择投标,并在网上签订四方借款协议,然后客户就会使用支付平台在线打款,最后款项会转入到邓某的私人账号内。标的投资期限一般分为1个月、2个月、3个月,投资期限到期前客户如果申请提现,后台服务器就会自动计算出应返还的本金及利息,邓某就会将需要返还的资金转给公司出纳,再打给投资客户。平台运作到了9月中旬时,邓某的资金就出现了问题,提现也不及时,也出现客户集中提现的情况,无法及时返还投资款,那个时候很多投资人打电话投诉,我看到邓某的资金链出现了问题,可能无法支持下去,我就离开了公司。后期有一些投资人找来了公司,邓某又打电话找到我让我出面进行解释,但邓某所承诺的返还款老是无法及时到位,我意识到公司无法坚持下去,所以我就没有和他联系离开了公司。在公司中,邓某负责财务、资金支配,我负责人员招聘、广告投放、技术维护等。我没有出资,也不是股东。在任职期间,邓某分给了我337万元的奖金。这些钱是邓某付给我管理公司的好处费,目前我认为这些钱应该是客户的投资款。邓某在开设公司之前曾向我借款了109万元,开具了借条,所以后期他个人账号还给了我。我当时离开公司后，知道这些钱都是投资客户的投资款，所以我都没有使用过，为了减小他们的损失，我愿意返还318万元。

法院经审理后作出如下判决：邓某、线某违反国家金融管理法规，非法向社会公众吸收资金，数额巨大，其行为已构成非法吸收公众存款罪。公诉机关对邓某、线某犯非法吸收公众存款罪的指控，事实清楚，证据确实、充分，应予以支持。在共同犯罪中，邓某系公司的法定代表人及负责人，并全面掌控、支配吸收到的资金，起主要作用，是主犯；线某受雇参与犯罪，负责公司运营管理，但对吸收的资金支配无决定权，起次要作用，可以减轻处罚。邓某、线某犯罪以后自动投案，如实供述自己的罪行，是自首，可以从轻处罚。邓某犯非法吸收公众存款罪，判处有期徒刑3年，并处罚金人民币30万元（刑期从判决执行之日起计算。判决执行以前先行羁押的，羁押一日折抵刑期一日）。线某犯非法吸收公众存款罪，判处有期徒刑2年，缓刑3年，并处罚金人民币5万元。

2. 深入剖析

本案中，被告人行为具有诈骗、自融等性质，符合非法吸收公众存款罪的法律构成要件。根据2010年11月22日由最高人民法院审判委员会通过的最高人民法院《关于审理非法集资刑事案件具体应用法律若干问题的解释》（以下简称"司法解释"）第1条规定，同时具备下列四个条件的，除刑法另有规定的以外，应当认定为构成《刑法》第176条规定的非法吸收公众存款行为：

（1）未经有关部门依法批准或者借用合法经营的形式吸收资金；

（2）通过媒体、推介会、传单、手机短信等途径向社会公开宣传；

（3）承诺在一定期限内以货币、实物、股权等方式还本付息或者给付回报；

（4）向社会公众即社会不特定对象吸收资金。

该司法解释同时规定，在具备司法解释第1条规定的情况下，自然人借款人借款数额在20万元以上或向30人以上借款的，单位借款人借款数额在100万元以上或向150人以上借款的，则借款人可能构成非法吸收公众存款罪。因此，虽然P2P公司不直接接纳资金，仅提供中间服务，但借款人构成非法吸收公众存款罪的，则作为中间方的P2P公司可能构成借款人非法吸收公众存款罪的共犯。虽中国人民银行已会同相关部门对P2P网袋进行摸底调查，并正在考虑如何立法规范，但在新政策出台之前，P2P公司应当遵循现行法律并在该原则范围内开展业务，即P2P公司应当结合前述司法解释并根据借款人的身份确定单个融资需求主体的单笔交易最高借款金额限制和资金出借人数的上限，否则，如借款人并未将借款主要用于正常的生产经营活动，且未能够及时清退的，P2P 公司易被认定构成犯罪。

除此之外，对于在创新模式下，如果借款人为公司企业，且拆分后的份额的购买人超过 200 人的，则可能构成刑法第 179 条规定的擅自发行股票、公司、企业债券罪定罪。

3. 应对措施

(1)摆正平台位置

在不久前的某个论坛上，银监会政策研究局副局长龚明华指出，“P2P 作为信息中介，应是为出资方和融资方提供信息撮合的平台。但现在一些 P2P 偏离了这个方向，变信息中介为信用中介，并采用了担保、债券分拆、资金池等多种方式，这些方式已经偏离了民间借贷的范畴，确实需要严格的管理，因为确实产生了很多风险”。因此，避免风险第一要素在于 P2P 平台应摆正自己位置，角色定位应为信息中介，不能越过该定位而担当信用中介。信息中介可以参照我国《合同法》对于“居间合同”的规定。《合同法》第 424 条规定，居间合同是居间人向委托人报告订立合同的机会或者提供订立合同的媒介服务，委托人支付报酬的合同。简言之，现在的 P2P 应只是为双方提供一个交易(借款)的机会或为双方交易进行斡旋、撮合，仅此而已，对双方的履约等并不提供担保。

但不可否认，在实践中信息中介变为信用中介，也有其可解释之处。因为信用中介可以缓解“陌生人不向陌生人借钱”的一个相互不信任的尴尬情况。这个平台有意无意中将自己变成了那个“熟人”。但实质上，平台承担不起这个信用中介的角色(打个比方，就好像，传统意义上的媒婆，媒婆做媒往往只用介绍一下，再撮合一下双方就好，后面成不成其实不是媒婆的义务。但实际上呢，因为双方最初相互不信任，不了解，都会希望从媒婆那里的得到更多有关对方的人品、信誉的信息，一闹矛盾，还会怪罪媒婆。其实，媒婆只是做个媒人罢了，并不对双方的人品、信誉做担保)。

因为，除了部分主观上是恶意欺诈、非法集资的 P2P 平台外，大量出问题的 P2P 平台是倒在了资金链断裂上。这些问题的出现，正是由于这些 P2P 平台变信息中介为信用中介之后，“把所有问题都自己扛”。在这种情况下，一旦呆坏账比率稍有上升，一旦出借人受负面消息影响而扎堆提现时，P2P 平台便在劫难逃。

更严重的情况，积攒的风险一起爆发，就导致破产，万千债权人的债权无处追偿。

这个看似有些危险的方式为何能够大行其道，除了上述“缓解陌生感”，还有两个原因，关键在于其能够有效地弥补传统银行和民间借贷的两大短板。一是传统银行对借款人要求太高、自身效率又太低；二是民间借贷对出借人出资也有一定的门槛，且地域性较强，经常游走于法律的边缘。

所以，上述三个原因就导致出现现在这样一个尴尬的局面，信息中介的角色似乎守不住了，要向信用中介转换，但是信用中介，本身又有很多的风险。

但是，关于信息中介与信用中介之争，并没有相关的法律规范予以明确。因此，适时的法律监管很有必要。待立法完善，同时提高违法成本，或许刑事犯罪风险将在一定程度上得以防范。

(2)投资方、融资方应提高警惕

不管是加强立法，还是严格司法、执法，都不及当事人的高度自我防范。首先，在选择平台时应谨慎，年化收益率、平台的成立时间、管理运营团队、资金是否设立合格第三方机构监管等都是重点考查对象。一般而言，如年华收益率很高、平台成立时间短、管理运营团队整体水平不高、未设立资金第三方合格机构监管，则平台可信度相对较低。此外，平台是否自身免费提供担保、是否设立风险准备金、信息披露是否全面、及时等也是审查对象。

总之，不论是融资方还是投资方，都应意识到 P2P 行业在中国还处于发展的初级阶段，未来还有很多发展的空间和改进的地方。在产品创新、服务实体、合规经营、保护消费者的合法利益等方面还有许多需要我们共同探索。等市场经济环境越来越成熟，过了野蛮生长的劲头，相信会由越来越多的受益者，互联网金融也将迎来她的春天。

第四节
商业预付卡融资

在本章中，本节内容商业预付卡融资似乎是最平民的一种企业融资方式，几乎我们每个人都曾直接或间接的有过接触,不会给人"高大上"的"距离感"与"陌生感"。随着信息技术之飞速发展,应小额支付服务市场创新之需,通过发卡融取资金的现象已屡见不鲜,分散在诸多行业,尤以美容美发行业、零售业、住宿餐饮业为主。商业预付卡在减少现钞使用、便利公众支付、刺激消费等方面确实起到一定作用。

此外,商业预付卡的发行对企业融资也将助力助阵,成为融资方式的一颗"新星"。据"单用途商业预付卡业务信息系统"(由中华人民共和国商务部市场秩序司主办)统计,截至 2013 年 12 月 31 日,全国已有 29 个省(自治区、直辖市)的 4210 家单用途预付卡发卡企业完成备案。其中,集团发卡企业 167 家,品牌发卡企业 140 家,规模发卡企业 2229 家,其他发卡企业 1674 家。2013 年,已备案企业发行单用途预付卡 5.78 亿张,发卡金额(含充值)4384.44 亿元,年末预收资金余额 1266.57 亿元。[①] 不难看出,单就已备案登记的企业通过发卡融得的资金而言,数额便不可小觑,如果加上部分尚未备案登记而私下发卡的企业获得的融资,应该更为可观。

综上所述,本节内容将主要围绕预付卡融资展开,向拟融资的企业介绍该类融资具体涉及的理论与实务,包括预付卡融资的概念介绍、相关的法律规定、与其他融资方式的区别、融资企业所需具备的条件、融资的流程、融资的风险以及相应的应对措施。

一、预付卡融资概述

预付卡,一般分为多用途预付卡和单用途预付卡,前者由中国人民银行监管,后者由商务部监管。多用途预付卡是《非金融机构支付服务管理办法》所涉的预付卡,是指以营利为目的发行的、在发行机构之外购买商品或服务的预付价值,包括采取磁条、芯片等技术以卡片、密码等形式发行的预付卡。该类卡由专营发卡机构发行,可跨地区、跨行业、跨法人使用。

单用途预付卡根据《单用途商业预付卡管理办法(试行)》的规定,是指企业发行的仅限于在本企业或本企业所属集团或同一品牌特许经营体系内兑付

① 参见单用途商业预付卡业务信息系统,http://yfk.mofcom.gov.cn/card/Index.html,2015 年 1 月 20 日访问。

货物或服务的预付凭证，包括以磁条卡、芯片卡、纸券等为载体的实体卡和以密码、串码、图形、生物特征信息等为载体的虚拟卡。该类卡由商业企业发行，只有单用途，不能跨地区、跨行业、跨法人使用。

由于多用途预付卡是已获取《业务支付许可证》的支付机构，获准办理“预付卡发行与受理”业务的发卡机构和获准办理“预付卡受理”业务的受理机构，因此，该类机构似乎已超出通过发卡进行融资的范畴，发行预付卡是其主要经营的业务。鉴于此，本节后续主要介绍单用途预付卡。

（一）预付卡适用的相关法律规范

由于预付卡融资属融资发展的新领域，因此与其相关的法律规范并不多，主要包括：由中国人民银行颁布的2010年9月1日生效的《非金融机构支付服务管理办法》，国务院办公厅于2011年5月23日发布的《国务院办公厅转发人民银行监察部等部门关于规范商业预付卡管理意见的通知》，中国人民银行于2012年9月26日发布的《关于进一步加强预付卡业务管理的通知》，商务部出台的2012年11月1日《单用途商业预付卡管理办法（试行）》，商务部于2012年12月27日发布的商务部办公厅《关于进一步贯彻落实〈单用途商业预付卡管理办法（试行）的通知〉》，商务部办公厅于2013年3月28日发布的《关于做好单用途商业预付卡企业备案和业务报告工作的通知》。此外，《商务部市场秩序司负责人解读〈单用途商业预付卡管理办法（试行）〉》及《中国人民银行有关负责人就〈支付机构预付卡业务管理办法〉答记者问》也具有一定的参考价值。

具体见表4－15：

表4－15　预付卡适用相关法律规范表

序号	名称	颁布机构	生效日期	备注
1	《非金融机构支付服务管理办法》	中国人民银行	2010年9月1日	
2	《国务院办公厅转发人民银行监察部等部门关于规范商业预付卡管理意见的通知》	国务院办公厅	2011年5月23日	
3	中国人民银行《关于进一步加强预付卡业务管理的通知》	中国人民银行	2012年9月26日	

续表

序号	名称	颁布机构	生效日期	备注
4	《单用途商业预付卡管理办法(试行)》	商务部	2012 年 11 月 1 日	
5	《支付机构预付卡业务管理办法》	商务部	2012 年 11 月 1 日	
6	商务部办公厅《关于进一步贯彻落实〈单用途商业预付卡管理办法(试行)的通知〉》	商务部	2012 年 12 月 27 日	
7	《关于做好单用途商业预付卡企业备案和业务报告工作的通知》	商务部办公厅	2013 年 3 月 28 日	

(二)预付卡融资的特征

预付卡形式上不限载体,包括实体卡和虚拟卡,也分记名与不记名。根据商务部相关负责人对《单用途商业预付卡管理办法(试行)》的解读,单用途商业预付卡有如下三个方面的属性。

1.融资成本低廉

预付卡融资是新型融资方式的一种,对于企业而言,通过预付卡提前回笼资金,提高资产的周转率和资金运营效率。其本质属债权融资,或者说是变相的债权融资,类似于无利息的贷款(企业向顾客或客户借款不支付利息),卡本身则是一种预付款凭证,即类似于无息贷款,与其他融资方式如典型的银行贷款相比,融资成本显然较低。

2.融资主体有限

通过预付卡融资的主体有一定限制,并非所有企业均可通过此种方式融通资金,仅针对从事特定行业的企业,即从事零售业、住宿和餐饮业、居民服务业的企业法人。同时,对于预付卡的购入者来说,预付卡的使用也限于特定范围,即在本企业或本企业所属集团或同一品牌特许经营体系内。以美容美发行业的领头羊上海永琪美容美发经营管理有限公司为例,其发行的充值会员卡仅能用于该品牌下的各种门店,不能用于同行业的其他品牌,更不能用于其他行业。

3.融资流程简便

预付卡融资不需要经过严格的审批程序,最主要的程序性要求是向工商登记注册地商务主管部门办理备案手续，并将上一季度预付卡业务情况上报；也无须涉及诸多的中介，如券商、律师、会计师。只是，为了保证资金安全、防范可能出现的兑付风险，现行的资金存管制度对企业使用部分预收资金有一定的限制。相对而言，预付卡融资当属最为简便的融资方式。

二、预付卡融资业务的具体介绍

企业通过预付卡进行融资，虽然成本较为低廉、程序较为简便，但并非没有条件限制，比如融资主体有限、融资资金的监管。

（一）预付卡融资条件

1. 企业类型

预付卡融资实践中多见于商场、超市、餐饮、娱乐、美容理美发等。根据《单用途商业预付卡管理办法（试行）》仅限于从事零售业、住宿和餐饮业、居民服务业（具体行业分类表如下）的企业法人。具体见表4－16：

表4－16　预付卡融资适用企业法人类型

零售业	综合零售	百货、超市、杂货店、便利店
	专门零售	食品、饮料、烟草制品、纺织、服装、日用品、文化体育用品及器材、医药及医疗器材、汽车及零配件、摩托车及零配件、机动车燃料、家用电器及电子产品、五金、家具、室内装饰材料
	无店铺及其他零售业	互联网零售、邮购、电视零售、旧货零售、生活用燃料零售
住宿和餐饮业	住宿业	旅游饭店、一般饭店
	餐饮业	正餐服务、快餐服务、饮料和冷饮服务、餐饮配送服务
居民服务业	居民服务业	家庭服务、洗染服务、理发及美容服务、洗浴服务、保健服务、婚姻服务
	修理业	汽车摩托车修理与维护、计算机和办公设备维修、家用电器维修、其他日用产品修理业
	其他服务业	清洁服务

2. 预付卡分类

预付卡发卡企业分为集团发卡企业、品牌发卡企业、规模发卡企业及其他。

(1)集团发卡企业

集团发卡企业是指发行在本集团内使用的单用途卡的集团母公司。集团是指由同一企业法人绝对控股的企业法人联合体。根据“单用途商业预付卡业务信息系统”显示，上海候鸟湾酒店管理有限公司(住宿和餐饮业)与上海顺风餐饮集团有限公司(住宿和餐饮业)都是该类型的企业。

(2)品牌发卡企业

品牌发卡企业是指发行在同一品牌特许经营体系内使用的单用途卡，且拥有该品牌的企业标志或注册商标，或者经授权拥有该企业标志或注册商标排他使用权的法人企业。同一品牌特许经营体系是指使用同一企业标志或注册商标的企业法人联合体。

(3)规模发卡企业

规模发卡企业是指除集团发卡企业、品牌发卡企业之外的符合下列条件之一的企业：上一会计年度年营业收入500万元以上；工商注册登记不足1年、注册资本在100万元以上。

(二)预付卡融资流程

1. 预付卡发行

预付卡的发行没有繁琐的前置审批程序。实践中，发卡企业往往通过“普通销售”、“道路销售”及“推荐销售”等方式直接向顾客、客户发放。由于预付卡在超市购物、服务性消费等方面确实便捷，因此确实俘获不少客户的“芳心”，双方自愿达成一致。当然，也不乏客户“被发卡”的情形。

但是，预付卡的发行也并非如此简单。对于预付卡的设计、数额的大小、购卡的协议都是有相应的法律规定予以规范的。

(1)预付卡的设计

根据《单用途商业预付卡管理办法(试行)》的规定，企业可发行记名卡和不记名卡，记名卡可挂失。发卡企业应在实体卡卡面上记载发卡企业名称及联系方式、卡号、使用规则、注意事项等。集团发卡企业还应标明集团名称，品牌发卡企业应标明统一的企业标志或注册商标。虚拟卡也应记载上述信息。已备案的发卡企业可标明备案编号。

(2)预付卡内限额

单位一次性购买单用途卡金额达5000元(含)以上或个人一次性购卡金额

达5万元(含)以上的,以及单位或个人采用非现场方式购卡的,应通过银行转账,不得使用现金,发卡企业或售卡企业应对转出、转入账户名称、账号、金额等进行逐笔登记。发卡企业和售卡企业应严格按照国家有关规定开具发票。

单张记名卡限额不得超过5000元,单张不记名卡限额不得超过1000元。单张单用途卡充值后资金余额不得超过前款规定的限额。

(3)预付卡的服务

记名卡不得设有效期;不记名卡有效期不得少于3年。发卡企业或售卡企业对超过有效期尚有资金余额的不记名卡应提供激活、换卡等配套服务。

发卡企业或售卡企业应依单用途卡章程或协议约定,提供退卡服务。需要退货的,发卡企业或受理企业应将资金退至原卡。原单用途卡不存在或退货后卡内资金余额超过单用途卡限额的,应退回至持卡人在同一发卡企业的同类单用途卡内。退货金额不足100元(含)的,可支付现金。

发卡企业终止兑付未到期单用途卡的,发卡企业和售卡企业应向持卡人提供免费退卡服务,并在终止兑付日前至少30日在备案机关指定的媒体上进行公示。

2. 预付卡资金管理

通过预付卡取得的预收资金企业不得随意处置,只能用于发卡企业主营业务,不得用于不动产、股权、证券等投资及借贷。

主营业务为零售业、住宿和餐饮业的发卡企业,预收资金余额不得超过其上一会计年度主营业务收入的40%;主营业务为居民服务业的发卡企业的预收资金余额不得超过其上一会计年度主营业务收入;工商注册登记不足一年的发卡企业的预收资金余额不得超过其注册资本的2倍。集团发卡企业预收资金余额不得超过其上一会计年度本集团营业收入的30%。

除了预收资金余额有比例限制,规模发卡企业、集团发卡企业和品牌发卡企业还实行资金存管制度。规模发卡企业存管资金比例不低于上一季度预收资金余额的20%;集团发卡企业存管资金比例不低于上一季度预收资金余额的30%;品牌发卡企业存管资金比例不低于上一季度预收资金余额的40%。

规模发卡企业、集团发卡企业和品牌发卡企业应确定一个商业银行账户作为资金存管账户,并与存管银行签订资金存管协议。不过,规模发卡企业、集团发卡企业和品牌发卡企业可以使用担保预收资金的保证保险、银行保函等方式冲抵全部或部分存管资金。

附件 1

开户确认书

致：______________________________（填入甲方公司名称）

兹就贵公司及我行于______年__月__日签署的编号为[   ]的《单用途商业预付卡预收资金存管协议》（以下简称存管协议）出具本函。

存管协议中所定义的词语在本函中应具有相同的含义。

根据存管协议第二条第 3 款的规定，我行特此通知贵公司，相关存管账户已在我行开立，账户信息如下：

存管账户

账户名：______________________________

账　号：______________________________

账户行：______________________________

存管行：

（章）

负责人或授权签发人（签字或盖章）：__________

日期：__________

附件 2

划款通知书

致:______________________(存管行),

兹就贵行、我公司于______年____月____日(填入签署日期)签署的编号为[　　　　　　]的《单用途商业预付卡预收资金存管协议》(以下简称存管协议)出具本函。

存管协议中所定义的词语在本函中应具有相同的含义。

根据存管协议第三条的有关规定,

我公司特此向贵行发送本通知书,请贵行按照存管协议第三条的规定在______年__月__日(填入划款日)将存管资金____________________(填入金额币种)划入存管协议第二条第 3 款第(2)项规定的收款账户。同时我公司再次确认:贵行有权从所划资金中首先扣除贵行应收的存管费及汇划费用后,将余额划入存管协议第二条第 3 款第(2)项规定的收款账户。

甲方(指令发送章):

授权签发人(签字):__________

日　期:__________

附件3

授权通知书

致:________________________(存管行),

根据贵行、我公司于______年____月____日(填入签署日期)签署的编号为[   ]的《单用途商业预付卡预收资金存管协议》(以下简称存管协议),我公司授权以下人员代表我公司向你行发送存管协议项下划款通知书以及其他相关通知。现将指令发送用章样本及有关人员签字样本及相应权限留给你行,请在使用时核验。

指令发送用章样本:

授权签发人签字样本:

姓　名	权　限	签字样本	印章样本

上述被授权人在授权范围内向你行发送指令的真实性、准确性及合法性由我公司负全部责任。

甲方(公章)

法定代表人(或授权人):

日期:

3. 预付卡备案

(1)提出申请

发卡企业应在开展单用途卡业务之日起 30 日内按照下列规定办理备案:

①针对集团发卡企业和品牌发卡企业,其需向其工商登记注册地省、自治区、直辖市人民政府商务主管部门备案,即较高级别的主管部门;

②针对规模发卡企业,其需向其工商登记注册地设区的市人民政府商务主管部门备案,即较低的主管部门;

③其他发卡企业向其工商登记注册地县(市、区)人民政府商务主管部门备案。

(2)递交材料

发卡企业一般应向备案机关提交下列材料:

①《单用途卡发卡企业备案表》;

②《企业法人营业执照》(副本)复印件;

③组织机构代码证复印件;发卡企业为外商投资企业的,还应提交外商投资企业批准证书复印件。

规模发卡企业除提交前述材料外,还应向备案机关提交下列材料:

①经审计机构审计的上一年度财务报表(加盖公章),但工商注册登记不足一年的规模发卡企业除外;

②实体卡样本(正反面)、虚拟卡记载的信息样本;

③单用途卡业务、资金管理制度;

④单用途卡购卡章程、协议;

⑤资金存管账户信息和资金存管协议。

集团发卡企业和品牌发卡企业除提交本办法第 8 条规定的材料外,还应向备案机关提交下列材料:

①经审计机构审计的上一年度财务报表及合并财务报表(加盖公章),但工商注册登记不足一年的集团发卡企业、品牌发卡企业除外;

②实体卡样本(正反面)、虚拟卡记载的信息样本;

③单用途卡业务、资金管理制度;

④单用途卡购卡章程、协议;

⑤资金存管账户信息和资金存管协议;

⑥与售卡企业签订的协议文本及售卡企业清单;

⑦集团发卡企业提交集团股权关系说明；品牌发卡企业提交企业标志、注册商标所有权或排他使用权证明。

(3)备案成功

企业如果备案成功，备案信息将在单用途商业预付卡业务信息系统公示，包括备案企业名称、企业类别、企业备案编码、所属行业、备案机关等，公众可查询核实。

(三)预付卡融资盈利组成

我们认为企业通过发行预付卡可获取资金之融通，是因为购卡人预付款性质的资金往往是一次性注入发卡企业，短期的现金流将为企业资金链带来润滑油。其实，不仅短期对预收资金之占用可产生收益，预付卡过期所余资金以及持卡人放弃的卡内零头资金的累积也将为企业带来相对纯净的巨额利润。①

1. 预收资金余额的使用收益

预收资金余额是指商业预付卡中尚未使用的货币资金。预付卡的商业模式使得预付卡在销售和使用完毕之间有一定的时间差，于是在发卡机构就形成了一定比例的在途资金即预收资金余额。随着新预付卡的继续销售，老的预付卡进行消费，由于滚动效应，使备付金能够长期以一定比例存在。

根据《单用途商业预付卡管理办法(试行)》之规定，预收资金只能用于企业主营业务，不得用于不动产、股权、证券等投资以及借贷。预收金余额虽然不构成商业企业的直接盈利，但由于备付金不计利息，预付款一旦收缴上来，即刻成为发卡企业零利息的短期贷款，从而降低企业的融资成本。在预付款的使用上，多数企业会直接投入到企业的经营和规模扩张方面，但不能排除部分企业将预收资金用于各种风险投资，包括股市、楼市等，从而获取利润。

2. 卡内过期资金

目前，除了实名卡不设期限，大多数预付卡都设有使用期限。如果消费者因为疏忽大意而使预付卡过期，又没有办理续期手续，那么从预付卡经营的资金清算机制来看，这部分资金将会进入发卡企业的盈利范围。尽管《单用途商业预付卡管理办法(试行)》及《消费者权益保护法》都规定了对预付卡的处置问题及不予退还的处罚，但事实上，多数企业在预付卡过期之后将不予办理其他业务手续。而且，就算发卡企业予以配合，如果购卡人自行放弃的话，其剩余

① 参见施玉梅:《预付卡经营:商业企业盈利的新渠道》，载《企业管理》2013年第7期。

资金也会成为发卡企业的盈利。

3. 卡内剩余资金

由于预付卡的消费特点，使预付卡在发行后，并非所有的资金都被使用。由于预付卡不能提现不可找零，为图省事，会有不少人将卡内从几毛钱到几元钱不等的尴尬余额剩下，不再使用，使之成为无主资金沉淀于发卡企业的财务账户上。这看似不起眼的预付卡残值由于未来持卡人不会继续使用，就会逐渐沉淀为发卡企业的利润。几毛钱抑或几块钱对于持卡人来说可能不算什么，但若有1000位持卡人、10,000位持卡人都放弃卡内剩余的资金，对于发卡企业而言，将是一笔不菲的收入。

三、预付卡融资的风险及其应对

企业通过发行预付卡、先收款后提供商品或服务，可以较长时间无息占用相对大额资金，同时附随其他收益。因此，对于企业来说，预付卡可谓天使一般，诸多企业积极涌进预付卡融资浪潮。但是，不乏企业包括部分较有名气的企业因为嫌麻烦或为逃避监管，不去相关主管部门进行备案登记，导致罚单不断。[①] 甚至部分企业将本应用于主营业务的预收资金进行风险投资，最终导致企业经营运转受到影响，直至破产倒闭，企业负责人"跑路失踪"。此时，预付卡转瞬变为魔鬼，不但给持卡人带来噩耗，甚至可能吞噬整个企业。

因此，天使可以转变为魔鬼，在预付卡融资中较为典型。换言之，预付卡融资对于拟融资的企业来说仍然存有风险。不过，这种风险与其他融资方式产生的风险相比，在一定程度上更为可控。

（一）风险案例

2013年，厦门市工商部门受理的预付卡消费投诉达400余件，主要纠纷是消费者交钱办卡后，享受到的服务名不副实，有的企业甚至没多久就关门。他们有些是因经营不善而倒闭，也有个别的纯粹是诈骗性质的卷款潜逃。[②]

---

① 《单用途商业预付卡管理办法（试行）》第36条，发卡企业违反本办法第七条规定的，由违法行为发生地县级以上地方人民政府商务主管部门责令限期改正；逾期仍不改正的，处以1万元以上3万元以下罚款。

② 参见民主法制网，http://www.mzyfz.com/cms/lvshijulebu/falvdongtai/jinritoutiao/html/804/2014-03-06/content-972707.html，2015年1月22日访问。

据上海市消费者权益保护委员会透露,2014 年,上海美容健身行业投诉 11.97 万件,其中 7000 多件关于预付卡消费。这 7000 多件投诉中,又有 1067 件全部来自一个叫金仕堡或发音相同的健身会所。①

与预付卡融资相关的纠纷不仅数量多而且涉案金额大,而且其中不乏知名企业,典型的要属"康骏养生倒闭门"一案。② 康骏养生正式成立于 2004 年,是一家从事中医养生服务的大型健康传播企业,隶属于上海康骏投资有限公司。目前共有 100 余家门店,分布在上海、北京、南京、成都、郑州。据不完全统计,康骏养生在上海大约 60 家门店。康骏养生以会员制的形式对外发放四种类型的预付卡,分别是金卡(买 2000 元 9.0 折优惠)、铂金卡(买 5000 元 8 折优惠)、翡翠卡(买 10,000 元 7.5 折优惠)以及钻石卡(买 20,000 元 6.8 折优惠)。

自 2014 年 10 月开始,一些尚在营业的康骏养生店铺表示"只接受现金支付",不提供会员卡服务。部分康骏养生员工表示,之所以不接受会员卡消费,是因为公司发了通知,声称"公司倒闭,暂停会员服务"。据称,在康骏养生购买充值会员卡的会员约上万人,其中不乏卡内余额在万元以上的会员。

对于会员赔付事项,似乎不用过于担忧。经查,上海康骏投资管理有限公司之前在上海市商务委完成了单用途预付卡备案,属规模发卡企业。根据《单用途商业预付卡管理办法(试行)》的规定,规模发卡企业、集团发卡企业和品牌发卡企业实行资金存管制度。其中,规模发卡企业存管资金比例不低于上一季度预收资金余额的 20%。一旦发生"突然倒闭"等事件,主管部门可利用这一资金对消费者进行先行赔付。据市商务委透露,康骏在进行预付卡备案时,确实按照相关规定存管了资金。

"倒闭门"事件发生之后,康骏养生与上海快鹿投资集团以及一兆韦德健身会所签订重组合约。然而,上海快鹿投资集团、一兆韦德曾宣布接盘但又很快

---

① 参见凤凰网,http://blog.ifeng.com/article/34864030.html,2015 年 1 月 22 日访问。

② 本案例介绍来源于网络,参见如下相关新闻报道及康骏养生官方网站:21 财经网,http://finance.21cn.com/stock/express/a/2014/1123/23/28610362.shtml;搜狐网,http://stock.sohu.com/20141020/n405291686.shtml;网易新闻,http://news.163.com/14/1005/02/A7ORGTFM00014Q4P.html;和讯网,http://news.hexun.com/2014-11-21/170656605.html;康骏养生官网,http://www.shkangjun.cn/Hyzq/one/;人民网,http://sh.people.com.cn/n/2014/1114/c138654-22903754.html;新华网,http://news.xinhuanet.com/fortune/2014-10/09/c_127076191.htm;中金在线,http://news.cnfol.com/chanyejingji/20141004/19125689.shtml,2015 年 1 月 22 日访问。

搁置。因为在查处康俊债务黑洞，重组方之一的上海快鹿投资集团决定，取消康骏重组小组，正式退出重组并将追还已经借给康骏的2100万元资金。按照快鹿的说法，退出重组主要是因为康骏没有诚信，会员卡额度从之前所说的8000万元，查出最终为2.06亿元，而整个债务超过3.6亿元。而且，快鹿集团还要讨回调查期间租借用于恢复门店运营的2100万元资金。另一家重组方一兆韦德也还未向康骏注资或借款。

在重组失败后，公司中高层大部分已经离职，关于老板"疑跑路"的报道也已不鲜见。康骏养生的官方微信也对外表示公司公开出售在上海的49家门店，价格在30万~400万元，而且，有部分门店已被债权人提起破产申请。

（二）深入分析

整个风波使已运营十周年且小有名气的康骏养生在短时间内"名气大涨"，也引起诸多大型新闻媒体争相报道。到底是什么原因导致康骏养生10年业绩毁于一旦？

相关人士称，主要有两方面的原因：一是康骏养生负责人皮武灵个人比较热衷成功学，对自己的投资能力过于自信，其在公司的决策又比较独断。另一方面，是康骏养生已启动上市计划，需要尽快地扩张门店数量以冲刺公司的经营业绩，获得更好的估值。① 其中某门店的一位管理人员也表示，欠薪的主要原因是老板花了三千多万大办了店庆演唱会和商学院，导致资金链彻底断裂。②

不知前述原因是真是假，是否还有其他内幕，都难以深入核实。但，不可否认，采取滚雪球式的方式（即通过民间借贷、发行预付卡开新店，再用新店抵押借贷继续开设新店），同时，将部分资金投向高风险行业，确实是导致资金链断裂的最常见的原因。

其实，除了康骏养生，曾经高大上的"玛花纤体"也是突然之间关门。大部分养生机构、纤体中心、美容美发行业都采取此种预付卡的形式锁定客户、进行融资。这种有一定名气和信誉的连锁品牌尚会发生门店倒闭、老板跑路现象，何况那些名不见经传的小店。与预付卡相关的纠纷之多，足可见预付卡融资现

---

① 参见网易财经，http://money.163.com/14/1025/08/A9CVDU0S00253B0H.html，2015年1月22日访问。

② 参见新华网，http://news.xinhuanet.com/fortune/2014-10/09/c_127076191.htm，2015年1月22日访问。

状之乱。虽然,2012 年年底《单用途商业预付卡管理办法(试行)》出台,规定了备案制、发行条件、售后服务等,然而具体的细节、措施等并未落实,导致消费者也未能依据相关法律规定主张和维护自己的合法权益,企业也没有受到相应处罚。但,随着法规的逐步健全,拟通过发行预付卡进行融资的企业还是应该具有充分的风险意识。

最新的《侵害消费者权益行为处罚办法》①首次拟对预付费消费形式的退

---

① 《侵害消费者权益行为处罚办法》第 10 条规定:“经营者以预收款方式提供商品或者服务,应当与消费者明确约定商品或者服务的数量和质量、价款或者费用、履行期限和方式、安全注意事项和风险警示、售后服务、民事责任等内容。未按约定提供商品或者服务的,应当按照消费者的要求履行约定或者退回预付款,并应当承担预付款的利息、消费者必须支付的合理费用。对退款无约定的,按照有利于消费者的计算方式折算退款金额。经营者对消费者提出的合理退款要求,明确表示不予退款,或者自约定期满之日起、无约定期限的自消费者提出退款要求之日起超过十五日未退款的,视为故意拖延或者无理拒绝。”

第 14 条规定:“经营者有本办法第五条至第十一条规定的情形之一,其他法律、法规有规定的,依照法律、法规的规定执行;法律、法规未作规定的,由工商行政管理部门依照《消费者权益保护法》第五十六条予以处罚。”

《消费者权益保护法》第 53 条规定:“经营者以预收款方式提供商品或服务的,应当按照约定提供。未按照约定提供的,应当按照消费者的要求履行约定或者退回预付款;并应当承担预付款的利息、消费者必须支付的合理费用。”

《消费者权益保护法》第 56 条规定:“经营者有下列情形之一,除承担相应的民事责任外,其他有关法律、法规对处罚机关和处罚方式有规定的,依照法律、法规的规定执行;法律、法规未作规定的,由工商行政管理部门或者其他有关行政部门责令改正,可以根据情节单处或者并处警告、没收违法所得、处以违法所得一倍以上十倍以下的罚款,没有违法所得的,处以五十万元以下的罚款;情节严重的,责令停业整顿、吊销营业执照:

(一)提供的商品或者服务不符合保障人身、财产安全要求的;

(二)在商品中掺杂、掺假,以假充真,以次充好,或者以不合格商品冒充合格商品的;

(三)生产国家明令淘汰的商品或者销售失效、变质的商品的;

(四)伪造商品的产地,伪造或者冒用他人的厂名、厂址,篡改生产日期,伪造或者冒用认证标志等质量标志的;

(五)销售的商品应当检验、检疫而未检验、检疫或者伪造检验、检疫结果的;

(六)对商品或者服务作虚假或者引人误解的宣传的;

(七)拒绝或者拖延有关行政部门责令对缺陷商品或者服务采取停止销售、警示、召回、无害化处理、销毁、停止生产或者服务等措施的;

(八)对消费者提出的修理、重作、更换、退货、补足商品数量、退还货款和服务费用或者赔偿损失的要求,故意拖延或者无理拒绝的;

(九)侵害消费者人格尊严、侵犯消费者人身自由或者侵害消费者个人信息依法得到保护的权利的;

(十)法律、法规规定的对损害消费者权益应当予以处罚的其他情形。

经营者有前款规定情形的,除依照法律、法规规定予以处罚外,处罚机关应当记入信用档案,向社会公布。”

款作出规定。例如,商家对预付费消费者的合理要求拒不退款,将视为故意拖延无理拒绝,最高可处10倍或50万元罚款,还将记入信用档案的“黑名单”中。而且,根据新《消费者权益保护法》第47条的规定,明确提出了“消费公益诉讼”,以及《民事诉讼法》第55条的规定,对于侵害众多消费者合法权益的行为,省级以上消费者协会也可自己的名义向法院起诉,维护消费者的合法权益。一旦涉及公益诉讼,企业不但要承担相应的损害赔偿责任,信誉也将受到很大程度的影响。

(三)应对措施

在零售业、服务业竞争日趋激烈、利润空间却日渐缩小的今天,预付卡发行不仅成为企业创新盈利的一种方式,更是企业融通资金、维护资金链正常运转的捷径。但是,预付卡这一融资小天使在某些时候也会变身成为魔鬼。又或者说,预付卡就像一把双刃剑,企业在经营中如果不能权衡好自己的业务承受能力和服务水平以致发卡泛滥,或者不能谨慎负责地诚信经营而是欺诈、弄虚作假,或者不以客户为中心而盲目追求发展壮大,便难以使预付卡业务在经营中发挥应有的积极作用,也难以可持续发展,甚至带来无休止的诉讼纷争,直至倒闭破产,前述案例已足以说明。因此,如何既保证企业可借助此方式融资,又能避免可能的负面效应,试提出应对措施如下。

1. 依法发卡

企业如果拟通过发放预付卡的形式进行融资,务必要严格遵守预付卡相关的法律法规,包括但不限于《单用途商业预付卡管理办法(试行)》等,在法律允许的范围内进行发放。尤其是在发放多用途商业预付卡的情形,由于目前并未出台明确的法律法规对多用途商业预付卡进行规制,但多用途预付卡又切实具有相对更广阔的市场,因此,企业在发放多用途商业预付卡的时候,需要对相关的业务类型、模式进行严格论证,明确是否涉及第三方支付、结算等。如果与非金融机构支付业务相关联,最好谨慎为之,避免触碰法律红线。

2. 量力发卡

从财务管理的角度来看,预付卡的账款属于企业的流动负债,是构成企业流动资金的来源之一,理论上预收账款应以企业的流动资产做支撑偿还。对于商业企业而言,流动资产主要是库存商品,如果商家无视客户利益,为圈套资金,以超出企业自有资金几倍甚至几十倍的规模盲目发卡,势必会导致“资不抵卡”或“货不抵卡”的局面，引发企业的经营风险。因此，从预付卡盈利模式发展的可持续性出发，发卡企业预付卡的发行数量应该与企业的规模和业务能力相匹配。

3. 诚信经营

在预付卡经营所引发的纠纷中，商家承诺不兑现、霸王条款以及商品服务下降等是较常见的原因。当消费者因不满而提出退卡时，商家又会以种种理由拒绝，引起消费者的极大不满。究其原因，一方面是因为商家在预付卡售出以后，盈利已经实现，商品经营的压力有所下降，另一方面，是为了一时的短期利益而不惜损害消费者的合法利益。这种短视行为对企业的永续经营非常不利。

商家在面临与消费者的矛盾和纠纷时，首先应该反省自己的思想和行为，要多站在客户的角度，以认真负责的态度去分析和处理问题，尤其不能计较短期经济利益的得失，而要建立创建品牌、长远发展的意识，诚信经营。唯有如此，企业才能既发挥好预付卡的促销作用，又能实现经济效益和企业形象的双赢。

4. 落实备付金

为确保预付卡资金使用的安全性，切实保障持卡人的经济利益，我国相关法规中明确规定发卡企业应对预收资金进行严格管理，预收资金只能用于发卡企业主营业务，不得用于不动产、股权、证券等投资以及借贷。同时发卡企业应通过预收资金存管、同业担保、信用保险等方式，确保预付资金安全、增强履约能力。由此可见，对于从事预付卡经营的商业企业而言，预付资金的安全和管理无论从法律监管还是企业的经营管理角度来看，其重要性都是毋庸置疑的，同时也是预付卡经营模式可持续发展的根本保证。

第五章

政府作用

前述章节主要从市场自身角度，对公司融资途径予以介绍。事实上，由于金融行业在国民经济发展中的特殊地位，政府对金融行业有着较强的控制力度，政府政策对公司融资有着深远的影响。因此，有必要讨论政府在公司融资中的重要作用。

对于政府在公司融资过程中的作用，下文主要从政策性融资、基金融资、政策性补助、政府项目融资以及政府救助等方面予以论述。

第一节 政策性融资

在当前经济发展状况下，各国经济发展或多或少遇到一定程度困难，政策性融资已经成为各国政府对中小企业进行资金扶助的重要支持途径。由于不同经济体中存在着不同的经济发展体制，各国社会环境及发展利益存在较大差异，政策性融资的表现形式及其支持力度各有不同。但可以肯定的是，政策性融资的完善，对各国社会经济的发展起到了重要的推动作用，在公司融资尤其是在中小企业的融资格局中，占有重要地位。

下文首先对政策性融资予以概述，分析我国现有政策性融资状况，结合国外发达国家不同政策性融资机制的比较，探讨适合我国实际情况的政策性融资机制。

一、政策性融资概述

政策性融资方式的出现与发展，与经济发展水平有着密切的正相关。政策性融资的涉猎范围一般随着经济发展层次的提高而扩大。同时，政策性融资方式的出现是对市场运行机制的必要补充，有着较强的国家干预性特点。下文将从政策性融资的基本理解（定义）、特征及功能等方面予以论述。

（一）基本理解

一般认为，政策性融资是在政府的支持与鼓励下，以国家信用为基础，按照国家法律规定的范围及目标对象，用优于一般商业性金融机构的存贷利率和条件，以直接或间接的方式贯彻国家规定的经济和发展政策。该方式执行的是一种特殊性资金融通行为。[①]

（二）主要特点

作为一种以政府为主导的融资机制，政策性融资具有如下特点。

1. 政策性

政策性也可以称为“公共性”，指政策性融资具有政府导向的特点，通常服务于政府意在扶持的特殊产业，或实现政府的社会政策目标。与一般的市场融资活动不同，政策性融资的主要目的并非在于实现盈利，而是作为政府的一种政策手段，贯彻政府政策、实现政府目标，从而实现对宏观经济的管理与调节。[②]

例如，对于一些投资期限长、收益见效慢但是对国家经济发展有着基础性作用的设施投资，一般的商业性融资机构往往不愿意介入，政策性融资在此发挥着巨大的作用。

2. 安全性

政策性融资的安全性特征，可以从两方面来看：首先，作为一种政策性手段，政策性融资在贯彻国家意志层面，与货币政策及财政政策具有重叠之处，但

① 王伟：《政策性金融与开发性金融的理论与实践》，载《金融教学与研究》2006 年第 5 期。
② 胡学好：《中国政策性金融理论与实践》，经济科学出版社 2006 年版，第 56 页。

在实施政策性融资时,并不会提高财政债务依存度,一般不存在财政风险的问题,在经济的宏观发展层面上看,具有较大的安全性。其次,从信用保障层面上看,政策性融资以国家信用作为支撑,具有较高的安全保障,可以很好地吸引社会闲散资金。[①]

3. 有偿性

虽然政策性融资不以盈利为目标,但与国家公共财政资金不同的是,政策性融资具有有偿性的特点,即让渡资金使用权的同时,须支付一定的对价。当然,从与一般的商业性融资相比,政策性融资对价更低,条件也相对宽松。

二、政策性融资存在的必要性

政策性融资机制的存在,既有其理论上的依据,也有实践中的必要性。

(一)理论必要性

政策性融资是政府对市场运行机制的必要干预。这种干预机制的出现,根源在于市场运行机制的缺陷,即由于市场本身具有滞后性等缺陷,无法实现市场自由在各个领域内的合理配置,市场机制对市场经济的发展难以起到均衡作用,放任市场机制的发展会出现"市场失灵"现象,[②]因此,为了合理分配市场资源,必须结合政府调控这只"无形的手",保证整个市场资源得到有效、合理配置。[③] 政策性融资,便是政府对市场进行调控的重要手段。例如,在一些提供社会公共产品领域,由于成本投入与收益不成正比,市场机制便会促使资源远离这些领域,使这些领域得不到应有的供给,出现市场失衡现象。[④]

(二)实践必要性

从根本上说,政策性融资之所以有其存在之必要性,在于社会经济发展实践的需求,具体来说,是现行融资渠道不足以满足公司发展实践中对资金的需

① 赵惠敏、李琦、宫婷:《政策性投融资的特征》,载《经济研究参考》2011 年第 12 期。

② 高鸿业:《西方经济学》(第 3 版),国家教委高教司主编,中国人民大学出版社 2004 年版,第 42 ~ 43 页。

③ [英]亚当·斯密:《国富论》(下),伦敦丹特公司 1995 年版,第 246 ~ 247 页;转引自尹群:《市场转型期政策性银行对小微企业的融资扶持问题研究》,湖北工业大学 2012 年硕士学位论文。

④ 典型如邮政行业,在沿海发达地区,快递业发展迅速,竞争力远超邮政机构;但是在内陆边远地区,由于物流成本急剧上升,而收益却不明显,快递行业明显没有介入,此时需要借助国家干预,通过财政政策以及政策性融资等手段,对其加以调控,完善基础设施建设。

求,“融资难”的现象较为普遍。对此,中小型企业具有代表性意义。由于其自身的特殊性,在我国现行金融机制下,中小型企业“融资难”的情形更是十分突出。下文主要以我国中小型企业融资现状为重点,阐释政策性融资在我国公司发展实践中的迫切必要性。

1. 中小型企业融资现状

据调查,我国 90% 的中小型企业从未获得银行信贷支持,95% 的微型企业甚至没有与银行发生过任何借贷关系。① 中小企业的融资体系在很大程度上依赖于商业性融资以及企业投资人资金渠道(包括民间借贷等),政策性融资没有发挥其应有的作用。

与之相对应的是,中小型企业在我国经济发展中起到了重要的作用。据统计,我国有近 6000 万家中小微企业,创造了 60% 的 GDP,贡献了 50% 的税收收入,提供了 75% 以上的就业岗位。②

二组数据的对比,使人强烈感受到中小型企业融资难的境地,完善政策性融资对中小型企业的扶持有着迫切的实践必要性。虽然近年来,政府加强了对中小企业的政策性融资支持,但由于中小企业数量庞大,仍不足以有力促进中小企业的发展。

2. 现状成因探析

中小企业之所以存在上述“融资难”的问题,原因是多方面的,既有其内在的不足,也有外部因素的制约。综而言之,中小企业“融资难”主要存在如下因素。

(1) 中小企业“先天不足”

首先,中小企业一般规模较小,资产较少,③一方面抵押能力、负债能力低,

---

① 尹群:《市场转型期政策性银行对小微企业的融资扶持问题研究》,湖北工业大学 2012 年硕士学位论文。

② 刘娜、李秀红、吴维地:《构建中小企业政策性融资体系的探析》,载《现代商业》2010 年第 29 期。

③ 对于中小型企业的认定,工业和信息化部部、国家统计局、国家发展和改革委员会及财政部在 2011 年出台过《关于印发中小企业划型标准规定的通知》(工信部联企业[2011]300 号),其中从企业从业人员、营业收入、资产总额等指标,结合不同行业特点,分别制定了不同的认定标准。总共涉及农、林、牧、渔业,工业(包括采矿业,制造业,电力、热力、燃气及水生产和供应业),建筑业,批发业,零售业,交通运输业(不含铁路运输业),仓储业,邮政业,住宿业,餐饮业,信息传输业(包括电信、互联网和相关服务),软件和信息技术服务业,房地产开发经营,物业管理,租赁和商务服务业,其他未列明行业(包括科学研究和技术服务业,水利、环境和公共设施管理业,居民服务、修理和其他服务业,社会工作,文化、体育和娱乐业等)等 13 个行业大类。资料来源:中央政府官方网站,http://www.gov.cn/zwgk/2011-07/04/content_1898747.htm,2015 年 4 月 20 日访问。

另一方面其抵御风险的能力也差;其次,中小企业管理模式不够规范,财务状况透明度有限,较难获得银行贷款。①

(2)中小企业融资渠道狭窄

中小企业初创期,其主要资金来源为内部融资。内部融资可以减轻负债代价,但其融资能力有限,尤其是在中小企业发展到一定规模以后,内部融资往往难以满足企业发展需求。与之相对的是,我国对中小企业的金融支持力度并不充分。证券市场是公司融资的重要平台,但我国证券市场设立了较高的门槛,中小企业由于“先天不足”,往往难以进入,无法进入证券市场融资,极大地限制了中小企业的融资渠道与能力。②

(3)中小企业负债成本较高

由于中小企业自身融资渠道有限,在遇到融资困难时,中小企业不得不求助于民间借贷。我国民间借贷存在的范围之大、深度之广,不容小觑。但对于民间借贷市场,缺乏有效的监管与规范,中小企业通过民间借贷融资成本远高于同期银行信贷,承担了很高的信贷成本。

(4)现行金融体制不够完善

我国现有金融体制存在较多问题,需要尽快予以改善。从宏观层面来看,主要在于现有金融体制下,资金多流向大型企业,银行向中小企业发放贷款的意向不够强烈;从微观层面来看,对中小企业的金融支持体系没有完整构建起来,包括为中小企业提供金融担保的企业发展不成熟、创业板市场及风险退出机制不够完善,未能充分发挥对中小企业融资的支持作用。

3. 小结

中小企业存在显著的“融资难”问题。此类问题的形成有着深刻的内外因。就内因而言,是作为中小企业必然的特性,是中小企业发展过程中的必经阶段,难以回避。因此,解决中小企业融资难的问题,主要因从外部着手。具体到政

---

① 刘娜、李秀红、吴维地:《构建中小企业政策性融资体系的探析》,载《现代商业》2010年第29期。

② 我国企业融资渠道,主要有四种传统途径:第一,上市发行股票融资;第二,发行债券;第三,银行贷款;第四,民间借贷。其中前两种由于存在较高门槛,中小企业几无融资可能;第三种渠道是较为理想的中小企业融资途径,但由于商业银行以盈利为目的,对风险控制有较高要求,因此更倾向于向实力强大的大型企业发放贷款(据统计,中小企业贷款申请遭拒率高达56%)。如此一来,民间借贷成为诸多中小企业融资的不二选择。中小企业融资渠道之窄,可见一斑。参见王书贞:《基于“银企博弈”视角的中小企业融资分析》,载《南京大学学报》2007年第6期。

策性融资方面而言，完善我国现有金融融资体系，加强对中小企业的金融支持，有着充分的理论依据和强烈的实践需求。

三、我国政策性融资的现状

政策性融资是随着社会经济发展的需要而产生的。在计划经济时代，所有的生产活动都处在国家统一计划之下，一切都取决于国家政策，不存在单独的政策性金融问题。随着市场经济的深入改革与进一步发展，现代金融体系逐步建立并不断得到完善，政策性融资体系才开始建立起来，并对市场经济的发展起到了重要的贡献。

在认识到政策性融资的基本特征与必要性之后，有必要对我国政策性融资的现状加以归纳，发现其中存在的问题及不足，从而为解决问题奠定必要的基础。

（一）宏观层面：我国政策性金融体系的基本构成

1993 年 11 月党的十四届二中全会明确提出了建设政策性银行。[①] 随后，国家开发银行、中国进出口银行及中国农业发展银行应运而生，从宏观上构成我国政策性金融体系的支撑。

1. 国家开发银行

国家开发银行成立于 1994 年，其主要使命是“通过开展中长期信贷与投资等金融业务，为国民经济重大中长期发展战略服务”，“贯彻国家宏观经济政策，筹集和引导社会资金，缓解经济社会发展的瓶颈制约和薄弱环节，致力于以融资推动市场建设和规划先行，支持国家基础设施、基础产业、支柱产业以及战略性新兴产业等领域发展和国家重点项目建设，促进区域协调发展和城镇化建设，支持保障性安居工程、中小企业、‘三农’、教育、医疗卫生以及环境保护等领域的发展，支持国家‘走出去’战略，拓展国际合作业务。以此，增强国力，改善民生，促进科学发展”，“坚持以开发性方法和市场化运作服务经济社会发展，努

① 《中共中央关于建立社会主义市场经济体制若干问题的决定》在“加快金融体制改革”部分中明确指出，“建立政策性银行，实行政策性业务与商业性业务分离。组建国家开发银行和进出口信贷银行，改组中国农业银行，承担严格界定的政策性业务”。“国家重大建设项目，按照统一规划，由国家开发银行等政策性银行，通过财政投融资和金融债券等渠道筹资，采取控股、参股和政策性优惠贷款等多种形式进行。”《决定》是我国政策性金融的发展的里程碑。

力保持强有力的发展能力、创新能力和先进的市场业绩”。[①]

2. 中国进出口银行

中国进出口银行同样成立于1994年，其主要职责是“为扩大我国机电产品、成套设备和高新技术产品进出口，推动有比较优势的企业开展对外承包工程和境外投资，促进对外关系发展和国际经贸合作，提供金融服务”，其主要业务范围包括：

——办理出口信贷和进口信贷；

——办理对外承包工程和境外投资贷款；

——办理中国政府对外优惠贷款；

——提供对外担保；

——转贷外国政府和金融机构提供的贷款；

——办理本行贷款项下国际国内结算业务和企业存款业务；

——在境内外资本市场、货币市场筹集资金；

——办理国际银行间贷款，组织或参加国际、国内银团贷款；

——从事人民币同业拆借和债券回购；

——从事自营外汇资金交易和经批准的代客外汇资金交易；

——办理与本行业务相关的资信调查、咨询、评估和见证业务；

——经批准或受委托的其他业务。[②]

3. 中国农业发展银行

中国农业银行于1994年挂牌成立，其主要职责是“按照国家的法律、法规和方针、政策，以国家信用为基础，筹集资金，承担国家规定的农业政策性金融业务，代理财政支农资金的拨付，为农业和农村经济发展服务”，其“坚决服从和服务于国家宏观调控，全面落实国家各项强农惠农政策，把实现良好的社会效益作为最重要的价值追求”；其主要业务范围为：贷款业务（包括粮棉油类贷款、基础设施建设贷款等）、投资业务（包括股权投资、投资银行及资产管理等）、中

---

① 资料来源：国家开发银行官方网站，http://www.cdb.com.cn/web/Column.asp?ColumnId=49，2015年4月20日访问。

② 资料来源：中国进出口银行官方网站，http://www.eximbank.gov.cn/tm/second/index_11.html，2015年4月20日访问。

间业务(包括代理、担保及咨询顾问等)以及结算业务(包括国内、国际结算业务)。①

4. 小结

上述三家政策性银行是我国政策性金融的主要实现形式,各自有着自己的职责与使命,在相应领域内发挥了重要的作用,促进了经济的平稳发展于产业结构的优化调整,促进了金融体系的改革与完善,探索出了政策性融资机构的运作模式。

但相对而言,三大政策性银行其业务范围较为狭窄,不能满足现阶段国民经济发展中对政策性融资的全面需要。

(二)微观层面:对中小企业的政策性融资支持体系

在当前经济运行态势下,企业融资难度增加,对于中小企业的政策性融资逐渐受到各级政府的重视。从中央政府层面到地方各级政府,相应出台了一系列规范性文件,支持、促进中小企业政策性融资制度的发展。

1. 中小企业政策性融资的主要法律及政策支持

(1)法律法规、部门规章

从法律构造上看,对于中小企业发展的支持,我国现有层级最高的法律规定是《中小企业促进法》(2002 年 6 月 29 日第九届全国人民代表大会常务委员会第二十八次会议通过)。该法的通过,表明在国家层面对中小企业发展的关注与支持。但现实的不足之处是,《中小企业促进法》是一部基本性、纲领性的法律,从宏观上构造了中小企业的支持框架,各项规定过于模糊、宽泛,可操作性并不强。②

在《中小企业促进法》精神的指引下,中央政府层面先后出台了系列法规及部门规章,细化了《中小企业促进法》的各项规定,增强了该法的可操作性。具体见表 5 - 1:

---

① 资料来源:中国进出口银行官方网站,http://www.adbc.com.cn/aboutus/introduction/,2015 年 4 月 20 日访问。

② 该法共有七章,包括总则、资金支持、创业扶持、技术创新、市场开拓、社会服务以及附则。以资金支持为例,该章规定了中央财政预算应设立中小企业科目、国家应设立中小企业发展基金、各金融机构应对中小企业提供金融支持等,但对于各项基金的设置及使用、金融机构如何提供金融支持等问题并无细化,可操作性不强。

表 5－1　中央层面对中小企业发展的鼓励文件列表

发文部门	发文时间	文件名称
国务院	国发［2009］36 号	国务院《关于进一步促进中小企业发展的若干意见》
国务院办公厅	国办发［2008］126 号	国务院办公厅《关于当前金融促进经济发展的若干意见》
	国办发［2006］90 号	《国务院办公厅转发发展改革委等部门关于加强中小企业信用担保体系建设意见的通知》
	国办发［2000］59 号	《国务院办公厅转发国家经贸委关于鼓励和促进中小企业发展若干政策意见的通知》
财政部	财企［2013］67 号	财政部《关于印发〈地方特色产业中小企业发展资金管理办法〉的通知》
	财企［2012］97 号	《关于印发〈中小企业信用担保资金管理办法〉的通知》
	财企［2010］199 号	财政部、工业和信息化部、银监会、国家知识产权局、国家工商行政管理总局、国家版权局《关于加强知识产权质押融资与评估管理支持中小企业发展的通知》
	财税［2009］62 号	《关于中小企业信用担保机构有关准备金税前扣除问题的通知》
中国人民银行	银发［2010］193 号	中国人民银行、银监会、证监会、保监会《关于进一步做好中小企业金融服务工作的若干意见》
	银发［2006］451 号	中国人民银行《关于中小企业信用担保体系建设相关金融服务工作的指导意见》
工业和信息化部	2010 年	《关于做好中小企业金融服务合作工作的通知》
	2009 年	工业和信息化部、国家税务总局《关于中小企业信用担保机构免征营业税有关问题的通知》
	工信部企业［2008］187 号	工业和信息化部《关于中小企业信用担保体系建设有关工作的通知》
国家发展改革委	发改企业［2006］563 号	国家发展改革委、国家税务总局《关于中小企业信用担保机构免征营业税有关问题的通知》
	发改企业［2005］1257 号	国家发展和改革委员会《关于跨省区或规模较大的中小企业信用担保机构设立与变更有关事项的通知》

续表

发文部门	发文时间	文件名称
科技部	国科办财字[2006]第21号	科学技术部办公厅、国家开发银行办公厅《关于印发〈科技型中小企业贷款平台建设指引〉的通知》
国家开发银行	开行发[2005]117号	国家开发银行、科学技术部《关于推动科技型中小企业融资工作有关问题的通知》

(2)地方政府政策

为了响应中央政府及各组成部门的号召,在地方政府层面,也制定了一系列中小企业政策性融资的扶持性政策。笔者在万律上检索关键词“中小企业”、“政策性融资”字眼,出现检索结果70余则。其中较具代表性的见表5-2:

表5-2　地方政府促进中小企业发展的规范文件列表

发文地区	发文时间	文件名称
上海市	沪府办发[2010]31号	《上海市人民政府办公厅转发〈关于本市加快融资性担保行业发展进一步支持和服务中小企业融资若干意见〉的通知》
	沪府发[2010]11号	《上海市人民政府贯彻〈国务院关于进一步促进中小企业发展的若干意见〉的实施意见》
	沪府办发[2010]36号	《上海市人民政府办公厅转发市金融办等十六部门关于推进本市中小企业上市工作实施意见的通知》
	沪府办发[2009]52号	《上海市人民政府办公厅转发〈关于本市加大对科技型中小企业金融服务和支持的实施意见〉的通知》
	沪府办发[2009]5号	上海市人民政府办公厅《关于印发上海市鼓励创业带动就业三年行动计划(2009~2011年)的通知》
	沪财税[2014]72号	上海市财政局、上海市国家税务局、上海市地方税务局《关于转发〈财政部、国家税务总局关于金融企业涉农贷款和中小企业贷款损失准备金税前扣除政策的通知〉的通知》
	沪经信企[2009]287号	上海市经济和信息化委员会、上海市地方税务局《关于做好本市中小企业信用担保机构免征营业税申报工作的通知》
	沪财企一[2002]6号	上海市财政局《关于进一步做好当前中小企业贷款信用担保工作的通知》
	徐府办发[2010]5号	上海市徐汇区人民政府办公室《关于转发区发展改革委等九部门的〈徐汇区加大对科技型中小企业金融服务和支持的实施方案〉的通知》

续表

发文地区	发文时间	文件名称
浙江省	浙政发[2004]55号	浙江省人民政府《关于印发〈温台沿海产业带发展规划〉的通知》
	锡经信规发[2014]4号;锡财工贸[2014]56号	《无锡市中小企业融资担保扶持资金管理办法》
	甬外经贸办明电[2012]24号	宁波市外经贸局《关于实施2012年全市百家成长型外贸企业金融帮扶行动的通知》
江苏省	宁政发[2014]172号	南京市人民政府《关于全面深化金融改革创新发展的若干意见》
	宁政发[2013]7号	南京市人民政府《关于印发南京区域金融中心建设规划(2011~2020)的通知》
	东政办发[2007]102	东台市人民政府《关于加快推进全市中小企业信用担保体系建设的意见》
安徽省	皖政办[2015]15号	安徽省人民政府办公厅《关于扶持小型微型企业健康发展的实施意见》
	阜政办[2015]1号	阜阳市人民政府办公室《关于加强农村创业就业群体金融服务工作的意见》
广西壮族自治区	桂政办发[2014]121号	广西壮族自治区人民政府办公厅《关于建立健全广西中小微企业融资担保体系的意见》
	桂政发[2012]67号	广西壮族自治区人民政府《关于中国—马来西亚钦州产业园区开发建设优惠政策的通知》
江西省	赣府厅字[2013]131号	江西省人民政府办公厅《关于金融支持小微企业发展的若干措施》
	赣府发[2014]19号	江西省人民政府《关于加快产业集群发展促进工业园区发展升级的意见》
	余府发[2012]8号	新余市人民政府《关于促进小型微型企业发展的意见》

续表

发文地区	发文时间	文件名称
四川省	川办函[2009]230号	四川省人民政府办公厅《关于加强融资性担保业务监管工作的通知》
	广府办发[2009]44号	《广元市中小企业政策性融资担保项目管理暂行办法》
	广安府办发[2011]47号	广安市人民政府办公室《关于缓解中小企业融资难问题的意见》
福建省	厦府办[2015]59号	厦门市人民政府办公厅《关于进一步扶持小微企业加快发展八条措施的通知》
山东省	济政办发[2015]4号	济南市人民政府办公厅《关于印发济南市支持小微企业成长发展若干政策的通知》
	青政发[2012]7号	青岛市人民政府《关于进一步支持小微企业发展的若干意见》
山西省	并政发[2014]34号	太原市人民政府《关于支持小型微型企业健康发展的实施意见》
甘肃省	甘政办发[2014]175号	甘肃省人民政府办公厅《关于着力缓解企业融资成本高问题的实施意见》
陕西省	陕政发[2013]31号	陕西省人民政府《关于金融支持民营经济持续健康发展的意见》
黑龙江省	黑政办发[2012]27号	《黑龙江省人民政府办公厅转发省金融办等部门关于促进我省融资性担保机构规范发展实施意见的通知》

2. 中小企业政策性融资面临的主要问题

虽然各级政府陆续出台系列规范性文件，对中小企业政策性融资问题分别予以关注。但就当前情势而言，仍未形成完整的中小企业政策性融资扶持体系，这主要体现在两方面：政策体系的缺失与机构设置的缺位。

(1)中小企业政策性融资政策不够体系化、完整化

从宏观金融政策上看，我国目前尚未形成完整的中小企业政策性融资扶持体系，现有金融政策仍然有利于大企业，包括银行贷款在内的大多数社会资源

仍然流向了大型企业(尤其是国有企业)。[1]

从对中小企业的政策性融资角度来看,加大对中小企业的融资支持成为当前各级政府的共识,但是仍未出现全局性的规范性文件,尤其是较少从政策性融资角度提高中小企业融资能力。因此,虽然各级政府纷纷颁布一些新政策,但未形成完整的、全方位的中小企业政策性融资体系,中小企业的融资能力仍受到了很大的约束。

(2)中小企业政策性融资机构的缺位

虽然中小企业在推动国家产业结构升级和保证经济的可持续发展等方面起到了重要的作用,但商业银行的现有信贷模式并不利于中小企业信贷。虽然我国构建了政策性金融机构的主要框架,但上述我国三大政策性银行由于分工及职责的界定(主要以大型企业尤其是国有企业相匹配),并未将中小企业作为其信贷对象。目前并不存在以中小企业作为支持对象的政策性金融机构,对中小企业的政策性融资支持缺乏固定平台。随着经济体制改革的深入已经产业结构的进一步优化,与中小企业配套的政策性金融机构越来越显现出存在的必要性。[2]

四、域外法探寻:政策性融资的比较法借鉴

他山之石、可以攻玉。作为一种市场调控手段,政策性金融机制是一国政府对宏观市场加以调控的重要途径。政策性金融体制的发展,与一国经济发展程度有着密切的正相关。我国政策性金融体制的建设,正是随着改革开放的深入推进而开展起来的。完善包括政策性金融体制在内的金融体制,有必要借鉴国外发达经济体的经验,在结合我国经济发展实践的基础之上,反思我国现行政策性金融体制的不足之处,从而提出相应的改革思路。

(一)美国经验

作为市场经济高度发达的国家,美国在对中小企业进行政策性融资方面的支持力度很大。市场经济对市场自由与竞争的要求很高,但放任市场的自发性,往往容易造成严重的经济后果,因此需要政府“有形的手”加以干涉。对此,

---

① 张润林:《中小企业政策性融资探析》,载《经济问题》2004 年第 1 期。

② 阮敏:《中国政策性金融研究》,中央财经大学 2006 年硕士学位论文。

美国经济发展有深刻体会。

就中小企业的融资而言,一方面,美国积极发挥市场自身的配置作用,优胜劣汰,提高中小企业的整体竞争力;另一方面,充分考虑到中小企业本身的特别,尤其是在融资市场上的先天不足,积极完善政策性融资机制,为中小企业融资打造良好的融资环境。对于中小企业的政策性融资支持,美国的优势主要在于两方面:完善的法律体系与合理的机构设置。

1. 法律体系

法律体系的构建是制度贯彻的规范前提。作为法治国家的样板,美国在扶持中小企业融资方面,制定了若干法律。

1953 年颁布的《小企业法》是美国对中小企业政策性融资支持的基本性法律规范,该法建立了美国小企业管理的基本基础。在此之外,美国先后通过了《小企业投资法案》(1958 年)、《退休人员收入保障法》(允许养老金有条件进入投资领域,1964 年)、《小企业经济政策法》(1980 年)、《小企业发展中心法》(建立了小企业发展中心,1980 年)、《全国证券市场促进法》(1996 年)以及《小企业贷款基金法案》(设立了总额为 300 亿美元的小企业贷款基金,2010 年)等。[①] 通过陆续制定上述法律法案,美国形成了完善的中小企业政策性融资支持体系,有力地保障了中小企业的融资渠道,缓解了中小企业融资难的问题。

2. 机构设置

机构设置是制度执行的有力渠道,合理的机构设置可以有效落实法律规范制度。1953 年设立的小企业管理局(Small Business Administration,简称"SBA")是美国服务中小企业的主要管理机构。[②] 作为一个永久性的联邦政府机构,小企业管理局的主要职责在于负责制定中小企业发展政策、为中小企业发展提供服务,尤其是帮助中小企业解决资金不足问题,保证处于弱势地位的中小企业能够获得及时的融资,其是美国中小企业的融资后盾。SBA 的业务范围包括:(1)融资和担保等金融业务;(2)技术支援、提供信息及组织锦绣;

---

① 祁渊:《中小企业政策性融资:国际经验与政策建议》,东北财经大学 2003 年硕士学位论文;美闻网,http://usnook.com/finance/law/securities/2013/0427/29311.html,2015 年 4 月 21 日访问。

② 该局设有 10 个大区域办公室、69 个州办公室、17 个分支机构,是美国最大的单一为中小企业提供支持的金融机构。参见沈乐颖:《基于政策性金融视角的中小企业融资路径选择》,沈阳师范大学 2013 年硕士学位论文。

(3)对中小企业经营环境进行调查;(4)以风险企业、船业企业为主要支援对象。[①] 为了更好地执行国会及联邦政府的相关决策,联邦各重要政府部门都专门设有中小企业工作办公室,更好地促进中小企业的发展。

除此之外,美国联邦政府建立了诸如小企业发展中心(SBDC)、美国出口资助中心等服务机制,完善对中小企业的融资支持。

3. 灵活的融资措施

美国对中小企业的政策性融资,采取了多种形式,包括直接贷款、协调贷款及担保贷款等。小企业最多可从小企业管理局获得 15 万美元贷款,贷款期限最长为 25 年(流动资本贷款为 7 年),主要贷款项目包括:快递贷款、SBA 特快贷款、短文件贷款、504 贷款等。[②]

除了直接发放贷款外,美国对中小企业融资的政策性支持更多的体现为间接扶持,即与担保公司等金融机构合作,帮助中小企业获得贷款。其主要流程为:中小企业向指定的金融提出贷款申请,并提供相应抵押(通常是房地产或有价证券等企业自有资产),银行若初步同意贷款,则将申请表送至小企业管理局,后者对企业抵押不足部分进行担保,从而保证中小企业自银行处获得足额贷款。[③]

美国的政策性融资特点在于:较少直接向中小企业提供贷款,而更倾向于对中小企业融资进行间接支持。除了上文对中小企业贷款提供担保支持外,还包括在直接融资市场上对中小企业融资予以政策性倾斜。为促进小企业发展,美国政府通过税收、利率等政策性优惠,支持建立小企业投资公司(SBIC),对增长潜力较大的新兴中小企业继续投资。此外,著名的二板市场纳斯达克(NASDAQ)是美国中小企业融资的重要平台。该平台即主要以中小企业作为

---

① 陈作章:《发达国家中小企业政策性融资机制优劣比较与启示》,载《产业经济评论》2014 年 9 月。

② 贾康:《中国政策性金融向何处去》,中国经济出版社 2010 年版,第 200 页。

③ 当然,小企业管理局会根据担保额度及期限通过银行向借款人收取一定费用,若企业逾期不能归还贷款,小企业管理局保证支付不低于 90% 的未还贷款。此外,除了一般的担保贷款,还有一些特殊的担保模式。例如,小企业管理局还为少数民族及妇女所办小企业贷款提供 25 万美元以下贷款的 90% 额度比重的担保。参见祁渊:《中小企业政策性融资:国际经验与政策建议》,东北财经大学 2003 年硕士学位论文。

融资服务对象,成为主板市场的重要补充。[①]

(二)日本经验

日本工业化过程中,涌现出大量的中小企业,这些中小企业与大企业分工协作,大力促进日本外向型经济的发展,吸引大量劳动力,在日本社会经济活动中占据重要地位。

作为曾经的世界第二大经济体,日本是西方发达经济体中市场经济制度最完备的国家之一。就中小企业融资而言,日本同样有着健全的法律制度、高效的执行机构,值得我们学习。

1. 法律体系

日本的中小企业政策性融资法律体系构建时间较早,在"二战"结束前,即颁布了《商工协同组合法》(1946 年)、《中小企业厅设置法》(1948 年)、《中小企业信用保险法》(1948 年)等法律规范,对中小企业融资加以保证。《中小企业基本法》(1963 年通过,1973 年最后修改)是被称为日本"中小企业宪法",是中小企业发展的纲领性法律规范。[②] 在此之外,日本相继颁布了《国民金融公库法》(1949 年颁布,1978 年修订)、《日本长崎信用银行法》(1952 年颁布,1981 年修订)《中小企业金融公库法》(1953 年)、《中小企业信用保险公库法》(1958 年)《中小企业协同组合法》(1961 年)、《存款保险法》(1971 年颁布,1981 年修订)、《中小企业现代化促进法》(1975 年)、《中小企业转产对策措施法》(1976 年)、《中小企业技术开发促进临时措施法》(1985 年)、《商工组合中央金库法》(1986 年)以及等法律法规。

2. 执行机构

中小企业厅(隶属于经产省)是日本管理中小企业的最高行政机关,主要负责指导与管理中小企业,根据相关法律对中小企业的经营管理、资金、技术等予

① 当然,美国现行政策也存在一定的问题。根据 NFIB 调查,现行中小企业政策性融资效果存在如下问题:第一,担保代价过高,中小企业需要负担较高的保费及担保手续费,且担保融资理论也有限制;第二,担保和应征保证人条件过严,要求必须由占企业资本 20% 以上的投资者作为担保人;因此,虽然美国建立起相对晚辈的中小企业政策性融资机制,但仍存在进一步改进的空间。参见陈作章:《发达国家中小企业政策性融资机制优劣比较与启示》,载《产业经济评论》2014 年 9 月。

② 资料来源:http://www.china.com.cn/law/flfg/txt/2006-08/08/content_7057441.htm,2015 年 4 月 22 日访问。

以扶持，反映中小企业需求，调解大企业与中小企业、中小企业内部间的矛盾。[①]而具体的政策性金融机构，主要包括9家金融公库及2家政策性银行，其中中小企业金融公库是主要的促进中小企业政策性融资机构，[②]此外还有国民生活金融公库[③]及商工组中央金库。[④]

3. 信用担保机制

日本非常重视中小企业信用担保机制的构建，除了在法律体系上有充分的规范依据外，还有着高效、便捷的运作机制。

日本区分不同的信用机制：其一，信用担保工作由信用保证协会承担，主要承担为中小企业借款提供信用保证、为中小企业提供咨询服务等职责；其二，为充分发挥信用保证制度，信用保险则由信用保险公库完成，专门为受到信用保证协会保证的中小企业债务提供保险服务。其运行流程主要为：首先，中小企业向金融机构提出贷款申请；其次，信用保证协会对该企业进行信用调查，审查后若保证协会统一保证，则向金融机构发放《信用保证书》，金融机构据此对中小企业进行融资；若中小企业无法如期依约返款，则信用保证协会须代为还本付息，并取得对中小企业的求偿权。[⑤]

（三）德国经验

德国是欧盟国家中最重要的市场经济体之一，选择其作为借鉴对象，在欧

---

① 祁渊：《中小企业政策性融资：国际经验与政策建议》，东北财经大学2003年硕士学位论文。

② 中小企业金融公库成立于1953年8月，是依据《中小企业金融公库法》，由日本政府出资成立，主要向中小企业提供设备贷款和长期周转贷款，贷款方式包括直接贷款和通过商业银行发放代理贷款。参见沈乐颖：《基于政策性金融视角的中小企业融资路径选择》，沈阳师范大学2013年硕士学位论文。

③ 国民生活金融公库提供的重要贷款包括：国民金融公库独立开业贷款、国民金融公库传统工艺贷款、国民公库省力化贷款。在与环境卫生金融公库合并后，其贷款政策转向鼓励中小企业参与高科技技术领域，提供包括IT发展贷款、事业发展援助贷款及海外经济环境变化贷款等转向贷款款项，意在提高中小企业核心竞争力，保持经济强国地位。参见安静东：《日本中小企业融资约束与政策性金融支持体系研究》，沈阳师范大学2004年硕士学位论文。

④ 日本商工组中央金库是根据《商工组中央金库法》，于1936年成立，是一个综合性的金融机构（承担贷款、存款、发现债权、承兑外汇等职能），其主要特点在于：其主要以中小企业团体组织（如同业公会、协会、联合会等及其成员）作为贷款对象（当然，随着社会经济形势发展，其服务对象也在逐渐扩大），且贷款期限较长（可以超过20年）。总体而言，商工组中央金库在促进中小企业发展、提供中小企业竞争力方面做出了重大贡献。参见安静东：《日本中小企业融资约束与政策性金融支持体系研究》，沈阳师范大学2004年硕士学位论文。

⑤ 陈作章：《发达国家中小企业政策性融资机制优劣比较与启示》，载《产业经济评论》2014年9月。

洲国家中具有代表性。

1. 法律制度概况

德国没有全国性的专门针对中小企业立法，而是在《反对限制竞争法》等法律中，共同构筑了促进中小企业发展的政策性制度体系（包括金融、财政、税收等），为中小企业发展创造条件。同时，在州政府层面，多数州制定了《中小企业促进法》。①

总体而言，德国对中小企业政策性融资的法律支持主要体现在州层面，联邦层面并无统一的法律规范，而是分散在不同的法律之中。

2. 机构设置

中小企业局是德国对中小企业进行宏观管理的政府职能部门，设在联邦政府经济部下，各州也有类似性质机构。中小企业局的主要职能包括：研究制定中小企业发展政策；对中小企业进行培训；检验中小企业产品质量；促进中小企业科研；创新活动；维护市场秩序；监督法律法规实施。②

此外，德国的行业协会制度非常发达，所有大小企业均加入一些协会或商会组织，工商总会、业主联合会及手工业协会是德国三大商会（联合会）。一方面，这些行业协会代表会员利益，与政府进行对话，并为会员提供服务；另一方面，行业协会作为政府管理的辅助性力量，接受政府委托，可以对会员行使部分监督监管职能，很好地协调了政府与中小企业间的沟通。

具体到政策性金融机构，德国分为两种：政府预算贷款及政策性金融机构贷款。政策性金融机构包括德国复兴信贷银行（KFW）及德国平衡银行（DTA）在内，共有近20家。③

3. 运行机制

德国对中小企业的政策性融资支持主要方式包括：发行债券、提供贷款及贷款担保。主要实施机构为德国复兴信贷银行及德国平衡银行，二者分属联邦

---

① 例如，萨克森州于1978年制定了《中小企业促进法》，明确以提供中小企业市场竞争力为主要立法目的，从提高中小企业专业能力、提高中小企业资本自有率、便利中小企业融资等方面着手，明确政府职责，强化法律监督。参见祁渊：《中小企业政策性融资：国际经验与政策建议》，东北财经大学2003年硕士学位论文。

② 祁渊：《中小企业政策性融资：国际经验与政策建议》，东北财经大学2003年硕士学位论文。

③ 沈乐颖：《基于政策性金融视角的中小企业融资路径选择》，沈阳师范大学2013年硕士学位论文。

经济部与财政部，一方面，为中小企业贷款提供利息补贴，另一方面，也直接为中小企业贷款提供担保。同时，为提供中小企业竞争力，德国政府通过设置专项贷款扶持中小型高科技企业发展；为平衡区域发展，对欠发达地区或行业的重点中小企业提供专项扶持贷款。

此外，德国风险投资非常发达，许多地方性产权投资公司与风险基金向中小企业提供风险资金，有力促进了中小企业的发展。德国政府在税收等方面对中小企业的支持，力度也很大。①

五、完善我国政策性融资体系的思考

我国中小企业融资难是一个现实而紧迫的问题。尤其在经济发展不稳定时期，国有商业银行更倾向于向大型企业尤其是国有企业发放贷款，以降低风险。对于处在成长期的中小企业而言，资金需求往往较为迫切。虽然上文中关于互联网融资等新兴融资方式的出现，可以在一定程度缓解中小企业融资难的问题，但仍不能从根本上予以解决。在此背景下，政策性融资支持对于中小企业而言，尤为重要。

结合我国中小企业融资难的实际情形，通过参考发达经济体发展过程中对中小企业支持的现状，笔者认为，完善我国政策性融资，可以从以下方面着手。

（一）完善政策性融资制度顶层设计

我国现有政策性金融体制的构建，是建立在三大政策性银行的基础之上，而一如上文所述，三大政策性银行各有其使命，其主要职责范围多旨在服务于宏观经济的发展与协调，对于中小企业的政策性融资，尽管已经引起政府部门的重视，并出台了一些政策，但不可否认的是，已有政策仍不免有“头痛医头、脚痛医脚”之嫌，缺乏全局性的顶层设计。②

政策性金融的顶层设计，从制度上来说，首先需要有一整套完备的法律规范体系。制定和完善法律规范，是保持政策稳定性的需要。具体来说，对中小企业政策性融资支持的法律包括三大类：其一，促进中小企业正常运行和发展

① 例如，在落后地区新建企业，免征营业税五年；对中小企业盈利再投资部分免缴财产税。

② 我国虽然出台《中小企业促进法》，但该法更多的是停留在宏观层面，没有相应的配套设施，可操作性不强。

的基本法律体系；其二，为支持中小企业发展而进行相关组织机构设置的法律体系；其三，支持中小企业发展的具体规范体系，包括税收、财政，等等。[1]

（二）健全政策性融资的机构设置

设置专门的行政管理部门负责对中小企业管理与支持，是多数发达经济国家的共识。我国中小企业司原属发改委，后并入工业和信息化部。[2] 统一的中小企业管理机构，便于贯彻对中小企业融资的政策性支持。从实践来看，我国中小企业司的管理单向性较为明显，政策措施的制定、实施与反馈不够紧密。中小企业服务机构应涵盖如下职责：其一，加强与中小企业间的联系，充分了解中小企业在不同允许阶段的需求，针对不同地区、不同行业中小企业特点，制定相应的中小企业扶持机制；其二，以促进中小企业融资为主要宗旨，大力吸引外部投资，减轻中小企业融资成本。

除了在行政管理层面健全机构设置，还应该着力完善行业协会组织制度。在政府放权的行政改革背景之下，传统行政权力逐渐退出市场管理机制，市场机制本身所承担的监管任务越来越重，行业协会是政府放权的重要承接机制，可以很好地在政府与企业之间起到沟通桥梁作用，既有助于落实政府部门的监督管理职能，也能够很好地了解中小企业发展动态、了解中小企业发展需求，更好地“对症下药”，便于为中小企业发展提供更加贴切的政策性扶持。

（三）灵活运用政策性融资手段

就发达国家的政策金融而言，对中小企业的政策性融资各有不同倾向。结合我国实际情况，笔者认为，应从如下几方面着手，灵活运用不同的政策性融资手段，为中小企业融资提供支持：

第一，直接融资支持。直接向中小企业发放贷款，是对中小企业融资最有利的支持手段之一。发达经济国家中的政策性金融机构，很多都是由中央政府进行直接资金补充。[3] 对于如何进行直接融资支持，有观点主张设立中小企业

---

① 白钦先、薛誉华：《各国中小企业政策性金融体系比较》，中国金融出版社 2001 年版，第 84 页。

② 中小企业司的机构职责是：“承担中小企业发展的宏观指导，会同有关方面拟订促进中小企业发展和非国有经济发展的相关政策和措施；促进对外交流合作，推动建立完善服务体系，协调解决有关重大问题。”资料来源：中小企业司官方网站，http://qys.miit.gov.cn/n11293472/n11295074/n11298628/index.html，2015 年 4 月 29 日访问。

③ 例如，德国复兴信贷银行成立资本中，联邦政府占 80%，地方政府占 20%。

政策性银行。[①] 本文认为,另外建立一家独立的中小企业政策性银行牵涉面过广,可行性不高。更可能的方法是,通过现有国有商业银行及股份制商业银行来实施中小企业政策性融资支持。这些金融机构吸收了大量存款,只是由于缺乏政策性措施的配合,对于风险较高的中小企业融资支持力度不够。因此,可以通过完善政策层面的规范支持,撬动商业银行对中小企业的资金支持。[②]

第二,完善担保信用体系。企业信用是企业获得银行信贷的重要考量因素之一。中小企业预期偿债能力弱,信用资源匮乏,是其难以通过正常渠道获得商业信贷的重要原因。因此,可以通过引入第三方信用,弥补中小企业在借贷担保中的不足。具体而言,中小企业服务机构可以在中小企业申请信贷时提供保证,降低商业银行信贷风险,使中小企业更容易获得融资支持。

第三,充分发挥资本市场的融资效用。风险投资、创业投资及二板市场是近年来发展较快的新兴融资渠道。我国中小企业基数大,对资金的需求量大,传统融资渠道难以满足其实际需要。因此,可以通过完善资本市场融资机制,适当对中小企业开放证券发行融资,构建多层次的中小企业融资体系,完善对中小企业的政策性融资支持。[③] 实践表明,资本市场的融资渠道对高科技型和高成长型的中小企业融资,具有重要意义。

第四,发挥财产、税收政策的作用。通过优惠的税收政策及财政补贴政策,减轻中小企业负担,是对中小企业进行政策性支持的传统机制,也是一种极为有效的模式。财政与税收政策具有很强的灵活性特点,可以根据区域特点、行业特性,针对性地提供政策性支持。我国幅员辽阔,不同地区经济发展水平差异很大,不同行业之间发展也不尽规范,对中小企业融资的政策性支持,应该体现出这种地区与行业的差异,构建全方位、多层次及高协调性的中小企业政策性融资机制。

(四)注重政策的时效性

在不同经济发展情形下,中小企业对融资的需求可能有不同体现,尤其在

---

① 贾立:《论中小企业政策性融资体系的现状及完善》,载《河南财政税务高等专科学校学报》2011 年 2 月。

② 国家开发银行虽然也涉及中小企业融资业务,但其支持重点在于国家基础设施建设、基础产业及支柱产业,如电力、公路、铁路、煤炭、邮电通讯、农林水利以及公共设施等。无法满足中小企业需求。

③ 李庚寅、周显志:《中国发展中小企业支持系统研究》,经济科学出版社 2003 年版,第 199 页。

经济发展波动期，中小企业的资金需求往往难以得到保障。因此，政策性融资的特点与优势在于，可以根据具体经济运行情况，调整融资政策，真正落实对中小企业的融资支持。此外，中小企业在不同发展阶段，对资金的需求也有所不同，因根据中小企业的不同行业属性、不同发展阶段历程，区别对待，加强政策性融资支持的针对性。

第二节
政府创业投资引导基金

从既有国际经验来看，政府创业投资引导基金（下文简称“引导基金”或“产业基金”）具有杠杆作用，通过政府政策性引导，可以有效地对民间资金加以引导，从而使闲散资金流向迫切需要的领域内。政府引导基金的设立，对于解决中小企业融资难的问题有着巨大的帮助和推动意义。

一、概述

政府引导基金（Government guiding fund），又称政府风险投资基金或创业引导基金（Venture Capital Guiding Fund），一般指的是由财政或其他具有政府背景的机构出资，利用政府信用担保，吸引民间资金加入，共同设立创业投资基金，将资金引入迫切需要资金的产业领域或政府意在扶持的领域，尤其是处于初创期的中小企业、高科技中小企业，从而促进高科技产业技术的发展，提高整体产业竞争能力。[①]

（一）主要特点

《国务院办公厅转发发展改革委等部门关于创业投资引导基金规范设立与

---

① 《创业投资企业管理暂行办法》（发展改革委 2005 年第 39 号）称为“创业投资”，指“向创业企业进行股权投资，以期所投资创业企业发育成熟或相对成熟后主要通过股权转让获得资本增值收益的投资方式”。《办法》同时对创业企业有所定义，所谓创业企业，指“在中华人民共和国境内注册设立的处于创建或重建过程中的成长性企业，但不含已经在公开市场上市的企业”。

运作指导意见的通知》(国办发〔2008〕116号)中,将政府创业投资引导基金定义为"由政府设立并按市场化方式运作的政策性基金,主要通过扶持创业投资企业发展,引导社会资金进入创业投资领域。政府引导基金本身不直接从事创业投资业务"。这一界定包含几层不同含义,可以看出政府引导基金的基本特点。

1. 非营利性

政府引导基金的首要特点在于,政府出资非以盈利为旨趣,而是从产业结构调整、提高产业竞争力角度出发,旨在带动本国或本地区行业的综合、健康发展;一旦该地区或该行业发展成熟,引导基金即逐步从该地区或该行业退出,将资金流引向其他地区或产业。这是政府引导基金与商业性基金的重要区别。

2. 市场化运作

政府引导基金有很强的政策导向性,但这主要反映在基金的成立及目标层面;就引导基金的运作而言,大多数仍采用市场化运作。对此,可以从两方面加以观察:第一,引导基金的使用方式为有偿使用,有偿使用可以对相关企业起到一定的财务约束效力,其引导基金自身的非盈利性并不冲突。第二,引导基金的扶持对象,并非由行政主管部门单方面决定,而必须由引导基金管理机构综合考虑市场状况(投资风险、投资回报、投资目标等)全面确定。

3. 目的特定性

政府引导基金与其他商业化的根本性区别在于,政府引导基金有其特定之使命:以扶持特定地区、特定产业发展为宗旨,通过发挥财政资金的杠杆效应,对社会资金施以政策性影响。其最终目标在于引导社会资金进入特定领域,而不是专注于直接投资业务。这点与其非营利性之目标有异曲同工之处。

(二)主要功能优势

政府引导基金,克服了分散的单个投资计划缺点(投资人精力、知识技能上的不足),通过集合化投资,谋取更高收益。与单个的投资制度相比,组合型的政府引导基金具有如下优势。

1. 提高资本运作效率、降低交易成本

资本市场中信息高度不对称,这种不对称的根源在于知识、技能经验等方方面面,是单个的投资主体难以应对的。政府引导基金作为一种集合型的投资制度,具备经验及知识技能上的优势,通过对创业投资项目加以筛选,降低信息的不对称性,从而有效降低投资成本。

2. 降低投资风险

集合型的投资,可以提高项目筛选与投资决策的准确性,通过尽快缩小目标对象,确定目的对象。专业化的投资可以通过降低信息不对称性,增强投资方谈判能力,最大限度实现各种资源的整合,从而降低投资风险。

此外,政府引导基金以政府信用作为担保,通过对社会资本的引导,为社会资金提供了投资渠道,可以推动形成创业资本的聚集机制,从而整体上降低资本风险。①

3. 优化资本配置

政府引导基金是一个具有较强政策导向往往是对成长潜力的中小企业加以扶持。政府设立创业引导基金,在于实现一定的政策目标,通过对投资方向的引导,实现产业结构的升级。在通常情形下,需要政府引导基金加以扶持的企业都是处在初创期或成长期的中小企业,这些企业在资本市场上引入资金的难度较大。与之相对的是,我国民间资金的投资渠道有限,存在大量的闲散资金,通过设立政府引导积极,可以对这些闲散基金加以利用,加大对新型高技术性的中小企业的扶持力度,从而促进产业结构的调整与升级,提高整体产业竞争力。

另一方面,资本的流动差异不仅存在于不同行业之间,不同区域之间,也有明显的体现。以《2012 年中国创业风险投资发展报告》为例,我国创业风险投资无论在数量上还是管理资本总额上,都集中在北京、上海、浙江、江苏及广东五个经济发达的沿海省市;与之相对,内陆地区的创业风险投资明显不足。这是市场经济规律发挥作用的必然后果,但放任这种情形的发展,区域间的不平衡将进一步加剧,不利于国家宏观经济的协调发展。政府引导基金的设立,可以有效对这种情形加以干预,平衡区域发展。②

二、我国政府引导基金发展历程

我国政府引导基金,在较短的时间内,经历了一个从无到有、再到迅速发展

① 李希义:《创业投资引导基金的运行状况和实施成效》,载《中国科技投资》2011 年第 4 期。

② 庞国存:《中国创业投资引导基金运行模式研究》,辽宁大学 2013 年硕士学位论文。

的历程。引导基金是对市场规律的认识的深化，是随着市场经济发展的深度而深入的。仅十几年来，我国的政府引导基金规模不断扩大，取得了较大的成就，但作为一个新生事物，在不断发展的同时，也暴露出了方方面面的问题。对此，有必要对我国政府引导基金的发展历程进行梳理，更好地立足于我国实际需要，为我国政府引导基金的进一步发展提出思考。

(一)萌芽阶段(2001 年以前)

对于政府引导基金的发展，首见于《中共中央关于科学技术体制改革的决定》(中发[1985]6 号)，其中指出："对于变化迅速、风险较大的高技术开发工作，可以设立创业投资给予支持。"这是笔者阅读范围内，国家层面最早对于政府引导基金的有关论述，给风险投资发展提供了政策上的依据。

随后，1991 年国务院出台《国家高新技术产业开发区若干改革的暂行规定》，其中明确指出，"有关部门可以在高新技术产业开发区建立风险投资基金，用于风险较大的新技术产品开发，条件成熟的高新技术开发区可创办风险投资公司"。在此之后，我国先后出台《关于批准国家高新技术产业开发区和有关政策规定的通知》(1991 年)、《中共中央、国务院关于加速科学技术进步的决定》(1995 年)、《促进科技成果转化法》(1996 年)、国务院《关于"九五"期间深化科学技术体制改革的决定》(1996 年)等法律法规、政策规定，为投资基金的发展提供了充分的政策依据。1998 年，民建中央在全国政协九届一次会议上提出了《关于尽快发展我国风险投资事业提案》(当年两会的"一号提案")，明确提出"借鉴国外风险投资的成功经验，大力发展风险投资实业，推动科技进步"、"明确把发展风险投资作为推动科技和经济发展特别是高科技产业发展的基本政策"。

在此期间，相关的政府引导基金先后建立起来，包括中国新技术创业投资公司、广东技术创业公司、江苏省高新技术创业投资公司等等。截至 1999 年，全国各级政府设立的创业基金达一百多家。这一时期的投资基金特点在于，进入创业投资领域的是单一性的国有资本，其投资对象也以国有企业为主。总体而言，这一阶段是我国政府引导基金的萌芽阶段，其地位、作用、发展方向，均较模糊，引导基金难以发挥其对自己的杠杆作用。[①] 当然，这既是政府引导基金自

① 石琳：《创业投资引导基金绩效评价研究》，东华大学 2013 年硕士学位论文。

身发展的阶段性特征，更受到当时社会经济环境的约束。

(二)起步阶段(2002～2006年)

直至2002年，北京中关村科技园区管委会借鉴以色列经验，设立"中关村创业投资引导基金"，成为我国第一家真正意义上的政府引导基金，开启了我国政府引导基金发展的历程。随后，北京、上海与江苏等经济发达地区开启了创业投资引导基金的发展步伐，上海浦东新区创业风险投资引导基金、苏州工业园区创业投资引导基金、无锡新区创业投资引导基金先后成立，开始积累创业投资引导基金的运作经验。

截至2006年，全国共设立创业投资引导基金5只，总金额35亿元。具体见表5-3：

表5-3　2002～2006年我国创业投资引导基金发展情况表

成立时间	引导基金名称	出资人	运作模式	规模(亿元)
2002年1月	中关村创业投资引导基金	中关村管委会	种子基金、跟进投资、参股基金	5
2006年3月	苏州工业园区创业投资引导基金	中新创投、国家开发银行	参股基金	10
2006年9月	海淀区创业投资引导基金	海淀区政府	参股基金、成立基金、融资担保	5
2006年10月	浦东新区创业投资引导基金	浦东新区政府	合作投资、参股基金	10
2006年12月	无锡新区创业投资引导基金	无锡新区管委会	阶段参股	5

数据来源：赛迪投资顾问《中国政府引导基金战略研究(2011)》。①

(三)快速发展阶段(2007～2008年)

2007年，财政部与科技部正式发布《科技型中小企业创业投资引导基金管理暂行办法》(财企[2007]128号)，同年，首家国家级创业投资引导基金正式启动，专项用于引导基金，政府引导基金得到了迅速的发展。截至2008年，全国

① 参见赛迪顾问在线，www.ccidconsulting.com。

各地新成立创业投资引导基金25余只，规模超过145亿元。具体见表5－4：

表5－4　2007～2008年我国创业投资引导基金发展情况表

成立时间	引导基金名称	出资人	运作模式	规模（亿元）
2007年6月	山西创业投资引导基金	山西省政府、国家开发银行	参股基金	8
2007年7月	科技型中小企业创业投资引导基金	财政部、科技部	阶段参股、跟进投资、风险补助、投资保障	1
2007年9月	扬州市创业投资引导基金	扬州市政府	参股基金	1
2007年9月	西湖区中小企业产业引导基金	西湖区政府	参股基金	2.5
2007年12月	滨海新区创业投资风险引导基金	滨海区管委会、国家开发银行	参股基金、合作投资	20
2007年12月	吉林省创业投资引导基金	吉林省政府、国家开发银行	参股基金	10
2008年4月	杭州市创业投资引导基金	杭州市政府	阶段参股、跟进投资	10
2008年5月	西安高新区创业投资引导基金	西安市高新区管委会	参股基金	6
2008年6月	绍兴市创业投资引导基金	绍兴市政府	阶段参股、跟进投资、风险补助	2
2008年7月	北京市中小企业创业投资引导基金	北京市政府	参股基金	8
2008年7月	诸暨市创业投资引导基金	诸暨市政府	阶段参股、跟进投资、风险补助	0.5－1
2008年7月	苏州吴中国发创业投资基金	苏州吴中区政府	参股基金	3
2008年7月	昆明市科技中小企业投资引导基金	昆明市政府	阶段参股、跟进投资、风险补助、投资保障	每年2000万预算

续表

成立时间	引导基金名称	出资人	运作模式	规模(亿元)
2008 年 8 月	重庆市科技创业风险投资引导基金	重庆市政府、中国进出口银行	参股基金	10
2008 年 8 月	山西省创业风险投资引导基金	山西省政府、国家开发银行	参股基金	8
2008 年 9 月	杭州市萧山区创业投资引导基金	萧山区政府	阶段参股、跟进投资	1
2008 年 9 月	桐庐县创业投资引导基金	桐庐市政府	跟进投资	0.03
2008 年 9 月	南京市创业投资引导基金	南京市政府	参股基金、跟进投资	首期 2 亿
2008 年 12 月	陕西省创业投资引导基金	陕西省政府	参股基金	10
2008 年 12 月	湖北省创业投资引导基金	湖北省政府	阶段参股、跟进投资、风险补助、投资保障	6

数据来源:赛迪投资顾问《中国政府引导基金战略研究(2011)》。

(四)规范发展阶段(2009 年以后)

根据赛迪投资顾问《中国政府引导基金战略研究(2011)》统计,截至 2011 年 8 月,中国政府引导基金共设立 56 只(包括拟设),金额超过 500 亿元,其中江苏和浙江两省设立引导基金最多,共设立 22 只,基金总额 214 亿元,占总数的 39.2%,占总规模的 42.6%(如表 5-5 所示)。除长三角区域外,北京、天津、山东、辽宁等环渤海地区引导基金设立较多。此外,广东以及中西部地区的成渝、陕西、内蒙古也是政府引导基金设立比较活跃的地区。伴随国家对战略性新兴产业支持力度的加大,政府引导基金已成为培育战略性新兴产业领域企业自主创新能力的重要途径。环渤海、长三角等政府引导基金活跃地区不断涌现战略性新兴产业专项型引导基金。环渤海区域中,北京于 2010 年 7 月在电子信息、新能源和环保、生物医药、高技术服务业等领域一次性发起设立 4 只总规模达到 10 亿元的战略性新兴产业专项型引导基金。这占该地区引导基金的半壁江山，成为北京政府引导基金发展的一大亮点。在长三角区域，上海率先于2010年3月就上海市创业投资引导基金、上海联升新材料创投基金、上海千骥生物医药创投基金举行揭牌仪式，就上海诚毅新能源创投基金和上海华登集成电路创投基金签订出资协议，5只战略性新兴产业专项型引导基金基本成立。此外，2011年上海还向海内外招标设立新能源、新能源汽车、新材料、节能环保、高端装备制造等战略性新兴产业领域的创投基金，迎来一波大的战略性新兴产业专项型引导基金发展浪潮。① 具体见表5－5：

表5－5　2009年以来我国政府引导基金发展情况表

成立时间	引导基金名称	出资人	运作模式	规模(亿元)
2009年3月	浙江省创业风险投资引导基金	浙江省财务开发公司	阶段参股、跟进投资	5
2009年3月	珠海高新技术创业投资引导基金	珠海市高新区管委会	阶段参股、跟进投资、风险补助、投资保障	1
2009年4月	嘉兴市南湖区创业投资引导基金	嘉兴南湖区政府	直接投资、间接投资、跟进投资	首期0.15
2009年6月	河北省科技型中小企业投资引导基金	河北省政府	阶段参股、跟进投资	1
2009年6月	江苏省宿迁市创业投资引导基金	江苏省宿迁市政府	参股基金、跟进投资	1
2009年7月	山东省省级创业投资引导基金	山东省政府	参股基金、跟进投资	10
2009年7月	内蒙古自治区创业投资引导基金	内蒙古自治区政府	参股基金、跟进投资	首期1
2009年7月	杭州经济技术开发区创业投资引导基金	杭州经济技术开发区管委会	参股基金	2

① 资料来源：中国工业新闻网，http://www.cinn.cn/wzgk/wy/253142.shtml，2015年4月30日访问。

续表

成立时间	引导基金名称	出资人	运作模式	规模(亿元)
2009年8月	安徽省创业投资引导基金	安徽省政府	参股基金、跟进投资	10
2009年8月	江苏省泗阳县创业投资引导基金	江苏省泗阳县政府	参股基金	0.5
2009年9月	北京股权投资发展基金	北京市国资委	—	50
2010年3月	上海创业投资引导基金	上海市政府	参股基金、跟进投资	30
2010年9月	温州创业投资引导基金	温州市政府	阶段参股、跟进投资	5
2010年11月	大连市股权投资引导基金	大连市政府	参股基金	30

我国各类政府设立的引导基金一直以较快的速度发展,这里面固然有巨大的需求推动,但也存在一定的跟风因素,而对于创业投资引导基金的设立、管理及运作等,缺乏相关的规定,使许多引导基金甚至在成立后长时间内得不到有效的运行,有悖初衷。随着引导基金的不断发展,相关法规政策也不断得到完善。例如,2008年10月,国务院办公厅转发《关于创业投资引导基金规范设立与运作的指导意见》(国办发〔2008〕116号),从引导基金性质与宗旨、引导基金设立与资金来源、引导基金运作原则与方式、引导基金管理、对引导基金的监管与指导、引导基金的风险控制等方面,对政府引导基金的规范化提出了要求,使我国的政府引导基金进入规范化与管理化的轨道,为引导基金的进一步发展提供了有序指导。系列法规政策的发布,使得我国引导基金的发展逐渐进入规范化、科学化,对我国引导基金的发展产生了重要的积极影响。关于政府引导基金的主要法律法规见表5-6:

表 5-6 现行政府引导基金主要法律法规列表

法规名称	发布时间	发布部门	主要内容
《创业投资企业管理暂行办法》	2005 年 11 月	发改委	国家与地方可以通过参股及提供融资担保方式设立创业投资引导基金,扶持创业投资企业的设立与发展
《国家中长期科学和技术发展规划纲要(2006～2010)》	2006 年 2 月	国务院	探索以政府财政资金为引导,政策性金融、商业性金融投资为主的方式,采取积极措施,促进更多资本进入创业风险投资市场
《关于促进创业投资企业发展有关税收政策的通知》	2007 年 2 月	财政部、国家税务总局	创业投资企业采取股权投资方式投资于未上市的中小高新技术企业 2 年以上,满足一定条件的,按照其对中小高新技术企业投资的 70% 抵扣该创业投资企业的应纳税所得额
《科技型中小企业创业投资引导基金管理暂行办法》	2007 年 7 月	科技部、财政部	规定科技型中小企业创业投资引导基金专项用于引导创业投资机构向初创期科技型中小企业投资
《关于创业投资引导基金规范设立与运作的指导意见》	2008 年 10 月	发改委、财政部、商业部	细化了引导基金的性质与宗旨、原则和方式、资金来源、资金管理、监督与指导、风险控制与组织实施等七方面内容
《国家科技成果转化引导基金管理暂行办法》	2011 年 7 月	科技部、财政部	对中央财政设立国家科技成果转化引导基金的运作管理作出具体规定

(五)主要模式及问题

经过十余年的发展,我国创业投资引导基金呈现出一定的规模。在快速发展的过程中,呈现出我国引导基金发展的特定模式,但也能够从中看到一些问题。

1. 主要模式

从现有引导基金的具体运作来看,各地区引导基金各有不同,主要融资模式包括:参股模式、跟进投资、融资担保、风险补助、投资保障。对于这些不同的运作模式,各引导基金往往是综合采用不同模式,较少的使用单一投资管理模式。

(1)参股模式

从上文统计的引导基金模式来看,这是我国现有引导基金最常见的模式。

参股模式的引导基金按照承诺出资方式与社会资本共同发起组建新的创业投资企业,并委托专业的投资管理机构进行管理。其基本原则是参股不控股,即参股方不介入引导基金的具体投资管理。

(2)跟进投资

跟进投资是仅次于参股模式的引导基金投资运作模式。跟进投资也称共同投资,指经认定并签订合作协议的创业投资企业,在引导基金规定的政策范围区域内选定投资项目后,引导基金按照创业投资企业实际投资额提供一定比例的配套股权投资,联合对项目进行投资,引导创业投资企业的投资方向。对于跟进投资,引导基金一般会规定跟进投资比例或单个项目的最高投资额度。① 一般来说,跟进投资更适和对政府重点扶持和鼓励的高新技术产业企业进行投资。

(3)风险补助

风险补助,是指创业投资引导基金对投资于初创期的高科技中小企业的创业风险投资机构提供一定补助,降低投资机构的投资风险,弥补其损失。这种运作模式效率较高,引导作用明显。但其风险较大,引导基金可能出现较大亏损,一般适用于规模较小的区域性引导基金。

(4)投资保障

投资保障也是一种运用较多的引导基金运作模式,指创业投资机构挑选出具有有潜在投资价值的初创型高科技中小企业,对其加以资助;同时,创业投资机构对其提供创业辅导,然后创业投资机构对其进行股权投资,引导基金给予中小企业二次资助。投资保障一般分为两个阶段:首先,创业投资机构与创业企业签订投资意向书,引导基金对创业企业给予前期资助;其次,创业投资机构完成投资后,引导基金对创业企业给予后期资助。这种模式可以有效降低创业投资机构的投资风险,尤其适用于高科技中小企业的孵化。

(5)融资担保

融资担保主要包括两种方式:第一,根据信贷征信机构提供的信用报告,对

---

① 例如,《杭州市创业投资引导基金管理办法(试行)》规定,"(六)引导基金按创业投资企业实际投资额30%以下的比例跟进投资,出资方式为现金出资,投资价格与被跟进创业投资企业的投资价格相同。每个项目原则上不超过600万元人民币";"(七)区、县(市)引导基金跟进投资本辖区内的企业和项目,市级引导基金原则上按1∶1的比例同步跟进;市级引导基金跟进投资创业投资企业选择的企业和项目,企业所在地政府的引导基金原则上也按1∶1的比例同步跟进投资"。

于符合信用条件的企业，通过基金直接提供融资担保，支持其通过债券融资获得金融融资；第二，引入担保机构，对担保机构进行补贴等扶持。由于我国目前的债券市场不够发达，现有的引导基金很少采用这种运作方式。从具体情形来看，只有北京海淀区创业投资引导基金采用了这一模式。

表 5－7　引导基金主要运作模式小结

模式	主要特征	适用对象	运营能力
参股基金	以参股形式与社会资本共同发起设立，参股不控股，委托专业机构进行管理	适用范围广，国家级、地方级引导基金都可适用	能够保本持续经营
跟进投资	对中小企业进行直接投资，导向性很强	适用范围较广	能够保本，可以持续
风险补助	对创业风险投资机构予以补助，能够降低投资风险、增强创业投资机构抵御风险能力	适用于较小规模的区域性引导基金	无偿支付，一次性支持
投资保障	对具有潜在投资价值的中小企业进行分期资助，尤其适用于初创期的高科技型中小企业	多适用区域性的引导基金	无偿支付，多次支持
融资担保	可以利用贷款担保提供融资能力，起到融资杠杆作用，能撬动较大规模的投资	适用范围广	能够保本持续经营

2. 主要问题

从宏观上来看，我国创业投资引导基金发展迅速，规模增长较快，取得了较好的成绩，为促进经济结构的转型、提高经济发展的竞争力做出了很大的贡献。但同时我们也看到，由于引导基金本身体制机制仍然不够成熟，再加上市场条件仍不够理想，引导基金在我国的发展也存在一些问题。

（1）引导基金资金来源比例不合理

引导基金最大的作用，在于发挥基金本身的杠杆效应，即以较小的资金带动更大量的社会闲散资金以及投资基金，在基金的引导下，流向需要资金的行业和地区。从国际经验来看，参股基金一般能够发挥四到六倍的资金放大效应，甚至更大。在我国，由于政府对引导基金的干预较为明显，政府财政投入在引导基金中往往占有很大的比例，资金杠杆效应不够显著。①

由于创业投资引导基金的非营利性特征，政府财政投入过大，加重了政府财政负担；另一方面，由于政府财政投入的重要地位，政府对引导基金的运作有着较为明显的行政干预，影响资金使用效率，使创业投资灵活性不足，社会资金望而却步，进一步压缩了引导基金的杠杆作用。

(2)引导基金地域发展不合理

从上文统计数据可以看出，我国创业投资引导基金主要集中在沿海经济发达地区，尤其是环渤海湾地区、长三角地区、珠三角地区。据北京清科研究中心调查，报告显示，2008 年股权投资基金募资地区分布比例分别为：北京(35.08%)、上海(24.21%)、深圳(4.73%)、华北地区(21.26%)。这种现象的出现，毫无疑问受到各地经济发展水平的限制。然而，创业投资引导基金以引导资金流向为宗旨，过分集中在经济发达地区，将会进一步扩大东西部、沿海与内陆之间发展差距，有违引导基金设立宗旨，不利于区域平衡协调发展。

(3)引导基金管理模式不够合理

由于政府财政投入在引导基金中所占比例过大，我国引导基金在实际管理中，行政干预色彩较浓厚，偏离了市场化运作的初衷。在引导基金实际投资活动中，政府往往会对投资进行限制(如行业限制、地域限制)，资金使用往往带有很强的地方政策色彩，出现“择地不择优”现象，不利于吸引优秀的投资管理机构。② 长此以往，政府引导基金的作用将受到严重制约，不利于提高资金的使用效率。

此外，政府引导基金通常采用委托管理方式，即设立基金管理公司专门受托管理政府创业投资引导基金。实践中，这种管理模式容易滋生寻租腐败，甚至有的基金以政府引导基金为幌子，进行非法集资。而且，如果基金管理过程中监管不够透明，容易造成财政资金的投资损失，为引导基金的运作发展带来

① 例如，《中国创业投资引导基金发展报告 2009》关于引导基金资金来源的数据表明，64.84% 的基金资金来自政府的财政出资，所占比重过大。

② 例如，清科研究中心在《2010 政府引导基金专题研究报告》中明确指出：“政府引导基金在实际操作中也出现过背离现象，从旨在引导社会资金投资于创新性、早期性项目，变相成为地方招商引资工具，使得政府引导基金失去了本来面目。”资料来源：投资界，http://research.pedaily.cn/report/free/120.shtml，2015 年 5 月 11 日访问。

较大的风险。

(4)缺乏必要的退出机制

退出机制是引导基金持续发展的必要前提,是引导基金的"变现器"。引导基金投资对象多为高科技型中小企业,尤其是针对初创型、处在成长期的中小企业。一旦投资成功,中小企业发展走上正常轨道,引导基金即应及时退出,将资金再次运用到其他企业、行业、地域。从目前来看,我国大部分引导基金没有建立起完善的退出机制。当然,这和我国资本市场本身的退出机制不完善有着密切关联。[①] 更重要的是,政府引导基金往往难以把握退出时机,甚至为了经济利益,不愿意从成熟项目中退出,从而背离了创业投资引导基金的"引导"性质,影响资本使用效率。

三、创业投资引导基金的国外经验

(一)美国经验

美国的创业投资起步于 20 世纪 20 年代,主要动力是"一战"后,美国经济发展迅速,对资本投资需求较大。1924 年诞生的"马萨诸塞投资信托",是美国第一家投资基金。大萧条过后,美国颁布了一系列法案,健全投资市场、保障投资权益。例如,《证券法》(1934 年)、《投资公司法》(1940 年)。"二战"结束后,受到新技术发展的影响,美国出现了大量的高科技型中小企业。美国政府意识到支持中小企业进行技术创新的重要意义,于 1958 年通过了《中小企业投资法案》,[②]对美国创业投资基金的发展以及当时中小企业的投资产生了积极影响。

经过数十年的发展,美国创业投资基金无论从数量还是规模、行业、影响力等方面来看,都取得了明显的成功,为美国经济的发展与企业创新能力的提升立下了汗马功劳。[③] 下文介绍两种美国的创业投资基金模式。

---

① 我国创业投资退出渠道包括上市退出、由创业投资企业回购、在产权交易市场出售所持股份等;但由于中小企业板市场容量有限,远不能满足创业投资行业的发展需要。参见张勇:《创业投资引导基金运行机制研究》,南开大学 2012 年博士学位论文。

② 该法案规定,符合审批条件的中小企业投资公司可以获得低于市场利率水平的政府贷款,但贷款必须投资于创业型的中小企业。

③ 尤值一提的是,硅谷、波士顿、北开罗莱纳州三角地带的创业投资基金投资了一批高新技术产业公司,诞生了包括 IBM、苹果公司、微软公司、谷歌等世界级的知名企业。

1. 小企业投资公司计划(SBIC)

(1)具体内容

美国小企业投资公司计划起始于1958年的《中小企业投资法案》,其动因在于:处在初创期的中小企业往往难以从资本市场获得足够的融资,但这些企业是推动科技创新与经济发展的重要因素。SBIC计划正是旨在帮助中小企业获得资金投入。

小企业投资公司计划由私营风险投资公司申请加入政府设立的中小企业投资公司计划,其核心是私营经济与政府展开合作。其投资对象主要是处在初创期和成长期的中小企业,旨在帮助此类企业获得权益资本和长期贷款,并培养创业投资专业人才,推动创业资本市场发展。

SBIC是受美国中小企业管理局管理的下属机构,中小企业管理局主要负责决定某一投资公司能否加入SBIC计划,可否匹配资金;同时对SBIC运作情况进行检查,保证其良好的资产财务状况,符合SBIC的规定。① 其具体运行模式为:首先,对申请进行投资的中小企业进行筛选;②其次,对筛选出来的中小企业,通过贷款、债权或股权方式进行投资,并参与其管理;在经过一定投资期限后,对投资企业进行价值评估,从而决定下一步计划。SBIC的主要资金来源是自有资本、③政府匹配的杠杆资金④以及发行债券(由SBIC提供担保)、参与证券资本市场的资金筹集等,其融资期限通常为7~10年。

---

① 美国中小企业管理局对SBIC的管理法律依据主要是《中小企业投资法案》以及《中小企业投资公司管理规定》,其监管主要体现在资格审查、所有权限制、投资行为限制、资产管理以及违约行为处置五方面。以资格审查为例,中小企业管理局从如下五方面对SBIC申请执照进行审查:(1)拥有维持正常运转的常规资本(不低于500万美元);(2)商业计划书;(3)管理队伍相关知识、经验和能力的审查(管理人员须5年以上相关工作经验,一般人员须2年以上相关工作经验);(4)公司所有权与管理权必须分离;(5)管理费符合相关规定。参见美国中小企业管理局官方网站,https://www.sba.gov/,2015年5月11日访问。

② 对于"小企业"的认定,美国中小企业管理局的界定标准是:经过中小企业管理局认证,雇佣员工小于或等于500人,或企业净资产少于600万美元,或净税后收益少于200万美元的企业。参见美国中小企业管理局官方网站,https://www.sba.gov/,2015年5月11日访问;此外,参见章秋琼:《论中小企业的法律界定》,对外经济贸易大学2006年硕士学位论文。

③ 自有资金主要来自个人、州发展基金、机构投资者、养老基金等,构成了SBIC的常规资本。

④ 杠杆资金(leverage funding),指通过SBIC计划补充的资金。美国中小企业局并不直接提供杠杆资金,SBIC更多的是一个担保计划,中小企业局以政府信用对信托凭证的本息偿还作出担保,其主要提供两种形式的杠杆融资:担保债权杠杆资金(debenture leverage)与参与式证券杠杆资金(participating securities leverage)。

(2)主要评价

SBIC投资的行业分布很广，涉及农林渔业、采矿、建筑、制造、通讯运输、批发业、零售业、金融保险房地产、服务业等。可以看出，SBIC对传统行业(制造业、通讯运输业、服务业)投入较大。其主要原因在于：高技术小企业本身风险较大，中小企业局严格限制SBIC的持股比例和对企业的控制权，使SBIC相对于其他风险投资公司，对高技术企业的风险投资面临更大的风险，而且SBIC的资金规模较小，风险承受能力相对较弱。SBIC核准投资项目资金比例的行业分布见表5－8：[①]

表5－8　SBIC核准投资项目资金比例的行业分布(1999～2003年)

(单位：%)

主要部门	1999年	2000年	2001年	2002年	2003年
农业、林业、渔业、狩猎业	0.3	0.3	0	0.1	0.1
采矿	1.7	1.3	0.1	1	0.2
公用事业	0.1	0.3	0.2	0.2	0.5
建筑业	2.3	2.2	1.3	1.3	3.1
制造业	38.1	33.5	25.6	27.7	28.2
批发贸易	8.5	3.8	4.2	3.4	2.8
零售业	2.4	6.4	1.6	2.3	9.2
运输与储存	5.3	6.4	1.6	2.3	9.2
信息	17.9	21.8	26.9	23.5	16.9
金融和保险业	1.6	1.1	1.5	1.4	3.9
房地产和租赁业	0.5	0.7	0.2	0.4	0.7
专业、科学和技术服务	7.7	12.9	27.2	22.5	15.2
公司和企业管理	1.6	1.8	0.1	0.1	1.8
行政与支持、废弃物管理和回收服务	3.2	1	3	2.9	3.8
教育服务	1.2	0.5	1.4	1.6	1

① 刘朝阳等：《美国政府"中心企业投资公司计划"的运作机制及其对我国的启示》，载《预测》2006年6月。

续表

主要部门	1999 年	2000 年	2001 年	2002 年	2003 年
保健和社会援助	2.5	1.4	1.1	2.7	4
艺术、娱乐和休闲产业	2.1	3.1	0.4	0.2	0.6
食宿	0.1	0.3	1.1	3.8	2.4
其他服务(除公共管理外)	1.3	0.5	1.4	1.1	1.3
未分类	1.7	2.8	0.4	1.2	1.8
总计	100	100	100	100	100

资料来源:http://www.sba.gov/INI/,“All SBIC Program Licensees Industry Distribution of Financing”。

从投资的角度来看,规模较大的风险投资公司更看重资金流转速度,倾向于投资热门的技术和较成熟的企业,通过 IPO 和并购等渠道谋取高额利润,而 SBIC 受小企业投资法案限制,①很难从事这类期限较短的产权交易。

总体而言,经过近半个世纪的运行,SBIC 证明了其自身价值,对于规模较小的企业在初创期提供了必要的资金扶持,催生了新的风险企业诞生,并且培养了一大批风险投资基金管理人,实现了其设立宗旨,值得我们学习与借鉴。

2. 新兴市场创业投资促进计划(NMVC)

新兴市场创业投资促进计划,主要是为了弥补低收入社区股权资本的不足。美国低收入社区实现可持续增长的主要障碍在于,难以吸引到足够的股权投资和技术辅助。为了克服这一障碍,2000 年 12 月美国国会通过新兴市场创业投资促进计划,同意批准 2001 财年提供 1.5 亿美元债权担保,并通过 NMVC 公司筹集私人资本 3000 万美元,用于填补传统股权融资在中低收入地区失灵的空缺。②

与 SBIC 项目不同的是,NMVC 项目提供两个关键内容:一是经济发展;二是可操作的、密集的技术援助。因此,NMVC 项目注重对中小企业的形成和发展提供两项主要的扶持:第一,股权融资,范围培育中小企业提供长期资本;第二,技术援助,提供实际训练型的技术援助,以确保企业的长期成长,为投资者

① 例如,禁止只从事贷款投资或债券投资,而不进行权益投资;禁止对中小企业提供长期贷款的偿还期限少于 5 年等。

② 冯琪:《我国政府创业投资引导基金发展状况研究》,西南财经大学 2008 年硕士学位论文。

实现利润最大化，为在各地区提供优质的工作岗位。①

总体而言，NMVC 项目为中低收入地区的小企业创造了新的发展环境，为当地居民创造了大量就业机会，从而大大促进了美国经济的发展。

（二）以色列 YOZMA 基金

以色列创业投资基金的发展，开始于 20 世纪 60 年代。② 经过近 40 年的发展，以色列已经成为世界上创业投资最发达的国家之一。大体而言，以色列的创业投资引导基金发展可以分为三大历程：雏形阶段（20 世纪 60 年代至 70 年代中期）、成长阶段（20 世纪 70 年代末至 80 年代末）、成熟阶段（20 世纪 90 年代至今）。以色列的创业投资基金可以分为四大块：YOZMA 基金、INBAL 公募基金、其他公募基金以及私人基金。其中 YOZMA 基金属于政府创业投资引导基金，对于以色列创业投资基金的发展有一定的代表性。③

1. 基金出台背景

在 20 世纪 90 年代以前，以色列风险投资并不活跃。由于本国资本市场不够发达，中小企业融资支持力度不够，很多中小企业难以在初创期获得充分的资金支持。与之相对的是，经济全球化进程进一步加深，美国纳斯达克市场发展迅速，为外国企业融资提供了便利的因素，风险投资的盈利空间广泛。同时，大批高素质人才从美国回归以色列，为以色列创业投资引导基金的发展提供了必要的人力资源。在此背景下，以色列政府于 1993 年 1 月拨款 1 亿美元，设立 YOZMA 基金。④

YOZMA 在希伯来语中有“开启”的含义。该基金通过与民间资金合作，成立更多市场化风险投资基金，加大对创业企业的资本支持。与其他的政府引导基金一样，以色列政府意在通过 YOZMA 基金引导资金流向，完善以色列创业投资基金市场。

---

① 资料来源：中国就业网，http://www.chinajob.gov.cn/World/content/2009-07/22/content_517172.htm，2015 年 5 月 11 日访问。

② 以色列贴现银行最早涉足风险投资领域，一家电子行业公司获得了第一笔风险投资。该公司后来在美国纳斯达克股票交易所上市，取得了成功。但由于当时以色列政治形势动荡，外汇管制严格，从而使风险投资行业的发展受到政治经济环境的影响，外国投资者望而却步。

③ 冯琪：《我国政府创业投资引导基金发展状况研究》，西南财经大学 2008 年硕士学位论文。

④ 江渢：《政府引导基金发展对策的研究》，上海交通大学 2013 年硕士学位论文。

2. 基金概况

YOZMA 基金计划于 1992 年年底开始实施,1993 年正式设立,首期资金为 1 亿美元,全部由政府投资投入。YOZMA 基金的主要目的在于:奠定风险投资产业的基础、学习国外成熟的风险投资模式并完善以色列本国的风险投资、为本国中小企业尤其是创新性高科技企业提供资金支持。

(1)基金组成

在基金组成方面,YOZMA 主要通过参股支持,引导民间资金共设立 10 家商业性风险投资基金(子基金),每只基金各 800 万美元。以色列政府对每家基金的参股比例不超过 40%,让私人投资者占股比例在 60% 以上。此外,YOZMA 基金也直接投资高科技企业,投资金额总计达 2000 万美元。[①]

(2)基金结构

在基金运作方面,以色列政府进行了精心的设计。首先,这 10 家商业性风险投资基金均采有限合伙制,政府作为有限合伙人,不享有基金投资决策权,以确保投资基金的市场化运作。其次,每只 YOZMA 子基金的组成必须有一个国外机构和一个以色列的金融机构共同参与。[②] 由于 YOZMA 母基金可对每只子基金投入 40% 的份额(最高可达 800 万美元),YOZMA 基金 1 亿美元的规模大约可以吸引 1.5 亿美元的国内外私人资金。同时,为了增强基金对私人投资者的吸引力,还给予私人投资者在 5 年内以优惠价格买断资金中政府份额的权利。[③] 总而言之,以色列政府对 YOZMA 基金的上述制度设计不仅向投资者提供了资金供给和风险分担的机制,而且引入了足够的激励机制,从而有助于吸引职业风险投资机构和高素质的基金管理人员的参与,同时在基金结构中强制引入国外金融机构,为以色列本土的风险投资机构提供了很好的学习机会,可以在较短的时间内提高以色列风险投资基金的管理和运作水平。

---

① 一个科技公司如果获得国际风险资本注资,以色列政府将提供 1∶1 的配对资金,这极大地刺激了民营科技公司的发展。资料来源:http://finance.sina.com.cn/world/20120616/200912332309.shtml,2015 年 5 月 12 日访问。

② 但基金公司是一个新的独立实体,不隶属于任何一家现有的金融机构。

③ 对于 YOZMA 基金的投资运作,以色列政府采取“舍弃利益、共担风险”的政策,即政府与投资者共同承担投资风险,但政府不参与基金投资收益的分配,在基金成功运行 6 年后,政府将基金中的股份原价出让给其他投资者,所有基金运营收入归其他投资者所得。参见张勇:《创业投资引导基金运行机制研究》,南开大学 2012 年博士学位论文。

总体来看，YOZMA 基金在结构设计上有如下特点：

①YOZMA 子基金都是一个独立的有限合伙企业，政府只是其中的一个有限合伙人。

②政府提供资金介入（政府对每只子基金投入 40% 的份额，最高可达 800 万美元），对基金投资方向加以引导，保证每支子基金专注于初创期的高科技企业投资。

③YOZMA 母基金投资于 10 只私人风险投资基金，要求每一只基金由以色列本地的机构进行管理，但同时规定，必须由一家知名的国外风险投资机构和一个国内的金融机构组成。

④强大的激励机制。私人投资者可在 5 年内以优惠价格（本金 + 成本 + 利息）买断政府在基金中的权益（最终 10 只基金中有 8 只行使了该项权利）。

⑤预先设计的 YOZMA 母基金及子基金的私有化计划。从 1998 年开始，政府采用拍卖的方式对基金进行私有化。①

（3）基金投资

在实际投资方面，YOZMA 基金侧重于高技术型企业方面，如 IT、通信、生命科学、医药医学。这些企业包含如下主要特征：第一，科学技术水平高；第二，投资周期长、风险较大；第三，产品多元化。在企业区域选择方面，则主要侧重投资于以色列本土企业或与以色列相关的国际企业。对于企业发展的具体阶段，YOZMA 基金并未特别限制，但多以初创期的中小企业（初始投资额度在 100 万美元至 600 万美元之间）为主。②

3. 实际效果

实践证明，YOZMA 基金对以色列创业投资基金市场的发展起到了积极的推动作用，成为政府以参股方式支持创业投资引导基金的模范。在 YOZMA 经济的引导和带动下，以色列国内的风险投资基金发展迅速，基金规模越来越大。更重要的是，在 YOZMA 基金的推动下，以色列高科技产业得到了强劲的资金

---

① 江沨：《政府引导基金发展对策的研究》，上海交通大学 2013 年硕士学位论文。

② 庞跃华：《创业投资引导基金运作模式的国际比较与中国选择》，载《湖南大学学报》（社会科学版）2011 年 5 月。

支持,极大地推动了经济发展的水平与经济全球竞争力。[①]

随着YOZMA基金运作越来越规范,以色列政府适时从中退出。1997年,以色列政府决定将所有参股基金私有化,创业投资基金中的私人投资者在投资5年后可回购基金中的政府投资部分,回购额为成本加5% ~7%的利率。截至2000年,YOZMA基金中的所有参股基金完成私有化。与此同时,以色列国内注册的创业基金达97家,管理者50亿美元的创业投资基金,成绩显著。[②]

（三）小结

通过上文的介绍可知,美国与以色列引导基金的发展背景、政府定位各有不同,但其中表现出来的一些宝贵经验,值得我们学习,可以给予我们重要的思考与借鉴。

1. 完善的法律规范制度

以美国为例,美国向来重视从法律的层面完善制度的构建。美国与创业投资基金的相关法律规范主要包括:《美国证券法》(1933年)、《美国信托契约法》(1933年)、《美国证券交易法》(1934年)、《美国投资公司法》(1940年)、《美国投资顾问法》(1940年)、《小企业投资法案》(1958年)、《美国统一有限合伙企业法》(1990年)、《雇员退休收入保障法》(1974年)等。通过制定法律规范,明确制度构建,有助于提高投资基金运作的透明程度,吸引私人投资者。

2. 明确的政府定位

引导基金的设立,旨在引导社会资金进入迫切需要的行业或地域内,尤其是通过市场调解难以获得资金的行业。这些行业往往具有投资周期长、投资风险高的特征。这些领域内都需要政府有所作为,通过明确自身的定位,对社会资金加以引导。因此,政府在创业投资引导基金中的地位应定性为引导者而非逐利者,要更多地让利于私人投资者,这样才能更好地吸引方方面面的社会资金,扩大投资基金的规模,更好地实现投资基金的功能。

---

① YOZMA基金本身的投资效益非常好,著名的投资案例包括:(1)Telegate被Terayon收购,投资基金获得31倍的回报;(2)投资e-SIM,获得25倍投资回报;(3)投资Biosense Inc.,被Johnson&Johnson收购,获得9倍投资回报。资料来源:http://finance.sina.com.cn/world/20120616/200912332309.shtml,2015年5月12日访问。

② 江渢:《政府引导基金发展对策的研究》,上海交通大学2013年硕士学位论文。

3. 市场化的运作机制

美国和以色列的经验都表明，政府不应该直接介入创业投资引导基金的具体运作，而是应该在制定规则的层面上，对投资基金的投资偏向加以引导。确立“市场化运作、政府引导”的运作机制，对于投资基金的发展有着重要意义。

4. 完善退出机制

由于投资基金的主要投资对象应该是投资周期较长的科技型企业，根据国外经验，创业投资基金获得收益通常需要 5 年以上的时间，因此，投资基金一旦决定投资对象，不能过早退出，否则难以见到成效。在制度设计层面，应该通过上市减持、股权转让、企业回购等多种途径，实现投资基金的顺利退出，同时又不影响投资对象企业的正常经营。①

5. 注重基金管理人才的培养

人才是投资基金管理与运作的重要因素。无论是美国还是以色列，对创业投资基金管理人才的培养都倾注了重要的支持力度。尤其是以色列，在投资基金的组成中强制性引入外国金融机构，为培养本土风险投资管理人才提供了很好的契机。

四、我国政府引导基金发展趋势探析

通过对国外创业投资引导基金的介绍与总结，结合我国政府引导基金发展现状，笔者认为，可以从以下几方面完善我国创业投资基金。

（一）明确政府定位

我国创业投资引导基金的发展实践表明，政府对投资基金的过多行政干预，极不利于投资基金的发展。政府必须将自己定位在引导者而非管理者、干预者。明确政府在引导基金发展中的地位，首先需要完善创业投资基金的制度建设，从法律规范的制定与完善出发，明确界定政府、私人投资者、基金管理者以及投资对象之间的关系。政府既要有所为，更要有所不为。

（二）拓宽资金来源

就我国现有的政府引导基金而言，资金来源主要来自各级政府的财政投

① 清科研究中心：《2010 年政府引导基金专题研究报告》，清科数据库 2010 年，载 http://research.pedaily.cn/201503/20150304379207.shtml，2015 年 5 月 12 日访问。

入，对社会资金的吸引力有限。事实上，我国社会闲散资金存量庞大，不过出于政府管制的需要，对私人资本的运用限制较多。资金来源过于单一，不利于投资基金的持续性发展。美国和以色列的经验告诉我们，①政府应加大措施，吸引更多的民间资本甚至外国资本参与进来。

对此，一方面政府应该逐步放开对资本的管制，为社会个人资本以及国际资本参与我国创业投资基金的发展提供渠道，从国内国际两个渠道拓宽资金来源。

（三）提高基金管理水平

创业投资引导基金应树立市场化运作导向，这对基金的管理能力提出了较高的要求。从国外成功经验来看，政府引导基金的机构管理人应该挑选专业管理人担任。市场化程度越深，对基金管理的专业能力要求越高。如果基金管理人管理水平不够，不仅难以实现引导基金的目标，而且会造成基金资金的不合理损失，影响投资者信心，最终不利于投资基金的持续发展。

提高基金管理水平，关键在于培养优秀的投资基金管理人才。因此，在完善创业投资基金各项制度的过程中，应着重管理人才的培养，尤其是重视与外国金融机构的合作。通过加强与外国机构的合作，一方面，可以较快地提高投资基金的管理运作水平；另一方面，在合作的过程中，可以更直观地了解到外国投资基金的运作、管理，有助于培养我们自己的基金管理人才。

（四）完善基金退出机制

国外经验告诉我们，创业投资基金获得收益需要 7～10 年的时间，过早或过晚退出，都会影响引导基金的绩效。因此，要制定健全的投资基金退出机制，一旦实现投资基金引导效应，目标企业运作正常，即应及时退出，让利于民，不能因为眼前的收益而不愿退出，对社会资本产生挤出效应。同时，对于重大项目，可以根据实际需要适当延长投资期限。②

---

① 美国的成功经验告诉我们，对风险投资业放松管制，允许养老基金进入创业投资领域不仅可以扩大创业投资引导基金的来源，同时也提高了创业投资引导基金的质量。同时允许证券公司、银行等金融机构，企业、个人等非金融机构的规范进入创业投资产业将有利于扩大创业投资引导基金的资金来源，在资金方面更好地支持高新技术企业的发展。以色列的成功经验同样告诉我们，适度利用外资也可以促进创业投资产业的发展。

② 杨大楷、李丹丹：《中国引导基金正常对私募股权投资的影响研究》，载《现代管理科学》2012 年第 4 期。

第三节
政策性补助

政府对企业——尤其是地方政府对上市企业——进行政策性补助,是一种较为常见的现象。作为政府干预经济的重要工具之一,政策性补助对企业融资资本市场产生较大的影响。与政府创业投资引导基金等政策性融资不同的是,如果说引导基金是政府给企业融资"造血",政策性补助则更接近于直接"输血"。政府补助是政府对资源进行再分配的行为。由于我国经济组成的特殊性,大型国有企业掌控了国民经济命脉,无论在行业准入、资本市场还是政策性融资方面,国有企业都有着先天的优势。反之,民营企业则处于相对较弱的地位,其发展过程中面临着诸多不平等待遇。

本节主要探讨我国政策性补助的现状,着重讨论中小企业在政策性补助中的地位,并从完善中小企业融资渠道的角度,对我国的政策性补助措施提出一定的思考及建议。

一、政策性补助的含义

(一)基本理解

政策性补助,也称政府补助,是"政府对生产者的现期转移",包括"公司从政府取得的一切补助金,也包括政府给予公司的一切补助,如补偿营业亏损等"。①

根据我国《企业会计准则第 16 号——政府补助》的理解,政府补助,是指"企业从政府无偿取得货币性资产或非货币性资产,但不包括政府作为企业所有者投入的资本"(第 2 条),包括"与资产相关的政府补助"和"与收益相关的

① Blanehard, Olivier and Andrei Shleifer, Federalism with and without Politieal Centralization: China versus Russia, 2000, NBER Working paper NO. 7616.

政府补助”(第3条)。所谓与资产相关的政府补助,是指企业取得的、用于购建或以其他方式形成长期资产的政府补助。与收益相关的政府补助,是指除与资产相关的政府补助之外的政府补助(第3条)。

(二)现实必要性

1. 背景及理论必要性

政府补助作为企业政策性融资重要组成部分之一,具有现实必要性。政府在实行政策性补助时,往往存在固定的目标取向。在计划经济体制下,也存在政府补助,但在当时经济环境下,政府补助并无特殊含义,而只是执行国家经济计划的手段之一。在市场经济体制下,政府尊重市场对资源进行配置的基础性作用,尽量不干预市场的发展;但在某些领域,政府干预有其必要性。政府补助即为其例。

从宏观上来看,我国经济发展速度保持了较快的速度,经济总量越来越大;从另一方面来看,我国经济发展的水平与技术含量,并不与之相应,与发达国家存在较大差距。现有的粗放型经济发展方式难以为继,增加科技投入是转变经济增长方式、提高经济发展质量、促进经济结构优化升级的必经之路。我国的政府补助,正是在此背景下开始发展起来的。

2. 实践必要性

在肯定市场对资源配置起基础性作用的同时,也应该看到,放任市场规律,会发生市场失灵现象,最终不利于整个市场的有序、健康运行。因此,政府必须使用“有形的手”对市场本身加以干预,保障特定行业的均衡发展。[①]

此外,通过政策性补助对行业、地域经济发展加以干预,可以有效引导行业发展与地域的均衡发展。同时,政府补助的支出可以创造就业机会,增加就业岗位,为社会、经济的平稳运行发挥“减压器”的作用。

(三)基本形式

常见的政府补助,包括财政补贴、税收返还、研发补贴、税收优惠等类型。不同的补贴形式,其补贴侧重点有所不同。

---

① 例如,水、电、气等基本生活设施的供给行业,由于其本身属性,往往会形成垄断行业;为保障绝大多数居民的基本生活需求,这些基本生活需求的供给应维持在较低的价格,如此,需要政府提供补助,弥补此类行业运行亏损。

1. 政府研发补助

政府研发补助，是指政府划拨给企业、专门用于科研研发及科技创新获得的专项补助资金。政府研发补助具有很强的针对性，即专门用于促进企业生产技术水平的提高，用于提高企业核心竞争力，从而服务于国民经济结构的优化升级。

我国政府对企业的科研补贴主要包括两方面：第一，政府对企业的专项补助；①第二，一般性财政补助。② 其中，专项补助属于政府作为投资人的投资，不属于政府补助内容。由于一般性补助对公司企业当期收益有直接影响，对接受补助公司影响较大。③

2. 财政补助

政府财政补助主要包括两种类型：财政拨款与财政贴息。财政拨款，是政府无偿拨付给企业使用的资金，除了上述关于科研、技术改造的专项拨款资金，还包括鼓励企业安置员工就业专项拨款、购建固定资产资金等项目。财政贴息，是政府为支持特定行业或地域内企业发展，对企业在银行等金融机构中获得的贷款提供利息补贴。④

3. 税收优惠

税收优惠是一种较为典型的政策性补助措施，也是使用范围很广的一种政策性补助方式。税收优惠，是国家在税收方面对目标企业给予各种优待，包括降低税率、税收返还（先征后返、即征即返）等。⑤

税收返还大多与科研技术创新有关，典型地体现了国家对科技企业的扶持。税收返还较多地出现在高新技术企业当中，其中信息技术行业（尤其是软

① 该项补助计入“专项应付款”项下，不影响企业当期利润。

② 该项补助计入“营业外收入”项下，属于企业当期利润组成部分。

③ 吕久琴：《上市公司的政府补助、自主研发与企业价值研究》，中国社会科学出版社 2013 年版，第 10 页。

④ 财政贴息主要有两种形式：其一，财政直接将贴息资金拨付给受益企业；其二，财政将贴息资金拨付给贷款银行，由贷款银行以优惠后的利率向企业发放贷款，受益企业按照实际发生的利率计算和确认利息费用。参见中华人民共和国财政部：《企业会计准则——应用指南 2006》，中国财政经济出版社 2006 年版。

⑤ 须注意的是，增值税出口退税不属于政府补助范围。

件行业)接受的税收优惠金额较高。①

4. 非货币性资产

政府对企业的政策性补助,不限于直接或间接进行资金补助,通常还包括非货币性资产的划拨,典型如土地使用权、资源勘探开发使用权。②

(四)主要特征

1. 典型的无偿性

政策性补助具有无偿性的特征。虽然政府对于政策性补助通常会设定各种各样的准则、要求,甚至可能会附加一定的条件,但一旦达到补助标准获得补助后,企业通常无须为此付出对价。

2. 明显的政策导向性

与其他的政策性融资手段一样,政府补贴作为一种直接的政策性融资支持,一般都在于实现国家的特定政策目标。政策性补助不仅是一种经济手段,更是稳定社会秩序与政治局面的重要协调工具。因此,政府补助具有较为明显的政策导向性,与经济发展政策、社会政策以及政治环境氛围都有着密切关联。

3. 较强的时效性

一国社会、政治、经济政策总是随着整体政治经济形势的变化而变化。政策的变动性较强,容易受到国际、国内环境的影响。以特定政策为依据的政策性补助,在政策发生变化时,容易失去依据,从而需要进行相应的调整与变动。从这方面来看,政府补助兼具政策性以及灵活性的特征。

二、我国政策性补助现状

改革开放以来,我国广泛运用了政府补助这一干预经济的手段,无论是从补助对象的范围,还是补助金额的总量,都增加迅速。这些政府补助措施,对于优化资源配置、提高经济发展水平、促进经济结构升级起到了重要的推动作用。

---

① 国家税务总局《关于软件产品增值税政策的通知》(财税[2011]100 号)第 1 条第 1 项规定:"增值税一般纳税人销售其自行开发生产的软件产品,按 17% 税率征收增值税后,对其增值税实际税负超过 3% 的部分实行即征即退政策。"

② 当然,从实际情形来看,这种政府补助方式没有明确的政策规定,透明度不高,随意性空间很大,一方面,容易诱发发生权力寻租的腐败现象;另一方面,由于国有企业天然的具有行政资源优势,容易造成对民营企业的不公平现象,加剧民营企业在市场竞争中的劣势地位。

但同时也应该看到的是,由于经济发展体制以及政府补助机制的不完善,政策性补助在实施的过程中也出现了一些问题。

(一)我国政策性补助的主要措施

我国的政府补助措施,开始于20世纪80年代,主要针对的是与科技创新相关的激励政策。经过30多年的发展,逐步形成了与科研研发相关的政策性补助体系。

1.直接研发补助措施

我国的直接政策性研发补助措施,主要是政府对特定高新技术的研发投入,典型包括:"863计划"、①"星火计划"、②"火炬计划"、③科技型中小企业技术创新基金④等。

直接政府补助措施,针对性明显,主要是围绕科技型企业、技术的推动与发

① "863计划",即国家高新技术研究发展计划,是1986年3月,面对世界高新技术蓬勃发展、国际竞争日趋激烈的严峻挑战,邓小平同志在王大珩、王淦昌、杨嘉墀和陈芳允四位科学家提出的"关于跟踪研究外国战略性高新技术发展的建议"上,做出"此事宜速作决断,不可拖延"的重要批示。在充分论证的基础上,党中央、国务院果断决策,于1986年11月启动实施了高新技术研究发展计划,简称863计划。资料来源:863计划官方网站,http://www.863.gov.cn/1/1/index.htm,2015年5月19日访问。

② 星火计划,是经中国政府批准实施的第一个依靠科学技术促进农村经济发展的计划,是中国国民经济和科技发展计划的重要组成部分。其宗旨是:把先进适用的技术引向农村,引导亿万农民依靠科技发展农村经济,引导乡镇企业的科技进步,促进农村劳动者整体素质的提高,推动农业和农村经济持续、快速、健康发展。1985年5月,国家科委向国务院提出了"关于抓一批短、平、快科技项目促进地方经济振兴"的请示,引用了中国的一句谚语"星星之火,可以燎原",因而誉名为"星火计划",意为科技的星星之火,必将燃遍中国农村大地。1986年年初,中国政府批准实施这项计划。资料来源:中国星火网,http://www.cnsp.org.cn/ShowInfo.asp? ID={6AA9A196-92F4-4E39-AF78-20871CE5AD6D},2015年5月19日访问。

③ "火炬计划"是1988年党中央、国务院正式批准实施旨在发展中国高新技术产业的指导性计划,通过国家高新技术产业开发区、科技型中小企业技术创新基金、科技企业孵化器等一系列政策工具的制定和实施,建设创新创业环境,聚集科技资源,促进技术创新与转化,加强科技和经济结合,调整产业结构,增强区域创新能力。资料来源:科技部火炬中心官方网站,http://www.chinatorch.gov.cn/kjb/zxjj/about.shtml,2015年5月19日访问。

④ 科技型中小企业技术创新基金,由国务院于1999年批准设立,按照加快发展方式转变和经济结构调整的总体部署,紧紧围绕加快培育战略性新兴产业,强化企业技术创新主体地位,以全面提升科技型中小企业技术创新能力为目标,不断优化技术创新创业环境,充分发挥财政资金的引导作用,引导社会资金和其他创新资源支持科技型中小企业发展。创新基金由科技部主管、财政部监管,通过无偿资助、贷款贴息和资本金投入三种方式,支持科技型中小企业创新创业,已形成了资助种子期、初创期企业的技术创新项目、资助中小企业公共技术服务机构的补助资金项目和引导社会资本投向早期科技型中小企业的创业投资引导基金项目。资料来源:科技型中小企业技术创新基金官方网站,http://www.innofund.gov.cn/2/jjjj/about.shtml,2015年5月19日访问。

展。这些补助计划对于推动我姑高新技术产业的发展,起到了至关重要的作用。

2. 税收优惠措施

直接性的政府补贴,一般须专款专用,在一定程度上可能限制企业积极性。间接式的政府补助,允许企业根据市场变化及自身实际需求,调整投入,灵活性更强。

税收优惠政策是典型的间接性政府补助措施。我国现有的政策性税收优惠措施包括如下:(1)税率优惠。对于经认定的高新技术企业,自获利年度其两年内免征所得税,两年后减按15%比例征收企业所得税(一般企业为25%),而对于重点软件生产企业,按10%比例征收企业所得税。(2)研发费用税前加计扣除。企业的研发费用,分资本化和费用化两种进行处理。资本化的研发费用,按照所形成的无形资产成本的150%进行摊销;费用化的部分计入当期损益,在100%加计扣除的基础上,再按当年金额的50%加计扣除;实际发生的技术开发费用当年抵扣不足部分,可按税法规定在5年内结转抵扣。企业提取的职工教育经费在计税工资总额2.5%以内的,可在企业所得税前扣除。(3)设备加速折旧。根据《国家中长期科学和技术发展规划纲要(2006~2029)》的规定,用于研发活动的仪器设备,单位价值在30万元以下的可以一次或者分次计入成本费用,30万元以上的则可以采取加速折旧的办法计提折旧。(4)增值税优惠。对于符合国家规定的企业技术(研究)中心、国家工程中心,进口特定科学研究与技术开发设备或材料,免征进口关税及进口增值税;对于承担国家重大科技专项、国家科技计划重点项目、国家重大技术装备研究开发项目和重大引进技术消化吸收再创新项目的企业进口国内不能生产的关键设备、原材料及零部件,免征进口关税和进口环节增值税。①

(二)我国政策性补助措施的行业与地区分布

由于既定的经济发展政策与经济发展格局的差异,不同行业、不同地区之间,政府补助呈现出不同的流向。

---

① 参见《实施〈国家中长期科学和技术发展规划纲要(2006~2020年)〉的若干配套政策》(国发[2006]6号)第7条、第8条、第90条等规定。资料来源:中华人民共和国中央人民政府官方网站,http://www.gov.cn/gongbao/content/2006/content_240246.htm,2015年5月19日访问。

1. 行业分布差异

政府可以通过多种途径，对某个行业的发展施加影响，如财政补贴、税收优惠、关税壁垒。总体而言，政府补助是政府调动市场力量服务业政府对经济的调控、实现政府政策目标的重要手段。[①]

有学者对 2002 ~2005 年上海证券交易所上市的 A 股上市公司接受政府补助的数额进行统计。通过数据统计，可以看出政府补助在不同行业间的差距。

(1)2002 ~2005 年上市公司政府补助情况统计(具体见表 5 -9、表 5 -10、表 5 -11、表 5 -12)

表 5 -9　2002 年不同行业上市公司获得政府补助基本情况表

	本行业上市公司数量	享有补助公司数量	占样本百分比(%)	最大值	标准差	均值
农林牧渔业	17	12	70.59	18963138	5733819	3599258
采掘业	8	3	37.50	20156972	7463893	4454043
制造业	397	284	71.54	278411000	26951105	9929710
电、煤、水	29	16	55.17	173475024	34041087	7437795
建筑业	12	3	25	27315845	9783780	4566839
运输仓储业	32	15	46.88	156982590	37551407	19819691
信息技术业	41	37	90.24	93972014	17043258	10151140
批发零售业	65	37	56.92	49468708	8521379	3565306
金融保险业	6	1	16.67	463796	189344	77299
房地产业	23	10	43.48	27395000	6481523	2732259
社会服务业	20	11	55	407796000	90711069	30091468
传播文化业	8	4	50	10926559	4240093	2808143

① 当然，有学者研究表明，在某些领域中，政府补助可能带来消极的影响，例如，政府对农业上市公司的补贴，在短期内掩盖了受补贴公司的经营困境，使之不能及时进行内部治理，而且对投资者产生误导；长期而言，使上市公司形成不找市场找政府的惯性，这种惯性会对市场化的运作与发展产生重要障碍。就此而言，政府补助非但没有促进行业公平，反而影响力行业间的公平竞争。参见沈晓明、谭再刚、伍朝晖：《补贴政策对农业上市公司的影响与调整》，载《中国农村经济》2002 年第 6 期。

表 5－10　2003 年不同行业上市公司获得政府补助基本情况表

	本行业上市公司数量	享有补助公司数量	占样本百分比(%)	最大值	标准差	均值
农林牧渔业	17	14	82.35	32000000	9125127	5638216
采掘业	12	9	75	27663386	8197568	5491624
制造业	436	319	73.17	252000000	27411522	10768054
电、煤、水	31	20	64.52	261717232	50368800	20350161
建筑业	17	9	52.94	30771831	9029971	4183558
运输仓储业	37	18	48.65	129630732	34820992	22899023
信息技术业	50	46	92	103524439	19499872	15076265
批发零售业	65	45	69.23	70054300	13482014	5809849
金融保险业	7	1	14.29	1426206	539055	203743
房地产业	23	7	30.44	36611139	8600006	3175297
社会服务业	20	13	65	423650200	96014778	34998682
传播文化业	7	5	71.43	44716661	16465325	10025220

表 5－11　2004 年不同行业上市公司获得政府补助基本情况表

	本行业上市公司数量	享有补助公司数量	占样本百分比(%)	最大值	标准差	均值
农林牧渔业	23	13	56.52	27303264	8164912	500227
采掘业	15	9	60	36958294	3244124	7175517
制造业	468	358	76.50	252000000	30750937	12658700
电、煤、水	37	28	75.68	542005246	90195540	29143286
建筑业	20	15	75	31583201	9425111	6401189
运输仓储业	39	18	46.15	194911570	43323146	22137061
信息技术业	53	51	96.23	96167812	24022375	16137463
批发零售业	65	48	73.85	60355000	11548915	5836753
金融保险业	7	1	14.29	1927774	728630	275396
房地产业	25	10	40	68799965	15261137	6706584
社会服务业	20	12	60	424470060	96710376	41287422
传播文化业	7	5	71.43	20352786	8947931	9307109

表 5－12　2005 年不同行业上市公司获得政府补助基本情况表

	本行业上市公司数量	享有补助公司数量	占样本百分比(%)	最大值	标准差	均值
农林牧渔业	22	18	81.82	28488850	9088948	7981414
采掘业	16	13	81.25	9415000000	2352166065	594423939
制造业	466	351	75.32	632820000	41444500	10251156
电、煤、水	38	28	73.68	561335329	94291386	38318158
建筑业	20	14	70	43158040	10979862	6580644
运输仓储业	38	20	52.63	175523912	44102008	24505296
信息技术业	52	47	90.38	120191096	28072207	17455989
批发零售业	65	48	73.85	85851063	14240839	6542718
金融保险业	7	1	14.29	509895	192722	72842
房地产业	25	10	40	35002663	8991142	4259214
社会服务业	20	15	75	440808079	102677401	4193936
传播文化业	6	4	66.67	10926559	4783460	4569232

(2)统计数据分析

通过对上述数据进行分析可以发现,2002～2005 年享受政府补助比重最大的行业分布具体见表 5－13、表 5－14：

表 5－13　2002～2005 年受政府补助行业比例排序表

	第一位(%)	第二位(%)	第三位(%)
2002 年	信息技术业(71.54)	农林牧渔业(70.59)	批发零售业(56.92)
2003 年①	信息技术业(92)	农林牧渔(82.35)	制造业(73.17)

① 值得注意的是,与 2002 年相比,2003 年采掘业和建筑业这两个行业受补助比重都有较大幅度上涨,分别从 37.5% 上升到 75%、从 25% 上升到 52.92%。

续表

	第一位(%)	第二位(%)	第三位(%)
2004 年	信息技术业(96.23)	制造业(76.50)	电、煤、水(75.68)①
2005 年	信息技术业(90.38)	农林牧渔(81.82)	采掘业(81.25)②

此外,还应考虑各行业受政府补助总额大小,总结如下:

表 5-14　2002~2005 年受政府补助总额排序

	第一位(元)	第二位(元)	第三位(元)
2002 年	社会服务业 407796000	制造业 278411000	电、煤、水 173475024
2003 年③	社会服务业 423650200	电、煤、水 261717232	制造业 252000000
2004 年	电、煤、水 542005246	社会服务业 424470060	制造业 252000000
2005 年	采掘业 9415000000	制造业 632820000	电、煤、水 561335329

通过上表分析可知:①信息技术业一直保持着很高的受补助比例;②总体而言,对农林牧渔业的补助呈现下降趋势(2005 年除外);③对金融业的补助,一直维持在低水平;④从补助金额上来看,社会服务业、电煤水供应等获得政府补助力度最大,其次是采掘业、制造业。

总体而言,政府补助在不同行业之间存在分配不均匀的现象。个别行业(如信息技术行业)受补助公司比例非常高。从受补助的绝对值上看,社会服务业,电、煤、气行业及制造业获得补助数额很大,这可能是和此类行业的性质有关,即这些行业主要提供公共产品。与之相对,农林牧渔业受到的补助额远低于其他行业。

2. 产权性质差异

政府补助的差异性不仅体现在不同行业之间,在不同产权性质的企业之间,表现也非常明显。下文选取了 2007~2010 年不同产权性质企业获得政府

① 在 2004 年中,建筑业(75%)、批发零售业(73.85%)、传播文化业(71.43%)等也保持了较高的受补助比例,而农林牧业受补助比例下降幅度较大,至 56.52%。

② 2005 年,制造业(75.32%),社会服务业(75%),批发零售业(73.85%),电、煤、睡(73.68%),建筑业(70%),传播零售业(66.67%)等保持了较高的受补助比重。

③ 值得注意的是,与 2002 年相比,2003 年采掘业和建筑业这两个行业受补助比重都有较大幅度上涨,分别从 37.5% 上升到 75%、从 25% 上升到 52.92%。

补助的数据统计。[①] 具体见表 5－15、表 5－16、表 5－17、表 5－18：

表 5－15　2007 年政府补助在不同产权性质企业间的分布

企业产权性质		公司数	平均值(万元)	总额(万元)	百分比
民营企业		442	1016	448900	17.11
国有企业	中央政府控股	83	8230	683100	26.04
	地方政府控股	378	1913	723200	27.57
	其他国有企业	91	8443	768300	29.28
	小计	552	3940	2174700	82.89
合计		994	26.39	2623600	100

表 5－16　2008 年政府补助在不同产权性质企业间的分布

企业产权性质		公司数	平均值(万元)	总额(万元)	百分比
民营企业		449	1369	683200	7.19
国有企业	中央政府控股	105	6565	689300	7.26
	地方政府控股	426	2716	1156900	12.18
	其他国有企业	90	77410	6966900	73.36
	小计	621	14192	8813100	92.81
合计		1120	8479	9496300	100

表 5－17　2009 年政府补助在不同产权性质企业间的分布

企业产权性质		公司数	平均值(万元)	总额(万元)	百分比
民营企业		654	1368	894400	24.49
国有企业	中央政府控股	121	10140	1226500	33.59
	地方政府控股	451	2520	1136700	31.13
	其他国有企业	92	4286	394300	10.80
	小计	664	4153	2757400	75.51
合计		1318	2771	3651800	100

① 资料数据来源：步丹璐、郁智：《政府补助给了谁：分布特征实证分析——基于 2007～2010 年中国上市公司的相关数据》，载《财政研究》2012 年第 8 期。

表 5-18　2010 年政府补助在不同产权性质企业间的分布

企业产权性质		公司数	平均值(万元)	总额(万元)	百分比
民营企业		964	1890	18217	33.42
国有企业	中央政府控股	124	11520	1429000	26.22
	地方政府控股	481	3895	1873400	34.37
	其他	79	4132	326400	5.99
	小计	684	5305	3628800	66.58
合计		1648	3307	5450500	100

上述表 5-15、表 5-16、表 5-18 清晰表明,无论从补助总额还是补助平均值,民营企业全面落后于国有企业。

表 5-19　2007~2010 年政府补助总额分布

年份	补助总额(亿元)	民营企业(%)	国有企业(%)
2007 年	262.36	17	83
2008 年	946.63	7	93
2009 年	365.18	24	76
2010 年	545.05	33	67

表 5-20　2007~2010 年政府补助均值分布(单位:万元)

年份	民营企业	国有企业
2007 年	1016	3940
2008 年	1369	14192
2009 年	1368	4153
2010 年	1890	5305

表 5-21　国有企业内部获得政府补助均值差异比较(单位:万元)

年份	中央政府控股	地方政府控股
2007 年	8230	1913
2008 年	6565	2716
2009 年	10140	2520
2010 年	11520	3895

上述表5－19、表5－20、表5－21统计表明，我国目前政府补助体系的收益对象主要是国有企业，国有企业获得了大部分的政府补助。而从国有企业内部来看，中央政府控股的国有企业获得的政府补助又远大于地方政府控股的国有企业。

3. 地区差异

区域经济发展不平衡是我国经济发展格局的重要现实。为促进区域经济平衡发展，我国相继实施了西部大开发战略、振兴东北老工业基地、促进中部地区崛起等区域经济发展规划。但从政府补助的地区性分配差异来看，区域经济发展不平衡的局面并没有显著改善。下文统计了2007～2010年，我国不同地区获得的政府补助数据。具体见表5－22、表5－23、表5－24、表5－25、表5－26：

表5－22　2007年不同区域获得政府补助数据比较

地区分布	公司数	平均值（万元）	总额（万元）	百分比
东部地区	628	3294	2068500	78.84
中部地区	203	1727	350600	13.36
西部地区	163	1254	204500	7.79
合计	994	2639	2623600	100

表5－23　2008年不同区域获得政府补助数据比较

地区分布	公司数	平均值（万元）	总额（万元）	百分比
东部地区	700	12470	8727100	91.90
中部地区	231	2033	469700	4.95
西部地区	189	1584	299400	3.15
合计	1120	8479	9496300	100

表5－24　2009年不同区域获得政府补助数据比较

地区分布	公司数	平均值（万元）	总额（万元）	百分比
东部地区	843	3101	2614200	71.59
中部地区	262	2252	590100	16.16
西部地区	213	2101	447500	12.25
合计	1318	2771	3651800	100

表 5－25　2010 年不同区域获得政府补助数据比较

地区分布	公司数	平均值(万元)	总额(万元)	百分比
东部地区	1101	3565	3925200	72.02
中部地区	310	2689	833400	15.29
西部地区	237	2919	691900	12.69
合计	1648	3307	5450500	100

表 5－26　2007～2010 年北京地区与非北京地区公司获得政府补助数据比较

年份	地区分布	公司数	平均值(万元)	总额(万元)	百分比
2007	北京市	61	14250	869200	33.13
	非北京市	933	1880	1754400	66.87
2008	北京市	67	1056	7078100	74.54
	非北京市	1053	2296	2418200	25.46
2009	北京市	99	7799	772100	21.14
	非北京市	1219	2362	2879700	78.86
2010	北京市	121	9074	1097900	20.14
	非北京市	1527	2850	4352600	79.86

通过上述表 5－22、表 5－23、表 5－24、表 5－25、表 5－26 数据的比较，我们可以看到，无论是补贴范围、平均值还是总额，西部地区所获得政府补助远低于东部地区，不过在比较中西部地区时可以看出，西部地区接受政府补助的增长率高于中部地区。其中，2010 年西部地区上市公司获得政府补助的平均值(2919 万元)首次高于中部地区(2689 万元)，由此可看出我国的政府补助政策向西部地区倾斜，区域平衡发展战略在一定程度上取得了实际的效果。

此外，由于北京市具有独特的政治地位，比较北京市与非北京市上市公司受政府补助的情况可以看出，北京市上市公司获得政府补助无论是总额还是均值、抑或百分比，都占有很大份额。

4. 小结

通过对政府补助在不同行业、不同产权性质、不同区域的分配情况，可以初步得出如下结论。

(1)行业性差异

从行业分布的角度来看，信息技术行业获得政策性补助的比例最大，远远超过了其他行业；从获得政府补助的总额上来看，制造业以及社会公共产品服务业所获得的政策性补助数额最大。

(2)产权性差异

从获得政策性补助企业的产权性质来看，国有企业无论是所占比例还是获得补助的总额，都远远超过了民营企业。这种局面在短期内看不到改善的趋势。

(3)地区性差异

从不同地区获得政策性补助的情况来看，东部地区企业获得政府补助的可能性以及获得补助数额均元大于中部地区以及西部地区，西部地区企业获得政策性补助的比例很低，且相应的数额也很少。如果以北京为参照，北京市地区的企业获得政府补助的可能性远超出全国其他地域，这点在2008年中表现的尤为明显。

(三)政府补助在我国企业利润总额中比例较大

总体而言，政府补助对于我国企业的利润贡献了较大的比例，占企业利润总额较大。

表5－27　2007～2012年政府补助占上市公司利润总额比例

年份	政府补助总额(万元)	企业利润总额(万元)	所占比例
2007	1490503.20	70014088.01	2.13%
2008	3278590.51	58758497.36	5.58%
2009	2619509.03	77183667.83	3.39%
2010	3775943.72	133125013.75	2.84%
2011	5329382.59	168414227.88	3.16%
2012	7313313.24	151118671.62	4.84%

从表5－27可知，政府补助在我国上市公司的利润构成中占有较大的份额，尤其是2008年，政府补助占所有上市公司利润总额的5.58%。[①]

① 当然，这和当时的经济环境有关。为了应对国家金融危机，政府投入了4万亿元刺激经济，实施扩张性的财政政策，上市公司获得了巨额政府补助。

表 5-28　2007~2012 年政府补助占利润总额比例前 10 位公司

2007 年		2008 年		2009 年	
上市公司	占利润比例	上市公司	占利润比例	上市公司	占利润比例
中葡股份	4037.96%	南京花揖	2300.76%	天利高新	9818.00%
广弘控股	1937.23%	化升股份	602.13%	中航投资	5637.36%
佳电股份	1652.54%	海马汽车	509.02%	炼石有色	2952.65%
延长化建	1194.58%	ST 宜纸	431.22%	宏达矿业	1448.08%
新华联	967.93%	蓝鼎控股	429.68%	新华联	937.36%
长春经开	812.97%	新华联	421.17%	运盛实业	571.88%
均胜电子	614.55%	天润乳业	334.18%	金鹰股份	541.15%
湘潭电化	546.64%	汉商集团	283.43%	华联矿业	483.66%
兴业矿业	462.59%	健康元	267.87%	华银电力	449.94%
信雅达	319.51%	华纺股份	250.43%	西藏矿业	446.34%
2010 年		2011 年		2012 年	
上市公司	占利润比例	上市公司	占利润比例	上市公司	占利润比例
红太阳	23724.38%	华星化工	3616.75%	吉林花扦	16831.88%
阳煤化工	1159.25%	西水股份	1916.66%	绿大地	4221.72%
ST 祥龙	1128.45%	华菱钢铁	1394.82%	欣龙控股	3833.42%
黑化股份	997.21%	太化股份	996.55%	川化股份	3769.54%
莲花味精	921.70%	江山股份	996.55%	ST 黄海	3741.34%
德棉股份	898.84%	洛阳玻璃	750.99%	宏达新材	2578.57%
浙报传媒	783.45%	昌九生化	608.75%	漳泽电力	2494.82%
当代东方	694.16%	山东路桥	577.93%	林海股份	2184.44%
宝硕股份	644.87%	ST 吉炭	566.29%	重庆钢铁	1965.74%
石砚纸业	640.31%	建新矿业	530.34%	太化股份	1718.58%

从表 5-28 可知,我国政府对一些上市公司给予的政府补助是其保持盈利的重要来源:(1)2007 年,共有 4 家上市公司获得的政府补助超过其利润总额

的10倍,其中,中葡股份当年获得的政府补助是其利润总额的40多倍。(2)2008年,南京化纤获得的政府补助是其当年利润总额的23倍,位居2008年该比值首位。(3)2009年,天利高新当年获得的政府补助是其利润总额的98倍。(4)2010年红太阳获得的政府补助是其当年利润总额的237倍,远远高于其当年通过经营获得的利润。这意味着如果没有政府补助的帮助,该公司将会产生巨额亏损。(5)2011年华星化工获得的政府补助是其当年利润总额的36倍,位列2011年首位。(6)2012年吉林化纤获得的政府补助是其当年利润总额的168倍,是公司实现盈利的重要因素。[①]

政府补助占公司利润总额比例过高,容易混淆投资者判断,使投资者不能真正评估上市公司的盈利能力,从而可能对投资者造成误导,不利于其作出合理的投资决策。

三、政策性补助的主要影响因子

政策性补助作为一种直接"输血"的政府扶持企业发展方式,是政府对行业发展以及社会资金进行引导的直接调控模式,受到的影响因子很多。本文主要从以下几方面予以分析:受补助企业的行业类别、受补助企业的产权性质、受补助企业所在经济区域以及其他因素。

(一)受补助企业的行业类别

企业的行业差异,对获得政策性补助的机会以及数额都有着重要的影响。之所以会出现这种现象,在于政府补助的动机。从动机上看,政府补助主要的可能诱发因素在于:(1)促进行业协调发展,引导特定行业发展;(2)维持特定行业的发展现状;(3)实现其他政治目标。

1. 促进特定行业发展的诱导性因素

由于政府实施政策性补助的资源是有限的,在实施政策性补助时,一般都会将其投入到产出效益最大的领域中。对于政府当局而言,促进经济发展与转变经济增长模式是始终存在的巨大压力,这对本地区的经济发展有着至关重要的作用,直接影响官员的升迁与否。在此诱因推动下,将资金投入到新型行业,

① 陆琦林:《我国上市公司政府补助的现状和效果研究》,财政部财政科学研究所2014年硕士学位论文。

对于本地区的经济发展有着深远的影响。一方面,新行业往往具有很强的经济增长潜力,附加值高;另一方面,新行业的发展容易引起社会各界关注,一旦初具规模,很容易成为政府官员的政绩成果。因此,从这点来看,信息行业获得政策性补助的比例极高,是其行业属性与政府动机相结合的必然。

2. 维持特定行业的发展

利益相关者理论认为,利益相关者是能够影响一个组织目标的实现,或者受到一个组织实现其目标过程影响的人。企业是以下利益相关者的集合体:投资者、债权人、管理曾、企业的员工、供应商、客户和政府等。企业发展取决于各利益相关者长期合作,企业目标是为利益相关者服务的。

由于企业相关的利益攸关者数量众多,对整个社会经济的发展起着重要的作用,因此,政府在实施政策性补助时,必然将这些因素考虑在内。体现在上述数据中,可以看出,企业规模对政府补助的获得有着重要的影响。一般而言,企业规模越大,获得政府补助的可能性越高。制造业、采掘业是资金密集型行业,一般都具有较大的规模,这也就解释了为何农林牧渔业获得的政府补助相对较少。

同时,提供社会公共产品的行业(水、电、煤等),对人民日常生活有着巨大的影响;为了维持人民正常生产生活秩序,必须降低社会公共产品的价格,这就导致这类行业不能以市场盈利为导向,政府必须提供大量补助,以维持其运转。

3. 其他政治性目标

此外,我国由计划经济向市场经济的渐进式改革,使政府成为企业非常重要的利益相关者,政府需要企业承担大量的冗员、“办社会”、体制性欠账、过渡负债、社会保障、医疗支出等历史沿袭的政策性负担。这使企业难以获得不低于社会可接受的预期利润水平。为了维持社会稳定、提供就业岗位,政府不得不对这些企业进行保护和补贴,但由于信息不对称,政府无法准确取得政策性负担给企业带来的亏损额,也难以分清企业的亏损是政策性负担导致的还是企业自身管理不当或企业经理人员的道德风险导致的,而政府又不能推脱政策性负担造成的亏损,因此只好将两者都承担起来,对亏损企业给予政府补助。①

---

① 单荣兰:《上市公司政府补助影响因素及经济后果实证研究》,新疆财经大学2010年硕士学位论文。

（二）受补助企业的产权性质

企业的产权性质也会影响企业获得补助的可能性及数额。一方面，这是因为国有企业规模都很大，对社会政治经济的影响力很大，获得政府补助的概率随之增加；同时，国有企业控制了主要的国民经济命脉，在国民经济的运行中占据着重要地位。

此外，还有一项重要的因素：信息对称。市场获得的参与者对市场特定交易拥有的信息始终是不对称的，拥有信息优势的一方，往往在获得政府补助时具有有利地位。

我国的上市公司大多脱胎于国有企业，还有一部分上市公司由国有企业集团公司剥离部分资产组成。国有控股公司不仅在上市公司中占有很大比重，而且国家股、法人股等非流通股本占到公司股本比例非常大。由于向公众发行的可流通股份额很少，造成我国上市公司"一股独大"的现象。原集团公司成为上市公司的控股股东，对上市公司人事任免、经营决策及财务政策等都拥有实际的控制权，与上市公司管理者一样，都成为内部人，拥有信息优势。我国国企的高层管理者还保留着干部身份，其去留、升迁由国有资产管理机构决定。国有股占控股地位的上市公司管理者，其命运实际上掌握在政府手中。从本质上来说，政府对这类企业进行着控制，相对于其他外部信息者，拥有更多的信息。由于信息不对称的存在，政府更有条件参与上市公司盈余管理，尽其所能改善企业业绩。①

（三）受补助企业所在经济区域

为追求政治上的升迁或政治地位的巩固，下级政府就必须完成上级政府制定的 GDP 增长速度、就业率、出口创汇额、城市建设等政绩考核目标，各级政府会将这种官员的政绩目标内化到当地企业的生产经营活动中去。为此各级政府会通过政府补助等扶持手段支持本地企业发展。由于我国从证券市场获取资源的使用成本很低，各级政府更有动机为本地的上市公司提供政府补助，利用上市公司"圈钱"实现自身政绩目标。

政府补助的范围与力度，受到政府财政能力的直接约束。政府财政实力越雄厚，实施政策性补助的动机和能力越强大，企业获得政府补助的概率越高。

---

① 陈抗、顾清扬：《财政集权与地方政府行为变化》，载《经济学》2002 年第 1 期。

由于地方政府经济发展水平不一，可支配的财力对其补贴上市公司的行为形成硬性约束。一般来说，上市公司所在地经济发展水平越好，经济增长速度越快，越有能力也越肯给予当地上市公司补贴。东部地区是我国经济发达地区，地方政府有着相对充实的财政实力实施政策性补助，且通过政策性补助的手段促进企业发展、引导行业转型的意识更强烈。因此，东部地区企业获得政府补助的可能性大于中西部地区，有其内在的必然性。

（四）其他隐性因素

国内外的现有研究成果均表明，企业高管的政治关联对于其经营绩效有显著影响；一般而言，这种影响是积极的。① 企业高管的政治关联，对企业的影响主要体现在三方面：企业融资、企业业绩与企业价值。从企业融资的角度来看，一方面，高管政治关联可以使企业获得更多的贷款，从而降低融资成本。企业通过高管政治关联获得更多的贷款和优惠的利率，而在政府干预银行信贷决策较强的地区，企业可以通过建立高管政治关联降低融资成本；另一方面，高管政治关联可以通过对企业融资约束的减少来使企业可以采用资本结构类别中的高杠杆类型。②

具体到我国，由于体制变迁的历史原因，我国国有企业的高管有着密切的政治关联度，不仅国有企业的高管人员有着相应的行政级别，而且从人员的任命来看，企业高管与地方官员之间的互动也不少见。③ 国有企业能够获得巨量的政策性补助，绝非偶然。

与之相对，民营企业在各个方面都受到了不公平的待遇，企业产权得不到应有的保护，巨大的交易成本促使民营企业转向了依靠非正式契约机制来降低

---

① Chammilind, C., Kali, R., and Wiwattanakantang, Y.. Connected Lending: Thailand Before the Financial Crisis, *Journal of Business*, 2006, (79): 181 – 218; Leuz, C., Oberholzer – Gee, F.. Political Relationships, Global Financing, and Corporate Transparency: Evidence from Indonesia, *Journal of Financial Economics*, 2006, 81: 411 – 439. 转引自张璐：《企业高管政治关联与政府补助关系研究——基于创业板上市公司数据》，西南财经大学 2012 年硕士学位论文。

② 银行对于高管政治关联企业融资软约束存在的预期，该类企业一般可以选择比较高的负债比例，而且这类企业在遇到不利境况的时候更加容易能够得到政府补助和政策扶持。参见张璐：《企业高管政治关联与政府补助关系研究——基于创业板上市公司数据》，西南财经大学 2012 年硕士学位论文。

③ 参见财新网报道：《他们，由国企高管出任党政高官》，载财新网，http://datanews.caixin.com/2014-09-01/100723809.html，2015 年 6 月 9 日访问。

交易成本。所以,民营企业在与政府的博弈过程中,往往倾向于利用这种非正式的契约机制来充当“政治保护”。比如,通过非正式契约机制所带来的政府乱收费的较少以及乱摊派的较少,就是“政治保护”所起到的作用。①

四、政策性补助的完善

通过上文分析,对于我国的政府补助,可得出如下结论:

第一,从总体上看,我国政府补助的实施力度较大,涉及面广,无论是政府补助金额还是受补助企业数量,均呈现上涨趋势。②

第二,具体数据表明,我国政府补助在不同行业、不同地区之间,存在巨大的差异。虽然我国政府补助总体覆盖率较高,大部分行业都接受了政府补助,但各行业接受政府补助的力度差异显著。③ 从地区上来看,东部地区与中西部地区、北京市与非北京市之间的差异非常明显,不利于协调区域间平衡发展。此外,国有企业与非国有企业之间也存在明显的差异,不利于调动民营企业的积极性。

第三,政府补助在短期难通过非营利性手段增加了企业的利润,提高了企业资产账面的利润率,没有如实反映公司的盈利能力,容易给利益相关者(尤其是投资者)造成盈利能力假象,同时也可能助长公司经营方的消极行为,不利于提供公司运营能力。长远来看,公司管理层会逐渐依赖政府补助输血而不是改善经营管理、提高企业绩效。

有鉴于此,笔者认为,可以从如下方面完善我国现有的政策性补助措施。

(一)规范政府干预

如果政府补助能够切实帮助企业摆脱当前困境,促进企业的健康发展,则应该增加政府补助力度;但实际上,政府补助在一定程度上是政府对企业的干预,会给企业带来一些政策性负担,如果干预过度,有可能导致受补助企业强化

---

① 由于国有企业的高管往往是由政府直接认命的,所以具有较为明显的“被动型”的特点。相对国有企业,民营企业更多的是主动去寻找这种高管政治关联,所以“被动性”的特征较为明显。

② 我国政府补助金额从 2007 年的 149 亿元增长到 2012 年的 731 亿元,增长了仅四倍;2007 年有 66% 的上市公司接受了政府补助,而到了 2012 年,这一数据为 92%。

③ 尤其是在信息科技等新兴行业,虽然接受政府补助的覆盖率最高,但从绝对值上来看,远低于制造业等传统行业。

对政府补助的依赖,不利于企业的长远发展。因此,应注重发挥市场在资源配置中的基础性作用,着重通过政府补助来提高企业的经营与盈利能力,为企业创造公平、公开、公正的市场竞争环境,使之成为自主经营、自负盈亏的市场主体。

(二)维护行业公平

行业公平,有形式上的公平与实质上的公平两种。从形式上来看,行业公平要求各个行业接受补助的机会应该均等。从实质上看,由于不同行业各有其特点与需求,要结合行业实际情况,制定不同的政策性补助措施,真正把政府补助落实到迫切需要的产业中,从而实现政府补助的价值。

具体来说,首先,要建立起点公平的政策性补助制度,对于政府补助的申请、立项条件,应予公开,使之制度化、规范化,通过建立透明、规范的政府补助制度,减少政府补助的随意性。其次,应强化对特殊行业的补助力度,尤其是新兴产业,如信息科技、生物制药等高新技术产业。这些产业具有高投入、高风险、高收益的特点,且对于经济结构的调整升级有着要的战略意义,应着重强化对此类行业的补助,为企业研发提供切实的资金保障。再次,要区分行业性质,对于一些市场竞争充分的行业,应该主要依靠市场自身的调解,政府部门应减少对其干预,而对于公益性的行业,如水、电、煤等公共产品提供行业,政府应强化支持。最后,政府补助不能过于偏向国有企业,由于既定历史因素,国有企业本身在市场竞争中就处于优势地位,如果在政府补助中还对其加以倾斜,将加剧不公平竞争的局势,对民营企业的发展带来更大负面影响,容易挫伤调动民营企业的积极性,不利于经济结构的优化调整。

(三)完善补助方式

政府补助的形式多样,不同的政府补助方式会产生不同的后果。政府补助对企业并不都是有效,因此也有必要选择合理的补助方式。

政府在选择具体的政府补助方式时(财政补贴、税收返还、研发补贴),要考虑企业的实际情况和补助预期效应。例如,对企业的技术研发活动而言,政府的事后补贴比事前补贴更有效,事前补贴不能激励企业提高的研发努力程度。此外,政府对于不同行业扶持的方式要具有针对性,根据行业发展生命周期的各阶段采取不同策略。一般而言,在行业发展的初期(新兴的行业企业),企业实力往往不强，企业发展面临的市场风险很大，此时政府资助弥足珍贵。在产业的成熟阶段，政府的重点应该是更多地通过政策提供公平竞争和发展的平台，直接的政府补助已没有太大意义。尤其对于成熟的行业，政府无须对其进行过多的干预，政府应着重培养市场而不是代替市场。

（四）强化补助监督

实践中，很多上市公司利用政府补助对公司盈余情况进行操作，从而掩盖公司不良业绩。[①] 因此，必须将政府补助在公司财务报表中有明确反映。首先，上市公司应按照政府补助性质，对政府补助数额、使用情况等进行分类披露；其次，上市公司应重点披露政府补助与当年企业净利润间的比例及扣除政府补助后的利润情况；最后，企业还应该披露政府补助的其他信息，如是否需要返回、是否满足预定条件等。通过规范政府补助的会计核算，可以缩小人为操纵空间，更有利于实现政府补助的引导目标。

① 新会计准则虽然明确规定划分资产性补助与收益性补助，但没有要求强行披露补助属性。

第六章

财务危机法律处置

第一节 实际控制人的决择

伴随着现代商品社会的发展和公司经营环境的变化,公司无法避免随时都可能发生的危机。公司面临的危机表现形式不同,但许多危机最终的表现形式都变成公司的财务危机。当公司遇到财务危机时,公司无法按期清偿全部到期债务,公司可能会出现全部或部分债务违约。这种违约一旦出现,立即会引发起两个直接后果:一是公司的再次融资将发生困难,对于一个失去商业信誉的公司,大多数的融资方都会持较为谨慎的态度。二是这个违约可能会导致连锁反应,产生更多的债权追讨,导致更大面积的违约事件发生。这有点类似于银行的挤兑,一旦债权人发生信心危机,那么债权人就会采用各种手段保全自己的债权。一般公司的资产构成中不可能都是所有者权益,公司的资产构成中总是包括相当比例的负债,这些负债一旦被大部分甚至全部追讨,公司会很快失去流动性。

公司的资产组成是多样化的,如果看一张财务报表,这张财务报表的左边是资产,右边是负债和所有者权益。单从左边来看,公司资产至少包括流动资产、固定资产、长期投资、无形资产等科目。这些项目又包含一些子科目。以流动资产为例,流动资产中又包括货币资产、应收账款、预付账款、存货等科目。这些二级科目也是高度归纳后的结果,实际生活中的公司的资产要更加多样化、具体化,可能表现为一些房屋、土地使用权,也可能表现为一些专利、商标。这些具体、多样化的资产组合到一起就会发生综合作用,构成一个公司经营的有机组成部分。如果分割开来,这些资产的实际效用就有可能发生较大程度贬损。同样是这些物理形式存在的资产,在公司正常经常期间,我们可以称为"经营资产",而在公司财务危机发生后,这些资产有可能转化为"清算资产"。虽然物理形式可能仍然相同,但经营资产与清算资产的内在价值是明显不同的。一般情况下,经营资产的内在价值要远高于清算资产。这也是为什么大多数情况下公司出现危机时,尽可能挽救这些公司,维持公司资产的整体效用。

当公司出现危机时,甚至看起来这些危机不可收拾时,实际控制人该怎么办?实际控制人可能面临的第一个问题是坚守处理还是远赴海外。应该一走了之还是留下来?这对许多遇到严重危机的公司实际控制人而言是个很纠结的问题。在回答这个问题前,我们还是看看一则例子。

涉及两家上市公司的"贤成系"实际控制人黄贤优,留下了160亿元左右的债务逃之夭夭,而能够确认的债权只有8亿多元,不能确认的债权达104亿多元。据了解,"贤成系"包括贤成集团、西宁国新公司,上市公司*ST贤成、香港上市公司中国金石以及众多的子孙公司,其实际控制人均为黄贤优。

2013年6月,18名广东兴宁人到广州市公安局报案,称上市公司贤成矿业的黄贤优以"上市公司公司增发"为名,几年来向他们借下3.8亿多元,月息8%或更高,目前黄贤优已经联系不上。报案人黄国华说,黄贤优通过老乡关系找到一些投资人,利用高利率吸引他们借款,自己也被黄"借"走了9800万元,黄在支付数月利息后,就失踪了。

记者调查发现,在管理制度相对完善的A股上市公司,民营老板、实际控制人仍是绝对的灵魂。这种人操纵犯罪,具有很强的隐蔽性和欺骗性。

"黄贤优出来,总是带着上市公司董事长和总经理,这些人都是为他打工的,黄说的话自然顶天了。"被"贤成系"骗去近亿元的四川债权人李学和如是说。

黄贤优是实际控制人，但在台面上，皆由上市公司董事长和高管出面、签字，这样一来给债权人很大的迷惑。黄贤优的“难兄难弟”——原西宁国新、贤成集团法人代表钟文波，一直承担“贤成系”民间借贷的主要任务，他在每年的工作总结会上，总是公开表示当年融资规模为20亿元等。黄贤优还利用下属爱面子的个性，如*ST贤成董事长臧静涛一股也没有，但他比较爱面子，于是黄贤优就让他当董事长。一位“贤成系”人士表示，“黄给了臧一个名头，而臧对于黄，不管什么借款、担保都敢签字”。

眼下，钟文波因涉嫌非法经营和私刻公章罪名，被广州市公安局正式逮捕。臧静涛因涉嫌挪用资金、背信罪被西宁市公安局收押，而实际控制人黄贤优至今逍遥法外。①

即使公司面临严重的危机，实际控制人也不能一走了之，否则不仅会增加被认定为犯罪的概率，而且由于远走他乡，可能所有的问题都会推到实际控制人头上，导致实际控制人无端承担更多责任的情况。更何况，远在他乡提心吊胆的日子并不好过。随着国内法律法规的完善，即使是财务危机严重的企业也有各种法律处置的途径。实际控制人还是应该留下来，勇敢面对事务，积极自救或者是配合政府救助，通过多种渠道妥当解决问题。一个负责的企业家随时都还有机会东山再起的。

第二节 企业自救与政府救助

公司陷入财务困境通常是个渐进的过程。遇到财务困境时，实际控制人需要勇敢面对，但实际控制人更应在财务困境发展之初就采取一定的有效措施。

① “贤成系两公司曝160亿债务黑洞　实际控制人跑路”，载网易财经，http://money.163.com/13/0905/20/981MI36G00254ITV.html，2014年8月16日访问。

根据周春生教授在《企业风险与危机管理》一书中的归纳，财务危机有十个征兆，[①]包括：

征兆一：现金极度匮乏，资产流动性过低；

征兆二：存货，尤其是产成品积压明显增加；

征兆三：企业销售总额大幅下跌；

征兆四：应收账款余额快速上升且平均收账期延长；

征兆五：交易和回款记录恶化；

征兆六：投资规模过度，扩张过度；

征兆七：内部管理和内部控制体系混乱；

征兆八：企业资产大幅缩水，负债率明显提高；

征兆九：企业信用等级被调降，继续融资面临瓶颈；

征兆十：企业经营业绩的可预测性大幅降低。

事务上，公司财务危机的诸多方面也会在企业的法律工作中体现出来。比如说，公司近期的应收款诉讼很多，公司原本正常可以收款的项目只能依赖于诉讼方式追讨，这说明公司的经营遇到困难，市场销售出现问题。比如，多次出现大面积员工诉讼，或者多发员工侵占公司财产的情况，这说明公司的内部管理不善。公司投资项目决策流程过于简单，缺乏前期必要的论证，甚至缺乏前期必要的尽职调查程序，仅仅依赖于交易对方的陈述，这说明公司的投资过于草率。公司对外投资时，往往和当地政府签有协议，约定投资进度、投资强度、税收强度等，如果这些指标，特别是建设进度明显迟滞，这也可能是公司财务危机的前兆。除了周春生教授给出的十个征兆外，事实上，公司的法律费用开支也是一个判断公司是不是进入财务困境的重要参考因素。公司法律费用突然增加或长期过低都可以意味着公司经营的缺陷。公司法律费用的突然增加，特别是与诉讼相关的法律费用忽然增加，要么是因为公司的诉讼量大幅增加，公司存在问题较多，要么是因为公司遇到重大的法律问题，导致公司因单一事件发生风险的概率增加。长期的法律费用不足，表示公司不注重法律，公司的经营可以蕴含着重大法律风险而没有被揭示出来。特别是，如果公司处于扩张期，可能涉及一些投资等方面的事务，这些专业的法律问题并不是原来的管理

① 周春生：《企业风险与危机管理》，北京大学出版社 2007 年版，第 206 ~ 209 页。

层仅凭过往的经验可以应付的，如果忽略必要的法律程序，这可能会导致严重的后果。在处理一些可能给公司带来重大财务风险的事件中，常可以听到公司实际控制人的懊恼的表述“早知道就让对方提供有效担保了”、“这个条款我忽略了”，等等。有时一个错误的合同表述或一个不完善的合同安排远超“一字千金”，可惜这个“一字千金”是送给对方的。

一、公司自救

公司财务危机当然是在危机刚有征兆时处理比较好。一旦公司进入的财务危机状态，公司的实际控制人怎么办？此处有必要弄清两个认识，公司实际控制人应该自救还是期待政府的救助。结论是明确的，这种情况下一定是公司自救为主，同时积极寻求、配合政府救助。

自救方法很多，每个企业面临的不一样，可能采取救助措施也有所不同。大致归纳下，一般包括继续融资、出售资产、裁员、业务转型等方式。继续融资方案在很多情况下成为产际控制人的首选，原因是多方面的，一方面基于实际控制人对公司的感情。公司做久了就像自己的孩子一样，许多时候实际控制人不舍得舍弃公司，总会想尽一切办法挽救公司。另一方面由于经营公司多年的惯性，其他的自救措施都有着一种当前的损失，实际控制人并不愿意轻易地接受这些损失，总还想危机中从“危”搏到“机”。由于人事、经营方面的困难，采用其他的方式也有一点的困难。所以，继续融资似乎成为实际控制人的一个首选方案。但此时，继续融资本身也面临着很大的难度。由于公司陷入财务困境，公司的商业信誉也会受到影响，敏感的出资方一般不愿意对这类公司提供融资。即使提供，这些机构的融资成本也极高。比如陷入财务困境的公司无法从银行渠道获得融资，只好转战信托等融资渠道，这样公司的融资成本会大大提升。

更多时候，公司甚至从机构无法取得融资，只好寻求非正规金融渠道，最常见的就是民间融资。但民间融资的成本极高，并不是一般的实业所能承受的。我们看到的例子中，有相当的公司就是被民间融资的高利息所拖垮的。许多时候，饮鸩止渴这个词极为形象地解释了公司实际控制人在进行民间融资时的状态。一方面，公司实际控制人对于民间融资中的高利贷融资十分依赖，要靠它归还银行贷款；另一方面，他们对高利贷十分痛恨，自知这是不归之路。表面上他们风光无限，越是公司不景气，可能公司的实际控制人在一些社交场合就越阔绰，出入高档场所，开着名车。实际控制人担心公司倒闭破产，从不敢对政府、银行、客户、员工说起，同时又深知凭一己之力已无法挣脱，迫切希望政府获悉、救助。过多的民间融资会妨碍公司债务危机的进一步解决方案的实施，我们会在后面的章节中进一步分析。一般情况下，进入财务危机的公司是很难获得权益融资的，因为权益融资方出资后仅享有对公司的剩余资产索取权，对困境企业的投资意味着更大的风险。

如果公司仍然具有较强的竞争力，即使是陷入财务困境，仍有可能获得外部权益融资。比如说，公司有些领先的技术、一些独特的资产，如码头岸线等，一些长期忠实的客户、一些稳定的销售网络等等，这些资源的存在都有可能吸引外部的权益融资。当公司陷入财务困境时，如果可以选择，原则上应优先考虑权益融资。权益融资可以充实公司资本，改善公司的资产结构，为进一步融资提供可能。权益融资后新的投资方引入也可能带来的新的合作伙伴，改善原有的经营，并且新的投资方可能会提振公司利益相关方的信心，使公司恢复到正常的贸易秩序，包括可以按正常的商业运作获得相应的账期。但权益融资后公司的治理结构会发生较大的改变，因此对于权益融资的对象一定要慎重选择。实际控制人首先要判断权益融资方的目的，还需要自我评估权益融资的决心。对于困境公司，许多权益融资方都是抱着控股的目的来的，权益融资方有时要求控股，甚至要求原实际控制人完全出局。此外，也要防止权益融资方抱着“火中取栗”的目的来融资，通过融资获取被融资方的优质资源。继续融资方案主要针对公司遇到暂时的财务困境，通过改善资金流后也会同样改善公司业务。

除继续融资外，出售资产也是一个通常考虑的方法。公司通过资产处置，回笼现金以改善当前的财务困境。但出售资产究竟是出售优质资产还是闲置资产？从实际控制人角度，当然是优先考虑出售闲置资产，但闲置资产处置可能存在困难，短时间难以处置或者处置时价值贬损过大。在公司陷入财务危机处置资产时，应该综合考虑资产的重置价值和盈利能力。如果该项资产没有盈利能力，那么相比较其重置价值，处置价格就应大幅度贬损。这也提醒实际控制人在投资时要非常慎重，无效率的投资本身就意味着投资标的价值的大幅度贬损。但有时，为了让整个公司或整个集团存活，有时不得已实际控制人只能选择出售一部分优质资产。对于过度扩张的公司，出售子公司股权或者在子公司层面上引进投资者是更为值得考虑的方案。2008 年以后，因为存在资产价格快速上涨的预期，许多公司都异地大量投资，买地、建造厂房。但实际控制人没有意料到整个宏观经济形式变化的太快，许多项目仍在建造过程中，转眼间经济增速放缓，原有的融资与公司经营产生的现金流动已经无法支撑项目的进一步建设。此时则可以考虑将项目打包出售。即使不能打包出售，即使在子公司层面上失去控股权，子公司层面上引进投资者也是值得考虑的选择。至少公司不需要对子公司继续追加投入，可以为公司节省继续投资的现金。根据中国的投资实践，在投资初期，即使是子公司的事务，许多时候公司也会牵涉其中，包括公司与地方政府签署的一系列协议，都是由公司出面签署的。对于一些子公司重要的合同，如融资合同、建设合同，此时公司还可以作为担保一方一并参与其中。引进权益融资方子公司不至于会烂尾，公司的整个商业信誉不会受到冲击，子公司因为继续建设，许多潜在的纠纷则不会发作或在建设过程中被消弭。一般来说，子公司层面引进权益融资更容易操作，相对于融资方来说，子公司相对来说业务简单、清晰。相对于实际控制人来说，无论子公司治理结构如何变化，公司的控制权不会发生较大改变，实际控制人仍可以在公司层面上实践自己的构想。

此外，裁员也是公司应对财务危机的常用方法。许多公司常会陷入中等规模陷阱，公司的业绩增长不快，但公司的管理层级却越来越复杂，以至于一家中等规模的公司也可能有一个庞大的总部。当公司遇到财务困境时，这些中部的中层管理人员就是最有可能被裁撤的对象。裁减多年跟随自己的旧部对于公司实际控制人来说，有时的确是个痛苦的选择。短时间内裁撤人员还会产生较高的费用，必须履行适当的程序。如果因为裁员而发生群体性事件，那就会难处理，有可能实际控制人需要超出法律的规定，另行补偿后才有可能达到裁员的目的。公司裁员后，保持一个较小的生产规模，这些较小的资金就可以支撑住该类营业。

公司的业务转型在财务危机发生前期、后期阶段都是可以考虑的策略。前期实际上对公司业务本身的变革，需要一个渐进的过程。一旦到后期，大规模的业务转型可能就会有难度，因为缺乏大规模业务转型所必要的资金。但生产不能完全停滞，否则可能造成机器更严重的损坏与贬值。此时可以考虑将原来的生产销售模式修正与一些来料加工等方式,这样可以维持工厂的基本运转,等待重组的机会。

二、政府救助

一些信奉自由市场的经济学家认为,政府应该减少对于市场的干预,对于那些陷入财务危机的企业,政府应该让它们自生自灭,实现资源的优化配置。但这有时仅是一种理想状态的描绘,许多时候,对于陷入资金链危机的一些公司,政府需要在某些时候进行干预,也只有它有能力干预。这是因为,一方面,很多公司是地方经济的重要支柱;另一方面,在长期畸形发展的金融体系下,危机公司往往有着大批的银行欠款、民间借贷以及复杂的担保链,而一旦因为资金链危机破产,就带来多米诺骨牌效应,引发金融不稳定与社会危机。不仅如此,也只有政府最有能力干预公司的财务危机。我们国家目前仍是一个强政府的国家,并且短期内也不会有改变。主要的行政资源仍然在政府手里,主要的社会信誉也承载在政府身上,当公司出现危机的时候,有时候只要政府有个态度,所有利益相关方都会稳定下来。对于很多利益相关方来说,政府的表态就是指路明灯。

政府应该介入、挽救什么样的公司呢?经济学上有个重要的命题,叫"太大而不能倒",如果只是因为太大,只是因为这个公司是影响当地经济稳定发展的支柱型企业,那这还不构成政府介入的充分条件。政府只有在这个公司的危机会酝酿成社会性事件的时候才应该介入。本质上来说,一个公司是不是值得救助,这应该由市场决定,由市场决定是不是继续提供融资、是不是削减债务、是不是资产重组,但许多时候,政府需要扶一把。这时政府就应起到扶一把的作用。但扶一把不意味着政府代替市场决策,如果公司没有一定竞争力的业务或者拥有一些特定资产或资质,这些公司就成了扶不起的刘阿斗。为了救助债务困境公司,有些地方甚至成立了专门的办公机构。比如,义乌市成立风险企业处置工作领导小组办公室,《义乌设立"风险办" 亿元转贷资金帮企业渡难关》①中描述:"做企业,谁还没有困难的时候?如果有人帮一下,也就渡过了。这回幸亏政府帮我们一把,让我们'喘'过了这口气。"得到政府 1000 万元还贷

① 载 http://zjnews.zjol.com.cn/05zjnews/system/2008/12/26/015121666.shtml,2014 年 8 月 17 日访问。

资金的帮助后，义乌一家企业负责人激动地说。有时政府的救助并不是直接由政府出资，而是政府出面，协调银行暂不抽贷，或者化解担保链可能带来的风险。比如说，在公司互保和民间借贷已成为常态的浙江地区，这些公司的生死关系到地方金融的安全和社会的安定，地方政府对于一些资金链断裂的企业，不得已只好进行干预。

公司陷入财务危机，并由此产生的纠纷本质上都是民事问题。当地政府处理进行困境公司救助时，通常面临两难。一方面要保证金融秩序，打击非法集资及公司经营中的恶意行为，另一方面还要保证社会效果，挽救公司和保护债权人利益。打击违法，固然无可非议，但如果处理不当，会影响公司挽救，加大社会成本。政府救助时，应该优先考虑保全公司和债权人利益。如果真的发现实际控制人有违法甚至犯罪行为，也应将实际控制人违法行为与公司挽救相分离。如浙江纵横集团的董事长因为非法吸收公众存款被抓，但是纵横集团仍然按破产重整程序处理。反观吴英案，法院采用“先刑后民”的顺序，将吴英本色集团的资产，视为其“集资诈骗”的赃款，予以拍卖，使企业倒闭，带来更大的社会损失。这种不恰当的处理方式也始终使东阳市政府以及相关机构陷入舆论的旋涡中，引发广泛的关注与质疑。

但政府不是万能的，有时政府试图通过直接的资金输血和政策支持，以及对公司债务人的协调，来推动企业重组，挽救企业，这些措施有时效果不太理想。特别是如果公司涉及民间借贷，并且有当地政府官员牵涉其中，政府单独介入，不仅不会控制住债权人的偿债诉求，反而可能会引发了债权人对于偿债公正性的质疑。事实上，在市场经济中越来越强化的个体利益面前，政府能罩住所有事情的时代早已经过去了。现阶段政府可以对危机进行干预，但不宜过多干预，更多的工作还是要留给市场，由市场通过法治化的程序处置。政府对危机公司的过多介入只能让自己陷入各种利益纠纷和债权人的怀疑中。此时，应该由市场通过法治化的程序处置，特别可以考虑司法介入的方式。通过司法介入，引入破产重整程序挽救企业是一个可以“平衡各方利益”、“实现最大公约数”的路子。近年来，通过司法程序挽救困境公司的例子多了起来。

三、结语

如果公司能够被挽救，公司的实际控制人也应该从中得到经验与教训。对于陷入财务危机的企业,有人将其归咎于企业领导人的决策能力问题,包括盲目多元化、过度投机、缺少战略,等等。但从深层次来讲,缺失的公司治理结构是酿成危机的根本原因之一。公司治理结构是指由股东、董事会、监事会以及管理层组成的一种组织结构,在所有者和经营者之间应该形成一种相互制衡的机制。公司的实际控制人有时不仅是公司的所有者,还是公司的精神领袖,拥有至高无上的权威。公司里没有不同意见生存的土壤,无论是投资,还是经营决策,都是实际控制人说了算。实际控制人因为自己过去的成功使自己对自己的决策和判断异常自信,甚至是自负。很多时候,导致公司走向资金链断裂的盲目扩张和多元化中,公司实际控制人都是跟着自己的直觉判断走。由于公司和实际控制人两者之间缺乏明显的界限,以至于实际控制人只能和公司共命运,个人资产完全牵涉在公司的经营中,公司实际控制人也将失去有限责任的保护。

公司陷入财务危机时,首先公司要考虑自救的措施。有时适当的政府的救助是必要的,且这种救助非常高效。政府救助在短时间内仍会大量存在,但政府不宜过分介入困境公司救助,未来仍应考虑由市场各方主体在法治化的程序框架下解决公司财务危机,通过这个程序挽救和淘汰的公司都可以看成是一种资源的优化配置。

第三节
保壳型处置

前面两节我们分析对于财务危机公司法律处置的两个基本问题:一个是实际控制人是不是应该留在国内勇敢的面对这些危机;另一个是公司自救与政府救助的关系。公司的实际控制人应该勇敢面对这些危机,并且危机的解决是以公司自救为主,政府救助为辅的一种处理方案。那么对于实际控制人来说,应该保持这个公司还是另起炉灶?如果套用业内俗称,把公司比作“壳”的话,实际控制人此处面临的选择是保壳还是弃壳?

一、保壳处置概述

保壳还是弃壳取决于公司危机的严重程度,也取决于公司解决危机的方案。一般来说,在有保壳可能性的前提下,总是优先选择保壳的方案。从法律的角度看,财务危机公司的拯救的实质是对异常状态下公司内外权利义务的调整与变更。债权人建立在契约基础上的期待利益可能无法得到保障,因此不得不作出某种让步,而公司的产权人对基于所有而产生的对公司的控制和剩余价值索取权也相应的让步,将控制权或剩余价值索取权部分或全部让渡。对于双方的让步与调整,最终在现有财产基础上维持财产的营运状态,避免财产进行清算环节,从而使这些财产组合能够发挥较大的作用,体现较大价值,从而使债权人、所有人以及其他利益相关方如员工,都能获得某种折让的利益。

二、保壳处置原因辨析

保壳的原因有很多,包括但不限于证照、资格、资产处置费用、营业、员工等。有些因为特许而产生的证照具有极高的价值,那些此时通过某种重组能够让公司继续运营的可能性就比较大。比如,目前我国的金融牌照是稀缺的,金融牌照本身就蕴含了巨大的价值。此时,无论是公司的产权人还是债权人或是利益相关方,本身都有可能妥协,以便公司恢复运营。

上市公司的壳资源是另外一种价值,虽然官方并不认可以“壳费”形式体现的上市公司的壳资源价值,但实际上上市公司控制权的友好变更中,重组方大多数情况下会给予原实际控制人以壳费,只是这些费用通过不同的形式体现而已。例如,将原上市公司资质置换出来赠送给原实际控制人、代原实际控制人承担债务或者其他方式体现。据笔者的工作经验来看,在 2013 年度重组十分活跃的时候,一个干净的壳资源其控制权变更而带来的壳费高达 3 ~ 5 亿人民币。上市公司本身可能通过增发或者发行公司债获得融资,也可能通过发行股票购买资产等重大资产重组方式将一些原来流动性比较差的资产置入上市公司。这些未来可以采取的操作本身就蕴含着巨大的商机,也自然就有巨大的价值,有保壳的可能性。有时有些营业也让实际控制人有保壳的巨大动力。比如,一些特许经营的资格,有时候一款热销的产品可能让经销商赚的盆满钵满,比如 2011 年前后的苹果专卖资格。有时一个长期的租赁合同或合作合同也是公司保壳的巨大动力。比如说,2000 年前中外合作企业较为活跃,一些地方政府为了招商引资把岸线、码头作为合作条件纳入公司体系中,按当时的这些条件,公司获得这些岸线、码头的成本极低。后来通过环境整治、规范,新的码头难以申请,原先的码头虽然仅是根据合作条件的一种许可,但这种使用本身就有较大的价值。如果这个公司因其他经营陷入财务危机,只是危机本身不过于严重,通过这些特别的经营就可以进行重组。还有一些经营牵涉到大的供应商资格,有些国际大的公司会对供应商有多种要求,一旦成为这些国际性公司的供应商,公司的销售就有了一定的保证,利润也有了一定的保证,而要求成为其合格供应商,代价不菲。国际性公司的供应商一般都相对较稳定,即使愿意支付这些不菲的入门成本,也并不代表就有机会成为供应商。因此,某些客户资源也是陷入财务危机公司保壳重组的动力。

资产本身的特性也可能决定了公司必须采取保壳的危机处置方案。比如一个工厂,这个工厂拥有在建工程,那么此时如果不采用保壳的方案,相关的成本极高。成本主要来源于两个方面:一是这个在建工程的转让本身就会产生很高的税费;二是由于工程建设本身需要一些证照审批,资产过户以及证照重新审批而带来的时间成本也会给相关各方带来重大损失。此外,由于固定资产本身目标大,早已成为各个债权人紧盯的目标,一旦公司陷入财务困境,债权人首先就可能对这些资产采取司法查封等措施。此时实际控制人已经没有办法将资产置换出去。根据我们的调查,凡陷入财务危机的公司,其固定资产特别是房地产一般都会有查封与多轮的轮候查封。对于一些劳动密集型的公司来说,如果原来的壳不能保留,仅用于解散员工的赔偿就是一笔不菲的开支。

三、保壳处置主要途径

深度财务危机公司的保壳型处置一般包括两种途径:破产重整、非司法债务重组。

(一)破产重整

当公司进入破产重整程序后,按照法律规定,所有债务暂缓偿还,冻结的财产解除冻结,这就为公司的持续经营提供了一个缓冲地带。在破产重整中,由于司法介入,债权人可以得到公开受偿。这样债权人的心态不会太急躁,否则总会担心会不会先采取法律措施的债权人会优先获得清偿或者担心和公司实际控制人关系好的债权人会获得优先清偿。因为有这种担心,债权人就倾向于采用最激烈、最严格的债权清讨措施。后续的债权人的追讨措施也会层层加码,最终导致公司非正常经营,形成一种恶性循环。公司破产重整制度中,由于在管理人主导下所有利益都公开化,债权人、所有人以及其他利益相关方可以知悉公司所有实情,以及不同选择和风险,由债权人、债务人自己选择,实现阳光下的博弈和制约。大家看着出牌,有时反而能达到最理性的优化。

(二)非司法债务重组

非司法重组有多种模式,当然,针对我国市场经济的特点,政府机构主导的重整机制是需要重点推荐的模式之一。虽然通过破产重整方式能够较好地帮助公司有效利用现有资产,实现现有资产的价值,但破产重整程序复杂,并且由于我国司法现状,法院对于破产重整的受理并不积极。以合同为基本手段,通过公司与债权人的直接协商达成重组不失为当前另一个理性选择。即使在美国破产立法很完善的情况下,还是有许多公司通过自行的债务重组解决财务困境。选择自行债务重组需要具备一定的前提条件,除了前述的公司业务仍需要有一定的竞争力或者公司有一些特殊的证照、资格、营业等以外,还要分析公司的负债结构。如果债权结构相当分散,小额债权众多,由于小额债权人可能存在"搭便车"、"少数人要挟"等心理,此时的债务重组就会比较困难。小额债权人基于能力、成本等方面的考虑,不愿意花时间、成本投入到公司债务重组的方案制定与谈判中,他们可能会等待结果。虽然这些小额债权人金额小,但他们可能并不愿意让步,这时可能会发生少数人要挟的情况。自行的债务重组可能会有一定难度,必要时邀请政府参加是一个不错的选择。由于第三方中立的机构的参加与居中协商,可能会使某些谈判僵局打破。

第四节

弃壳型处置

并不是每个陷入财务危机的公司最终都可以获救。过于严重的财务危机或者对于财务危机处置方法不当都会导致公司最终清算或者停止经营而成为僵尸公司。有时候对于一个集团来说，将某个或某几个子公司清算，停止继续投入，从而断臂求生，这也不失为危机处理的一个方法。当实际控制人做出弃壳决定时，有时可能会有两个结果：一是清算；另一个则是变成僵尸公司。

一、清算

陷入财务危机的公司如果已经不能清偿到期债务，并且资产不足以清偿全部债务或者明显缺乏清偿能力的，那么公司就应该进入破产清算程序。

清算分成多种方式，常见的包括破产清算和正常清算。正常清算中公司资产除了清偿各位债权人以外，还有一定的剩余。陷入财务危机并不意味着破产，也可能是流动性不足，但许多陷入财务危机的公司往往已经资产不足以清偿全部债务或者明显缺乏清偿能力。在破产清算中，由于实际控制人已经基本出局，失去了对清算过程的掌握，此时实际控制人要非常注意与管理人的沟通。民营公司中可能存在实际控制人报销费用不规范的情况，将这些不属于公司报销的费用纳入到公司报销中，因此，在申请破产前，公司财务应该按严谨、保守的基本理念清理公司的财务报销体系。

除了与管理人沟通和费用报销外，破产清算中还有两点特别值得公司实际控制人关注：一个是实际控制人或关联公司的债权申报；另一个是实际控制人或关联公司参与资产处置。关于债权申请，由于许多公司运行过程中往往会与实际控制人及其关联公司之间产生复杂的债权债务关系，不排除实际控制人或其关联企业对公司也拥有债权。实践中，破产管理人对于实际控制人及其关联公司申报的债权比较敏感，可能会进行比较严格的审查。如果对实际控制人及其关联公司申报的债权认可金额较大，可能会引发其他债权人的质疑。实际控制人在申报时更加要注意资料的完整，最好能按诉讼胜诉的基本要求准备资料，注重客观资料的整理，比如原始汇款凭证、发票等材料，而不过于依赖于公司对账、公司账务记录等主观资料。至于实际控制人或关联公司参与资产处置，则更需要技巧，其中也有相应的法律风险需要防范。法律只能对资产处置的一般流程和要求作出规定，但不可能细化到每项资产的处置。除了前述资产评估、拍卖等程序外，其中有一项是由破产管理人灵活控制的，那就是对于所有资产，是整体拍卖还是分拆拍卖。

资产之间组成一个有机整体，但这个有机整体并不对所有人适用，对于一些行业外的人士，可能只有部分资产对他们是有意义的。现有法律并不禁止公司实际控制人或其关联公司参与破产资产的竞购，如果实际控制人或其关联公司有意向竞购，那么可以试图和管理人协调。一般情况下，整体拍卖时实际控制人或其关联公司成功竞购的可能性更大。管理人有时也并不排斥整体拍卖的方案，整体拍卖估值并不低于分项评估，而且一次性拍卖可以减轻管理人的工作量。但此时要注意的是，实际控制人竞购拍卖资产还是应在公开公平公正的前提下进行，可以进行一定的技术性处理，但不可以违反清算过程中的法律法规。比如，有时实际控制人为了抵制拍卖，恶意压低拍卖价格，故意干扰管理人的履职行为。对于一些拍卖的土地厂房，有时甚至安排工人或者其他人员占领厂房。对于类似行为，公司的实际控制人要十分慎重。

二、僵尸公司

但如上一节所讨论的，目前在中国受理破产申请还有较大难度。大量的符合破产条件的公司还无法进入到破产清算程序。对于无法进入到破产清算程序的公司，有时公司的所有资产被处置，但公司却无法注销，成为僵尸公司。对于这一类公司，实际控制人也不能置之不理，虽然这类公司对于实际控制人已经没有意义，但可能会有潜在的责任。

有时不恰当的权益融资导致融资方与实际控制人矛盾激烈，或者有时实际控制人与原有股东的意见分歧巨大。这些情况都有可能导致公司被强制清算。在强制清算中，由于实际控制人仍对公司有剩余财产索取权，因此实际控制人还是应该积极配合并参与清算。实际控制人可以要求加入清算组成为清算组成员。有时权益融资后投资人与实际控制人之间矛盾尖锐，甚至清算中也互不配合。此时，就可能需要从法律上进行分析。

弃壳方案中还有一个巨大的价差，那就是资产的清算价值与营业价值之间的价差。通常来说，资产的清算价值远低于营业价值。公司中有些有价值的因素在清算过程中并无法考虑，比如说一些有经验的员工，这些员工经过多年训练可以很高质量地完成工作。破产清算时这些员工也会被遣散，此时如果能通过某种机制重新汇集这些员工,可以拓展一些新业务。再比如说,客户关系也是一项重要资源。在清算中,除非营业打包转让,否则一般情况下客户关系并不能被评估出价值。如果实际控制人可以和这些客户建立长期良好的互动互信的关系,那么以后还有再次发展的空间。实际控制人在业务建立一种负责的形象也对东山再起大有好处。一个典型的例子就是史玉柱。史玉柱在当年因为巨人大厦而导致公司陷入困境,但其一系列后续负责任的处置行为为其赢得市场声誉。这对他后期东山再起也有一定的帮助与支撑。

第五节
群体性事件背景下债务处置

“维稳”是一项有着中国特色并带有极强政治色彩的重要工作,这甚至提高到了治国安邦的高度。党的十六大报告第一次把“维护社会稳定”作为单独的一部分内容予以集中论述。党的十六届六中全会决议进一步明确“积极预防和妥善处置人民内部矛盾引发的群体性事件,维护群众利益和社会稳定”。现行维稳工作的核心任务是调适和管控各种社会利益纷争,平息各种不满情绪,有效维护社会政治秩序。过去发生的群体性事件中有相当比例是因为经济原因导致的,包括集资、劳动纠纷、社会保障、动拆迁等。

一、背景考察

在中国有些维护工作成为一种官员考核的硬指标。各级党委为了搞好维稳工作,而把工作进行各类分解,分派到下一级的单位。如果遇到临时性任务,不可能从各部门抽调人员甚至整个部门集中采取行动。对于维稳成绩突出的个人,既可能授予先进称号等传统精神奖励,也可能会升职、发放资金等方面的奖励。如果出现重大群体性事件,对于领导者轻者不予晋职晋级,严重的可能会被撤销甚至追究刑事责任。有时群体性事件后被追究刑事责任的官员被追究刑事的原因是贪污或者受贿。这种被追究刑事责任的导火索是不是群体性事件,则不得而知。许多群体性事件发生后,都有不同级别的行政官员被问责,甚至是撤职。2009 年 6 月 30 日中共中央办公厅、国务院办公厅印发《关于实行党政领导干部问责的暂行规定》第 5 条第 5 款规定,对群体性、突发性事件处置失当,导致事态恶化,造成恶劣影响的,需要对领导实行问责。虽然这个文件是由中共中央办公厅、国务院办公厅联合发布,究竟这个是党的文件还是部行政规章,目前尚不明确。但无论这个文件的性质如何,在实践中这个文件的效力却从不受质疑。对于群体性事件,如果处置失当,导致事态恶化,造成恶劣影响,那么就会有领导被问责。至于是什么级别的领导被问责,这就取决于事态恶化程度与恶劣影响程度。事态恶化程度很多时候与恶劣影响程度是相关联的。影响越大,可能认定的后果就越严重。一些影响力大的事件甚至可能会引起中央的关注。网络的普及让一些事件的影响力可以迅速扩展,形成一种所谓的“蝴蝶效应”。单个网民的负面言论可能会引起数量众多其他网民的关注并且在网络上积极讨论。所谓的敏感事件经过网民们在反复转发或者是通过其他及时沟通方式传播,引起社会的普遍关注,这一过程就会形成网络舆情。如果帖子或者信息的内容是负面的甚至是与政府权威背离的,那么就会催生负面网络舆情。利益受损方借助网络发布、传播这些敏感信息,借助网络实时沟通的优势互相联系、沟通,最终可能会使事件发展成为带有特定诉求的群体性事件。一旦发生这种事情,领导被问责的概率将大大增加,即使后续通过一些强力手段,诸如删帖甚至是抓人的方式平息事件,这也不免让上级对负责处置事件的官员产生负面评价,影响该官员日后的晋升。相对于处置事件的官员来说,最佳的状态是把群体性事件消灭在萌芽中,不让其发酵成群体性事件。当公司遇到财务危机时,如果涉及的债权人数量非常巨大,此时公司的实际控制人就会处于非常危险的境地。公司的实际控制人应该主动想办法控制债权人的数量,防止其发酵成群体性事件。地方政府也会鼓励实际控制人减少债权人的数量。通过正常的业务经营,公司实际控制人应该慢慢解决这些小债权人。如果实际控制人不能自行解决这些小额债权人,让公司债权人的数量下降,那么为了维持稳定,有时地方政府也会安排资金以平息纠纷。当然,也有的因为涉及金额巨大,人数众多,地方政府也无力解决。那么在地方政府出资或者地方政府无力解决的情况下,为了平息债权人怒火,抚慰债权人的情绪,此时极有可能地方政府会对公司的实际控制人采取强制措施,通过让实际控制人承担一定刑事责任的方式来安抚债权人。

二、破产法的基本处置

我国的破产法把债权分成几个种类。从理论上讲,同一序列的债权应该处于同一清偿顺序,资产不足清偿的,应该平均清偿。但有时公司未能进入破产程序,在这种情况下,区分大额债权与小额债权还是有意义的。对于清偿或打折清偿小额债权人,所需资金不多,但可以迅速减少债权人的数量,避免群体性事件的发生,避免置公司的实际控制人于险境。另外,如果公司进行重组,但公司债权人众多,除非采用破产重整的司法程序,否则各方达成和解的概率是很低的。一定会有一些债权人不愿意让步,而且没有一个外部的主持人,这些谈判甚至都无法启动。从谈判成本上来说,面对众多的债权人往往就面对众多的利益诉讼,一个方案有时很难涉足这么多的诉讼。而且每个诉讼就意味着反复的谈判,这样实际控制人根据无力应付这么多的谈判。实践中许多小额债权人并非机构,缺乏理性的商业思维,无法在合适的时候做出商业的妥协,这些债权人更容易采取极端措施,比如打人、跟踪实际控制人,静坐或以其他方式干扰公司的运营等等。从各方面来说,这些债权人清理完毕后,公司实际控制人可以面对少数大额债权人,这些债权人往往有更理性的商业思维,可能评估当前的情况,在坏与更坏之间做出选择。实际上有时候国家也会优先选择处置一些小额债权。

在公司财务危机处置中,常可以看到拖欠员工工资的现象。在劳动关系中,员工处于公司的管理之下,与公司之间缺乏谈判的筹码,因此,这些人是最容易被拖欠的人群。可能是因为容易,所以这些人常被拖欠。但拖欠员工工资而造成对外负债是公司实际控制人最容易采用,但却是最不理性的一种选择。员工是公司或实际控制人东山再起的基本保障,一旦失去商业信誉,公司实际控制人很难挽救公司或自我挽救。另外,员工工资相对于员工来说是一种生存利益,员工依赖于工资维持自己的基本生活,而公司业务过程中对外形成的债权债务是一种商业利益,一般情况下不会直接导致基本生活困难。一旦员工因为欠薪而发生纠纷,这种纠纷总计金额不大,但极易酝酿成群体性纠纷。我们国家近年来对员工的保护越来越有力。

公司陷入财务困境的原因可能多种多样,既有经营方面的原因,也有融资结构的原因。在处置公司财务危机的时候,融资结构的构成也极大影响了危机处置的路径与难度。公司的实际控制人应打破知识壁垒,多了解融资的专业知识,并借助专业人士的帮助,为公司的融资设定优化、合适的结构。

附录一 协议范本及必备条款

一、证券公司集合资产管理合同必备条款

第一条 证券公司(以下简称“管理人”)开展集合资产管理业务,应当与委托人、托管人签订集合资产管理合同(以下简称合同)。合同应载明订立合同的目的和依据,并在显著位置载明下列文字,至少应当包括:

委托人承诺以真实身份参与集合资产管理计划(以下简称集合计划),保证委托资产的来源及用途合法,所披露或提供的信息和资料真实,并已阅知本合同和集合计划说明书全文,了解相关权利、义务和风险,自行承担投资风险和损失。

管理人承诺以诚实守信、审慎尽责的原则管理和运用本集合计划资产,但不保证本集合计划一定盈利,也不保证最低收益。

托管人承诺以诚实守信、审慎尽责的原则履行托管职责,安全保管客户集合计划资产、办理资金收付事项、监督管理人投资行为,但不保证本集合计划资产投资不受损失,不保证最低收益。

第二条 合同应当载明委托人、管理人、托管人等当事人的相关信息。

第三条 合同应载明集合计划的基本情况,至少应当包括:

(一)名称与类型;

(二)目标规模;

(三)投资范围、投资比例;

因证券市场波动、证券发行人合并、资产管理计划规模变动等证券公司之外的因素,造成集合计划投资比例不符合相关监管规定或资产管理合同约定时的处理原则及处理措施;

(四)投资目标和管理期限;

（五）集合计划份额的面值；

（六）参与本集合计划的最低金额；

（七）本集合计划的风险收益特征及适合推广对象；

（八）集合计划成立的条件和日期。

第四条 集合计划根据风险收益特征进行分级的，合同还应说明集合计划份额的分级安排、份额配比、风险承担等信息。

第五条 合同应当载明客户资产的管理方式和管理权限。

第六条 合同应载明在集合计划设立推广期间，委托人参与集合计划的时间、方式、价格、程序等事项。

第七条 合同应载明集合计划开始运作的条件和日期。

第八条 合同约定管理人以自有资金参与集合计划的，应对管理人参与集合计划的有关事宜作出明确约定，至少应当包括：

（一）自有资金参与、退出的条件、程序；

（二）推广期和存续期参与集合计划的金额和比例，因集合计划规模变动等客观因素导致自有资金参与集合计划被动超限时的处理原则及处理措施；

（三）收益分配和责任承担方式；

（四）风险揭示和信息披露；

（五）自有资金承担责任的，承担责任的金额。

第九条 合同应约定集合计划资产交由托管人负责托管，管理人与托管人需就集合计划托管事宜，签订托管协议。

第十条 合同应约定托管方式、托管费用等事项。

第十一条 合同应约定集合计划账户开立与管理的有关事项。

第十二条 合同应约定集合计划估值的原则和方法。

第十三条 合同应约定集合计划存续期间所发生的有关管理费、托管费及其他费用的支付事宜，并明确支付标准、计算方法、支付方式和支付时间等。

第十四条 合同应约定客户资产净值估算、投资收益的构成、收益分配原则、分配方案、分配方式等内容。

第十五条 合同应约定投资策略、风险控制、风险揭示、投资限制及禁止行为等相关事宜。

第十六条 合同应约定集合计划信息披露的相关事宜，至少应当包括：

（一）管理人、托管人披露集合计划份额净值的时间（至少每周披露一次）和方式；

（二）管理人、托管人提供季度、年度资产管理报告和资产托管报告的时间和方式；

（三）管理人提供集合计划年度审计报告的时间和方式；

（四）管理人向委托人寄送对账单的时间、方式和内容；对账单内容应包括委托人持有计划份额的数量及净值，参与、退出明细，以及收益分配等情况；

（五）集合计划存续期间，发生投资主办人变更等对集合计划持续运营、委托人的利益、资产净值产生重大影响的事件，管理人向委托人进行披露的时间和方式。

第十七条 合同应约定委托人的权利和义务。

（一）委托人的权利，至少应当包括：

1. 分享集合计划收益；

2. 按照合同约定，参与、退出集合计划；

3. 参与分配集合计划清算后的剩余资产。

（二）委托人的义务，至少应当包括：

1. 保证委托资产的来源及其用途合法；

2. 按照合同约定，交付委托资金，支付合同约定的管理费、托管费和其他费用；

3. 按照合同约定，承担集合计划可能的投资损失。

第十八条 合同应约定管理人的权利和义务。

（一）管理人的权利，至少应当包括：

1. 按照合同约定，独立运作集合计划的资产；

2. 按照合同约定，收取管理费等相关费用；

3. 行使集合计划资产投资形成的投资人权利；

4. 集合计划资产受到损害时，向有关责任人追究法律责任。

（二）管理人的义务，至少应当包括：

1. 在集合计划投资管理活动中以专业技能管理集合计划的资产，为委托人利益服务，依法保护委托人的财产权益；

2. 办理集合计划资产估值等会计核算业务；

3. 按照合同约定向委托人分配集合计划的收益；

4. 依法对托管人、代理推广机构的行为进行监督，如发现托管人、代理推广机构违反法律、行政法规和中国证监会的规定，或者违反托管协议或代理推广协议的，应当予以制止；

5. 及时向退出集合计划的委托人支付退出款项；

6. 在集合计划到期或因其他原因解散时，妥善处理有关清算和委托人资产的返还事宜；

7. 因托管人过错造成集合计划资产损失时，代委托人向托管人追偿。

第十九条 合同应约定托管人的权利和义务。

（一）托管人的权利，至少应当包括：

1. 对集合计划资产进行托管；

2. 按照合同的约定收取托管费；

3. 查询资产管理业务经营运作情况。

（二）托管人的义务，至少应当包括：

1. 依法为每个集合计划开立专门的资金账户和专门的证券账户；

2. 安全保管集合计划资产、执行证券公司的投资或者清算指令、负责办理集合资产管理业务资产运营中的资金往来；非依法律、行政法规和中国证监会有关规定或合同约定，不得擅自动用或处分集合计划资产；

3. 监督集合计划的经营运作情况，发现管理人的投资或清算指令违反法律、行政法规、中国证监会的有关规定或者合同约定的，应当要求改正；未能改正的，应当拒绝执行；

4. 复核管理人计算的集合计划的资产净值；

5. 按规定出具集合计划托管报告；

6. 因管理人过错造成集合计划资产损失的，代委托人向管理人追偿。

第二十条 合同应对集合资产管理合同变更的有关事宜作出明确约定，至少应当包括：

（一）管理人取得委托人和托管人同意的方式；

（二）对不同意变更的委托人退出集合计划权利的保障措施以及对有关后续事项的安排。

第二十一条 合同应约定集合计划存续期间，委托人参与、退出集合计划的有关事项：

（一）集合计划设有开放期的，应明确约定委托人参与、退出的时间、方式、价格、次数、程序及限制等事项；

（二）明确约定巨额退出和连续巨额退出的认定标准、退出顺序、退出价格确定、退出款项支付、告知委托人的方式，以及单个委托人大额退出的预约申请等内容；

（三）拟通过交易所等交易平台转让集合计划份额的，应说明其合同生效后可以根据有关规定申请转让的交易平台、拟转让时间、暂停转让的情形及处理方式等。

第二十二条 合同约定集合计划可以展期的，合同应对展期有关事宜作出明确约定，至少应当包括：

（一）展期的条件、程序和期限等；

（二）通知客户的时间、方式及客户答复等事项；

（三）委托人不参与展期时的退出安排。

第二十三条 合同应约定集合计划终止的条件、程序和客户资产的清算返还事宜。

第二十四条 合同应约定，管理人违反法律、行政法规的有关规定，被中国证监会依法撤销证券资产管理业务许可、责令停业整顿，或者因停业、解散、撤销、破产等原因不能履行职责的，应当按照有关监管要求妥善处理有关事宜。

第二十五条 合同应载明违约责任条款、免责条款。

第二十六条 合同应约定纠纷解决方式。

第二十七条 合同应载明“集合计划说明书是合同的组成部分，与合同具有同等法律效力”。

第二十八条 合同应载明风险揭示条款，详细说明相关风险的含义、特征和可能引起的后果。

第二十九条 合同应明确载明“委托人、管理人、托管人不得通过签订补充协议、修改合同等任何方式，约定保证集合计划资产投资收益、承担投资损失，或排除委托人自行承担投资风险和损失”。

第三十条 合同应约定合同成立与生效条件等事项。

第三十一条 合同应在签章及日期前，明确载明如下内容：“管理人、托管人确认,已向委托人明确说明集合计划的风险,不保证委托人资产本金不受损失或者取得最低收益;委托人确认,已充分理解本合同内容,自行承担风险和损失。”

二、证券公司集合资产管理计划说明书必备条款

第一条　特别提示

集合资产管理计划(以下简称集合计划)说明书应在显著位置载明下列文字作为重要提示:

本说明书依据《证券公司客户资产管理业务管理办法》、《证券公司集合资产管理业务实施细则》及其他有关规定制作,管理人保证本说明书的内容真实、准确、完整,不存在任何虚假内容、误导性陈述和重大遗漏。

委托人承诺以真实身份参与集合计划,保证委托资产的来源及用途合法,并已阅知本说明书和集合资产管理合同全文,了解相关权利、义务和风险,自行承担投资风险和损失。

管理人承诺以诚实守信、审慎尽责的原则管理和运用集合计划资产,但不保证集合计划一定盈利,也不保证最低收益。本说明书对集合计划未来的收益预测仅供委托人参考,不构成管理人、托管人和推广机构保证委托资产本金不受损失或取得最低收益的承诺。

第二条　集合计划介绍

说明书应对集合计划的有关情况予以说明,包括但不限于:

(一)集合计划的名称、类型;

(二)集合计划的推广期限;

(三)集合计划的目标规模;

(四)集合计划的管理期限;

(五)每份集合计划的面值、参与价格及参与集合计划的最低金额;

(六)封闭期、开放期。

第三条　集合计划当事人介绍

(一)管理人简介;

(二)托管人简介;

(三)代理推广机构简介。

第四条　设立推广期间委托人参与集合计划

说明委托人在集合计划设立推广期间，参与的时间、方式、金额限制、程序、参与费率及参与份额的计算等事项。

第五条　集合计划的成立

（一）集合计划成立的条件和时间；

（二）集合计划设立失败（应说明委托资金本金及利息的返还方式）。

第六条　管理人以自有资金参与本集合计划时的特别约定

第七条　集合计划份额的转让

第八条　费用支出

说明集合计划应承担的各项费用及其计提标准、计提方法、支付方式等。

说明不应由集合计划承担的费用。

第九条　收益分配

（一）收益的构成；

（二）收益分配原则；

（三）收益分配方式；

（四）收益分配方案。

第十条　集合计划存续期间，委托人的参与和退出

（一）说明在集合计划存续期间，委托人参与、退出集合计划的时间、方式、价格、程序等事项。

（二）说明在集合计划存续期间，巨额退出和连续巨额退出的认定标准、退出顺序、退出价格确定、退出款项支付、告知委托人的方式，以及单个委托人大额退出的预约申请等内容。

第十一条　集合计划的展期

说明书应对集合计划是否可以展期予以说明。集合计划可以展期的，说明书应对展期有关事宜作出明确说明。

第十二条　集合计划的终止和清算

第十三条　特别说明

本说明书是集合资产管理合同的重要组成部分，与管理管理合同具有同等法律效力。

三、证券公司定向资产管理合同必备条款

第一条 证券公司开展定向资产管理业务，应当与委托人、托管人签订定向资产管理合同(以下简称合同)。合同应载明订立合同的目的和依据。

第二条 合同应载明委托人、管理人、托管人等当事人的相关信息。

第三条 合同应载明委托资产的种类、数额、交付时间、交付方式等内容。

第四条 合同应载明委托资产的投资范围、投资限制、投资比例、投资目标、管理期限等内容。

第五条 合同应载明客户资产管理方式和管理权限。

第六条 合同应当对客户授权管理人开立、使用、注销、转换专用证券账户以及客户提供必要的协助等事宜作出明确约定。

第七条 合同应载明委托人的声明与保证，至少应当包括：

(一)委托人具有合法的参与定向资产管理业务的资格，不存在法律、行政法规和中国证监会有关规定禁止或限制参与定向资产管理业务的情形；

(二)委托人承诺以真实身份参与定向资产管理业务，保证提供给管理人、托管人的信息和资料均真实、准确、完整、合法；

(三)委托人保证委托资产的来源和用途合法；

(四)委托人声明已听取了管理人指定的专人对管理人业务资格的披露和对相关业务规则、合同的讲解，阅读并理解风险揭示书的相关内容，承诺自行承担风险和损失。

第八条 合同应约定委托人的权利和义务。

(一)委托人的权利，至少应当包括：

1. 取得委托资产的收益；

2. 查询定向资产管理账户内资产的配置情况、净值变动、交易记录等相关信息；

3. 取得委托资产清算后的剩余财产。

(二)委托人的义务，至少应当包括：

1. 及时、足额地交付委托资产；

2. 按时、足额支付管理费、托管费、业绩报酬等费用；

3. 当发生应当履行公告、报告、要约收购等法律、行政法规和中国证监会规

定义务的情形时，及时履行相应义务。

第九条 合同应载明管理人的声明与保证，至少应当包括：

（一）管理人是依法设立的证券经营机构，并经中国证监会批准，具有从事客户资产管理业务的资格；

（二）管理人声明不以任何方式对委托人资产本金不受损失或取得最低收益作出承诺；

（三）管理人声明已指定专人向委托人披露业务资格，讲解有关业务规则和合同内容，提示委托人阅读风险揭示书。

第十条 合同应约定管理人的权利和义务。

（一）管理人的权利，至少应当包括：

1. 按照有关规定，要求委托人提供与其身份、财产与收入状况、证券投资经验、风险认知与承受能力和投资偏好等相关的信息和资料；

2. 对委托资产进行管理；

3. 按照约定收取管理费、业绩报酬等费用。

（二）管理人的义务，至少应当包括：

1. 向委托人提供对账单等资料；

2. 在发生变更投资主办人等可能影响委托人利益的重大事项时，应提前或在合理时间内告知委托人；

3. 为委托人提供委托资产运作情况的查询服务；

4. 在合同终止时，按照合同约定将委托资产交还委托人。

第十一条 合同应载明托管人的声明与保证，至少应当包括：

（一）托管人具有合法的从事资产托管业务的资格；

（二）托管人承诺诚实守信、审慎尽责地履行安全保管委托人委托资产、办理资金收付事项、监督管理人投资行为等职责。

第十二条 合同应约定托管人的权利和义务。

（一）托管人的权利，至少应当包括：

1. 对委托人的委托资产进行托管；

2. 依据合同约定，收取托管费。

（二）托管人的义务，至少应当包括：

1. 安全保管委托资产、办理资金收付事项；非依法律规定、行政法规和中国

证监会有关规定或合同约定,不得擅自动用或处分托管资产;

2. 监督管理人投资行为,发现管理人违反法律、行政法规和其他有关规定的,或违反合同约定的,应当立即要求管理人改正;管理人未能改正或造成委托人委托资产损失的,应及时通知委托人;

3. 为委托人提供委托资产运作情况的查询服务。

第十三条 合同应约定委托人授权管理人开立、使用、注销和转换专用证券账户或其他相应账户以及委托人提供必要协助等事项,并约定专用证券账户仅供定向资产管理业务使用,并且只能由管理人使用,不得转托管或转指定,中国证监会另有规定的除外。合同还应约定管理人、委托人不得将专用证券账户以出租、出借、转让或者其他方式提供给他人使用。

合同应约定在专用证券账户开立或注销时,管理人应代理委托人向证券登记结算机构申请办理证券在专用证券账户与普通证券账户之间的划转。

第十四条 合同应约定管理人、托管人为委托人提供查询服务和管理人提供对账单的时间、方式、内容,确保委托人能够知悉其资产配置、净值变动、交易记录等相关信息。

第十五条 合同应约定管理人将委托资产投资于本公司及与本公司有关联方关系的公司发行的证券,须事先书面通知委托人和托管人,并要求委托人在指定期限内答复。合同应约定上述通知和答复的程序和期限。

第十六条 合同应约定有关管理费、托管费、业绩报酬等费用的支付事宜,并明确支付标准、计算方法、支付方式和支付时间等。

第十七条 合同应载明风险揭示条款,详细说明相关风险的含义、特征和可能引起的后果。

第十八条 合同应约定委托期限届满时资产清算和返还的期限、方式等内容。

第十九条 合同应约定,管理人违反法律、行政法规的规定,被中国证监会依法撤销证券资产管理业务许可、责令停业整顿,或者因停业、解散、撤销、破产等原因不能履行职责的,应当按照有关监管要求妥善处理有关事宜。

第二十条 合同应载明合同的变更、解除、终止的条件和程序。

第二十一条 合同应载明违约责任条款、免责条款。

第二十二条 合同应约定纠纷处理方式。

第二十三条 合同应明确载明“委托人、管理人、托管人不得通过签订补充协议、修改合同等任何方式，约定保证委托资产投资收益、承担投资损失，或排除委托人自行承担投资风险和损失”。

第二十四条 合同应约定合同成立与生效条件、合同期限、合同份数等事项。

第二十五条 合同应在签章及日期前，明确载明如下内容：“管理人、托管人确认已向委托人说明定向资产管理业务的风险，不以任何方式对委托人资产本金不受损失或者取得最低收益作出承诺；委托人确认，已充分理解本合同内容，自行承担投资风险和损失。”

第二十六条 合同还应约定，合同由委托人本人签署，当委托人为机构时，应由法定代表人或其授权代表签署。

四、证券公司资产管理业务风险揭示书必备条款

为了使投资者充分了解资产管理业务风险，开展资产管理业务的证券公司应制订《证券公司资产管理业务风险揭示书》，向投资者充分揭示参与资产管理业务可能存在的风险，详细说明相关风险的含义、特征、可能引起的后果。《证券公司资产管理业务风险揭示书》至少应包括下列内容：

一、提示投资者在参与资产管理业务前，必须了解证券公司是否具有开展资产管理业务的资格。

二、提示投资者在参与资产管理业务前，必须了解资产管理业务的基础知识、业务特点、风险收益特征等内容，并认真听取证券公司对相关业务规则和资产管理合同内容的讲解。

三、提示投资者了解参与资产管理业务通常具有的市场风险、管理风险、流动性风险、信用风险及其他风险，包括但不限于政策风险、经济周期风险、利率风险、上市公司经营风险、购买力风险、再投资风险、技术风险、操作风险、不可抗力因素导致的风险等。

四、提示投资者了解证券公司根据投资者需求为其量身定制的资产管理服务所蕴含的一些特定风险，如衍生品风险、汇率风险。

五、提示投资者了解证券公司、资产托管机构因停业、解散、撤销、破产，或者被中国证监会撤销相关业务许可、责令停业整顿等原因不能履行职责所导致

的风险。

六、提示投资者在参与资产管理业务前，应综合考虑自身的资产与收入状况、投资经验、风险偏好，与证券公司共同制定与自身风险承受能力相匹配的定向资产管理业务方案。

七、在投资者参与定向资产管理业务前，提示投资者其通过专用证券账户持有或者通过专用证券账户和其他证券账户合并持有上市公司股份达到规定比例时，应由其自行履行法律、行政法规和中国证监会规定的公告、报告、要约收购等义务，并自行承担未及时履行义务的法律责任。

八、风险揭示书还应以醒目文字载明以下内容：

本风险揭示书的揭示事项仅为列举性质，未能详尽列明投资者参与资产管理业务所面临的全部风险和可能导致投资者资产损失的所有因素。

投资者在参与资产管理业务前，应认真阅读并理解相关业务规则、资产管理合同及本风险揭示书的全部内容，并确信自身已做好足够的风险评估与财务安排，避免因参与资产管理业务而遭受难以承受的损失。

资产管理合同对未来的收益预测仅供投资者参考，不构成管理人、托管人保证委托资产本金不受损失或取得最低收益的承诺。

资产管理业务的投资风险由投资者自行承担，证券公司、资产托管机构不以任何方式对投资者资产本金不受损失或者取得最低收益作出承诺。

特别提示：投资者在本风险揭示书上签字，表明投资者已经理解并愿意自行承担参与资产管理业务的风险和损失。

五、推荐挂牌并持续督导协议书

甲方（拟挂牌公司）委托乙方（主办券商）负责推荐甲方股票在全国中小企业股份转让系统（以下简称“全国股份转让系统”）挂牌，组织编制挂牌申请文件，并指导和督促甲方诚实守信、规范履行信息披露义务、完善公司治理机制；乙方同意接受委托。

根据《中华人民共和国合同法》、《中华人民共和国公司法》（以下简称“《公司法》”）、《中华人民共和国证券法》（以下简称“《证券法》”）、《非上市公众公司监督管理办法》（以下简称“《管理办法》”）、《全国中小企业股份转让系统业务规则（试行）》（以下简称“《业务规则》”）、《全国中小企业股份转让系统主办券商管理细则(试行)》(以下简称“《主办券商管理细则》”)、《全国中小企业股份转让系统主办券商推荐业务规定(试行)》(以下简称“《推荐规定》”)、《全国中小企业股份转让系统挂牌公司信息披露细则(试行)》(以下简称“《信息披露细则》”)等相关规定,甲、乙双方本着平等互利原则,经充分协商,达成如下协议:

第一章 甲方的承诺及权利、义务

第一条 甲方基本情况:

(一)股份公司设立时间。

(二)股本总额。

(三)股东人数。

(四)股权结构。

(五)董事、监事、高级管理人员及其持股明细。

第二条 甲方就委托乙方担任推荐其公司股票在全国股份转让系统挂牌并持续督导的主办券商事宜,向乙方作出如下承诺:

(一)保证遵守《管理办法》《业务规则》《信息披露细则》等相关规定。

(二)接受乙方依据《公司法》《证券法》《管理办法》《业务规则》《推荐规定》《信息披露细则》及中国证监会、全国中小企业股份转让系统有限责任公司(以下简称“全国股份转让系统公司”)发布的其他规定对甲方作出的督促指导,并配合乙方采取的相关措施。

(三)按照相关规定和要求修改公司章程,完善公司治理机制,确保所有股东,特别是中小股东充分行使法律、行政法规和公司章程规定的合法权利。

(四)在同等条件下,优先选择乙方为其定向发行、并购重组等提供服务。

第三条 甲方就委托乙方担任推荐其公司股票在全国股份转让系统挂牌并持续督导的主办券商事宜,享有以下权利:

(一)甲方董事、监事、高级管理人员及相关人员有权就相关业务规则获得乙方指导。

(二)甲方有权就公司治理、财务及会计制度、挂牌申请文件制作、信息披露等方面获得乙方业务指导。

第四条 甲方就委托乙方担任推荐其公司股票在全国股份转让系统挂牌并持续督导的主办券商事宜,应履行以下义务:

（一）甲方应积极配合乙方的推荐挂牌工作，向乙方提交挂牌所需文件，并保证所提交文件均真实、准确、完整、及时、有效，不存在任何虚假记载、误导性陈述或重大遗漏。

（二）甲方应于正式挂牌前完成以下工作：

1. 通知并协助股东办理股份登记、存管。

2. 核对并向乙方提交股东持股明细以及董事、监事、高级管理人员名单及持股数量。

3. 与证券登记结算机构签订证券登记服务协议，将公司全部股票进行初始登记。

（三）甲方应保证所提供的股东名册真实、准确、完整、有效，如因工作失误造成股东股权争议或纠纷的，由甲方承担全部责任。

（四）甲方应严格按照有关规定，履行信息披露义务。

（五）甲方拟披露信息须经乙方审查后在全国股份转让系统指定的信息披露平台进行披露。

（六）甲方及董事会全体成员应保证信息披露内容的真实、准确、完整，不存在任何虚假记载、误导性陈述或重大遗漏，并承担个别及连带责任。

（七）甲方披露信息，应经董事长或其授权董事签字确认；若有虚假陈述，董事长应承担相应责任。

（八）甲方及其董事、监事、高级管理人员不得利用公司内幕信息直接或间接为本人或他人谋取利益。

（九）甲方董事会秘书负责股权管理与信息披露事务；未设董事会秘书的，应指定一名信息披露事务负责人负责股权管理与信息披露事务。

董事会秘书或信息披露事务负责人为甲方与乙方之间的联络人。

（十）甲方应将董事会秘书或信息披露事务负责人的联络方式（办公电话、住宅电话、移动电话、电子信箱、传真、通信地址等）和其变更情况及时告知乙方。

（十一）董事会秘书被解聘或辞职、信息披露事务负责人被更换或辞职的，甲方应及时告知乙方。

（十二）甲方应配备信息披露必需的通讯工具和计算机等办公设备，保证计算机可以连接互联网，对外咨询电话保持畅通。

（十三）甲方拟披露信息应以纸质文档（包括传真）和电子文档形式及时报送乙方，并保证电子文档与纸质文档内容一致。

（十四）甲方应于每一会计年度结束之日起4个月内编制完成并披露年度报告。

公司年度财务报告须经有证券期货相关业务资格的会计师事务所审计。

（十五）甲方应于每一会计年度的上半年结束之日起2个月内编制完成并披露半年度报告。

（十六）甲方应按《信息披露细则》的规定，编制年度报告、半年度报告，并在披露前经乙方审查。

（十七）甲方应按《信息披露细则》的规定，在发生相关事项时及时编制并披露临时报告，临时报告披露前应经乙方审查。

（十八）董事长不能正常履行职责超过3个月的，甲方应及时将该事实告知乙方。

（十九）甲方发起人、控股股东、实际控制人及董事、监事、高级管理人员持有的公司股票，按相关规定在限售期间不得转让；甲方应将新任及离职董事、监事、高级管理人员名单及其持股数量在2个转让日内告知乙方，并按有关规定向乙方提出限售或解除限售申请。

（二十）甲方股东所持股票解除限售，甲方应提前（ ）个转让日向乙方提出申请。

（二十一）甲方应积极配合乙方的问询、调查或核查，不得阻挠或人为制造障碍，并按乙方要求办理公告事宜。

（二十二）甲方应积极配合乙方的现场调查：

1.提供必要的办公条件。

2.保证相关人员及时提供现场调查所必需的资料，认真接受乙方调查访谈，不进行阻挠或人为制造障碍。

3.乙方现场调查发现甲方已披露的公告存在错误、不充分或不完整情况的，甲方应及时进行更正及补充披露。

4.积极配合乙方的整改要求，整理规范相关事项。

第二章　乙方的承诺及权利、义务

第五条　乙方就担任推荐甲方股票在全国股份转让系统挂牌并持续督导的主办券商事宜，向甲方作出如下承诺：

（一）经全国股份转让系统公司备案可以从事推荐业务。

（二）具有符合《主办券商管理细则》《推荐规定》规定的从事推荐业务的机构设置和人员配备。

（三）勤勉尽责、诚实守信地履行主办券商推荐职责。

第六条　乙方就担任推荐甲方股票在全国股份转让系统挂牌并持续督导的主办券商事宜，享有以下权利：

（一）乙方有权对甲方提出的公司股东所持股票限售或解除限售的申请进行审查，并向全国股份转让系统公司报备。

（二）乙方有权依据《业务规则》《信息披露细则》等规定，指导和督促甲方诚实守信、规范履行信息披露义务、完善公司治理机制。

（三）乙方有权对甲方拟披露的信息披露文件进行审查，可对甲方拟披露或已披露信息的真实性提出合理怀疑，并对相关事项进行专项调查。

（四）乙方有权根据相关规定及全国股份转让系统公司要求对甲方进行现场调查，必要时可聘请相关中介机构协助调查。

（五）甲方未规范履行信息披露等相关义务的，乙方有权要求其限期改正；拒不改正的，乙方可以发布风险揭示公告，并向全国股份转让系统公司报告。

第七条　乙方就担任推荐甲方公司股票在全国股份转让系统挂牌并持续督导的主办券商事宜，应履行以下义务：

（一）乙方应依据《业务规则》《推荐规定》《信息披露细则》等规定，勤勉尽责、诚实守信地履行推荐挂牌并持续督导职责，不得损害甲方的合法权益。

（二）乙方应配备符合规定的专门督导人员，负责具体履行持续督导职责。督导人员为乙方与甲方的联络人，须与甲方保持密切联系。

（三）乙方应依据《推荐规定》的规定，推荐甲方股票在全国股份转让系统挂牌。

（四）对甲方董事、监事、高级管理人员及相关信息披露义务人采取培训等相关措施，促使其熟悉和理解全国股份转让系统相关业务规则。

（五）乙方应督促和协助甲方及时按照《公司法》《业务规则》及其他有关规定办理股份登记、信息披露、限售登记及解除限售登记等事宜。

（六）乙方及其推荐挂牌业务人员、内核业务人员、专门持续督导人员不得泄露尚未披露的信息，不得利用所知悉的尚未披露信息直接或间接为本人或他人谋取利益。

第三章　费　　用

第八条　经甲方与乙方协商一致，甲方应向乙方支付下列费用：

（一）推荐挂牌费（　　）元。

（二）持续督导费（　　）元/年。

（三）其他费用（　　）元/年。

费用的支付方式和时间为（　　）。

第九条　甲方终止股票挂牌的，已经支付的费用不予返还。

第四章　协议的变更与解除

第十条　本协议依据《管理办法》《业务规则》《信息披露细则》等规定签订，如因相关规定修订或颁布实施新的规定而导致本协议相关条款内容与修订或新颁布的规定内容不一致的，本协议与之相抵触的有关条款自动变更，并以修订或新颁布后的规定为准，其他条款继续有效；任何一方不得以此为由解除本协议。

第十一条　出现下列情况之一，甲乙双方可以解除本协议：

（一）甲方股票挂牌申请未获全国股份转让系统公司同意。

（二）乙方不再从事推荐业务。

（三）甲方股票终止挂牌。

第十二条　除第十一条规定的情形外，甲乙双方不得随意解除本协议；确需解除协议的，应在解除前向全国股份转让系统公司报告并说明合理理由，且应有其他主办券商承接持续督导服务。

第五章　免 责 条 款

第十三条　因不可抗力因素导致任一方损失，另一方不承担赔偿责任。

第十四条 发生不可抗力时,双方均应及时采取措施防止损失进一步扩大。

第六章 争议解决

第十五条 本协议项下产生的任何争议,各方首先应协商解决;协商解决不成的,可选择以下方式解决:

(一)仲裁。

(二)向有管辖权的人民法院提起诉讼。

第七章 其他事项

第十六条 本协议规定的事项发生重大变化或存在未尽之事宜,甲、乙双方应当重新签订协议或签订补充协议。补充协议与本协议不一致的,以补充协议为准。补充协议为本协议有效组成部分,报全国股份转让系统公司备案。

第十七条 本协议自甲、乙双方签字盖章后生效。

第十八条 本协议一式( )份,甲、乙双方各执( )份,报全国股份转让系统公司( )份,每份均具有同等法律效力。

六、典当合同示范文本

根据《中华人民共和国合同法》《中华人民共和国担保法》《典当管理办法》等相关法律法规,甲、乙双方在自愿、诚实、信用的前提下,经友好协商,甲方同意将其自有的、有处分权的财产作为当物抵/质押给乙方取得当金,并在约定期限内支付当金利息、综合费,偿还当金,赎回当物。甲、乙双方就上述相关事宜达成如下协议,以兹共同信守、执行:

第一条 当物

甲方用作典当的当物为______________________(详见《当物清单》)。

第二条 当物担保的债权范围及处置当物后清偿顺序

2.1 甲、乙双方一致同意,当物抵/质押担保范围为本合同项下的当金、利息、费用、违约金、赔偿金和乙方代垫的为实现债权而发生的费用。

2.2 绝当处置当物后所得价款按以下顺序清偿乙方的债权:

(1)乙方为实现债权代垫及发生的费用;

(2)利息、综合费、违约金、赔偿金；

(3)当金。

第三条　当金及用途

3.1 当金为(大写)＿＿＿＿＿＿＿元(￥＿＿＿＿元)。

3.2 甲方典当用途为＿＿＿＿＿＿＿＿＿＿，甲方应按典当用途使用当金，并接受乙方对当金使用情况的检查和监督。

第四条　典当期限

典当期限为＿＿天，即自＿＿年＿月＿日起至＿＿年＿月＿日止，当期不足5天的，按5天计算。

第五条　综合费用、当金利息

5.1 双方一致确认，本合同项下的月利率为＿＿%，月综合费率为＿＿%，合计为月＿＿%。以当金为基数从乙方发放当金之日起计算。典当期限及续当期限届满后，利息和综合费仍按照本合同约定的标准连续计算，直至乙方债权获得完全清偿之时止。

5.2 双方一致同意，乙方按照第＿＿＿种方式收取典当费用，甲方提前赎当或乙方按照第九条约定提前收回当金的，已交纳的或预扣的综合费用不退还。

①乙方一次性预扣典当期限内的综合费用，在发放当金时一次性扣收，利息在还款时一起结算。

②甲方应在每月＿＿日前，向乙方支付典当期内下个月的综合费用，并结算上月的利息。

5.3 双方一致确认：乙方向甲方收取费用未明确注明收费性质的，均视为收取本合同项下的利息、综合费和违约金，若乙方收取的上述费用超过甲方依据本合同应支付的利息和综合费金额，则超收的费用自动转为后期发生的利息和综合费，不发生偿还乙方当金本金的法律效力。(双方另有约定的除外)

第六条　续当

6.1 典当期限届满前甲方若不能赎当，可向乙方申请续当，经乙方同意续当的，在甲方结清此前所有费用及利息时，按乙方的要求办理续当手续。

6.2 甲方申请续当后，乙方没有同意的，则续当不成功，甲方应无条件履行赎当义务。

6.3 甲方于典当期限届满之日起5日内申请续当的，除承担当金综合费用、利息外，还应按照典当期限届满之日起至续当成功之日的实际天数，按本合同约定承担逾期违约责任。

第七条　赎当

7.1 在典当期限内申请赎当的，按第五条约定与乙方结清利息和综合费，及偿还本金后，并按照乙方的要求办理相关赎当手续。

7.2 甲方于典当期限或者续当期限届满至绝当前赎当的，除须偿还当金本息、综合费用外，甲方还应当根据逾期天数，按照本合同约定承担逾期还款的违约责任。

第八条　绝当

8.1 甲方应当在典当期限或续当期限届满前赎当，逾期达5日不赎当也不能续当的即形成绝当，甲方同意按照约定的方式，由乙方全权负责处置当物，处置方式包括不限于折价变现、拍卖、转让等，直到变现为止。

8.2 当物经处置变现，在扣除处置变现的费用及当金本息和相关费用后，有剩余的部分退还甲方，不足以清偿的部分向甲方追索。

8.3 对当物处置需要变更产权手续时，甲方无条件配合，对需要提供的资料时，在乙方发出通知后一周内负责提供到位，若甲方不配合、不执行则视为甲方违约。

8.4 本合同若办理强制执行公证的，乙方可直接依公证执行文书向人民法院申请强制执行，由人民法院决定当物的处置方式。

第九条　提前收回当金

甲方发生擅自改变当金用途，或财务状况恶化，或涉及重大纠纷等其他丧失商业信誉，或影响还款能力的情况的，乙方有权要求甲方提前赎当，以乙方正式的通知时间为准，通知后5天内在甲方没有按照赎当程序执行到位时，乙方可直接进入绝当处置程序。

第十条　甲方的权利和义务

10.1 有权按照本合同约定取得当金，并按照本合同约定用途，使用当金。

10.2 按时归还当金，支付利息、综合费用，履行本合同约定的义务。

10.3 保证提供的当物产权无纠纷，确保处置变现无任何障碍。并应向乙方提供有效身份证件和与当物有关的真实、合法、准确、完整的材料，以证明当物的来源合法，且有义务按乙方的要求办理登记、当物抵/质押登记手续和公证等相关手续，因办理相关手续涉及第三方应收取的费用由甲方承担。

10.4 若在本合同签订后，当物出现被查封、扣押、监管或被采取其他强制性措施的情形，甲方应及时通知乙方，并向有关部门告知存在抵/质押的情形。若因此给乙方导致损失或影响的，由甲方承担相关责任。

第十一条　乙方的权利和义务

11.1 乙方有权要求甲方提供所需的证（照）件及相关资料，有权了解甲方的生产经营、财务活动、产品物资库存和当金使用情况。

11.2 甲方出现影响乙方权益的行为或情形时，乙方有权停止发放当金和提前要求甲方赎当。

11.3 有义务在本合同签订后向甲方发放当金，在当期内有义务保护好甲方存放的当物安全，出现乙方人为损毁、遗失按典当金额进行赔偿，属于正常损毁或不可抗力导致的损毁或遗失与乙方无关。

11.4 当物处置变现后，扣减所有费用及本金后，若有多余的款项应当在乙方收到全部款项后 7 个工作日退还给甲方。

11.5 甲方按照赎当程序归还了本金及所有相关费用、利息后，乙方应及时返还当物和当物相关证件及甲方提供的原始单据。

第十二条　违约责任

12.1 甲方逾期还款、付息、付费违约责任

甲方如未按期还款，或未按期支付利息及综合费，甲方应依据所欠的本金、利息和综合费用总额，按银行同期贷款利率的四倍支付罚息，并且每日按当金的 5‰向乙方支付逾期违约金，直至乙方债权获得完全清偿之时止。

12.2 甲、乙双方任何一方违反了本合同中其他任何条款的约定时，违约方将按当金的百分之二十承担违约金给守约方。

第十三条　通知与通讯

1. 甲方确定的联系方式如下：电话联系方式为____________________，通讯地址____________________________________，电子邮箱______________________。

2. 甲方变更联系方式、通讯地址、电子邮箱，必须在变更后 3 日内书面通知乙方，否则乙方向上述通讯地址、电子邮箱，邮寄、发送文件等视为送达到位。

第十四条　附则

14.1 本合同在履行过程中发生争议，首先进行协商解决，协商不成，向乙方住所地人民法院提起诉讼。在诉讼期间，本合同不涉及争议的条款仍须履行。

14.2 本合同一式____份，甲、乙双方各执____份。本合同自甲、乙双方签字后生效。

特别声明：甲、乙双方已详读本合同各条款，乙方已按照甲方的要求对合同的每一条款进行了详细的说明，本合同一经签字或盖章即视为甲、乙双方对本合同的条款文义已充分理解。

七、全国中小企业股份转让系统挂牌协议

第一条　甲方是全国中小企业股份转让系统（以下简称“全国股份转让系统”）的运营管理机构，负责组织和监督挂牌公司的股票转让及相关活动，实行自律管理。乙方是经中国证监会核准的非上市公众公司，申请其股票在全国股份转让系统挂牌。乙方已向甲方提交了挂牌申请及相关文件，并取得了甲方同意挂牌的审查意见及中国证监会核准。

第二条　为规范乙方股票在全国股份转让系统挂牌行为，明确双方权利与义务，甲乙双方根据《合同法》《公司法》《证券法》《非上市公众公司监督管理办法》《全国中小企业股份转让系统有限责任公司管理暂行办法》《全国中小企业股份转让系统业务规则（试行）》等规定，签订本协议。

第三条　甲方的权利：

（一）甲方有权在有关法律、行政法规、中国证监会相关规定授权范围内对乙方实施日常监管；甲方有权依据全国股份转让系统业务规则、细则、指引、通知等规定（以下简称“甲方业务规则”）对乙方的股票挂牌、公开转让、终止挂牌等行为进行管理。

（二）甲方有权依据经中国证监会批准的收费标准收取挂牌费。

第四条　甲方的义务：

（一）甲方应当依据有关法律、行政法规及中国证监会相关规定制定甲方业务规则并及时公布，为乙方及其他市场主体参与市场活动提供制度保障。

（二）甲方负责运营、管理全国股份转让系统、发布市场信息，为乙方及其他市场参与主体提供正常的信息环境。

（三）甲方负责提供股票转让平台及相关设施，安排乙方股票挂牌，组织乙方股票转让活动。

（四）甲方负责提供信息披露服务平台，安排乙方首次挂牌信息披露及日常信息披露。

（五）甲方应当接受乙方的咨询，对其股票挂牌操作提供必要的指导。

第五条 乙方的权利：

（一）乙方有权向甲方咨询股票挂牌操作事宜，并获得甲方的指导。

（二）乙方有权获得甲方提供的股票转让、信息披露平台及相关设施服务。

第六条 乙方的义务：

（一）乙方同意接受甲方的日常监管及管理。

（二）乙方承诺遵守法律、法规、规章等规范性法律文件。乙方进一步承诺遵守甲方业务规则，履行包括但不限于规范公司治理、信息披露等义务。乙方应保证并责成其包括董事、监事、高级管理人员在内的全体员工理解并遵守本协议内容。

（三）乙方及其董事、监事和高级管理人员在挂牌时和挂牌后作出的承诺文件为本协议不可分割的一部分，是本协议的附件。乙方应保证其董事、监事和高级管理人员签署该等承诺文件。

（四）乙方应按本协议约定向甲方缴纳挂牌费。

（五）乙方应按要求参加甲方组织的业务培训。

（六）乙方应当以书面形式及时通知甲方任何导致乙方不再符合挂牌要求的公司行为或其他事件。

第七条 挂牌费：

（一）挂牌费包括挂牌初费和挂牌年费，由甲方依据经中国证监会批准的收费标准收取。

（二）乙方应当在挂牌日前缴纳按照挂牌首日总股本计算的挂牌初费，并在每年 7 月 15 日以前一次性缴纳按照公司上一年度末总股本计算的本年度挂牌年费。

（三）挂牌当年的挂牌年费按照挂牌首日的总股本和实际挂牌月份（自挂牌日的次月起计算）予以折算，与挂牌初费一并缴纳。

（四）乙方逾期缴纳挂牌费，甲方有权每日按应缴纳金额的 3‰收取滞纳金。

(五)经甲方催告后,乙方于10个工作日内仍未缴纳的,甲方有权对乙方采取监管措施,并保留向乙方主张其违约造成之全部损失的权利。

(六)乙方股票终止挂牌后,已经交纳的挂牌费不予返还。

第八条 本协议的执行与解释适用中华人民共和国法律。

第九条 本协议未尽事宜,双方应依照有关法律、法规、规章及甲方业务规则执行。

第十条 与本协议的解释或执行有关的争议及纠纷,应首先由甲乙双方通过友好协商解决。若自争议或者纠纷发生之日起的30天内未能通过协商解决,任何一方均可将该项争议提交中国国际经济贸易仲裁委员会按照当时适用的仲裁规则进行仲裁,仲裁地点为北京。仲裁裁决为最终裁决,对双方均具有法律约束力。

第十一条 双方一致同意,本协议生效后,如因适用的法律、法规、规章等规范性法律文件及甲方业务规则发生变化,导致本协议相关条款内容与修订或新颁布的上述法律、法规、规章、甲方业务规则等内容相抵触,本协议该部分条款将自动变更并以修订或新颁布的相关法律、法规、规章、甲方业务规则内容为准。

尽管有前款内容,本协议其他不与有关法律、法规、规章、甲方业务规则内容相抵触的条款持续有效。

第十二条 乙方申请终止或被甲方终止在全国股份转让系统挂牌的,本协议自终止挂牌之日自动解除。本协议解除不影响甲方依法向乙方主张本协议项下未结费用、滞纳金支付的权利。

第十三条 本协议自双方签字盖章之日起生效。双方可以以书面方式对本协议作出补充,经双方签字盖章的有关本协议的补充协议是本协议的组成部分,与本协议具有同等法律效力。

第十四条 本协议一式肆份,双方各执贰份。

八、单用途商业预付卡预收资金存管协议(范本)

鉴于:

根据国家商务部发布的《单用途商业预付卡管理办法(试行)》(中华人民

共和国商务部令2012第9号)的相关规定,甲方对于其发行的单用途商业预付卡预收资金委托乙方进行相应的存管监督,乙方同意接受前述委托。

经协商,双方达成以下协议:

第一条 定义

1. 定义:本协议中除非上下文另有解释或者文意另有所指,下列术语具有如下明确定义:

备案机关:指根据《单用途商业预付卡管理办法》之规定,对甲方进行备案管理的商务主管部门。

存管账户:指甲方按照本协议第二条第3款第(1)项规定开立的账户;

收款账户:指本协议第二条第3款第(2)项规定开立的账户;

存管资金:指由甲方存入存管账户并由乙方按照本协议规定进行存管的资金;

划款通知书:指如附件二格式的划款通知书;

不可抗力:指第六条第1款所规定的各类事件;

营业日:指乙方对公业务的营业日(不包括法定公休日和节假日)。

2. 在本协议上下文中,凡提及甲、乙双方,应被解释为包括其各自权益及义务的继承人和受让人。

3. 法律法规:在本协议中凡提及任何一项法律、法规,除非上下文另有规定,应被解释为包括法律、法规、规章、地方性法规、司法解释及其他任何可适用之规定的当前或者随后任何有效的修订版本。

第二条 文件提交、账户开立、存管资金存入

1. 在本协议签署之日起5个营业日内,甲方应当向乙方提交下列文件、资料:

(1)甲方申请开立存管账户应提交存管账户开立文件,并确认甲方在乙方的一个指定印章(或乙方的被授权人名章)为本协议项下存管账户专用印章之一;

(2)根据本协议约定签发划款通知书的有效印鉴及其授权文件(如附件三格式);

(3)其他乙方要求甲方提交的文件或者资料。

2. 对于乙方根据本协议第二条第1款的规定接收的文件、资料原件,乙方应妥善保管。

3. 在本协议签订之后10个营业日内：

(1)甲方应当在乙方以甲方名义开立人民币存管账户，用于接收甲方存入的存管资金，该账户资金按照□活期/□定期/□协定利率计息。乙方在存管账户开立的次日，向甲方发出附件一格式的存管账户开户确认书。(2)甲方应当在乙方开立如下收款账户，用于接收由存管账户划入的资金。其中收款账户的户名应与甲方开立的存管账户名称一致。

账户名：

账号：

账户行：

4. 存管账户开立之后5个营业日内，甲方应按照规定及时将存管资金足额存入存管账户。资金到账后，乙方开始对存管资金履行存管职责。

5. 本协议签署之日为存管起始日，存管终止日根据本协议第七条第1款的规定确定，存管期间为存管起始日到存管终止日的期间。

第三条　存管资金的管理

1. 在协议有效期内，乙方负责保管存管资金，确保资金安全且独立于甲方的自有资金，甲、乙双方按照商务部及备案机关有关规定调整本协议项下存管资金余额。

2. 甲方确认，在存管资金根据本协议第二条第4款的规定存入存管账户之日起，为确保存管期间乙方顺利履行本协议项下的存管义务，乙方有权对该存管账户进行存管账户控制管理。

3. 乙方应在每季度结束后第27个工作日内，在商务部“单用途商业预付卡业务信息系统”中，填列甲方存管账户的实际余额，并根据备案机关确定的发卡企业类型(规模发卡企业、集团发卡企业、品牌发卡企业)监督甲方预收资金余额的缴存比例。

4. 甲方存管资金余额低于商务部确定的存管比例，乙方书面通知甲方及时缴存不足部分金额，甲方须在接到乙方书面通知后5个工作日内补足不足比例的存管资金。如果甲方未在规定时间内补足相关存管资金的，乙方应书面通知备案机关并在“单用途商业预付卡业务信息系统”中登记相关信息。

5. 存管资金金额每季调整一次，按照多退少补的原则，每个季度结束后第

21个工作日，根据上季度末预收资金和存管资金时点数的比例进行调整，如果甲方存管资金余额高于规定存管比例的，甲方可向乙方发出划款通知书，将超出规定比例的存管资金划入本协议第二条第3款规定的收款账户。

6. 甲方存入乙方的存管资金，只能用于银行存款，包括活期存款、定期存款和协定存款。

7. 除对存管资金进行定期、协定存款操作及本协议另有规定外，乙方所进行的划款，仅指按照本协议第四条有关规定将存管资金从存管账户划入收款账户。

8. 同时满足下列条件，乙方应根据划款通知书进行划款：

(1)划款通知书(如附件二格式)加盖甲方的指令发送用章并由授权签发人签字，且加盖的印章、授权签发人签字应与授权通知书中的预留印鉴相符；

(2)划款通知书指定的划入账户为本协议第二条第3款所指收款账户；

(3)划款通知书载明的划款日晚于划款通知书的送达日；

(4)划款通知书所指定的划款金额及汇划费用不大于存管账户资金余额；

(5)划款通知书指定的划款金额必须满足以下条件：(存管账户资金余额 - 划款通知指定划款金额)/上季度预收资金余额 × 100% ≥ 商务部确定的存管资金比例。

9. 存管期间，除对存管资金进行定期、协定存款操作外，存管资金不得划入收款账户以外的其他账户。

10. 乙方有权应甲方备案机关或备案机关上级商务主管部门要求，提供甲方的存管账户信息及存缴情况。

11. 自收到甲方的备案机关或备案机关所在地政府的书面通知后，乙方有权拒绝甲方对存管账户资金的划款指令。

12. 存管资金不得设置质押或其他权利负担。

第四条　独立性

1. 乙方按照本协议履行存管义务独立于甲方因其各类交易活动或管理活动而产生的各项权利和义务。乙方仅根据本协议的规定进行划款，且仅审核相关文件的印鉴或格式与本协议要求或者预留的印鉴或格式表面相符即可，只要乙方系按照本协议的规定进行划款，即不对甲方因此所产生的任何损失承担任何形式的责任。

2. 一旦发生第四条第3款所述事项导致司法或行政干预,乙方有权将其视为不可抗力,并按照本协议第六条第2款的有关规定终止存管。

3. 甲方负责与其相关债权人(如有)进行沟通,以确保存管账户内的资金不会遭受任何债权人的追索,也不会遭受有关法院或政府机构的查封、冻结等强制执行措施。如导致存管账户内的资金被具有强制力的国家机关冻结、扣押及执行,由甲方自行承担任何法律后果。

第五条　费用

1. 费用收取

经协商,甲方向乙方支付______元(存管资金总额×______%(人民币))业务费用。

2. 支付方式

甲方通过下述第____项方式向乙方支付本协议约定的费用:

(1)乙方有权按本协议约定的付费时间主动从以下账户中扣收款项:

账 户 名:__________________________。

账　　号:__________________________。

(2)双方约定的其他付费方式:__________________________。

3. 付费时间

甲方按下述第________项约定时间向乙方支付本协议约定的费用:

(1)自本协议生效之日起______日内一次性向乙方支付全部监管费用;

(2)双方约定的其他付费时间:______。

4. 汇划费由甲方按照乙方管理要求另行支付。

第六条　不可抗力事件

1. 在存管期间,下列事件构成不可抗力:因法律法规的变化,国家重大政策调整,任何通讯或电脑系统故障、停止运作或瘫痪,战争,以及火灾、暴雨、地震、飓风等自然灾害等原因导致乙方无法履行本协议项下的义务。

2. 在资金存管期间,如果发生上述不可抗力事件,乙方有权终止存管协议,并通知甲方和其备案机关;对甲方因此所发生的损失,乙方不承担任何形式的责任。

第七条　存管终止

1. 存管终止日为下述日期之先到之日:

(1)发生第六条第一款所规定的不可抗力事件,乙方书面通知甲方终止存管发生之日;

(2)甲方书面通知乙方终止存管发生之日;

(3)未发生不可抗力,但乙方事先通知甲方的备案机关的情况下,通知甲方终止存管,并由乙方将存管账户资金余额划入接替存管人存管账户之日或自通知之日起三十(30)个营业日期间届满。

(4)本协议终止之日。

2. 发生第七条第一款第(三)项规定的情形,自通知发出之日起三十(30)个营业日内,甲方应确定接替存管人,乙方将按照甲方的指示,将存管账户资金余额划入开立于接替存管人的指定账户。乙方应同时通知备案机关。

3. 存管终止日,除非甲方的书面通知中另有指令,对于存管账户中的资金余额,乙方在扣除其应收的存管费和汇划费之后,乙方的存管责任即告解除。

4. 存管终止后,甲方应及时将存管账户销户。

第八条　通知

1. 本协议项下的各项通知或者指令均应采用书面方式(本协议另有约定的除外)。

2. 以书面形式提交的通知或者指令,应寄至前述地址,如果相关信息发生变动,变动的一方应当立即通知其他各方。

第九条　法律适用、司法管辖及其他

1. 有关本协议的签署、履行及任何争议,均适用中华人民共和国法律(为本协议之目的,在此不包括香港、澳门特别行政区和台湾地区法律),并按其解释。本协议项下的任何争议,各方应当友好协商解决,若协商不成,乙方住所地的人民法院具有司法管辖权。在争议解决期间,若该争议不影响本协议其他条款的履行,则该其他条款应继续履行。

2. 本协议经协议双方法定代表人(负责人)或者授权代理人签字或盖章,并经乙方加盖公章或合同专用章、甲方加盖公章后于签署日起生效。本协议有效期为____年,协议到期前____个月内,如双方协商一致,可以书面形式延长协议有效期。

3. 根据本协议的附件格式所签署的文件作为本协议不可分割的组成部分,并在其签署时生效。

4. 本协议正本一式________份，其中甲方执________份、乙方执________________份，备案机关执________份，每份具有同等法律效力。

第十条　其他约定条款

____

____

____

____

（本页以下无正文）

（本页为签署页，无正文）

本协议由下述各方于______年____月____日签署。双方确认，在签署本协议时，双方已就全部条款进行了详细地说明和讨论，各方对本协议的全部条款均无疑义，并对当事人有关权利义务与责任限制或免除条款的法律含义有准确无误的理解。

甲方（公章）　　　　　　　　乙方（公章或合同专用章）

法定代表人或授权代理人（签字或盖章）　　　　法定代表人/负责人或授权代理人（签字或盖章）

附录二 相关法律法规节选*

一、法 律 类

1. 中华人民共和国票据法(2004 年修改)[①]

发文日期	2004 年 08 月 28 日	有效范围	全国
发文机关	全国人民代表大会常务委员会	文号	主席令[2004]第 22 号
时效性	现行有效	生效日期	2004 - 08 - 28
所属分类	国家机构(宪法国家法→国家机构),票据法(贸易法→票据法)		

第二条 在中华人民共和国境内的票据活动,适用本法。

本法所称票据,是指汇票、本票和支票。

第三条 票据活动应当遵守法律、行政法规,不得损害社会公共利益。

---

* 说明:附录部分主要是相关法律法规或规范性文件的节选,所选的规定排除了相对常见且容易检索到的部分(比如《合同法》《物权法》等),比较倾向于新类型融资的相关规定、传统融资最新的规定、重要但少见的或者在实践中较常适用的部门规章、地方性法规(如走在全国前列的《温州市民间融资管理条例》)以及各类规范性文件(如证监会、上交所的各类指南等)甚至就某一新法规的出台官方最外给出的解读文件。如附录内容有不妥当之处,还请读者海涵。

① 附录部分列入的法律(效力位阶)层面的规定很少,因绝大部分法律规定读者通过最简单的搜索引擎便可检索到。之所以将《票据法》列入,因票据在诸多融资方式中占据重要地位(包括中期票据、短期票据、中小企业集合票据或者其他融资方式中附带票据),可以说是金融领域的主要角色之一。同时,在法律层面,无论是票据相关的学术理论还是法律实践,又都具有相当的难度。但是,既重要又有颇多难点的票据,偏偏却又很容易被忽视。自《票据法》1995 年颁布此后仅在 2004 年为适应有关行政审批制度改革及《行政许可法》有关规定而做了简单修订。根据财新网特别报道,在 2015 年 3 月举行的十二届全国人大三次会议期间,周学东等 32 位代表提出议案认为,票据法颁布时间较早,未确立融资性票据的合法地位,未彻底体现票据无因性原则,未承认电子票据的法律效力,未确立票据影像和支付密码的合法性,部分规定与国际通行的票据规则不一致,限制了我国票据市场的发展,建议修改《票据法》。目前票据法修改工作正在紧锣密鼓的进行之中。

第四条 票据出票人制作票据,应当按照法定条件在票据上签章,并按照所记载的事项承担票据责任。

持票人行使票据权利,应当按照法定程序在票据上签章,并出示票据。

其他票据债务人在票据上签章的,按照票据所记载的事项承担票据责任。

本法所称票据权利,是指持票人向票据债务人请求支付票据金额的权利,包括付款请求权和追索权。

本法所称票据责任,是指票据债务人向持票人支付票据金额的义务。

第五条 票据当事人可以委托其代理人在票据上签章,并应当在票据上表明其代理关系。

没有代理权而以代理人名义在票据上签章的,应当由签章人承担票据责任;代理人超越代理权限的,应当就其超越权限的部分承担票据责任。

第六条 无民事行为能力人或者限制民事行为能力人在票据上签章的,其签章无效,但是不影响其他签章的效力。

第七条 票据上的签章,为签名、盖章或者签名加盖章。

法人和其他使用票据的单位在票据上的签章,为该法人或者该单位的盖章加其法定代表人或者其授权的代理人的签章。

在票据上的签名,应当为该当事人的本名。

第八条 票据金额以中文大写和数码同时记载,二者必须一致,二者不一致的,票据无效。

第九条 票据上的记载事项必须符合本法的规定。

票据金额、日期、收款人名称不得更改,更改的票据无效。

对票据上的其他记载事项,原记载人可以更改,更改时应当由原记载人签章证明。

第十条 票据的签发、取得和转让,应当遵循诚实信用的原则,具有真实的交易关系和债权债务关系。

票据的取得,必须给付对价,即应当给付票据双方当事人认可的相对应的代价。

第十一条 因税收、继承、赠与可以依法无偿取得票据的,不受给付对价的限制。但是,所享有的票据权利不得优于其前手的权利。

前手是指在票据签章人或者持票人之前签章的其他票据债务人。

第十二条　以欺诈、偷盗或者胁迫等手段取得票据的，或者明知有前列情形，出于恶意取得票据的，不得享有票据权利。

持票人因重大过失取得不符合本法规定的票据的，也不得享有票据权利。

第十三条　票据债务人不得以自己与出票人或者与持票人的前手之间的抗辩事由，对抗持票人。但是，持票人明知存在抗辩事由而取得票据的除外。

票据债务人可以对不履行约定义务的与自己有直接债权债务关系的持票人，进行抗辩。

本法所称抗辩，是指票据债务人根据本法规定对票据债权人拒绝履行义务的行为。

第十四条　票据上的记载事项应当真实，不得伪造、变造。伪造、变造票据上的签章和其他记载事项的，应当承担法律责任。

票据上有伪造、变造的签章的，不影响票据上其他真实签章的效力。

票据上其他记载事项被变造的，在变造之前签章的人，对原记载事项负责；在变造之后签章的人，对变造之后的记载事项负责；不能辨别是在票据被变造之前或者之后签章的，视同在变造之前签章。

第十五条　票据丧失，失票人可以及时通知票据的付款人挂失止付，但是，未记载付款人或者无法确定付款人及其代理付款人的票据除外。

收到挂失止付通知的付款人，应当暂停支付。

失票人应当在通知挂失止付后三日内，也可以在票据丧失后，依法向人民法院申请公示催告，或者向人民法院提起诉讼。

第十六条　持票人对票据债务人行使票据权利，或者保全票据权利，应当在票据当事人的营业场所和营业时间内进行，票据当事人无营业场所的，应当在其住所进行。

第十七条　票据权利在下列期限内不行使而消灭：

（一）持票人对票据的出票人和承兑人的权利，自票据到期日起二年。见票即付的汇票、本票，自出票日起二年；

（二）持票人对支票出票人的权利，自出票日起六个月；

（三）持票人对前手的追索权，自被拒绝承兑或者被拒绝付款之日起六个月；

（四）持票人对前手的再追索权，自清偿日或者被提起诉讼之日起三个月。

票据的出票日、到期日由票据当事人依法确定。

第十八条 持票人因超过票据权利时效或者因票据记载事项欠缺而丧失票据权利的，仍享有民事权利，可以请求出票人或者承兑人返还其与未支付的票据金额相当的利益。

第二章 汇 票

第一节 出 票

第十九条 汇票是出票人签发的，委托付款人在见票时或者在指定日期无条件支付确定的金额给收款人或者持票人的票据。

汇票分为银行汇票和商业汇票。

第二十条 出票是指出票人签发票据并将其交付给收款人的票据行为。

第二十一条 汇票的出票人必须与付款人具有真实的委托付款关系，并且具有支付汇票金额的可靠资金来源。

不得签发无对价的汇票用以骗取银行或者其他票据当事人的资金。

第二十二条 汇票必须记载下列事项：

（一）表明“汇票”的字样；

（二）无条件支付的委托；

（三）确定的金额；

（四）付款人名称；

（五）收款人名称；

（六）出票日期；

（七）出票人签章。

汇票上未记载前款规定事项之一的，汇票无效。

第二十三条 汇票上记载付款日期、付款地、出票地等事项的，应当清楚、明确。

汇票上未记载付款日期的，为见票即付。

汇票上未记载付款地的，付款人的营业场所、住所或者经常居住地为付款地。

汇票上未记载出票地的，出票人的营业场所、住所或者经常居住地为出票地。

第二十四条　汇票上可以记载本法规定事项以外的其他出票事项，但是该记载事项不具有汇票上的效力。

第二十五条　付款日期可以按照下列形式之一记载：

（一）见票即付；

（二）定日付款；

（三）出票后定期付款；

（四）见票后定期付款。

前款规定的付款日期为汇票到期日。

第二十六条　出票人签发汇票后，即承担保证该汇票承兑和付款的责任。出票人在汇票得不到承兑或者付款时，应当向持票人清偿本法第七十条、第七十一条规定的金额和费用。

第二节　背　　书

第二十七条　持票人可以将汇票权利转让给他人或者将一定的汇票权利授予他人行使。

出票人在汇票上记载“不得转让”字样的，汇票不得转让。

持票人行使第一款规定的权利时，应当背书并交付汇票。

背书是指在票据背面或者粘单上记载有关事项并签章的票据行为。

第二十八条　票据凭证不能满足背书人记载事项的需要，可以加附粘单，粘附于票据凭证上。

粘单上的第一记载人，应当在汇票和粘单的粘接处签章。

第二十九条　背书由背书人签章并记载背书日期。

背书未记载日期的，视为在汇票到期日前背书。

第三十条　汇票以背书转让或者以背书将一定的汇票权利授予他人行使时，必须记载被背书人名称。

第三十一条　以背书转让的汇票，背书应当连续。持票人以背书的连续，证明其汇票权利；非经背书转让，而以其他合法方式取得汇票的，依法举证，证明其汇票权利。

前款所称背书连续，是指在票据转让中，转让汇票的背书人与受让汇票的被背书人在汇票上的签章依次前后衔接。

第三十二条　以背书转让的汇票，后手应当对其直接前手背书的真实性负责。

后手是指在票据签章人之后签章的其他票据债务人。

第三十三条 背书不得附有条件。背书时附有条件的，所附条件不具有汇票上的效力。

将汇票金额的一部分转让的背书或者将汇票金额分别转让给二人以上的背书无效。

第三十四条 背书人在汇票上记载“不得转让”字样，其后手再背书转让的，原背书人对后手的被背书人不承担保证责任。

第三十五条 背书记载“委托收款”字样的，被背书人有权代背书人行使被委托的汇票权利。但是，被背书人不得再以背书转让汇票权利。

汇票可以设定质押；质押时应当以背书记载“质押”字样。被背书人依法实现其质权时，可以行使汇票权利。

第三十六条 汇票被拒绝承兑、被拒绝付款或者超过付款提示期限的，不得背书转让；背书转让的，背书人应当承担汇票责任。

第三十七条 背书人以背书转让汇票后，即承担保证其后手所持汇票承兑和付款的责任。背书人在汇票得不到承兑或者付款时，应当向持票人清偿本法第七十条、第七十一条规定的金额和费用。

第三节 承　　兑

第三十八条 承兑是指汇票付款人承诺在汇票到期日支付汇票金额的票据行为。

第三十九条 定日付款或者出票后定期付款的汇票，持票人应当在汇票到期日前向付款人提示承兑。

提示承兑是指持票人向付款人出示汇票，并要求付款人承诺付款的行为。

第四十条 见票后定期付款的汇票，持票人应当自出票日起一个月内向付款人提示承兑。

汇票未按照规定期限提示承兑的，持票人丧失对其前手的追索权。

见票即付的汇票无需提示承兑。

第四十一条 付款人对向其提示承兑的汇票，应当自收到提示承兑的汇票之日起三日内承兑或者拒绝承兑。

付款人收到持票人提示承兑的汇票时，应当向持票人签发收到汇票的回单。回单上应当记明汇票提示承兑日期并签章。

第四十二条 付款人承兑汇票的,应当在汇票正面记载“承兑”字样和承兑日期并签章;见票后定期付款的汇票,应当在承兑时记载付款日期。

汇票上未记载承兑日期的,以前条第一款规定期限的最后一日为承兑日期。

第四十三条 付款人承兑汇票,不得附有条件;承兑附有条件的,视为拒绝承兑。

第四十四条 付款人承兑汇票后,应当承担到期付款的责任。

第四节 保 证

第四十五条 汇票的债务可以由保证人承担保证责任。

保证人由汇票债务人以外的他人担当。

第四十六条 保证人必须在汇票或者粘单上记载下列事项:

(一)表明“保证”的字样;

(二)保证人名称和住所;

(三)被保证人的名称;

(四)保证日期;

(五)保证人签章。

第四十七条 保证人在汇票或者粘单上未记载前条第(三)项的,已承兑的汇票,承兑人为被保证人;未承兑的汇票,出票人为被保证人。

保证人在汇票或者粘单上未记载前条第(四)项的,出票日期为保证日期。

第四十八条 保证不得附有条件;附有条件的,不影响对汇票的保证责任。

第四十九条 保证人对合法取得汇票的持票人所享有的汇票权利,承担保证责任。但是,被保证人的债务因汇票记载事项欠缺而无效的除外。

第五十条 被保证的汇票,保证人应当与被保证人对持票人承担连带责任。汇票到期后得不到付款的,持票人有权向保证人请求付款,保证人应当足额付款。

第五十一条 保证人为二人以上的,保证人之间承担连带责任。

第五十二条 保证人清偿汇票债务后,可以行使持票人对被保证人及其前手的追索权。

第五节　付　　款

第五十三条　持票人应当按照下列期限提示付款：

（一）见票即付的汇票，自出票日起一个月内向付款人提示付款；

（二）定日付款、出票后定期付款或者见票后定期付款的汇票，自到期日起十日内向承兑人提示付款。

持票人未按照前款规定期限提示付款的，在作出说明后，承兑人或者付款人仍应当继续对持票人承担付款责任。

通过委托收款银行或者通过票据交换系统向付款人提示付款的，视同持票人提示付款。

第五十四条　持票人依照前条规定提示付款的，付款人必须在当日足额付款。

第五十五条　持票人获得付款的，应当在汇票上签收，并将汇票交给付款人。持票人委托银行收款的，受委托的银行将代收的汇票金额转账收入持票人账户，视同签收。

第五十六条　持票人委托的收款银行的责任，限于按照汇票上记载事项将汇票金额转入持票人账户。

付款人委托的付款银行的责任，限于按照汇票上记载事项从付款人账户支付汇票金额。

第五十七条　付款人及其代理付款人付款时，应当审查汇票背书的连续，并审查提示付款人的合法身份证明或者有效证件。

付款人及其代理付款人以恶意或者有重大过失付款的，应当自行承担责任。

第五十八条　对定日付款、出票后定期付款或者见票后定期付款的汇票，付款人在到期日前付款的，由付款人自行承担所产生的责任。

第五十九条　汇票金额为外币的，按照付款日的市场汇价，以人民币支付。

汇票当事人对汇票支付的货币种类另有约定的，从其约定。

第六十条　付款人依法足额付款后，全体汇票债务人的责任解除。

第六节　追　索　权

第六十一条　汇票到期被拒绝付款的，持票人可以对背书人、出票人以及汇票的其他债务人行使追索权。

汇票到期日前,有下列情形之一的,持票人也可以行使追索权:

(一)汇票被拒绝承兑的;

(二)承兑人或者付款人死亡、逃匿的;

(三)承兑人或者付款人被依法宣告破产的或者因违法被责令终止业务活动的。

第六十二条 持票人行使追索权时,应当提供被拒绝承兑或者被拒绝付款的有关证明。

持票人提示承兑或者提示付款被拒绝的,承兑人或者付款人必须出具拒绝证明,或者出具退票理由书。未出具拒绝证明或者退票理由书的,应当承担由此产生的民事责任。

第六十三条 持票人因承兑人或者付款人死亡、逃匿或者其他原因,不能取得拒绝证明的,可以依法取得其他有关证明。

第六十四条 承兑人或者付款人被人民法院依法宣告破产的,人民法院的有关司法文书具有拒绝证明的效力。

承兑人或者付款人因违法被责令终止业务活动的,有关行政主管部门的处罚决定具有拒绝证明的效力。

第六十五条 持票人不能出示拒绝证明、退票理由书或者未按照规定期限提供其他合法证明的,丧失对其前手的追索权。但是,承兑人或者付款人仍应当对持票人承担责任。

第六十六条 持票人应当自收到被拒绝承兑或者被拒绝付款的有关证明之日起三日内,将被拒绝事由书面通知其前手;其前手应当自收到通知之日起三日内书面通知其再前手。持票人也可以同时向各汇票债务人发出书面通知。

未按照前款规定期限通知的,持票人仍可以行使追索权。因延期通知给其前手或者出票人造成损失的,由没有按照规定期限通知的汇票当事人,承担对该损失的赔偿责任,但是所赔偿的金额以汇票金额为限。

在规定期限内将通知按照法定地址或者约定的地址邮寄的,视为已经发出通知。

第六十七条 依照前条第一款所作的书面通知,应当记明汇票的主要记载事项,并说明该汇票已被退票。

第六十八条 汇票的出票人、背书人、承兑人和保证人对持票人承担连带责任。

持票人可以不按照汇票债务人的先后顺序,对其中任何一人、数人或者全体行使追索权。

持票人对汇票债务人中的一人或者数人已经进行追索的,对其他汇票债务人仍可以行使追索权。被追索人清偿债务后,与持票人享有同一权利。

第六十九条 持票人为出票人的,对其前手无追索权。持票人为背书人的,对其后手无追索权。

第七十条 持票人行使追索权,可以请求被追索人支付下列金额和费用:

(一)被拒绝付款的汇票金额;

(二)汇票金额自到期日或者提示付款日起至清偿日止,按照中国人民银行规定的利率计算的利息;

(三)取得有关拒绝证明和发出通知书的费用。

被追索人清偿债务时,持票人应当交出汇票和有关拒绝证明,并出具所收到利息和费用的收据。

第七十一条 被追索人依照前条规定清偿后,可以向其他汇票债务人行使再追索权,请求其他汇票债务人支付下列金额和费用:

(一)已清偿的全部金额;

(二)前项金额自清偿日起至再追索清偿日止,按照中国人民银行规定的利率计算的利息;

(三)发出通知书的费用。

行使再追索权的被追索人获得清偿时,应当交出汇票和有关拒绝证明,并出具所收到利息和费用的收据。

第七十二条 被追索人依照前二条规定清偿债务后,其责任解除。

第三章 本 票

第七十三条 本票是出票人签发的,承诺自己在见票时无条件支付确定的金额给收款人或者持票人的票据。

本法所称本票,是指银行本票。

第七十四条 本票的出票人必须具有支付本票金额的可靠资金来源,并保证支付。

第七十五条　本票必须记载下列事项：

（一）表明“本票”的字样；

（二）无条件支付的承诺；

（三）确定的金额；

（四）收款人名称；

（五）出票日期；

（六）出票人签章。

本票上未记载前款规定事项之一的，本票无效。

第七十六条　本票上记载付款地、出票地等事项的，应当清楚、明确。

本票上未记载付款地的，出票人的营业场所为付款地。

本票上未记载出票地的，出票人的营业场所为出票地。

第七十七条　本票的出票人在持票人提示见票时，必须承担付款的责任。

第七十八条　本票自出票日起，付款期限最长不得超过二个月。

第七十九条　本票的持票人未按照规定期限提示见票的，丧失对出票人以外的前手的追索权。

第八十条　本票的背书、保证、付款行为和追索权的行使，除本章规定外，适用本法第二章有关汇票的规定。

本票的出票行为，除本章规定外，适用本法第二十四条关于汇票的规定。

第四章　支　　票

第八十一条　支票是出票人签发的，委托办理支票存款业务的银行或者其他金融机构在见票时无条件支付确定的金额给收款人或者持票人的票据。

第八十二条　开立支票存款账户，申请人必须使用其本名，并提交证明其身份的合法证件。

开立支票存款账户和领用支票，应当有可靠的资信，并存入一定的资金。

开立支票存款账户，申请人应当预留其本名的签名式样和印鉴。

第八十三条　支票可以支取现金，也可以转账，用于转账时，应当在支票正面注明。

支票中专门用于支取现金的，可以另行制作现金支票，现金支票只能用于支取现金。

支票中专门用于转账的,可以另行制作转账支票,转账支票只能用于转账,不得支取现金。

第八十四条 支票必须记载下列事项:

(一)表明“支票”的字样;

(二)无条件支付的委托;

(三)确定的金额;

(四)付款人名称;

(五)出票日期;

(六)出票人签章。

支票上未记载前款规定事项之一的,支票无效。

第八十五条 支票上的金额可以由出票人授权补记,未补记前的支票,不得使用。

第八十六条 支票上未记载收款人名称的,经出票人授权,可以补记。

支票上未记载付款地的,付款人的营业场所为付款地。

支票上未记载出票地的,出票人的营业场所、住所或者经常居住地为出票地。

出票人可以在支票上记载自己为收款人。

第八十七条 支票的出票人所签发的支票金额不得超过其付款时在付款人处实有的存款金额。

出票人签发的支票金额超过其付款时在付款人处实有的存款金额的,为空头支票。禁止签发空头支票。

第八十八条 支票的出票人不得签发与其预留本名的签名式样或者印鉴不符的支票。

第八十九条 出票人必须按照签发的支票金额承担保证向该持票人付款的责任。

出票人在付款人处的存款足以支付支票金额时,付款人应当在当日足额付款。

第九十条 支票限于见票即付,不得另行记载付款日期。另行记载付款日期的,该记载无效。

第九十一条 支票的持票人应当自出票日起十日内提示付款;异地使用的

支票,其提示付款的期限由中国人民银行另行规定。

超过提示付款期限的,付款人可以不予付款;付款人不予付款的,出票人仍应当对持票人承担票据责任。

第九十二条 付款人依法支付支票金额的,对出票人不再承担受委托付款的责任,对持票人不再承担付款的责任。但是,付款人以恶意或者有重大过失付款的除外。

第九十三条 支票的背书、付款行为和追索权的行使,除本章规定外,适用本法第二章有关汇票的规定。

支票的出票行为,除本章规定外,适用本法第二十四条、第二十六条关于汇票的规定。

第五章 涉外票据的法律适用

第九十四条 涉外票据的法律适用,依照本章的规定确定。

前款所称涉外票据,是指出票、背书、承兑、保证、付款等行为中,既有发生在中华人民共和国境内又有发生在中华人民共和国境外的票据。

第九十五条 中华人民共和国缔结或者参加的国际条约同本法有不同规定的,适用国际条约的规定。但是,中华人民共和国声明保留的条款除外。

本法和中华人民共和国缔结或者参加的国际条约没有规定的,可以适用国际惯例。

第九十六条 票据债务人的民事行为能力,适用其本国法律。

票据债务人的民事行为能力,依照其本国法律为无民事行为能力或者为限制民事行为能力而依照行为地法律为完全民事行为能力的,适用行为地法律。

第九十七条 汇票、本票出票时的记载事项,适用出票地法律。

支票出票时的记载事项,适用出票地法律,经当事人协议,也可以适用付款地法律。

第九十八条 票据的背书、承兑、付款和保证行为,适用行为地法律。

第九十九条 票据追索权的行使期限,适用出票地法律。

第一百条 票据的提示期限、有关拒绝证明的方式、出具拒绝证明的期限,适用付款地法律。

第一百零一条 票据丧失时,失票人请求保全票据权利的程序,适用付款地法律。

第六章 法律责任

第一百零二条 有下列票据欺诈行为之一的,依法追究刑事责任:

(一)伪造、变造票据的;

(二)故意使用伪造、变造的票据的;

(三)签发空头支票或者故意签发与其预留的本名签名式样或者印鉴不符的支票,骗取财物的;

(四)签发无可靠资金来源的汇票、本票,骗取资金的;

(五)汇票、本票的出票人在出票时作虚假记载,骗取财物的;

(六)冒用他人的票据,或者故意使用过期或者作废的票据,骗取财物的;

(七)付款人同出票人、持票人恶意串通,实施前六项所列行为之一的。

第一百零三条 有前条所列行为之一,情节轻微,不构成犯罪的,依照国家有关规定给予行政处罚。

第一百零四条 金融机构工作人员在票据业务中玩忽职守,对违反本法规定的票据予以承兑、付款或者保证的,给予处分;造成重大损失,构成犯罪的,依法追究刑事责任。

由于金融机构工作人员因前款行为给当事人造成损失的,由该金融机构和直接责任人员依法承担赔偿责任。

第一百零五条 票据的付款人对见票即付或者到期的票据,故意压票,拖延支付的,由金融行政管理部门处以罚款,对直接责任人员给予处分。

票据的付款人故意压票,拖延支付,给持票人造成损失的,依法承担赔偿责任。

第一百零六条 依照本法规定承担赔偿责任以外的其他违反本法规定的行为,给他人造成损失的,应当依法承担民事责任。

2. 中华人民共和国电子签名法①

发文日期	2004 年 08 月 28 日	有效范围	全国
发文机关	全国人民代表大会常务委员会	文号	主席令〔2004〕第 18 号
时效性	现行有效	生效日期	2005－04－01
所属分类	其他(科技法→其他)		

第一条 为了规范电子签名行为，确立电子签名的法律效力，维护有关各方的合法权益，制定本法。

第二条 本法所称电子签名，是指数据电文中以电子形式所含、所附用于识别签名人身份并表明签名人认可其中内容的数据。

本法所称数据电文，是指以电子、光学、磁或者类似手段生成、发送、接收或者储存的信息。

第三条 民事活动中的合同或者其他文件、单证等文书，当事人可以约定使用或者不使用电子签名、数据电文。

当事人约定使用电子签名、数据电文的文书，不得仅因为其采用电子签名、数据电文的形式而否定其法律效力。

前款规定不适用下列文书：

(一)涉及婚姻、收养、继承等人身关系的；

(二)涉及土地、房屋等不动产权益转让的；

(三)涉及停止供水、供热、供气、供电等公用事业服务的；

(四)法律、行政法规规定的不适用电子文书的其他情形。

第二章 数 据 电 文

第四条 能够有形地表现所载内容，并可以随时调取查用的数据电文，视为符合法律、法规要求的书面形式。

---

① 《电子签名法》在互联网＋时代已愈发重要，不论是互联网金融融资，还是其他常规的融资方式，电子签名都已逐渐崭露头角，各类新问题的出现也对传统民法理论的意思表示提出挑战。

第五条 符合下列条件的数据电文,视为满足法律、法规规定的原件形式要求:

(一)能够有效地表现所载内容并可供随时调取查用;

(二)能够可靠地保证自最终形成时起,内容保持完整、未被更改。但是,在数据电文上增加背书以及数据交换、储存和显示过程中发生的形式变化不影响数据电文的完整性。

第六条 符合下列条件的数据电文,视为满足法律、法规规定的文件保存要求:

(一)能够有效地表现所载内容并可供随时调取查用;

(二)数据电文的格式与其生成、发送或者接收时的格式相同,或者格式不相同但是能够准确表现原来生成、发送或者接收的内容;

(三)能够识别数据电文的发件人、收件人以及发送、接收的时间。

第七条 数据电文不得仅因为其是以电子、光学、磁或者类似手段生成、发送、接收或者储存的而被拒绝作为证据使用。

第八条 审查数据电文作为证据的真实性,应当考虑以下因素:

(一)生成、储存或者传递数据电文方法的可靠性;

(二)保持内容完整性方法的可靠性;

(三)用以鉴别发件人方法的可靠性;

(四)其他相关因素。

第九条 数据电文有下列情形之一的,视为发件人发送:

(一)经发件人授权发送的;

(二)发件人的信息系统自动发送的;

(三)收件人按照发件人认可的方法对数据电文进行验证后结果相符的。

当事人对前款规定的事项另有约定的,从其约定。

第十条 法律、行政法规规定或者当事人约定数据电文需要确认收讫的,应当确认收讫。发件人收到收件人的收讫确认时,数据电文视为已经收到。

第十一条 数据电文进入发件人控制之外的某个信息系统的时间,视为该数据电文的发送时间。

收件人指定特定系统接收数据电文的，数据电文进入该特定系统的时间，视为该数据电文的接收时间；未指定特定系统的，数据电文进入收件人的任何系统的首次时间，视为该数据电文的接收时间。

当事人对数据电文的发送时间、接收时间另有约定的，从其约定。

第十二条 发件人的主营业地为数据电文的发送地点，收件人的主营业地为数据电文的接收地点。没有主营业地的，其经常居住地为发送或者接收地点。

当事人对数据电文的发送地点、接收地点另有约定的，从其约定。

第三章 电子签名与认证

第十三条 电子签名同时符合下列条件的，视为可靠的电子签名：

（一）电子签名制作数据用于电子签名时，属于电子签名人专有；

（二）签署时电子签名制作数据仅由电子签名人控制；

（三）签署后对电子签名的任何改动能够被发现；

（四）签署后对数据电文内容和形式的任何改动能够被发现。

当事人也可以选择使用符合其约定的可靠条件的电子签名。

第十四条 可靠的电子签名与手写签名或者盖章具有同等的法律效力。

第十五条 电子签名人应当妥善保管电子签名制作数据。电子签名人知悉电子签名制作数据已经失密或者可能已经失密时，应当及时告知有关各方，并终止使用该电子签名制作数据。

第十六条 电子签名需要第三方认证的，由依法设立的电子认证服务提供者提供认证服务。

第十七条 提供电子认证服务，应当具备下列条件：

（一）具有与提供电子认证服务相适应的专业技术人员和管理人员；

（二）具有与提供电子认证服务相适应的资金和经营场所；

（三）具有符合国家安全标准的技术和设备；

（四）具有国家密码管理机构同意使用密码的证明文件；

（五）法律、行政法规规定的其他条件。

第十八条 从事电子认证服务,应当向国务院信息产业主管部门提出申请,并提交符合本法第十七条规定条件的相关材料。国务院信息产业主管部门接到申请后经依法审查,征求国务院商务主管部门等有关部门的意见后,自接到申请之日起四十五日内作出许可或者不予许可的决定。予以许可的,颁发电子认证许可证书;不予许可的,应当书面通知申请人并告知理由。

申请人应当持电子认证许可证书依法向工商行政管理部门办理企业登记手续。

取得认证资格的电子认证服务提供者,应当按照国务院信息产业主管部门的规定在互联网上公布其名称、许可证号等信息。

第十九条 电子认证服务提供者应当制定、公布符合国家有关规定的电子认证业务规则,并向国务院信息产业主管部门备案。

电子认证业务规则应当包括责任范围、作业操作规范、信息安全保障措施等事项。

第二十条 电子签名人向电子认证服务提供者申请电子签名认证证书,应当提供真实、完整和准确的信息。

电子认证服务提供者收到电子签名认证证书申请后,应当对申请人的身份进行查验,并对有关材料进行审查。

第二十一条 电子认证服务提供者签发的电子签名认证证书应当准确无误,并应当载明下列内容:

(一)电子认证服务提供者名称;

(二)证书持有人名称;

(三)证书序列号;

(四)证书有效期;

(五)证书持有人的电子签名验证数据;

(六)电子认证服务提供者的电子签名;

(七)国务院信息产业主管部门规定的其他内容。

第二十二条 电子认证服务提供者应当保证电子签名认证证书内容在有效期内完整、准确,并保证电子签名依赖方能够证实或者了解电子签名认证证书所载内容及其他有关事项。

第二十三条 电子认证服务提供者拟暂停或者终止电子认证服务的，应当在暂停或者终止服务九十日前，就业务承接及其他有关事项通知有关各方。

电子认证服务提供者拟暂停或者终止电子认证服务的，应当在暂停或者终止服务六十日前向国务院信息产业主管部门报告，并与其他电子认证服务提供者就业务承接进行协商，作出妥善安排。

电子认证服务提供者未能就业务承接事项与其他电子认证服务提供者达成协议的，应当申请国务院信息产业主管部门安排其他电子认证服务提供者承接其业务。

电子认证服务提供者被依法吊销电子认证许可证书的，其业务承接事项的处理按照国务院信息产业主管部门的规定执行。

第二十四条 电子认证服务提供者应当妥善保存与认证相关的信息，信息保存期限至少为电子签名认证证书失效后五年。

第二十五条 国务院信息产业主管部门依照本法制定电子认证服务业的具体管理办法，对电子认证服务提供者依法实施监督管理。

第二十六条 经国务院信息产业主管部门根据有关协议或者对等原则核准后，中华人民共和国境外的电子认证服务提供者在境外签发的电子签名认证证书与依照本法设立的电子认证服务提供者签发的电子签名认证证书具有同等的法律效力。

第四章 法律责任

第二十七条 电子签名人知悉电子签名制作数据已经失密或者可能已经失密未及时告知有关各方、并终止使用电子签名制作数据，未向电子认证服务提供者提供真实、完整和准确的信息，或者有其他过错，给电子签名依赖方、电子认证服务提供者造成损失的，承担赔偿责任。

第二十八条 电子签名人或者电子签名依赖方因依据电子认证服务提供者提供的电子签名认证服务从事民事活动遭受损失，电子认证服务提供者不能证明自己无过错的，承担赔偿责任。

第二十九条 未经许可提供电子认证服务的，由国务院信息产业主管部门责令停止违法行为；有违法所得的，没收违法所得；违法所得三十万元以上的，处违法所得一倍以上三倍以下的罚款；没有违法所得或者违法所得不足三十万元的，处十万元以上三十万元以下的罚款。

第三十条 电子认证服务提供者暂停或者终止电子认证服务，未在暂停或者终止服务六十日前向国务院信息产业主管部门报告的，由国务院信息产业主管部门对其直接负责的主管人员处一万元以上五万元以下的罚款。

第三十一条 电子认证服务提供者不遵守认证业务规则、未妥善保存与认证相关的信息，或者有其他违法行为的，由国务院信息产业主管部门责令限期改正；逾期未改正的，吊销电子认证许可证书，其直接负责的主管人员和其他直接责任人员十年内不得从事电子认证服务。吊销电子认证许可证书的，应当予以公告并通知工商行政管理部门。

第三十二条 伪造、冒用、盗用他人的电子签名，构成犯罪的，依法追究刑事责任；给他人造成损失的，依法承担民事责任。

第三十三条 依照本法负责电子认证服务业监督管理工作的部门的工作人员，不依法履行行政许可、监督管理职责的，依法给予行政处分；构成犯罪的，依法追究刑事责任。

第五章 附 则

第三十四条 本法中下列用语的含义：

（一）电子签名人，是指持有电子签名制作数据并以本人身份或者以其所代表的人的名义实施电子签名的人；

（二）电子签名依赖方，是指基于对电子签名认证证书或者电子签名的信赖从事有关活动的人；

（三）电子签名认证证书，是指可证实电子签名人与电子签名制作数据有联系的数据电文或者其他电子记录；

（四）电子签名制作数据，是指在电子签名过程中使用的，将电子签名与电子签名人可靠地联系起来的字符、编码等数据；

（五）电子签名验证数据，是指用于验证电子签名的数据，包括代码、口令、算法或者公钥等。

二、法规、办法、规定类

（一）非金融支付类

1. 非金融机构支付服务管理办法

发文日期	2010 年 06 月 14 日	有效范围	全国
发文机关	中国人民银行	文号	中国人民银行令〔2010〕第 2 号
时效性	现行有效	生效日期	2010－09－01
所属分类	支付结算业务（银行法→支付结算业务）		

第一条　为促进支付服务市场健康发展，规范非金融机构支付服务行为，防范支付风险，保护当事人的合法权益，根据《中华人民共和国中国人民银行法》等法律法规，制定本办法。

第二条　本办法所称非金融机构支付服务，是指非金融机构在收付款人之间作为中介机构提供下列部分或全部货币资金转移服务：

（一）网络支付；

（二）预付卡的发行与受理；

（三）银行卡收单；

（四）中国人民银行确定的其他支付服务。

本办法所称网络支付，是指依托公共网络或专用网络在收付款人之间转移货币资金的行为，包括货币汇兑、互联网支付、移动电话支付、固定电话支付、数字电视支付等。

本办法所称预付卡，是指以营利为目的发行的、在发行机构之外购买商品或服务的预付价值，包括采取磁条、芯片等技术以卡片、密码等形式发行的预付卡。

本办法所称银行卡收单，是指通过销售点（POS）终端等为银行卡特约商户代收货币资金的行为。

第三条　非金融机构提供支付服务，应当依据本办法规定取得《支付业务许可证》,成为支付机构。

支付机构依法接受中国人民银行的监督管理。

未经中国人民银行批准,任何非金融机构和个人不得从事或变相从事支付业务。

第四条 支付机构之间的货币资金转移应当委托银行业金融机构办理,不得通过支付机构相互存放货币资金或委托其他支付机构等形式办理。

支付机构不得办理银行业金融机构之间的货币资金转移,经特别许可的除外。

第五条 支付机构应当遵循安全、效率、诚信和公平竞争的原则,不得损害国家利益、社会公共利益和客户合法权益。

第六条 支付机构应当遵守反洗钱的有关规定,履行反洗钱义务。

第二章 申请与许可

第七条 中国人民银行负责《支付业务许可证》的颁发和管理。

申请《支付业务许可证》的,需经所在地中国人民银行分支机构审查后,报中国人民银行批准。

本办法所称中国人民银行分支机构,是指中国人民银行副省级城市中心支行以上的分支机构。

第八条 《支付业务许可证》的申请人应当具备下列条件:

(一)在中华人民共和国境内依法设立的有限责任公司或股份有限公司,且为非金融机构法人;

(二)有符合本办法规定的注册资本最低限额;

(三)有符合本办法规定的出资人;

(四)有5名以上熟悉支付业务的高级管理人员;

(五)有符合要求的反洗钱措施;

(六)有符合要求的支付业务设施;

(七)有健全的组织机构、内部控制制度和风险管理措施;

(八)有符合要求的营业场所和安全保障措施;

(九)申请人及其高级管理人员最近3年内未因利用支付业务实施违法犯罪活动或为违法犯罪活动办理支付业务等受过处罚。

第九条　申请人拟在全国范围内从事支付业务的，其注册资本最低限额为1亿元人民币；拟在省（自治区、直辖市）范围内从事支付业务的，其注册资本最低限额为3千万元人民币。注册资本最低限额为实缴货币资本。

本办法所称在全国范围内从事支付业务，包括申请人跨省（自治区、直辖市）设立分支机构从事支付业务，或客户可跨省（自治区、直辖市）办理支付业务的情形。

中国人民银行根据国家有关法律法规和政策规定，调整申请人的注册资本最低限额。

外商投资支付机构的业务范围、境外出资人的资格条件和出资比例等，由中国人民银行另行规定，报国务院批准。

第十条　申请人的主要出资人应当符合以下条件：

（一）为依法设立的有限责任公司或股份有限公司；

（二）截至申请日，连续为金融机构提供信息处理支持服务2年以上，或连续为电子商务活动提供信息处理支持服务2年以上；

（三）截至申请日，连续盈利2年以上；

（四）最近3年内未因利用支付业务实施违法犯罪活动或为违法犯罪活动办理支付业务等受过处罚。

本办法所称主要出资人，包括拥有申请人实际控制权的出资人和持有申请人10%以上股权的出资人。

第十一条　申请人应当向所在地中国人民银行分支机构提交下列文件、资料：

（一）书面申请，载明申请人的名称、住所、注册资本、组织机构设置、拟申请支付业务等；

（二）公司营业执照（副本）复印件；

（三）公司章程；

（四）验资证明；

（五）经会计师事务所审计的财务会计报告；

（六）支付业务可行性研究报告；

（七）反洗钱措施验收材料；

（八）技术安全检测认证证明；

（九）高级管理人员的履历材料；

（十）申请人及其高级管理人员的无犯罪记录证明材料；

（十一）主要出资人的相关材料；

（十二）申请资料真实性声明。

第十二条 申请人应当在收到受理通知后按规定公告下列事项：

（一）申请人的注册资本及股权结构；

（二）主要出资人的名单、持股比例及其财务状况；

（三）拟申请的支付业务；

（四）申请人的营业场所；

（五）支付业务设施的技术安全检测认证证明。

第十三条 中国人民银行分支机构依法受理符合要求的各项申请，并将初审意见和申请资料报送中国人民银行。中国人民银行审查批准的，依法颁发《支付业务许可证》，并予以公告。

《支付业务许可证》自颁发之日起，有效期 5 年。支付机构拟于《支付业务许可证》期满后继续从事支付业务的，应当在期满前 6 个月内向所在地中国人民银行分支机构提出续展申请。中国人民银行准予续展的，每次续展的有效期为 5 年。

第十四条 支付机构变更下列事项之一的，应当在向公司登记机关申请变更登记前报中国人民银行同意：

（一）变更公司名称、注册资本或组织形式；

（二）变更主要出资人；

（三）合并或分立；

（四）调整业务类型或改变业务覆盖范围。

第十五条 支付机构申请终止支付业务的，应当向所在地中国人民银行分支机构提交下列文件、资料：

（一）公司法定代表人签署的书面申请，载明公司名称、支付业务开展情况、拟终止支付业务及终止原因等；

（二）公司营业执照（副本）复印件；

（三）《支付业务许可证》复印件；

（四）客户合法权益保障方案；

（五）支付业务信息处理方案。

准予终止的，支付机构应当按照中国人民银行的批复完成终止工作，交回《支付业务许可证》。

第十六条 本章对许可程序未作规定的事项，适用《中国人民银行行政许可实施办法》（中国人民银行令〔2004〕第3号）。

第三章 监督与管理

第十七条 支付机构应当按照《支付业务许可证》核准的业务范围从事经营活动，不得从事核准范围之外的业务，不得将业务外包。

支付机构不得转让、出租、出借《支付业务许可证》。

第十八条 支付机构应当按照审慎经营的要求，制订支付业务办法及客户权益保障措施，建立健全风险管理和内部控制制度，并报所在地中国人民银行分支机构备案。

第十九条 支付机构应当确定支付业务的收费项目和收费标准，并报所在地中国人民银行分支机构备案。

支付机构应当公开披露其支付业务的收费项目和收费标准。

第二十条 支付机构应当按规定向所在地中国人民银行分支机构报送支付业务统计报表和财务会计报告等资料。

第二十一条 支付机构应当制定支付服务协议，明确其与客户的权利和义务、纠纷处理原则、违约责任等事项。

支付机构应当公开披露支付服务协议的格式条款，并报所在地中国人民银行分支机构备案。

第二十二条 支付机构的分公司从事支付业务的，支付机构及其分公司应当分别到所在地中国人民银行分支机构备案。

支付机构的分公司终止支付业务的，比照前款办理。

第二十三条 支付机构接受客户备付金时，只能按收取的支付服务费向客户开具发票，不得按接受的客户备付金金额开具发票。

第二十四条 支付机构接受的客户备付金不属于支付机构的自有财产。

支付机构只能根据客户发起的支付指令转移备付金。禁止支付机构以任何形式挪用客户备付金。

第二十五条 支付机构应当在客户发起的支付指令中记载下列事项:

(一)付款人名称;

(二)确定的金额;

(三)收款人名称;

(四)付款人的开户银行名称或支付机构名称;

(五)收款人的开户银行名称或支付机构名称;

(六)支付指令的发起日期。

客户通过银行结算账户进行支付的,支付机构还应当记载相应的银行结算账号。客户通过非银行结算账户进行支付的,支付机构还应当记载客户有效身份证件上的名称和号码。

第二十六条 支付机构接受客户备付金的,应当在商业银行开立备付金专用存款账户存放备付金。中国人民银行另有规定的除外。

支付机构只能选择一家商业银行作为备付金存管银行,且在该商业银行的一个分支机构只能开立一个备付金专用存款账户。

支付机构应当与商业银行的法人机构或授权的分支机构签订备付金存管协议,明确双方的权利、义务和责任。

支付机构应当向所在地中国人民银行分支机构报送备付金存管协议和备付金专用存款账户的信息资料。

第二十七条 支付机构的分公司不得以自己的名义开立备付金专用存款账户,只能将接受的备付金存放在支付机构开立的备付金专用存款账户。

第二十八条 支付机构调整不同备付金专用存款账户头寸的,由备付金存管银行的法人机构对支付机构拟调整的备付金专用存款账户的余额情况进行复核,并将复核意见告知支付机构及有关备付金存管银行。

支付机构应当持备付金存管银行的法人机构出具的复核意见办理有关备付金专用存款账户的头寸调拨。

第二十九条 备付金存管银行应当对存放在本机构的客户备付金的使用情况进行监督,并按规定向备付金存管银行所在地中国人民银行分支机构及备付金存管银行的法人机构报送客户备付金的存管或使用情况等信息资料。

对支付机构违反第二十五条至第二十八条相关规定使用客户备付金的申请或指令,备付金存管银行应当予以拒绝;发现客户备付金被违法使用或有其他异常情况的，应当立即向备付金存管银行所在地中国人民银行分支机构及备付金存管银行的法人机构报告。

第三十条 支付机构的实缴货币资本与客户备付金日均余额的比例，不得低于10%。

本办法所称客户备付金日均余额，是指备付金存管银行的法人机构根据最近90日内支付机构每日日终的客户备付金总量计算的平均值。

第三十一条 支付机构应当按规定核对客户的有效身份证件或其他有效身份证明文件，并登记客户身份基本信息。

支付机构明知或应知客户利用其支付业务实施违法犯罪活动的，应当停止为其办理支付业务。

第三十二条 支付机构应当具备必要的技术手段，确保支付指令的完整性、一致性和不可抵赖性，支付业务处理的及时性、准确性和支付业务的安全性；具备灾难恢复处理能力和应急处理能力，确保支付业务的连续性。

第三十三条 支付机构应当依法保守客户的商业秘密，不得对外泄露。法律法规另有规定的除外。

第三十四条 支付机构应当按规定妥善保管客户身份基本信息、支付业务信息、会计档案等资料。

第三十五条 支付机构应当接受中国人民银行及其分支机构定期或不定期的现场检查和非现场检查，如实提供有关资料，不得拒绝、阻挠、逃避检查，不得谎报、隐匿、销毁相关证据材料。

第三十六条 中国人民银行及其分支机构依据法律、行政法规、中国人民银行的有关规定对支付机构的公司治理、业务活动、内部控制、风险状况、反洗钱工作等进行定期或不定期现场检查和非现场检查。

中国人民银行及其分支机构依法对支付机构进行现场检查，适用《中国人民银行执法检查程序规定》（中国人民银行令〔2010〕第1号发布）。

第三十七条 中国人民银行及其分支机构可以采取下列措施对支付机构进行现场检查：

（一）询问支付机构的工作人员，要求其对被检查事项作出解释、说明；

（二）查阅、复制与被检查事项有关的文件、资料，对可能被转移、藏匿或毁损的文件、资料予以封存；

（三）检查支付机构的客户备付金专用存款账户及相关账户；

（四）检查支付业务设施及相关设施。

第三十八条 支付机构有下列情形之一的，中国人民银行及其分支机构有权责令其停止办理部分或全部支付业务：

（一）累计亏损超过其实缴货币资本的50%；

（二）有重大经营风险；

（三）有重大违法违规行为。

第三十九条 支付机构因解散、依法被撤销或被宣告破产而终止的，其清算事宜按照国家有关法律规定办理。

第四章 罚 则

第四十条 中国人民银行及其分支机构的工作人员有下列情形之一的，依法给予行政处分；构成犯罪的，依法追究刑事责任：

（一）违反规定审查批准《支付业务许可证》的申请、变更、终止等事项的；

（二）违反规定对支付机构进行检查的；

（三）泄露知悉的国家秘密或商业秘密的；

（四）滥用职权、玩忽职守的其他行为。

第四十一条 商业银行有下列情形之一的，中国人民银行及其分支机构责令其限期改正，并给予警告或处1万元以上3万元以下罚款；情节严重的，中国人民银行责令其暂停或终止客户备付金存管业务：

（一）未按规定报送客户备付金的存管或使用情况等信息资料的；

（二）未按规定对支付机构调整备付金专用存款账户头寸的行为进行复核的；

（三）未对支付机构违反规定使用客户备付金的申请或指令予以拒绝的。

第四十二条 支付机构有下列情形之一的，中国人民银行分支机构责令其限期改正，并给予警告或处1万元以上3万元以下罚款：

（一）未按规定建立有关制度办法或风险管理措施的；

（二）未按规定办理相关备案手续的；

（三）未按规定公开披露相关事项的；

（四）未按规定报送或保管相关资料的；

（五）未按规定办理相关变更事项的；

（六）未按规定向客户开具发票的；

（七）未按规定保守客户商业秘密的。

第四十三条　支付机构有下列情形之一的，中国人民银行分支机构责令其限期改正，并处3万元罚款；情节严重的，中国人民银行注销其《支付业务许可证》；涉嫌犯罪的，依法移送公安机关立案侦查；构成犯罪的，依法追究刑事责任：

（一）转让、出租、出借《支付业务许可证》的；

（二）超出核准业务范围或将业务外包的；

（三）未按规定存放或使用客户备付金的；

（四）未遵守实缴货币资本与客户备付金比例管理规定的；

（五）无正当理由中断或终止支付业务的；

（六）拒绝或阻碍相关检查监督的；

（七）其他危及支付机构稳健运行、损害客户合法权益或危害支付服务市场的违法违规行为。

第四十四条　支付机构未按规定履行反洗钱义务的，中国人民银行及其分支机构依据国家有关反洗钱法律法规等进行处罚；情节严重的，中国人民银行注销其《支付业务许可证》。

第四十五条　支付机构超出《支付业务许可证》有效期限继续从事支付业务的，中国人民银行及其分支机构责令其终止支付业务；涉嫌犯罪的，依法移送公安机关立案侦查；构成犯罪的，依法追究刑事责任。

第四十六条　以欺骗等不正当手段申请《支付业务许可证》但未获批准的，申请人及持有其5%以上股权的出资人3年内不得再次申请或参与申请《支付业务许可证》。

以欺骗等不正当手段申请《支付业务许可证》且已获批准的，由中国人民银行及其分支机构责令其终止支付业务，注销其《支付业务许可证》；涉嫌犯罪的，依法移送公安机关立案侦查；构成犯罪的，依法追究刑事责任；申请人及持有其5%以上股权的出资人不得再次申请或参与申请《支付业务许可证》。

第四十七条　任何非金融机构和个人未经中国人民银行批准擅自从事或变相从事支付业务的，中国人民银行及其分支机构责令其终止支付业务；涉嫌犯罪的,依法移送公安机关立案侦查;构成犯罪的,依法追究刑事责任。

2.单用途商业预付卡管理办法(试行)[①]

发文日期	2012年09月21日	有效范围	全国
发文机关	商务部	文号	商务部令2012年第9号
时效性	现行有效	生效日期	2012-11-01
所属分类	支付结算业务(银行法→支付结算业务),消费者权益(工商管理法→消费者权益),综合(贸易法→综合)		

第一条 为加强单用途商业预付卡管理,维护当事人合法权益,防范资金风险,根据有关法律法规,制定本办法。

第二条 从事零售业、住宿和餐饮业、居民服务业(具体行业分类表见附件1)的企业法人在中华人民共和国境内开展单用途商业预付卡业务适用本办法。

本办法所称单用途商业预付卡(以下简称单用途卡)是指前款规定的企业发行的,仅限于在本企业或本企业所属集团或同一品牌特许经营体系内兑付货物或服务的预付凭证,包括以磁条卡、芯片卡、纸券等为载体的实体卡和以密码、串码、图形、生物特征信息等为载体的虚拟卡。

第三条 集团发卡企业是指发行在本集团内使用的单用途卡的集团母公司。集团是指由同一企业法人绝对控股的企业法人联合体。

品牌发卡企业是指发行在同一品牌特许经营体系内使用的单用途卡,且拥有该品牌的企业标志或注册商标,或者经授权拥有该企业标志或注册商标排他使用权的法人企业。同一品牌特许经营体系是指使用同一企业标志或注册商标的企业法人联合体。

售卡企业是指集团发卡企业或品牌发卡企业指定的承担单用途卡销售、充值、挂失、换卡、退卡等相关业务的本集团或同一品牌特许经营体系内的企业。

第四条 规模发卡企业是指除集团发卡企业、品牌发卡企业之外的符合下

---

① 目前,多用途商业预付卡相关规定仍未出台,但实践中,多用途商业预付卡却被广泛使用。其相关的法律规范亟待出台。

列条件之一的企业：

（一）上一会计年度年营业收入500万元以上；

（二）工商注册登记不足一年、注册资本在100万元以上。

商务部可以根据具体情况调整规模发卡企业标准，以公告的形式公布。

第五条 商务部负责全国单用途卡行业管理工作。县级以上地方人民政府商务主管部门负责本行政区域内单用途卡监督管理工作。

第六条 单用途卡行业组织按照章程为其成员提供信息咨询和宣传培训等服务，发挥行业自律作用。

第二章 备 案

第七条 发卡企业应在开展单用途卡业务之日起30日内按照下列规定办理备案：

（一）集团发卡企业和品牌发卡企业向其工商登记注册地省、自治区、直辖市人民政府商务主管部门备案；

（二）规模发卡企业向其工商登记注册地设区的市人民政府商务主管部门备案；

（三）其他发卡企业向其工商登记注册地县（市、区）人民政府商务主管部门备案。

第八条 发卡企业应向备案机关提交下列材料：

（一）《单用途卡发卡企业备案表》；

（二）《企业法人营业执照》（副本）复印件；

（三）组织机构代码证复印件；

发卡企业为外商投资企业的，还应提交外商投资企业批准证书复印件。

《单用途卡发卡企业备案表》可以从备案机关处领取或通过商务部政府网站（www. mofcom. gov. cn）下载（格式见附件2）。

第九条 规模发卡企业除提交本办法第八条规定的材料外，还应向备案机关提交下列材料：

（一）经审计机构审计的上一年度财务报表（加盖公章），但工商注册登记不足一年的规模发卡企业除外；

（二）实体卡样本（正反面）、虚拟卡记载的信息样本；

（三）单用途卡业务、资金管理制度；

（四）单用途卡购卡章程、协议；

（五）资金存管账户信息和资金存管协议。

第十条 集团发卡企业和品牌发卡企业除提交本办法第八条规定的材料外，还应向备案机关提交下列材料：

（一）经审计机构审计的上一年度财务报表及合并财务报表（加盖公章），但工商注册登记不足一年的集团发卡企业、品牌发卡企业除外；

（二）实体卡样本（正反面）、虚拟卡记载的信息样本；

（三）单用途卡业务、资金管理制度；

（四）单用途卡购卡章程、协议；

（五）资金存管账户信息和资金存管协议；

（六）与售卡企业签订的协议文本及售卡企业清单；

（七）集团发卡企业提交集团股权关系说明；品牌发卡企业提交企业标志、注册商标所有权或排他使用权证明。

第十一条 备案机关对已备案的发卡企业予以编号，并在商务部和备案机关指定的媒体上公告，提供公众查询服务。

第十二条 备案事项发生变更、发卡企业类型改变或单用途卡业务终止时，发卡企业应在变化之日起15个工作日内向备案机关办理变更、注销手续。

第三章 发行与服务

第十三条 企业可发行记名卡和不记名卡，记名卡可挂失。

发卡企业应在实体卡卡面上记载发卡企业名称及联系方式、卡号、使用规则、注意事项等。集团发卡企业还应标明集团名称，品牌发卡企业应标明统一的企业标志或注册商标。虚拟卡也应记载上述信息。已备案的发卡企业可标明备案编号。

第十四条 发卡企业或售卡企业应公示或向购卡人提供单用途卡章程，并应购卡人要求签订购卡协议。发卡企业或售卡企业应履行提示告知义务，确保购卡人知晓并认可单用途卡章程或协议内容。

单用途卡章程和购卡协议应包括以下内容：

（一）单用途卡的名称、种类和功能；

（二）单用途卡购买、充值、使用、退卡方式，记名卡还应包括挂失、转让方式；

（三）收费项目和标准；

（四）当事人的权利、义务；

（五）纠纷处理原则和违约责任；

（六）相关法律法规规章和规范性文件规定的其他事项。

第十五条 个人或单位购买（含充值，下同）记名卡的，或一次性购买 1 万元（含）以上不记名卡的，发卡企业或售卡企业应要求购卡人及其代理人出示有效身份证件，并留存购卡人及其代理人姓名或单位名称、有效身份证件号码和联系方式。

个人有效身份证件包括居民身份证、户口簿、军人身份证件、武警身份证件、港澳台居民通行证、护照等。单位有效身份证件包括营业执照、事业单位法人证书、税务登记证、组织机构代码证等。

第十六条 发卡企业和售卡企业应保存购卡人的登记信息 5 年以上。

发卡企业和售卡企业应对购卡人及其代理人的身份信息和交易信息保密，除法律另有规定外，不得向第三方提供。

第十七条 单位一次性购买单用途卡金额达 5000 元（含）以上或个人一次性购卡金额达 5 万元（含）以上的，以及单位或个人采用非现场方式购卡的，应通过银行转账，不得使用现金，发卡企业或售卡企业应对转出、转入账户名称、账号、金额等进行逐笔登记。

发卡企业和售卡企业应严格按照国家有关规定开具发票。

第十八条 单张记名卡限额不得超过 5000 元，单张不记名卡限额不得超过 1000 元。

单张单用途卡充值后资金余额不得超过前款规定的限额。

第十九条 记名卡不得设有效期；不记名卡有效期不得少于 3 年。

发卡企业或售卡企业对超过有效期尚有资金余额的不记名卡应提供激活、换卡等配套服务。

第二十条 使用单用途卡购买商品后需要退货的，发卡企业或受理企业应将资金退至原卡。原单用途卡不存在或退货后卡内资金余额超过单用途卡限额的，应退回至持卡人在同一发卡企业的同类单用途卡内。

退货金额不足100元(含)的,可支付现金。

第二十一条 发卡企业或售卡企业应依单用途卡章程或协议约定,提供退卡服务。

办理退卡时,发卡企业或售卡企业应要求退卡人出示有效身份证件,并留存退卡人姓名、有效身份证件号码、退卡卡号、金额等信息。

发卡企业或售卡企业应将资金退至与退卡人同名的银行账户内,并留存银行账户信息。卡内资金余额不足100元(含)的,可支付现金。

第二十二条 发卡企业终止兑付未到期单用途卡的,发卡企业和售卡企业应向持卡人提供免费退卡服务,并在终止兑付日前至少30日在备案机关指定的媒体上进行公示。

第四章 资金管理

第二十三条 发卡企业和售卡企业应定期核对与单用途卡业务相关的账务,及时对交易数据进行记录和清算。

第二十四条 发卡企业应对预收资金进行严格管理。预收资金只能用于发卡企业主营业务,不得用于不动产、股权、证券等投资及借贷。

第二十五条 主营业务为零售业、住宿和餐饮业的发卡企业,预收资金余额不得超过其上一会计年度主营业务收入的40%;主营业务为居民服务业的发卡企业的预收资金余额不得超过其上一会计年度主营业务收入;工商注册登记不足一年的发卡企业的预收资金余额不得超过其注册资本的2倍。

集团发卡企业预收资金余额不得超过其上一会计年度本集团营业收入的30%。

本办法所称预收资金是指发卡企业通过发行单用途卡所预收的资金总额,预收资金余额是指预收资金扣减已兑付商品或服务价款后的余额。

第二十六条 规模发卡企业、集团发卡企业和品牌发卡企业实行资金存管制度。规模发卡企业存管资金比例不低于上一季度预收资金余额的20%;集团发卡企业存管资金比例不低于上一季度预收资金余额的30%;品牌发卡企业存管资金比例不低于上一季度预收资金余额的40%。

第二十七条 规模发卡企业、集团发卡企业和品牌发卡企业应确定一个商业银行账户作为资金存管账户,并与存管银行签订资金存管协议。

资金存管协议应规定存管银行对发卡企业资金存管比例进行监督,对超额调用存管资金的指令予以拒绝，并按照备案机关要求提供发卡企业资金存缴情况。

第二十八条 规模发卡企业、集团发卡企业和品牌发卡企业可以使用担保预收资金的保证保险、银行保函等方式冲抵全部或部分存管资金。

第二十九条 规模发卡企业、集团发卡企业和品牌发卡企业应在境内建立与发行单用途卡规模相适应的业务处理系统，并保障业务处理系统信息安全和运行质量。

发生重大或不可恢复的技术故障时，规模发卡企业、集团发卡企业、品牌发卡企业应立即向备案机关报告。

第三十条 发卡企业应将单用途卡业务纳入日常管理，制定预收资金结算、风险管理、日常监督、应急处置等制度。

第三十一条 规模发卡企业应于每季度结束后15个工作日内，集团发卡企业和品牌发卡企业应于每季度结束后20个工作日内登录商务部“单用途商业预付卡业务信息系统”，填报上一季度单用途卡业务情况。其他发卡企业应于每年1月31日前填报《发卡企业单用途卡业务报告表》(格式见附件3)。

发卡企业填报的信息应当准确、真实、完整，不得故意隐瞒或虚报。

第五章 监督管理

第三十二条 省、自治区、直辖市人民政府商务主管部门应制定专项应急预案，积极预防、妥善处理本行政区域内涉及单用途卡业务的重大突发性事件，并及时上报商务部。

第三十三条 商务部和地方人民政府商务主管部门应对发卡企业和售卡企业的单用途卡业务活动、内部控制和风险状况等进行定期或不定期的现场及非现场检查。发卡企业和售卡企业应配合商务主管部门的检查。

第三十四条 商务部应建立健全“单用途商业预付卡业务信息系统”。地方人民政府商务主管部门应充分运用信息化手段加强对发卡企业的监督管理。

第三十五条 商务部和地方人民政府商务主管部门应通过12312商务举报投诉服务平台接受与本办法有关的举报和投诉。

第六章 法律责任

第三十六条 发卡企业违反本办法第七条规定的，由违法行为发生地县级以上地方人民政府商务主管部门责令限期改正;逾期仍不改正的,处以 1 万元以上 3 万元以下罚款。

第三十七条 发卡企业或售卡企业违反本办法第十四条至第二十二条规定的,由违法行为发生地县级以上地方人民政府商务主管部门责令限期改正;逾期仍不改正的,处以 1 万元以上 3 万元以下罚款。

发卡企业违反本办法第二十四条至第二十七条、第三十一条规定的,由备案机关责令限期改正;逾期仍不改正的,处以 1 万元以上 3 万元以下罚款。

集团发卡企业、品牌发卡企业疏于管理,其隶属的售卡企业 12 个月内 3 次违反本办法规定受到行政处罚的,备案机关可以对集团发卡企业、品牌发卡企业处以 3 万元以下罚款。

第三十八条 发卡企业违反本办法第二十九条规定,造成重大损失的,由备案机关处以 1 万元以上 3 万元以下罚款。

第三十九条 发卡企业和售卡企业违反本办法受到行政处罚的,由实施处罚的商务主管部门在指定媒体上公示处罚信息。

第七章 附 则

第四十条 已开展单用途卡业务的发卡企业应在本办法实施之日起 90 日内完成备案。

第四十一条 动力燃料销售企业发行的,用于为确定的生产经营性车辆兑付动力燃料的记名预付凭证,不适用本办法。

3. 支付机构预付卡业务管理办法

发文日期	2012 年 09 月 27 日	有效范围	全国
发文机关	中国人民银行	文号	中国人民银行公告〔2012〕第 12 号
时效性	现行有效	生效日期	2012 - 11 - 01
所属分类	支付结算业务(银行法→支付结算业务)		

第二条 支付机构在中华人民共和国境内从事预付卡业务,适用本办法。

本办法所称支付机构,是指取得《支付业务许可证》,获准办理"预付卡发行与受理”业务的发卡机构和获准办理“预付卡受理”业务的受理机构。

本办法所称预付卡，是指发卡机构以特定载体和形式发行的、可在发卡机构之外购买商品或服务的预付价值。

第三条 支付机构应当依法维护相关当事人的合法权益，保障信息安全和交易安全。

第四条 支付机构应当严格按照《支付业务许可证》核准的业务类型和业务覆盖范围从事预付卡业务，不得在未设立省级分支机构的省（自治区、直辖市、计划单列市）从事预付卡业务。

第五条 支付机构应当严格执行中国人民银行关于支付机构客户备付金管理等规定，履行反洗钱和反恐怖融资义务。

第二章 发 行

第六条 预付卡分为记名预付卡和不记名预付卡。

记名预付卡是指预付卡业务处理系统中记载持卡人身份信息的预付卡。

不记名预付卡是指预付卡业务处理系统中不记载持卡人身份信息的预付卡。

第七条 发卡机构发行的预付卡应当以人民币计价，单张记名预付卡资金限额不超过5000元，单张不记名预付卡资金限额不超过1000元。

中国人民银行可视情况调整预付卡资金限额。

第八条 记名预付卡应当可挂失，可赎回，不得设置有效期。

不记名预付卡不挂失，不赎回，本办法另有规定的除外。不记名预付卡有效期不得低于3年。预付卡不得具有透支功能。

发卡机构发行销售预付卡时，应向持卡人告知预付卡的有效期及计算方法。超过有效期尚有资金余额的预付卡，发卡机构应当提供延期、激活、换卡等服务，保障持卡人继续使用。

第九条 预付卡卡面应当记载预付卡名称、发卡机构名称、是否记名、卡号、有效期限或有效期截止日、持卡人注意事项、客户服务电话等要素。

第十条 个人或单位购买记名预付卡或一次性购买不记名预付卡1万元以上的，应当使用实名并提供有效身份证件。

发卡机构应当识别购卡人、单位经办人的身份，核对有效身份证件，登记身份基本信息，并留存有效身份证件的复印件或影印件。代理他人购买预付卡的，发卡机构应当采取合理方式确认代理关系，核对代理人和被代理人的有效身份证件，登记代理人和被代理人的身份基本信息，并留存代理人和被代理人的有效身份证件的复印件或影印件。

第十一条 使用实名购买预付卡的，发卡机构应当登记购卡人姓名或单位名称、单位经办人姓名、有效身份证件名称和号码、联系方式、购卡数量、购卡日期、购卡总金额、预付卡卡号及金额等信息。

对于记名预付卡，发卡机构还应当在预付卡核心业务处理系统中记载持卡人的有效身份证件信息、预付卡卡号、金额等信息。

第十二条 单位一次性购买预付卡5000元以上，个人一次性购买预付卡5万元以上的，应当通过银行转账等非现金结算方式购买，不得使用现金。

购卡人不得使用信用卡购买预付卡。

第十三条 采用银行转账等非现金结算方式购买预付卡的，付款人银行账户名称和购卡人名称应当一致。

发卡机构应当核对账户信息和身份信息的一致性，在预付卡核心业务处理系统中记载付款人银行账户名称和账号、收款人银行账户名称和账号、转账金额等信息。

第十四条 发卡机构应当向购卡人公示、提供预付卡章程或签订协议。

预付卡章程或协议应当包括但不限于以下内容：

（一）预付卡的名称、种类和功能；

（二）预付卡的有效期及计算方法；

（三）预付卡购买、使用、赎回、挂失的条件和方法；

（四）为持卡人提供的消费便利或优惠内容；

（五）预付卡发行、延期、激活、换发、赎回、挂失等服务的收费项目和收费标准；

（六）有关当事人的权利、义务和违约责任；

（七）交易、账务纠纷处理程序。

发卡机构变更预付卡章程或协议文本的，应当提前30日在其网点、网站显著位置进行公告。新章程或协议文本中涉及新增收费项目、提高收费标准、降低优惠条件等内容的，发卡机构在新章程或协议文本生效之日起180日内，对原有客户应当按照原章程或协议执行。

第十五条 发卡机构应当采取有效措施加强对购卡人和持卡人信息的保护,确保信息安全,防止信息泄露和滥用。未经购卡人和持卡人同意,不得用于与购卡人和持卡人的预付卡业务无关的目的。法律法规另有规定的除外。

第十六条 发卡机构应当按照实收人民币资金等值发行预付卡,严格按照《中华人民共和国发票管理办法》等有关规定开具发票。

第十七条 发卡机构应当通过实体网点发行销售预付卡。除单张资金限额200元以下的预付卡外,不得采取代理销售方式。

发卡机构委托销售合作机构代理销售的,应当建立代销风险控制机制。销售资金应当直接存入发卡机构备付金银行账户。发卡机构应当要求销售合作机构在购卡人达到本办法实名购卡要求时,参照相关规定销售预付卡。

发卡机构作为预付卡发行主体的所有责任和义务不因代理销售而转移。

第十八条 发卡机构应当在中华人民共和国境内拥有并自主运行独立、安全的预付卡核心业务处理系统,建立突发事件应急处置机制,确保预付卡业务处理的及时性、准确性和安全性。

预付卡核心业务处理系统包含但不限于发卡系统、账务主机系统、卡片管理系统及客户信息管理系统。

预付卡核心业务处理系统不得外包或变相外包。

第十九条 发卡机构不得发行或代理销售采用或变相采用银行卡清算机构分配的发卡机构标识代码的预付卡,卡面上不得使用银行卡清算机构品牌标识;不得与其他支付机构合作发行预付卡;不同的发卡机构不得采用具有统一识别性的品牌标识。

第三章 受 理

第二十条 发卡机构应当为其发行的预付卡提供受理服务,其自行拓展、签约和管理的特约商户数不低于受理该预付卡全部特约商户数的70%。

第二十一条 受理机构只能受理发卡机构按照本办法规定发行的预付卡,受理范围不得超过发卡机构获准办理“预付卡发行与受理”的业务覆盖范围。

受理机构应当获得发卡机构的委托,并参照本办法第二十五条的规定,与发卡机构、特约商户签订三方合作协议。受理机构不得将发卡机构委托其开展的预付卡受理业务外包。

预付卡只能在本发卡机构参与签署合作协议的特约商户使用,卡面上不得使用发卡机构委托的受理机构的品牌标识。发卡机构对特约商户应承担的资金结算与风险管理责任不因受理机构参与预付卡受理而转移。

第二十二条 预付卡可与银行卡共用受理终端,但应当使用与银行卡不同的应用程序和受理网络,并采取安全隔离措施,与银行卡交易分别处理和管理。

第二十三条 发卡机构、受理机构不得发展非法设立、非法经营或无实体经营场所的特约商户。

发卡机构、受理机构拓展特约商户时应当严格审核特约商户营业执照、税务登记证、法定代表人或负责人的有效身份证件,留存相关证件的复印件或影印件,并对商户的经营场所进行现场核实、拍照留存。

第二十四条 发卡机构应当通过其客户备付金存管银行直接向特约商户划转结算资金,受理机构不得参与资金结算。

特约商户只能指定其一个单位银行结算账户进行收款。发卡机构应当核验特约商户指定的单位银行结算账户开户许可证或其开户银行出具的开户证明,留存加盖公章的复印件。

第二十五条 发卡机构应当与特约商户签订预付卡受理协议。受理协议应当包括但不限于以下内容:

(一)特约商户基本信息;

(二)收费项目和标准;

(三)持卡人用卡权益的保障要求;

(四)卡片信息、交易数据、受理终端、交易凭证的管理要求;

(五)特约商户收款账户名称、开户行、账号及资金结算周期;

(六)账务核对、差错处理和业务纠纷的处置要求;

(七)相关业务风险承担和违约责任的承担机制;

(八)协议终止条件、终止后的债权债务清偿方式。

第二十六条 发卡机构、受理机构应当在中华人民共和国境内拥有并自主运行独立、安全的预付卡受理系统,建立突发事件应急处置机制,确保预付卡业务处理的及时性、准确性和安全性。

发卡机构、受理机构应当分别建立特约商户信息管理系统及业务风险防控系统。受理机构不得以任何形式存储与受理业务无关的预付卡信息。

第二十七条 特约商户向持卡人办理退货,只能通过发卡机构将资金退回至原预付卡。无法退回的,发卡机构应当将资金退回至持卡人提供的同一发卡机构的同类预付卡。

预付卡接受退货后的卡内资金余额不得超过规定限额。

第二十八条 发卡机构、受理机构应当加强对特约商户的巡检和监控,要求特约商户在营业场所显著位置标明受理的预付卡名称和种类,按照预付卡受理协议的要求受理预付卡,履行相关义务。

特约商户不得以任何形式存储与商户结算、对账无关的预付卡信息。

特约商户出现损害当事人合法权益及其他严重违规违约操作的,发卡机构、受理机构应当立即终止其预付卡受理服务。

特约商户不得协助持卡人进行任何形式的预付卡套现。

第四章 使用、充值和赎回

第二十九条 预付卡不得用于或变相用于提取现金;不得用于购买、交换非本发卡机构发行的预付卡、单一行业卡及其他商业预付卡或向其充值;卡内资金不得向银行账户或向非本发卡机构开立的网络支付账户转移。

第三十条 预付卡不得用于网络支付渠道,下列情形除外:

(一)缴纳公共事业费;

(二)在本发卡机构合法拓展的实体特约商户的网络商店中使用;

(三)同时获准办理"互联网支付"业务的发卡机构,其发行的预付卡可向在本发卡机构开立的实名网络支付账户充值,但同一客户的所有网络支付账户的年累计充值金额合计不超过5000元。

以上情形下的预付卡交易,均应当由发卡机构自主受理,不得由受理机构受理。

第三十一条 发卡机构办理记名预付卡或一次性金额1万元以上不记名预付卡充值业务的,应当参照本办法第十条、第十一条的规定办理。

第三十二条 预付卡只能通过现、银行转账方式进行充值。同时获准办理"互联网支付"业务的发卡机构,还可通过持卡人在本发卡机构开立的实名网络支付账户进行充值。

不得使用信用卡为预付卡充值。

办理一次性金额5000元以上预付卡充值业务的，不得使用现金。单张预付卡充值后的资金余额不得超过规定限额。

第三十三条 预付卡现金充值应当通过发卡机构网点进行，但单张预付卡同日累计现金充值在200元以下的，可通过自助充值终端、销售合作机构代理等方式充值，收取的现金应当直接存入发卡机构备付金银行账户。

第三十四条 发卡机构应当向记名预付卡持卡人提供紧急挂失服务，并提供至少一种24小时免费紧急挂失渠道。正式挂失和补卡应当在约定时间内通过网点，以书面形式办理。以书面形式挂失的，发卡机构应当要求持卡人出示有效身份证件，并按协议约定办理挂失手续。

发卡机构应当免费向持卡人提供特约商户名录、卡内资金余额及一年以内的交易明细查询服务，并提供至少一种24小时免费查询渠道。

第三十五条 记名预付卡可在购卡3个月后办理赎回，赎回时，持卡人应当出示预付卡及持卡人和购卡人的有效身份证件。由他人代理赎回的，应当同时出示代理人和被代理人的有效身份证件。单位购买的记名预付卡，只能由单位办理赎回。发卡机构应当参照本办法第十条、第十一条的规定，识别、核对赎回人及代理人的身份信息，确保与购卡时登记的持卡人和购卡人身份信息一致，并保存赎回记录。

第三十六条 发行可在公共交通领域使用的预付卡发卡机构，其在公共交通领域实现的当年累计预付卡交易总额不得低于同期发卡总金额的70%；其发行的不记名预付卡，单张卡片余额在100元以下的，可按约定赎回。

第三十七条 发卡机构按照规定终止预付卡业务的，应当向持卡人免费赎回所发行的全部记名、不记名预付卡。

赎回不记名预付卡的，发卡机构应当核实和登记持卡人的身份信息，采用密码验证方式的预付卡还应当核验密码，并保存赎回记录。

第三十八条 发卡机构办理赎回业务的网点数应当不低于办理发行销售业务网点数的70%。预付卡赎回业务营业时间应当不短于发行销售业务的营业时间。

第三十九条 预付卡赎回应当使用银行转账方式，由发卡机构将赎回资金退至原购卡银行账户。用现金购买或原购卡银行账户已撤销的，赎回资金应当退至持卡人提供的与购卡人同名的单位或个人银行账户。

单张预付卡赎回金额在100元以下的,可使用现金。

第五章 监督管理

第四十条 中国人民银行及其分支机构依法对支付机构的预付卡业务活动、内部控制及风险状况等进行非现场监管及现场检查。

支付机构应当按照中国人民银行及其分支机构的相关规定履行报告义务。

第四十一条 支付机构应当加入中国支付清算协会。中国支付清算协会应当组织制定预付卡行业自律规范,并按照中国人民银行有关要求,对支付机构执行中国人民银行规定和行业自律规范的情况进行检查。

第四十二条 支付机构不得为任何单位或个人查询、冻结、扣划预付卡内资金,国家法律法规另有规定或得到持卡人授权的除外。

第四十三条 支付机构办理预付卡发行业务活动获得和产生的相关信息,应当保存至该预付卡实收人民币资金全部结算后5年以上;办理预付卡受理、使用、充值和赎回等业务活动获得和产生的相关信息,应当保存至该业务活动终止后5年以上。

第四十四条 支付机构不得以股权合作、业务合作及其他任何形式,出租、出借、转让或变相出租、出借、转让预付卡业务资质。

第四十五条 支付机构及其分支机构违反本办法的,中国人民银行可依据《非金融机构支付服务管理办法》等法律法规规章的规定,给予警告、限期改正、罚款、暂停部分或全部业务等处罚;情节严重的,依法注销其《支付业务许可证》。

支付机构违反本办法规定,涉嫌犯罪的,依法移送公安机关处理。

第四十六条 特约商户有下列情形之一的,中国人民银行及其分支机构责令支付机构取消其特约商户资格,其他支付机构不得再将其发展为特约商户;涉嫌犯罪的,依法移送公安机关处理。

(一)为持卡人进行洗钱、赌博等犯罪活动提供协助的;

(二)使用虚假材料申请受理终端后进行欺诈活动,或转卖、提供机具给他人使用的;

(三)违规存储、泄露、转卖预付卡信息或交易信息的;

（四）以虚构交易、虚开价格、现金退货等方式为持卡人提供预付卡套现的；

（五）在持卡人不知情的情况下，编造虚假交易或重复刷卡盗取资金的；

（六）具有其他危害持卡人权益、市场秩序或社会稳定行为的。

第四十七条　任何单位和个人不得私自设立预付卡交易场所；不得以牟利为目的倒卖预付卡，不得伪造、变造预付卡，不得使用明知是伪造、变造的预付卡。涉嫌犯罪的，依法移送公安机关处理。

4. 中国人民银行解读《支付机构预付卡业务管理办法》

2012年9月27日，人民银行发布《支付机构预付卡业务管理办法》（以下简称《办法》）。《办法》自2012年11月1日起施行。人民银行有关负责人就《办法》回答了记者提问。

一、《办法》制定和出台的背景是什么？

近年来，随着信息技术的应用和小额支付服务市场的创新，预付卡在经济社会生活中得到广泛应用，在减少现金使用、便利公众支付、促进消费等方面发挥了积极作用。为促进预付卡业务规范与健康发展，2010年6月，人民银行发布了《非金融机构支付业务管理办法》（中国人民银行令第2号，以下简称“2号令”），明确将非金融机构以营利为目的发行的、在发行机构之外购买商品或服务的预付卡纳入支付体系监管范畴。2011年5月，国务院办公厅发布《国务院办公厅转发人民银行、监察部等部门关于规范商业预付卡管理意见的通知》（国办发〔2011〕25号，以下简称“25号文”），就规范商业预付卡作出了安排和部署，要求抓紧完善预付卡业务管理制度。

为贯彻落实上述要求，更好地发挥预付卡在便利公众小额非现金支付、扩大消费方面的积极作用，防范预付卡被利用进行洗钱套现等违法违纪活动，切实保护持卡人的合法权益，人民银行在2号令和25号文确立的总体政策框架下，经深入调研、充分论证、广泛征求意见，按照规范发展、从严管理的思路制定并发布《办法》，构建符合我国预付卡市场实际情况和管理需要的制度体系。

二、人民银行关于预付卡的监管思路是什么？

《办法》作为2号令的配套制度，遵循了2号令确立的“规范发展与促进创新并重”的总体监管思路。考虑到现阶段我国预付卡市场发展存在的业务风险和相关社会问题，《办法》按照审慎监管原则，从严规范和管理预付卡业务。

一方面，满足预付卡持卡人的合法合理需求，适度把握制度设计的灵活性，充分发挥预付卡在小额支付领域的积极作用。如《办法》规定不记名预付卡资金限额不超过1000元；对记名预付卡持卡人赋予其在挂失、赎回等方面的权利；对资金限额在200元以下的预付卡在销售、充值方面给予便利；在不记名预付卡不得赎回的前提下，对与老百姓关系密切的公交行业不记名预付卡，允许余额在100元以下时按约定赎回；允许预付卡通过网络支付渠道缴纳公用事业费等，都突出了预付卡在便民支付方面的优势，一定程度上满足和支持了预付卡在小额便民支付领域的创新发展。

另一方面，建立严格的风险监管机制，全面规范预付卡的发行、受理和使用，明确各方权利、义务和责任，维护预付卡市场秩序，防范风险。《办法》作为2号令的配套制度，本着“疏堵结合”的原则，强调记名预付卡和不记名预付卡在资金限额、有效期、挂失、充值、赎回等方面的权利差别，从而鼓励、引导持卡人在预付卡业务中留下身份信息记录，享有更多权利，以突出预付卡作为非现金支付工具的“留痕”功能，为打击洗钱、套现等不法活动提供线索。在发行方面，《办法》强调购卡（充值）实名制度、非现金购卡制度等规定；在受理方面，明确发卡机构在商户拓展、签约、资金结算、商户风险管理等方面必须承担的责任，强调商户实名制要求，防范预付卡用于非法设立、非法经营或无实体经营场所的商户；在使用、充值和赎回方面，科学、适当地限定预付卡的使用范围和值途径，明确了充值、挂失和赎回的实名要求，并明确规定不记名预付卡不挂失，不赎回，以防止预付卡被用于洗钱和套现等不当目的。

三、请介绍一下《办法》中体现“从严监管”的主要内容。

《办法》细化了25号文关于建立购卡实名制度、非现金购卡制度和限额发行制度等要求。个人或单位购买记名预付卡或一次性购买不记名预付卡1万元以上的，发卡机构应当识别购卡人有效身份证件；单位一次性购买预付卡5000元以上，个人一次性购买预付卡5万元以上的，应当通过银行转账等非现金结算方式购买，不得使用现金；支付机构发行的预付卡应当以人民币计价，单张记名预付卡资金限额不超过5000元，单张不记名预付卡资金限额不超过1000元。

《办法》还从严制定了预付卡业务其他管理制度，以有效控制预付卡业务盲目扩张。一是发卡机构不得在未设立省级分支机构的省（自治区、直辖市、计划单列市）开展预付卡发行销售业务，并通过实体网点发行、销售预付卡。对于单张资金限额200元以下的预付卡，发卡机构可委托销售合作机构代理销售，但其作为预付卡发行主体的所有责任不因代理销售而发生转移。二是发卡机构应当为其发行的预付卡提供受理服务，其自行拓展、签约和管理的特约商户数不少于其全部受理商户数的70%。三是坚持预付卡业务“闭环”运行，与银行卡业务互补发展，因此，《办法》禁止发卡机构发行或代理销售采用或变相采用银行卡清算机构分配的发卡机构标识代码预付卡，禁止支付机构之间合作发行预付卡，禁止不同的发卡机构采用统一识别性的品牌标识，卡面上不得使用发卡机构委托的受理机构的品牌标识。

四、《办法》如何体现实名制要求？

实行实名制是25号文的明确要求。《办法》从以下方面体现了实名制要求：

一是区分记名预付卡和不记名预付卡。在预付卡资金限额、赎回、有效期等方面赋予了记名预付卡更多的权利，以鼓励记名发行预付卡。《办法》规定，单张记名预付卡资金限额不超过5000元，单张不记名预付卡资金限额不超过1000元。记名预付卡可以挂失、赎回，不设置有效期。不记名预付卡不挂失，可设置有效期，有效期不低于3年。

二是购卡实名制规定。个人或单位购买记名预付卡或一次性购买不记名预付卡1万元以上的，要求购卡人使用实名并提供有效身份证件。发卡机构应当识别购卡人身份，核对有效身份证件，登记身份基本信息，并留存有效身份证件的复印件或影印件。

三是充值实名制规定。发卡机构办理记名预付卡或一次性金额1万元以上不记名预付卡充值业务的，应当参照购卡实名规定，落实实名制要求。

四是银行转账方式购卡和充值。单位一次性购买预付卡5000元以上，个人一次性购买预付卡5万元以上，或办理一次性5000元以上预付卡充值业务的，应当通过银行转账等非现金结算方式，不得使用现金，以增加购卡和充值透明度。

通过以上规定，在发行、购买、充值等环节落实实名要求，有利于防止预付卡被用于洗钱、套现等活动。

五、《办法》如何体现对消费者权益的保护？

《办法》从发卡机构向购卡人公示、提供预付卡章程，告知持卡消费便利或优惠，明示激活、挂失、换发、赎回等服务的收费事项，提供安全便利的查询、赎回渠道，以及发卡机构收费等方面进行了规范，充分保障持卡人的知情权、基本服务获取权和资金使用权。具体体现在：

一是保障知情权。《办法》要求发卡机构履行告知义务，向购卡人公示、提供预付卡章程或与其签订协议；针对具有普遍性的维护持卡人权益案例，规定了发卡机构在章程变更时应提前30天的公告义务，以及新增收费项目、提高收费标准、降低优惠条件时，应在新章程和协议文本生效之日起180天内对原客户执行原章程或协议的要求。

二是保障资金使用权。《办法》规定，对于超过有效期尚有资金余额的不记名预付卡，发卡机构应当提供延期、激活、换卡等服务，保障持卡人继续用卡的权益。考虑到在公共交通领域使用的不记名预付卡主要用于小额便民支付的实际情况，《办法》规定不记名公共交通领域的预付卡单张卡片余额在100元以下的，可以按约定赎回；《办法》还要求发卡机构在新章程或协议文本生效180日内，对原有客户应当按照原章程或协议执行，即原客户对新章程、新协议有异议的，可在210日的保护期内，通过赎回记名预付卡内资金余额或将预付卡内余额消费完等方式，避免资金权益受损。

三是保障基本服务获取权。《办法》明确要求支付机构应按规定提供余额查询、挂失和赎回等基本服务，对于单张预付卡同日累计现金充值在200元以下的，可以通过自助充值终端、销售合作机构办理，确保持卡人享有安全便利的服务。

这些规定从满足持卡人合理的用卡需求出发，旨在确保支付机构向持卡人提供公开透明的信息，维护持卡人的合法权益，便利其正常使用。

六、《办法》对预付卡客户预付资金的安全管理有哪些考虑？

近年来社会资金供应趋紧，发卡机构对预付资金具有很强烈的投资、挤占或挪用冲动。因此，加强发卡机构客户备付金管理是支付机构业务管理的重中之重。为维护社会稳定和持卡人利益，我行研究制定了《支付机构客户备付金存管暂行办法》作为与2号令配套的监管制度之一，明确支付机构客户备付金的监管要求。目前该办法已完成上网公开征求意见，俟进一步修改完善后即可发布。故对支付机构客户备付金存管的普遍性业务要求不再在《办法》中重复，但《办法》仍然结合预付卡业务特点，遵循备付金办法的监管主旨精神和原则，就发卡机构和受理机构应遵守的备付金监管要求作出了特别规定。一是要求发卡机构应当通过其客户备付金存管银行直接向特约商户划转结算资金，受理机构不得参与资金结算；二是要求发卡机构委托销售合作机构代理销售的，代销售资金应直接存入发卡机构备付金银行账户，以切实防范预付卡业务中可能出现的资金风险。

七、《办法》规定预付卡发卡机构不得发行或代理销售采用或变相采用银行卡清算机构分配的发卡机构标识代码的预付卡，也不得在卡面上使用银行卡清算机构品牌标识，是出于什么考虑？

由于银行卡受理网络资源具有通用性和开放性，如预付卡发卡机构采用银行卡发卡机构标识代码（BIN号）发行预付卡，意味着发卡机构无需自建受理网络，无需直接签约特约商户，直接利用现有的银行卡受理网络资源和商户资源即可，由此将催生一批仅以发卡为主业、以无偿占用备付金为目的的机构，模糊发卡机构和受理机构以及特约商户之间的权利义务关系，并助长预付卡滥发。另外，允许预付卡发卡机构发行金融标准的预付卡，还将冲击现有的银行卡市场，并关系到整个非现金支付服务市场的发展格局。为此，根据审慎原则，《办法》禁止支付机构发行采用银行卡BIN号的预付卡。

目前，个别境外发卡机构发行银行卡BIN号预付卡通过境内支付机构或社会机构代理发行（销售），从而逃避我国对境外机构在境内从事预付卡业务的准入和监管，极易被用于跨境资金非法流动、洗钱、套现等活动，扰乱金融秩序，因此《办法》明确规定发卡机构不得代理销售采用或变相采用银行卡清算机构分配的发卡机构标识代码的预付卡，以维护预付卡市场秩序，防范金融风险。

八、《办法》为什么规定："发卡机构应为其发行的预付卡提供受理服务网络，自行拓展、签约和管理的特约商户数不少于该预付卡全部特约商户数的70%"？

为避免发卡机构单纯为了吸收预付资金而从事预付卡业务，敦促更多的支付机构开展商户拓展和受理网络建设工作，建立科学、合理的预付卡经营体制，《办法》规定发卡机构应当为其发行的预付卡提供受理服务，其自行拓展、签约和管理的特约商户数不少于该预付卡全部商户数的70%，以敦促发卡机构拓展受理市场，为持卡人提供顺畅的受理服务。同时规定发卡机构按规定委托其他受理机构为其预付卡提供受理服务的，其对特约商户应承担的资金结算与风险管理责任不因受理机构参与预付卡受理而转移。

九、《办法》为何禁止使用信用卡购买预付卡和为预付卡充值？

主要考虑是：一是禁止使用信用卡购买预付卡或为预付卡充值，可以有效防范预付卡套现和信用卡套现风险互相传递。根据对预付卡市场的调查了解，为逃避对常规套现方式的监管和打击，用信用卡购买预付卡或充值、再通过地下交易市场变现已经成为套现新手法；尽管《办法》通过限额发行、实名购卡和限期赎回等方式增加了信用卡套现难度，但有必要从源头上切断预付卡和信用卡之间的"以卡购卡、以卡充卡"行为，彻底杜绝信用卡在预付卡领域套现行为的发生。二是从行业实践看，部分预付卡发卡机构已从风险防范的角度出发，自觉关闭了其售卡系统中客户使用信用卡购买预付卡的功能。

十、为什么在网络支付渠道，只允许预付卡用于三种情况？

《办法》规定预付卡不得用于网络支付渠道，但三种情形例外，一是缴纳公共事业费；二是在发卡机构拓展的实体特约商户的网络商店中使用；三是同时获准办理"互联网支付"业务的发卡机构，其发行的预付卡可向持卡人在本机构开立的实名的网络支付账户充值，但同一客户的所有网络支付账户的年累计充值金额合计不超过5000元。

不允许预付卡广泛用于网络支付渠道，主要是考虑现有网络商户的风险管理法规制度和监管体制尚未健全；网络支付账户与银行账户绑定，二者可以进行资金转移，在这种情况下，预付卡在网络商户使用将由于其匿名性而滋生套现、洗钱等问题。为引导预付卡业务规范、健康发展，《办法》适度掌握制度设计的灵活性，对风险可控的小额便民支付给予特例安排：

第一，随着近年来网络支付业务的不断发展，部分地方政府出于方便群众缴费考虑，鼓励预付卡通过网络支付渠道缴纳水、电、汽等公共事业费用，满足了广大群众全天候缴费、不排队缴费的合理需求，受到了持卡人的欢迎。考虑到这类预付卡在现实中应用比较普遍，且其交易背景真实、可信、有据可查，因此，《办法》允许预付卡通过网络支付渠道缴纳公共事业费。

第二，目前很多实体商户出于压缩经营成本、提高市场竞争力考虑，纷纷将线下的商品引入网络商店中展示出售。允许预付卡在发卡机构拓展的实体特约商户的网络商店使用，对持卡人而言，只是改变了购买同一商家商品或服务的方式，但可以节约时间，甚至享受更多的优惠；对特约商户而言，能够节省营业场所租金和人工费用，增大利润空间。同时，同一家商户的网上商店出售的商品与实体商店基本吻合，其套现、洗钱风险相对较小。

第三，一些预付卡发卡机构同时也获准办理“互联网支付”业务，为满足该机构预付卡持卡人通过其实名的网络支付账户进行小额支付的需求，《办法》对此类机构发行的预付卡适当灵活处理，允许持卡人向其在该发卡机构开立的实名的网络支付账户充值，但实行同一客户年累计5000元的金额控制，一方面风险可控，另一方面也引导不记名预付卡通过其实名的支付账户支付而留下“痕迹”。

十一、《办法》规定不记名预付卡不赎回，但为什么公交领域的不记名预付卡允许赎回？

为防范匿名预付卡被用于洗钱、套现风险，《办法》规定不记名预付卡不得赎回。单次购买不记名预付卡金额在1万元以下时，由于未达到实名制度要求，因此，发卡机构在发行、销售环节无法记载任何关于购卡人、持卡人的信息。若允许持卡人赎回不记名预付卡，发卡机构在持卡人办理赎回时无任何信息可供核对，也无法记录赎回人的任何个人信息，这或将导致不记名预付卡沦为洗钱、套现的工具;同时,部分发卡机构若通过发行、赎回本机构发行的不记名预付卡,可能使部分发卡机构以此为盈利模式而盲目扩张业务规模,这都与人民银行将预付卡纳入支付体系监管的目标相悖。因此,《办法》明确规定不记名预付卡不得赎回。

同时,考虑到部分预付卡主要应用于公共交通领域,与广大人民群众的日常生活关系密切,在现实中确实存在赎回小额不记名公共交通领域预付卡的合理需求,《办法》适度把握制度设计的灵活性,对余额在 100 元以下的公共交通领域不记名预付卡卡,允许按约定赎回。

十二、《办法》规定,"发行可在公共交通领域使用的预付卡发卡机构,其在公共交通领域实现的当年累计预付卡交易总额不得低于同期发卡总金额的70%",请谈谈设立此条款的原因。

主要原因:一是该条款借鉴了香港金融管理局要求"八达通"卡应用在公交领域的交易不低于交易总额的 50% 的经验,防止因其兼具吸收预付资金和可赎回功能而被滥用于不当目的,这种比例限制符合公交领域预付卡的特性,符合预付卡向小额便民发展的管理思路。二是该比例并非针对单张预付卡、单个持卡人,对社会公众的用卡不会带来影响。据调查,北京一卡通用于公交领域支付的金额占比高达 94%,上海、天津、广州、深圳地区的比例分别为 85%、75%、72% 和 76%,因此 70% 的比例限制不会给现有公交卡发卡机构的业务运营带来影响。三是 70% 的监管比例要求可通过发卡机构减少或限制拓展大额消费商户来实现,引导其专注于发展泛公交领域的小额便捷支付商户,如公交、地铁、城市快速路、出租车、泊车缴费、城市自行车租赁等,对发卡机构来说是可操作和可控的;四是目前一些城市出现了公交卡的应用范围向大型商场、酒店等其他大额消费的非公交行业渗透的趋势,这与预付卡监管政策目标相悖,应在制度上进行有效防范。

此外,为防止不记名预付卡持卡人通过赎回进行套现等不当行为,《办法》规定不记名预付卡不得赎回。但考虑到社会公众广泛使用公交卡的特点,在限制公共交通领域预付卡应用以公交为主导方向的同时,允许余额在 100 元以下的不记名公交卡持卡人可以与发卡机构按约定赎回。因此,对公交卡发卡机构进行 70% 的交易比例限制,与允许其余额在 100 元以下可以赎回以及《办法》关于不记名预付卡不得赎回的条款，有其内在的逻辑性和合理性，符合《办法》的主旨精神。

十三、《办法》发布后，人民银行将采取哪些措施加强预付卡监管？

一是按照规范为主，严格监管的原则，在预付卡业务许可过程中强化对已申请机构落实《办法》情况的审查力度；二是加强政策培训和宣传，促使支付机构正确理解和掌握《办法》精神和内容，提升支付机构合规经营的意识和能力；三是加大政策落实力度，开展预付卡业务专项检查，进一步传导政策意图，规范支付机构预付卡经营行为；四是健全监管手段，抓紧建立支付机构非现场监管系统，探索建立基于备付金规模和风险权重等因素的机构分类监管工作机制；五是加强与税务、财政、工商、纪检等相关职能部门的协调配合，形成部门联动，确保预付卡业务规范发展。

（二）公司收购重组类

1. 上市公司收购管理办法（2014年修订）

发文日期	2014年10月23日	有效范围	全国
发文机关	中国证券监督管理委员会	文号	中国证券监督管理委员会令第108号
时效性	现行有效	生效日期	2014－11－23
所属分类	兼并与收购（公司法→兼并与收购），证券（证券期货法→证券）		

第三章　要约收购

第二十三条　投资者自愿选择以要约方式收购上市公司股份的，可以向被收购公司所有股东发出收购其所持有的全部股份的要约（以下简称全面要约），也可以向被收购公司所有股东发出收购其所持有的部分股份的要约（以下简称部分要约）。

第二十四条　通过证券交易所的证券交易，收购人持有一个上市公司的股份达到该公司已发行股份的30%时，继续增持股份的，应当采取要约方式进行，发出全面要约或者部分要约。

第二十五条 收购人依照本办法第二十三条、第二十四条、第四十七条、第五十六条的规定，以要约方式收购一个上市公司股份的，其预定收购的股份比例均不得低于该上市公司已发行股份的5%。

第二十六条 以要约方式进行上市公司收购的，收购人应当公平对待被收购公司的所有股东。持有同一种类股份的股东应当得到同等对待。

第二十七条 收购人为终止上市公司的上市地位而发出全面要约的，或者向中国证监会提出申请但未取得豁免而发出全面要约的，应当以现金支付收购价款；以依法可以转让的证券（以下简称证券）支付收购价款的，应当同时提供现金方式供被收购公司股东选择。

第二十八条 以要约方式收购上市公司股份的，收购人应当编制要约收购报告书，聘请财务顾问，通知被收购公司，同时对要约收购报告书摘要作出提示性公告。

本次收购依法应当取得相关部门批准的，收购人应当在要约收购报告书摘要中作出特别提示，并在取得批准后公告要约收购报告书。

第二十九条 前条规定的要约收购报告书，应当载明下列事项：

（一）收购人的姓名、住所；收购人为法人的，其名称、注册地及法定代表人，与其控股股东、实际控制人之间的股权控制关系结构图；

（二）收购人关于收购的决定及收购目的，是否拟在未来12个月内继续增持；

（三）上市公司的名称、收购股份的种类；

（四）预定收购股份的数量和比例；

（五）收购价格；

（六）收购所需资金额、资金来源及资金保证，或者其他支付安排；

（七）收购要约约定的条件；

（八）收购期限；

（九）公告收购报告书时持有被收购公司的股份数量、比例；

（十）本次收购对上市公司的影响分析，包括收购人及其关联方所从事的业务与上市公司的业务是否存在同业竞争或者潜在的同业竞争，是否存在持续关联交易；存在同业竞争或者持续关联交易的，收购人是否已作出相应的安排，确保收购人及其关联方与上市公司之间避免同业竞争以及保持上市公司的独立性；

（十一）未来12个月内对上市公司资产、业务、人员、组织结构、公司章程等进行调整的后续计划；

（十二）前24个月内收购人及其关联方与上市公司之间的重大交易；

（十三）前6个月内通过证券交易所的证券交易买卖被收购公司股票的情况；

（十四）中国证监会要求披露的其他内容。

收购人发出全面要约的，应当在要约收购报告书中充分披露终止上市的风险、终止上市后收购行为完成的时间及仍持有上市公司股份的剩余股东出售其股票的其他后续安排；收购人发出以终止公司上市地位为目的的全面要约，无须披露前款第（十）项规定的内容。

第三十条 收购人按照本办法第四十七条拟收购上市公司股份超过30%，须改以要约方式进行收购的，收购人应当在达成收购协议或者做出类似安排后的3日内对要约收购报告书摘要作出提示性公告，并按照本办法第二十八条、第二十九条的规定履行公告义务，同时免于编制、公告上市公司收购报告书；依法应当取得批准的，应当在公告中特别提示本次要约须取得相关批准方可进行。

未取得批准的，收购人应当在收到通知之日起2个工作日内，公告取消收购计划，并通知被收购公司。

第三十一条 收购人自作出要约收购提示性公告起60日内，未公告要约收购报告书的，收购人应当在期满后次一个工作日通知被收购公司，并予公告；此后每30日应当公告一次，直至公告要约收购报告书。

收购人作出要约收购提示性公告后，在公告要约收购报告书之前，拟自行取消收购计划的，应当公告原因；自公告之日起12个月内，该收购人不得再次对同一上市公司进行收购。

第三十二条 被收购公司董事会应当对收购人的主体资格、资信情况及收购意图进行调查，对要约条件进行分析，对股东是否接受要约提出建议，并聘请独立财务顾问提出专业意见。在收购人公告要约收购报告书后20日内，被收购公司董事会应当公告被收购公司董事会报告书与独立财务顾问的专业意见。

收购人对收购要约条件做出重大变更的,被收购公司董事会应当在 3 个工作日内公告董事会及独立财务顾问就要约条件的变更情况所出具的补充意见。

第三十三条 收购人作出提示性公告后至要约收购完成前,被收购公司除继续从事正常的经营活动或者执行股东大会已经作出的决议外,未经股东大会批准,被收购公司董事会不得通过处置公司资产、对外投资、调整公司主要业务、担保、贷款等方式,对公司的资产、负债、权益或者经营成果造成重大影响。

第三十四条 在要约收购期间,被收购公司董事不得辞职。

第三十五条 收购人按照本办法规定进行要约收购的,对同一种类股票的要约价格,不得低于要约收购提示性公告日前 6 个月内收购人取得该种股票所支付的最高价格。

要约价格低于提示性公告日前 30 个交易日该种股票的每日加权平均价格的算术平均值的,收购人聘请的财务顾问应当就该种股票前 6 个月的交易情况进行分析,说明是否存在股价被操纵、收购人是否有未披露的一致行动人、收购人前 6 个月取得公司股份是否存在其他支付安排、要约价格的合理性等。

第三十六条 收购人可以采用现金、证券、现金与证券相结合等合法方式支付收购上市公司的价款。收购人以证券支付收购价款的,应当提供该证券的发行人最近 3 年经审计的财务会计报告、证券估值报告,并配合被收购公司聘请的独立财务顾问的尽职调查工作。收购人以在证券交易所上市的债券支付收购价款的,该债券的可上市交易时间应当不少于一个月。收购人以未在证券交易所上市交易的证券支付收购价款的,必须同时提供现金方式供被收购公司的股东选择,并详细披露相关证券的保管、送达被收购公司股东的方式和程序安排。

收购人聘请的财务顾问应当对收购人支付收购价款的能力和资金来源进行充分的尽职调查,详细披露核查的过程和依据,说明收购人是否具备要约收购的能力。收购人应当在作出要约收购提示性公告的同时,提供以下至少一项安排保证其具备履约能力:

(一)以现金支付收购价款的,将不少于收购价款总额的 20% 作为履约保证金存入证券登记结算机构指定的银行;收购人以在证券交易所上市交易的证券支付收购价款的,将用于支付的全部证券交由证券登记结算机构保管,但上市公司发行新股的除外；

（二）银行对要约收购所需价款出具保函；

（三）财务顾问出具承担连带保证责任的书面承诺，明确如要约期满收购人不支付收购价款，财务顾问进行支付。

第三十七条 收购要约约定的收购期限不得少于30日，并不得超过60日；但是出现竞争要约的除外。

在收购要约约定的承诺期限内，收购人不得撤销其收购要约。

第三十八条 采取要约收购方式的，收购人作出公告后至收购期限届满前，不得卖出被收购公司的股票，也不得采取要约规定以外的形式和超出要约的条件买入被收购公司的股票。

第三十九条 收购要约提出的各项收购条件，适用于被收购公司的所有股东。

收购人需要变更收购要约的，必须及时公告，载明具体变更事项，并通知被收购公司。

第四十条 收购要约期限届满前15日内，收购人不得变更收购要约；但是出现竞争要约的除外。

出现竞争要约时，发出初始要约的收购人变更收购要约距初始要约收购期限届满不足15日的，应当延长收购期限，延长后的要约期应当不少于15日，不得超过最后一个竞争要约的期满日，并按规定追加履约保证。

发出竞争要约的收购人最迟不得晚于初始要约收购期限届满前15日发出要约收购的提示性公告，并应当根据本办法第二十八条和第二十九条的规定履行公告义务。

第四十一条 要约收购报告书所披露的基本事实发生重大变化的，收购人应当在该重大变化发生之日起2个工作日内作出公告，并通知被收购公司。

第四十二条 同意接受收购要约的股东（以下简称预受股东），应当委托证券公司办理预受要约的相关手续。收购人应当委托证券公司向证券登记结算机构申请办理预受要约股票的临时保管。证券登记结算机构临时保管的预受要约的股票，在要约收购期间不得转让。

前款所称预受，是指被收购公司股东同意接受要约的初步意思表示，在要约收购期限内不可撤回之前不构成承诺。在要约收购期限届满3个交易日前,预受股东可以委托证券公司办理撤回预受要约的手续,证券登记结算机构根据预受要约股东的撤回申请解除对预受要约股票的临时保管。在要约收购期限届满前3个交易日内,预受股东不得撤回其对要约的接受。在要约收购期限内,收购人应当每日在证券交易所网站上公告已预受收购要约的股份数量。

出现竞争要约时,接受初始要约的预受股东撤回全部或者部分预受的股份,并将撤回的股份售予竞争要约人的,应当委托证券公司办理撤回预受初始要约的手续和预受竞争要约的相关手续。

第四十三条 收购期限届满,发出部分要约的收购人应当按照收购要约约定的条件购买被收购公司股东预受的股份,预受要约股份的数量超过预定收购数量时,收购人应当按照同等比例收购预受要约的股份;以终止被收购公司上市地位为目的的,收购人应当按照收购要约约定的条件购买被收购公司股东预受的全部股份;未取得中国证监会豁免而发出全面要约的收购人应当购买被收购公司股东预受的全部股份。

收购期限届满后3个交易日内,接受委托的证券公司应当向证券登记结算机构申请办理股份转让结算、过户登记手续,解除对超过预定收购比例的股票的临时保管;收购人应当公告本次要约收购的结果。

第四十四条 收购期限届满,被收购公司股权分布不符合上市条件,该上市公司的股票由证券交易所依法终止上市交易。在收购行为完成前,其余仍持有被收购公司股票的股东,有权在收购报告书规定的合理期限内向收购人以收购要约的同等条件出售其股票,收购人应当收购。

第四十五条 收购期限届满后15日内,收购人应当向证券交易所提交关于收购情况的书面报告,并予以公告。

第四十六条 除要约方式外,投资者不得在证券交易所外公开求购上市公司的股份。

第四章 协议收购

第四十七条 收购人通过协议方式在一个上市公司中拥有权益的股份达到或者超过该公司已发行股份的5%,但未超过30%的,按照本办法第二章的规定办理。

收购人拥有权益的股份达到该公司已发行股份的30%时，继续进行收购的，应当依法向该上市公司的股东发出全面要约或者部分要约。符合本办法第六章规定情形的，收购人可以向中国证监会申请免除发出要约。

收购人拟通过协议方式收购一个上市公司的股份超过30%的，超过30%的部分，应当改以要约方式进行；但符合本办法第六章规定情形的，收购人可以向中国证监会申请免除发出要约。收购人在取得中国证监会豁免后，履行其收购协议；未取得中国证监会豁免且拟继续履行其收购协议的，或者不申请豁免的，在履行其收购协议前，应当发出全面要约。

第四十八条 以协议方式收购上市公司股份超过30%，收购人拟依据本办法第六章的规定申请豁免的，应当在与上市公司股东达成收购协议之日起3日内编制上市公司收购报告书，提交豁免申请，委托财务顾问向中国证监会、证券交易所提交书面报告，通知被收购公司，并公告上市公司收购报告书摘要。

收购人自取得中国证监会的豁免之日起3日内公告其收购报告书、财务顾问专业意见和律师出具的法律意见书；收购人未取得豁免的，应当自收到中国证监会的决定之日起3日内予以公告，并按照本办法第六十一条第二款的规定办理。

第四十九条 依据前条规定所作的上市公司收购报告书，须披露本办法第二十九条第(一)项至第(六)项和第(九)项至第(十四)项规定的内容及收购协议的生效条件和付款安排。

已披露收购报告书的收购人在披露之日起6个月内，因权益变动需要再次报告、公告的，可以仅就与前次报告书不同的部分作出报告、公告；超过6个月的，应当按照本办法第二章的规定履行报告、公告义务。

第五十条 收购人公告上市公司收购报告书时，应当提交以下备查文件：

(一)中国公民的身份证明，或者在中国境内登记注册的法人、其他组织的证明文件；

(二)基于收购人的实力和从业经验对上市公司后续发展计划可行性的说明，收购人拟修改公司章程、改选公司董事会、改变或者调整公司主营业务的，还应当补充其具备规范运作上市公司的管理能力的说明；

(三)收购人及其关联方与被收购公司存在同业竞争、关联交易的，应提供避免同业竞争等利益冲突、保持被收购公司经营独立性的说明；

（四）收购人为法人或者其他组织的，其控股股东、实际控制人最近2年未变更的说明；

（五）收购人及其控股股东或实际控制人的核心企业和核心业务、关联企业及主营业务的说明；收购人或其实际控制人为两个或两个以上的上市公司控股股东或实际控制人的，还应当提供其持股5%以上的上市公司以及银行、信托公司、证券公司、保险公司等其他金融机构的情况说明；

（六）财务顾问关于收购人最近3年的诚信记录、收购资金来源合法性、收购人具备履行相关承诺的能力以及相关信息披露内容真实性、准确性、完整性的核查意见；收购人成立未满3年的，财务顾问还应当提供其控股股东或者实际控制人最近3年诚信记录的核查意见。

境外法人或者境外其他组织进行上市公司收购的，除应当提交第一款第（二）项至第（六）项规定的文件外，还应当提交以下文件：

（一）财务顾问出具的收购人符合对上市公司进行战略投资的条件、具有收购上市公司的能力的核查意见；

（二）收购人接受中国司法、仲裁管辖的声明。

第五十一条 上市公司董事、监事、高级管理人员、员工或者其所控制或者委托的法人或者其他组织，拟对本公司进行收购或者通过本办法第五章规定的方式取得本公司控制权（以下简称管理层收购）的，该上市公司应当具备健全且运行良好的组织机构以及有效的内部控制制度，公司董事会成员中独立董事的比例应当达到或者超过1/2。公司应当聘请具有证券、期货从业资格的资产评估机构提供公司资产评估报告，本次收购应当经董事会非关联董事作出决议，且取得2/3以上的独立董事同意后，提交公司股东大会审议，经出席股东大会的非关联股东所持表决权过半数通过。独立董事发表意见前，应当聘请独立财务顾问就本次收购出具专业意见，独立董事及独立财务顾问的意见应当一并予以公告。

上市公司董事、监事、高级管理人员存在《公司法》第一百四十八条规定情形，或者最近3年有证券市场不良诚信记录的，不得收购本公司。

第五十二条 以协议方式进行上市公司收购的，自签订收购协议起至相关股份完成过户的期间为上市公司收购过渡期（以下简称过渡期）。在过渡期内，收购人不得通过控股股东提议改选上市公司董事会，确有充分理由改选董事会的，来自收购人的董事不得超过董事会成员的1/3；被收购公司不得为收购人及其关联方提供担保；被收购公司不得公开发行股份募集资金，不得进行重大购买、出售资产及重大投资行为或者与收购人及其关联方进行其他关联交易，但收购人为挽救陷入危机或者面临严重财务困难的上市公司的情形除外。

第五十三条 上市公司控股股东向收购人协议转让其所持有的上市公司股份的，应当对收购人的主体资格、诚信情况及收购意图进行调查，并在其权益变动报告书中披露有关调查情况。

控股股东及其关联方未清偿其对公司的负债，未解除公司为其负债提供的担保，或者存在损害公司利益的其他情形的，被收购公司董事会应当对前述情形及时予以披露，并采取有效措施维护公司利益。

第五十四条 协议收购的相关当事人应当向证券登记结算机构申请办理拟转让股份的临时保管手续，并可以将用于支付的现金存放于证券登记结算机构指定的银行。

第五十五条 收购报告书公告后，相关当事人应当按照证券交易所和证券登记结算机构的业务规则，在证券交易所就本次股份转让予以确认后，凭全部转让款项存放于双方认可的银行账户的证明，向证券登记结算机构申请解除拟协议转让股票的临时保管，并办理过户登记手续。

收购人未按规定履行报告、公告义务，或者未按规定提出申请的，证券交易所和证券登记结算机构不予办理股份转让和过户登记手续。

收购人在收购报告书公告后30日内仍未完成相关股份过户手续的，应当立即作出公告，说明理由；在未完成相关股份过户期间，应当每隔30日公告相关股份过户办理进展情况。

第五章 间接收购

第五十六条 收购人虽不是上市公司的股东，但通过投资关系、协议、其他安排导致其拥有权益的股份达到或者超过一个上市公司已发行股份的5%未超过30%的，应当按照本办法第二章的规定办理。

收购人拥有权益的股份超过该公司已发行股份的30%的，应当向该公司所有股东发出全面要约；收购人预计无法在事实发生之日起30日内发出全面要约的，应当在前述30日内促使其控制的股东将所持有的上市公司股份减持至

30%或者30%以下,并自减持之日起2个工作日内予以公告;其后收购人或者其控制的股东拟继续增持的,应当采取要约方式;拟依据本办法第六章的规定申请豁免的,应当按照本办法第四十八条的规定办理。

第五十七条 投资者虽不是上市公司的股东,但通过投资关系取得对上市公司股东的控制权,而受其支配的上市公司股东所持股份达到前条规定比例、且对该股东的资产和利润构成重大影响的,应当按照前条规定履行报告、公告义务。

第五十八条 上市公司实际控制人及受其支配的股东,负有配合上市公司真实、准确、完整披露有关实际控制人发生变化的信息的义务;实际控制人及受其支配的股东拒不履行上述配合义务,导致上市公司无法履行法定信息披露义务而承担民事、行政责任的,上市公司有权对其提起诉讼。实际控制人、控股股东指使上市公司及其有关人员不依法履行信息披露义务的,中国证监会依法进行查处。

第五十九条 上市公司实际控制人及受其支配的股东未履行报告、公告义务的,上市公司应当自知悉之日起立即作出报告和公告。上市公司就实际控制人发生变化的情况予以公告后,实际控制人仍未披露的,上市公司董事会应当向实际控制人和受其支配的股东查询,必要时可以聘请财务顾问进行查询,并将查询情况向中国证监会、上市公司所在地的中国证监会派出机构(以下简称派出机构)和证券交易所报告;中国证监会依法对拒不履行报告、公告义务的实际控制人进行查处。

上市公司知悉实际控制人发生较大变化而未能将有关实际控制人的变化情况及时予以报告和公告的,中国证监会责令改正,情节严重的,认定上市公司负有责任的董事为不适当人选。

第六十条 上市公司实际控制人及受其支配的股东未履行报告、公告义务,拒不履行第五十八条规定的配合义务,或者实际控制人存在不得收购上市公司情形的,上市公司董事会应当拒绝接受受实际控制人支配的股东向董事会提交的提案或者临时议案,并向中国证监会、派出机构和证券交易所报告。中国证监会责令实际控制人改正,可以认定实际控制人通过受其支配的股东所提名的董事为不适当人选;改正前,受实际控制人支配的股东不得行使其持有股份的表决权。上市公司董事会未拒绝接受实际控制人及受其支配的股东所提出的提案的,中国证监会可以认定负有责任的董事为不适当人选。

第十章　附　　则

第八十三条　本办法所称一致行动,是指投资者通过协议、其他安排,与其他投资者共同扩大其所能够支配的一个上市公司股份表决权数量的行为或者事实。

在上市公司的收购及相关股份权益变动活动中有一致行动情形的投资者,互为一致行动人。如无相反证据,投资者有下列情形之一的,为一致行动人:

(一)投资者之间有股权控制关系;

(二)投资者受同一主体控制;

(三)投资者的董事、监事或者高级管理人员中的主要成员,同时在另一个投资者担任董事、监事或者高级管理人员;

(四)投资者参股另一投资者,可以对参股公司的重大决策产生重大影响;

(五)银行以外的其他法人、其他组织和自然人为投资者取得相关股份提供融资安排;

(六)投资者之间存在合伙、合作、联营等其他经济利益关系;

(七)持有投资者30%以上股份的自然人,与投资者持有同一上市公司股份;

(八)在投资者任职的董事、监事及高级管理人员,与投资者持有同一上市公司股份;

(九)持有投资者30%以上股份的自然人和在投资者任职的董事、监事及高级管理人员,其父母、配偶、子女及其配偶、配偶的父母、兄弟姐妹及其配偶、配偶的兄弟姐妹及其配偶等亲属,与投资者持有同一上市公司股份;

(十)在上市公司任职的董事、监事、高级管理人员及其前项所述亲属同时持有本公司股份的,或者与其自己或者其前项所述亲属直接或者间接控制的企业同时持有本公司股份;

(十一)上市公司董事、监事、高级管理人员和员工与其所控制或者委托的法人或者其他组织持有本公司股份;

(十二)投资者之间具有其他关联关系。

一致行动人应当合并计算其所持有的股份。投资者计算其所持有的股份,应当包括登记在其名下的股份，也包括登记在其一致行动人名下的股份。

投资者认为其与他人不应被视为一致行动人的，可以向中国证监会提供相反证据。

2. 非上市公众公司收购管理办法

发文日期	2014年06月23日	有效范围	全国
发文机关	中国证券监督管理委员会	文号	中国证券监督管理委员会令第102号
时效性	现行有效	生效日期	2014－07－23
所属分类	兼并与收购（公司法→兼并与收购），证券（证券期货法→证券）		

第四章　要约收购

第二十一条　投资者自愿选择以要约方式收购公众公司股份的，可以向被收购公司所有股东发出收购其所持有的全部股份的要约（以下简称全面要约），也可以向被收购公司所有股东发出收购其所持有的部分股份的要约（以下简称部分要约）。

第二十二条　收购人自愿以要约方式收购公众公司股份的，其预定收购的股份比例不得低于该公众公司已发行股份的5%。

第二十三条　公众公司应当在公司章程中约定在公司被收购时收购人是否需要向公司全体股东发出全面要约收购，并明确全面要约收购的触发条件以及相应制度安排。

收购人根据被收购公司章程规定需要向公司全体股东发出全面要约收购的，对同一种类股票的要约价格，不得低于要约收购报告书披露日前6个月内取得该种股票所支付的最高价格。

第二十四条　以要约方式进行公众公司收购的，收购人应当公平对待被收购公司的所有股东。

第二十五条　以要约方式收购公众公司股份的，收购人应当聘请财务顾问，并编制要约收购报告书，连同财务顾问专业意见和律师出具的法律意见书一并披露,报送全国股份转让系统,同时通知该公众公司。

要约收购需要取得国家相关部门批准的,收购人应当在要约收购报告书中进行明确说明,并持续披露批准程序进展情况。

第二十六条 收购人可以采用现金、证券、现金与证券相结合等合法方式支付收购公众公司的价款。收购人聘请的财务顾问应当说明收购人具备要约收购的能力。收购人应当在披露要约收购报告书的同时,提供以下至少一项安排保证其具备履约能力:

(一)将不少于收购价款总额的20%作为履约保证金存入中国证券登记结算有限责任公司指定的银行等金融机构;收购人以在中国证券登记结算有限责任公司登记的证券支付收购价款的,在披露要约收购报告书的同时,将用于支付的全部证券向中国证券登记结算有限责任公司申请办理权属变更或锁定;

(二)银行等金融机构对于要约收购所需价款出具的保函;

(三)财务顾问出具承担连带担保责任的书面承诺。如要约期满,收购人不支付收购价款,财务顾问应当承担连带责任,并进行支付。

收购人以证券支付收购价款的,应当披露该证券的发行人最近2年经审计的财务会计报表、证券估值报告,并配合被收购公司或其聘请的独立财务顾问的尽职调查工作。收购人以未在中国证券登记结算有限责任公司登记的证券支付收购价款的,必须同时提供现金方式供被收购公司的股东选择,并详细披露相关证券的保管、送达被收购公司股东的方式和程序安排。

第二十七条 被收购公司董事会应当对收购人的主体资格、资信情况及收购意图进行调查,对要约条件进行分析,对股东是否接受要约提出建议,并可以根据自身情况选择是否聘请独立财务顾问提供专业意见。

被收购公司决定聘请独立财务顾问的,可以聘请为其提供督导服务的主办券商为独立财务顾问,但存在影响独立性、财务顾问业务受到限制等不宜担任独立财务顾问情形的除外。被收购公司也可以同时聘请其他机构为其提供顾问服务。

第二十八条 收购要约约定的收购期限不得少于30日,并不得超过60日;但是出现竞争要约的除外。

收购期限自要约收购报告书披露之日起开始计算。要约收购需要取得国家相关部门批准的,收购人应将取得的本次收购的批准情况连同律师出具的专项核查意见一并在取得全部批准后 2 日内披露,收购期限自披露之日起开始计算。

在收购要约约定的承诺期限内,收购人不得撤销其收购要约。

第二十九条 采取要约收购方式的,收购人披露后至收购期限届满前,不得卖出被收购公司的股票,也不得采取要约规定以外的形式和超出要约的条件买入被收购公司的股票。

第三十条 收购人需要变更收购要约的,应当重新编制并披露要约收购报告书,报送全国股份转让系统,同时通知被收购公司。变更后的要约收购价格不得低于变更前的要约收购价格。

收购要约期限届满前 15 日内,收购人不得变更收购要约;但是出现竞争要约的除外。

出现竞争要约时,发出初始要约的收购人变更收购要约距初始要约收购期限届满不足 15 日的,应当延长收购期限,延长后的要约期应当不少于 15 日,不得超过最后一个竞争要约的期满日,并按规定比例追加履约保证能力。

发出竞争要约的收购人最迟不得晚于初始要约收购期限届满前 15 日披露要约收购报告书,并应当根据本办法的规定履行披露义务。

第三十一条 在要约收购期间,被收购公司董事不得辞职。

第三十二条 同意接受收购要约的股东(以下简称预受股东),应当委托证券公司办理预受要约的相关手续。

在要约收购期限届满前 2 日内,预受股东不得撤回其对要约的接受。在要约收购期限内,收购人应当每日披露已预受收购要约的股份数量。

在要约收购期限届满后 2 日内,收购人应当披露本次要约收购的结果。

第三十三条 收购期限届满,发出部分要约的收购人应当按照收购要约约定的条件购买被收购公司股东预受的股份,预受要约股份的数量超过预定收购数量时,收购人应当按照同等比例收购预受要约的股份;发出全面要约的收购人应当购买被收购公司股东预受的全部股份。

第五章 监管措施与法律责任

第三十四条 公众公司董事未履行忠实勤勉义务,利用收购谋取不当利益的,中国证监会采取监管谈话、出具警示函等监管措施,情节严重的,有权认定其为不适当人选。涉嫌犯罪的，依法移交司法机关追究其刑事责任。

第三十五条 收购人在收购要约期限届满时，不按照约定支付收购价款或者购买预受股份的，自该事实发生之日起 2 年内不得收购公众公司；涉嫌操纵证券市场的，中国证监会对收购人进行调查，依法追究其法律责任。

前款规定的收购人聘请的财务顾问没有充分证据表明其勤勉尽责的，中国证监会视情节轻重，自确认之日起采取 3 个月至 12 个月内不接受该机构出具的相关专项文件、12 个月至 36 个月内不接受相关签字人员出具的专项文件的监管措施，并依法追究其法律责任。

第三十六条 公众公司控股股东和实际控制人在转让其对公司的控制权时，未清偿其对公司的负债，未解除公司为其提供的担保，或者未对其损害公司利益的其他情形作出纠正的，且被收购公司董事会未对前述情形及时披露并采取有效措施维护公司利益的，中国证监会责令改正，在改正前收购人应当暂停收购活动。

被收购公司董事会未能依法采取有效措施促使公司控股股东、实际控制人予以纠正，或者在收购完成后未能促使收购人履行承诺、安排或者保证的，中国证监会有权认定相关董事为不适当人选。

第三十七条 公众公司的收购及相关股份权益变动活动中的信息披露义务人，未按照本办法的规定履行信息披露以及其他相关义务，或者信息披露文件中有虚假记载、误导性陈述或者重大遗漏的，中国证监会采取责令改正、监管谈话、出具警示函、责令暂停或者终止收购等监管措施；情节严重的，比照《证券法》第一百九十三条、第二百一十三条进行行政处罚，并可以采取市场禁入的措施；涉嫌犯罪的，依法移送司法机关追究刑事责任。

第三十八条 投资者及其一致行动人规避法定程序和义务，变相进行公众公司收购，或者外国投资者规避管辖的，中国证监会采取责令改正、出具警示函、责令暂停或者停止收购等监管措施；情节严重的，进行行政处罚，并可以采取市场禁入的措施；涉嫌犯罪的，依法移交司法机关追究其刑事责任。

第三十九条 为公众公司收购出具审计报告、法律意见书和财务顾问报告的证券服务机构或者证券公司及其专业人员，未依法履行职责的，中国证监会采取责令改正、监管谈话、出具警示函等监管措施；情节严重的，比照《证券法》第二百二十三条进行行政处罚，并可以采取市场禁入的措施；涉嫌犯罪的，依法移送司法机关追究刑事责任。

第四十条 任何知悉收购信息的人员在相关信息依法披露前，泄露该信息、买卖或者建议他人买卖相关公司股票的，比照《证券法》第二百零二条予以处罚；涉嫌犯罪的，依法移送司法机关追究刑事责任。

第四十一条 编造、传播虚假收购信息，操纵证券市场或者进行欺诈活动的，比照《证券法》第二百零三条、二百零七条予以处罚；涉嫌犯罪的，依法移送司法机关追究刑事责任。

第四十二条 中国证监会将公众公司的收购及相关股份权益变动活动中的当事人的违法行为和整改情况记入诚信档案。

3. 国务院关于促进企业兼并重组的意见

发文日期	2010年08月28日	有效范围	全国
发文机关	国务院	文号	国发〔2010〕27号
时效性	现行有效	生效日期	2010－08－28
所属分类	兼并与收购（公司法→兼并与收购）		

一、充分认识企业兼并重组的重要意义

近年来，各行业、各领域企业通过合并和股权、资产收购等多种形式积极进行整合，兼并重组步伐加快，产业组织结构不断优化，取得了明显成效。但一些行业重复建设严重、产业集中度低、自主创新能力不强、市场竞争力较弱的问题仍很突出。在资源环境约束日益严重、国际间产业竞争更加激烈、贸易保护主义明显抬头的新形势下，必须切实推进企业兼并重组，深化企业改革，促进产业结构优化升级，加快转变发展方式，提高发展质量和效益，增强抵御国际市场风险能力，实现可持续发展。各地区、各有关部门要把促进企业兼并重组作为贯彻落实科学发展观，保持经济平稳较快发展的重要任务，进一步统一思想，正确处理局部与整体、当前与长远的关系，切实抓好促进企业兼并重组各项工作部署的贯彻落实。

三、消除企业兼并重组的制度障碍

（一）清理限制跨地区兼并重组的规定。为优化产业布局、进一步破除市场分割和地区封锁，要认真清理废止各种不利于企业兼并重组和妨碍公平竞争的规定，尤其要坚决取消各地区自行出台的限制外地企业对本地企业实施兼并重组的规定。

（二）理顺地区间利益分配关系。在不违背国家有关政策规定的前提下，地区间可根据企业资产规模和盈利能力，签订企业兼并重组后的财税利益分成协议，妥善解决企业兼并重组后工业增加值等统计数据的归属问题，实现企业兼并重组成果共享。

（三）放宽民营资本的市场准入。切实向民营资本开放法律法规未禁入的行业和领域，并放宽在股权比例等方面的限制。加快垄断行业改革，鼓励民营资本通过兼并重组等方式进入垄断行业的竞争性业务领域，支持民营资本进入基础设施、公共事业、金融服务和社会事业相关领域。

四、加强对企业兼并重组的引导和政策扶持

（一）落实税收优惠政策。研究完善支持企业兼并重组的财税政策。对企业兼并重组涉及的资产评估增值、债务重组收益、土地房屋权属转移等给予税收优惠，具体按照财政部、税务总局《关于企业兼并重组业务企业所得税处理若干问题的通知》（财税〔2009〕59 号）、《关于企业改制重组若干契税政策的通知》（财税〔2008〕175 号）等规定执行。

（二）加强财政资金投入。在中央国有资本经营预算中设立专项资金，通过技改贴息、职工安置补助等方式，支持中央企业兼并重组。鼓励地方人民政府通过财政贴息、信贷奖励补助等方式，激励商业银行加大对企业兼并重组的信贷支持力度。有条件的地方可设立企业兼并重组专项资金，支持本地区企业兼并重组，财政资金投入要优先支持重点产业调整和振兴规划确定的企业兼并重组。

（三）加大金融支持力度。商业银行要积极稳妥开展并购贷款业务，扩大贷款规模，合理确定贷款期限。鼓励商业银行对兼并重组后的企业实行综合授信。鼓励证券公司、资产管理公司、股权投资基金以及产业投资基金等参与企业兼并重组，并向企业提供直接投资、委托贷款、过桥贷款等融资支持。积极探

索设立专门的并购基金等兼并重组融资新模式,完善股权投资退出机制,吸引社会资金参与企业兼并重组。通过并购贷款、境内外银团贷款、贷款贴息等方式支持企业跨国并购。

(四)支持企业自主创新和技术进步。支持有条件的企业建立企业技术中心,提高研发水平和自主创新能力,加快科技成果向现实生产力转化。大力支持兼并重组企业技术改造和产品结构调整,优先安排技术改造资金,对符合国家产业政策的技术改造项目优先立项。鼓励和引导企业通过兼并重组淘汰落后产能,切实防止以兼并重组为名盲目扩张产能和低水平重复建设。

(五)充分发挥资本市场推动企业重组的作用。进一步推进资本市场企业并购重组的市场化改革,健全市场化定价机制,完善相关规章及配套政策,支持企业利用资本市场开展兼并重组,促进行业整合和产业升级。支持符合条件的企业通过发行股票、债券、可转换债等方式为兼并重组融资。鼓励上市公司以股权、现金及其他金融创新方式作为兼并重组的支付手段,拓宽兼并重组融资渠道,提高资本市场兼并重组效率。

(六)完善相关土地管理政策。兼并重组涉及的划拨土地符合划拨用地条件的,经所在地县级以上人民政府批准可继续以划拨方式使用;不符合划拨用地条件的,依法实行有偿使用,划拨土地使用权价格可依法作为土地使用权人的权益。重点产业调整和振兴规划确定的企业兼并重组项目涉及的原生产经营性划拨土地,经省级以上人民政府国土资源部门批准,可以国家作价出资(入股)方式处置。

(七)妥善解决债权债务和职工安置问题。兼并重组要严格依照有关法律规定和政策妥善分类处置债权债务关系,落实清偿责任,确保债权人、债务人的合法利益。研究债务重组政策措施,支持资产管理公司、创业投资企业、股权投资基金、产业投资基金等机构参与被兼并企业的债务处置。切实落实相关政策规定,积极稳妥解决职工劳动关系、社会保险关系接续、拖欠职工工资等问题。制定完善相关政策措施,继续支持国有企业实施主辅分离、辅业改制和分流安置富余人员。认真落实积极的就业政策,促进下岗失业人员再就业,所需资金从就业专项资金中列支。

(八)深化企业体制改革和管理创新。鼓励兼并重组企业进行公司制、股份制改革,建立健全规范的法人治理结构,转换企业经营机制,创新管理理念、管理机制和管理手段,加强和改善生产经营管理,促进自主创新,提高企业市场竞争力。

4. 国务院关于进一步优化企业兼并重组市场环境的意见

发文日期	2014年03月07日	有效范围	全国
发文机关	国务院	文号	国发〔2014〕14号
时效性	现行有效	生效日期	2014-03-07
所属分类	兼并与收购(公司法→兼并与收购)		

二、加快推进审批制度改革

(三)取消下放部分审批事项。系统梳理企业兼并重组涉及的审批事项,缩小审批范围,对市场机制能有效调节的事项,取消相关审批。取消上市公司收购报告书事前审核,强化事后问责。取消上市公司重大资产购买、出售、置换行为审批(构成借壳上市的除外)。对上市公司要约收购义务豁免的部分情形,取消审批。地方国有股东所持上市公司股份的转让,下放地方政府审批。

(四)简化审批程序。优化企业兼并重组相关审批流程,推行并联式审批,避免互为前置条件。实行上市公司并购重组分类审核,对符合条件的企业兼并重组实行快速审核或豁免审核。简化海外并购的外汇管理,改革外汇登记要求,进一步促进投资便利化。优化国内企业境外收购的事前信息报告确认程序,加快办理相关核准手续。提高经营者集中反垄断审查效率。企业兼并重组涉及的生产许可、工商登记、资产权属证明等变更手续,从简限时办理。

三、改善金融服务

(五)优化信贷融资服务。引导商业银行在风险可控的前提下积极稳妥开展并购贷款业务。推动商业银行对兼并重组企业实行综合授信,改善对企业兼并重组的信贷服务。

(六)发挥资本市场作用。符合条件的企业可以通过发行股票、企业债券、非金融企业债务融资工具、可转换债券等方式融资。允许符合条件的企业发行优先股、定向发行可转换债券作为兼并重组支付方式,研究推进定向权证等作为支付方式。鼓励证券公司开展兼并重组融资业务,各类财务投资主体可以通过设立股权投资基金、创业投资基金、产业投资基金、并购基金等形式参与兼并重组。对上市公司发行股份实施兼并事项,不设发行数量下限,兼并非关联企业不再强制要求作出业绩承诺。非上市公众公司兼并重组,不实施全面要约收购制度。改革上市公司兼并重组的股份定价机制,增加定价弹性。非上市公众公司兼并重组,允许实行股份协商定价。

八、健全企业兼并重组的体制机制

(二十)完善市场体系建设。深化要素配置市场化改革,进一步完善多层次资本市场体系。加快建立现代企业产权制度,促进产权顺畅流转。加强反垄断和反不正当竞争执法,规范市场竞争秩序,加强市场监管,促进公平竞争和优胜劣汰。行政机关和法律法规授权的具有管理公共事务职责的组织,应严格遵守反垄断法,不得滥用行政权力排除和限制竞争。

(二十一)消除跨地区兼并重组障碍。清理市场分割、地区封锁等限制,加强专项监督检查,落实责任追究制度。加大一般性转移支付力度,平衡地区间利益关系。落实跨地区机构企业所得税分配政策,协调解决企业兼并重组跨地区利益分享问题,解决跨地区被兼并企业的统计归属问题。

(二十二)放宽民营资本市场准入。向民营资本开放非明确禁止进入的行业和领域。推动企业股份制改造,发展混合所有制经济,支持国有企业母公司通过出让股份、增资扩股、合资合作引入民营资本。加快垄断行业改革,向民营资本开放垄断行业的竞争性业务领域。优势企业不得利用垄断力量限制民营企业参与市场竞争。

(二十三)深化国有企业改革。深入推进国有企业产权多元化改革,完善公司治理结构。改革国有企业负责人任免、评价、激励和约束机制,完善国有企业兼并重组考核评价体系。加大国有企业内部资源整合力度,推动国有资本更多投向关系国家安全、国民经济命脉的重要行业和关键领域。

5. 上市公司并购重组行政许可并联审批工作方案

发文日期	2014 年 10 月 24 日	有效范围	全国
发文机关	工业和信息化部;商务部;国家发展和改革委员会;中国证券监督管理委员会	文号	国发〔2014〕14 号
时效性	现行有效	生效日期	2014 - 10 - 24
所属分类	公司治理(公司法→公司治理),兼并与收购(公司法→兼并与收购),证券(证券期货法→证券)		

一、并联审批的依据、原则

(一)贯彻党中央、国务院行政审批体制改革相关要求。《中共中央关于全面深化改革若干重大问题的决定》指出,要进一步简政放权,深化行政审批制度改革……对保留的行政审批事项,要规范管理、提高效率。《国务院关于进一步优化企业兼并重组市场环境的意见》(国发〔2014〕14 号)进一步要求,“优化企业兼并重组相关审批流程,推行并联式审批,避免互为前置条件”。

(二)在实施并联审批、提高效率的同时,将国家及相关部委关于上市公司并购重组的各项政策和监管要求落到实处,避免实施并联审批而造成监管真空。

二、实行的并联审批项目

根据实际情况,发展改革委实施的境外投资项目核准和备案、商务部实施的外国投资者战略投资上市公司核准和经营者集中审查等三项审批事项,不再作为证监会上市公司并购重组行政许可审批的前置条件,改为并联式审批。

上市公司并购重组涉及的相关部委的其他审批事项,如外国投资者并购的安全审查等,仍按现行程序执行,暂不作调整。

三、并联审批方式

(一)上市公司可在股东大会通过后同时向证监会和相关部委报送并购重组行政许可申请,证监会和相关部委对上市公司的申请实行并联审批,独立作出核准或不予核准的决定。

（二）涉及并联审批的上市公司并购重组项目，在取得相关部委核准前，不得实施。具体而言：

1. 上市公司在公告重组预案时，在重组报告书显著位置披露本次重组需取得相关部委批准的情况，明确本次重组的实施需通过证监会和相关部委的审批，并详细说明已向有关部门报批的情况和尚需呈报批准的程序，对可能无法获得批准的风险作出重大风险提示。

2. 证监会审核期间，上市公司取得有关部门核准的情况，上市公司应及时作出公告。

3. 上市公司取得证监会核准，但尚未取得相关部门批准的，应在公告并购重组项目获得证监会核准时，同时公告尚需取得有关部门批准的情况，并对可能无法获得批准的风险作出特别提示，明确未取得相关部门批准前，尚不能实施本次并购重组。

4. 上市公司在取得全部相关部门的核准后，公告本次重组已经取得全部相关部门的核准、重组合同已经生效，具备实施条件。之后，方可实施重组方案。

四、实施时间

上市公司并购重组与发展改革委境外投资项目核准和备案、商务部经营者集中申报审查的并联审批，即日起实施。上市公司并购重组与商务部关于外国投资者战略投资上市公司核准的并联审批，待商务部修订颁布《外国投资者对上市公司战略投资管理办法》后实施。

6. 国务院关于进一步促进资本市场健康发展的若干意见

发文日期	2014年05月08日	有效范围	全国
发文机关	国务院	文号	国发〔2014〕17号
时效性	现行有效	生效日期	2014－05－08
所属分类	综合（证券期货法→综合）		

二、发展多层次股票市场

(四)积极稳妥推进股票发行注册制改革。建立和完善以信息披露为中心的股票发行制度。发行人是信息披露第一责任人,必须做到言行与信息披露的内容一致。发行人、中介机构对信息披露的真实性、准确性、完整性、充分性和及时性承担法律责任。投资者自行判断发行人的盈利能力和投资价值,自担投资风险。逐步探索符合我国实际的股票发行条件、上市标准和审核方式。证券监管部门依法监管发行和上市活动,严厉查处违法违规行为。

(五)加快多层次股权市场建设。强化证券交易所市场的主导地位,充分发挥证券交易所的自律监管职能。壮大主板、中小企业板市场,创新交易机制,丰富交易品种。加快创业板市场改革,健全适合创新型、成长型企业发展的制度安排。增加证券交易所市场内部层次。加快完善全国中小企业股份转让系统,建立小额、便捷、灵活、多元的投融资机制。在清理整顿的基础上,将区域性股权市场纳入多层次资本市场体系。完善集中统一的登记结算制度。

(六)提高上市公司质量。引导上市公司通过资本市场完善现代企业制度,建立健全市场化经营机制,规范经营决策。督促上市公司以投资者需求为导向,履行好信息披露义务,严格执行企业会计准则和财务报告制度,提高财务信息的可比性,增强信息披露的有效性。促进上市公司提高效益,增强持续回报投资者能力,为股东创造更多价值。规范上市公司控股股东、实际控制人行为,保障公司独立主体地位,维护各类股东的平等权利。鼓励上市公司建立市值管理制度。完善上市公司股权激励制度,允许上市公司按规定通过多种形式开展员工持股计划。

(七)鼓励市场化并购重组。充分发挥资本市场在企业并购重组过程中的主渠道作用,强化资本市场的产权定价和交易功能,拓宽并购融资渠道,丰富并购支付方式。尊重企业自主决策,鼓励各类资本公平参与并购,破除市场壁垒和行业分割,实现公司产权和控制权跨地区、跨所有制顺畅转让。

(八)完善退市制度。构建符合我国实际并有利于投资者保护的退市制度,建立健全市场化、多元化退市指标体系并严格执行。支持上市公司根据自身发展战略,在确保公众投资者权益的前提下以吸收合并、股东收购、转板等形式实施主动退市。对欺诈发行的上市公司实行强制退市。明确退市公司重新上市的标准和程序。逐步形成公司进退有序、市场转板顺畅的良性循环机制。

三、规范发展债券市场

（九）积极发展债券市场。完善公司债券公开发行制度。发展适合不同投资者群体的多样化债券品种。建立健全地方政府债券制度。丰富适合中小微企业的债券品种。统筹推进符合条件的资产证券化发展。支持和规范商业银行、证券经营机构、保险资产管理机构等合格机构依法开展债券承销业务。

（十）强化债券市场信用约束。规范发展债券市场信用评级服务。完善发行人信息披露制度，提高投资者风险识别能力，减少对外部评级的依赖。建立债券发行人信息共享机制。探索发展债券信用保险。完善债券增信机制，规范发展债券增信业务。强化发行人和投资者的责任约束，健全债券违约监测和处置机制，支持债券持有人会议维护债权人整体利益，切实防范道德风险。

（十一）深化债券市场互联互通。在符合投资者适当性管理要求的前提下，完善债券品种在不同市场的交叉挂牌及自主转托管机制，促进债券跨市场顺畅流转。鼓励债券交易场所合理分工、发挥各自优势。促进债券登记结算机构信息共享、顺畅连接，加强互联互通。提高债券市场信息系统、市场监察系统的运行效率，逐步强化对债券登记结算体系的统一管理，防范系统性风险。

（十二）加强债券市场监管协调。充分发挥公司信用类债券部际协调机制作用，各相关部门按照法律法规赋予的职责，各司其职，加强对债券市场准入、信息披露和资信评级的监管，建立投资者保护制度，加大查处债券市场虚假陈述、内幕交易、价格操纵等各类违法违规行为的力度。

四、培育私募市场

（十三）建立健全私募发行制度。建立合格投资者标准体系，明确各类产品私募发行的投资者适当性要求和面向同一类投资者的私募发行信息披露要求，规范募集行为。对私募发行不设行政审批，允许各类发行主体在依法合规的基础上，向累计不超过法律规定特定数量的投资者发行股票、债券、基金等产品。积极发挥证券中介机构、资产管理机构和有关市场组织的作用，建立健全私募产品发行监管制度，切实强化事中事后监管。建立促进经营机构规范开展私募业务的风险控制和自律管理制度安排，以及各类私募产品的统一监测系统。

（十四）发展私募投资基金。按照功能监管、适度监管的原则，完善股权投资基金、私募资产管理计划、私募集合理财产品、集合资金信托计划等各类私募投资产品的监管标准。依法严厉打击以私募为名的各类非法集资活动。完善扶持创业投资发展的政策体系,鼓励和引导创业投资基金支持中小微企业。研究制定保险资金投资创业投资基金的相关政策。完善围绕创新链需要的科技金融服务体系,创新科技金融产品和服务,促进战略性新兴产业发展。

五、推进期货市场建设

(十五)发展商品期货市场。以提升产业服务能力和配合资源性产品价格形成机制改革为重点,继续推出大宗资源性产品期货品种,发展商品期权、商品指数、碳排放权等交易工具,充分发挥期货市场价格发现和风险管理功能,增强期货市场服务实体经济的能力。允许符合条件的机构投资者以对冲风险为目的使用期货衍生品工具,清理取消对企业运用风险管理工具的不必要限制。

(十六)建设金融期货市场。配合利率市场化和人民币汇率形成机制改革,适应资本市场风险管理需要,平稳有序发展金融衍生产品。逐步丰富股指期货、股指期权和股票期权品种。逐步发展国债期货,进一步健全反映市场供求关系的国债收益率曲线。

六、提高证券期货服务业竞争力

(十七)放宽业务准入。实施公开透明、进退有序的证券期货业务牌照管理制度,研究证券公司、基金管理公司、期货公司、证券投资咨询公司等交叉持牌,支持符合条件的其他金融机构在风险隔离基础上申请证券期货业务牌照。积极支持民营资本进入证券期货服务业。支持证券期货经营机构与其他金融机构在风险可控前提下以相互控股、参股的方式探索综合经营。

(十八)促进中介机构创新发展。推动证券经营机构实施差异化、专业化、特色化发展,促进形成若干具有国际竞争力、品牌影响力和系统重要性的现代投资银行。促进证券投资基金管理公司向现代资产管理机构转型,提高财富管理水平。推动期货经营机构并购重组,提高行业集中度。支持证券期货经营机构拓宽融资渠道,扩大业务范围。在风险可控前提下,优化客户交易结算资金存管模式。支持证券期货经营机构、各类资产管理机构围绕风险管理、资本中介、投资融资等业务自主创设产品。规范发展证券期货经营机构柜台业务。对会计师事务所、资产评估机构、评级增信机构、法律服务机构开展证券期货相关服务强化监督,提升证券期货服务机构执业质量和公信力,打造功能齐备、分工专业、服务优质的金融服务产业。

(十九)壮大专业机构投资者。支持全国社会保障基金积极参与资本市场投资,支持社会保险基金、企业年金、职业年金、商业保险资金、境外长期资金等机构投资者资金逐步扩大资本市场投资范围和规模。推动商业银行、保险公司等设立基金管理公司,大力发展证券投资基金。

(二十)引导证券期货互联网业务有序发展。建立健全证券期货互联网业务监管规则。支持证券期货服务业、各类资产管理机构利用网络信息技术创新产品、业务和交易方式。支持有条件的互联网企业参与资本市场,促进互联网金融健康发展,扩大资本市场服务的覆盖面。

七、扩大资本市场开放

(二十一)便利境内外主体跨境投融资。扩大合格境外机构投资者、合格境内机构投资者的范围,提高投资额度与上限。稳步开放境外个人直接投资境内资本市场,有序推进境内个人直接投资境外资本市场。建立健全个人跨境投融资权益保护制度。在符合外商投资产业政策的范围内,逐步放宽外资持有上市公司股份的限制,完善对收购兼并行为的国家安全审查和反垄断审查制度。

(二十二)逐步提高证券期货行业对外开放水平。适时扩大外资参股或控股的境内证券期货经营机构的经营范围。鼓励境内证券期货经营机构实施"走出去"战略,增强国际竞争力。推动境内外交易所市场的连接,研究推进境内外基金互认和证券交易所产品互认。稳步探索B股市场改革。

(二十三)加强跨境监管合作。完善跨境监管合作机制,加大跨境执法协查力度,形成适应开放型资本市场体系的跨境监管制度。深化与香港、澳门特别行政区和台湾地区的监管合作。加强与国际证券期货监管组织的合作,积极参与国际证券期货监管规则制定。

（三）民间借贷类

1. 最高人民法院关于审理民间借贷案件适用法律若干问题的规定

发文日期	2015年08月06日	有效范围	全国
发文机关	最高人民法院	文号	法释〔2015〕18号
时效性	现行有效	生效日期	2015－09－01
所属分类	担保物权（民法→物权→担保物权），合同（民法→合同），民事诉讼（民事诉讼法→民事诉讼），刑事诉讼法（刑法和刑诉→刑事诉讼法）		

第一条 本规定所称的民间借贷，是指自然人、法人、其他组织之间及其相互之间进行资金融通的行为。

经金融监管部门批准设立的从事贷款业务的金融机构及其分支机构，因发放贷款等相关金融业务引发的纠纷，不适用本规定。

第二条 出借人向人民法院起诉时，应当提供借据、收据、欠条等债权凭证以及其他能够证明借贷法律关系存在的证据。

当事人持有的借据、收据、欠条等债权凭证没有载明债权人，持有债权凭证的当事人提起民间借贷诉讼的，人民法院应予受理。被告对原告的债权人资格提出有事实依据的抗辩，人民法院经审理认为原告不具有债权人资格的，裁定驳回起诉。

第三条 借贷双方就合同履行地未约定或者约定不明确，事后未达成补充协议，按照合同有关条款或者交易习惯仍不能确定的，以接受货币一方所在地为合同履行地。

第四条 保证人为借款人提供连带责任保证，出借人仅起诉借款人的，人民法院可以不追加保证人为共同被告；出借人仅起诉保证人的，人民法院可以追加借款人为共同被告。

保证人为借款人提供一般保证，出借人仅起诉保证人的，人民法院应当追加借款人为共同被告；出借人仅起诉借款人的，人民法院可以不追加保证人为共同被告。

第五条 人民法院立案后，发现民间借贷行为本身涉嫌非法集资犯罪的，应当裁定驳回起诉，并将涉嫌非法集资犯罪的线索、材料移送公安或者检察机关。

公安或者检察机关不予立案，或者立案侦查后撤销案件，或者检察机关作出不起诉决定，或者经人民法院生效判决认定不构成非法集资犯罪，当事人又以同一事实向人民法院提起诉讼的，人民法院应予受理。

第六条 人民法院立案后，发现与民间借贷纠纷案件虽有关联但不是同一事实的涉嫌非法集资等犯罪的线索、材料的，人民法院应当继续审理民间借贷纠纷案件，并将涉嫌非法集资等犯罪的线索、材料移送公安或者检察机关。

第七条 民间借贷的基本案件事实必须以刑事案件审理结果为依据，而该刑事案件尚未审结的，人民法院应当裁定中止诉讼。

第八条 借款人涉嫌犯罪或者生效判决认定其有罪，出借人起诉请求担保人承担民事责任的，人民法院应予受理。

第九条 具有下列情形之一，可以视为具备合同法第二百一十条关于自然人之间借款合同的生效要件：

（一）以现金支付的，自借款人收到借款时；

（二）以银行转账、网上电子汇款或者通过网络贷款平台等形式支付的，自资金到达借款人账户时；

（三）以票据交付的，自借款人依法取得票据权利时；

（四）出借人将特定资金账户支配权授权给借款人的，自借款人取得对该账户实际支配权时；

（五）出借人以与借款人约定的其他方式提供借款并实际履行完成时。

第十条 除自然人之间的借款合同外，当事人主张民间借贷合同自合同成立时生效的，人民法院应予支持，但当事人另有约定或者法律、行政法规另有规定的除外。

第十一条 法人之间、其他组织之间以及它们相互之间为生产、经营需要订立的民间借贷合同，除存在合同法第五十二条、本规定第十四条规定的情形外，当事人主张民间借贷合同有效的，人民法院应予支持。

第十二条 法人或者其他组织在本单位内部通过借款形式向职工筹集资

金,用于本单位生产、经营,且不存在合同法第五十二条、本规定第十四条规定的情形,当事人主张民间借贷合同有效的,人民法院应予支持。

第十三条 借款人或者出借人的借贷行为涉嫌犯罪,或者已经生效的判决认定构成犯罪,当事人提起民事诉讼的,民间借贷合同并不当然无效。人民法院应当根据合同法第五十二条、本规定第十四条之规定,认定民间借贷合同的效力。

担保人以借款人或者出借人的借贷行为涉嫌犯罪或者已经生效的判决认定构成犯罪为由,主张不承担民事责任的,人民法院应当依据民间借贷合同与担保合同的效力、当事人的过错程度,依法确定担保人的民事责任。

第十四条 具有下列情形之一,人民法院应当认定民间借贷合同无效:

(一)套取金融机构信贷资金又高利转贷给借款人,且借款人事先知道或者应当知道的;

(二)以向其他企业借贷或者向本单位职工集资取得的资金又转贷给借款人牟利,且借款人事先知道或者应当知道的;

(三)出借人事先知道或者应当知道借款人借款用于违法犯罪活动仍然提供借款的;

(四)违背社会公序良俗的;

(五)其他违反法律、行政法规效力性强制性规定的。

第十五条 原告以借据、收据、欠条等债权凭证为依据提起民间借贷诉讼,被告依据基础法律关系提出抗辩或者反诉,并提供证据证明债权纠纷非民间借贷行为引起的,人民法院应当依据查明的案件事实,按照基础法律关系审理。

当事人通过调解、和解或者清算达成的债权债务协议,不适用前款规定。

第十六条 原告仅依据借据、收据、欠条等债权凭证提起民间借贷诉讼,被告抗辩已经偿还借款,被告应当对其主张提供证据证明。被告提供相应证据证明其主张后,原告仍应就借贷关系的成立承担举证证明责任。

被告抗辩借贷行为尚未实际发生并能作出合理说明,人民法院应当结合借贷金额、款项交付、当事人的经济能力、当地或者当事人之间的交易方式、交易习惯、当事人财产变动情况以及证人证言等事实和因素,综合判断查证借贷事实是否发生。

第十七条 原告仅依据金融机构的转账凭证提起民间借贷诉讼,被告抗辩转账系偿还双方之前借款或其他债务，被告应当对其主张提供证据证明。被告提供相应证据证明其主张后，原告仍应就借贷关系的成立承担举证证明责任。

第十八条 根据《关于适用〈中华人民共和国民事诉讼法〉的解释》第一百七十四条第二款之规定，负有举证证明责任的原告无正当理由拒不到庭，经审查现有证据无法确认借贷行为、借贷金额、支付方式等案件主要事实，人民法院对其主张的事实不予认定。

第十九条 人民法院审理民间借贷纠纷案件时发现有下列情形，应当严格审查借贷发生的原因、时间、地点、款项来源、交付方式、款项流向以及借贷双方的关系、经济状况等事实，综合判断是否属于虚假民事诉讼：

（一）出借人明显不具备出借能力；

（二）出借人起诉所依据的事实和理由明显不符合常理；

（三）出借人不能提交债权凭证或者提交的债权凭证存在伪造的可能；

（四）当事人双方在一定期间内多次参加民间借贷诉讼；

（五）当事人一方或者双方无正当理由拒不到庭参加诉讼，委托代理人对借贷事实陈述不清或者陈述前后矛盾；

（六）当事人双方对借贷事实的发生没有任何争议或者诉辩明显不符合常理；

（七）借款人的配偶或合伙人、案外人的其他债权人提出有事实依据的异议；

（八）当事人在其他纠纷中存在低价转让财产的情形；

（九）当事人不正当放弃权利；

（十）其他可能存在虚假民间借贷诉讼的情形。

第二十条 经查明属于虚假民间借贷诉讼，原告申请撤诉的，人民法院不予准许，并应当根据民事诉讼法第一百一十二条之规定，判决驳回其请求。

诉讼参与人或者其他人恶意制造、参与虚假诉讼，人民法院应当依照民事诉讼法第一百一十一条、第一百一十二条和第一百一十三条之规定，依法予以罚款、拘留；构成犯罪的，应当移送有管辖权的司法机关追究刑事责任。

单位恶意制造、参与虚假诉讼的，人民法院应当对该单位进行罚款，并可以对其主要负责人或者直接责任人员予以罚款、拘留；构成犯罪的，应当移送有管辖权的司法机关追究刑事责任。

第二十一条 他人在借据、收据、欠条等债权凭证或者借款合同上签字或者盖章，但未表明其保证人身份或者承担保证责任，或者通过其他事实不能推定其为保证人，出借人请求其承担保证责任的，人民法院不予支持。

第二十二条 借贷双方通过网络贷款平台形成借贷关系，网络贷款平台的提供者仅提供媒介服务，当事人请求其承担担保责任的，人民法院不予支持。

网络贷款平台的提供者通过网页、广告或者其他媒介明示或者有其他证据证明其为借贷提供担保，出借人请求网络贷款平台的提供者承担担保责任的，人民法院应予支持。

第二十三条 企业法定代表人或负责人以企业名义与出借人签订民间借贷合同，出借人、企业或者其股东能够证明所借款项用于企业法定代表人或负责人个人使用，出借人请求将企业法定代表人或负责人列为共同被告或者第三人的，人民法院应予准许。

企业法定代表人或负责人以个人名义与出借人签订民间借贷合同，所借款项用于企业生产经营，出借人请求企业与个人共同承担责任的，人民法院应予支持。

第二十四条 当事人以签订买卖合同作为民间借贷合同的担保，借款到期后借款人不能还款，出借人请求履行买卖合同的，人民法院应当按照民间借贷法律关系审理，并向当事人释明变更诉讼请求。当事人拒绝变更的，人民法院裁定驳回起诉。

按照民间借贷法律关系审理作出的判决生效后，借款人不履行生效判决确定的金钱债务，出借人可以申请拍卖买卖合同标的物，以偿还债务。就拍卖所得的价款与应偿还借款本息之间的差额，借款人或者出借人有权主张返还或补偿。

第二十五条 借贷双方没有约定利息，出借人主张支付借期内利息的，人民法院不予支持。

自然人之间借贷对利息约定不明，出借人主张支付利息的，人民法院不予支持。除自然人之间借贷的外，借贷双方对借贷利息约定不明，出借人主张利息的，人民法院应当结合民间借贷合同的内容，并根据当地或者当事人的交易方式、交易习惯、市场利率等因素确定利息。

第二十六条 借贷双方约定的利率未超过年利率24%，出借人请求借款人按照约定的利率支付利息的，人民法院应予支持。

借贷双方约定的利率超过年利率36%，超过部分的利息约定无效。借款人请求出借人返还已支付的超过年利率36%部分的利息的，人民法院应予支持。

第二十七条 借据、收据、欠条等债权凭证载明的借款金额，一般认定为本金。预先在本金中扣除利息的，人民法院应当将实际出借的金额认定为本金。

第二十八条 借贷双方对前期借款本息结算后将利息计入后期借款本金并重新出具债权凭证，如果前期利率没有超过年利率24%，重新出具的债权凭证载明的金额可认定为后期借款本金；超过部分的利息不能计入后期借款本金。约定的利率超过年利率24%，当事人主张超过部分的利息不能计入后期借款本金的，人民法院应予支持。

按前款计算，借款人在借款期间届满后应当支付的本息之和，不能超过最初借款本金与以最初借款本金为基数，以年利率24%计算的整个借款期间的利息之和。出借人请求借款人支付超过部分的，人民法院不予支持。

第二十九条 借贷双方对逾期利率有约定的，从其约定，但以不超过年利率24%为限。

未约定逾期利率或者约定不明的，人民法院可以区分不同情况处理：

（一）既未约定借期内的利率，也未约定逾期利率，出借人主张借款人自逾期还款之日起按照年利率6%支付资金占用期间利息的，人民法院应予支持；

（二）约定了借期内的利率但未约定逾期利率，出借人主张借款人自逾期还款之日起按照借期内的利率支付资金占用期间利息的，人民法院应予支持。

第三十条 出借人与借款人既约定了逾期利率，又约定了违约金或者其他费用，出借人可以选择主张逾期利息、违约金或者其他费用，也可以一并主张，但总计超过年利率24%的部分，人民法院不予支持。

第三十一条 没有约定利息但借款人自愿支付，或者超过约定的利率自愿支付利息或违约金，且没有损害国家、集体和第三人利益，借款人又以不当得利为由要求出借人返还的，人民法院不予支持，但借款人要求返还超过年利率36%部分的利息除外。

第三十二条 借款人可以提前偿还借款，但当事人另有约定的除外。

借款人提前偿还借款并主张按照实际借款期间计算利息的,人民法院应予支持。

第三十三条 本规定公布施行后,最高人民法院于1991年8月13日发布的《关于人民法院审理借贷案件的若干意见》同时废止;最高人民法院以前发布的司法解释与本规定不一致的,不再适用。

2. 最高人民法院关于依法妥善审理民间借贷纠纷案件促进经济发展维护社会稳定的通知

颁布机关:	最高人民法院
文号:	法〔2011〕336号
颁布时间:	2011-12-02
实施时间:	2011-12-02
效力状态:	有效

一、高度重视民间借贷纠纷案件的审判执行工作。民间借贷客观上拓宽了中小企业的融资渠道,一定程度上解决了部分社会融资需求,增强了经济运行的自我调整和适应能力,促进了多层次信贷市场的形成和发展,但实践中民间借贷也存在着交易隐蔽、风险不易监控等特点,容易引发高利贷、中小企业资金链断裂甚至破产以及非法集资、暴力催收导致人身伤害等违法犯罪问题,对金融秩序乃至经济发展、社会稳定造成不利影响,也使得人民法院妥善化解民间借贷纠纷的难度增加。因此,人民法院应当高度重视民间借贷纠纷案件的审判执行工作,将其作为"为大局服务,为人民司法"的重要工作内容,作为深入推进三项重点工作的重要切入点,通过依法妥善审理民间借贷纠纷,规范和引导民间借贷健康有序发展,切实维护社会和谐稳定。

二、做好民间借贷纠纷案件的立案受理工作。当事人就民间借贷纠纷起诉的,人民法院要依据民事诉讼法的有关规定做好立案受理工作。立案时要认真进行审查,对于涉嫌非法集资等经济犯罪的案件,依法移送有关部门处理;对于可能影响社会稳定的案件,及时与政府及有关部门沟通协调,积极配合做好相关预案工作，切实防范可能引发的群体性、突发性事件。

三、依法惩治与民间借贷相关的刑事犯罪。人民法院在审理与民间借贷相关的非法集资等经济犯罪案件时，要依照《最高人民法院关于在审理经济纠纷案件中涉及经济犯罪嫌疑若干问题的规定》的有关规定，根据具体情况分别处理。对于非法集资等经济犯罪案件，要依法及时审判，切实维护金融秩序。对于与民间借贷相关的黑社会性质的组织犯罪及其他暴力性犯罪，要依法从严惩处，切实维护人民群众人身财产安全。要严格贯彻宽严相济的刑事政策，注意区分性质不同的违法犯罪行为，真正做到罚当其罪。

四、依法妥善审理民间借贷纠纷案件。人民法院在审理民间借贷纠纷案件时，要严格适用民法通则、合同法等有关法律法规和司法解释的规定，同时注意把握国家经济政策精神，努力做到依法公正与妥善合理的有机统一。要依法认定民间借贷的合同效力，保护合法借贷关系，切实维护当事人的合法权益，确保案件处理取得良好的法律效果和社会效果。对于因赌博、吸毒等违法犯罪活动而形成的借贷关系或者出借人明知借款人是为了进行上述违法犯罪活动的借贷关系，依法不予保护。

五、加大对民间借贷纠纷案件的调解力度。人民法院审理民间借贷纠纷案件，要深入贯彻“调解优先、调判结合”工作原则。对于涉及众多出借人或者借款人的案件、可能引发工人讨薪等群体性事件的案件、出借人与借款人之间情绪严重对立的案件以及判决后难以执行的案件等，要先行调解，重点调解，努力促成当事人和解。要充分借助政府部门、行业组织、社会团体等各方面力量，加强与人民调解、行政调解的程序对接，形成化解矛盾的最大合力，共同维护社会和谐稳定。

六、依法保护合法的借贷利息。人民法院在审理民间借贷纠纷案件时，要依法保护合法的借贷利息，依法遏制高利贷化倾向。出借人依照合同约定请求支付借款利息的，人民法院应当依据合同法和《最高人民法院关于人民法院审理借贷案件的若干意见》第6条、第7条的规定处理。出借人将利息预先在本金中扣除的，应当按照实际借款数额返还借款并计算利息。当事人仅约定借期内利率，未约定逾期利率，出借人以借期内的利率主张逾期还款利息的，依法予以支持。当事人既未约定借期内利率，也未约定逾期利率的，出借人参照中国人民银行同期同类贷款基准利率，主张自逾期还款之日起的利息损失的，依法予以支持。

七、注意防范、制裁虚假诉讼。人民法院在审理民间借贷纠纷案件过程中，要依法全面、客观地审核双方当事人提交的全部证据，从各证据与案件事实的关联程度、各证据之间的联系等方面进行综合审查判断。对形式有瑕疵的“欠条”或者“收条”，要结合其他证据认定是否存在借贷关系；对现金交付的借贷，可根据交付凭证、支付能力、交易习惯、借贷金额的大小、当事人间关系以及当事人陈述的交易细节经过等因素综合判断。发现有虚假诉讼嫌疑的，要及时依职权或者提请有关部门调查取证，查清事实真相。经查证确属虚假诉讼的，驳回其诉讼请求，并对其妨害民事诉讼的行为依法予以制裁；对于以骗取财物、逃废债务为目的实施虚假诉讼，构成犯罪的，依法追究刑事责任。

八、妥善适用有关司法措施。对于暂时资金周转困难但仍在正常经营的借款人，在不损害出借人合法权益的前提下，灵活适用诉讼保全措施，尽量使该借款人度过暂时的债务危机。对于出借人举报的有转移财产、逃避债务可能的借款人，要依法视情加大诉讼保全力度，切实维护债权人的合法权益。在审理因民间借贷债务而引发的企业破产案件时，对于符合国家产业政策且具有挽救价值和希望的负债中小企业，要积极适用重整、和解程序，尽快实现企业再生；对没有挽救希望，必须通过破产清算退出市场的中小企业，要制定综合预案，统筹协调，稳步推进，切实将企业退市引发的不良影响降到最低。

九、积极促进建立健全民间借贷纠纷防范和解决机制。人民法院在化解民间借贷纠纷的工作中，要紧紧围绕党和国家工作大局，紧紧依靠党委领导和政府支持，积极采取司法应对措施，全力维护社会和谐稳定。要加强与政府有关职能部门的沟通协调，充分发挥联动效能。要建立和完善系列案件审判执行统一协调机制，避免因裁判标准不一致或者执行工作简单化而激化社会矛盾。要结合民间借贷纠纷案件审判工作实际，及时提出司法建议，为有关部门依法采取有效措施提供参考。要加强法制宣传，特别是对典型案件的宣传，引导各类民间借贷主体增强风险防范意识，倡导守法诚信的社会风尚。

十、加强对民间借贷纠纷案件新情况新问题的调查研究。人民法院在民间借贷纠纷案件的审判工作中，要认真总结审判经验，密切关注各类敏感疑难问题和典型案件，对审理民间借贷纠纷案件过程中出现的新情况新问题，要认真分析研究成因，尽早提出对策，必要时及时层报最高人民法院。

3. 温州市民间融资管理条例

发文日期	2013 年 11 月 22 日	有效范围	浙江省温州市
发文机关	浙江省人民代表大会常务委员会	文号	浙江省人民代表大会常务委员会公告第 10 号
时效性	现行有效	生效日期	2014－03－01
所属分类	信贷业务(银行法→信贷业务)		

第二章　民间融资服务主体

第六条　在温州市行政区域内可以设立从事定向集合资金募集和管理等业务的民间资金管理企业。

民间资金管理企业的注册资本不得低于五千万元，注册资本应当为实缴货币资本。

民间资金管理企业应当自工商注册登记之日起十五日内，持营业执照副本向温州市地方金融管理部门备案。

第七条　在温州市行政区域内设立的从事资金撮合、理财产品推介等业务的民间融资信息服务企业(包括外地民间融资信息服务企业在温州市行政区域内设立的分支机构，下同)，应当自工商注册登记之日起十五日内，持营业执照副本向温州市地方金融管理部门备案。

民间融资信息服务企业开展业务，应当保证其提供的信息真实、准确、完整,并向民间融资当事人提示风险。

第八条 在温州市行政区域内设立的民间融资公共服务机构,可以从事民间融资见证、从业人员培训、理财咨询、权益转让服务等活动,并应当为公证处、担保公司、律师事务所、会计师事务所等民间融资配套服务机构入驻提供便利条件。

民间融资公共服务机构可以接受地方金融管理部门委托,从事下列活动:

(一)发布民间融资综合利率指数等相关信息;

(二)收集、统计民间融资信息,对民间融资进行风险监测、评估;

(三)建立民间融资信用档案,跟踪分析民间融资的资金使用和履约情况;

(四)受理本条例规定的民间借贷备案;

(五)地方金融管理部门委托的其他事项。

民间融资公共服务机构从事本条第二款规定活动的,不得向民间融资当事人收取费用。

第九条 民间资金管理企业、民间融资信息服务企业和民间融资公共服务机构的经营活动,不得违反法律、法规、规章和温州市人民政府的有关规定。

第十条 民间资金管理企业和民间融资信息服务企业不得对民间融资当事人的收益作出承诺。

民间融资公共服务机构受理民间借贷备案,不作为其对民间融资当事人的风险、收益作出判断或者承诺。

第十一条 民间资金管理企业和民间融资信息服务企业应当建立保密制度,保护民间融资当事人的商业秘密和个人隐私。

第三章 民间借贷

第十二条 因生产经营需要,自然人之间、自然人与非金融企业和其他组织之间进行借贷,或者非金融企业之间进行临时调剂性借贷的,应当签订书面合同。温州市地方金融管理部门可以制作民间借贷合同示范文本,供民间借贷当事人使用。

出借人应当以自有资金出借,不得非法吸收、变相吸收公众资金或者套取金融机构信贷资金用于借贷牟取非法收入。

借款的利息不得预先在本金中扣除。利息预先在本金中扣除的,应当按照实际借款数额返还借款并计算利息。

第十三条 民间借贷利率由借款人和出借人双方协商确定;国家对利率限制有规定的,从其规定。

第十四条 民间借贷具有下列情形之一的,借款人应当自合同签订之日起十五日内,将合同副本报送地方金融管理部门或者其委托的民间融资公共服务机构备案:

(一)单笔借款金额三百万元以上的;

(二)借款余额一千万元以上的;

(三)向三十人以上特定对象借款的。

前款规定的民间借贷合同重要事项发生变更的,借款人应当及时办理变更备案手续;借款人也可以将民间借贷合同履约情况报送备案。

出借人有权督促借款人履行前两款规定的备案义务,也可以自愿履行。

按照本条第一款规定不需要报送备案的,借款人和出借人可以自愿报送备案。

第十五条 温州市人民政府和辖区内县级人民政府应当对履行民间借贷备案义务的当事人予以政策支持。

第十六条 民间借贷合同可以依法办理公证。当事人持民间借贷合同和备案证明向公证机构申请办理赋予强制执行效力公证的,公证机构应当依法予以办理。

第十七条 本省有关国家机关和仲裁机构办理与民间借贷相关的案件时,应当依法将民间借贷备案材料视为证明力较高的证据和判断民间借贷合法性的重要依据。

第十八条 金融机构应当将民间借贷当事人履行备案义务的情况作为重要信用信息予以采信;将按照合同约定履行还款义务的情况作为良好信用证明材料使用。经依照本条例备案的民间借贷不得视为影响借款人信用等级的负面因素。

第四章　定向债券融资和定向集合资金

第十九条 企业因生产经营需要,可以以非公开方式向合格投资者进行定向债券融资,按照约定的期限和方式偿还本息。每期定向债券融资的合格投资者不得超过二百人。

第二十条 企业进行定向债券融资的,应当符合下列要求:

(一)在温州市行政区域区内注册登记,具有法人资格;

(二)经营状况良好,有支付融资本息能力;

(三)融资后资产负债率不得高于百分之七十;

(四)融资期限在一年以上;

(五)温州市人民政府规定的其他要求。

第二十一条 民间资金管理企业可以以非公开方式向合格投资者募集定向集合资金,对特定的生产经营项目进行投资。每期定向集合资金的合格投资者不得超过二百人。

定向集合资金的投资方式可以由投资相关各方约定。定向集合资金的合格投资者按照募集合同的约定享受权益、承担风险。

第二十二条 民间资金管理企业进行定向集合资金募集的,应当符合下列要求:

(一)主要发起人有持续盈利能力,净资产不得低于二千万元,且出资额不得低于民间资金管理企业注册资本的百分之二十;

(二)主要发起人无不良信用记录,且近三年内无重大违法违规经营行为记录;

(三)有相应的专业管理人员;

(四)有完善的风险管理和内部控制制度;

(五)温州市人民政府规定的其他要求。

第二十三条 民间资金管理企业募集的资金总额不得超过其净资产的八倍,并应当由温州市行政区域内具备国家规定条件的金融机构托管。

除募集合同另有约定外,民间资金管理企业在其募集的每期资金中的出资比例不得低于百分之十。

定向集合资金应当用于募集时确定的生产经营项目。项目闲置资金经持有三分之二以上该期定向集合资金份额的合格投资者同意,可以用于温州市行政区域内不超过六个月的短期民间借贷;但是数额不得超过该期定向集合资金总额的百分之三十。

第二十四条 具备相应风险识别和承担能力,且自有金融资产三十万元以上的自然人或者净资产一百万元以上的企业和其他组织,为定向债券融资和定向集合资金的合格投资者。

第二十五条 定向集合资金及其收益应当独立于民间资金管理企业的自有财产。民间资金管理企业自有财产应当承担的债务,不得由定向集合资金及其收益承担。

各期定向集合资金财产实行独立核算,各自承担风险。

第二十六条 企业进行定向债券融资或者民间资金管理企业进行定向集合资金募集的,应当事先向温州市地方金融管理部门申请登记,并自融资结束之日起二十日内将融资情况书面报告登记部门。

定向债券融资的企业或者民间资金管理企业履行前款规定的登记、报告义务的,有关国家机关、仲裁机构和金融机构应当依照本条例第十七条、第十八条的规定执行。

第二十七条 定向债券融资的企业和民间资金管理企业应当向合格投资者提示风险,约定信息披露的内容、时间和方式,并保证披露的信息真实、准确、完整。

地方金融管理部门应当对定向债券融资的企业和民间资金管理企业履行信息披露义务的情况实施监督。

第五章 风险防范和处置

第二十八条 地方金融管理部门应当对民间融资进行监测、统计、分析、管理和监督检查。

地方金融管理部门和工商行政管理、经济和信息化、商务等有关部门以及驻温州的国家金融监督管理派出机构,应当建立民间融资监督管理信息共享机制。

第二十九条 地方金融管理部门应当指导民间资金管理企业、民间融资信息服务企业建立健全业务流程与台账、从业人员行为规范、信息披露与保密、信用档案和风险控制等管理制度。

第三十条 民间融资行业协会应当接受地方金融管理部门的指导,制定并实施行业自律规则,监督、检查会员及其从业人员的执业行为,对违反自律规则和协会章程的,按照规定给予处理。

第三十一条 民间资金管理企业和民间融资信息服务企业应当按照地方金融管理部门的要求，报送业务情况、财务会计报告等资料，报告企业合并分立、控股权变更等重大事项。

第三十二条 民间融资当事人应当保证其备案、登记、报告的内容真实、准确、完整。

地方金融管理部门和民间融资公共服务机构应当对有关信息予以保密。

第三十三条 民间融资不得通过报刊、电台、电视台、网络等公众传播媒体或者讲座、报告会、传单、手机短信等方式，向不特定对象宣传推介。

第三十四条 民间融资当事人和担保公司、投资咨询公司、典当行、寄售行等机构，不得非法吸收或者变相吸收公众资金，不得违法发放贷款。

工商行政管理部门应当定期将担保公司、投资咨询公司、典当行、寄售行等机构办理工商注册登记的信息抄送地方金融管理部门。

第三十五条 地方金融管理部门根据已经取得的涉嫌违法行为的证据或者举报，对涉嫌违法民间融资行为进行查处时，可以依法行使下列职权：

（一）要求当事人就涉嫌违法行为作出说明并提供有关材料；

（二）查阅、复制当事人与涉嫌违法行为有关的财务会计、财产权登记等文件、资料；

（三）对可能被转移、隐匿、毁损或者伪造的文件、资料，依照法定程序实施先行登记保存；

（四）法律、法规规定的其他职权。

地方金融管理部门发现民间融资涉嫌犯罪的，应当将有关材料移送公安机关。公安机关应当迅速进行审查，认为有犯罪事实需要追究刑事责任的，应当立案。

第三十六条 地方金融管理部门和民间融资公共服务机构工作人员不得利用职务便利参与民间融资。

民间资金管理企业和民间融资信息服务企业从业人员不得利用职务便利在本单位参与民间融资牟取不正当利益。

第三十七条 地方金融管理部门发现本行政区域内民间融资可能存在系统性、区域性风险隐患的，应当发出预警信息。

地方金融管理部门发现本行政区域内民间融资当事人存在风险隐患的，可以采取约谈、风险提示、责令纠正、公布名录等措施。

第三十八条 温州市人民政府和辖区内县级人民政府应当制定民间融资突发事件应急预案。民间融资突发事件应急预案应当包括组织体系、职责分工、预防预警、突发事件等级、应急响应和后期处置等内容。

发生民间融资突发事件的，温州市人民政府和辖区内县级人民政府应当依法启动应急预案，采取应急处置措施，及时化解系统性、区域性民间融资风险。

第三十九条 因民间融资产生纠纷的，当事人应当依法维护权益，不得使用暴力或者以暴力相威胁解决纠纷。

第六章 法律责任

第四十条 违反本条例规定的行为，法律、行政法规已有法律责任规定的，从其规定。

第四十一条 违反本条例第六条、第七条、第十四条或者第二十六条规定，民间资金管理企业、民间融资信息服务企业、民间借贷的借款人或者定向债券融资的企业不履行备案义务、书面报告义务或者提供虚假备案材料、报告材料的，由地方金融管理部门责令限期改正；逾期不改正的，将未经备案的民间资金管理企业、民间融资信息服务企业和民间借贷行为予以公示，按照下列规定予以处罚：

（一）对民间资金管理企业和定向债券融资的企业处三万元以上十万元以下罚款；

（二）对民间融资信息服务企业处一万元以上三万元以下罚款；

（三）民间借贷的借款人为自然人的，可以处一万元以上五万元以下罚款；为企业、其他组织的，可以处三万元以上十万元以下罚款。

第四十二条 违反本条例第二十条、第二十二条规定，企业不符合规定要求进行定向债券融资或者定向集合资金募集的，由地方金融管理部门处所募集资金百分之一以上百分之五以下罚款，对已募集的资金，可以责令清退。

第四十三条 违反本条例第二十六条规定，定向债券融资的企业或者民间资金管理企业不履行事先登记义务的，由地方金融管理部门责令改正，对尚未募集到资金的，处五万元以上十万元以下罚款；对已募集到资金的，处所募集资金百分之一以上百分之五以下罚款。

定向债券融资的企业和民间资金管理企业提供虚假登记材料的，由地方金融管理部门责令限期改正；逾期不改正的，按照前款规定予以处罚。

第四十四条 违反本条例第二十七条规定，定向债券融资的企业和民间资金管理企业未按照约定履行信息披露义务或者披露的信息有虚假记载、误导性陈述、重大遗漏的，由地方金融管理部门责令改正，处一万元以上十万元以下罚款；情节严重的，处十万元以上二十万元以下罚款。

第四十五条 违反本条例第三十二条规定，民间融资公共服务机构泄露或者违法提供民间借贷备案信息的，由地方金融管理部门责令改正，处一万元以上十万元以下罚款；情节严重的，处十万元以上二十万元以下罚款，对直接负责的主管人员和其他直接责任人员处一万元以上五万元以下罚款；有违法所得的，没收违法所得。

第四十六条 违反本条例第三十四条第一款规定，民间融资当事人或者担保公司、投资咨询公司、典当行、寄售行等机构，非法吸收、变相吸收公众资金或者违法发放贷款的，由地方金融管理部门责令停止违法行为，处五万元以上十万元以下罚款；情节严重的，处五万元以上二十万元以下罚款；有违法所得的，没收违法所得。

第四十七条 违反本条例第三十六条规定，民间融资公共服务机构工作人员利用职务便利参与民间融资，或者民间资金管理企业、民间融资信息服务企业从业人员利用职务便利在本单位参与民间融资牟取不正当利益的，由地方金融管理部门责令改正，予以警告，没收违法所得，并处一万元以上十万元以下罚款。

第四十八条 地方金融管理部门、其他有关部门及其工作人员有下列行为之一的，由有权机关对直接负责的主管人员和其他直接责任人员给予处分：

（一）不按照规定权限和程序办理民间融资备案、登记手续的；

（二）在实施监督管理和行政处罚中有违法行为的；

（三）泄露民间融资当事人商业秘密或者个人隐私的；

（四）利用职务便利参与民间融资的；

（五）有其他滥用职权、玩忽职守、徇私舞弊行为的。

4. 温州市民间融资管理条例实施细则

发文日期	2014 年 02 月 28 日	有效范围	浙江省温州市
发文机关	浙江省温州市人民政府	文号	温政令第 141 号
时效性	现行有效	生效日期	2014 - 03 - 01
所属分类	其他(银行法→其他)		

第一章　总　　则

第一条　根据《温州市民间融资管理条例》(以下简称条例),制定本细则。

第二条　温州市人民政府和辖区内县级人民政府地方金融监管工作协调机构负责沟通协调民间融资服务、监督管理和风险监测、处置等工作。

第三条　温州市人民政府和辖区内县级人民政府金融工作办公室负责本行政区域内的民间融资活动的指导、监督和管理等工作。

第四条　温州市人民政府金融工作办公室可以根据条例和本细则,制定操作指引和业务规则。

第二章　民间融资服务主体

第五条　县级人民政府金融工作办公室委托民间融资公共服务机构从事条例第八条第二款规定活动的,应当给予适当的经费补助。

第六条　民间资金管理企业不得有下列行为:

(一)擅自变更或者变相变更募集时确定的生产经营项目;

(二)将定向集合资金用于担保或者进行股票、期货等证券投资;

(三)从事可能使定向集合资金承担无限(连带)责任的投资;

(四)将非定向集合资金项下的资金以定向集合资金名义进行投资;

(五)法律、法规和规章规定禁止的其他行为。

第七条　民间融资信息服务企业不得有下列行为:

(一)提供的信息、资料可能危害国家安全及公共利益;

(二)故意隐瞒重要事实或者故意提供虚假信息、资料,出具虚假报告、证明文件或者其他文件；

（三）采取欺诈、胁迫、贿赂、串通等非法手段，损害民间融资当事人或者他人利益；

（四）泄露或者通过非法手段获取民间融资当事人的商业秘密和个人隐私；

（五）吸收存款或者变相吸收存款，发放贷款或者变相发放贷款；

（六）法律、法规和规章规定禁止的其他行为。

第八条 民间融资公共服务机构不得有下列行为：

（一）泄露民间融资当事人的商业秘密和个人隐私；

（二）违规收取费用；

（三）法律、法规和规章规定禁止的其他行为。

第三章 民间借贷

第九条 合会、农村资金互助会的资金互助、企业内部集资等属于本细则所称的民间借贷。

第十条 非金融企业之间临时调剂性借贷的，出借人应当以自有资金出借，且借款期限一般不得超过三个月。

第十一条 县级人民政府金融工作办公室可以委托民间融资公共服务机构受理民间借贷合同备案，也可以自行受理民间借贷合同备案。

第十二条 条例第十四条规定应当予以报送备案的民间借贷，发生于条例施行之前的，可以不予报送备案，但在条例施行后六个月内未能履约完成的，应当予以报送备案。

第十三条 已根据条例第十四条第一款规定办理备案的民间借贷合同，借贷金额、期限、利率等重要事项发生变更的，借款人应当于变更事项发生之日起十五个工作日内办理变更备案手续。

第十四条 鼓励民间借贷当事人将履约情况报送备案，履约信息将纳入民间融资信用系统。

第十五条 民间借贷当事人可以查询自身备案信息。

查询他人备案信息的，应当事先征得被查询当事人的书面同意并约定用途。法律、法规另有规定的除外。

第十六条 民间借贷当事人认为备案信息存在错误或者有遗漏的，有权向接受备案的机构提出异议,要求更正。

第十七条 对民间融资公共服务机构缴纳的税收地方留成部分,由同级财政全额补助给民间融资公共服务机构。

第十八条 非金融企业民间借贷的利息支出,不超过按照金融企业同期同类贷款利率计算的数额部分,准予在计算应纳税所得额时扣除。

第十九条 对具有条例第十四条规定情形的民间借贷,法定登记机构在办理动产、不动产或者其他财产性权利抵押或者质押登记时,应当要求借款人履行民间借贷备案义务。

对不履行民间借贷备案义务的,法定登记机构应当将相关事实移交当地人民政府金融工作办公室查处。

第四章 定向债券融资和定向集合资金

第二十条 符合条例第二十条规定的非金融企业在温州市行政区域内以非公开方式发行的定向债券,债券持有人可以依法转让其所持有的定向债券。

第二十一条 温州市股权营运中心等机构可以作为发行与转让服务平台,为定向债券发行、信息披露和转让提供服务,并实施自律管理。

第二十二条 定向债券融资的企业可以自行发行债券,也可以委托具有承销资格的中介机构代理发行。

定向债券融资的企业应当委托温州市股权营运中心等机构作为定向债券的登记、托管机构。

第二十三条 温州市股权营运中心等托管机构依照约定维护债券持有人的合法权益,不得与债券持有人存在利益冲突。

第二十四条 定向债券融资的企业应当与债券持有人约定规则,该规则作为债券持有人行使权利范围、程序和其他重要事项的依据。

第二十五条 定向债券融资的企业应当设立偿债保障金专户,用于兑付资金的归集和管理。

第二十六条 定向债券融资的企业应当在募集说明书中承诺,在完全偿还本金与利息之前,股东不得分配利润。

第二十七条 民间资金管理企业应当与具有托管资格的托管人签订托管协议,由托管人托管定向集合资金。

第二十八条 向集合资金托管人应当将受托管理的定向集合资金与民间资金管理企业的自有资产严格分开,并对各期不同的定向集合资金分别实行专项管理,专款专用。

第二十九条 定向集合资金根据条例第二十三条规定用于短期民间借贷的,单户最高不得超过该期定向集合资金短期民间借贷限额的百分之五。

第三十条 民间资金管理企业应当按照审慎经营原则,制定对外投资决策、风险控制以及财务管理等制度。

第三十一条 定向债券融资的企业或者承销机构、民间资金管理企业应当建立完备的投资者适当性管理制度,确认具备风险识别与承担能力的投资者为合格投资者,并向其充分揭示风险。

第三十二条 定向债券融资的企业和民间资金管理企业可以采取担保和商业保险等增信措施。鼓励采用优先股、可转换债券、认股期权等创新性工具和产品。

第五章 风险防范和处置

第三十三条 地方金融监管工作协调机构成员单位应当指定专人负责民间融资监督管理信息的收集、整理、保管、交流等事务。

成员单位应当及时将民间融资活动中设立、登记、变更、注销、监管等环节中形成的相关材料和信息报送地方金融监管工作协调机构。

成员单位不得泄露知悉的保密信息。

第三十四条 担保公司、投资咨询公司、典当行、寄售行等机构的从业人员,不得利用职务便利从事民间融资活动。

第三十五条 对涉嫌非法集资等违法行为的民间融资活动,驻温州的国家金融监督管理派出机关应当依法检查涉事企业或者个人银行账户、信用等情况,并及时将检查结果反馈给温州市人民政府金融工作办公室。

第三十六条 公安机关对温州市人民政府和辖区内县级人民政府金融工作办公室移送的民间融资涉嫌犯罪材料进行审查,并及时书面反馈审查结果。

第三十七条 温州市人民政府和辖区内县级人民政府金融工作办公室应当设立举报平台,接受社会公众举报和监督。

第三十八条 温州市人民政府和辖区内县级人民政府金融工作办公室应

当定期对民间融资公共服务机构受托事项的履行情况进行核查。

民间融资公共服务机构违法违规开展业务的,同级人民政府金融工作办公室可以撤销其受托资格。

(四)新 三 板 类

1. 全国中小企业股份转让系统有限责任公司管理暂行办法

颁布机关:	中国证券监督管理委员会
文号:	中国证券监督管理委员会令第89号
颁布时间:	01/31/2013
实施时间:	01/31/2013
效力状态:	有效

第二章　全国股份转让系统公司的职能

第八条　全国股份转让系统公司的职能包括:

(一)建立、维护和完善股票转让相关技术系统和设施;

(二)制定和修改全国股份转让系统业务规则;

(三)接受并审查股票挂牌及其他相关业务申请,安排符合条件的公司股票挂牌;

(四)组织、监督股票转让及相关活动;

(五)对主办券商等全国股份转让系统参与人进行监管;

(六)对挂牌公司及其他信息披露义务人进行监管;

(七)管理和公布全国股份转让系统相关信息;

(八)中国证监会批准的其他职能。

第九条　全国股份转让系统公司应当就股票挂牌、股票转让、主办券商管理、挂牌公司管理、投资者适当性管理等依法制定基本业务规则。

全国股份转让系统公司制定与修改基本业务规则,应当经中国证监会批准。制定与修改其他业务规则,应当报中国证监会备案。

第十条 全国股份转让系统挂牌新的证券品种或采用新的转让方式,应当报中国证监会批准。

第十一条 全国股份转让系统公司应当为组织公平的股票转让提供保障,公布股票转让即时行情。未经全国股份转让系统公司许可,任何单位和个人不得发布、使用或传播股票转让即时行情。

第十二条 全国股份转让系统公司收取的资金和费用应当符合有关主管部门的规定,并优先用于维护和完善相关技术系统和设施。

全国股份转让系统公司应当制定专项财务管理规则,并报中国证监会备案。

第十三条 全国股份转让系统公司应当从其收取的费用中提取一定比例的金额设立风险基金。风险基金提取和使用的具体办法,由中国证监会另行制定。

第十四条 全国股份转让系统的登记结算业务由中国证券登记结算有限责任公司负责。全国股份转让系统公司应当与其签订业务协议,并报中国证监会备案。

第三章 全国股份转让系统公司的组织结构

第十五条 全国股份转让系统公司应当按照《公司法》等法律、行政法规和中国证监会的规定,制定公司章程,明确股东会、董事会、监事会和经理层之间的职责划分,建立健全内部组织机构,完善公司治理。

全国股份转让系统公司章程的制定和修改,应当经中国证监会批准。

第十六条 全国股份转让系统公司的股东应当具备法律、行政法规和中国证监会规定的资格条件,股东持股比例应当符合中国证监会的有关规定。

全国股份转让系统公司新增股东或原股东转让所持股份的,应当报中国证监会批准。

第十七条 全国股份转让系统公司董事会、监事会的组成及议事规则应当符合有关法律、行政法规和中国证监会的规定,并报中国证监会备案。

第十八条 全国股份转让系统公司董事长、副董事长、监事会主席及高级管理人员由中国证监会提名,任免程序和任期遵守《公司法》和全国股份转让系统公司章程的有关规定。

前款所述高级管理人员的范围，由全国股份转让系统公司章程规定。

第十九条 全国股份转让系统公司应当根据需要设立专门委员会。各专门委员会的组成及议事规则报中国证监会备案。

第五章 监督管理

第三十条 全国股份转让系统公司应当向中国证监会报告股东会、董事会、监事会、总经理办公会议和其他重要会议的会议纪要，全国股份转让系统运行情况，全国股份转让系统公司自律监管职责履行情况、日常工作动态以及中国证监会要求报告的其他信息。

全国股份转让系统公司的其他报告义务，比照执行证券交易所管理有关规定。

第三十一条 中国证监会有权要求全国股份转让系统公司对其章程和业务规则进行修改。

第三十二条 中国证监会依法对全国股份转让系统公司进行监管，开展定期、不定期的现场检查，并对其履职和运营情况进行评估和考核。

全国股份转让系统公司及相关人员违反本办法规定，在监管工作中不履行职责，或者不履行本办法规定的有关义务，中国证监会比照证券交易所管理有关规定进行查处。

2. 全国中小企业股份转让系统业务规则（试行）（2013年修订）

发文日期	2013年12月30日	有效范围	全国
发文机关	全国中小企业股份转让系统公司	文号	股转系统公告〔2013〕40号
时效性	现行有效	生效日期	2013-12-30
所属分类	股份股权（公司法→股份股权）		

第一章 总 则

1.1 为规范全国中小企业股份转让系统（以下简称“全国股份转让系统”）运行，维护市场正常秩序，保护投资者合法权益，根据《中华人民共和国公司法》

(以下简称《公司法》)、《中华人民共和国证券法》、《国务院关于全国中小企业股份转让系统有关问题的决定》以及《非上市公众公司监督管理办法》(以下简称《管理办法》)、《全国中小企业股份转让系统有限责任公司管理暂行办法》等法律、行政法规、部门规章,制定本业务规则。

1.2 在全国股份转让系统挂牌的股票、可转换公司债券及其他证券品种,适用本业务规则。本业务规则未作规定的,适用全国中小企业股份转让系统有限责任公司(以下简称"全国股份转让系统公司")的其他有关规定。

1.3 全国股份转让系统的证券公开转让及相关活动,实行公开、公平、公正的原则,禁止证券欺诈、内幕交易、操纵市场等违法违规行为。

市场参与人应当遵循自愿、有偿、诚实信用的原则。

1.4 申请挂牌公司、挂牌公司及其董事、监事、高级管理人员、股东、实际控制人,主办券商、会计师事务所、律师事务所、其他证券服务机构及其相关人员,投资者应当遵守法律、行政法规、部门规章、本业务规则及全国股份转让系统公司其他业务规定。

1.5 申请挂牌公司、挂牌公司及其他信息披露义务人、主办券商应当真实、准确、完整、及时地披露信息,不得有虚假记载、误导性陈述或者重大遗漏。

申请挂牌公司、挂牌公司的董事、监事、高级管理人员应当忠实、勤勉地履行职责,保证公司披露信息的真实、准确、完整、及时、公平。

申请挂牌公司、挂牌公司及其他信息披露义务人、主办券商依法披露的信息,应当第一时间在全国股份转让系统指定信息披露平台(www. neeq. com. cn 或 www. neeq. cc)公布。

1.6 全国股份转让系统实行主办券商制度。主办券商应当对所推荐的挂牌公司履行持续督导义务。

1.7 主办券商、会计师事务所、律师事务所、其他证券服务机构及其相关人员在全国股份转让系统从事相关业务,应严格履行法定职责,遵守行业规范,勤勉尽责,诚实守信,并对出具文件的真实性、准确性、完整性负责。

1.8 全国股份转让系统实行投资者适当性管理制度。投资者应当具备一定的证券投资经验和相应的风险识别和承担能力,知悉相关业务规则,自行承担投资风险。

1.9 挂牌公司、主办券商、投资者等市场参与人,应当按照规定交纳相关税费。

1.10 挂牌公司是纳入中国证监会监管的非上市公众公司,股东人数可以超过二百人。

股东人数未超过二百人的股份有限公司,直接向全国股份转让系统公司申请挂牌。

股东人数超过二百人的股份有限公司,公开转让申请经中国证监会核准后,可以按照本业务规则的规定向全国股份转让系统公司申请挂牌。

1.11 全国股份转让系统公司依法对申请挂牌公司、挂牌公司及其他信息披露义务人、主办券商等市场参与人进行自律监管。

第二章　股 票 挂 牌

2.1 股份有限公司申请股票在全国股份转让系统挂牌,不受股东所有制性质的限制,不限于高新技术企业,应当符合下列条件:

(一)依法设立且存续满两年。有限责任公司按原账面净资产值折股整体变更为股份有限公司的,存续时间可以从有限责任公司成立之日起计算。

(二)业务明确,具有持续经营能力。

(三)公司治理机制健全,合法规范经营。

(四)股权明晰,股票发行和转让行为合法合规。

(五)主办券商推荐并持续督导。

(六)全国股份转让系统公司要求的其他条件。

2.2 申请挂牌公司应当与主办券商签订推荐挂牌并持续督导协议,按照全国股份转让系统公司的有关规定编制申请文件,并向全国股份转让系统公司申报。

2.3 全国股份转让系统公司对挂牌申请文件审查后,出具是否同意挂牌的审查意见。

2.4 申请挂牌公司取得全国股份转让系统公司同意挂牌的审查意见后,按照全国股份转让系统公司规定的有关程序办理挂牌手续。

申请挂牌公司应当在其股票挂牌前与全国股份转让系统公司签署挂牌协议,明确双方的权利、义务和有关事项。

2.5 申请挂牌公司应当在其股票挂牌前依照全国股份转让系统公司的规定

披露公开转让说明书等文件。

2.6 申请挂牌公司在其股票挂牌前实施限制性股票或股票期权等股权激励计划且尚未行权完毕的，应当在公开转让说明书中披露股权激励计划等情况。

2.7 申请挂牌公司在其股票挂牌前，应当与中国证券登记结算有限责任公司（以下简称“中国结算”）签订证券登记及服务协议，办理全部股票的集中登记。

2.8 挂牌公司控股股东及实际控制人在挂牌前直接或间接持有的股票分三批解除转让限制，每批解除转让限制的数量均为其挂牌前所持股票的三分之一，解除转让限制的时间分别为挂牌之日、挂牌期满一年和两年。

挂牌前十二个月以内控股股东及实际控制人直接或间接持有的股票进行过转让的，该股票的管理按照前款规定执行，主办券商为开展做市业务取得的做市初始库存股票除外。

因司法裁决、继承等原因导致有限售期的股票持有人发生变更的，后续持有人应继续执行股票限售规定。

2.9 股票解除转让限制，应由挂牌公司向主办券商提出，由主办券商报全国股份转让系统公司备案。全国股份转让系统公司备案确认后，通知中国结算办理解除限售登记。

第三章　股票转让

第一节　一般规定

3.1.1 股票转让采用无纸化的公开转让形式，或经中国证监会批准的其他转让形式。

3.1.2 股票转让可以采取协议方式、做市方式、竞价方式或其他中国证监会批准的转让方式。经全国股份转让系统公司同意，挂牌股票可以转换转让方式。

3.1.3 挂牌股票采取协议转让方式的，全国股份转让系统公司同时提供集合竞价转让安排。

3.1.4 挂牌股票采取做市转让方式的，须有2家以上从事做市业务的主办券商（以下简称“做市商”）为其提供做市报价服务。

做市商应当在全国股份转让系统持续发布买卖双向报价，并在报价价位和数量范围内履行与投资者的成交义务。做市转让方式下,投资者之间不能成交。全国股份转让系统公司另有规定的除外。

3.1.5 全国股份转让系统为证券转让提供相关设施,包括交易主机、交易单元、报盘系统及相关通信系统等。

3.1.6 主办券商进入全国股份转让系统进行证券转让,应当先向全国股份转让系统公司申请取得转让权限,成为转让参与人。

3.1.7 股票转让时间为每周一至周五上午 9:15 至 11:30,下午 13:00 至 15:00。转让时间内因故停市,转让时间不作顺延。

遇法定节假日和全国股份转让系统公司公告的休市日,全国股份转让系统休市。

3.1.8 全国股份转让系统对股票转让不设涨跌幅限制。全国股份转让系统公司另有规定的除外。

3.1.9 投资者买卖挂牌公司股票,应当开立证券账户和资金账户,并与主办券商签订证券买卖委托代理协议。

投资者开立证券账户,应当按照中国结算的相关规定办理。

3.1.10 主办券商接受投资者的买卖委托后,应当确认投资者具备相应股票或资金,并按照投资者委托的时间先后顺序向全国股份转让系统申报。

3.1.11 买卖挂牌公司股票,申报数量应当为 1000 股或其整数倍。

卖出挂牌公司股票时,余额不足 1000 股部分,应当一次性申报卖出。

3.1.12 股票转让的计价单位为“每股价格”。股票转让的申报价格最小变动单位为 0.01 元人民币。

3.1.13 全国股份转让系统公司可以根据市场需要,调整股票单笔买卖申报数量和申报价格的最小变动单位。

3.1.14 申报当日有效。投资者可以撤销委托申报的未成交部分。

3.1.15 买卖申报经交易主机成交确认后,转让即告成立,买卖双方必须承认转让结果,履行清算交收义务,本规则另有规定的除外。

3.1.16 中国结算作为共同对手方,为股票转让提供清算和多边净额担保交收服务;或不作为共同对手方,提供其他清算、交收等服务。

3.1.17 投资者卖出股票,须委托代理其买入该股票的主办券商办理。如需委托另一家主办券商卖出该股票,须办理股票转托管手续。

3.1.18 投资者因司法裁决、继承等特殊原因需要办理股票过户的,依照中国结算的规定办理。

第二节 转让信息

3.2.1 全国股份转让系统公司每个转让日发布股票转让即时行情、股票转让公开信息等转让信息,及时编制反映市场转让情况的各类报表,并通过全国股份转让系统指定信息披露平台或其他媒体予以公布。

3.2.2 全国股份转让系统公司负责全国股份转让系统信息的统一管理和发布。未经全国股份转让系统公司许可,任何机构和个人不得发布、使用和传播转让信息。经全国股份转让系统公司许可使用转让信息的机构和个人,未经同意不得将转让信息提供给其他机构和个人使用或予以传播。

3.2.3 全国股份转让系统公司可以根据市场发展需要,编制综合指数、成分指数、分类指数等证券指数,随即时行情发布。

证券指数的设置和编制方法,由全国股份转让系统公司另行规定。

第三节 监控与异常情况处理

3.3.1 全国股份转让系统公司对股票转让中出现的异常转让行为进行重点监控,并可以视情况采取盘中临时停止股票转让等措施。

3.3.2 发生下列转让异常情况之一,导致部分或全部转让不能正常进行的,全国股份转让系统公司可以决定单独或同时采取暂缓进入清算交收程序、技术性停牌或临时停市等措施:

(一)不可抗力;

(二)意外事件;

(三)技术故障;

(四)全国股份转让系统公司认定的其他异常情况。

3.3.3 全国股份转让系统公司对暂缓进入清算交收程序、技术性停牌或临时停市决定予以公告。技术性停牌或临时停市原因消除后,全国股份转让系统公司可以决定恢复转让,并予以公告。

因转让异常情况及全国股份转让系统公司采取的相应措施造成损失的,全国股份转让系统公司不承担赔偿责任。

3.3.4 转让异常情况处理的具体规定,由全国股份转让系统公司另行制定并报中国证监会批准。

第四章　挂牌公司

第一节　公司治理

4.1.1 挂牌公司应当按照法律、行政法规、部门规章、全国股份转让系统公司相关业务规定完善公司治理，确保所有股东，特别是中小股东享有平等地位，充分行使合法权利。

4.1.2 挂牌公司应当依据《公司法》及有关非上市公众公司章程必备条款的规定制定公司章程并披露。

挂牌公司应当依照公司章程的规定，规范重大事项的内部决策程序。

4.1.3 挂牌公司与控股股东、实际控制人及其控制的其他企业应实行人员、资产、财务分开，各自独立核算、独立承担责任和风险。

4.1.4 控股股东、实际控制人及其控制的其他企业应切实保证挂牌公司的独立性，不得利用其股东权利或者实际控制能力，通过关联交易、垫付费用、提供担保及其他方式直接或者间接侵占挂牌公司资金、资产，损害挂牌公司及其他股东的利益。

4.1.5 挂牌公司董事会做出的对公司治理机制的讨论评估应当在年度报告中披露。

4.1.6 挂牌公司可以实施股权激励，具体办法另行规定。

第二节　信息披露

4.2.1 挂牌公司应当按照全国股份转让系统公司相关规定编制并披露定期报告和临时报告；上述文件披露前，挂牌公司应当依据公司章程履行内部程序。

挂牌公司应当按照《企业会计准则》的要求编制财务报告，全国股份转让系统公司另有规定的除外。

挂牌公司发生的或者与之有关的事件没有达到全国股份转让系统公司规定的披露标准，或者全国股份转让系统公司没有具体规定，但公司董事会认为该事件对公司股票转让价格可能产生较大影响的，公司应当及时披露。

4.2.2 若挂牌公司有充分依据证明其拟披露的信息属于国家机密、商业秘密，可能导致其违反国家有关保密法律、行政法规规定或者严重损害挂牌公司利益的，可以向全国股份转让系统公司申请豁免披露或履行相关义务。

4.2.3 挂牌公司应当制定并执行信息披露事务管理制度。

挂牌公司设有董事会秘书的，由董事会秘书负责信息披露管理事务，未设董事会秘书的，挂牌公司应指定一名具有相关专业知识的人员负责信息披露管理事务，并向全国股份转让系统公司报备。负责信息披露管理事务的人员应列席公司的董事会和股东大会。

4.2.4 挂牌公司及其他信息披露义务人应当对其披露信息内容的真实性、准确性、完整性承担责任。

4.2.5 挂牌公司、相关信息披露义务人和其他知情人不得泄露内幕信息。

4.2.6 主办券商应对挂牌公司拟披露的信息披露文件进行审查，履行持续督导职责。

4.2.7 全国股份转让系统公司对挂牌公司及其他信息披露义务人已披露的信息进行审查。

4.2.8 挂牌公司出现下列情形之一的，全国股份转让系统公司对股票转让实行风险警示，在公司股票简称前加注标识并公告：

（一）最近一个会计年度的财务会计报告被出具否定意见或者无法表示意见的审计报告；

（二）最近一个会计年度经审计的期末净资产为负值；

（三）全国股份转让系统公司规定的其他情形。

第三节　股票发行

4.3.1 本业务规则规定的股票发行，是指申请挂牌公司、挂牌公司向符合全国股份转让系统投资者适当性管理要求的对象发行股票的行为。

股票发行可以采取路演、询价等方式选定投资者。

4.3.2 申请挂牌公司、挂牌公司股票发行应当符合全国股份转让系统公司有关投资者适当性管理、信息披露等规定。

4.3.3 按照《管理办法》应申请核准的股票发行，挂牌公司在取得中国证监会核准文件后，按照全国股份转让系统公司的规定办理股票发行新增股份的挂牌手续。

4.3.4 按照《管理办法》豁免申请核准的股票发行，主办券商应履行持续督导职责并发表意见，挂牌公司在发行验资完毕后填报备案登记表，办理新增股份的登记及挂牌手续。

4.3.5 申请挂牌公司申请股票在全国股份转让系统挂牌的同时股票发行

的,应在公开转让说明书中披露。

第四节 暂停与恢复转让

4.4.1 挂牌公司发生下列事项,应当向全国股份转让系统公司申请暂停转让,直至按规定披露或相关情形消除后恢复转让:

(一)预计应披露的重大信息在披露前已难以保密或已经泄露,或公共媒体出现与公司有关传闻,可能或已经对股票转让价格产生较大影响的;

(二)涉及需要向有关部门进行政策咨询、方案论证的无先例或存在重大不确定性的重大事项,或挂牌公司有合理理由需要申请暂停股票转让的其他事项;

(三)向中国证监会申请公开发行股票并在证券交易所上市,或向证券交易所申请股票上市;

(四)向全国股份转让系统公司主动申请终止挂牌;

(五)未在规定期限内披露年度报告或者半年度报告;

(六)主办券商与挂牌公司解除持续督导协议;

(七)出现依《公司法》第一百八十一条规定解散的情形,或法院依法受理公司重整、和解或者破产清算申请。

挂牌公司未按规定向全国股份转让系统公司申请暂停股票转让的,主办券商应当及时向全国股份转让系统公司报告并提出处理建议。

4.4.2 全国股份转让系统公司可以根据中国证监会的要求或者基于维护市场秩序的需要,决定挂牌公司股票的暂停与恢复转让事宜。

第五节 终止与重新挂牌

4.5.1 挂牌公司出现下列情形之一的,全国股份转让系统公司终止其股票挂牌:

(一)中国证监会核准其公开发行股票并在证券交易所上市,或证券交易所同意其股票上市;

(二)终止挂牌申请获得全国股份转让系统公司同意;

(三)未在规定期限内披露年度报告或者半年度报告的,自期满之日起两个月内仍未披露年度报告或半年度报告;

(四)主办券商与挂牌公司解除持续督导协议,挂牌公司未能在股票暂停转让之日起三个月内与其他主办券商签署持续督导协议的;

（五）挂牌公司经清算组或管理人清算并注销公司登记的；

（六）全国股份转让系统公司规定的其他情形。

4.5.2 全国股份转让系统公司在作出股票终止挂牌决定后发布公告，并报中国证监会备案。

挂牌公司应当在收到全国股份转让系统公司的股票终止挂牌决定后及时披露股票终止挂牌公告。

4.5.3 对因本业务规则4.5.1条第（三）、（四）项情形终止挂牌的公司，全国股份转让系统公司可以为其提供股票非公开转让服务。

4.5.4 导致公司终止挂牌的情形消除后，经公司申请、主办券商推荐及全国股份转让系统公司同意，公司股票可以重新挂牌。

第五章　主 办 券 商

5.1 主办券商是指在全国股份转让系统从事下列部分或全部业务的证券公司：

（一）推荐业务：推荐申请挂牌公司股票挂牌，持续督导挂牌公司，为挂牌公司股票发行、并购重组等提供相关服务；

（二）经纪业务：代理开立证券账户、代理买卖股票等业务；

（三）做市业务；

（四）全国股份转让系统公司规定的其他业务。

从事前款第一项业务的，应当具有证券承销与保荐业务资格；从事前款第二项业务的，应当具有证券经纪业务资格；从事前款第三项业务的，应当具有证券自营业务资格。

5.2 证券公司在全国股份转让系统开展相关业务前，应向全国股份转让系统公司申请备案。

全国股份转让系统公司同意备案的，与其签订协议，出具备案函并公告。

5.3 主办券商应在取得全国股份转让系统公司备案函后五个转让日内，在全国股份转让系统指定信息披露平台披露公司基本情况、主要业务人员情况及全国股份转让系统公司要求披露的其他信息。

主办券商在全国股份转让系统开展业务期间，应按全国股份转让系统公司要求报送并披露相关执业情况等信息。

主办券商所披露信息内容发生变更的,应按规定及时报告全国股份转让系统公司并进行更新。

5.4 主办券商在全国股份转让系统开展业务,应当建立健全各项业务管理制度和业务操作流程,建立健全风险管理制度和合规管理制度,保障业务依法合规进行,严格防范和控制业务风险。

5.5 主办券商应当实现推荐业务、经纪业务、做市业务以及其他业务之间的有效隔离,防范内幕交易,避免利益冲突。

5.6 主办券商开展推荐业务,应勤勉尽责地进行尽职调查和内核,并承担相应责任。

5.7 主办券商应持续督导所推荐挂牌公司诚实守信、规范履行信息披露义务、完善公司治理机制。

主办券商与挂牌公司解除持续督导协议前,应当报告全国股份转让系统公司并说明理由。

5.8 主办券商应当建立健全投资者适当性管理工作制度和业务流程,严格执行全国股份转让系统投资者适当性管理各项要求。

5.9 主办券商发现投资者存在异常交易行为,应提醒投资者;对可能严重影响正常交易秩序的异常交易行为,应及时报告全国股份转让系统公司。

5.10 主办券商开展做市业务不得利用信息优势和资金优势,通过单独或者合谋,以串通报价或相互买卖操纵股票转让价格,损害投资者利益。

5.11 全国股份转让系统公司对主办券商及其从业人员的执业行为进行持续管理,开展现场检查和非现场检查,记录其执业情况、违规行为等信息。

第六章　监管措施与违规处分

6.1 全国股份转让系统公司可以对本业务规则 1.4 条规定的监管对象采取下列自律监管措施:

(一)要求申请挂牌公司、挂牌公司及其他信息披露义务人或者其董事(会)、监事(会)和高级管理人员、主办券商、证券服务机构及其相关人员对有关问题作出解释、说明和披露;

(二)要求申请挂牌公司、挂牌公司聘请中介机构对公司存在的问题进行核查并发表意见;

（三）约见谈话；

（四）要求提交书面承诺；

（五）出具警示函；

（六）责令改正；

（七）暂不受理相关主办券商、证券服务机构或其相关人员出具的文件；

（八）暂停解除挂牌公司控股股东、实际控制人的股票限售；

（九）限制证券账户交易；

（十）向中国证监会报告有关违法违规行为；

（十一）其他自律监管措施。

监管对象应当积极配合全国股份转让系统公司的日常监管，在规定期限内回答问询，按照全国股份转让系统公司的要求提交说明，或者披露相应的更正或补充公告。

6.2 申请挂牌公司、挂牌公司、相关信息披露义务人违反本业务规则、全国股份转让系统公司其他相关业务规定的，全国股份转让系统公司视情节轻重给予以下处分，并记入证券期货市场诚信档案数据库（以下简称“诚信档案”）：

（一）通报批评；

（二）公开谴责。

6.3 申请挂牌公司、挂牌公司的董事、监事、高级管理人员违反本业务规则、全国股份转让系统公司其他相关业务规定的，全国股份转让系统公司视情节轻重给予以下处分，并记入诚信档案：

（一）通报批评；

（二）公开谴责；

（三）认定其不适合担任公司董事、监事、高级管理人员。

6.4 主办券商违反本业务规则、全国股份转让系统公司其他相关业务规定的，全国股份转让系统公司视情节轻重给予以下处分，并记入诚信档案：

（一）通报批评；

（二）公开谴责；

（三）限制、暂停直至终止其从事相关业务。

6.5 主办券商的相关业务人员违反本业务规则、全国股份转让系统公司其他相关业务规定的，全国股份转让系统公司视情节轻重给予以下处分，并记入诚信档案：

（一）通报批评；

（二）公开谴责。

6.6 会计师事务所、律师事务所、其他证券服务机构及其工作人员违反本业务规则、全国股份转让系统公司其他相关业务规定的，全国股份转让系统公司视情节轻重给予以下处分，记入诚信档案并向相关行业自律组织通报：

（一）通报批评；

（二）公开谴责。

6.7 全国股份转让系统公司设立纪律处分委员会对本业务规则规定的纪律处分事项进行审核，作出独立的专业判断并形成审核意见。全国股份转让系统公司根据纪律处分委员会的审核意见，作出是否给予纪律处分的决定。

监管对象不服全国股份转让系统公司作出的纪律处分决定的，可自收到处分通知之日起 15 个工作日内向全国股份转让系统公司申请复核，复核期间该处分决定不停止执行。

3.《全国中小企业股份转让系统股票发行业务细则（试行）》

发文日期	2013 年 12 月 30 日	有效范围	全国
发文机关	全国中小企业股份转让系统公司	文号	股转系统公告〔2013〕49 号
时效性	现行有效	生效日期	2013－12－30
所属分类	股份股权（公司法→股份股权），证券（证券期货法→证券）		

第一条　为了规范挂牌公司的股票发行行为，保护投资者合法权益，根据《非上市公众公司监督管理办法》（以下简称《管理办法》）、《全国中小企业股份转让系统有限责任公司管理暂行办法》、《全国中小企业股份转让系统业务规则（试行）》（以下简称《业务规则》）等有关规定，制定本细则。

第二条　本细则规定的股票发行，是指挂牌公司向符合规定的投资者发行股票，发行后股东人数累计不超过 200 人的行为。

实施本细则规定的股票发行，应当按照规定向全国中小企业股份转让系统有限责任公司（以下简称“全国股份转让系统公司”）履行备案程序。

第三条 挂牌公司股票发行，必须真实、准确、完整、及时、公平地披露信息，不得有虚假记载、误导性陈述或者重大遗漏。

挂牌公司的控股股东、实际控制人、股票发行对象及其他信息披露义务人，应当按照有关规定及时向公司提供信息，配合公司履行信息披露义务。

第四条 挂牌公司的董事、监事、高级管理人员、控股股东及实际控制人，主办券商、会计师事务所、律师事务所等证券服务机构及其相关人员，应当遵守有关法律法规、规章、规范性文件及业务规定，勤勉尽责，不得利用挂牌公司股票发行谋取不正当利益，禁止泄露内幕信息和利用内幕信息进行股票转让或者操纵股票转让价格。

第五条 挂牌公司、主办券商选择发行对象、确定发行价格或者发行价格区间，应当遵循公平、公正原则，维护公司及其股东的合法权益。

第六条 发行股票导致挂牌公司的控股股东或者实际控制人发生变化的，相关规定另行制定。

发行股票购买资产导致重大资产重组，且发行后股东人数累计不超过200人的，相关规定另行制定。

第二章 发行要求与认购规定

第七条 挂牌公司股票发行应当满足《管理办法》规定的公司治理、信息披露及发行对象的要求。

第八条 挂牌公司股票发行以现金认购的，公司现有股东在同等条件下对发行的股票有权优先认购。每一股东可优先认购的股份数量上限为股权登记日其在公司的持股比例与本次发行股份数量上限的乘积。

公司章程对优先认购另有规定的，从其规定。

第九条 发行对象承诺对其认购股票进行转让限制的，应当遵守其承诺，并予以披露。

第十条 发行对象可用现金或者非现金资产认购发行股票。

第三章 董事会与股东大会决议

第十一条 挂牌公司董事会应当就股票发行有关事项作出决议。

第十二条 挂牌公司董事会作出股票发行决议，应当符合下列规定：

（一）董事会决议确定具体发行对象的，董事会决议应当明确具体发行对象（是否为关联方）及其认购价格、认购数量或数量上限、现有股东优先认购办法等事项。认购办法中应当明确现有股东放弃优先认购股票份额的认购安排。

已确定的发行对象（现有股东除外）与公司签署的附生效条件的股票认购合同应当经董事会批准。

（二）董事会决议未确定具体发行对象的，董事会决议应当明确发行对象的范围、发行价格区间、发行价格确定办法、发行数量上限、现有股东优先认购办法等事项。

（三）发行对象用非现金资产认购发行股票的，董事会决议应当明确交易对手（应当说明是否为关联方）、标的资产、作价原则及审计、评估等事项。

（四）董事会应当说明本次发行募集资金的用途。

第十三条 董事会决议确定具体发行对象的，挂牌公司应当与相关发行对象签订附生效条件的股票认购合同。

前款所述认购合同应当载明该发行对象拟认购股票的数量或数量区间、认购价格、限售期，同时约定本次发行经公司董事会、股东大会批准后，该合同即生效。

第十四条 挂牌公司股东大会应当就股票发行等事项作出决议。

第十五条 挂牌公司股东大会审议通过股票发行方案后，董事会决议作出重大调整的，公司应当重新召开股东大会并按照第十四条的规定进行审议。

第四章 发行与备案

第十六条 董事会决议确定具体发行对象的，挂牌公司应当按照本细则及有关要求，依据股票认购合同的约定发行股票；有优先认购安排的，应当办理现有股东优先认购手续。

第十七条 董事会决议未确定具体发行对象的，挂牌公司及主办券商可以向包括挂牌公司股东、主办券商经纪业务客户、机构投资者、集合信托计划、证券投资基金、证券公司资产管理计划以及其他个人投资者在内的询价对象进行询价，询价对象应当符合投资者适当性的规定。

第十八条 挂牌公司及主办券商应当在确定的询价对象范围内接收询价对象的申购报价；主办券商应根据询价对象的申购报价情况，按照价格优先的原则,并考虑认购数量或其他因素,与挂牌公司协商确定发行对象、发行价格和发行股数。

现有股东优先认购的,在相同认购价格下应优先满足现有股东的认购需求。

第十九条 依据第十八条规定确定发行价格后,挂牌公司应当与发行对象签订正式认购合同,发行对象应当按照合同约定缴款。

第二十条 挂牌公司应当在股票发行认购结束后及时办理验资手续,验资报告应当由具有证券、期货相关业务资格的会计师事务所出具。

第二十一条 主办券商和律师事务所应当在尽职调查基础上,分别对本次股票发行出具书面意见。

第二十二条 挂牌公司在验资完成后十个转让日内,按照规定向全国股份转让系统公司报送材料,履行备案程序。

第二十三条 全国股份转让系统公司对材料进行审查,并根据审查结果出具股份登记函,送达挂牌公司并送交中国证券登记结算有限责任公司(以下简称"中国结算")和主办券商。

以非现金资产认购股票的情形,尚未完成相关资产权属过户或相关资产存在重大法律瑕疵的,全国股份转让系统公司不予出具股份登记函。

第二十四条 挂牌公司按照中国结算相关规定,向中国结算申请办理股份登记,并取得股份登记证明文件。

主办券商应当协助挂牌公司持股份登记函向中国结算办理股份登记手续。

挂牌公司完成股份登记的办理后,新增股票按照挂牌转让公告中安排的时间在全国中小企业股份转让系统挂牌转让。

第五章 信息披露

第二十五条 挂牌公司应当分别在董事会和股东大会通过股票发行决议之日起两个转让日内披露董事会、股东大会决议公告。

第二十六条 以非现金资产认购股票涉及资产审计、评估的,资产审计结果、评估结果应当最晚和召开股东大会的通知同时公告。

第二十七条 挂牌公司应当在披露董事会决议的同时,披露经董事会批准的股票发行方案。

第二十八条　挂牌公司应当在缴款期前披露股票发行认购公告，其中应当披露缴款的股权登记日、投资者参与询价、定价情况，股票配售的原则和方式及现有股东优先认购安排（如有），并明确现有股东及新增投资者的缴款安排。

第二十九条　挂牌公司应当按照要求披露股票发行情况报告书、股票发行法律意见书、主办券商关于股票发行合法合规性意见和股票挂牌转让公告。

4.《全国中小企业股份转让系统非上市公众公司重大资产重组业务指引（试行）》

发文日期	2014年7月25日	有效范围	全国
发文机关	全国中小企业股份转让系统公司	文号	股转系统公告〔2014〕70号
时效性	现行有效	生效日期	2014-07-25
所属分类	兼并与收购（公司法→兼并与收购），证券（证券期货法→证券）		

第一章

第一条　为规范股票在全国中小企业股份转让系统（以下简称全国股份转让系统）公开转让的公众公司（以下简称公司）重大资产重组的信息披露和相关业务办理流程，根据《非上市公众公司监督管理办法》、《非上市公众公司重大资产重组管理办法》（以下简称《重组办法》）等部门规章以及全国中小企业股份转让系统有限责任公司（以下简称全国股份转让系统公司）相关业务规则，制定本指引。

第二条　本指引所称重大资产重组，是指公司及其控股或者控制的企业在日常经营活动之外购买、出售资产或者通过其他方式进行资产交易，导致公司业务、资产发生重大变化的资产交易行为。公司重大资产重组的判断标准，适用《重组办法》的有关规定。

公司进行重大资产重组，应当符合《重组办法》中关于公众公司重组的各项要求。

第三条　公司必须保证重大资产重组事项（以下简称重大重组事项）的真实性并及时进行信息披露，不得虚构重大重组事项向全国股份转让系统公司申请暂停转让或发布信息，损害投资者权益。

第四条 全国股份转让系统公司对公司重大资产重组信息披露文件的完备性进行审查。

为公司提供持续督导的主办券商未担任公司独立财务顾问的，应当遵守《全国中小企业股份转让系统业务规则(试行)》的规定，履行持续督导义务。

第二章 暂停转让与内幕知情人报备

第五条 公司与交易对方筹划重大重组事项时，应当做好保密工作和内幕信息知情人登记工作，密切关注媒体传闻、公司股票及其他证券品种(以下简称证券)的转让价格变动情况，并结合重大重组事项进展，及时申请公司证券暂停转让并报送材料。

在公司证券暂停转让前，全国股份转让系统公司不接受任何与该公司重大重组事项相关的业务咨询，也不接收任何与重大资产重组相关的材料。

第六条 公司出现下列情形之一时，应当立即向全国股份转让系统公司申请公司证券暂停转让：

(一)交易各方初步达成实质性意向；

(二)虽未达成实质意向，但在相关董事会决议公告前，相关信息已在媒体上传播或者预计该信息难以保密或者公司证券转让价格出现异常波动；

(三)本次重组需要向有关部门进行政策咨询、方案论证。

除挂牌公司申请证券暂停转让的情形外，全国股份转让系统有权在必要情况下对挂牌公司证券主动实施暂停转让。

第七条 公司因本指引第六条规定情形申请暂停转让的，应当按照《全国中小企业股份转让系统挂牌公司暂停与恢复转让业务指南(试行)》(以下简称《暂停与恢复转让业务指南》)的规定办理证券暂停转让与恢复转让的相关事宜。

第八条 在公司证券转让时段，全国股份转让系统公司不接受任何关于公司重大重组事项的暂停转让申请及材料报送。全国股份转让系统公司设立专门的纸质文件传真机(传真号 010 - 63889872)，在转让日收市后 15 时 30 分至 16 时 30 分之间接收公司的暂停转让申请。公司通过其他方式、其他渠道提交的暂停转让申请不得早于通过前述专门用途传真机的提交时间。

全国股份转让系统公司对公司重大重组事项暂停转让申请实行统一登记、

集中管理。公司必须在确认公司证券已暂停转让后才能开始与我司工作人员沟通重大重组事项相关业务。

第九条 公司须根据《暂停与恢复转让业务指南》发布公司证券暂停转让的公告，并在公告中明确恢复转让的最晚时点。证券暂停转让时间由公司自主确定，但原则上不应超过3个月，且恢复转让日与重大重组事项首次董事会召开的时间间隔不得少于9个转让日。

暂停转让时间确需超过3个月的，应当向全国股份转让系统公司说明理由，并在取得全国股份转让系统公司的同意后发布关于公司证券长期暂停转让的公告。

挂牌公司证券暂停转让后，应当每月披露一次重大资产重组进展情况报告，说明重大资产重组的谈判、批准、定价等事项进展情况和可能影响重组的不确定因素。

第十条 公司应当在证券暂停转让之日起5个转让日内，按照《全国中小企业股份转让系统重大资产重组业务指南第1号：非上市公众公司重大资产重组内幕信息知情人报备指南》的要求，向全国股份转让系统公司提交完整的内幕信息知情人及直系亲属名单、相关人员买卖公司证券的自查报告、公司重大资产重组交易进程备忘录及公司全体董事对内幕信息知情人报备文件真实性、准确性和完整性的承诺书。

公司预计证券暂停转让日距离重大资产重组首次董事会召开不足5个转让日的，应当在申请暂停转让的同时提交上述材料。

第十一条 全国股份转让系统公司在收到内幕信息知情人名单及自查报告后，将对内幕信息知情人在暂停转让申请日前六个月的公司证券转让情况进行核查。

发现异常转让情况，全国股份转让系统有权要求公司、独立财务顾问及其他相关主体对转让情况做出进一步核查；涉嫌利用公司重大资产重组信息从事内幕交易、操纵证券市场等违法活动的，全国股份转让系统有权采取自律管理措施，并向中国证监会报告。

第三章 信息披露与恢复转让

第十二条 公司应当在重大重组事项首次董事会召开后2个转让日内，按

《重组办法》及相关规范性文件的要求制作并披露相关的信息披露文件。

第十三条 全国股份转让系统在公司信息披露后的5个转让日内对信息披露的完备性进行审查;全国股份转让系统对信息披露未提出异议的,公司应当在审查期满后向全国股份转让系统申请证券恢复转让。

发现信息披露存在完备性问题的,全国股份转让系统有权要求公司对存在问题的信息披露内容进行解释、说明和更正;公司预计在原定最晚恢复转让日仍无法恢复转让的,应当在接到全国股份转让系统关于信息披露异议的同时,申请延后最晚恢复转让日。

发现公司重大资产重组信息披露涉嫌虚假披露、误导性陈述、重大遗漏或存在程序不规范问题的,全国股份转让系统有权采取自律监管措施并向中国证监会报告,公司应当同时申请证券持续暂停转让。

第十四条 公司预计在最晚恢复转让日前7个转让日仍无法进行首次信息披露的,应当至少在最晚恢复转让日前9个转让日将相关情况书面告知全国股份转让系统公司,并同时申请延后最晚恢复转让日。

暂停转让延后申请获得全国股份转让系统公司批准后,公司应当在2个转让日内发布重大资产重组进展情况报告,说明延迟披露的原因、更改后的最晚恢复转让日以及重大资产重组的最新进展情况。此后,公司应当每5个转让日比照上述要求进行一次信息披露。

因全国股份转让系统公司对信息披露提出异议申请延后最晚恢复转让日的,公司须按上述要求履行相关的信息披露程序。

第十五条 公司聘请的独立财务顾问应当对公司是否可以及时披露信息进行判断,发现公司可能或确定无法及时披露信息的,应当督促公司主动书面告知全国股份转让系统并申请延后最晚恢复转让日。

公司根据本指引第十四条需要披露重大资产重组进展报告的,独立财务顾问应当同时披露风险揭示公告,就延后披露信息的原因及可能造成的风险向投资者进行解释说明。

第十六条 公司未向全国股份转让系统申请延后最晚恢复转让日,且在最晚恢复转让日前7个转让日仍未能进行首次信息披露的,全国股份转让系统有权要求独立财务顾问对相关情况进行核查,并根据核查结果采取自律管理措施。情节严重的,可以给予纪律处分、要求其暂停重大资产重组行为并报告中国证监会。

公司聘请的独立财务顾问应当在最晚恢复转让日后2个转让日内发布风险提示公告，就公司未能进行信息披露的原因及可能造成的风险向投资者进行解释说明。

第十七条 公司证券暂停转让期内，证监会对其作出终止重大资产重组决定的，全国股份转让系统公司有权强制恢复公司证券转让，并要求公司及其独立财务顾问履行相应的信息披露义务。

第十八条 因公司拟对交易对象、交易标的、交易价格等作出变更，构成原重组方案重大调整的，应当在董事会表决后重新提交股东大会审议，并重新履行申请暂停转让、内幕知情人报备、信息披露及申请恢复转让等程序。

支付手段发生变更的，应当视为重组方案的重大调整，并履行前款规定的相关程序。

第四章 发行股份购买资产

第十九条 公司发行股份购买资产构成重大资产重组且发行结束后股东人数不超过两百人的，应当向全国股份转让系统公司申请备案。

涉及重大资产重组的股票发行信息披露及具体操作流程，须遵守《重组办法》及本指引的要求，不再适用《全国中小企业股份转让系统股票发行业务细则（试行）》的有关规定。

涉及以发行股份和其他支付手段混合认购资产构成重大资产重组的，按照发行股份购买资产构成重大资产重组的规定办理。

第二十条 公司发行股份购买资产构成重大资产重组的，发行对象需满足中国证监会及全国股份转让系统公司关于投资者适当性的有关规定。

第二十一条 涉及以优先股、债券等其他支付手段购买资产构成重大资产重组的，应当适用《重组办法》的有关规定，并遵守中国证监会和全国股份转让系统公司的相关规范性文件。

第二十二条 公司涉及发行股份购买资产构成重大资产重组的，应当在验资完成后10个转让日内，根据《全国中小企业股份转让系统重大资产重组业务指南第2号：非上市公众公司发行股份购买资产构成重大资产重组文件报送指南》的要求，向全国股份转让系统公司报送股票发行备案或股票登记申请文件。

公司在取得全国股份转让系统出具的股份登记函后，应当及时办理新增股份登记。

(五)债券发行类

1.公司债券发行与交易管理办法

发文日期	2015年01月15日	有效范围	全国
发文机关	中国证券监督管理委员会	文号	中国证券监督管理委员会令第113号
时效性	现行有效	生效日期	2015-01-15
所属分类	登记管理(公司法→登记管理),监管(证券期货法→监管)		

第二章　发行和交易转让

第一节　一般规定

第十一条　发行公司债券,发行人应当依照《公司法》或者公司章程相关规定对以下事项作出决议:

(一)发行债券的数量;

(二)发行方式;

(三)债券期限;

(四)募集资金的用途;

(五)决议的有效期;

(六)其他按照法律法规及公司章程规定需要明确的事项。

发行公司债券,如果对增信机制、偿债保障措施作出安排的,也应当在决议事项中载明。

第十二条　上市公司、股票公开转让的非上市公众公司发行的公司债券,可以附认股权、可转换成相关股票等条款。上市公司、股票公开转让的非上市公众公司股东可以发行附可交换成上市公司或非上市公众公司股票条款的公司债券。商业银行等金融机构可以按照有关规定发行附减记条款的公司债券。

上市公司发行附认股权、可转换成股票条款的公司债券,应当符合《上市公司证券发行管理办法》、《创业板上市公司证券发行管理暂行办法》的相关规定。

股票公开转让的非上市公众公司发行附认股权、可转换成股票条款的公司债券，由中国证监会另行规定。

第十三条 发行人全体董事、监事、高级管理人员应当在债券募集说明书上签字，承诺不存在虚假记载、误导性陈述或者重大遗漏，并承担相应的法律责任，但是能够证明自己没有过错的除外。

第十四条 本办法所称合格投资者，应当具备相应的风险识别和承担能力，知悉并自行承担公司债券的投资风险，并符合下列资质条件：

（一）经有关金融监管部门批准设立的金融机构，包括证券公司、基金管理公司及其子公司、期货公司、商业银行、保险公司和信托公司等，以及经中国证券投资基金业协会（以下简称基金业协会）登记的私募基金管理人；

（二）上述金融机构面向投资者发行的理财产品，包括但不限于证券公司资产管理产品、基金及基金子公司产品、期货公司资产管理产品、银行理财产品、保险产品、信托产品以及经基金业协会备案的私募基金；

（三）净资产不低于人民币一千万元的企事业单位法人、合伙企业；

（四）合格境外机构投资者（QFII）、人民币合格境外机构投资者（RQFII）；

（五）社会保障基金、企业年金等养老基金，慈善基金等社会公益基金；

（六）名下金融资产不低于人民币三百万元的个人投资者；

（七）经中国证监会认可的其他合格投资者。

前款所称金融资产包括银行存款、股票、债券、基金份额、资产管理计划、银行理财产品、信托计划、保险产品、期货权益等；理财产品、合伙企业拟将主要资产投向单一债券，需要穿透核查最终投资者是否为合格投资者并合并计算投资者人数，具体标准由基金业协会规定。

证券自律组织可以在本办法规定的基础上，设定更为严格的合格投资者资质条件。

第十五条 公开发行公司债券，募集资金应当用于核准的用途；非公开发行公司债券，募集资金应当用于约定的用途。除金融类企业外，募集资金不得转借他人。

发行人应当指定专项账户，用于公司债券募集资金的接收、存储、划转与本息偿付。

第二节　公开发行及交易

第十六条　公开发行公司债券，应当符合《证券法》、《公司法》的相关规定，经中国证监会核准。

第十七条　存在下列情形之一的，不得公开发行公司债券：

（一）最近三十六个月内公司财务会计文件存在虚假记载，或公司存在其他重大违法行为；

（二）本次发行申请文件存在虚假记载、误导性陈述或者重大遗漏；

（三）对已发行的公司债券或者其他债务有违约或者迟延支付本息的事实，仍处于继续状态；

（四）严重损害投资者合法权益和社会公共利益的其他情形。

第十八条　资信状况符合以下标准的公司债券可以向公众投资者公开发行，也可以自主选择仅面向合格投资者公开发行：

（一）发行人最近三年无债务违约或者迟延支付本息的事实；

（二）发行人最近三个会计年度实现的年均可分配利润不少于债券一年利息的1.5倍；

（三）债券信用评级达到AAA级；

（四）中国证监会根据投资者保护的需要规定的其他条件。

未达到前款规定标准的公司债券公开发行应当面向合格投资者；仅面向合格投资者公开发行的，中国证监会简化核准程序。

第十九条　公开发行公司债券，应当委托具有从事证券服务业务资格的资信评级机构进行信用评级。

第二十条　发行人应当按照中国证监会信息披露内容与格式的有关规定编制和报送公开发行公司债券的申请文件。

第二十一条　中国证监会受理申请文件后，依法审核公开发行公司债券的申请，自受理发行申请文件之日起三个月内，作出是否核准的决定，并出具相关文件。

发行申请核准后，公司债券发行结束前，发行人发生重大事项，导致可能不再符合发行条件的，应当暂缓或者暂停发行，并及时报告中国证监会。影响发行条件的，应当重新履行核准程序。

承销机构应当勤勉履行核查义务，发现发行人存在前款规定情形的，应当立即停止承销，并督促发行人及时履行报告义务。

第二十二条 公开发行公司债券，可以申请一次核准，分期发行。自中国证监会核准发行之日起，发行人应当在十二个月内完成首期发行，剩余数量应当在二十四个月内发行完毕。

公开发行公司债券的募集说明书自最后签署之日起六个月内有效。采用分期发行方式的，发行人应当在后续发行中及时披露更新后的债券募集说明书，并在每期发行完成后五个工作日内报中国证监会备案。

第二十三条 公开发行的公司债券，应当在依法设立的证券交易所上市交易，或在全国中小企业股份转让系统或者国务院批准的其他证券交易场所转让。

第二十四条 证券交易所、全国中小企业股份转让系统应当对公开发行公司债券的上市交易或转让实施分类管理，实行差异化的交易机制，建立相应的投资者适当性管理制度，健全风险控制机制。

证券交易所、全国中小企业股份转让系统应当根据债券资信状况的变化及时调整交易机制和投资者适当性安排。

第二十五条 公开发行公司债券申请上市交易或转让的，应当在发行前根据证券交易所、全国中小企业股份转让系统的相关规则，明确交易机制和交易环节投资者适当性安排。发行环节和交易环节的投资者适当性要求应当保持一致。

第三节 非公开发行及转让

第二十六条 非公开发行的公司债券应当向合格投资者发行，不得采用广告、公开劝诱和变相公开方式，每次发行对象不得超过二百人。

第二十七条 发行人、承销机构应当按照中国证监会、证券自律组织规定的投资者适当性制度，了解和评估投资者对非公开发行公司债券的风险识别和承担能力，确认参与非公开发行公司债券认购的投资者为合格投资者，并充分揭示风险。

第二十八条 非公开发行公司债券是否进行信用评级由发行人确定，并在债券募集说明书中披露。

第二十九条 非公开发行公司债券，承销机构或依照本办法第三十三条规定自行销售的发行人应当在每次发行完成后五个工作日内向中国证券业协会备案。

中国证券业协会在材料齐备时应当及时予以备案。备案不代表中国证券业协会实行合规性审查,不构成市场准入,也不豁免相关主体的违规责任。

第三十条 非公开发行公司债券,可以申请在证券交易所、全国中小企业股份转让系统、机构间私募产品报价与服务系统、证券公司柜台转让。

第三十一条 非公开发行的公司债券仅限于合格投资者范围内转让。转让后,持有同次发行债券的合格投资者合计不得超过二百人。

第三十二条 发行人的董事、监事、高级管理人员及持股比例超过百分之五的股东,可以参与本公司非公开发行公司债券的认购与转让,不受本办法第十四条关于合格投资者资质条件的限制。

第四节 发行与承销管理

第三十三条 发行公司债券应当由具有证券承销业务资格的证券公司承销。

取得证券承销业务资格的证券公司、中国证券金融股份有限公司及中国证监会认可的其他机构非公开发行公司债券可以自行销售。

第三十四条 承销机构承销公司债券,应当依据本办法以及中国证监会、中国证券业协会有关尽职调查、风险控制和内部控制等相关规定,制定严格的风险管理制度和内部控制制度,加强定价和配售过程管理。

第三十五条 承销机构承销公司债券,应当依照《证券法》相关规定采用包销或者代销方式。

第三十六条 发行人和主承销商应当签订承销协议,在承销协议中界定双方的权利义务关系,约定明确的承销基数。采用包销方式的,应当明确包销责任。

公开发行公司债券,依照法律、行政法规的规定应由承销团承销的,组成承销团的承销机构应当签订承销团协议,由主承销商负责组织承销工作。公司债券发行由两家以上承销机构联合主承销的,所有担任主承销商的承销机构应当共同承担主承销责任,履行相关义务。承销团由三家以上承销机构组成的,可以设副主承销商,协助主承销商组织承销活动。

承销团成员应当按照承销团协议及承销协议的约定进行承销活动,不得进行虚假承销。

第三十七条　公司债券公开发行的价格或利率以询价或公开招标等市场化方式确定。

发行人和主承销商应当协商确定公开发行的定价与配售方案并予公告，明确价格或利率确定原则、发行定价流程和配售规则等内容。

第三十八条　发行人和承销机构不得操纵发行定价、暗箱操作；不得以代持、信托等方式谋取不正当利益或向其他相关利益主体输送利益；不得直接或通过其利益相关方向参与认购的投资者提供财务资助；不得有其他违反公平竞争、破坏市场秩序等行为。

第三十九条　公开发行公司债券的，发行人和主承销商应当聘请律师事务所对发行过程、配售行为、参与认购的投资者资质条件、资金划拨等事项进行见证，并出具专项法律意见书。公开发行的公司债券上市后十个工作日内，主承销商应当将专项法律意见随同承销总结报告等文件一并报中国证监会。

第四十条　发行人和承销机构在推介过程中不得夸大宣传，或以虚假广告等不正当手段诱导、误导投资者，不得披露除债券募集说明书等信息以外的发行人其他信息。

承销机构应当保留推介、定价、配售等承销过程中的相关资料，并按相关法律法规规定存档备查，包括推介宣传材料、路演现场录音等，如实、全面反映询价、定价和配售过程。相关推介、定价、配售等的备查资料应当按中国证券业协会的规定制作并妥善保管。

第四十一条　中国证券业协会应当制定非公开发行公司债券承销业务的风险控制管理规定，根据市场风险状况对承销业务范围进行限制并动态调整。

第三章　信息披露

第四十二条　发行人及其他信息披露义务人应当按照中国证监会及证券自律组织的相关规定履行信息披露义务。

第四十三条　公开发行公司债券的发行人应当按照规定及时披露债券募集说明书，并在债券存续期内披露中期报告和经具有从事证券服务业务资格的会计师事务所审计的年度报告。

非公开发行公司债券的发行人信息披露的时点、内容，应当按照募集说明书的约定履行，相关信息披露文件应当由受托管理人向中国证券业协会备案。

第四十四条 公司债券募集资金的用途应当在债券募集说明书中披露。

发行人应当在定期报告中披露公开发行公司债券募集资金的使用情况。

非公开发行公司债券的,应当在债券募集说明书中约定募集资金使用情况的披露事宜。

第四十五条 公开发行公司债券的发行人应当及时披露债券存续期内发生可能影响其偿债能力或债券价格的重大事项。重大事项包括:

(一)发行人经营方针、经营范围或生产经营外部条件等发生重大变化;

(二)债券信用评级发生变化;

(三)发行人主要资产被查封、扣押、冻结;

(四)发行人发生未能清偿到期债务的违约情况;

(五)发行人当年累计新增借款或对外提供担保超过上年末净资产的百分之二十;

(六)发行人放弃债权或财产,超过上年末净资产的百分之十;

(七)发行人发生超过上年末净资产百分之十的重大损失;

(八)发行人作出减资、合并、分立、解散及申请破产的决定;

(九)发行人涉及重大诉讼、仲裁事项或受到重大行政处罚;

(十)保证人、担保物或者其他偿债保障措施发生重大变化;

(十一)发行人情况发生重大变化导致可能不符合公司债券上市条件;

(十二)发行人涉嫌犯罪被司法机关立案调查,发行人董事、监事、高级管理人员涉嫌犯罪被司法机关采取强制措施;

(十三)其他对投资者作出投资决策有重大影响的事项。

第四十六条 资信评级机构为公开发行公司债券进行信用评级,应当符合以下规定:

(一)按照规定或约定将评级信息告知发行人,并及时向市场公布首次评级报告、定期和不定期跟踪评级报告;

(二)在债券有效存续期间,应当每年至少向市场公布一次定期跟踪评级报告;

(三)应充分关注可能影响评级对象信用等级的所有重大因素,及时向市场公布信用等级调整及其他与评级相关的信息变动情况,并向证券交易所或其他证券交易场所报告。

第四十七条 公开发行公司债券的发行人及其他信息披露义务人应当将披露的信息刊登在其债券交易场所的互联网网站,同时将披露的信息或信息摘要刊登在至少一种中国证监会指定的报刊,供公众查阅。

第五章 监督管理和法律责任

第五十八条 对违反法律法规及本办法规定的机构和人员,中国证监会可采取责令改正、监管谈话、出具警示函、责令公开说明、责令参加培训、责令定期报告、认定为不适当人选、暂不受理与行政许可有关的文件等相关监管措施;依法应予行政处罚的,依照《证券法》、《行政处罚法》等法律法规和中国证监会的有关规定进行处罚;涉嫌犯罪的,依法移送司法机关,追究其刑事责任。

第五十九条 发行人、承销机构向不符合规定条件的投资者发行公司债券的,中国证监会可以对发行人、承销机构及其直接负责的主管人员和其他直接责任人员采取本办法第五十八条规定的相关监管措施;情节严重的,处以警告、罚款。

第六十条 非公开发行公司债券,发行人违反本办法第十五条规定的,中国证监会可以对发行人及其直接负责的主管人员和其他直接责任人员采取本办法第五十八条规定的相关监管措施;情节严重的,处以警告、罚款。

第六十一条 承销机构承销未经核准擅自公开发行的公司债券的,中国证监会可以采取十二至三十六个月暂不受理其证券承销业务有关文件等监管措施;对其直接负责的主管人员和其他直接责任人员,可以采取本办法第五十八条规定的相关监管措施。

第六十二条 除中国证监会另有规定外,承销或自行销售非公开发行公司债券未按规定进行备案的,中国证监会可以对承销机构及其直接负责的主管人员和其他直接责任人员采取本办法第五十八条规定的相关监管措施;情节严重的,处以警告、罚款。

第六十三条 承销机构在承销公司债券过程中,有下列行为之一的,中国证监会可以对承销机构及其直接负责的主管人员和其他直接责任人员采取本办法第五十八条规定的相关监管措施;情节严重的,可以对承销机构采取三至十二个月暂不受理其证券承销业务有关文件的监管措施:

(一)以不正当竞争手段招揽承销业务;

(二)从事本办法第三十八条规定禁止的行为；

(三)从事本办法第四十条规定禁止的行为；

(四)未按本办法及相关规定要求披露有关文件；

(五)未按照事先披露的原则和方式配售公司债券,或其他未依照披露文件实施的行为；

(六)未按照本办法及相关规定要求保留推介、定价、配售等承销过程中相关资料；

(七)其他违反承销业务规定的行为。

第六十四条 发行人有下列行为之一的,中国证监会可以对发行人及其直接负责的主管人员和其他直接责任人员采取本办法第五十八条规定的相关监管措施:

(一)从事本办法第三十八条规定禁止的行为；

(二)从事本办法第四十条规定禁止的行为；

(三)其他违反承销业务规定的行为。

第六十五条 非公开发行公司债券,发行人及其他信息披露义务人未按规定披露信息,或者所披露的信息存在虚假记载、误导性陈述或者重大遗漏的,依照《证券法》和中国证监会有关规定处理,对发行人、其他信息披露义务人及其直接负责的主管人员和其他直接责任人员可以采取本办法第五十八条规定的相关监管措施;情节严重的,处以警告、罚款。

第六十六条 发行人、债券受托管理人等违反本办法规定,损害债券持有人权益的,中国证监会可以对发行人、受托管理人及其直接负责的主管人员和其他直接责任人员采取本办法第五十八条规定的相关监管措施;情节严重的,处以警告、罚款。

第六十七条 发行人的控股股东滥用公司法人独立地位和股东有限责任,损害债券持有人利益的,应当依法对公司债务承担连带责任。

附录三　图表案例索引

一、图 表 索 引

(一)表格索引

(二)图形索引

二、案例索引

图书在版编目(CIP)数据

融资之道——公司融资路径与法律风险控制 / 杨飞翔著. —北京:法律出版社,2016.4
ISBN 978-7-5118-8714-6

Ⅰ.①融… Ⅱ.①杨… Ⅲ.①公司—融资—公司法—研究—中国 Ⅳ.①D922.291.914

中国版本图书馆 CIP 数据核字(2015)第 272640 号

融资之道
——公司融资路径与法律风险控制

杨飞翔 著

责任编辑 李峰沄
装帧设计 李 瞻

开本 720 毫米×960 毫米 1/16
印张 47.5 **字数** 713 千
版本 2016 年 4 月第 1 版
印次 2016 年 4 月第 1 次印刷
出版 法律出版社
编辑统筹 学术·对外出版分社
总发行 中国法律图书有限公司
经销 新华书店
印刷 三河市龙大印装有限公司
责任印制 陶 松

法律出版社/北京市丰台区莲花池西里 7 号(100073)
电子邮件/info@ lawpress. com. cn
销售热线/010-63939792/9779
网址/www. lawpress. com. cn
咨询电话/010-63939796

中国法律图书有限公司/北京市丰台区莲花池西里 7 号(100073)
全国各地中法图分、子公司电话:
第一法律书店/010-63939781/9782
西安分公司/029-85388843
重庆公司/023-65382816/2908
上海公司/021-62071010/1636
北京分公司/010-62534456
深圳公司/0755-83072995

书号:ISBN 978-7-5118-8714-6
定价:118.00 元
(如有缺页或倒装,中国法律图书有限公司负责退换)